송대 신유학에서 철학적 쟁점의 연구

이성과 현실

손영식 지음

UUP

이성과 현실

- 2022년 11월 10일 2판 2쇄 발행
  2013년 9월 5일 2판 1쇄 발행
  1999년 2월 27일 초판 발행
- **지은이** 손영식
- **펴낸이** 오연천
- **펴낸곳** UUP(울산대학교출판부) 680-749 울산광역시 남구 대학로 93
- 전화 (052)259-2488 팩스 (052)277-3011
- **홈페이지** http://uup.ulsan.ac.kr
- **출판등록** 제370-1996-000001호(1996.3.13)
- ₩ 23,000

ISBN 978.89.7868.311.1 (93100)

서 문

학위 논문을 드디어 출판하게 되었다. 너무 오랜 시간이 지나서인지 아무런 애증도 느낌도 없다. 학위 논문을 쓰고 나면 느낀다는 그 지긋지긋함과 후련함과 애착이라는 이율배반적인 감정도 없다. 1993년 2월 논문이 간신히 통과된 뒤에도 몇 년 동안 출판하기 위해서 고치느라 씨름했는데, 얼마나 바뀌었는지 모르겠다. 학위 논문이라 잔뜩 들어간 힘을 빼고, 또 몇 가지를 보충하기는 했지만, 제대로 된 성형 수술은 아닌 것 같다.

뒤돌아 보건대 1970년대 후반 유신 시대에 대학을 다니면서 나는 주로 언어 분석 철학을 배웠다. 그리고 비트겐쉬타인과 철학의 종말, 특히 형이상학의 종말을 배웠다. 그런데 1979년 4학년이 되자 나는 형이상학, 그것도 가장 낡은 형이상학인 유교에 달라붙었다. 공자에 대해서 썼는데 이제는 뭘 썼는지 기억도 나지 않는다.

왜 유교를 골랐는가? 우리 집안이 유교적이었고, 나는 그것이 천근처럼 누르는 분위기가 싫었다. 그래서 유교를 해체하고 싶었다. 아마 언어 분석 철학을 배워서 그런 설익은 기대를 가졌는지 … 그것도 이제는 아득한 일이다. 그런데 먹을 가까이 하는 자는 검어진다고, 결국 나도 나의 전공 대상자를 사랑하는 지경에 빠지기는 했지만.

그리고 경쟁자가 없다(?)는 이점으로 장학금을 받고 대학원에 들어가 성리학을 쓰겠다고 했다. 그러나 1980년 민주화의 봄에 나는 학교에서 밤을 지새웠다. 공부한 것도 아니었고, 민주화에 동참한 것도 아니었다. 그냥 그 분위기가 좋았을 뿐이었다. 그리고 5.17 쿠데타로 휴교령이 떨어지고 북풍한설이 몰아쳤다.

아무튼 그런 소용돌이 속에서 석사 논문은 썼다. 1982년 1학기의 일이었다. 그렇게 쓴 논문이 문제가 있다고 해서 명령에 따라 덕성여대의 이규성 선생에게 교정을 받으러 갔다. 마침 왔던 이병창 선배가 나의 논문에 대해서 물어 보았다. 대뜸 하는 말이 성리학이라니, 봉건 잔재 아냐 했다. 나는 뭐라고 나의 논문을 설명하려고 애를 썼던 것 같다. 그러다가 아! 리일분수(理一分殊)는 이런 뜻이구나 하고 깨달았다. 아마 이 때 처음 나는 성리학에 대해서 조금, 아니 한 걸음을 들어가게 된 것이다.

1985년 제대하고 3월부터 학교에 다시 다녔다. 그리고 나는 성리학 공부 모임을 만들었다. 아마 이런 생각이었을 것이다. 내가 올바르게 생각하지 못 했기 때문에 사람들이 그 논문을 이해하지 못 하는가, 아니면 뭐가 문제가 있는지. 그래서 내가 선택한 것은 후배들에게 나의 생각을 설명해 보겠다는 것이었다. 『하남 정씨 유서』를 강독하고 『주자 어류』도 했던 것 같고. 함께 공부했던 사람들. 조남호 장원목 이영인 안점식 김성태 등등. 나는 그 때 처음으로 '붕우강학(朋友講學)'이라는 말을 실감했다. 나의 정신에 수평과 균형을 잡아 주었으며, 나의 부족한 점을 깨우쳐 주었던 그들을 잊을 수 없다. 내가 이 책을 쓸 수 있었던 것은 그들과 함께 공부하면서 나 자신을 되돌아 볼 수 있었기 때문일 것이다.

그 무렵에 내가 자주 했던 말 가운데 하나가 0.5주의와 0.9주의였다. 어떤 사람들은 0.999999…로 무한히 나가도 1이 안 된다고 본다. 반면 어떤 사람은 0.5이면 반올림하여 1이라 한다. 당시에 무지하게 꼼꼼한 사람들이 많았다. 원전을 찾고 또 찾고 해서 많은 자료를 보아도 별 다른 결론을 내리지 못 했다. 반면 나는 몇 가지

자료를 보면 바로 이것이라고 단정을 했다. 그렇게 쉽게 단정해도 되는가? 고개를 갸웃거린 사람들이 있었다. 물론 나는 된다고 했다. 왜냐? 나는 바로 0.5주의자이니까. 그렇다면 그렇게 단정하는 근거는? 내가 그렇게 생각하기 때문에, 내가 그렇게 생각한다는 것이 증거이다. 왜 그러냐고? 데카르트가 이미 말하지 않았는가? cogito ergo sum이라고. 아니 "명석 판명한 관념"이 진리라고.

1986년엔가 대학원에 이런 규정이 생겼다. 박사나 석사 받을 사람은 서당에 다녀서 한문을 배워야 한다는 것이었다. 그래서 나는 고심하다가 유도회에 나가기로 했다. 나는 수업 시간에 상당히 홍찬유 선생님께 반항을 많이 한 편이었다. 나의 전공이 성리학인 관계로, 4서를 읽을 때 특히 주자 주(註)의 해석에 대해서 나는 이의를 제기했다. 그러면 홍 선생님께서는 내가 틀렸다고 하셨고, 나는 "그것은 홍설이고, 손설은 따로 있다"는 둥 혼자 군시렁거렸다. 내가 한문에 걸음마라도 떼게 된 것은 홍 선생님의 사랑이 있었기 때문이다. 홍 선생님이 젊으셨다면 나 같은 제자를 몇 대는 더 때리셨을 것이다. 때문에 우공(愚公)은 산을 옮겼지만, '우여(愚如)'는 아직도 언덕 하나 옮기지 못 하고 있다.

1987년 6월 민주화 운동이 한창이던 때 제8장을 마쳤고, 2학기에 제9장-제10장을 썼다. 제1장-제7장은 91년 울산대에 온 이후에 썼다. 처음에는 주희의 철학에 대해서 쓰겠다는 것이 결국은 송대에 성리학이 성립하게 된 과정을 다루게 되었다. 이 논문은 기본적으로 역사적인 흐름을 따라서 쓴다. 그리고 성리학의 형이상학은 정면으로 다루지 않았다.

리와 기, 태극 음양오행 등 고도의 추상적인 용어와 논리적으로 조직된 그 이론은 일상인이 쉽사리 접근할 수 없다. 난해한 언어와 번쇄한 체계로 이루어진 성리학의 형이상학은 극히 이론적이다.

그 결과 그 이론에는 그것을 신비하게 만들면서도 알 수 없게 가리는 안개가 씌워져 있었다. 따라서 선불리 형이상학부터 다루면, 그것의 정체를 벗기도 전에 그 수렁에 빠져서 허우적거리게 된다. 성리학의 형이상학을 그 형이상학의 개념들로 설명한다는 것은 회색에 회색을 덧칠하는 것에 불과하며, 생명의 푸르름이 되지는 않을 것이다. 나는 성리학에 씌워진 안개를 벗기는 전략으로 그 이론의 형성 과정을, 역사적인 흐름을 추적하는 것을 택했다. 그리고 서로 대립하여 싸우던 이론들을 맞비교하고자 했다. 그러면 좀 더 선명하게 그 차이점들이 드러나리라 생각했다.

이 논문은 몇 가지 새로운 가설을 제시하고자 했다. 송대의 학파 분류와 그 연결 관계, 성리학 형성에 있어서 왕안석의 역할, 호남학의 특징 등등. 그러나 얼마나 성공적인 가설인지는 모르겠다. 많은 비판이 있어야 할 것이다.

내 듣자 하니, 가장 불행한 여자는 잊혀진 여자이고, 가장 실패인 논문은 아무도 언급하지 않는 논문이라고. 가장 좋은 논문은? 모두가, 모두가 벌떼처럼 일어나서 비판하는 논문이라고.

80년대 그리고 90년대 초반까지 거의 15년에 걸친 작업으로 나온 것이 이것이다. 그 시간에 비하면 초라하기 짝이 없다. 그런 논문을 심사해 주시고 지도해 주신 안병주 이남영 송영배 양승무 선생님께 깊이 감사드린다.

문수산 아래에서

우여(愚如) 씀

차 례

일러두기

1.사람 이름

(1) 이 책에 나오는 주요한 사람의 이름은 다음과 같다.

왕안석(王安石) 장재(張載) 정호(程顥) 정이(程頤)
주희(朱熹) 장식(張栻) 육구연(陸九淵) 진량(陳亮)

본문에서는 자나 호를 일체 쓰지 않고 이름을 쓰며, 그것도 한글로 쓰는 것을 원칙으로 한다. 필요한 경우, 해당자를 다루는 본문 첫머리의 인적 설명을 참고하기 바란다. 다만 공자 맹자 노자 장자 등 관용어로 굳어진 것은 이름을 쓰지 않고 관용어를 쓴다.

(2) 그 밖의 사람의 이름의 경우, 본문에서 나올 때, 맨 처음 한 번만 괄호 안에 한자를 밝히고 그 뒤에는 한글로 표기하려고 노력했다.

2.책 이름

본문에 특별한 언급이 없는 한 몇 가지 주요한 저서는 다음과 같이 줄여서 인용한다. 그리고 주요한 서적의 인용 기준이 되는 책은 아래와 같다.

『유서』;『河南 程氏 遺書』* 인용의 기준이 되는 책은 "『二程集』,

王孝魚 點校, 中華書局, 北京, 1981." 아래도 같음.

『외서』;『河南 程氏 外書』

『어류』; 원래 이름은『朱子 語類 大全』이다. * 인용의 기준이 되는 책은 "黎靖德 編,『朱子語類大全』, 嶺營藏板, 曺龍承 영인, 1978." 그리고 "黎靖德 編,『朱子語類』, 王星賢 點校, "理學叢書", 中華書局, 北京, 1983."도 함께 참조할 것.

『주자 문집』 혹은『문집』; 원래 이름은『朱子 文集 大全』, 보통은 줄여서『주자 대전』이라 한다. * 인용의 기준이 되는 책은 "朱熹,『朱子文集大全』, 完營藏板, 曺龍承 영인, 1977."

『왕안석 문집』 혹은『문집』;『王文公 文集』 이것은 문학을 중심으로 수록한 것이다. 『王臨川 先生 文集』은 위의 책과 다른 것으로, 상소문 공문 철학 논문을 중심으로 수록한 것이다. 또한 후자가 좀 더 많은 자료를 수록하고 있다. * 인용의 기준이 되는 책은 "王安石,『王文公 文集』, 唐武 校閱 및 傍点. 上海 人民出版社, 1974."

『정몽(正蒙)』 인용의 기준이 되는 책은 "張載,『張子正蒙注』, 王夫之 註釋, 中華書局, 北京, 1975."

『육상산(陸象山) 선생 문집』 * 인용의 기준이 되는 책은 陸九淵,『陸象山先生全集』, 李紱 重刊, 李穆堂 傍点, 東洋文化史 影印, 서울, 1987.

『진량집(陳亮集)』 인용의 기준이 되는 책은 陳亮,『陳亮集』, 漢京文化事業有限公司, 台北, 1983.

『연평답문(延平答問; 주희의 물음에 연평 선생 이통이 답함)』『연평답문 보록(延平答問補錄)』 주희가 이통을 만나서 배운 것과 이통이 보내온 편지를 연차적으로 배열한 책. * 인용의 기준이 되는 책은 "朱熹 編,『延平答問』,『延平答問補錄』,『延平四先生年

譜』, 光緖 5년, 文靖先生[李侗] 書院 간행.”

3. 기타 유의 사항

(1) 어록체의 인용 방법 ; 예컨대 “『유서』 2상-30”은 『河南 程氏遺書』의 권 2上에서 30번째 나오는 구절을 의미한다. 『주자 어류』 등 모든 어록체는 이렇게 인용한다.

(2) 문집류의 인용 방법 ; “『주자 문집』 75-28 (p29) 「中和舊說序」”는 『주자 문집』의 75권에서 28번째로 나오는 글이나 구절이며, “「中和舊說序」”는 그곳에 나오는 글이나 구절의 제목이다. 이하의 모든 문집은 같은 방법으로 표시한다. ‘p29’는 75권의 페이지로, 기준이 되는 책은 앞을 볼 것. 다른 인용 서적도 동일하다.

이처럼 인용할 때 페이지 번호 대신에 ‘권수-나오는 구절’을 하는 이유는, 판본과 상관없이 그 구절을 찾을 수 있기 때문이다. 기준이 되는 책이 없는 상황에서 저자가 본 책의 페이지를 인용할 경우, 독자가 그 책이 없으면 그 인용 구절을 찾기가 매우 어려워진다. 또한 요즘처럼 원전이 컴퓨터 파일로 나오면 페이지 구분 자체가 무의미해진다.

(3) 『논어』 『맹자』 『대학』 『중용』 『주역』 『시경』 『서경』 등은 모두 주희의 집주의 장절 분류에 따라 인용한다. 예컨대 『중용』 13-2는 주희가 『중용 장구』에서 분류한 13장의 2절이다.

(4) ‘理’는 한글로 ‘리’라고 쓴다. 이 편이 구별을 위해서 더 낫기 때문이다. 따라서 理氣도 ‘이기’가 아닌 ‘리기’로 적는다. 理一은 ‘리일’, 理一分殊는 ‘리일분수’로 적는다.

제1장 서 론

1. 연구 방향과 목적

이 글은 송대에 신유학, 특히 성리학의 세계관 체계가 어떻게 성립되었는지, 그 과정을 추적하기 위해서 쓴다.

1) 사대부의 이념들

당-송 교체기는 중국사에서 한 획을 긋는 역사적인 단계라고 할 수 있다. 정치적으로는 호족이나 귀족 내지는 절도사의 지배 체제에서 지주-지식인-관료(이른바 士大夫)의 지배 체제로 이행했다. 송대에 새롭게 지배층으로 등장한 사대부 계층의 이념은 여러 가지로 나타난다. 크게 보면 그것은 제도 개혁론과 인격 수양 이론으로 나누어진다. 성리학은 그 이념 가운데 하나였다.[1] 성리학은 북송에서

1) 제도 개혁론은 왕안석의 이론에서 전형적으로 나타나며, 조선의 실학도 그 계통이라 할 수 있다. '성리학'은 여러 가지 의미를 가질 수 있다. 여기에서 '성리학'은 좁게 보아, 정이-주희 계통에서 성립한 철학을 의미한다. 성리학은 인격

시작되어 남송 시대에 완벽한 체계를 갖추었다. 그리고 원-명-청에 걸쳐서 지배층의 이념, 즉 국가 이념이 되었다. 이 글은 성리학이 발생하고 완벽한 체계를 갖추어 간 과정에 초점을 맞추어 서술한다.

주희의 성리학은 포괄적이고 탄력적이어서 어떤 비판도 허용하지 않을 것처럼 보인다. 즉 그의 이론은 리-기(理-氣) 등 대립자의 양쪽을 다 포괄한다. 이런 점 때문에 어떤 사람은 주자의 철학은 중국의 철학이며, 주자 이후의 신유학은 주희의 철학의 한 부분을 붙든 것에 불과하며, 주자의 철학에 대한 비판은 모두 오해에 근거한 것이라고 본다. 이는 지나친 과장인 것 같다. 주희는 **자신의 이론을 전개할 때**는 포괄적인 체계를 세우므로, 어떤 입장도 포용하고 타협할 수 있을 것처럼 보인다. 그러나 다른 입장을 가진 사상가들과 **논쟁할 때**는 그의 입장이 선명하게 드러난다. 그가 비록 리와 기를 말하지만 그 사이에 그가 중점을 두는 것이 없을 수 없다. 주희는 명백히 기보다는 리를 중시한다.

주희의 성리학도 하나의 입장이며, 결국 사대부 계층의 이념들 가운데 하나였으며, 다른 이념들과의 상호 작용 속에서 성립했다. 따라서 주희의 입장을 선명하게 밝히기 위해서는 그가 벌인 논쟁을 조명하는 것이 좋다고 필자는 생각한다. 이는 북송 시대의 사상가들에게도 마찬가지이다. 논쟁 과정을 추적함으로써 사대부들의 이념이 어떻게 다양하게 표출되었는지 좀 더 분명하게 밝혀질 것이다. 필자는 이와 같은 사실을 명백하게 인식하고, 그 이념들 사이의 대립 과정 속에서 성리학의 성격을 규정짓고자 한다. 따라서 성리학과 상호 작용을 했던 이념들을 밝히게 되며, 전체적으로 보면 이 글은 사대부 계층의 이념을 추적하는 것이 된다. 새로운 상황 속에서 이상 국가를 건립하려 했던 사대부들의 세계관을 조명

수양론의 대표적인 이론이다.

하는 것이 이 연구의 목적이다.

* 리와 기, 태극 음양오행 등의 개념을 중심으로, 성리학의 번쇄하고 난해한 형이상학 체계가 구성되어 있다. 그 개념들은 일상 언어가 아니므로 매우 난해하며, 그 이론 체계는 복잡하게 얽혀 있다. 고도의 추상적인 용어와 논리적으로 조직된 그 이론은 일상인의 경험과 이성으로 쉽사리 접근할 수 없다. 난해한 언어와 번쇄한 체계로 이루어진 성리학의 형이상학은 극히 이론적이다. 그러나 동시에 그 이론 체계가 사회와 국가의 틀이 되어 현상 유지의 작용을 했다는 점에서, 그것은 동서양에 유례를 찾아볼 수 없이 고도로 정치적인 기능을 했다. 성리학만큼 오랜 기간, 넓은 지역에 지배 이념으로 작용한 형이상학은 별로 없을 것이다.

그 결과 그 이론에는, 그것을 신비하게 만들면서도 그 정체를 알 수 없게 가리는 안개가 씌워져 있었다. 일반인들은 그 난해한 이론을 이해하기 보다는 그냥 존경하면서 멀리했다. 그 형이상학은 송-명-청과 조선의 대표적인 지식인들에게 받아들여졌다. 물론 많은 사람들이 그 이론에 도전했으나 실패했다. 그 이론은 허다한 결함을 내포하고 있으므로, 그것을 비판할 수는 있다. 그러나 그것에 필적할 대안을 제시하지 못했다. 참된 비판과 부정은 대안을 제시할 때 가능하다. 성리학 이외에 어떤 이론도 성리학을 대신하여 국가 이념으로 등장하지 못했다. 또한 그들은 성리학에 씌워진 안개를 거두지 못했다.

성리학에 씌워진 신비한 안개는 국가 이념이 갖는 일반적 특징이라 할 수 있다. "부족 국가 시대에는 무당이 있었고, 중세에는 승려가 있었다. 그리고 오늘날에는 법률가가 존재한다. …그들은 그 전문적인 언어와 능력을 곡예와도 같은 기술(奇術)과 융합시켜 민중의 머리 위에 군림한다."[2] 성리학의 난해한 언어와 복잡한 체계에는 그런 주술적인 성격이 있다.

그 이론은 우리가 아직 잘 알기는 어려운 것이면서도, 무시하고 버릴 수는 없는 것이다. 이 글은 그 이론에 씌워진 안개 - 그것을 신비하게 만들면서도 알 수 없게 가리는 안개를 걷으려는 시도이다. 일종의 탈신비화 내지는 탈신화화의 작업을 통하여 그들이 이상적으로 생각했던 국가와 사회 인간의 모습이 어떻게 난해한 형이상학의 언어로 표현되는지를 밝히고자 한다. 이를 위해서 성리학의 난해한 개념과 번쇄한 이론 체계의 **'성립 과정'**을 집중적으로 추궁한다. 즉 그 개념과 이론 체계 자체의 형이상학적 의미를 추적하기 보다는, 성리학의 입장에 선 사람들과 그 반대 입장에 선 사람들 사이의 논쟁을 세밀하게 검토하고자 한다. 이 논쟁의 검토를 통하여 그들이 궁극적으로 가졌던 입장을 선명하게 드러내어서, 그들의 이상 국가와 세계관 인간관, 즉 형이상학을 해명한다. 필자는 '형이상학'이란 말이 인간관 사회관을 포함하는 '세계관'을 의미한다고 본다.

* 송대의 성리학, 특히 주희의 이론은 비교적 완벽한 이론 체계를 갖추고 있다. 따라서 주희의 제자들로부터 시작하여 이후의 이른바 주자학은 주희의 이론을 묵수하는 경향을 지닌다. 이런 점 때문에 성리학에 대한 연구는 그 이론 체계의 완벽성에 짓눌려서, 그 이론 체계와 용어로써 그 이론의 구조를 설명하는 것이 주류를 이루었다. 이러한 상황은 요즘에도 별달리 변화된 것이 없다. 기존 연구의 주류는 그 이론이 발생한 역사적 상황과는 상관없이 오직 추상적인 관념 체계로서 형이상학만을 다룬다. 그리고 그들의 형이상학을 인간관 사회관 국가관이라는 점에서 해부하지 못한다. 기본적으로는 성리학 혹은 신유학의 용어와 이론으로서 그들의 형

---

2) 프레드 로델 지음, 박홍규 번역, 『저주받으리라 법률가여!』, 물레, 1986, 23 쪽.

이상학적 사유 체계를 설명한다. 그 결과 스콜라 철학을 연상케 하는 지극히 번쇄하고 난해한 설명을 한다. 이를 성리학의 체계를 해명하기 위한 노력이라 한다면, 그것은 물로써 물을 막고, 불로써 불을 끄는 것과 같다고 할 수 있다. 이런 형이상학 중심의 설명은 성리학에 압도된 결과라고 할 수 있다. 그 형이상학 체계, 내지는 그 체계를 만든 사람의 이성에 압도되어 그 체계에 끌려다닐 뿐, 그들 자신의 이성으로 그것을 해부하지 못한다. 이는 성리학 뿐만 아니라 성리학과 대립했던 이론을 설명할 때도 마찬가지로 나타난다. (제2장 참조)

이 글은 그들의 형이상학의 개념과 이론 체계를 그 개념과 틀로서 설명하지 않는다. 일단 형이상학적 이론 - 예컨대, 리(理)와 기(氣)의 동이(同異) 선후(先後) 불상리(不相離) 불상잡(不相雜) 등의 문제, 태극 음양오행의 관계 등의 설명은 배제한다. 또한 마음 이론이나 수양 이론에 대해서도 신유학의 용어로 설명하는 것은 삼가하고, 지금의 우리말로 번역하고 우리의 이성으로 재구성하려 한다. 필자는 일단 성리학 및 그것에 대립되었던 이념들의 체계에서 한 발을 빼고, 그 이론을 객관적으로 보고자 한다. 다시 말해서 그 이론이 노리는 것이 무엇이며 주장하는 바가 무엇인지 쉽게 이해되도록 해명하고자 한다. 이를 통하여 한편으로는 신비의 안개에 싸여 있고, 또 한편으로는 자기비판이 없는 사이에 형식화되고 화석(槁木死灰)화되어 버린 성리학을 우리의 이성이 이해할 수 있는 마당으로 끌고 나오고자 노력한다.

* 요약하자면, ① 성리학은 송대라는 새로운 상황에서 발생한 사대부들의 이념들 가운데 하나였다. 그 이념들의 상호 작용을 중점적으로 밝히겠다. ② 신유학의 형이상학으로 그 형이상학을 설명하는 것[관념 계산]은 문제가 있다. 이와 같은 문제점을 고려하

면서 이 글을 다음과 같은 바탕 위에서 서술한다. ① 그 이론이 발생한 과정을 사회적 사상사적 배경 속에서 추적하며, ② 그들이 벌인 논쟁을 중심으로 다룬다. 그 논쟁 속에서 사대부들의 이념의 적나라한 모습이 드러나기 때문이다. ③ 세밀한 문헌 고증을 통해서 논쟁 과정을 설명하고, 그들의 형이상학과 세계관을 우리말로 번역하고 해석한다. 이를 통하여 신유학의 이론적인 구조를 밝힌다.

2) 네 가지 학파

이 논문은 주희의 이론을 중심으로 구성되어 있다. 주희의 이론의 선구자로서 북송 시대 사상가들의 대립적인 입장을 먼저 살펴본다. 그리고 남송 시대에 주희의 주요한 적대적인 논자들을 살펴본다. 여기에서 기본적인 가정은, ① 북송 시대의 주요 사상가들의 입장이 그대로 남송 시대에도 반복된다, ② 송대 신유학에는 주요한 네 입장이 있었다는 것이다. 왕안석과 진량, 장재와 호남학파(胡宏, 張栻), 정호와 육구연, 정이와 주희 사이에는 근본적인 입장의 동질성이 있다. 이런 동질성은 한편으로는 시대적인 상황이 비슷하기 때문에 나오며, 또 한편으로는 그 상황 속에서 인간이 선택할 수 있는 입장은 이론적으로는 그 몇 가지뿐이기 때문에 나올 것이다.

이러한 입장의 동질성은, 남송 시대의 사상가들이 북송 시대의 짝이 되는 사상가들에게서 직접적으로 영향을 받아서 이루어지는 경우도 있으나, 서로 영향 관계가 없는 경우도 있다. 주희는 자신이 명백히 정이의 입장에 선다고 하지는 않는다. 그는 장재 정호 정이의 철학을 종합했다고 한다. 그러나 따지고 보면, 그는 정이의 사상 체계를 근본으로 하고 있다. 육구연은 명백히 정이를 비판하고 정호의 입장에 찬동한다. 진량은 왕안석을 비난한다. 그러나 진량이 주장하는 내용의 기본 전제는 왕안석의 그것과 가장 잘 통한다. 호남학파의 기본 입장이 장재와 같다는 것은, '중화논변(中和論辯)' 과정에서 주희에 의해 제시된다. 여기에서 중요한 것은 그 영향 관계가 아니라 그들의 입장이 기본적으로 어떠한가이다.

(1) 네 학파의 성격 : 앞에서 분류한 학파는 다음과 같다.

① 왕안석과 진량, ② 장재와 호남학파(張栻 胡宏),
③ 정호와 육구연, ④ 정이와 주희.

송대 신유학의 학파와 그 성격에 대해서 많은 학자들이 구분했다. 그 중에서 대표적으로 후외려의 경우를 보자. 후외려는 유물론과 유심론으로 구분한다. 기를 말한 장재는 대표적인 유물론자이나 후에 유심주의에 빠졌다. 왕안석과 진량도 유물론의 계통에 속한다. 왕안석과 진량은 사회에서 '물질적 변동 과정'을 중시했으므로 유물론자이며, 장재는 '기'를 그의 철학의 기본 범주로 삼았으므로 유물론자이다. 여기에서 '유물론'을 판정하는 기준이 다르다. 호남학파와 나머지 ③, ④에 속하는 사람들은 유심론자이다. 이 중에서 정이와 정호는 모두 유심론자이며 그 사이의 구분은 없다. 주희는 객관적 유심주의자이고, 육구연은 주관적 유심주의자이다. 이런 구분은 대략 '리(理)=유심론, 기(氣)=유물론'의 도식에 따른 것이다. 이런 구분은 많은 문제가 있다. 첫째 네 학파를 제대로 구분하지 못했으며, 둘째 '리=유심론, 기=유물론'의 도식 자체에 문제가 있으며, 그 결과 네 학파의 성격 규정이 올바르게 되지 못했다.

필자는 네 학파의 성격을 두 가지 점에서 규정하고자 한다.

① 제도론자와 수양론자,

② 리기(理氣) 이원론 - 리 중심의 이론 - 이상 중시

기(氣) 일원론 - 기 중심의 이론 - 현실 중시.

(2) 제도 개혁과 인격 수양 : 왕안석은 신법의 이론가이며 실천자로서 제도 개혁을 추진한다. 이에 반대했던 구법당의 이론가로서 장재 정호 정이는 인격 수양을 주장한다. 남송 시대에 진량은 주희 육구연 호남학파의 인격 수양론을 격렬하게 반대한다. 그는 비록 왕안석의 제도 개혁론을 반대했지만, 그의 이론은 기본적으로 사회를 물질적 과정으로 보았던 왕안석의 노선과 일치한다. 주희는 호남학파와 토론했고, 육구연과 격렬하게 논쟁했지만, 인격 수양을 중시했다는 점에서 그 세 학파는 동일하다. 이런 점에서 볼 때, ①의 왕안석은 제도 개혁론에, (포괄적으로 보아 사회의 물질적 변동을 중시한다는 점에서 진량은 왕안석과 같은 무리에 넣을 수 있다.) 나머지 ②, ③, ④ 학파는 인격 수양론에 해당된다.

(3) 이원론과 일원론 : 신유학자들의 이론을 연구할 때, '리(理)' 개념 보다는 '기(氣)' 개념의 해명이 어렵다. '리'를 중심으로 했던 사람들 (예컨대 ④의 정이와 주희)의 이론 체계는 비교적 명확하게 정리 해명할 수 있다. 그러나 이들에게 반대했던 사람(①, ②, ③)들의 이론은 한 묶음으로 명쾌하게 규정하기 어렵다. 단지 리 중심의 이론이 리-기 '이원론'의 입장에 선다면, 이를 반대했던 사람들은 리와 기를 구분하지 않는 '일원론'의 입장에 선다고 할 수 있다.[3)]

---

3) 존재를 두 가지 차원으로 나누어 설명하는 것을 이원론, 둘로 나누지 않고 하나의 본체를 중심으로 설명하는 것을 일원론이라 한다. '일원론 이원론'이라는 용어를 신유학 내지는 중국 철학에 사용할 수 없다고 주장하는 사람들이 꽤 있다. 그러나 넓은 의미에서 이원론은 서양 철학의 경우에도 광범위하게 쓰이며,

주희 : '리'를 중심으로 이론을 전개한 사람들은 거의 '이원적' 입장에 선다. 그들은 본체와 현상, 이상과 현실, 이성과 욕망을 나누어 논리적으로 설명한다. 이러한 대립된 쌍을 그들은 '리와 기'라는 형이상학적 용어로 정리한다. 혹은 사람의 마음의 경우 미발(未發)-이발(已發), 존재의 경우 형이상-형이하로 구분한다.[4] 그리고 이 대립된 쌍 중에서 '리'를 일차적인 것으로 본다. 그들은 현실 속에 이상이 실현되어야 하고, 욕망이 이성에 따르기를 원한다. 즉 기가 리에 의해서 규정되기를 원한다. 그러므로 그들을 '리' 중심론자라고 할 수 있다. 이는 주희의 이론에서 극명하게 드러난다. 리와 기를 이원적으로 구분한 주희의 입장은 정이의 이론과 거의 같은 궤도에 있다.

'리' 중심의 이원적 이론을 주장한 주희에 반대했던 사람들은 거의 다 리와 기, 형이상과 형이하, 미발과 이발을 구분하지 않는 '일원적' 입장에 선다.

호남학파는 '이미 드러난 상태'(已發)를 중심으로 마음을 설명한다. '아직 드러나지 않은 상태'(未發)의 마음은 주희가 생각한 것처럼 도덕적 이성과 양심이 아니다. 오직 그것은 마음의 뿌리일 뿐이다. 우리가 확인할 수 있는 것은 이 '드러난 상태'의 마음일 뿐이다. 이 '드러난 상태'의 마음 자체는 선하지도 악하지도 않은 의식의 흐름일 뿐이다.[5] 일상의 일에 접하여 이 마음의 흐름에 나쁜 생

성리학에 적용할 수 있을 것이다. 다만 이 글에서는 부분적으로 이원론이란 말 대신에 '이분법적'이라는 말을 쓴 곳도 있다.

4) 形而上-下, 未發-已發의 구분과는 달리, "道-器, 體-用, 所以然-所當然"의 관계로 볼 때, 리와 기의 대립된 쌍은 "정신과 물질, 본체와 현상"의 대립으로 해석할 수 없다고 보는 견해가 있다.(송영배) "정신과 물질, 본체와 현상"은 그리스나 근대 서양 철학의 범주일 뿐, 중국인의 사유 방식에는 그런 대립이 없었다는 것이다. 그러나 정이가 '體用一源'이라 말하며, 體와 用이라는 말은 본체와 현상으로 번역하는 것이 적당할 것이다.

5) 이들이 규정하는 마음의 본래 상태[未發]는, 장재가 말하는 마음의 본래 상태인 '太虛'와 같다. '太虛'란 텅 비어 있는 것, 즉 아무런 규정이 없는 상태이다.

각이 나타나면 그때그때 그것을 성찰하여 제거하여야 한다.(察識端倪) 이는 결국 마음에 도덕률(禮)을 심는 과정이다. 따라서 그들은 '미발'과 '이발'이라는 이원적 도식을 실질적으로 부정한다.

육구연은 마음을 이발과 미발, 이성과 감성으로 나누는 주희의 입장을 격렬하게 비판한다. 그는 "인간의 마음은 그 자체가 행위의 원리이다"(心卽理) 라고 한다.[6] 사람들은 자신이 가진 순수한 마음에 따라서 행위 하면 되는 것이지, 주희처럼 마음을 둘로 나누고, 도덕률(理)을 가진 이성으로 육체적 욕망을 교정할 필요가 없다. 따라서 미발(未發)의 본성[이성]에 행위의 원리가 있고, 이발(已發)의 마음에는 육체적인 욕망[감성]이 있다고 보는 주희의 이원적 도식을 그는 거부한다. 그는 본래 상태의 마음의 존재를 부정하고, 지금 여기 있는 이 순수한 마음이 행위의 원리이고 주체라고 본다. 이 마음은 주희의 정의에 의하면 기이다. (주희는 형이하자, 즉 현상 세계의 것을 '기'라는 개념으로 표현한다) 따라서 육구연이 비록 '심즉리(心卽理)'라고 했지만, 그것은 '심즉기(心卽氣)'라고 하는 것과 다름이 없다.[7] 호남학파나 육구연이나 결국 물질과 정신의 통합체인 '생명체'를 본체로 본 점에서는 유사하다. 다만 인간의 생명의 가장 순수한 발로인 마음의 상태를 무규정자로 보아서 외부적으로 규범을 습득하라고 한 호남학파와는 달리, 육구연은 그 생명체[마음]가 바로 행위의 원리[즉 규정성; 理]라고 한다.

---

6) 주희는 마음의 본래 상태[本然之性]로의 복귀[復初]를 주장한다. 본래 상태로 가는 데에는 문지방이 있으며, 거경 궁리를 거쳐서 활연관통을 해야 넘어설 수 있다. 육구연은 현재 내 마음이 행위 원리라고 보므로 그런 문지방을 인정하지 않는다. 다만 그 마음을 가리는 잡된 욕망 등을 깎아내리기만 하면 양지(良知)가 된다고 한다. 따라서 간략하게 하는 수양을 주장하며, 주희처럼 격물치지의 필요성을 인정하지 않는다.

7) 이에 대해서는 6장 정호 설명의 '性卽氣' 부분, 224, 208쪽 참조할 것.

진량은 주희가 강조한 마음의 수양의 측면은 거의 무시하고, 사회의 물질적 현실을 중시한다. 그는 이 사회에 실현되어야 할 원리(理)와 현실 사회(氣)를 구분하는 주희를 비판한다. 그가 보건대 사회에는 초역사적으로 실현되어야 할 원리(理)가 있는 것이 아니다. 어떤 사회이든 그 사회에는 그 자체로서 해결해야 할 문제가 있다. 그 문제는 그 사회의 물질적 현실을 연구함으로서 해결되는 것이지, 초역사적 원리(理)를 실현함으로써 해결되는 것이 아니다. 따라서 주희의 이원적 도식을 거부한다.

이러한 입장들은 북송 시대에도 그대로 드러난다. **왕안석**은 사회의 물질적 현실을 제도 개혁을 통하여 해결하려 한다. 이 점에서 현실의 상황 타개(事功)를 강조한 **진량**과 기본적으로 입장이 같다. 비운 마음(太虛)으로 예 규범을 받아들여 실천할 것을 주장한 장재의 경우는 어느 정도 호남학파와 동일하다. 내 마음이 그대로 행위원리(理)라고 하여 깨달은 자의 입장에 선 **정호**의 철학은 바로 육구연의 입장이라 할 수 있다.

이들은 공통적으로 주희가 구분한 리와 기의 대립된 쌍을 구분하지 않으며, 그 둘은 **하나**의 두 측면이라고 본다. 그들은 리와 기를 나누는 도식 자체를 거부한다. 따라서 그들이 주장하는 본체는 리일 수도 있고, 기일 수도 있으며, 반대로 그 둘 다가 아닐 수도 있다. 그 하나인 근원자[一元體]를 정신적 생명체로 보는 사람들[②③]은 유심론의 입장에 설 수 있으며, 자연과 사회에서 물질적 과정으로 보는 사람들[①]은 물질주의의 입장에 서게 된다. 그들의 사상적 범위는, 극단적인 관념론으로부터 철저한 물질주의까지 포괄된다. 그러나 하나의 본체를 인정한다는 점에서는 공통적으로 일원적 이론을 주장한 사람들이라고 할 수 있다.

(4) 리 중심의 이론과 기 중심의 이론 : 주희의 경우 명백하게 리를 중심으로 하는 리기 이원적 이론이다. 그러나 일원적 이론들을 일괄적으로 묶어서 한마디로 정의할 수 있는 용어는 없는 것 같다. 필자는 일단 이들은 주희가 제시하는 '기' 개념을 중심으로 한 사상가들이라고 규정하고자 한다. 이렇게 할 경우 우선 '기' 개념의 폭이 넓게 잡힌다.

'기(氣)'는 선진(先秦) 시대부터 있었던 유서 깊은 개념으로 본래는 '숨'을 의미했다. 이것이 희박화와 농축화라는 생각과 연결되면서 모든 사물을 이루는 재료라는 의미가 덧붙여진다. 그리하여 좀 더 희박한 것이 기[음양], 더 농축된 것이 질(質)이라는 생각도 나온다. 기는 현상적인 것(형이 하자; 器)을 이루는 재료라고 볼 수 있다.

이러한 기 개념은 적용 분야에 따라 다음 셋으로 나눌 수 있다.[8] 첫째 자연 현상을 설명하기 위한 것. 장재가 대표적인 인물로 그는 근원자로서 태허를 가정하고, 이것의 희박화와 농축화로서 현상계의 다양성을 설명한다. 자연을 기로 설명하는 것은 장재뿐만 아니라 거의 모든 신유학자들에게 공통된다.

둘째, 심리적 의미에서 기. 현실적으로 드러나는 마음은 현상적인 존재로서 기라 할 수 있다. 이런 마음을 주희는 욕망을 중심으로 본다. 마음은 자신의 편안함을 추구하며 바깥의 사물을 인식할 때 욕망이 생긴다. 이러한 욕망은 생리적 작용으로서의 마음과 물질인 대상 사이에서 일어난다. 호남학파나 육구연은 '지금 여기 있는 나의 마음'을 중심으로 이론을 전개했다. 그 마음은 주희가 정의하는 '기' 개념에 가깝다. 주희는 형이 하자, 즉 현상 세계의 것을 '기'라는 개념으로 표현한다. '지금 여기 있는 나의 마음'은 현

8) 필자의 글, 「주자의 이론과 4·7 논변을 중심으로 본 도덕적 주체의 문제」, 『한국 철학자 연합 대회 대회보』 1989년, 64쪽.

상 세계의 것이며, 주희는 인간의 육체와, 육체의 생리 현상으로서 마음의 흐름을 '기'라고 한다. (호남학파나 육구연이 말하는 본체로서 마음이 '기'라고 주희가 규정한 것에 대해서는 제8-제9장을 참조할 것.)

셋째로 사회적인 맥락에서 기 개념을 사용한 것은 노자 장자가 대표적이다. 그들은 이름과 대상의 관계에서 대상[氣; 현실]의 우위를 주장하여 이름을 부정한다. 노자는 이념으로 현실을 볼 것이 아니라, 물질적 힘의 관계로 현실을 보아야 한다고 한다.[9] 사회를 경제적 생산과 전투력 등의 물질적 과정으로 보는 것은 법가의 이론에서 전형적으로 나타나며, 유가의 경우 순자의 이론에서 어느 정도 드러난다. 이런 발상이 노자와 장자에 근원하며, 중국의 '기' 이론은 노자와 장자의 철학에서 기원했다고 할 수 있다. 왕안석이나 진량이 말하는 물질적인 현실은 바로 그런 맥락에 서 있다. 그러나 주희는 셋째 의미를 '기'라는 말에 포함시키지 않는다. 주희의 기 개념은 대략 첫째와 둘째 의미에 집중되어 있다.

'리-기'라는 말은 주희의 이론에서 나온 것이다. 따라서 진량은 '리-기'는 주희의 철학 체계 안에서 유효한 개념이기 때문에 '리-기'라는 말을 붙이는 것을 거부한다. 또한 주희는 육구연의 철학을 기 일원론으로 보나, 육구연 자신은 심즉리(心卽理)를 주장하는 리(理) 일원론자로 자처한다. 따라서 일원론들을 기를 주장한 철학이라 규정하는 것은 상당한 문제가 있다. 그러나 기에 그런 세 가지 의미의 층차가 있고, 또 주장한 사람이나 학파의 차이가 있다는 것

---

9) 공자는 '이념'(名)에 의해서 현실이 규정되어야 한다고 한다. 이는 이념과 현실을 나누는 일종의 이원적 이론이며, 주희의 理一分殊 이론은 공자의 正名論을 형이상학적으로 표현한 것이다. 노자는 '이념을 부정하는 논리(無名論)'를 가지고 공자가 바로 세우려 했던 이념들(正名論)을 비판 부정한다. 그에게 무명론 혹은 氣는 오캄의 면도날과 비슷한 점이 있다. 필자의 글, 「공자의 正名論과 노자의 無名論의 비교」, 『철학』 31 집 봄호, 1989, 한국철학회, 181-198 쪽 참조.

을 감안할 때 기 이론이라 보는 것도 어느 정도 가능할 것이다. 그러나 무차별적으로 기 철학이라 하는 것은 문제가 있다.

(5) 이상 중시와 현실 중시 : 그들이 그 일원체를 어떻게 규정했던지 간에, 현실적 사회와 인간의 상태[氣]에서 그 이론을 출발시킨 점에서는 기 중심론자라고 할 수 있다. 이런 일원적 이론들은 강렬한 현실성을 띤다. 그 일원체가 정신적 생명체이던 물질이던 간에 그들은 세계를 일원적으로 보기 때문에, 지금 여기에 있는 현실 속에서 이상적인 것이 그대로 구현되어 있거나 있어야 한다고 본다. 그들은 이론과 실천을 구분하지 않는다. 결국 이론이 바로 실천이 되어, 실천 중심으로 나가며, 이것이 강렬한 현실적 실천 의지로 나타난다.

왕안석이나 육구연 진량은 초인을 지향한다. 왕안석의 경우 사회의 맨 위에 서서 사회의 상황을 파악하고 개혁하는 성인을 지향하며, 진량은 일세를 진동시키는 영웅을 바라며, 정호와 육구연은 강렬한 도덕적 실천 의지를 가진 적극적인 인간을 말한다. 이들이 이런 초인을 말하는 것은 실천 의지 때문이다. 장재나 호남학파가 고행에 가까운 수양을 강조하는 것도 실천적 욕구 때문이다. 반면 정이나 주희는 이상이 현실에 실현되어야 한다고 본다. 이것의 일차적인 결론은, 이상을 인식하고 이에 따라 자신의 마음과 사회를 변화시키는 것이다. 그들에게는 뛰어난 사람의 사회적 실천보다는 평범한 사람이 이상을 인식하고 실천하는 것이 중요하다. 따라서 이론적 천착이 일차적인 것이 된다.

이 글은 일원적 이론과 이원적 이론, 이상 중시와 현실 중시의 대립을 당시의 새로운 사회 상황 속에서 조명하고자 한다.

2. 본 연구에서 배제하는 것

송대 신유학은 복잡하고 난해한 형이상학 체계로 유명하다. 일반적으로 송대 신유학의 연구는 그 형이상학 속에서 그 개념들을 징발하여 단순한 산술적 계산을 하는 것으로 일관된다. 이런 관념 계산[10]에 의한 연구란 명확한 해결이 없다는 점에서, 중세의 신화, 즉 캄캄한 밤 비바람이 몰아치는 속에 천둥같이 소리치는 악마를 향해 검은 말을 타고 창을 꼬나들고 돌진하는 흑기사의 싸움과 비슷하다. 추상적인 개념과 번쇄한 형이상학 체계를 그 자체로 다루는 것은 해결된 것도 없고 안 된 것도 없는 수렁에 빠지기 쉽다.

그 형이상학의 난해한 관념 체계를 산술적 계산에 의해서 밝히는 것은 또한 '덧칠하는 것'이다. 모든 이론은 회색이다. 회색에 다시 회색을 덧칠한다고 그것이 생명의 푸르름이 되지는 않는다. 그러나 그런 덧칠하는 과정을 통하여 현실이 인식된다.[11] 철학의 이론적 탐구는 그와 같은 성격이 있다. 그러나 이미 죽은 개념들인 성리학의 언어로 성리학을 설명하는 것은 '인식'을 위한 덧칠이 되지 못한다. 이런 점에서 이 글은 신유학의 형이상학을 그 개념으로 설명하지 않으며, 결국 형이상학의 설명을 배제한다. 따라서 주돈이의 형이상학을 배제하며, 장재나 두 정씨, 주희의 형이상학의 이론은 그 개념으로 설명하지 않는다. 형이상학은 세계관이라 할 수 있다. 이 글은 송대 사대부 지식인들의 세계관을 형이상학의 이론이 아닌, 그들이 처한 상황에서 이해하며, 그 언어를 우리들의 언어와 이성에 환원시켜 보려 한다. (제2장 참조) 다시 말해서 이 글은

---

10) '관념 계산'에 대해서는 2장 풍우란 부분(46쪽 이하)을 볼 것.

11) 괴테는 『파우스트』에서 "모든 이론은 회색[죽음의 색]이다. 그러나 생명의 나무[현실]는 푸르다"고 한다. 이에 대해서 헤겔은 『법 철학』 서문에서 '덧칠이란 인식하는 과정'이라고 말한다.

성리학의 형이상학을 정면으로 설명하지 않는다. 대신 그들의 사상이 형성되어 가는 과정을 수양론 및 마음 이론을 중심으로 설명한다. 그리고 그것에 관련되는 한에 있어서 형이상학을 설명한다. 처음부터 형이상학을 설명하기 시작하면, 결국 헤어나기 어려운 수렁에 빠지기 쉽다. 따라서 사상의 발생과 수양론 및 마음 이론이라는 우회하는 길을 통해서, 그들의 형이상학을 접근하려 한다.

송대의 새로운 유학은 몇 가지 선명한 입장들의 대립의 연속이라고 할 수 있다. 이 대립은 주희를 중심으로 명백하게 드러난다. 따라서 주희를 중심으로, 그와 논쟁한 호남학파 육구연 진량을 다룬다. 이를 위해서 그들의 뿌리인 북송 시대의 신법당과 구법당의 대립, 구법당 이론가 안에서도 장재-정호-정이의 논쟁 대립과 이론적 발전을 먼저 다룬다. 이를 통하여 송대의 새로운 유학의 흐름의 면모를 찾아본다. 그 반면 개별적인 학자들 단위로 그 사상을 체계적으로 서술하지는 않는다.

송대의 새로운 유학의 형성 과정을 하나의 흐름으로 볼 때, 그 흐름에서 방계적이거나 그 흐름을 형성하는데 주변적인 사람들은 이 논문에서는 일단 배제했다. 큰 흐름을 명백하게 밝히기 위해서 필자는 그런 취사선택을 했다. 어떤 사상가들을 왜 배제했는지 그 이유는 다음과 같다.

(1) **주돈이**(周敦頤; 1017-1073, 자 茂叔, 호 濂溪) : 그는 주희에 의해 성리학의 기초자로 지목되었다. 주희는 성리학의 계보(道統)를 말하면서 그 첫머리에 주돈이를 놓았다.[12] 그러나 실제로 그는 북송 시대의 사상계에서는 별다른 역할을 하지 않았다. 그는 당시의 사상계에 거의 알려지지 않은 사람이었다. 주희는 자신의 사상

12) 『근사록』의 편찬 체제에서 전형적으로 그것이 보인다.

을 간략하게 표현하는 강령적인 글로써 「태극도설」을 발굴한다. 그리고 주돈이와 정호 정이와의 관계를 강조하여, 그가 스승으로서 두 정씨에게 큰 영향을 미쳤다고 한다. 그러나 현존 자료로 보건대 그는 두 정씨에게 별다른 영향을 미친 것이 없다. 그리고 「태극도설」의 내용도 주희가 해설한 것과는 다르다고 할 수 있다.13) 주돈이의 사상은 주희의 이론 체계 안에서만 의미가 있을 것이다. 따라서 주돈이는 배제한다.

(2) **소옹**(邵雍; 1011-1077, 자 堯夫, 시호 康節): 송대 이후 『주역』 연구의 주요한 두 방향은 소옹의 상수학(象數學)과 정이의 의리학(義理學)이다. 소옹의 상수학은 신유학의 주요한 한 부분이기는 하지만 송대 신유학의 본류는 아니다. 그는 리와 기라는 개념으로 대변되는 새로운 유학의 형이상학 체계와는 다른 기호학적 수학적 우주론 체계를 세운 사람이다. 소옹과 정이의 상수학과 의리학의 형이상학을 비교하는 것도 가치 있는 작업이지만, 신유학의 세계관을 다루는 이 글과는 좀 다른 분야이다. 뒷날의 연구로 돌리겠다.14)

(3) **양시**(楊時) **사량좌**(謝良佐) **장구성**(張九成) **호굉**(胡宏)15) 등

이들은 북송의 성리학의 기초자들과 남송의 학자들 사이에 징검다리가 되는 사람들이다. 이들은 한 학파를 이룰만한 사유 체계를

13) 이 점은 宇野哲人, 『중국 근세 유학사』 7장 2절 및 10장 2절에 자세하다.

14) 소옹의 철학에 관해서는 다음 논문을 참조. 이봉규, 『소옹 철학을 형성하는 도가적 사유와 유가적 사유』, 서울대 석사 논문, 1989년.

15) 楊時(1053-1135)의 자는 中立, 호는 龜山이며, 南劍州 將樂 사람이다. 謝良佐(1050-1103)의 자는 顯道, 壽春 上蔡 출신이므로 上蔡 선생이라 부르기도 한다. 이 둘은 정호 정이의 대표적인 제자이다. 張九成(1092-1159)의 자는 子韶, 호는 橫浦/無垢 居士이며, 錢塘 출신이다. 그는 楊時에게서 배웠으나 선불교에 기울어져 주희의 비판을 받았다. 胡宏(? -1161)의 자는 仁仲, 호는 五峰 선생. 그는 胡安國의 아들이며, 아버지에게서 사상적 영향을 많이 받았으며, 楊時에게서도 배웠다.

남기지 않았다. 그리고 대부분 새로운 유학의 특징을 간직하기보다는 불교 등에 기울어진 사람들이다. 따라서 송대의 새로운 유학의 사상의 형성 과정에서 볼 때 주요한 인물들이 아니므로, 필요한 부분에서 그 사상을 설명하는데 그치겠다.

⑷ 영가학파(永嘉學派)와 주희의 동료 및 제자들[16)]

영가학파의 사상은 일단 진량을 다루는 것으로 대신하려 한다. 진량은 영가학파보다 더 강렬하게 현실 참여를 주장했다. 이점에서 그는 정면으로 주희와 대립되며, 이 대립을 밝힘으로써 좀 더 명백하게 남송대의 사상계를 조명할 수 있을 것이다. 주희의 동료와 제자들의 사상은 송대의 성리학의 형성 과정과 연결시키기보다는 원대의 주자학의 선구로서 다루는 것이 더 나을 것이다.

3. 이 책의 개요

제2장 : 이 글은 송대 신유학자들의 난해한 형이상학 체계를 지금 우리들의 이성으로 이해할 수 있도록 그 이론적인 구조와 형이상학적 용어들의 의미를 따지고 해명하는 것을 목표로 한다. 이를 위해서 우선 지금까지 성리학에 대한 중국 일본 한국의 연구 성과에 대해서, 그들의 관점과 한계를 비판적으로 분석한다. 그리고 본 연구가 채택한 방법론에 대해서 설명한다.

---

16) 永嘉學派는 절동 지방의 事功 지향적 성향을 가진 일군의 학자들이다. 葉適(1150- 1223, 자 正則, 호 水心)이 대표 인물이다. 그는 周行己 許景衡 등, 永嘉의 아홉 선생의 사상을 이어받았다. 永嘉 9 선생은 말년의 程頤에게서 배웠다. 鄭伯熊, 薛季宣(1134-1173, 자 士龍, 호 艮齋), 陳傅良(1137-1203, 자 君擧) 등의 학자가 있다. 주희의 학문적 동료로는 張栻(1133-1180, 자 敬夫/欽夫 ·樂齋, 호 南軒), 蔡元定(1135-1198, 자 季通)이 있고, 제자에는 蔡沈(1167-1230, 자 仲默, 호 九峰), 陳淳(1159-1223, 자 安卿, 호 北溪) 등이 있다.

송대의 신유학에 대한 기존 연구 성과 중에서 풍우란(馮友蘭)과 후외려(侯外廬), 우노 데스토(宇野哲人) 등의 이론을 검토하고, 그 관점과 한계를 비판적으로 분석하고자 한다. 그들은 당-송 변혁의 의미를 단지 사상적 교체로 보거나(풍우란 宇野哲人 등), 역사적 변혁으로 보았으나 그것을 불충분하게 파악했다(후외려). 또한 송대 신유학자들의 이론적 대립을 사상 자체 안에서만 보거나(풍우란), 역사적 기초 위에서 보았지만 사상을 분석하는 것이 지나치게 도식적이거나(후외려), 실증에 치우쳐 형이상학의 전체 면모 파악에 미흡한 경우(宇野哲人)가 있었다. 이 글은 당-송 전환기에 있어서 불교 도교에 대한 신유학의 의미와, 신유학 자체 안에서의 이론적 대립을 탐구해 보고자 한다.

제3장 : 송대 신유학의 이론 체계를 해명하기 위해, 먼저 당나라에서 송나라로의 교체의 의미를 사상사적으로 추적한다. 한-당 시대에 지식인 사회에서 유행했던 불교와 도교에서 송나라 때 완성된 '새로운 유학'으로의 변화는 사회관 국가관의 측면에서 어떤 의미가 있는지 간략하게 서술한다. 그리고 기존의 연구자들이 주목하지 않았거나 큰 의미를 두지 않았던 신법당과 구법당의 대립과 그들의 기본 입장 차이에 대하여 서술하고자 한다. 새로 들어선 통일 국가인 송나라를 어떻게 운영할 것인가를 두고 당시의 지식인 사회는 신법당과 구법당으로 분열되었다.[17] 이 분열은 단순히 권력 투쟁 때문만은 아니고, 세계관과 국가관 인간관의 차이에서 비롯된 것이다. 이 대립으로부터 성리학이 싹트고 자라났다고 할 수 있을 것이다.

---

17) 신법당과 구법당의 사상적 대립에 관한 개괄적인 사항은 제임스 류가 지은 『왕안석과 개혁 정책』에서 도움을 얻었다. 이 책은 동양사학에서 보는 신법당과 구법당의 대립을 요령있게 정리하고 있다.

제4-7장 : 북송 시대의 학계는 크게 왕안석을 중심으로 하는 제도 개혁론자들(신법당)과, 장재-정호-정이로 이어지는 인격 수양론자들(구법당)로 나뉜다. 왕안석은 제도의 개선과 관리의 기강 확립을 통하여 이상적인 국가를 이루려 한다. 반면 인격 수양론자들은 도덕적인 이성과 양심을 확립한 사대부 지식인들이 주도하는 국가를 상정하고 관념론적 세계관을 세워 나갔다. 처음 장재는 현실적 인간의 입장에서 태허(太虛; 현상 사물의 본체)와 객형(客形; 일시적 현상 사물)을 대립시킨 자연관과 인간관을 정립하였고, 정호는 그것의 문제점을 예리하게 지적하면서 깨달은 자의 입장에서 통합적인 인간관을 정립했다. 정이는 정호의 이념을 따르면서도 현실적인 인간의 입장에서 출발하여 이상적 인격을 이루는 방법을 제시했다. 왕안석이 현실 문제를 중시했다면, 정호는 도덕적 주체의 실천성을, 정이는 도덕규범이라는 원칙에 주목했다고 할 수 있다.

제8장 : 이와 같이 북송 시대에 신법당과 구법당의 대립, 그리고 구법당 내부의 장재-정호-정이의 논쟁 대립과 이론적 발전을 밝힌 다음, 이 네 입장 대립이 남송 시대에는 어떻게 드러나는가를 주희의 지적 편력 과정을 중심으로 살펴보고자 한다.

남송 시대에 이르러서 주희에 의하여 장재 정호 정이 등, 성리학의 선구자들의 업적이 종합되어 장대한 이론 체계로 완성된다. 주희는 이통(李侗)에게 배우면서 처음 두 정씨의 학문에 접한다. 그러나 그가 아직 그 학문의 정체를 파악하기도 전에 이통은 죽었다.

이후 주희는 혼자의 노력에 의하여 북송 시대의 유산을 이해하고 정리하고 종합한다. 그는 이통의 "미발(未發)의 기상을 체인(體認)한다"는 이론을 이해하지 못한다. 그리고 비교적 장재의 이론과 유사한 호남학파의 "이발(已發)의 마음을 살핀다"는 이론을 장식에게서 배운다. 처음에는 이 이론에 만족했으나 갈수록 그 이론의 모순점들을 발견하고 회의하다가, 정이의 글을 읽고 홀연히 깨닫는다. 그는 마음에 있어서의 '미발과 이발', 세계에 있어서 '형이상과 형이하'라는 이원론적인 형이상학의 토대를 발견한 것이다. 주희의 형이상학의 뼈대가 형성되는 과정이 바로 '중화 논변(中和論辯)'이다.

제9장 : 이후 주희는 그 깨달음에 근거하여 인(仁), 태극 등의 이론을 확립한다. 그리고 그와 다른 입장에서 사상 체계를 형성했던 육구연 진량과 논쟁을 벌인다. 육구연은 정호의 일원론적인 이론과 유사한 사상을 주장한다. 우주의 마음은 내 마음과 같다. 우주의 현상은 우주의 마음(天地之心)에 의해서 일어나듯이, 나의 행위도 나의 마음에 의해서 일어난다. 육구연은 지금 '나'의 마음을 절대적인 주체로 확립하려 한다. 따라서 그는, 각 개인이 그 마음에 객관적인 규범을 받아들여 자신의 인격으로 형성해야 한다고 하는 주희의 이론과 대립한다. 육구연이 볼 때, 그와 같은 이론은 자유로워야 할 인간의 주체가 규범에 종속되고 제한되는 것을 의미하기 때문이다. 주희는 도덕률에 의해서 개인의 행위가 규제되어야 한다고 보아 **원칙성**을 중시했다면, 육구연은 도덕 실천 주체의 자발성에 따른 **실천성**을 강조했다고 할 수 있을 것이다.

이들은 이런 기본적 관점의 차이를 바탕에 깔면서, 아호사(鵝湖寺)에서 도덕적인 수양 방법에 대하여 토론하고, 편지를 통하여 무극을 인정할 것인가를 두고 논쟁한다. 기본 관점이 다르기 때문에 수양 방법부터 시작하여 형이상학의 근본 명제에 이르기까지 논란을 벌인 것이다.

제10장 : 비록 논쟁을 벌였으나, 주희나 육구연이나 '도덕적 주체'를 세우겠다는 점에서는 일치한다. 그러나 진량의 경우는 그런 도덕적 주체 자체에 대해서 문제 삼는다. 그는 마음 수양이라는 발상을 비판한다. 당시의 지식인 사회에서 중요한 논쟁은, 중국의 북반부를 차지한 금나라와 무장 투쟁하여 잃어버린 조상의 땅을 회복할 것인가, 아니면 금나라와 강화하여 평화를 유지할 것인가 하는 것이다. 진량은 무력에 의해서 다시 통일할 것을 주장한다. 따라서 그는 이 세상의 군사적 역학 관계 내지 물리적 필연성을 냉철하게 보아야 한다고 주장한다. 도덕적 인격자와 이 세상을 뒤흔드는 영웅, 이것이 주희와 진량이 각각 지향했던 인간상이다. 진량은 비록 왕안석을 비판했지만, 그 기본적인 발상에 있어서는 사회의 물질적 관계를 중시했던 왕안석과 같다고 할 수 있다. 사회의 물질적 현실을 중시하는가 아니면 개인의 인격 수양을 중요시하는가, 혹은 **현실성**을 강조하느냐 도덕률이라는 **원칙의 실천**을 강조하는가 하는 기본 관점의 차이가 신법당과 구법당의 대립의 초점이라 할 수 있기 때문이다.

이 글은 새로운 상황 속에서 조화를 이룬 국가를 건립하려 했던 송대 지식인들의 세계관을 그들의 대립적 논쟁점을 중심으로 조명해 보고자 한다. 그들의 논쟁은, 북송 시대에는 사회의 물질적 **현실**을 중시했던 신법당과 개인의 마음과 인격 수양에 의한 도덕률[**원칙**]의 **실천**을 강조했던 구법당의 대립, 그리고 구법당 안에서는 장재 정호 정이의 대립을 중심으로 전개되었음을 밝혔다. 그리고 이 네 가지 사상적 조류가 남송 대에는 주희를 중심으로 하여 호남학파와 육구연 및 진량 등의 입장 대립으로 나타났음을 밝혔다. 이와 같은 네 가지 입장을 규명함으로서 송대 이후의 유학의 흐름을 이해하는 바탕을 마련할 수 있을 것이다.

4. 연구 자료

2차 자료는 단지 송대 신유학을 보는 시각을 세우는데 참조했다. 그리고 몇 가지 사항을 확인하거나 환기시켜 주는데 도움이 된 2차 자료도 있었다. 무엇보다도 1차 자료를 중심으로 이 글을 구성했다. 주로 연구한 1차 자료는 다음과 같다.

제3-제7장 북송 시대 : 신법당과 구법당의 대립의 철학적 의미에 대해서는 기존 연구가 많지 않기 때문에 필자는 일차 자료를 중심으로 추적하고자 하였다. 여기에 기술된 사상의 대립 관계와 그 사상적 구조를 확인 하는 데는 무엇보다도『하남 정씨 유서(河南程氏遺書)』가 중심이 되었다. 이 책을 통하여 신법과 구법의 대립이 어느 정도 확인되었다. 신법당과 구법당의 사상적 대립에 관한 개괄적인 사항은 제임스 류가 지은『왕안석과 개혁 정책』에서 얻었다.

왕안석의 사상은『왕문공(王文公) 문집』과『왕임천(王臨川) 선생 문집』에 나오는 철학 논문에 근거했다.[18] 주로 전자를 인용하되, 거기에 없는 것만 후자에서 인용한다.

장재와 두 정씨 사이의 논쟁점은 주로『하남 정씨 유서』에 근거해서 찾았다. 이 책은 그들의 논쟁에 대해서 풍부한 자료를 수록하고 있다. 기존의 연구는 이 책에 나오는 장재와 정씨 형제의 논쟁에 대해서 주목하지 않았기 때문에, 장재와 정씨 형제 사이의 사상적 대립 과정 나아가 정호와 정이의 사상적 차이를 정확하게 파악하지 못했다고 필자는 생각한다.

---

18) 그 두 책은 거의 같은 내용을 수록하고 있으나, 수록 순서가 다르다.『王文公文集』은 문학을 중심으로 수록한 것이다.『王臨川 先生 文集』은 상소문, 공문, 철학 논문을 중심으로 수록한 것이다. 또한 후자가 좀 더 많은 자료를 수록하고 있다.

장재의 사상은 왕부지(王夫之)가 주석을 쓴 『정몽(正蒙)』을 중심으로 추적했고, 「어록」 등을 참조했다.

두 정씨의 사상은 『하남 정씨 유서』를 중심으로 했고, 『문집』, 『역전(易傳)』, 『하남 정씨 외서(外書)』 등을 참조했다.

제8-제10장 주희와 그 논적(論敵) : 전체적인 얼개는 『주자 어류』와 『주자 문집』에 의존했다. 이 책들에는 풍부한 자료가 수록되어 있으며, 특히 『주자 어류』에는 각 학파의 인물들에 대한 평가가 있다. 제8장 중화 논변은 『주자 문집』에 나오는 주희의 편지와 논문들을 중심으로 서술했다. 장식의 문집이 있기는 하지만, 중화 논변과 관련되는 편지는 없다.

제9장 주희와 육구연의 논쟁은, 『육상산(陸象山) 선생 문집』과 『주자 문집』에 나오는 왕복 편지를 중심으로 서술했다.

제10장은 『진량집(陳亮集)』과 『주자 문집』에 나오는 주희와 진량 사이에 오고간 편지를 중심으로 했다.

이상에서 『주자 문집』을 해석하는데 있어서 조선조 말의 이항로(李恒老)가 편찬한 『주자대전(朱子大全) 차의집보(箚疑輯補)』가 결정적으로 도움이 되었다.

제9장과 제10장은 후외려 등이 편찬한 『송명(宋明) 이학사(理學史)』와 『중국 사상 통사』를 참조했다.

제2장
연구 방법에 대한 반성

송대에 등장한 새로운 유학에 대한 기존의 연구 성과를 개괄하기 위해서 편의상 중국 일본의 지역별로 나누어 고찰하고자 한다. 그리고 한국 및 미국과 유럽의 연구 성과에 대해서는 별로 할 말이 없기 때문에 일단 배제하겠다. 지역별로 고찰하되 필자가 중요하다고 생각하는 사상가나 조류에 대해서 언급하고자 한다. 그리고 이 글의 연구 방법에 대해서 간략하게 설명하겠다.

1. 중국

1) 모종삼 : 일원적 생명체론과 중화주의

대만 홍콩의 현대 중국 철학 중 주요하게 알려진 것은 웅십력(熊十力)으로부터 발원한다고 할 수 있다. 웅십력의 사상은 모종삼(牟

宗三) 서복관(徐復觀) 당군의(唐君毅) 등으로 이어진다고 할 수 있다. 이들은 국민당의 패망과 대륙 상실의 각성에서, 유학의 부흥을 통하여 새 중국을 건설하려 했다. 서복관은 선진(先秦) 시대와 한나라 때의 사상을 특이하게 해석했다. 모종삼 당군의는 신유학에 대해서 많은 연구 서적을 남겼다. 이 중 칸트의 도덕 철학을 받아들여 신유학을 해석했던 모종삼의 『심체여성체(心體與性體 ; 마음인 것과 본성인 것)』를 중심으로 살펴보자.

그들이 신유학에서 받아들이는 가장 기본적인 통찰은 이 세계 전체의 본질은 '낳고 또 낳는 것'(生生之道)이라는 것이다. 자연(天地)은 삶(生機)으로 충만한 생명체이다. 신유학은 이 우주적 생명체의 자기 전개의 양상을 포착했다는 것이다.

(1) 우주적 생명체 : 사람들은 일반적으로 세계의 본체를 물질이나 정신 어느 하나를 중심으로 규정해 왔다. 그러나 그들이 보기에, 이 세계는 그런 식으로 물질이나 정신으로 환원시킬 수 없다. 이 세계는 물질이며 동시에 정신인 것이다. 신유가가 말하는 '기(氣; 생명력)'가 바로 그런 것이며, 그것은 '생명'이라고 할 수 있다. 이들은 분석과 환원을 거부하고 세계를 **하나**인 전체의 흐름이며 과정으로 본다. 자연계, 나아가 이 세계 전체는 바로 그 생명체의 자기 전개이다. 우주의 모든 존재자들은 이 생명체의 한 부분이며, 이 하나의 전체적 유기체에 속한다. 모든 존재자들은 스스로 살아 움직이는(生生) 이 생명의 흐름 내지는 자기 전개 과정 속에 놓여져 있다. 유기체적으로 얽혀 흘러가는 전체 우주는 하나의 것[全一, 大全]이며, 그것은 하나의 우주적 생명체이다. 모든 사물에는 이 생명력이 내재해 있다. 인간도 사물의 하나로서 이 생명력[본성]을 부여받았다. 따라서 이 생명력은 인간과 자연을 내적으로 연결하

여 하나의 유기체적 통일체를 이룬다. (天人合一; 인간과 자연은 같은 구조를 가진다.)

이 생명력을 신유가는 '천지의 마음'(天地之心)이라고 한다. 그리고 그 생명력(生)을 사랑(仁), 성실함(誠)이라고 규정한다. 이런 점에서 그들은 생명력을 '도덕적 의지'[德性 生命]라 한다. 사랑하며 성실하게 살아 움직이기 때문에, 이 우주적 생명의 흐름은 거대한 조화로 드러난다. 인간은 천지의 마음을 그 본성으로 타고난다. 따라서 인간은 이 생명[본성]의 약동에 따라 사랑하며 성실하게 살 때 우주적 생명의 흐름에 동참할 수 있다. 나아가 모든 인간이 다 자신의 생명의 흐름에 따를 때 이 사회에 우주적 조화를 이룰 수 있다. 그리고 그 때 우주적 사랑(仁)이 이루어져 모든 사물이 한 몸이 된다. 이런 관점에서 인간의 모든 덕목과 규범, 사회 체제는 이 생명의 흐름의 자기 전개라 할 수 있다.

(2) 신유학의 일원론자들 : 이와 같은 발상은 신유학의 정초자들에게 근원하고 있으며, 그들은 신유학을 설명하는 데 이를 기본 도식으로 적용하고 있다. 신유학자들은 온전한 하나(全一)인 우주 생명체에 대하여 많은 언급을 했다. 예컨대, 장재의 「서명(西銘; 서쪽 창에 붙인 좌우명)」, 정호의 「식인편(識仁篇; 사랑을 알라)」 및 자연의 생명력(生生)에 관한 언급 등이 그런 해석의 싹을 제공한다. 정호는 하늘을 나르는 솔개, 연못에서 뛰노는 물고기 등이 단순한 그 짐승들의 움직임일 뿐만 아니라, 우주적 생명(天地之心)의 드러남이라고 보았다.

그들은 이런 도덕적 의지를 그대로 나의 마음으로 자각하는 것을 강조하는 육구연이나 왕수인(王守仁)의 철학을 기본적으로 맹자의 성선설을 이어받은 것으로 생각한다. 반대로 주희처럼 이성의 본체를 일종의 도덕규범(理)으로 규정하는 것은, 그 규범(理)에 인간이 얽매이게 한다고 본다. 즉 전자는 자율 도덕을 주장했고, 후자는 타율 도덕을 주장했다는 것이다. 그리고 중국 철학에서 인간의 마음을 그런 도덕적 의지(德性 生命)로 규정하지 않는 성악설이나 주희의 객관적 관념론 등의 모든 조류를 비판한다.

그들은 이런 일원론적 생명체론 부분만 집중적으로 받아들여 확장한다. 남송 이래 신유학 내지 중국 철학의 정통은 일원적 이론을 전개한 사람들에게 있다고 본다. 모종삼 채인후(蔡仁厚)는 육구연과 왕수인이 중국 유학의 정통[正宗]이며, 송명 유학의 큰 집안(大宗)이라고 한다. 모종삼은 송명 신유학을 다음 세 갈래로 정리한다. ① 주돈이-장재-정호-호굉--유종주(劉宗周; 1578-1645, 호 즙산 蕺山, 명말 청초의 사람) ② 정이-주희는 "이성이 진리이다"(性卽理)라는 사상을 형성 발전시킴. ③ 육구연-왕수인은 "이 마음이 진리이다"(心卽理)라는 사상을 발전시킴. 따라서 그들은 육구연이 정호의 사상을 이은 것이 아니라고 한다. 정호의 사상은 호굉 등이 이어 받았다. 육구연은 혼자 공부하여 맹자의 사상을 직접 계승하고 진 이전 시대(先秦)의 정통 유학을 발전시켰다. 그리고 이후의 신유학의 본류[大宗]를 만들었다. 반면 주희는 전통 유학 사상을 분석하고 토론하는 과정에서 자신도 의식하지 못하고, 정통 유학과는 별도의 체계를 형성하게 된 것으로 본다. 그것은 중국 유학의 정통[正宗]도 아니며, 송명 유학의 큰 집안(大宗)도 아니다. 정이는 따로 떨어져 나와 한 집안을 세운 장남 아닌 아들(別子)이며, 정이의 사상을 주희는 이어서 하나의 집안을 이루었을 뿐이다.[1] 육구연-왕수인이 정통이고, 주희는 대학자이기는 하나 유학의 곁가지에 해

1) 牟宗三, 『心體與性體』, 42-60 쪽. 蔡仁厚 『宋明 理學』 (남송편), 1-11 쪽. 모종삼은 주희가 한 학파를 이룬 大家라는 점은 인정하나, 그가 정통도 큰 집안도 아니라는 것이다.

당된다는 견해는 대만 계통에서는 일반적인 시각인 것 같다. 이렇게 송대 신유학의 가닥을 정리하는 것은 독특한 견해이기는 하나 역사적 사실이나 학문의 맥락과 부합하지 않는다.

(3) 평 가 : 모종삼이 제시하는 신유학의 세 갈래 구분은 지나치게 작위적이다. 자신들의 종교적인 신념에 맞게 철학의 조류와 철학자들의 계통을 엮어 낸 것으로 왜곡이 심하다. 정이-주희 노선과 육구연-왕수인 노선은 성리학(性體 노선)과 양명학(心體 노선)의 구분이다. 그러나 전자의 경우, 정이 이전의 그 사상의 뿌리를 제대로 제시하지 못한다. 후자의 경우, 육구연이 천년 세월을 뛰어 넘어서 맹자의 참 사상을 자득했다는 것도 역사에서 단절이 있다고 보는 것이다. 또한 그 두 줄기 이외의 사람들은 일괄적으로 몰아 하나의 줄기로 삼은 것도 문제가 있다.

이런 일원론적 유기체론은 주희의 리기론(理氣論) 내지 데카르트적인 몸-마음의 이원론을 비판하는 데는 어느 정도 유효한 이론이라고 할 수 있을 것이다. 그러나 혼연한 하나인 우주적 생명체의 자기 전개를 어떻게 우리가 받아들일 수 있는가? 보통 사람들에게 이런 이야기는 거의 신화적인 것이다. 내 눈 앞에 보이는 풀 나무 구름 등 모든 현상이 우주적 생명체의 움직임이라고 어떻게 생각할 수 있는가. 물론 그들이 우주적 생명체의 자기 전개를 주장하는 것은, 인간의 생명력을 도덕적 의지로 규정하여 현실에서 적극적으로 도덕규범을 실천하려는 종교적 신념에서 나왔다고 할 수 있다. 그러나 그것은 결국 우주적 생명의 약동에 대한 신비 체험을 통해서 받아들일 수 있을지 모르겠다. 그러나 그런 체험을 하지 못한 사람에게는 설득력이 없을 것이다.

그들은 몸(물질)과 마음의 종합으로서 '생명'을 주장한다. 그들은 형이상학의 근본 문제를 그런 개념 하나를 도입함으로써 해결한 것처럼 생각한다. 그러나 개념 하나로 형이상학의 문제가 쉽게 해결되는 것은 아니다. 사람은 육체적 요소인 감정 욕망을 가지며, 동시에 이성을 가진다. 감성과 이성의 대립은 쉽게 해결되지 않는다. 그들은 '생명'이라는 말을 도입하여 그 대립을 얼버무리고 있다. 그 생명의 전개에 대한 '반성적 깨달음의 체험'(逆覺 體證)에 의해 그 대립은 해소된다는 것이다. 그리고 그것은 뛰어난 사람들에게나 가능하다. 그러나 오히려 그 '생명'이라는 것은 일종의 주관과 객관이 분리되지 않은 '정신'이라고 할 수 있다. 그들은 그 생명의 전개로서 '사랑'(仁)을 말한다. 그러나 현실이란 그와 같은 사랑의 전개는 아니다. 그들이 사상의 흐름을 설명하면서도 현실의 물질적 토대와 이것에서 나오는 이해의 대립 갈등을 무시하게 되는 것은 그런 주객 미분리의 유아적 정신에서 나온 것이 아닌가 한다. 그 이론은 일종의 신화적 세계관의 철학화인 것 같다.

그들은 생명의 전개를 중심으로 신유학을 설명하나, 결국 일종의 '관념 계산', 그것도 매우 난해한 관념 계산에 치중한다. 우주적 생명의 전개는 일단 깨달음의 대상이나, 그 깨달음에는 역사적 사회 경제적 배경은 전혀 들어가지 않는다. 또한 깨달음이란 이해하기 쉬운 합리적인 설명이 들어갈 여지도 별로 없다. 따라서 그 전개는 오직 '생명'과 관련된 말들, 예컨대 사랑(仁) 성실함(誠) 등의 개념(그들이 잘 쓰는 말로 '관념')을 붙이고 떼고 하는 계산을 통해서 설명된다. 우주적 생명의 전개에 대한 '반성적 깨달음의 체험'을 가지지 못한 사람들에게 그들의 설명은 매우 난해할 수밖에 없다. 또한 이런 극도의 주관적 관념론를 가지므로 그들은 현실에 대한 물질적 파악을 한 모든 사상가들(왕안석 등)을 완전히 배제한다.

그들은 중국의 역사 자체가 이 우주적 생명의 흐름이며, 사랑에 의한 조화를 추구해 왔다고 본다. 중국의 모든 덕목과 규범, 사회 체제는 이 생명의 흐름의 자기 전개라 할 수 있다. 중국의 과거는 따라서 황금빛으로 찬란하게 빛나고 있다. 이런 점에서 어떤 사람들은 이들을 '문화 사관을 바탕으로 한 새로운 중화주의자'라고 한다. 그들의 이론은 중국적 민족주의의 일종이라고 할 수 있을 것이다.

이와 같은 주장은 현대에 와서 현대 신유가라 불리는 사람들의 유교 부흥 운동과 연결되어 있다. 5.4 운동 시기에 유교는 낡은 전통 윤리의 표본으로서 극렬하게 비판받았다. 이에 전통을 옹호하기 위해서 일군의 사람들(張君勱, 張東蓀, 梁漱溟, 熊十力 등)은 신유학 가운데에서 양명학적 전통(및 불교의 唯識 이론)에 주목하였고, 전통 유교 윤리를 '현학'(玄學; 형이상학)이라는 이름으로 옹호한다.[2] 그 후 이들을 이은, '현대 신유가'라 불리는 사람들은, 봉건시대의 낡은 윤리로 매도되었던 유교가 현대화의 길에서 자본주의와 병행할 수 있고, 서구와는 다른 유형의 공업 사회를 창출할 수 있다고 본다. 나아가 동아시아의 자본주의의 싹을 유교 윤리에서 찾는다. 이는 막스 베버가 서구 자본주의의 정신을 청교도의 윤리에서 찾은 것을 원용한 것이다. 결국 봉건 윤리는 자본주의의 근거가 되어 버린다. 이러한 것은 공산주의의 몰락과 더불어 유물론과 변증법이 퇴색하고, 자본주의만 살아남은 요즈음의 상황의 반영이라 할 수 있다. 미국 등지에서 동아시아 지역의 자본주의의 원동력으로서 유교가 지목되면서 이와 같은 주장은 다시 주목을 받고 있기는 하다.

---

2) 李澤厚 저, 김형종 역, 『중국 현대 사상사의 굴절』, 지식산업사, 1992. 65-84 쪽.

2) 풍우란 : 관념 보편주의와 관념의 변천사

풍우란(馮友蘭)의 경우는 그의 주요한 저서인 『중국 철학사』를 중심으로 살펴보겠다. 그가 이 책을 쓸 때에는 성리학적 합리주의의 입장에 섰다. 이후 『중국철학사 신편』을 쓸 때는 그가 중국에 잔류했던 관계로 마르크스주의적 관점을 가미한 절충주의적인 입장에 있었다.

(1) 보편적 관념의 변천사(觀念史) : 초기의 대표작인 『중국 철학사』는 모종삼 등의 일원적 생명체론보다는 좀 더 냉철한 합리주의의 입장에 서 있다. 생명체론은 현상 세계가 바로 본체인 '우주적 생명체'의 자기 전개라는 일원론이다. 중국 역사도 그런 전개 과정이다. 신유학은 그 생명체의 전개 과정을 파악한 것이다.

그러나 풍우란은 일단 본체와 현상 세계를 구분한다. 관념적 본체는 초월적인 것이고, 그것이 반드시 물질적 현실로 드러나는 것은 아니다. 지식인의 임무는 그 본체를 파악하여 현실에 실현시키는 것이다. 본체를 관념적으로 파악한 것이 바로 철학 이론이다. 그가 보건대 관념(으로 파악되는 본체)은 선험적으로 존재하고, 그것이 시대에 따라 구체적 현실로 드러난다. 철학사는 그 관념들이 시대에 따라 어떻게 다르게 드러나느냐, 즉 어떤 시대의 사상가들이 그 선험적 관념 체계를 어떻게 파악했느냐 하는 **관념의 변천 과정과 역사(觀念史)**를 기술하는 것이다.

일원적 생명체론 혹은 유기체론이 본체와 현상을 일원적으로 파악한 양명학의 연장선에 있다면, 풍우란은 본체와 현상을 엄격히 구분한 주희의 이론을 이어받았다. 후외려 등은 양명학과 주자학을 각각 주관적 관념론과 객관적 관념론이라 구분한다. 전자는 본체와 현상, 주관과 객관을 하나로 보는 일원론이다. 이는 결국 현상 세계 내지 객관을 본체와 주관에 각각 흡수시킨 것이다. 따라서 주관적 관념론이다. 후자는 주관과 객관을 분리시켜, 관념의 객관적 보편성을 인정하므로 객관적 관념론이다.

풍우란은 기본적으로 철학사가가 할 일은 관념 체계의 파악이라고 보지만, 그 체계가 역사적 사실로 드러난다고 보므로 역사적 상황을 완전히 무시하지는 않는다. 이러한 점은 그가 신유학을 설명할 때도 전형적으로 드러난다. 그는 이념과 현실을 구분하기 때문에 신유학이 설명되어야 할 이론 체계, 즉 개념들의 체계로서 과거 어느 시점에서 발생했다는 점에서 신유학의 역사성을 인정한다. 그러나 그는 그 이상 나아가, 신유학 사상을 그 시대의 사회적 정치적 토대 위에서 설명하지 않는다. 그는 신유학의 발생 과정을 설명할 때에는 역사적 사실을 가지고 말한다. 그러나 이는 신유학의 설명의 첫머리에 잠깐 나오는 것이고, 그 뒤부터는 결국 그 사상의 체계를 관념적으로 분석할 뿐이다.[3]

그는 사상사의 서술에 있어서 가장 중요한 것은 '객관적 관념'들의 체계로서 이론이라고 본다. 다시 말해서 연속적으로 변천해 가는 역사적 상황 속에서 사상이 어떻게 발생해서 현실을 반영하며 발전해 가느냐 하는 점 보다는, 그 사상 자체의 **내적 발전 논리**를 중시한다. 그가 보건대 사상들의 체계는 사회 경제적 상황과는 독립되어 있다. 적어도 신유학에서는 그렇다. 따라서 사상의 변천도 그 사회의 변천과는 어느 정도 독립되어 있다. 그러므로 그는 신유

3) 이런 방식은 그가 제자백가를 설명하는 것에서도 전형적으로 드러난다. 제가백가의 기원을 주나라의 6官에서 찾고, 묵자의 무리를 무사 집단으로 보며, 양주(楊朱)를 은자(隱者)의 무리를 이은 자로 보는 등, 사상 형성의 사회적 기원을 중시한다. 그러나 그 사상을 설명할 때에는 일단 그 이론 체계를 관념적으로 분석한다.

가의 기원을 순수하게 사상사적인 측면으로만 보아서 한유(韓愈) 이고(李翱)나 불교 도교를 지목한다. 당나라 때에 그런 사상 체계가 있었고, 이것의 영향을 받아서 송대에 신유학의 사상 체계가 발생하였다는 것이다. 그는 당송 변혁의 의미를 그런 사상적 관계로 본다. 그러나 송초의 신유학을 일으킨 사상가들은 이고에 대해 언급을 하지 않으며, 왕안석 정호 등은 한유(韓愈)를 비판한다. 자신들은 한유나 이고의 사상적 후예가 아니라는 것이다. 그러나 그는 사상 체계가 사상 체계를 낳는다고 보므로 역사적 사실을 무시하고 사상적 근원을 찾는다.

이런 식으로 철학사 내지 사상사는 순전히 사상 체계의 내적인 논리와 내용 안에서의 변천으로 보아야 한다는 견해는 아직까지 중국 철학을 연구하는 사람들 사이에 가장 널리 퍼지고 받아들여진 입장이다. 이런 식의 견해를 일단 '보편적 관념의 변천사(觀念史)의 입장', 혹은 '관념 보편주의'라고 하자. 이는 철학사를 관념의 체계의 변천의 역사로 보는 '관념' 중심의 입장이며, 그 관념 체계는 어느 정도는 철학자나 시대의 제약에서 벗어났다고 보므로 '보편성'을 중시하는 것이다.

신유학에 대한 설명 : 풍우란은 신유학에 관한 한 관념사적 입장에 서므로 구체적인 역사적 사실을 무시한다. 오직 관념의 변천 과정과 관념의 내적 논리만 따진다. 이는 북송 초기에 신유학 정초자들이 처한 상황이나 그들의 학문적 교유 관계를 무시하는 점에서도 드러난다.

신유학자들의 열전(列傳)인 『송원학안(宋元學案)』은 철저하게 역사적 사실로서 스승-제자의 연결 관계(師承)를 중심으로 서술되어 있다. 『송원학안』은 북송 초기의 학자들인 호원(胡瑗) 손복(孫復) 석개(石介)로부터 시작한다. 그들을 신유학의 시초로 본 것이다. 이들은 당시 태학(太學; 국립대학)의 교수로서 정이 등을 가르친 사람들이다. 많은 철학사가들은 이 『송원학안』의 틀에 따라 신유학사를 쓴다. 그러나 그는 이런 체제를 무시한다. 이런 무시도 그가 갖는 일종의 대담한 상상력이고 독창성이라 할 수 있다. 그가 보기에 그들은 한유(韓愈)나 이고(李翺)만큼 명백한 관념 체계를 제시한 사람들이 아니다. 그들은 관념사적 입장에서 볼 때 비중이 있는 사람들이 아니다.

또한 풍우란은 주돈이와 소옹을 한 묶음으로, 장재와 정호 정이를 한 묶음으로 서술한다. 관념사적 입장에서 볼 때 전자는 성리학 형성에 방계적 역할을 한 사람들이고 상수학(象數學)적 경향을 가진 사람들인 반면에, 후자는 핵심적 역할을 했고 의리학(義理學)적 경향을 가졌다고 볼 수 있기 때문이다. 또한 그는 주희를 한 장(章)으로, 육구연과 왕수인을 한 장으로 서술한다. 그가 보건대 신유학의 큰 틀은 그 둘이기 때문이다. 따라서 주희와 동시대 사람인 육구연을 명나라 때의 왕수인과 묶어서 설명하게 된다. 육구연은 한 장으로 설명하기에는 관념 체계가 미흡하고, 또 그 사상은 왕수인의 사상에 포함된다고 보기 때문이다. 또한 그는 육구연은 서술하나, 육구연보다 더 치열하게 주희와 논쟁했던 진량은 배제한다. 진량의 현실 타개(事功) 중시의 입장은 '관념 체계로서의 철학'이 되기에는 부족하다고 생각했기 때문일 것이다. 이상의 사실에서 드러나는 것은 그가 사상의 체계와 그것의 변천을 중시하는 관념사적 입장에 선다는 것이다.

(2) '본체→현상'의 연역적 설명 / 관념 계산 : 이런 관념 중시의 입장은 그가 개별적인 사상가들을 설명할 때에도 드러난다. 그가 장재 정호 정이 주희를 설명하는 공통적 항목은 "리(理) 기(氣) 태

극, 자연과 인간의 발생(陰陽論), 인간의 본성, 수양 이론, 정치 철학, 이단 비판" 등이다. 여기에서 드러나는 것은 두 가지 점이다.

첫째 그는 한 사상가의 사상 체계에서 주요한 개념들의 의미와 관계 설명을 중심으로 서술하고 있다는 점(관념 계산).

둘째, 근본적 원리(하나)에서 현상 사물(여럿)로 설명해 가는 연역적 설명 방식. 먼저 태극 리기 음양 등의 형이상학적 원리를 세우고, 이에 근거해서 인간의 마음의 구조, 수양 이론, 사회 국가론 등의 현상 사물의 일을 설명한다. 이는 주희가 『근사록(近思錄; 주돈이 정호 정이 장재의 글을 편집한 책)』에서 채택한 '본체에서 현상 사물'을 연역해 나가는 설명 방식과 유사하다. 나아가 그것은 장재의 『정몽(正蒙)』이 채택하고 있는 틀이며, 이후 『주자 어류』 『성리 대전(性理大全)』 등이 채택한 설명 방식이다. 이는 전형적으로 관념 형이상학적 발상이다.

관념 계산 : 사상의 체계의 내적인 논리와 그 사상 체계들 사이의 관계 및 변천을 중시하는 것은 하나의 중요한 입장으로 성립할 수 있다. 무릇 사상사를 서술하면서 그런 점을 배제하면 그것은 사상사가 될 수 없기 때문이다. 그러나 주요한 형이상학적 개념을 중심으로 본체에서 현상으로 연역적인 설명을 해 나가는 것은, 관념들 사이의 관계를 설명하는 것에 치중한다. 이것은 어떤 경우에는 단순히 형이상학적 관념들을 계산하는 것에 떨어진다. 다시 말해서 개념들에 함축된 의미를 따지고 분석하여 현재의 언어로 번역하기보다는, 그 형이상학적 개념들을 일단 명백한 것으로 받아들이고, 그 개념들 사이의 관계만을 산술적으로 따진다. 그 결과 진순(陳淳; 주희의 제자)이 『북계자의(北溪字義)』에서 했던 것처럼 '태극 리 기' 등의 개념의 사전(辭典)적 설명만 한다. 이런 경향은 관념 보편주의자들에게는 일반적이다.

(3) 관념 보편주의와 비교 철학 : 그는 관념이 보편적인 것이라고 보므로, 신유학의 형이상학적 개념들을 단지 중국에만 고유한 개념으로 보지 않았다. 그는 리와 기를 아리스토텔레스의 형상과 질료의 개념과 비교한다. 이점에 대해서는 많은 비판이 있었다. 주된 비판은 양쪽의 개념들이 정확하게 일치하지 않는다는 것이다. 물론 다른 문화에서 나온 사상 체계 속의 개념들이 정확히 같을 수는 없다. 그렇다고 해서 동양과 서양의 문화가 뒤섞여 있는 사회에서 살면서, 그런 비교 자체를 거부하는 것은 불합리하다. 비교를 거부하려는 사람들은 중국 혹은 동양 철학의 특수성 내지 우월성을 보존하려는 경향이 있다. 그런 거부를 통해서 중국 철학의 특수성을 보존하려는 것은 그 우월성이 보존되기는커녕 중국 철학을 일반인이 이해할 수 없는 골동품 상자 속에 넣어 버리는 처사가 될 것이다. 풍우란의 이런 비교는 그의 관념사적 입장 내지 관념 보편주의(객관주의)의 입장에서 나왔다. 이런 비교가 노리는 것은 신유학의 형이상학적 관념을 난해한 이론 체계에서 끌어내어 일반인 내지는 여타 철학 전공자가 이해할 수 있는 마당으로 끌어 오려는 것이다. 그리고 이점에서 풍우란은 어느 정도 의미가 있다고 할 수 있다.

(4) 평가 : 그의 관념 보편주의의 입장이 갖는 약점은 명확하다. 위에서 설명했듯이 성리학의 이론 체계 안에서 성리학의 용어(개념)로 설명하는 것은 물에 물을 섞고 불에 불을 붙이는 것 같은 '관념 계산'에 머물게 된다. 따라서 성리학의 언어를 이해하기 어려운 대다수의 요즘 사람들에게 이런 설명 방식은 현학적으로 보일 뿐이다. 또한 태극 리기같은 근본적인 원리(본체)에서 현상 세계의 일(마음의 구조, 수양론 등)을 연역해 내어 설명하는 것은 일반인이 이해하기 어렵다. 일상 언어가 아닌 리기 등의 형이상학적 언어

도 난해하지만, 형이상학적 본체에서 현상 사물이 나온다고 하는 것도 상식을 뒤집어엎는 것이기 때문이다.

그것의 가장 나쁜 영향은 오직 추상적 관념의 체계인 형이상학만이 철학이라는 편견을 심어 주는 것이다. 그는 추상적 관념 체계를 제시하지 않는 자는 철학자의 반열에 넣지 않는다. 설사 어떤 인물이 당시의 사상계에서나 정치계에서나 주도적인 역할을 해도 시나 편지 상소문 같은 문집만 남기고 형이상학적인 관념 체계를 남기지 않거나, 관념 체계보다 현실적 정책을 주로 제시하면 사상가의 대열에서 배제해 버리는 것이다. 왕안석이나 진량이 대표적인 경우이다. 이들은 이 세계에 대한 관념론적 파악을 거부했다. 따라서 물질주의자 혹은 현실주의자는 풍우란의 체계에 잡히지 않는 것은 당연할지도 모른다. 이 결과 그는 관념의 내적 관계와 변천을 중시할 뿐 그 관념이 산출된 사회 경제적 상황을 무시하게 된다. 그리고 관념 계산에 열중하게 된다.

3) 후외려 ; 도식적 유물론과 변증법 그리고 농민 혁명의 입장

후외려(侯外廬) 등은 중화 인민 공화국의 건국이념인 마르크스 레닌주의의 입장에 따라 중국 철학사를 기술하려 한다. 이러한 노력이 하나의 결실로 나타난 것이 후외려가 주도하여 편찬한 『중국 사상 통사』이다. 이 중 권 4 상하는 당-송-원-명 시대를 다룬다.

이후 1970년대 중반까지의 문화 혁명 기간에는 이렇다 할 연구가 나오지 않다가, 1980년대에 여러 연구가 쏟아져 나온다. 장입문(張立文)의 『주희 사상 연구』(1981), 후외려 구한생(邱漢生) 등의 『송명 이학사(宋明 理學史)』(1983, 1987), 풍우란의 『중국 철학사 신편』(1986), 진래(陳來)의 『주희 철학 연구』 등이 있으며, 1970년대부터 축적된 연구 성과가 많은 저작과 논문으로 나온다.

이상을 요약하자면 1950년대에 나온 후외려의 『중국 사상 통사』와 1980년대의 연구 성과로 대별될 수 있다. 『중국 사상 통사』는 유물론과 변증법을 도식적으로 적용하며, 농민 혁명의 입장에 선다. 문화 혁명 이후인 1980년대에 나온 저서들은 기본적으로는 『중국 사상 통사』의 입장을 견지하면서도 절충주의적 경향을 가진다. 그것들은 체제 이념인 유물론의 입장에 서면서, 정통 성리학의 입장, 청대의 고증학적 경향을 혼합시킨다. 이 혼합의 결과는 중국 철학사를 몇 가지 쌍이 되는 범주들로 설명하려는 범주론자들로 나타난다. 이하에서는 후외려의 『중국 사상 통사』에 대해서 서술한다.

(1) 기본적 입장

이 책은 모택동 혁명의 흥분이 배어 있다. 그 혁명은 지주에 대한 소작인 농민의 승리이다. 따라서 그들은 기본적으로 맑스-레닌주의의 입장에 서지만, 지주-소작인의 대립 관계를 중심으로 유물론과 변증법을 중국 철학사에 적용하려 한다. 이점은 4권에서 "역사는 이미 '귀천을 같게 하고, 빈부를 균등하게 하자'(等貴賤, 均貧富)라는 명제를 제시했다"고 공언하는 데에서 드러나듯이, 그들이 봉건 사회를 비판하고 모택동의 농민 혁명의 입장에 서서 쓴다는 것을 명백히 하기 위한 것 같다. 모택동은 봉건 사회가 인민에 씌운 4대 올가미(억압 장치)가 "태극(太極; 神), 황극(皇極; 王), 인극(人極; 마음), 부권(父權; 族權)"이라고 한다. 권4는 이를 신유학 비판의 주된 관점의 하나로 채택하고 있다.(682쪽) 이것도 농민 혁명의 입장으로, 지주 지식인 관료(사대부) 계층이 농민들을 그런 관념적 장치로 억압하였다는 것이다. '귀천을 같게 하고, 빈부를 균등하게 하자'(等貴賤, 均貧富)는 것은 북송 시대에 농민 봉기자들이 내세운 구호이며, 권4는 모택동 혁명이 그런 구호를 실현시킨 것으로 파악하는 것 같다.

이 책의 가장 기본적 입장은 마르크스주의자들의 기본적인 관점인 "철학사는 **유물론과 유심론의 투쟁, 변증법과 형이상학의 투쟁의 역사**이다"라는 것이다. 그리고 철학사는 유물론과 변증법이 승리하는 과정이라는 것이다.

이러한 관점에 따라 당나라 후기에는 유심주의자인 한유(韓愈) 이고(李翶)와 유물론자인 유종원(柳宗元) 유우석(劉禹錫)의 대립이 있었고, 북송 시대에는 유물론자인 '이구(李覯) 왕안석'과 유심론자인 '사마광(司馬光) 소옹 주돈이 및 낙학(洛學)의 두 정씨와 촉학(蜀學)의 소씨 형제(蘇軾, 蘇轍)' 사이의 대립이 있었다는 것이다. 이중에 관학(關學)의 장재는 유물론에서 출발하여 유심주의에 빠졌다. 그리고 남송 시대에 들어 와서는 유심주의 안에 분파적인 대립이 생겨서 주희의 객관 유심주의와 육구연의 주관 유심주의가 정립되었고, 이에 맞서 진량 엽적(葉適) 등의 유물주의가 있었다는 것이다. 당송 교체기에 대한 이러한 도식은 이후 중국측 연구자들의 기본적인 관점으로 성립한다.

여기에서 특이한 것은 두 정씨를 일괄하여 유심론자로 분류한 점이다. 풍우란이나 몇몇 대만 일본학자들이 그 둘의 차이를 지적하면서, 정호는 육구연과 왕수인에, 정이는 주희에 연결된다고 보는 데 비해, 후외려는 그 둘을 구별하지 않는다. (주희도 구별하지 않는다.) 이는 이후 중국의 기본적인 관점으로 정립된다. 그들은 주희와 육구연의 관념론은 서로 구분하면서도, 정호와 정이의 관념론은 구별하지 않는다.

(2) 유물론의 문제

① **철학의 근본 문제 / 리와 기** : "철학사는 유물론과 유심론의 투쟁의 역사"라면, 무엇이 유물론이고 유심론인가. 마르크스주의에 의하면, 유물론이란 이른바 '철학의 근본 문제'에 대하여 궁극적으로 '물질'이 '의식'(관념)에 비하여 일차적이며, 물질이 의식(관념)을 규정한다고 보는 세계관 내지 철학(적 견해)이다. (『철학 사전』, 동녘, 961쪽) 이는 관념론에 대립하는 철학의 근본 경향으로서, 관념론적 선입견이 없이 현실 세계, 즉 자연과 사회 인간(역사)를 '있는 그대로', '드러나는 그대로' 파악하는 세계관이다. 유물론이란 세계의 '있는 그대로' '드러나는 그대로'의 모습인 물질적인 과정을 설명하는 이론이다.

이 이론을 적용함에 있어서 문제는, 신유학 사상 체계를 유심론(관념론)과 유물론으로 나누는 기준이 무엇이냐 하는 것이다. 그 기준을 그는 리(理)와 기(氣)라는 개념에서 찾는다. 즉 신유학 이론에 있어서 **물질**을 의미하는 용어로서 **'기'**를, 관념(의식)을 가리키는 말로 '리'를 지목한다. 따라서 리를 자기 철학의 핵심으로 주장하는 사람은 유심주의자이고, 기를 중심으로 한 사람은 유물론자라는 것이다. 이에 따라 기 철학을 전개한 장재는 대표적인 유물론자가 되고, 리를 기와 결부시켜 말한 주희는 '객관적 관념론자'로 판정된다.

신유학의 가장 기본적인 범주는 리와 기이다. 여기에서 신유학을 이해하는데 열쇠가 되는 것은 '리'보다는 '기' 기념이다. '리'는 현상 사물의 본체가 되는 '원리 원칙 법칙' 등을 의미하며, 그것이 '관념'적인 것이라는 점에 대해서 신유학 연구자들 사이에 대체적인 합의가 이루어져 있다. 문제는 기이다. '기'는 공간에 가득 찬 공기로, 만물을 이루는 재료이다. 만물은 물질과 동시에 정신으로 이루어져 있다. 따라서 기는 물질이며 동시에 정신인 것, 즉 '생명력'을 의미하기도 한다. 이처럼 '기'라는 용어는 포괄하는 범위가 넓어서, 기의 정신적 측면을 강조하면 극단적인 관념론이 되고, 물질적 측면을 중시하면 극단적인 물질주의 혹은 현실주의가 된다. 이처럼 기 이론은 파장이 널리 퍼져 있다. 그런데 단순히 '기 = 물질'이라고 단정한 결과 신유학 사상을 있는 그대로 보지 못하게 된다. 따라서 기 중심 이론은 유물론이라는 도식은 여러 가지로 문제가 있다. 그것은 '기'라는 개념의 분석에서도 문제가 되며, 마르크스가 말한 '유물론'을 파악하는 것도 문제가 된다.

② **장재와 왕안석** : 이는 왕안석과 장재의 사상의 성분을 분석할 때 전형적으로 드러난다. 그들은 기를 중심으로 이론을 전개한다고 할 수 있다. 따라서 후외려는 그들을 다 유물주의자라고 한다. 그러나 그들은 서로 인간관 사회관이 다르며 정치적으로 완전히 반대 진영에 섰다. 그런데 둘 다 유물론이라면 어떤 점에서 그러한지를 명백하게 밝혀야 하나, 그러지 못하고 있다. 이는 '기'와 '유물론'이라는 용어에 대한 그들의 파악에 문제가 있기 때문이다.

장재의 경우 기란 자연을 파악하는 데에서는 어느 정도 '물질'을 가리키는 개념이다. 그러나 장재는 인간의 마음이나 윤리의 이론에 대해서는 유심론 내지 관념론, 즉 "철학의 근본 문제에 대해 여러 방법 혹은 형식으로, 궁극적으로 의식이 물질에 비해 일차적이며 규정적이라고 답하는 세계관"(『철학 사전』 130쪽)을 가지고 있다. 장재는 마음의 고요함(太虛)을 중심으로 윤리 등을 설명하나, 노동이 가해진 물질로서 사회적 재화와 그 유통에 대해서는 관심이 없다. (5장 참조) 따라서 주희는 관념론적 철학을 전개하면서 장재를 자신의 직접적인 선구자의 하나로 파악한다. 전체적으로 볼 때 장재는 유물론자라기보다는 유심론자이다.

왕안석은 인간과 자연을 물질적으로 파악하지만, 무엇보다도 '사회'를 노동이 가해진 물질인 재화의 유통과 이것에 대한 국가의 관리 등, 물질적인 과정으로 파악한다. 새로운 법에 의한 제도 개혁을 통해 사회의 물질적 과정을 규제하려는 것은 그런 발상에서 나온 것이다. 왕안석의 그런 유물론적 이론에 대항해서 성리학[道學]이라는 유심론[인격 수양론]이 반대 명제로서 나타난다. 양자의 이런 입장 차이는 신법당과 구법당이 치열하게 싸운 쟁점 중의 하나이다. 그러나 후외려는 왕안석의 개혁 정책이 인간과 사회를 물질주의적으로 파악하는 데에서 나왔다는 것은 지적하나, 그것이 어떻게 성리학이라는 유심론적 사상이 나오게 했는지, 그 과정을 명백하게 추적하지 않는다. 이는 그가 유물론과 변증법을 사상사 내지 역사의 변동 과정에 제대로 적용하지 못하기 때문일 것이다.

후외려는 왕안석의 정책을 면밀하게 분석하여, 그것은 기본적으로 중소 지주의 이익을 옹호하는 것이며, 소작 농민을 위한 것이 아니라고 성분 분석을 한다. 그것은 지주 지배 정치 체제의 연장책일 뿐이다. 그리고 그는 왕안석의 경제 정책에는 근대 자본주의의 색채가 있는 것으로 본다. 이러한 것들이 공산주의와 농민 혁명의 입장에 서는 그가 왕안석을 긍정하지 못하는 한 이유가 될 것이다. 그의 도식에 따르면 농민 출신의 학자만이 농민의 이익을 옹호할 것이며 유물론적 이론을 제시할 것이다. 그러나 당시에도 그 이후에도 경제적 이유 때문에 농민 출신의 사상가란 존재하기 어려웠다. 사상가들은 거의 다 지주 계층 출신이다. 장재도 그렇고 왕안석도 그렇다. 그 중 어떤 사람은 농민의 입장에 좀 더 동정적이었을 뿐이다. 신법이나 구법이나 지주 지식인 관료들의 이념일 뿐이다. 이런 점에서 보면 장재를 긍정하면서 왕안석을 긍정하지 못할 이유가 없다. 장재의 경우 난해한 형이상학적 언어 때문에 그들의 도식을 뒤집어씌울 수 있었지만, 왕안석은 명백하게 사회 경제적 정책을 내세우므로 그 도식을 적용하기 어려웠을 것이다. 그렇더라도 왕안석의 진보성은 인정해야 할 것이다.

육구연 : 육구연도 일종의 기론자(氣論者)라고 할 수 있다. 육구연은 주희의 리-기 이원적 세계 파악을 거부한다. 그는 이 몸 안에 가득찬 생명력을 도덕 실천의 주체로 본다. 그 생명력은 물질과 정신이 통합된 것이다. 그는 분석될 수 없는 이 하나의 전체가 내 마음의 본체이며 동시에 우주의 본질이라 한다.[4] 이 살아있는 마음은 현상 세계의 사물(형이하자)이므로 주희가 보건대 '기'이다. 그러나 그는 그것을 하나인 '리'라고 한다. "내 마음이 진리(心卽理)"라는 것이다. 이 결과 그는 리를 말하지만, 결국 주희가 제시하는 '리' 개념과는 다르다. 이런 리인 우주적 마음이란 장재가 말하는 "우주의 본체인 태허(太虛)를 본질로 갖는 내 마음"과 다를 것이 없다. 주희의 리-기의 구분에 따르면 육구연은 기론자이므로, 유물론자라고 해야 한다. 그러나 후외려는 리-기의 구분을 거부하였던 육구연을 주관적 관념론자로 판정한다.

③ **'기 이론 = 유물론'의 문제 :** 이런 문제가 생기는 것은 마르크스가 제시하는 '유물론'과 '변증법'으로 신유학을 보지 않고, '기 이론=유물론'이라고 단정하고, 기라는 말이 그 사상 체계에 어떤 역할을 하느냐에 따라 유물론인지 여부를 판정하는데 몰두하기 때문이다. 다시 말해서 ㉠ '유물론-유심론'의 대립을 리-기의 대립으로 대치하고, ㉡ 마르크스가 말하는 '유물론-유심론'의 본래 뜻과

---

4) 『陸象山 先生 全集』 卷22 雜說 8, "宇宙便是吾心, 吾心便是宇宙."

의도는 일단 괄호쳐서 옆으로 밀어두고, 전통적인 성리학의 개념들의 논리 안에서 리-기의 관계만 추적하는데 힘쓰게 된다. ㉢ 이런 도식적 적용의 결과로 그는 전통적 성리학에 그대로 함몰된다. 그리고 '리 기 태극 음양오행' 등의 개념을 제시하지 않는 사람들은 그 당시 정치나 사상계에서 아무리 핵심적인 역할을 해도 철학자의 반열에서 배제하게 된다. 물론 이는 전통적으로 중국 철학을 연구하는 사람들에 거의 보편적으로 공통된 사항이기도 하다.

그러나 일단 유물론을 중시하는 사람들이 그런 데로 빠지는 것은 그들이 표방하는 마르크스의 종지(宗旨)에 어긋난다. 후외려는 마르크스가 비판한 18세기 유물론자들처럼 자연과 인간을 물질적 존재로 파악하였으되, "전체 자연의 사건뿐만 아니라, 사회적 사건과 인간까지도 기계적 결정론의 법칙에 따라 설명하려 들었다." (『철학사전』 963쪽) 그가 18세기 유물론자들과 다른 점이 있다면, 그는 '자연과 사회 인간'이 아닌 '신유학사'를 그런 '기계적 결정론의 법칙'에 따라 보았다는 것이다. 즉 리-기를 기계적이고 도식적으로 적용했다. 그래서 그는 "인간 의식의 출현과 발전을 규정하는 것은 자연이 아니라 물질적 생산 활동, 즉 **노동**이며"(같은 곳), 이러한 물질적 생산 활동(생산력과 생산 관계)의 반영이 철학 체계라는 것을 간과하게 된다.[5] 그 '기' 개념을 중심으로 유물론을 추적하므로 유물론적 역사관의 핵심을 빠뜨린 것이라 할 수 있다.

④ **자연 과학과의 관련** : 한편으로 그에게 있어서 '유물론'이란 "사회적 진보와 과학적 진보의 담당자 역할을 하는 사회 계층과 긴밀하게 연관되어 있으며, 당대의 모든 개별 과학의 수준을 반영

---

5) 노동 개념 없는 기 철학을 유물론으로 단정하는 것에 대한 비판은 이준모, 「『조선 철학사』에 적용된 유물 사관」, 『철학 연구』, 철학연구회, 1988 봄호 참조.

하는 것"(『철학 사전』 961 쪽)이다. 예컨대 왕안석이 유물론적 세계관을 가진 것은 북송 시기의 과학의 새로운 성취, 서적의 전파 등 과학 기술과 문화적인 발전이 가져온 인식론적 발전의 반영이다.(『중국 사상 통사』 449쪽) 이런 식으로 철학 등의 이념을 과학 수준과 연관시키는 것은 그럴듯하면서도 공허하다. 예컨대 심괄(沈括; 송대의 대표적 자연학자)의 자연학 이론이 구체적으로 철학 이론의 무슨 발전과 연관이 있는가? 물론 자연학의 발전은 철학자들이 현실을 객관적으로 인식하게 하는 데 기여했을 것이다. 그런 기여라면 굳이 자연학만 들먹일 필요 없이 여러 다른 부분의 발전도 들 수 있다.

이처럼 자연학에 주목함으로써 유물론이란 자연에 대한 물질적 인식인 것처럼 되어 버린다. 반면 인간 사회에 대한 물질적 인식의 발전은 도외시하게 된다. 그가 유물론자는 기론자라고 보는 것은 그런 것에서 나왔다고 할 수 있다. 그가 말하는 대표적인 유물론자인 장재의 경우, 기에 의한 자연 설명은 물질적이다. 그러나 인간과 사회의 설명은 전형적으로 관념론적이다. 이점을 그들은 도외시한다. 장재는 나아가 자연의 본체인 '태허'(太虛)를 인간의 마음의 본체로 본다. 이른바 "자연과 사회는 같은 구조를 갖는다"(天人合一)는 발상이다. 이에 따라 사회가 관념론적으로 파악될 뿐만 아니라, 자연 자체를 과학적으로 연구하는 것도 어렵게 된다.6)

후외려에게 유물론이란 그런 자연학의 발전 정도일 뿐이다. 이는 북한의 『조선 철학사』도 마찬가지의 문제이다. 또한 중국의 자연과학의 발전의 측면에서 본다면, 송대의 신유학의 천인합일론, 리기론, 음양론 등은 중국 자연 과학의 발전을 가로막은 것이라고 할

6) 주희의 리기론에 나타난 '자연과 인간의 동일 구조론'(天人合一)에 대한 정약용의 비판은, 한형조, 『주희에서 정약용에로의 철학적 사유의 전환』, 한국 정신문화 연구원 한국학 대학원, 박사 학위 논문, 1993. 2. 참조.

수 있다. 소옹의 상수학, 장재의 『정몽』 초반부의 자연 설명 등은 당시 자연학의 철학적 변용이다.[7] 그러나 그런 자연 철학은 기계적 인과론과 수학화에 기초하여 발전했던 서구식의 근대 자연 과학이 중국에서 발생하지 못하게 막은 장애가 되었다고 할 수 있다.

(3) 변증법의 문제

변증법적 역사관이란 변동을 보는 이론이다. 한 시대의 물질적 토대 안에 그것을 부정하는 싹이 있으며, 그 사이의 갈등 변천을 설명하려는 것이다. 후외려는 당송의 변혁을 중시하지 않음으로써 그런 변증법적 고찰을 이미 포기한 셈이다. 그는 당(唐)의 귀족 호족 사회에서 송대의 지주 지식인 사회로 넘어가는 과정에서, 당나라 때의 지배 계층의 이념이었던 불교에서 송대 지주 계층의 사상적 표현인 성리학으로 넘어가는 갈등 변천 관계를 변증법적으로 파악하지 않는다.

따라서 이 책은 중국사에 있어서 하나의 중대한 마디인 당송 변혁기의 의미에 대한 인식이 결여되어 있다. 당송 변혁기는 단순한 왕조 교체를 넘어서 사회 주도층이 바뀌었으며, 이에 따라 정치 경제 군사 제도가 바뀌었다. 성리학이란 이런 변혁을 반영하는 이념이라 할 수 있다. 이렇게 한 사회의 물질적 토대의 변혁을 반영하는 것이 이념의 변화라고 보는 것이 유물론 특히 역사적 유물론의 본래 의미일 것이다. 그러나 후외려는 이러한 점에 깊이 주목하지 않는다. 이는 아마 마르크스 자신의 문제일지도 모른다. 마르크스는 서구 사회의 물질적 변동 과정을 깊이 연구했고, 이를 스탈린은 원시 공산 사회→고대 노예제 사회→중세 봉건 사회 →근세 자본

7) 음양오행 등의 개념으로 자연을 설명하는 중국 전통의 '상관적 우주론'에 대해서는, 방인, 「고대 중국의 우주론의 한 형태로서 음양오행설」, 『종교연구』 4집 참조.

주의 사회로 정형화시켰다. 마르크스는 아시아 사회에 대해서는 단지 '아시아적 생산 양식'이라고 규정했다. 그런 생산 양식은 중국 역사의 시초에서 서구 열강이 침략할 때까지 중국의 생산 양식을 규정하는 것인가? 이에 대해서는 많은 논쟁이 있었다. 그러나 후외려의 경우 스탈린의 도식을 적용하여, 제1권 선진(先秦) 시대 부분에서 고대 노예제 사회에서 중세 봉건 사회로의 이행을 주장한다. 따라서 당송 시대도 중세 봉건 사회인 셈이다. 그들에 있어서 당송 교체기란 중세 봉건 사회의 한 시기일 뿐이므로 별다른 의미가 부여되어 있지 않다. 후외려가 보는 봉건 사회란 선진 시대에서 청말까지이다. 이렇다면 결국 중국의 역사 시대는 그냥 봉건 시대라 해도 된다. 그것은 사실상 역사 구분을 하지 않은 것이다.

이렇게 중국 사회의 물질적 토대에 대한 인식을 소홀히 함으로써 단지 사상계 내에서의 대립과 변동에만 주목하게 된다. 이 결과 그들이 비난하는 관념론자들처럼 관념적 이론만을 철학 체계로 보게 된다. 이는 "기=유물론, 리=유심론"이라는 도식에서 전형적으로 드러난다. 이런 도식을 통하여 그들은 사회의 물질적 토대를 분석하는 것을 포기하고 결과적으로는 성리학이 제시하는 도식에 그대로 매몰된다. 그리고 그 안에서 유심 유물의 성분 분석에 열중하게 된다. 즉 어떤 한 사상가의 이론을 분석함에 있어서, 그의 어떤 이론은 유물론적 성분이고, 어떤 것은 유심론적인 것이라고 판정하는 일을 한다.[8] 이런 식으로 유물론을 역사나 사상의 전체와 그 변동을 보는 기본 시각으로 삼지 못하고, 기존 사상가의 이론에 붙이는 표찰로 전락시키는 것은 '변증법'을 그들이 정확하게 이해하고

8) 이는 이들이 현실 정치에서 인민들의 성분 분석을 하는 것과 동일한 태도이다. 이들에게 있어서 '유물론'과 '변증법'이란 그런 성분 분석의 기준이다. 즉 그것이 진리를 결정하는 기준인 셈이다. 그리고 그들은 서양 중세의 종교 재판관처럼 그런 분석을 하고 판결을 내리는 검사 겸 판사이다.

적용하지 못한 것에서도 나온다.

'유물론'이란 말처럼 '변증법'도 기존 성리학의 성분을 분석하는 시약(試藥) 내지 표찰에 불과하다. 예컨대 왕안석의 "짝 속에 또 짝이 있다"(452 쪽)는 명제, 장재의 "하나 가운데 둘이 있다"(554 쪽)는 말이 변증법적인 것이라고 한다. 그리고 그 뒤에 꼭 붙이는 단서가 있다; "그것은 변증법의 싹이었으나 제대로 발전시키지 못한 소박한 변증법"이라고. 이렇게 말하는 것은 그것이 소박한 변증법의 싹이었기 때문이라기 보다는, 그들이 변증법을 본 것이 소박하기 때문일 것이다. 그들은 변증법이 한 사회의 갈등 내지 역사적 변화 과정을 분석하는 논리라는 점을 간과한다. 그리고 중국의 전통사상에 변증법이나 유물론의 싹이 있었는가를 찾는다. 변화에는 반드시 상대되는 짝(對待)이 있다는 음양의 논리가 바로 변증법의 싹이라고 한다. 그래서 개별 사상가의 이론 속에 그런 논리가 얼마나 구현되었는가에 집착한다. 이는 그들이 '변증법'이란 말을 제대로 인식하지 못한 만큼 '음양'이나 '대대(對待)'라는 말도 제대로 인식하지 못하고 있다는 것을 말한다. 노자가 모순 공존의 논리를 제시하고, 유가 쪽에서 '중용'과 '음양 조화'의 논리로 답한 것, 이것이 변증법과 어떻게 연관이 되는지는 그 자체로 중요한 문제이다.

이와 같은 것은, 역사적 유물론보다 변증법적 유물론에 치중했던 중국 공산당과 모택동의 경향 때문일 것이다. 역사적 유물론은 사회의 물질적 토대의 변천을 중심으로 역사를 보려하는 통시적 관점일 것이다. 반면 변증법적 유물론이란 모든 존재와 의식을 설명하는 논리로서 변증법을 말한다. 그것은 지금 여기의 모든 존재(즉 우주의 근본 현상)의 논리적 구조를 따지는 것으로, 공시적 관점이라 할 수 있다. 역사적 유물론은 역사를 설명하는 이론 가운데 하나이며, 매우 학술적인 것인 반면, 변증법적 유물론이란 지금 이 세계를 어떻게 보느냐 하는 세계관을 제시하는 매우 실천적인 이론이다. 모택동은 혁명의 과정에서 당면한 문제를 해결하는 방법으로, 현실 세계를 모순 대립 투쟁으로 보는 변증법적 유물론을 적용했다.[9] 따라서 후외려도 이 책을 서술함에 있어서 역사적 유물론을 적용하기보다는 관점과 논리로서 변증법과 유물론을 중시하여 신유학자들의 사상에서 그런 사상의 측면이 있었는가를 따졌다. 그것이 결국 그들의 융통성 없는 도식주의로 나타난 것이다.

2. 일본 ; 실증적 경향, 기타

신유학에 대한 일본 학계의 연구는 매우 다양하고 방대하여 하나로 개괄하기는 쉽지 않다. 대체로 실증적 경향이 강하다고 할 수 있다. 먼저 우노 데스토(宇野哲人) 등의 관념 체계의 실증적 연구를 다루고, 노리모토 준이치로(守本順一郎)의 마르크스주의적 연구를 언급하겠다.

1) 실증적 경향 I

(1) 우노 데스토(宇野哲人)

『지나 철학사 - 근세 유학(支那 哲學史 - 近世 儒學)』[10]

이 책은 『송원학안』 『명유학안』의 번안이다. 여기에서 두드러지는 것은 실증주의적 관점이다. 첫째 역사적 사실에 대해서, 둘

9) 모택동이 「모순론」 「실천론」 「연안 문예 강화」 등을 저술한 것도 바로 당면한 일인 혁명을 이루기 위한 것이었다. 이택후의 『중국 현대 사상사의 굴절』, 김형종 역, 지식 산업사, 203-206, 214-215, 224, 232-233 쪽 등 참조.

10) 이 책은 뒤에 『중국 근세 유학사』로 이름이 바뀌어 다시 나왔다.

째 신유학의 개념들에 대해서 실증적으로 연구한다. 이는 예컨대 주돈이의 「태극도설(太極圖說)」에 대해서 「태극도설」이 주돈이의 저작인가 여부와, 무극과 태극이 주희의 생각처럼 하나의 두 측면인가, 아니면 태극 위에 무극이라는 실체를 상정한 것인가를 집중적으로 설명하는 것에서 대표적으로 드러난다. 이점은 주희 당시부터 논란이 되어 왔고, 이후 많은 사람들이 주희의 생각이 사실과 다름을 지적한 바가 있다. 우노는 이점을 실증적으로 논한다.

그는 원전을 한문 그대로 읽을 수 있는 세대로서, 성리학의 핵심이 되는 저서의 중요한 구절을 한문 그대로 인용한다. 그러나 그는 성리학의 형이상학 이외에 서구의 철학 이론을 원용하여 성리학을 설명하지 않는다. 풍우란이 아리스토텔레스의 '형상-질료' 도식을 성리학의 리-기 개념을 설명하는데 도입하고, 후외려 등은 '유물론 변증법'을 중국 철학사를 분류하는 기본 도식으로 삼는다. 이런 식의 원용을 하지 않고 자료를 있는 그대로 보려 한다는 점에서 실증적이라 할 수 있다.

그가 신유교의 자료를 정리하는 관점은 일본인의 상식이며, 좀 더 정확히 말하자면 전통적인 유학자의 의식이다. 그러나 서구 사상을 접한 일본인의 상식을 바탕으로 독일의 실증주의 사학 방법을 원용하므로, 정통 유학자가 신유가 철학을 보는 것보다는 이해하고 접근하기 쉽다. 이렇게 실증적 접근에 의하여 서술하므로, 좀 더 '역사적인 사실'(사상도 그것의 일종이다)에 접근한다. 이런 점에서 그 글을 이해하기가 좀 쉽게 되지만, 그 반면에 형이상학적 상상력이 빈곤하여 형이상학 이론 체계의 재구성이 미흡하다. 그리고 역사의 총체적 변동은 보지 않고 단지 개별적인 사실(그것은 그 사상가의 개인적 이력에서 사상 부분 부분까지 미친다)에 실증적으로 접근한다. 이러한 실증주의에로 치달림은 일본의 신유학 연구의 주류를 이룬다고 할 수 있다.

(2) 이찌가와 야스지(市川安司)

『정이천 철학의 연구(程伊川 哲學の研究)』

이러한 실증주의적 경향은 이 책에서도 그대로 보인다. 그는 주희 책을 읽다가 리의 성격, 즉 리는 현상 사물의 움직임(動靜)을 초월하면서도 그 안에서 내재하는 모순된 성격을 갖는 것에 흥미를 느껴서 그 원류로서 정이의 리 개념을 연구하게 되었다고 한다. 그는 정이를 리-기 이원론자로 규정하는 주희의 관점을 거부한다. 정이의 저술을 보면, 주희처럼 리와 기를 대립시켜 말한 곳은 없기 때문이다. 그는 원전에 있는 것만 충실히 따른다는 실증주의적 관점에 선다.

따라서 정이의 저작에 나오는 리에 관한 언명을 하나하나 추적하여, "필연의 리, 자연의 리, 성쇠(盛衰)의 리, 생식(生息) 지식(止息)의 리, 사물의 리" 등으로 정리한다. 여기에서 두드러지는 것은, 그가 정이의 사상을 하나의 완결된 형이상학 체계로 보아 그 체계를 재구성하지 않는다는 점이다. 그는 정이 저작에서 나온 언명을 하나하나 실증적으로 검토하고 유사한 것끼리 모아서 그것의 특징을 '필연 자연 성쇠' 같은 개념으로 묘사한다. 그러나 더 나아가 그 개념들을 종합적으로 연결하여 정이의 사상을 하나의 체계로 제시하지 못한다. 그는 지엽적인 개념으로 분해하기는 하나, 종합적인 사상 체계를 구성하지 못한다. 이는 정이 사상을 하나의 완비된 형이상학 체계로 보고 그것을 다시 구성한 주희와는 다른 입장이다. 그가 주희를 배격한 것도 이런 점에 있을 것이다.

그는 실증주의자들의 금기 내지 강박 관념을 가지고 있다. 사실에 근거하지 않는 상상력(그것이 비록 형이상학 체계를 이룰지라도)을 발휘하지 않을까 하는 강박 관념, 즉 형이상학적 상상력에 대한 금기와 실증에 근거하여야 한다는 강박 관념이다. 그는 실증주의자들의 조심성은 있으나, 형이상학적 상상력의 대담함이 없다. 따라서 그는 사상 체계 안에 들어가서 그것을 이해하고 서술하는 것이 아니라, 바깥에서 쳐다보고 묘사하므로, 그의 서술을 보면 장님이 코끼리 만지는 것처럼 그저 답답할 뿐이다.

(3) 도모에다 류타로(友枝龍太郎)
『주자의 사상 형성(朱子の思想 形成)』

이러한 경향은 이 책에서 절정에 이른다. 그는 주희 이후의 여러 실증적 연구와 이를 종합한 청대의 고증학자인 주택운(朱澤澐; 1666-1732, 호 止泉) 등의 연구 성과를 활용하여, 주희 사상의 형성 과정과 전개 양상을 실증적으로 조사하여 논리적 구조를 밝히려 한다. 즉 고증학(문헌학; Philology)과 철학(Philosophy)의 결합에 의한 주자학의 해명을 시도한다.

이러한 실증적인 추적을 통해서 그는 주희의 나이 40세가 그의 사상의 전후기를 가르는 분수령이 된다고 한다. 장식과 마음에 대해서 토론한 뒤인 40세에 비로소 이발 미발설(已發 未發說)에 대해서 하나의 확정된 이론을 정립한다. 그리고 이 이론을 통해서 정이 이래의 인(仁)의 이론을 비판적으로 종합하여 그의 인(仁)의 학설을 확립한다. 이런, 주희의 행적과 그 이론 형성 과정에 대한 실증적인 연구를 통하여 그는 주희의 형이상학의 논리적 구조를 해명하려 한다. 그러나 그의 연구에서 두드러지는 것은, 논리적 구조의 해명보다는 주희 철학의 주요 개념의 형성 과정에 대한 실증적 추적이다.

2) 실증적 경향 II

(1) 구스모토 마사츠구(楠本正繼)

『송명시대 유학 사상의 연구(宋明時代 儒學 思想の硏究)』

이 책은 이러한 실증적 연구 성향과 동일한 선상에 있으면서 하나의 다른 특색이 있다. 실증적 연구를 개괄하는 하나의 명제를 그는 제시한다. 그는 주자로 대표되는 성리학의 핵심을 본체(體)와 그 작용(用)이라고 단정한다. 주희가 『대학장구(大學章句)』「보망장(補亡章)」에서 제시한 '완전한 본체와 그것의 큰 작용(全體 大用)'이라는 명제가 주희 사상의 요점이라는 것이다. 이런 체용론(體用論)은 주희 이전, 북송 초기에서부터 나타난다.

신유학 성립에 중요 요소를 이룬 오대(五代)에서 북송 초기의 은일(隱逸) 사상에도 그 싹이 있었다. 진단(陳摶) 충방(种放) 등은 도가적 은자(隱者)이지만, 당시 지배자들의 자문에 대해서 "총명한 군주의 통치는 백성을 사랑하는 것"이라는 유가적 견해로 답변하고 양생법 등의 물음에는 답하지 않았다. 이는 이른바 '하산한 은자'들의 '세속 속에서 실현하려는 고상한 인품'을 반영한 것이다. 하산한 은자들이 주장했던 고상한 인품은 본체(體)이고, 세속에서 그 인품을 실현하는 것은 그 작용(用)이다.

이는 북송 초기의 유학자들인 호원(胡瑗) 손복(孫復) 석개(石介)에 의한 정학(正學)의 발흥에서도 보인다. 이들은 한당대의 경전에 대한 문헌학적인 입장에서 나아가, 경전에서 제시된 내용을 실행하려는 '윤리적 실천'의 입장을 가진다. 호원은 이미 주희의 "본체를 완전히 하여 그 작용(쓰임)을 크게 하자"(全體 大用)라는 명제를 예견케 하는 "본체를 밝혀서 그 작용(쓰임)을 이루자"(明體 達用)라는 명제를 제시한다. 그는 학생을 가르침에 경전의 의미를 탐구하는 학과인 경의제(經義齋)와 군사 농업 기술 등의 실무를 가르치는 학과인 치사제(治事齋)의 두 반으로 나눈다. 이는 결국 본체와 그 쓰임(用)에 따른 분류이다. 주희의 사상은 인격 수양과 이에 관련된 이론인 본체와 이의 사회적 실천인 작용(用)으로 나누어 볼 수 있다. 구스모토는 주희가 자신의 사상을 사회적으로 실천한 대표적인 예로서 사창법(私倉法)의 제정을 들고 있다.

구스모토의 경우, 불교나 도교 유교 내의 인물과 사상을 개념적으로 다루는 관념사적 입장을 견지하며, 역사 전체의 사회 경제적 변천보다는 각 인물 및 그 사상과 관련된 사실의 실증에 치중한다는 것은 일본의 다른 연구자들과 비슷하다. 그러나 신유학 전체를 보는 하나의 도식 내지 관점으로 '전체 대용(全體 大用)'이라는 명제를 제시하는 것이 독창적이다. 그러나 주희의 형이상학 체계에는 그런 '체용(體用)'의 도식으로 명확히 설명하기 어려운 분야가 많으며, 그것으로는 지주 사대부 관료 사회의 이념으로서 성리학의 사회적 역사적 의미를 정확하게 파악하기 어려운 점이 있다. 그 명제는 신유학 사상 전체를 개괄하는 데 중요한 개념 가운데 하나라는 것이 송대 신유학 이래 공인되어 왔지만, 그러나 세부적 정확성을 가지고 형이상학 체계의 핵심을 해부하는 관점으로서는 별 볼 일 없는 것이다. 다시 말해서 그 개념 하나로 다 설명하기에는 성리학은 너무 방대한 체계라는 것이다.

(2) 아라키 겡코(荒木見悟), 『불교와 유교(佛教と儒教)』

구스모토처럼 하나의 시각으로 송대의 학술을 보려는 것은 이 책도 동일하다. 그는 불교 연구자의 입장에서 '전체대용(全體 大用)'이라는 말 대신 '본래성과 현실성'이라는 개념을 도입한다. 그는 당송 시대의 불교와 유교는 연속된 것이며, 그것을 관통하는 경향은 바로 '본래성과 현실성'이라고 한다. 그리고 이점에 있어서 주희의 사상이 대립 극복하려 했던 대상 중의 하나가 대혜 종고(大慧 宗杲)의 선(禪) 사상이다.

아라키는 선종이 가장 불교적으로 '본래성과 현실성'을 잘 조화시킨 것으로 본다. 선은 이론적인 탐구를 타기하고 인간의 굳건한 실천 주체를 확립하려 한다. 대혜 종고는 당시 사대부 사회 내지 문화의 위기는 이 굳건한 실천 주체를 확립하지 않고, 입신 영달을 일삼는 사대부들에게서 나온다고 보았다. 따라서 그는 인간 존재의 원초적 본래적 바탕(굳건한 실천 주체)에 돌아가서 창조적 생명력을 획득할 것을 주장한다. 이것이 불교적인 깨달음(悟)이며, 본래성의 회복이다.

대혜는 근본의 획득(깨달음의 경지)을 세속계와 조화시킨다는 점에서는 본래성과 현실성을 종합한 것이다. 그러나 그도 결국 선(禪)의 고유한 입장인 본래성에 치중할 수밖에 없고, 일상적 사회윤리 규범은 결국 유가의 교설을 채용하여 유가적 상식론에서 한 발자국도 벗어나지 못한다. 다시 말해 그런 실천 주체가 실천해야 할 **이념**과 사회적 현실의 **구조**에 대해서 해명해 주는 바가 없다는 것, 이것이 선(禪)의 한계이다. 이점을 주희가 파고 든 것이다.

주희의 모든 학설은 그 깨달음의 경지인 형이상학적 본체와 이것의 사회적 실천으로 규정된다. 아라키는 이를 주희 이론 중에서 천(天)과 마음(心), 소당연(所當然)과 소이연(所以然), 본연지성과 기질지성, 4단설, 이발 미발설 등에서 세세히 추적한다.

그가 제시하는 '본래성과 현실성'이라는 개념은 본래 불교에 근본적으로 존재하는 이원적 경향, 즉 무지한 마음(無明)과 깨달음의 본성(佛性), 번뇌와 깨달음 등을 요약하는 것이라 할 수 있다. 그리고 이것을 신유학에 적용할 때는 형이상학적 본체와 그것의 현실적 실현이라는 체용의 도식으로 나간다. 이점에서 그의 '본래성과 현실성'이라는 개념은 구스모토의 '전체대용(全體大用)'이라는 틀과 비슷하다고 할 수 있다.

그는, 수당 시대의 불교와 송 시대의 신유학을 같은 토대를 가진 것으로 본다. 같은 토대를 그는 사회 경제적인 점이 아닌, 이론적 사상적 측면에서 '본래성과 구체성'이라고 한다. 그 관념적 공통성이 불교와 신유교를 해명하는데 유효한 도구인가는 의문이다. 그는 당송대의 사회 경제적 변천을 무시하기 때문에 '본래성과 현실성'이라는 말도 공허하게 된다.

일본에서 나온 연구의 주된 조류는 실증적인 경향을 띠고 있다. 한 사상가의 구체적인 사상 편력, 사상 체계의 형성 등을 실증적으로 연구한다. 이런 실증적 관점은, 사실을 조사하는 것도 하나의 관점이 있어야 가능하다는 귀납법의 일반적 문제에 부딪친다. 이에 따라 구스모토의 '완전한 본체와 그것의 큰 작용(全體大用)'이나, 아라키의 '본래성과 현실성'이라는 관점이 제시된다고 할 수 있을 것이다.

(3) 노리모토 준이치로(守本順一郎), 『동양 정치 사상사 연구』

이상의 저작과는 다른 시각에 선 것이 이 책이다. 그는 중국의 역사와 사상사를 마르크스주의의 입장에서 연구한 사람들의 업적을 비판적으로 종합하여 자신의 이론을 세운다. 자신의 일관된 시각에서 쓴 일련의 논문들을 모은 이 책에서 그는 마르크스주의적 시각을 동양, 특히 중국 한국 일본에 적용했을 때 생기는 문제를 지적한다.[11] 후외려 등 중국 사람들이 마르크스 이론에서 '변증법과 유물론'을 도입해서 중국 철학사를 보는 반면, 그와 일군의 일

---

11) 그는 丸山眞男의 『日本 政治 思想史 硏究』에 채택된 관점을 비판하면서, 자신의 도식을 전개한다.

본 학자들은 마르크스 이론 중에서 '역사 발전 5단계설, 아시아적 생산 양식론, 동양적 전제 군주론' 등을 도입한다.

① 후외려 등은 기존의 중국의 철학자들의 사상에서 '유물론과 변증법'이 이미 있다고 보고, 그 성분이 어느 정도 되는지 '심사'하는 입장에 선다. 그들은 유물론과 변증법을 역사와 사상의 흐름을 보는 기본 시각으로 채택하지 못한다. 그들은 리와 기를 기준으로 유심론과 유물론을 나누는 도식에 빠졌다. 또한 변증법을 역사적 변동을 보는 시각으로 채택하지 못하고, 다만 음양론 등을 분석하는 도구 정도로 본다.

② 이런 점에서 노리모토는 진보한 면이 있다. 그는 동양사학의 연구 성과를 바탕으로 하면서, 기본적으로 변증법을 역사를 보는 관점으로 채택한다.(역사적 변증법) 당(唐)의 이념인 불교와 송(宋)의 이념인 신유학은 단순한 병렬 혹은 연결 관계가 아니라, 시대의 발전에 따른 변증법적 극복의 관계로 본다. 그들은 유물론의 경우도, 토대인 사회 경제적 조건이 상부 구조인 이념을 결정하는 것으로 본다. 이런 역사주의적 관점 혹은 역사적 유물론의 관점은 구체적으로는 '역사 발전 5 단계설, 아시아적 생산 양식론, 동양적 전제 군주론' 등으로 드러난다. 그런 기본 관점을 동아시아 사회에 적용하였다. 그러나 이는 동아시아의 역사를 봄에 있어서 유럽의 역사를 기준으로 삼은 것이다. 역사 발전 5 단계설은 유럽의 일부의 역사를 기준으로 해서 나온 것이며, 아시아적 생산 양식이나, 동양적 전제 군주라는 말은 유럽적인 편견에 찌들어 있는 개념이다. 노리모토는 기본적으로 이런 입장에 서 있으면서도, 그것을 기계적으로 적용하지는 않는 유연한 태도를 가지려 한다. 그러나 결국 그

도식에 함몰되어 버린다.

그는 중국사를 역사적 변천이 없는 정체된 전근대 사회로 보는 마루야마 마사오(丸山眞男)를 비판한다. 노리모토는 당나라 중기의 양세법(兩稅法) 시행을 고비로 하여 그 이전을 고대 노예제 사회, 그 이후를 중세 봉건 사회로 나눈다. (이 구분은 동경대 학파의 주장이다.) 그리고 불교의 공관(空觀)을 중국 고대 사회의 지배 이념으로 보고, 성리학을 중국 중세의 봉건적 사유의 완성된 형태로 간주한다. 그리고 이런 이행을 통하여 주자학의 특색을 살핀다. 이러한 방법은 마르크스주의를 동양 사회에 적용하려는 하나의 시도이며, 동시에 중국의 학자들의 교조적 도식주의를 치료하는 방편도 될 수 있을 것이다.

3. 이 글의 연구 방법

이 글은 성리학자들의 난해한 형이상학 체계를 지금 우리들의 이성으로 이해할 수 있도록 그 이론적인 구조와 형이상학적 용어들의 의미를 따지고 해명하는 것을 목표로 한다. 이를 위해서 우선 지금까지 성리학에 대한 중국 일본 한국의 연구 성과에 대해서 그들의 관점과 한계를 비판적으로 분석했다.

이상에서 분석한 사상가들은 장단점이 있다고 할 수 있다. (모종삼 등에 대해서는 말할 것이 별로 없다.) 풍우란의 경우, 보편적 관념들의 체계로서 신유학의 형이상학을 정밀하게 다루고 있다. 그가 관념들의 변천의 역사를 보편적 입장에서 분석하고 있다는 점은 좋으나, 단지 관념들의 관계만을 따지므로 지리한 관념 계산에 떨어진다고 할 수 있다. 후외려는 유물론과 변증법을 사상사에 적용하여, 관념 체계를 그 자체로 보기 보다는 역사적 사회적 현실 속에서 사상을 보려 했다. 그러나 그것을 너무 도식적으로 적용하여, 유물론도 변증법도 제대로 적용하지 못하는 한계를 노출했다고 볼 수 있다.

우노 등 일본의 실증주의자들은 신유학을 선입관 없이 원전 중심으로 실증적으로 탐구하려 했다. 그러나 실증에 너무 치우친 나머지 형이상학의 전체 체계를 재구성하는 데는 미흡하게 된다고 할 수 있다. (물론 그들은 全體大用 같은 하나의 개념으로 형이상학을 재구성하려 했으나 역부족이었다.) 또한 노리모토는 중국사의 변동을 거시적으로 보고, 고대적 사유인 불교에서 중세적 사유인 성리학으로의 변천을 지적하였다. 이 도식은 지나치게 서구 역사에 맞춘 것이다.

전체적으로 이 글은 관념 체계로서 형이상학을 우리의 이성이 이해할 수 있는 수준까지 분석하고 재구성하려 했다. 이런 점에서 본 논문은 풍우란의 보편적 관념의 변천사의 입장에서 드러나는 형이상학에 대한 관념 보편주의적 분석을 지지한다. 또한 한-당에서 송으로의 변화는 역사적인 발전 단계이며, 이는 세계관의 대립을 가져 오게 된다고 할 수 있다. 또한 송대의 지식인들 사이에도 새로운 세계의 건립을 둘러싸고 여러 입장의 대립이 있었다. 이러한 점에서 본 논문은 후외려나 노리모토의 이론과 연구 방법을 비판적으로 받아들이고자 한다. 원전에 근거하는 실증주의란 동양철학을 하는데 있어서 기본적인 자세라고 할 수 있다. 또한 실증한 사실을 참고할 수 있다는 점에서 일본의 실증주의자들의 연구가 의미가 있을 것이다. 이런 취사선택 작업을 통하여 이 글이 채택하는 연구 방법은 다음과 같다.

1) 두 가지의 환원

신유학자들의 이론 구조와 용어의 의미를 해명하기 위해서 두 가지의 '환원하는 방법'이 가능할 것이다. 첫째, 그들의 이론을 역사적 사실에 환원시키는 것, 그리고 둘째로 우리의 이성에 환원시키는 것이다. 첫 번째는 모종삼이나 풍우란 식의 관념론에 대한 대응이다. 둘째는 후외려 식의 이론에 대한 반성이라 할 수 있다.

(1) 역사적 사실에 환원 : 형이상학적인 이론 체계를 그것을 산출한 역사적 상황에 환원시키는 것은 많은 경우 신유학의 연구가 '관념 보편주의'에 빠지기 때문이다. 관념 보편주의자들은 신유학의 이론 체계란 보편적 관념의 체계라고 보아서, 그 관념들 사이의 관계만을 계산하게 된다. 그들은 우선 그런 개념들, 예컨대 '태극 리 기' 등을 자명한 것으로 간주하여 별다른 해명을 하지 않는다. 해명을 하더라도 또 다른 형이상학 체계의 개념과 대치시키려 하는 정도이다. 그리고 그러한 관념의 계산을 통하여 주희와 육구연 등이 논쟁한 리(理)와 기(氣)의 선후 문제를 해결할 수 있다고 본다. 그러나 그런 계산을 통하여 해결되는 것은 별로 없다.

형이상학을 그것이 나온 역사적 상황에 비추어 보는 것은, 난해한 용어와 번쇄한 이론 체계로 이루어진 성리학을 그 자체로 다루면 그것의 면모를 제대로 파악하기 어렵다고 생각하기 때문이다. 성리학의 용어와 체계는 당시의 지식인들에게는 현실적인 문제를 표현하고 해결하려는 시도라고 할 수 있다. 따라서 그들의 용어와 이론 체계를 그들이 고민했던 당시의 상황에 환원시켜 이해하는 것이 그것을 이해하는데 효과적인 방법일 것이다.

(2) 우리의 이성에 환원시키는 것은, 성리학이 산출되었던 시대 상황과 우리의 상황이 다르며, 따라서 상식이나 지식 자체가 서로 다르기 때문이다. 그 시대의 지식인들에게 자명한 것이 우리들에게는 자명하지 못한 경우가 대부분이다. 따라서 그들의 언어와 사유 체계를 우리가 이해할 수 있는 수준까지 분석하고 검증하여야 한다. 많은 경우 형이상학의 언어는 직접 검증이 되지 않는다. 따라서 일단 그들이 왜 그러한 주장을 하게 되었는지 그 전후의 사정을 따져서 그 주장의 의미를 해명하고자 한다. 이런 점에서 우리의 이성에 환원시키는 것은 역사적인 상황에 환원시키는 것과 만나게 된다. 이 글의 일차적인 목표는 그들의 형이상학의 난해함과 신화적인 면모를 벗기고, 그런 사상 체계를 절실하게 요구한 그 현실과 접맥시켜 이해하고, 나아가 우리가 이해할 수 있는 수준까지 분석하여 재구성하려는 것이다.

2) 대립과 발전

송대의 사상은 상호 대립을 통하여 발전했다. 북송 시대에 있어서 지식인 관료들은 그들의 국가가 한대부터 당대까지의 혼란을 되풀이하지 않는 '위대한 조화'를 이룰 것이라고 확신하고 노력했다. 이러한 확신은 불교에 대한 비판으로 나타난다. 그들은 불교를 그 이전 시대의 지배적 이념(국가 철학)으로 본다. 따라서 불교에 대한 비판은 결국 그 이전 시대에 대한 비판이며, 동시에 자신들이 건립하려는 이상 국가에 대한 확신에서 나온 것이라고 할 수 있다.

북송의 지식인들은 그들의 국가의 구성을 놓고 크게 두 집단으로 분열한다. 왕안석을 중심으로 하는 신법당의 제도 개혁론자들과, 장재 정호 정이를 중심으로 하는 구법당의 마음 수양론자들이다. 마음 수양론자들의 사상은 주희에 의해서 성리학으로 완성된다. 성리학의 성립에 있어서 왕안석의 역할이란 크다고 할 수 있다. 적어도 북송 대에 있어서 성리학이란 왕안석의 신법에 대한 반명제(反命題)였기 때문이다. 또한 장재 정호 정이 사이에서도 상호 비판적 발전이 있었다. 장재는 기 중심의 이원론적 인간관을 전개했고, 정호는 이를 비판하고 리 중심의 일원론적 인간관을 전개한다. 정이는 이 둘의 사상을 종합했다고 할 수 있다.

북송 시대 지식들의 관점의 대립은 그대로 남송 시대에 이어진다. 주희는 정이의 사상에 근거해서 장재 정호의 사상을 종합했으며, 육구연 진량과 논쟁을 했다. 육구연은 정호의 일원론과 궤를 같이 하고, 진량은 왕안석과 기본 발상이 유사하다. 물론 육구연이나 진량이나 그들이 직접 정호나 왕안석을 이어받았다고 하지는 않는다. 다만 그 시대에 있어서 하나의 현실을 놓고 인간이 진지하게 사유를 할 때, 그와 같은 관점들을 취할 수 밖에 없을 것이다.

제3장
사상사적 배경

1. 시대적 배경

당-송 교체기는 중국사에서 한 획을 긋는 역사적인 단계이다. 정치적으로는 호족이나 귀족 내지는 절도사의 지배 체제에서 지주 지식인 관료의 지배 체제로 이행했다. 이는 단순히 지배 계층의 변화만은 아니다. 그것의 배경에는 균전제에서 양세법으로 바뀐 조세 제도의 변화로 상징되는 사회 경제적 변화, 절도사로 대표되는 지방 분권에서 송대의 강력한 중앙 집권 체제로의 이행이 있었다. 이러한 변화는 사상의 측면에서는 불교에서 신유학으로의 이행으로 드러난다.

한-당(漢唐) 시기는 강력한 중앙 정부가 없이 정치적 강자들이 할거하여 무력으로 잔인한 권력 투쟁을 했던 시기이다. 이런 상황 아래서는 철저하게 힘이 우선이었고, 군주와 신하 사이의 의리(君臣有義) 등의 인륜은 무시된다. 무력을 소유한 장군이 힘의 우열 관계 때문에 그는 그의 군주를 제거하고 자신이 군주가 된다. 그리고 그 자신의 경우도 다음 대에 가서는 그 휘하의 무장에 의해 왕위 계승자가 제거되었다. 혹은 그의 계승자인 아들들 사이에 피를 부르는 권력 투쟁으로 일족이 거의 살해되는 경우도 있었다. (사마광의 『자치통감』은 이러한 한-당 대의 상황에 대한 비판이라고 할 수 있다) 이런 불안정 때문에 국가는 몇 세대를 존속하지 못했다. 따라서 대통일을 이룬 국가는 시대적 요청이었다. 진시황과 한무제, 수문제와 당태종 때에 대통일을 이룬 국가가 성립했다. 그러나 그런 통일 국가는 한-당 시기에 있어서는 예외적인 것이었다.

송과 그 이후에 등장한 원 명 청은 본질적으로 대통일 국가였으며, 한 당 때처럼 정치적 강자들이 할거하여 서로 싸우는 경우는 거의 없었다. 이런 대통일 국가를 이루기 위한 설계가 바로 송대에 등장한 '새로운 유학(Neo-Confucianism, 新儒學)'이다. 그들은 새로운 국가 속의 새로운 인간상을 정립하고자 하였다.

송대의 신유학 건설자들은 자신들이 단지 새로운 형이상학, 세계관 내지는 '개념 체계'만을 세운다고 자부하지 않았다. 그들은 새로 건립된 왕조(宋)의 주도 계층으로서 새로운 세계 - 장재의 말로 표현하자면 '위대한 조화(太和)'의 왕국을 건설한다는 자부심에 가득차 있었다. 그런 왕국 건설의 계획서로서 '새로운 유학'이 등장한 것이다. 이 새 유학은 하나의 전체적인 세계관으로서 자연관 사회관 인간관을 포괄한다.

2. 불교에서 유교로의 전환

1) 중국화된 불교

중국화된 불교 혹은 중국 불교의 발전의 정점은 ① 화엄종 - 선불교 ② 천태종 - 정토종이라고 할 수 있다. 화엄과 선은 붇다 내지 깨달은 자들의 논리이고, 천태종과 정토종은 어둠과 죄 속을 헤매는 보통 사람들의 논리이다. 당-송 교체를 국가의 변화, 하부 구조의 변화, 상부 구조의 변화로 볼 때 그리고 불교에서 유교로의 이행이라고 한다면 아무래도 화엄종과 선불교가 중요하다. 지배층의 이념이 그것에서 유교로 넘어갔기 때문이다.

노리모토(守本順一郎)는 불교의 논리를 현상 세계의 '절대 부정이며 동시에 절대 긍정'이라고 단정한다.[1] 반면 신유학은 리(理; 신분 질서를 반영하는 현실의 사다리적 구조, 즉 규범)와 리의 담지자인 기(氣)를 인정한다고 한다. 불교의 경우 현실이 무차별적으로 부정되고, 다시 긍정된다. 반면 유교는 현상 세계와 당위의 세계, 존재의 세계와 존재해야 될 세계를 나눈다. 이는 형이하의 세계와 형이상의 세계, 본체(體)와 그 작용(用), 리와 기의 이원적인 현실 인식으로 나타난다. 노리모토가 '절대 부정'이라고 하는 것은 대승불교의 기본 이념인 공(空; 형이상학적 실체의 부정)을 말한다. 그리고 '절대 긍정'이라 하는 것은 불성(佛性), 진여(眞如), 여래장(如來藏) 및 이것의 발현인 현상 세계의 인정을 말한다. 이러한 긍정과 부정은 붇다 자신이 연기설과 해탈 등의 문제에서 '무지한 마음(無明)과 깨달음의 본성(佛性)' 등을 설정한 데에서 발생한다. 그것은 선과 악이라는 풀 수 없는 변신론의 문제[2]이다. 따라서 화엄과 선

---

1) 守本順一郎, 『동양 정치 사상사 연구』, 김수길 번역, 동녘, 1985. 55-62 쪽.

불교는 그 선과 악, 선한 본성과 악한 본성의 교묘한 통합 내지 그 관계의 깨달음 위에 해탈과 열반을 둔다.

2) 현상 세계의 부정

붇다는 현상 세계의 본질적인 모습을 연기하는 것(緣起; 서로 말미암아 일어나는 것)이라고 단정한다. 따라서 현상 세계의 모든 것들은 "변화하며 무상(無常)하며 그러므로 고통스러운 것"이다. 그는 이런 관점에서 현상 세계의 실재를 부정한다.[3)]

이것이 용수(龍樹) 이후 대승 불교에서는 공(空)의 논리로 주장되고, 유식(唯識) 불교에서는 모든 것이 근원적인 마음[알라야 識]의 발현이라는 논리로 주장된다. 즉 중관(中觀) 학파에 의하면 현상 세계는 무상한 변화이며, 실재성이 없는 것, 즉 비어 있는 것(空)이다. 유식학파의 이론에 따르면 현상 세계는 마음의 투영[一切 唯心]이다. 따라서 그들은 현상 세계를 고통으로 보며, 환상 착각(見病)이며 허망한 것이라 한다.

자연과 인간은 같은 구조를 가진다(天人合一) : 이에 대해서 신유가는 세계를 자연과 사회로 나누어 그 각각의 실재성을 주장한다. 사회란 인륜의 총체로서 허망한 착각이라 하여 부정할 수 없는 것이다. 인륜은 우주적 필연성을 가진 것이며 진리 정의로서 우리가

---

2) 변신론(辯神論, Theodicy)은 神과 같은 근원적인 본체를 선하다고 할 때, 그 본체에서 파생되어 나온 현상 세계의 악의 존재를 설명할 수 없는 문제를 말한다.

3) 좀 더 정확하게 말하자면, 변화하며 무상하기 때문에 고통스러운 것이 아니라, 이 세계의 모든 것이란 서로 말미암아 일어나는 것(緣起)인데, 그 변화하는 것 속에서 불변의 것(常)을 집착하고 실체로 보므로 고통이 생겨난다. 그러나 송대의 유학자들은 붇다가 "변화하며 무상하므로 고통스럽다"고 주장했다고 이해하고 비판한다. 신유학의 사상을 다루기 위해서 신유학자들의 견해에 따라 서술한다. 이하의 기술은 불교 이론 자체를 다룬 것이라기 보다는, 당-송 변혁기에서 신유학의 발생을 설명하기 위하여 그 관점에 따라 불교 이론을 사회 정치적 측면에서 조명한 것이다.

수행해야 할 의무이다. 그것을 단지 변화하는 것이며 환상, 허망한 것, 고통스러운 것[緣起]으로 보아서 그 의무 수행을 회피하거나 현상 세계를 도피해서는 안 된다. 나아가 인륜은 자연의 법칙(天理)에 근거한 것이다. 그들은 자연의 필연적인 법칙을 인정하며, 그것을 의인화해서 '자연의 마음'(天地之心)이라 한다. 이 자연의 마음이 주체가 되어서 행위를 한 것이 바로 이 세계의 현상이다. 그리고 그 마음[법칙]이 사회에 내재된 것이 인륜이라는 것이다. 이런 자연과 사회(인간)의 동일 구조론[天人合一]은 그들의 불교 비판의 핵심이다.

고통의 실재성 : 신유학자들은 현상 세계의 변화, 혹은 고통(苦)으로서의 현실도 그 나름의 실재성이 있다고 인정한다. 현상 세계의 변화는 그 법칙이 있고, 그것이 자연의 법칙이며 인간 사회의 도덕률(人倫)이라는 것이다. 이들은 도덕률을 자연에 투영해서 보는 의인법적 사고[天人合一]에 근거해서 현상계를 인륜의 세계라고 보고, 이점에서 이 세상을 긍정한다. 그들은 일단 현상 세계, 변화하는 세계의 존재를 긍정한다. 그것은 물질의 변화의 세계[氣]이다. 그리고 이 물질적 변화 속에는 실현되어야 할 진리이며 정의인 법칙[理]이 있다고 한다. 이렇게 세계를 존재와 당위, 형이상과 형이하로 나눔으로써 그들은 불교의 현실 부정의 논리[無常, 苦, 空]를 부정한다.

이기심의 문제 : 신유학자들이 보기에 현상 세계를 허망한 환상(무상하며 고통스러운 것)으로 파악하고 이것에서 벗어나려 하는 해탈의 논리는 인간의 극단적인 이기심의 발로이다. 현상 세계에는 진리와 정의가 있고, 이것을 실천하는 것은 인간의 의무이다. 단지 고통이라는 점에서 이런 의무를 외면하고 초월 해탈하려는 것은 죽음 등에서 나오는 고통에 대한 공포에서 그것을 피하려는

이기심일 뿐이다.(『유서』 1-10)

신유학자들은 현상 세계가 물질적 변화 과정(氣)이라는 점을 인정하면서 현상 세계에 내재해 있는 불합리와 고통을 인정한다. 그러나 현상 세계는 그것만이 전부가 아니고, 인륜이라는 의무가 있다. 그들은 진리 정의이며 의무인 인륜을 수행하는 것이 중요할 뿐 생노병사의 고통은 문제가 아니라고 한다. 의무를 위해서는 그 고통을 잊어야 한다. 그들은 진리와 정의에 의한 정신의 자기 고양(高揚; 흥분)을 주장한다. 그러므로 장재는 "이 세계의 시초를 따져 보고, 되돌아서 이 세계의 종말까지 꿰뚫어 보라"(原始 反終)는 『주역』「계사」의 말에 공감하면서, "살아서는 (인륜, 즉 하늘의 말씀을) 따르고 섬기며, 죽어서야 나는 편안하리라" 라고 단언한다.(『西銘』) 그들이 보기에 고통에서의 진정한 해탈은 이런 진리 의식에 있다는 것이다.

3) 현상 세계의 긍정

불교는 현실 세계의 모든 존재들은 서로 말미암아 일어나기(緣起) 때문에 무상하고 영원한 실체가 없으며, 따라서 고통스럽다고 본다. 이것은 극단적인 현실 부정이며, 일종의 허무주의라고 할 수 있다. 논리적으로 볼 때, 극단적인 현실 부정은 결국 현실의 모든 것을 인정하는 것과 같다. 현상 세계의 모든 것은 허망하고 덧없다면, 그리고 꼭 해야 하는 진리 정의 의무인 것이 없다면, 결국 무엇이든지 해도 좋다는 말이 되며, 현실에서는 어떤 현상도 다 일어날 수 있다는 말이 된다. 극단적인 허무주의는 모든 인륜 규범을 파괴하고, 어떤 일이든지 가능하다고 주장한다. 불교의 주장은 그런 허무주의는 아니지만, 일단 이런 식의 허무주의의 논리가 깔려 있다고 할 수 있다. 다시 말해서 '절대적 부정과 절대적 긍정'의 논리는 허무주의와 그것에서 나오는 무규범 상태로 연결될 수 있다. 위진 남북조 시대의 투쟁 갈등은 힘의 논리를 긍정하는 이런 무규범과 허무 의식이 그 밑에 깔려 있다고 할 수 있다.

그런 식의 무규범적 상황은 위진(魏晉) 이래 권력 투쟁 및 국가 간의 갈등에서 적나라하게 나타난 바가 있다. 물론 이 역사적 상황이 불교의 영향 내지 불교적 의식 때문에 일어났다고 할 수는 없을 것이다. 그러나 어느 정도까지는 불교가 그 상황에 적합한 사상이라고 할 수는 있을 것이다. 이러한 혼란에 대해서 중국화된 불교는 허무주의적 '부정과 긍정'의 논리를 벗어나 현상 세계에 적극적으로 의미를 부여한다. 천태와 화엄은 중국 이론 불교의 발전의 극단에 선다. 그것은 무조건적인 긍정 속에 나타나는 허무주의의 극복이기도 하다.

(1) 천태 / 선과 악의 얽힘 : 천태의 "번뇌가 곧 보리(Bodhi; 깨달음)이며, 죄 많은 범부가 붇다이다" 라는 이론은 무규범 상태를 종식시키는데 일정한 영향을 발휘했을 것이다. 붇다는 지옥을 초월하지만, 또한 가장 괴로운 지옥에도 나타난다. 가장 괴로운 지옥에서 신음하는 죄인을 구제하지 않으면 그는 붇다가 아니다. "악랄한 악이 행해지는 곳에서도, 또 풍속이 경박하고 어지러운 말세에도 붇다는 언제나 그것을 자기 체내의 병으로 보고 치유하기 위하여 슬픈 눈물을 흘린다."[4] 또한 인간의 본성에는 악이 있기 때문에 선이 있다. 가장 악한 자야말로 가장 큰 죄 의식을 가질 수 있으며 따라서 가장 선한 것을 알 수 있다. 이처럼 천태는 절대적인 선만 있

---

4) 『중국 사상사』, 金谷治 외 지음, 조성을 옮김, 이론과 실천, 1986. 201-203 쪽. 이는 荒木見悟의 견해이다.

다는 것도 절대적인 악만 있다는 것도 부정하고, 현실은 선악이 중층적으로 얽혀 복잡하게 유동하는 것으로 본다. 그리고 붇다는 거기에 자유자재로 응하는 지혜를 가지고 있다. 이렇게 그들은 현상 세계를 긍정한다.

잔인한 정권 투쟁의 시대에 죄를 저지르지 않고 군주가 된 자는 없었을 것이다. 그 군주는 어쨌든 그 사회를 구제해야 할 의무가 있다. 마치 붇다가 중생을 제도하려 했듯이. 그리고 모든 투쟁 속의 죄 많은 인간에게 국가 질서 건립에 참여를 촉구하는 데에도 "죄 많은 범부가 곧 붇다이다" 라는 논리가 유효할 것이다. 천태가 위진 남북조 시대의 무규범적 혼란을 종식시키고 통일과 질서를 이룩한 수(隋) 제국의 이념 중의 하나라는 것은 이런 점에서 볼 때 우연이 아니다.

(2) 화엄 / 깨달은 자들의 조화로운 세계 : 화엄은 여기에서 한 걸음 더 나아가 현실 세계의 가치를 인정한다. 화엄은 현상 세계의 절대 부정을 절대 긍정으로 돌려놓는다. 화엄은 이 현상 세계의 모습(法界)을 네 가지로 나눈다. 첫째는 각 개체 사물들이 있는 모습으로서의 세계(事의 法界)이다. 둘째는 그것들이 전혀 차별이 없는 모습으로서의 세계(理의 法界)이고, 셋째는 개체들의 차별되면서도 차별없이 얽혀 있는 것으로서의 세계(理事無碍의 法界)이고, 넷째는 모든 사물들이 조화롭게 얽혀있는 모습으로서의 세계(事事無碍의 法界)이다. 이 넷은 세계를 보는 방법(觀)이다. 따라서 이 현상 세계는 진여(眞如; 진리)가 발현된 것으로, 최종적으로는 모든 현상 사물들이 조화롭게 얽혀진 것(事事無碍)으로 드러난다. 여기에서는 모든 개체들이 서로 어울리면서도 서로 독자성을 가지고 있다. 즉 하나와 여럿의 조화(一多相攝)가 이루어져 있다.

이러한 조화로운 존재 세계(事事無碍 法界)는 어느 정도는 당 왕조 전기의 평화롭고 질서가 유지된 제국의 모습을 이론화시킨 것이라고 할 수 있다. 다시 말해서 화엄은 위진 시대 이래의 혼란이 수 제국으로 종식되고, 다시 당 제국으로 어느 정도 질서가 정착되어 안정된 국면으로 나아간 상황을 반영한 것이다. 천태가 혼란 종식에 초점을 둔 이론을 전개한 반면, 화엄은 그 질서 유지에 이론의 주안점을 둔 것이다. 화엄이 서로 다른 각 개체(事)들과 이것들 사이의 평등 조화 질서를 이루어 주는 것(理)이라는 이원적 요소를 상정하는 것은, 그것을 통해 존재 세계의 질서를 유지하고 평화를 이루겠다는 의도를 그 밑바탕에 깔고 있기 때문일 것이다.

화엄 사상은 통일과 질서와 평화가 유지된 전체 속에 개인이 조화롭게 자기 실현하는 중국 전래의 이념을 법계관으로 표현한 것이라고 할 수 있다. 그것은 춘추 전국 시대의 혼란 속에서 이론적으로는 대공(大公) 대동(大同) 태평세(太平世)의 이념으로 제시되었고, 한편 진시황과 한무제의 제국으로 현실 속에 드러났다. 후한 이래 수 왕조 전까지 각 개체[강자]들의 권력 싸움 내지 개별 국가들의 전쟁에서 오는 투쟁 혼란을 종식시킨 수문제와 당태종의 제국은 그 태평세의 이념이 정치권력 상으로 구현된 것이다. 화엄은 그런 제국의 평화를 이론적으로 반영한 점에서 중국 전래의 태평사상의 연장선에 있다고 할 수 있을 것이다.

4) 화엄과 호족 귀족들의 조화

대통일 국가의 이념으로서 화엄의 법계관은 결국 당시 상황에서는 '지방에 근거를 갖는 호족'이며 '중앙 정치 무대의 주역인 귀족'에 근거한 질서를 반영하고 옹호하는 이론이라 할 수 있다.

화엄은 그 개체의 독립성(事; 차별성, 주체성)과 상호 의존성(理; 평등성, 객관성)을 긍정한 이론이라 할 수 있다. 이는 '개체(事)와 질서 부여자(理)'라는 생각에 근거해 있다. 모든 사물은 독립적이며, 절대적인 주체이다. 그러나 "모든 사물들이 원융무애하여 조화롭게 얽혀있는 모습으로서의 세계"(事事無碍의 大同 세계)가 유지되기 위해서는 그 세계에 참여하는 개체들의 절대적인 주체를 인정할 수는 없다. 인정할 경우 모든 개체는 절대 주체로 분리 고립되어 상호 투쟁할 것이기 때문이다. 따라서 각 개체의 독자적 주체성이 제약되고 서로 의존해야 조화를 이룰 수 있다. 이런 자발적 제약은 그 개체에 있는 리(理; 평등성, 상호 의존성)에 의하여 가능하다. 개체(事)들의 리의 총체는 하나이며 전체인 리, 즉 진여(眞如)이다. 결국 사사무애 법계에는 '진여'라는 근원자가 필요하다. 진여의 발현이므로 그 세계는 절대적 조화의 세계이다. 이런 하나와 여럿의 조화는 '진여'라는 법계를 관찰하고 뒷받침하는 자에 의해 유지된다.

위진 이래 권력 투쟁에서 정치 주체들의 기본적인 성향과 존재 양태는 '예와 법'의 질서를 부정한 것이다. 그들은 그런 제약이 부정된 공간에서 자율성을 확보했다. 이 자율성은 결국 절대적인 주체의 확립으로 이어지고, 절대 주체들 사이의 힘의 싸움, 혼란 투쟁을 가져 왔다. 이런 성격이 아직 당대의 호족 귀족에는 남아 있었다. 그들은 아직 예와 법의 질서에 절대적으로 종속되어 있지는 않았다. 그들이 권력에 참여할 수 있는 근거가 호족 귀족으로서의 '힘'이라는 점에서는 위진 시대의 정치 주체와 하등의 다를 바가 없다.

그렇다면 그들이 어떻게 해서 투쟁이 아닌 조화를 이룰 수 있었는가. 그들이 자신들의 주체성을 어떻게 자발적으로 제약하고 서로 조화를 이루었는가, 즉 자발적 제약 속에서 자율성과 주체성을 확립했는가. **이는 하나와 여럿의 조화(一多相攝)의 문제**이다.

국가의 질서에 있어서 하나와 여럿의 관계는 다음 둘로 나누어 볼 수 있다. 첫째, **하나**의 중앙 정권으로서 황제의 권력과 **다수**의 호족 귀족을 상징한다. '하나'가 필요한 것은 바로 그 질서 때문이다. 둘째, 호족 귀족의 **하나**로서 '나'와 다른 **여러** 호족 귀족들과의 관계이다. **하나**의 중앙 정권은 호족과 귀족들 **하나하나**가 그들의 권력을 자발적으로 제약할 때 생기는 공간에서 성립한다. 그리고 이 중앙 권력의 공간 안에서만 나와 다른 호족 귀족 사이의 조화가 이루어진다. 자발적 제약은 그들이 싸움을 피하고 생존을 도모하기 위한, 그리고 그들의 능력 발휘의 정당성 확보를 위한 대가이며 희생이다. 따라서 호족 귀족들 사이의 조화를 이루는 것, 즉 국가 질서를 유지하기 위해서는, 국가를 관찰하고 유지하는 황제로 대표되는 중앙 권력이 절대적으로 필요하다. 다시 말해서 호족 귀족들의 자발적인 제약이란 진여와 비슷한 황제가 있기 때문에 가능하다.

이는 위진 시대에 대한 역사적 반성의 산물일 것이다. '사물들의 조화로운 얽힘(事事無碍)'과 '하나와 여럿의 조화'는 동질의 실력을 가진 '호족-귀족'이 중앙 정권 아래에서의 조화를 이룸을 표현한다. 개체의 부정은 호족들이 '공존할 수 있는 공간'을 확보하게 해 주며, 개체의 긍정은 그들의 능력을 발휘할 수 있는 '주체적 자율 공간'의 확보를 의미한다. 즉 그들의 주관성의 한계는 진여의 역할을 하는 황제의 권력 안에 한정되어 있다. 이는 공자 맹자 이래 유가가 관료의 이성의 한계를 천명(天命)에 두어서, 평화시에는 관직에 나가고 난세에는 관직에서 물러난다는 것과 같으며, 성리학에서 태극으로 상징되는 황제의 권력이 사대부 관료의 이성의 한계인 것과 같다. 즉 이성의 한계를 설정하는 문제이다.

이런 자발적인 제약 속에서 성립하는 중앙 권력인 황제권이 무너질 때 호족 귀족은 다시 절대 주체로 독립하여 서로 투쟁을 하게 된다. 이런 상황은 당말 오대에 도래했다. 그리고 이 상황을 반영하는 것이 선불교이다.

5) 선불교와 강자의 논리

선불교는 일체의 이론을 부정한다. 이론의 부정이란 말(Logos)의 부정이며, 이성의 부정이다. 이는 이성적 질서인 규범의 부정으로 귀결된다. 그들이 이 외면화된 이성으로서 외적 규범을 부정하는 것은 절대적인 주체를 확립하기 위한 것이다. 그들은 절대적 현재 속에 살아 있는 '나'의 자발성의 확립을 최우선의 과제로 삼는다. 이 살아서 움직이는 '나'의 생명이야말로 모든 행위의 주체이며, 이것에 근거해서 이 세계의 모든 것이 이루어져야 한다는 것이다.[5)]

이런 절대 주체의 확립은 중앙 권력에 의한 질서를 부정하고 각 지방에서 자신의 독자 영역을 굳힌 절도사들 내지는 군사적 강자들의 행태를 반영한 것이라 할 수 있다. 화엄에서 이론 체계[법계]가 당나라의 중앙 권력에 의한 평화를 반영한다면, 선불교가 일체의 이론을 부정하고 절대적인 주체의 정립을 목표로 삼는 것은 절도사들이 중앙 권력에 의한 질서를 부정하고 각 지방에서 자신들의 지배 영역을 확립한 것을 반영한다. 절도사라는 군사적 강자들은 중앙 권력이 붕괴된 힘의 공백, 예와 법질서가 무너진 힘의 진공 상태인 공간 속에서 각자의 독자성을 확보한다. 그렇듯이 선(禪)도 그 이론 체계를 붕괴시킨 마음의 공간에 절대 주체를 확립한다. 이는 대통일 국가가 무너진 상황의 재현이며, 그런 강자들의 등장은 철학에서 절대적인 주체의 문제를 다시 한번 제기한 것이라고 할 수 있다. 다시 말해서 당말 오대의 혼란기는 위진 이래의 상황

5) 앞의 책, 211-213 쪽. 이는 荒木見悟의 견해이다.

의 반복이며, 역사의 흐름이 거슬러 올라간 것이라고 할 수 있을 것이다. 선불교의 등장은 화엄의 철학이 사회 정치적 공간에서는 실패한 것을 보여주는 것이다.

6) 예와 법의 질서

중국화된 불교가 이처럼 현상 세계를 긍정함으로써 수당(隋唐) 시대의 평화를 유지하게 하는데 일정한 기여를 했다고 할 수 있을 것이다. 화엄의 법계관은 개체의 자발적 제약에 의한 세계의 조화로운 모습을 그리고 있다는 점에서, 선불교는 인간이 행위를 하는데 필요한 절대적 주체성을 확립했다는 점에서 현실 세계를 긍정한 것이다. 그러나 그들은 아직 '예와 법'이라는 세속의 질서에 별다른 의미를 부여하지 않았다. 그것은 여전히 궁극적으로는 벗어나야 할 대상일 뿐이었다. 한편 위진 시대나 당말 오대의 권력 투쟁에서 정치 주체들의 기본 성향은 예와 법질서에 절대적으로 종속되어 있지는 않았다는 점이다. 그들은 그런 예와 법의 제약이 부정된 공간에서 자율성을 가지고 힘에 의한 싸움을 했다. 이런 점에서 그들의 행태는 세속의 윤리를 절대화시키지 않는 불교의 출세간의 논리에 의해서 합리화될 수 있는 소지가 있다.

송대에 들어오면 유학자들은 그런 정치 행태를 부정하고, 법질서 내지는 예라는 규범 질서 아래의 자율권만 인정한다. 법질서 아래의 주체성은 왕안석이, 예라는 규범 질서 아래의 자율적 주체성은 사마광 정호 등이 주장한다. 사마광은 맹자의 혁명론을 부정한다. 한-당의 정치적 강자들의 행태가 그것과 비슷했기 때문일 것이다.(아래의 100쪽 참조.) 그는 '신하의 윤리'에 충실하며, 이는 성리학의 기본 전제가 된다.

이처럼 당 이전 역사와 불교에 대한 반성에서 신유학이 성립한다. 당-송의 교체를 정치 주체라는 점에서 보면, 호족 귀족에서 사대부 지식인으로의 변천이다. 호족 귀족은 근본적으로 예와 법질서를 초월한 절대 주체이지만, 사대부는 예와 법질서에 근본적으로 종속되어 있었다. 즉 국가 이성에 종속된 인간이다.

송대의 신유학자들이 화엄이나 선불교에서 영향을 받았지만, 불교를 비판한다. 그것은 그들이 기본적으로 한-당 대의 역사를 반성하는 입장에 서 있었기 때문이다. 그들이 불교를 비판하는 가장 기본적인 시각은, 불교가 예나 법질서를 소홀히 한다는 점이다. 이런 법과 예의 질서를 존중하는 시각으로 그들은 한-당 대의 역사를 비판적으로 반성한다. 신유학자들은 『자치통감』 등의 역사서를 써서 자신들의 역사를 반성하면서 다시는 정치 주체들의 투쟁에서 오는 혼란이 없게 하고, 진시황 한무제 수문제 당태종처럼 '대통일의 질서'를 이룬 국가를 건설하려 한다. 물론 그 대통일 국가를 이루는 데 있어서 진시황이나 한무제 등이 쓴 무력의 방법을 그들은 지지하지 않는다. 그런 무력을 비판하고 도덕성과 제도에 의한 대통일을 강조하는 것이 그들의 기본 관점이다. 송 이후의 중국 왕조는 본질적으로는 그러한 대통일 국가이다. 그들은 그런 반성 속에서 그 네 제국의 통치 방법을 비판하고 본질적으로 안정된 대통일의 방법을 모색한다.

7) 새로운 유학의 형성

송대의 유학은 그 이전의 역사적 흐름에 대한 반성에서 성립한다. 그들은 불교를 일단 후한 이래의 정치적 상황의 반영으로 본다. 그들은 우선 예나 법과 같은 사회의 질서를 불교가 긍정하지 않는 것을 비판한다. 그런 규범을 인정하지 않으므로 국가 질서가 유지되지 못했을 뿐만 아니라, 각 지방에 할거하여 무력으로 자기 주장하는 것이 합리화되었다고 본다. 그들은 현실 세계란 규범 혹은 이념이 실현되어야 할 대상으로 본다.

또한 신유학자들은 불교에서 말하는 주관성의 이론에 대해서 문제를 제기한다. 그들은 우리가 살아가는 이 세계가 기본적으로는 국가 사회라고 한다면, 이 범위를 벗어나는 주관성이란 있을 수가 없다고 본다. 인간 내지 어떤 정치 주체의 주체성이란 이 국가 질서 아래서의 주체성일 수 밖에 없다. 그들은 인간의 이성 내지 주체성의 한계를 국가 사회라는 테두리 안에 한정시킨다. (객관적 측면)

이후 신유학자들에 있어서 불교 비판은 언제나 주관과 객관의 두 측면에서 진행된다. **객관적**으로는 현상 세계를 국가 사회로 파악하고, 그것의 존재 의미를 긍정하며, 그 구조와 기능을 적극적으로 파악하여 '위대한 조화'를 이룬 국가를 건설하려 한다. 그들은 이 세상에서의 이상향을 목표로 삼는다. **주관적**으로는 이러한 현실 사회를 이끌 개체들의 주체성 확립을 목표로 삼는다. 송대 이후 주된 사조가 된 성리학은 그 인륜이 내재화된 형태로서 덕목을 인간의 마음과 이성의 핵심으로 보아 개인의 주체성을 확립하려는 이론이다.

이런 유가적인 관점이 북송대에서는 구체적으로는 신법과 구법이라는 대립으로 나타난다. 신법당은 국가란 제도의 완비에 의해서 위대한 조화를 이룰 수 있다고 본다. 인간의 이성이란 이 제도를 형성하거나 이 제도를 운영하는 한에서 정립이 된다. 왕안석은 『주례』에 제시된 이상 국가(유토피아) 체제를 제도를 통해서 구현하려 한다. 구법당(성리학)은 인간의 도덕적 인격에 의해서 국가가 유지되어야 한다고 한다. 이들의 경우 인격이란 내면화된 예 질서

일 뿐이다. 인격은 이성이라 할 수 있다. 따라서 그들에게 있어서 이성이란 이 내재화된 예 질서에 제약되는 것이다. 사마광은 역사의 반성을 통해서 인간 행위의 규범을 따진다.(正名) 그는『춘추』의 방법, 즉 인격을 수양한 관료들의 바른 행위에 의한 대통일 국가를 이루려 한다.『춘추』는 인간의 행위의 정당성(正名) 여부를 기록한 역사서로 알려져 있다. 신법당과 구법당은 새로운 국가 속의 새로운 인간상을 정립한 것이다.

신법과 성리학은 지주 지식인 관료가 정권을 담당했던, 송 이래의 대통일 국가의 두 이념이었다. 성리학은 이 대통일 국가의 이념으로 작용하면서, 당시의 사람들에게 하나의 국가 의식[중화 의식]을 심어 주었다는 점에서 지대한 공헌을 했다. 그들은 한-당 대의 분열된 국가상을 비판하고 통일된 국가를 지향한다. 따라서 그들이 고전 시대(三代)를 긍정하고 한-당 대를 비판하는 것은 복고적 역사관 때문이 아니라, '위대한 조화'를 이룬 그들의 통일 국가에 대한 자부심에서 나온 것이다. 한-당에서 송으로의 변화를 전폭적으로 긍정하고, 새로운 국가를 건립하려 했다는 점에서 제도 개혁론자들(신법당)이나 인격 수양론자들(구법당, 성리학)이나 진보적이었다. 다만 성리학자들은 대통일 국가의 현상 유지에 집착하여 제도 개혁보다는 국가 의식의 형성을 중요시했다. 이는 당시의 사회 상황을 반영하는 이론일 뿐이며, **숙명론적인 보수성을 가진 복고적 역사관**[6]은 아니라 할 수 있다.

---

6) 송영배,「유교 사상의 역사적 이해와 반성」,『철학연구』, 철학연구회, 1990년 봄.

3. 북송 시대 유학자들의 의견 대립

1) 북송의 국가 체제 정립

오대의 혼란을 진정시킬 수 있는 한 세력이었던 후주(後周)의 세종(世宗)이 요나라를 원정하던 도중에 죽었다. 그리고 세종의 미망인이 황제의 자리에 올라서 다시 오대의 혼란이 지속될 것 같은 상황이 되었다. 이에 군대는 진교역에서 쿠데타를 일으켰다. 그들은 오대 이래 병사들이 황제를 옹립하던 풍조에 따라 그들의 지휘관인 조광윤에게 쉽사리 황제의 관복을 입혀 버렸다.[7] 이렇게 등장한 송 태조 조광윤의 정책은 그런 풍조를 철저히 차단하는 것이었다.

북송의 태조와 태종 시기에 완성된 국가 체제는 모든 국가 권력을 분산시키고, 다시 그 권력을 중앙의 황제에게 집중시키는 것이었다. 이는 정치권력, 재정권, 군사권의 중앙 집중으로 요약될 수 있다.

정치 권력의 분산을 통한 중앙 집중 : 절도사와 같은 지방의 군사 지휘자가 독립된 세력으로 할거하는 것을 방지하기 위하여, 군사 지휘자는 문신 지방관인 지주(知州)의 관할 아래 있었고, 이 지주도 통판이라는 지주 밑의 관료의 감찰 아래 있었다. 그리고 재상권을 분할하여 군사를 맡은 추밀원, 재정을 맡은 삼사사(三司使), 부재상인 참지정사(參知政事), 비리를 탄핵하는 대간관(臺諫官)으로 나누었다. 또한 관(官)과 직(職)을 나누어 황제가 임명할 때만 실제 관직에 나가게 했다.

재정권의 중앙 집중 : 당 후기 이후에 지방관이 지방에서 거둔 조세를 중앙에 보내지 않은 것을 철저하게 차단하여, 그 주의 재정 지출 이외의 모든 조세 수입을 중앙에 보내게 했다. 이를 위해서

---

7) 서연달 외 저, 『중국 통사』, 청년사, 1989. 490쪽.

전운사 등을 신설했다. 또한 지방관이 그 지방의 특산물로 재정적 실력을 기르는 것을 방지하게 위하여 광산 염전 지대에는 감(監)을 중앙에서 파견하여 그것을 중앙 정권이 직접 장악하게 했다.

군사권의 중앙 집중 : 병사의 선발, 물자 지원 등에서 황제 직속의 중앙군[禁軍]을 강화하고 지방군[相軍 등]을 약화시켰다. 이 결과 지방군은 단지 공물의 운송, 수로의 수리, 잡역 등을 하는 군복을 입은 민간인에 지나지 않았다.[8] 그리고 중앙군의 경우 군정(軍政)과 군령(軍令)을 분리하여, 군정은 추밀원이 관장하고 지휘관은 군대의 훈련과 전투 등을 담당하는 군령만 맡았다. 그리고 중앙군이 한 곳에 오래 주둔하지 못하게 하여 장교와 사병의 인적 유대가 형성되는 것을 차단했으며, 어떤 전투에 나갈 경우 작전 계획서를 미리 작성하게 하여 그 계획서에서 벗어나지 못하게 했다.[9]

이는 줄기를 강화하고 가지를 약화시키는 정책[10]으로, 권력의 주도권을 문신들이 담당하게 하는 정책이었다. 강한 독자성을 가진 무신들 대신에, 이성을 가지고 합리적으로 국가 질서를 담당할 주도 계층으로서 그들이 등장한 것이다. 그러나 이런 정책은 대외적으로는 이민족의 침입에 거의 속수무책이었고, 대내적으로는 중앙 권력의 직접 집행자들인 문신 관료들의 비능률과 부패, 필요없는 관료와 군사 수의 증가에 직면하여 위기에 처하게 되었다. 이에 인종(仁宗) 경력(慶曆) 연간에 범중엄(范仲淹)의 개혁이 있었다. 그는 기구의 축소, 불필요한 관리의 삭감, 관음(官蔭)의 제한, 인사 고과의 강화를 추진했다. 그러나 관료들의 저항을 받아서 실패했다.

---

8) 앞의 책, 514 쪽

9) 앞의 책, 491-495 쪽.

10) 줄기는 중앙 권력, 가지는 지방 권력을 말한다. 이는 당시에 주나라의 봉건제와 진나라의 군현제로 대비되어 논의되기도 했다. 봉건제의 경우 지방의 권력을 강화시킨 것이고, 군현제의 경우 중앙의 권력을 강화시킨 것이다.

이후 신종(神宗) 희녕(熙寧) 연간에 왕안석이 등장하여 좀 더 근본적인 개혁을 단행하게 되었다.[11]

2) 개혁을 둘러싼 지식인들의 유파

북송이 건국된 이후 문신 관료들은 북송이 채택한 중앙 집권적 국가 이념, 즉 대통일과 질서를 이룬 국가를 옹호한다. 그러나 이 국가 체제가 위기에 봉착하자 그들은 그 제도의 개혁을 둘러싸고 두 파로 분열한다. 신법당은 제도의 개혁을 주장한다. 물론 이 경우도 북송의 중앙 집권의 범위 안에서 재정 군사 학교 서리(胥吏) 제도의 개혁을 추진한다. 반면 구법당은 제도가 문제가 아니라 그 제도를 유지하는 관료의 정신이 문제라고 보아 그 제도에 맞는 관리들의 이상적인 인격의 수양을 주장한다. 이들은 범중엄의 비교적 온건한 개혁에는 모두 참여하였으나 왕안석의 급진적인 개혁에 직면하여 그 두 파로 갈라진 것이다.

왕안석의 신법이 시행되었던 시기의 지식인 관료들은 다음과 같은 네 가지 주요한 그룹으로 나뉘어져 있었다. ① 왕안석 및 남방의 강서 복건 출신의 관료들로서 공리주의적인 성향을 가지고 제도의 개혁을 추진했던 사람들이다. ② 사마광 및 황하 이북 지역 출신자들로서 도덕적 지도력이 국가의 기본 원리가 되어야 한다고 주장하며, 신법에 반대했던 보수적인 사람들(구법당)이다. ③ 낙양 출신의 정호 정이 형제와 섬서 출신인 장재로 대표되는 도덕적 수양과 형이상학을 중시했던 사람들이다. 이들의 정치적인 견해는 기본적으로 사마광 등의 구법당과 같았으나, 정치에는 적극 참여하지는 않고 형이상학적 이론의 정립에 몰두했다. 이들은 구법당

11) 앞의 책, 517 쪽

의 이론가들이라고 볼 수 있다. ④ 소식(蘇軾) 소철(蘇轍) 형제로 대표되는 사천성 출신의 사람들이다. 이들은 사상의 체계와 깊이보다는 재기 발랄한 문학적 논의로 유명한 사람들이다. 이들은 신법의 급진적인 개혁에 반대했지만, 동시에 구법당의 도덕 형이상학자들의 교조적 경직성이나 과도한 엄격성, 자기 절제 등에도 반대했다. 이들은 자신들의 대안을 제시하지 못하고 신법과 구법의 주변을 맴돌았기 때문에, 권모 술수파(縱橫家)라고 비판을 받기도 했다.12)

3) 신법당과 구법당의 논쟁점

(1) 제도와 인격 / 국가의 지도력과 관료의 자율 : 개혁파[신법당]는 국가 제도의 변혁을 주장한 반면, 보수파[구법당]는 관료들의 인격 수양을 중시한다.

개혁파들은 백성들의 생활 전반을 통제하기 위하여 정치 경제 사회 제도의 완비를 통한 국가의 적극적인 지도력을 강조한다. 이들은 완전한 국가 질서의 이상화된 모습을 『주례(周禮)』에서 찾는다. 이구(李覯)는 송 왕조의 당면 과제인 부국강병의 달성을 위해서 공자가 이상적인 국가로 보았던 주나라의 제도를 기록한 『주례』에 담긴 원리를 실천할 것을 주장한다. 왕안석은 부국강병 보다는 정치 질서, 재정 정책, 경제적 부강을 중시하며, 이상적인 제도뿐만 아니라 국가의 역할을 강조한다.

이에 비하여 보수파들은 제도가 문제가 아니라 그 제도를 운용하는 관료들의 마음가짐이 문제라고 보았다. 이들은 관료의 도덕

12) 제임스 류, 『왕안석과 개혁 정책』, 이범학 역, 지식산업사, 1991. 44-47 쪽. 또한 구법당의 사마광 및 주돈이, 정씨 형제, 장재, 소옹 등의 학문적 정치적 밀접한 관계, 왕안석의 신법에 대한 격렬한 반대, 촉당(蜀黨)의 소철 소식 등과의 대립에 대해서는 후외려, 『중국사상통사』 4상, 496-511 쪽을 보라.

적 지도력이 국가의 기본 원리가 되어야 하며, 이 지도력이 정책과 정치 경제 제도에 반영되었을 때 비로소 상황이 개선된다고 한다. 왕안석도 관료들의 기풍 확립을 무엇보다도 강조한다. 이 경우 기풍이란 관료들이 제도를 충실하게 운용하는 것을 말한다. 반면 보수파들은 관료들이 인격을 완성하여 자율적인 실천을 할 것을 강조한다. 따라서 법질서란 도덕적 실천의 하위 개념이 된다.

(2)『주례』와『춘추』/ 경륜과 도덕성 : 이렇게 기본적인 관점이 다르기 때문에, 무엇이 진정한 정치 능력인가에 대한 견해도 달라진다. 개혁파는 경륜을 중시하는 반면, 보수파는 **도덕성**[正名]을 강조한다. '경륜'은 도덕적 가치를 벗어나지 않는 범위 안에서 국정 전반에 걸친 현실적인 성과를 이루는 안목을 말한다. '정명'(正名; 이름에 따라 자신의 행위를 바로잡음)이란 자신의 신분과 지위에 충실한 도덕적 행위를 의미한다. 자신의 신분(分)은 '이름'(名)으로 규정된다. 군주는 군주답게, 아버지는 아버지답게 행위 하는 것을 말한다. 이는 결국 도덕적 행위이다. 이런 정명론은 공자에게서 시작되었다. 공자는 '정명'이라는 관점에서 춘추 시대의 인물들의 행위에 대한 도덕적 비판을 가한 역사서를 편찬한다. 이것이『춘추』이다. 보수파는 왕안석이『주례』에 근거하여 제도 중심의 개혁을 하려는 것을 반대하며, 공자의『춘추』에 기술된 도덕의식을 모범으로 삼는다. 사마광의 경우 이러한 관점에서『자치통감』을 편찬하여 한-당 대의 정치 행태에 대한 도덕적인 비판을 한다. 이는 두 정씨를 거쳐서 주희에 이르면 진량과의 도덕 정치 (王道)와 힘의 정치(霸道)에 관한 논쟁으로 이어지면서,『통감강목(通鑑綱目)』에서 철저하게 구현된다. 이러한 도덕의식이 형이상학적인 이론으로 정립된 것이 두 정씨에서 시작되어 주희에 의해 완성된 '성리학'이다.

(3) 『맹자』의 성인 개념 / 개혁가와 인격자

이런 관점의 차이는 『맹자』를 두고 나타난다. 왕안석은 다음과 같은 점에서 맹자를 중시한다. 맹자는 주나라의 이상적인 제도[정전법 및 조세 제도 등]에 근거하여 당시의 제도를 개혁하려 했으며, 백성의 경제적 안정을 보장하기 위한 국가의 역할을 강조하였다. 그리고 그런 개혁에 있어서 이른바 성인(聖人)으로 말해지는 능동적 개혁자의 역할을 강조한다.

사마광과 같은 보수파 정치가들은 왕안석이 맹자의 그런 사상에 근거하여 개혁을 시행했으므로 맹자를 비판한다. 사마광은 맹자의 혁명 이론을 반박한다. 맹자의 혁명론은 신하가 그 군주의 행위를 평가하여(正名) 최악의 경우 군주를 몰아낼 수 있다는 것이다. 그러나 올바른 평가가 가능할 것인가, 이것이 맹자에게 던지는 사마광의 의문이다. 올바른 평가에 따른 군주 교체(革命)가 현실적으로 있기는 어렵다. 오히려 야심가들에게 찬탈할 구실을 주는 것에 불과할 것이다. 혹은 그런 혁명론 때문에 군주가 올바른 정치를 하기보다는 오히려 신하가 찬탈할까 두려워 신하들을 탄압할 생각만 할 것이다. 사마광은 역사가로서 한-당의 역사에서 그런 일을 허다하게 보았기 때문에 그렇게 비판했을 것이다.[13)]

맹자는 공자의 정명론을 발전시켜서, 신하가 임금의 행위를 평가하여 임금이 임금답지 못하면 몰아낼 수도 있다고 한다. 그러나 이것은 변혁의 이론이 아니라 극단적인 보수주의이다. 참된 보수주의는 썩은 것을 잘라내지 지키지는 않는다. 군주가 썩었다면 국가를 위하여 잘라내야 한다. 맹자도 군주가 군주답지 못할 때 신하가 군주를 몰아낼 수는 있다고 한다. 그러나 신하가 그 대신 군주가 되는 것(찬탈)을 지지하지는 않는다. 왕안석이 주장하는 성인이란 신하로

13) 宇野哲人, 『중국 근세 유학사』 6장 6절에 인용된 사마광의 "맹자를 의심함"(疑孟)

서 군주를 능가하는 능력을 가지고 있는 자이며, 그 능력을 찬탈이 아니라 제도를 개혁하고 국가를 경영하는데 발휘하는 사람이다.

사마광은 그런 '성인'은 군주를 대신할 수 있으며, 그럴 때 맹자의 혁명 이론이 좋은 구실이 될 수 있다고 본 것 같다. 그는 그 위험성을 지적한 것이다. 근본적으로 공자 이래 유가는 신하가 임금을 평가하는 것을 부정한다. 그것은 법가적인 힘의 논리로 가는 첫 번째의 길이기 때문이다. 그들은 어디까지나 신하는 아무리 능력이 뛰어나도 신하일 뿐이라는 신하의 논리에 충실하다.[14]

보수파들의 도덕 중시의 이론을 형이상학으로 정립했던 두 정씨와 주희는 사마광과는 달리 맹자를 높인다. 그들은 맹자의 사상 중에서 도덕성(義)과 현실적 이익(利), 왕도와 패도의 날카로운 구별, 본성 이론, 천명사상 등을 자신들의 형이상학의 바탕으로 삼는다. 이런 사상을 바탕으로 신하의 윤리에 충실한, 이성을 계발한 지식인 관료의 이론을 전개한다. 왕안석이 『맹자』에서 문물제도의 입안자이며 개혁가로서 성인을 본다면, 그들은 도덕적 인격의 완성자로서 성인을 본다.

보수파와 개혁파들은 자신들의 필요에 따라서 『주례』와 『춘추』, 그리고 맹자의 사상을 이용했다.[15]

(4) 5경의 해석 / 국가 제도의 개혁과 도덕 형이상학의 재건

신법당 : 왕안석이 『서경』(특히 「홍범」)을 강조한 것도 같은 맥락이다. 그는 『서경』을 **제도 수립**에 관한 책으로 중시한다. 그의

---

14) "군주도 상을 줄 수 없는 신하"로서 성인의 이론에 대해서는, 4장의 "위대한 업적과 신하의 윤리" 부분(133쪽)을 보라. 법가의 권력(勢) 이론 및 신하 제어술(術) 이론은 신하보다 군주가 힘의 우위를 차지하는 방법을 제시하는 것이다. 그들은 신하와 군주의 관계를 힘의 우열 관계로 보므로 군주가 힘이 있을 때는 신하를 부릴 수 있지만, 신하가 힘이 있을 때는 군주가 그 신하에게 먹힌다고 본다.

15) 제임스 류, 앞의 책, 48-53 쪽.

『서경』에 대한 주석서는 남아 있지 않으나, 『서경』의 한 부분인 「홍범」의 주석 홍범전(洪範傳)이 그의 문집 25-1에 남아 있다. 「홍범」은 군주가 나라를 다스리는 데 필요한 자연적 물질적 조건과 군주의 권력 및 마음가짐을 나열하고 있다.

또한 『시경』도 정치의 측면에서 본다. 그는 『시경』에 기술된 현실 비판과 우국충정을 잘못된 정치에 대한 것이라고 본다. 왕안석이 『서경』과 『시경』에 대해서 쓴 주석은 현재 몇 조목만 남아 있다.[16] 후외려가 인용한 『시경』 주석의 몇 조목은 다음과 같다.

① 선왕이 만국을 세워서 제후를 (가족으로 삼아) 사랑하여 작은 이는 큰 이를 섬기게 하고, 큰 이는 작은 이를 비호하게 했다. 서로 침략하는 자가 있으면 모든 제후의 군대를 이끌고 정벌하여 바로잡았다. 이에 제후는 나누어 받은 땅을 잃지 않았고, 서민은 그 고정 자산을 보존했다.
② 왕의 백성을 돌보되, 피로한 자는 위로하고, 오는 자는 맞아들이며, 가는 자는 되돌아 오게 하고, 뿌리없이 떠도는 자는 정착시키며, 위태로운 자는 편안하게 하고, 흩어진 자는 모이게 했다.
③ 백성이 모두 흩어져 삶터에서 편안히 살지 못하면, (군주는) 반드시 매우 깊이 고뇌하고, 매우 절실히 슬퍼해야 한다. 그렇지 않으면 하소연할 데 없는 백성은 제 스스로 존립할 수 없게 된다.
④ 왕이 덕을 잃으면, 그 백성을 몰래 돕지 못하게 된다.
⑤ 백성의 궁핍은 군주의 수치이다.
⑥ 백성들이 임금이 없기를 바라는 것이 '난리'(亂)이다. …· 왕이 제대로 다스리지 못하여 백성이 생계 수단(祿)을 얻을 수 없으면, 그들은 왕을 떠나서 다른 곳에 있는 생계 수단(을 제공하는 정치적 야망을 가진 자)을 따라간다. 까마귀란 놈은 자신을 먹여주면 그 집에서 산다. 백성도 그러하다.
⑦ 천명(天命; 정권의 정당성)은 (보존하기) 어렵나니, (영원히 나에게 있으리라고) 믿을 수 없는 것이 이와 같다.[17]

---

16) 후외려 주편, 『중국 사상 통사』 권4, 443-445 쪽.
17) 후외려, 앞의 책, 491-492 쪽. ① 先王建萬國, 親諸候, 使小事大, 大比小. 有相侵者, 萬伯連師, 治而正之. 是以諸候不失其分地, 而庶民保其常産.(十畝之間 小序) ② 宣王之民, 勞者勞之, 來者來之, 往者還之, 擾者定之, 危者安之, 散地集之.(鴻雁 小序) ③

여기에서 정치 질서, 경제적 부강을 중심으로 『시경』을 해석하고 있음이 드러난다. 명군이 되려는 신종에게 농민 반란의 위험을 강조하는 이런 말들은 대단한 설득력을 가졌을 것이다.

『주례』에 관한 왕안석의 주석은 남아있지 않고, 그 남은 글을 모은 『주관신의(周官新義)』가 있다. 『주례』는 유교에서 이상 국가로 받들어진 주나라의 국가 제도를 서술한 것이다. (그 책에 기술된 것이 실제로 주나라의 제도인지는 알 수 없다. 다만 전국 말 전한 초에 이상적인 국가 제도의 모습이라 생각한 것을 기술한 것이다.) 그 제도는 공자가 본받으려 한 성인인 주공(周公)이 창시한 봉건제이다. 일반적으로 국가의 권력을 강화시키려는 사람들은 『주례』에 근거한다. 전한 말의 왕망이 대표적인 경우이다. 왕안석도 제도 개혁에 의하여 국가 체제를 정비하려 했으므로 『주례』를 중시했다고 할 수 있다.

반면 구법당의 정이는 가례(家禮; 집안에서의 예절)를 중시한다. 정이는 이상적인 가례를 만들려 했으나 불발에 그쳤다. 그 흔적이 『유서』 18-231, 232에 남아 있다. 이 작업을 이어 받아서 주희는 제자에게 가례를 만들게 한다.(『주자 가례』) 이처럼 집안에서의 예절을 강조하는 것은 『대학』에서 '수신 제가 치국 평천하'라고 한 것의 영향이다. 결국 마음의 수양이 집안의 예절로 나타난 것이며, 집안의 예절은 국가 제도의 근본이라는 것이다. 맹자는 '천하국가(天下國家)'라고 한다. 즉 천하=국(國; 나라)=가(家; 집안)이라는 것이다. 그처럼 맹자가 본 주나라의 봉건제란 국가의 제도가 집안의 제도(宗法制)로 수렴되는 제도이다. 이들은 맹자의 그런 관점을 이

民皆離散而不安其居, 必矜之甚深, 哀之甚切. 不爾, 則無告之民, 不足以自存矣.(鴻雁 3장) ④ 王失德剝喪, 無以蔭庇其民.(桑柔 1장) ⑤ 民之窮, 則君之羞.(蓼莪 3장) ⑥ 民有欲無王 乃亂. … 王不能乂而民無所得祿, 則釋王而從祿于他. 烏之爲物, 唯能食己, 則止其屋, 民之從祿, 特如此矣.(正月 3장) ⑦ 天命艱難, 不可保恃如此.(文王 6장)

어 받아서, 국가 제도를 집안의 예절로, 나아가 한 개인의 마음 수양으로 환원시킨다. 이 때문에 그들은 인격 수양을 강조한다.

왕안석의 제도 개혁이라는 관점이 반영된 책이 '삼경의(三經義)', 즉 『시경』 『서경』 『주례』에 대한 주석서이다. 왕안석과 그의 제자들이 5경에 대해서는 정열적으로 주석을 썼다. 그러나 『대학』과 『중용』에 대해서는 그 중 어느 누구도 주석서를 쓰지 않았다.[18] 왕안석이 4서 중에서 『대학』과 『중용』을 무시한 의도는 명백하다. 『대학』과 『중용』이 가지는 관념론적 접근을 그는 거부한 것이다. 전체적으로 보아 그는 『논어』 『맹자』 『대학』 『중용』의 4서 보다는 『시경』 『서경』 『주례』의 3경을 중심으로 자신의 사상을 펼친다.

구법당 : 반면 장재나 두 정씨는 『서경』을 별로 중요시하지 않는다.[19] 다만 『서경』을 요 순 임금이 '도'(道; 즉 그들의 도덕 형이상학의 핵심)를 전한 사실을 중심으로 본다.[20] 『서경』 「대우모」에는 순이 요에게 한 다음의 말이 나온다. "사람의 마음은 위태롭고 진리의 마음은 잘 드러나지 않으니, 정밀 순수하게 하고 하나에 집중하여 진실로 그 알맞음을 잡으라!"[21] 이에 대해서 정호나 정이나 모두 "사람의 마음(人心)은 사람의 욕망(人欲, 개인적인 욕망 私欲)이므로 위태롭고, 진리의 마음(道心)은 하늘의 이치(天理)이므로 정밀 미묘하다. 개인적 욕망을 없애버리면 하늘의 이치는 밝아진다.

---

18) 후외려, 앞의 책, 441-448 쪽.

19) 정이는 말년에 귀양 갔다 와서 『서경』, 『춘추』 등을 강의한다. 이 강의를 들은 주요한 인물들은 영가학파의 선구자들인 당체(唐棣), 포약우(鮑若雨), 추덕구(鄒德久) 등이다. 이 때문에 영가학파들이 자신들의 뿌리로서 두 정씨를 들고 있다. 이 시기에 정이는 사실상 연금 상태였기 때문에, 정치적으로 무난한 『서경』, 『춘추』 등에 대한 고증학적인 사실을 주로 강의했던 것 같다.

20) 『유서』 24-11

21) "人心惟危, 道心惟微; 惟精惟一, 允執厥中."
이를 '16 글자의 마음가짐의 요점의 전달(16字 心傳)'이라 한다

'정밀 순수하게 하고, 하나에 집중하는 것'은 그 일에 도달하는 방법이며, '진실로 그 알맞음을 잡는 것'은 그 일을 행하는 것이다" 라고 한다.[22] "사람의 마음은 사람의 욕망이며, 진리의 마음은 하늘의 이치이다" 라는 것은 그들의 마음 이론의 핵심 명제 가운데 하나이다. 이들을 이은 주희는 이 이론을 그대로 받아들일 뿐만 아니라,[23] 나아가 『서경』을 '16 글자의 마음가짐의 요점의 전달(心傳)'을 중심으로 이해한다. 또한 '요→순→우'로 정권이 이어진 것은 **제도**가 아니라, **마음가짐**의 핵심(心傳)이 이어진 것이라는 것이다. 이는 주희가 도통론을 전개할 때 주요하게 거론하는 사실이다.[24]

정호와 정이는 『시경』을 형이상학적인 의미 체계로 이해한다. 그들은 시의 구절이나 낱말의 의미 해석에 집착하는 것을 비판한다. 해석보다는 하나의 시를 속으로 음미하여 그 시의 홍취를 느끼면서 그 전체에 무슨 뜻이 담겨있는지를 깨달으라고 한다.[25] 그들은 시를 의미[義理]를 담은 그릇으로 본다. 그 '의미'란 결국 그들이 말하는 도덕 형이상학의 전체 체계라고 할 수 있다.[26]

따라서 그들은 시를 인격 형성의 수단으로 생각한다. " '시에 의해 홍분한다'는 것은 (그 시를 읽고) 자신의 마음과 감정을 읊조려 표현하여, 도덕 가운데에서 키워서 활짝 피어나 크게 움직이게 하

---

22) 『유서』 24-9 "人心私欲故危殆, 道心天理故精微. 滅私欲則天理明矣", 『유서』 11-103 "人心惟危 人欲也, 道心惟微 天理也; 惟精惟一 所以至之, 允執厥中 所以行之", 『외서』 2-64 "人心 人欲, 道心 天理" 『외서』 3-15 "人心惟危 人欲也, 道心惟微 天理也."

23) 『어류』 78-189 ~ 228

24) 주희의 『중용장구』 「서문」 및 채침(蔡沈)의 『서집전(書集傳; 『서경』의 주석을 모음)』 참조. 채침은 주희의 수제자로서, 주희의 명에 따라 주희의 설명과 이론에 근거해서 이 주석서를 썼다.

25) 『근사록』 3-44, 및 3-23 ~ 33.

26) 이처럼 문학이란 어떤 이념을 담는 수단이라 보는 것을 '진리를 싣는 이론'(載道論)이라 한다. 반면 소옹은 시란 인간의 꾸밈없는 심성(天機)의 발로라고 본다.(天機論) 『유서』 2-186, "소옹은 사물의 이치에 대해서 완전히 이야기했다. 또한 크게 그의 천기를 누설했다"(邵堯夫於物理上儘說得. 亦大段漏洩他天機.)

는 것이다. 이러면 (공자가) '나는 증점의 편을 들겠다'고 한 기상이 있게 된다." " '시에 의해 흥분한다'는 것은 그 시가 사람의 좋은 마음(의지)을 불러 일으켜서 드넓고 크게 만든다는 것이다."[27] 그렇게 시를 보면 "사람으로 하여금 한층 품격을 높여준다."[28]

또한 그들은 『시경』에서 말하는 하늘(天)을 인격신으로 보지 않고, 형이상학적인 원리(天理)로 본다. 그 원리를 인간이 부여받았으며, 그것을 완벽히 실현한 사람은 문왕(文王)이다. 이는 자연적 이치가 이 세계를 움직이며, 그것은 인간에 부여되어 있으므로 올바로 행동할 수 있다는 것이다. 그들은 『시경』에서 자연과 인간의 동일 구조론(天人合一)과 사람의 이성이 자연의 원리(性卽理)라는 형이상학의 핵심 명제를 끌어낸다.

> 『시경』에서 **"저 위 하늘의 일은 소리도 없고 냄새도 없다. 문왕을 본받으면 온누리가 믿고 따르리라"**(「대아 문왕」)는 이런 뜻이다. '저 위 하늘'은 또한 듣고 맡을 소리도 냄새도 없다. 다만 문왕을 보아야 곧 모든 나라에서 신용을 얻을 것이다. 또한 **"하늘의 명령이여, 오오 그윽하여 그침이 없다"**(「주송 維天之命」)는 것은 하늘이 하늘이 되는 까닭이다. **"문왕의 덕의 순수함이여!"** 라는 것은 문왕(文王)이 '문'(文; 문화)이 될 수 있는 까닭이다. 그렇다면 문왕의 덕은 곧 하늘과 비슷하다. **"푸른 하늘을 밝다고 하니, (그 하늘은) 너를 따라 드나든다. 푸른 하늘을 환하다고 하니, 너를 따라 노닌다"**(즉 하늘은 밝고 환하여 너의 모든 행동을 다 살피므로 조심하라는 것)(「대아 板」) 이것은 항상 저 도리 때문이다.[29]

---

27) 『외서』 3-5, "'興於詩'者, 吟詠性情. 涵暢道德之中, 而歆動之. 有'吾與點'之氣象." 『유서』 2-175, "夫子言'興於詩'者, … 是興起人善意, 汪洋浩大." '興於詩'는 『논어』 「태백」 8에, '吾與點也'의 氣象은 『논어』 「선진」 25에 나온다.

28) 『외서』 12-59, "學者不可以不看詩. 看詩 便使人長一格價."

29) 『유서』 2상-177. "詩云'上天之載, 無聲無臭. 儀刑文王, 萬邦作孚' 上天 又無聲臭之可聞. 只看文王, 便萬邦取信也. 又曰'維天之命, 於穆不已' 蓋曰天之所以爲天也. '文王之德之純' 蓋曰文王之所以爲文也. 然則文王之德, 直是似天. '昊天曰明, 及爾出王. 昊天曰旦, 及爾游衍', 只爲常是這箇道理." 또한 14-10에도 비슷한 내용이 있다.

"하늘의 명령은 그침이 없다. 문왕은 하늘의 길에 순수하므로 또한 그침이 없다. 순수하면 둘이 없고 섞임도 없다. 그침이 없으므로 중간의 끊김이나 앞뒤가 없다." "순수하여 또한 그침이 없는 것은 하늘의 능력이다."[30]

이 이론은 주희가 그대로 받아들이며,[31] 정호 정이 이래 그들이 『시경』을 보는 기본 시각 가운데 하나이다.

역사서를 읽을 때에도 하나하나의 사건의 전개 과정 내지는 누가 승리하고 패배했는가를 살피기보다는, 그 사건이 담은 도덕적 의미를 눈을 감고 고요히 생각해 보라고 한다. 그들은 역사란 도덕 형이상학의 진리가 현실화되어 나오는 마당이라고 본다. 즉 그림에 비유하자면 초월적 도덕률은 그림의 의미이고, 역사란 그 그림(캔버스 위에 물감으로 그려진 것)에 불과하다. 따라서 "『춘추』의 『좌전』 등의 주석은 기소문이고, 경(經)은 판결문이다"(『근사록』 3-65)라고 한다. 즉 한 사건에 있어서 어떤 인물들의 행위를 검사의 기소문처럼 사실적으로 기록한 것이 『좌전』 등의 주석이고, 그 인물의 행위의 윤리적 정당성을 판단하여 판사처럼 선악의 판결을 내린 것이 이른바 공자가 편찬한 경(經)의 글이라는 것이다. 공자는 정명(正名)의 관점에서 그 당시의 인물들의 행위의 의미를 따져서 그 옳고 그름을 미묘한 말로 표현했다(微言大義)는 것이다.[32] 따라서 『춘추』는 역사책이라기 보다는 중요한 도덕률(春秋 大義)을 그 당시의 사건들 속에서 구체적으로 표현한 책이 되어 버린다.

사람들이 자신이 가진 역할에 맞게 도덕적 행위를 해야 한다는 것, 역으로 어떤 사람이 과연 그가 가진 역할[名]에, 혹은 정의로운

30) 『유서』 5-24, "天命不已. 文王純於天道, 亦不已. 純則無二無雜, 不已則無間斷先後." 12-1, "純亦不已, 天德也"

31) 『중용장구』 26-10 등.

32) 『춘추』에 표현된 공자의 정명론(도덕적 역사관)에 대해서는 호적, 『중국 고대 철학사』, 송긍섭 외 2인 번역, 대한교과서 주식회사, 1962, 102-116 쪽 참조.

이념[명분; 名]에 맞게 도덕적 행위를 했는가를 따지는 것이 바로 공자가 말한 '자신이 가진 이름에 맞게 행위함'(正名)의 이론이다. 이런 정명론적 관점은 『춘추』에서 적용되고, 다시 사마광 등이 편찬한 『자치통감』에서 채용된다. 그들은 역사적 사실에 대해서 그런 도덕적 기준을 적용한다. 그런데 두 정씨는 그 도덕적 기준을 보편타당한 불변의 진리이며 정의, 즉 형이상학적 실제로 본다. 따라서 역사 공부란 그 도덕성을 따지는 것이며, 일종의 형이상학의 적용이며, 동시에 인격 형성의 방법이다.

따라서 정호는 "『시경』과 『서경』은 도(道; 도덕 형이상학)를 실은 글이고, 『춘추』는 그 도를 성인[공자]이 적용한 것이다. 『시경』과 『서경』이 약방문이라면, 『춘추』는 그것을 써서 병을 치료하는 것이다" 라고 한다.[33] 두 정씨가 보건대, 그들의 도덕 형이상학을 명백하게 담은 것은 『시경』과 『서경』이라기보다는 오히려 『대학』과 『중용』을 중심으로 한 4서일 것이다. 따라서 "처음 배우는 자가 도덕에 들어가는 문으로서는 『대학』만한 것이 없다. 그밖에는 『논어』 『맹자』만한 것이 없다." "배우는 자는 모름지기 먼저 『논어』 『맹자』를 읽어야 한다. 그것을 탐구하면 자연히 요점이 집약된 곳을 얻게 된다. 그 요점(핵심)을 가지고 다른 경전을 보면 노력이 덜어진다. 그 책들은 잣대나 저울과 비슷하다. 그것으로 사물을 재면 자연히 그 길이나 무게를 알 수 있다." "『논어』 『맹자』를 이미 떼고 나면, 6경은 떼지 않아도 환하게 알 수 있다."[34] 그들은 5경보다는 4서를 중심으로 형이상학을 전개한다. 그리고 그 형이상학을 개인의 윤리와 사회 역사 등에 적용한다.

---

33) 『근사록』 3-62. 『근사록』 권 3은 경전 공부의 방법 및 4서 5경에 관한 정호 정이와 장재의 견해를 수록하고 있다. 특히 34-69 조목은 4서와 5경에 대한 두 정씨의 견해를 집약적으로 모아 놓았다.

34) 『유서』 22상-1, "問初學如何. 曰入德之門, 無如大學. … 其他莫如論孟" 18-95, "學者先須讀論孟. 窮得論孟, 自有箇要約處. 以此觀他經, 甚省力. 論孟 如丈尺權衡相似, 以此去量度事物, 自然見得長短輕重." 25-54, "論語孟子既治 則六經可不治而明矣."

(5) 한-당 시대의 계승 문제

왕안석은 한-당 대의 5경을 중심으로 한 훈고학을 급진적으로 거부한다. 그러나 그는 여전히 5경 중심이다. 5경의 새로운 해석을 도입한 것이다. 그가 5경을 중심으로 하는 것은 5경이 인격 수양 등을 언급한 것이 적어 관념론적 성격이 적고, 군주와 유능한 신하를 중심으로 한 국정 운영을 주로 다루므로 현실에 대한 제도적 정치적 처방을 하기 때문이다. 한-당 대에 있어서 5경의 연구도 제도론적 접근이 중요했다.[35] 반면 두 정씨는 5경보다는 4서를 중심으로 자신들의 철학을 전개한다. 4서에 담긴 관념론적 성격이 그들의 철학에 적합하였기 때문이다.

왕안석의 정책은 한-당 대의 정책들을 반성적으로 종합한 것이다. 그는 이렇게 한-당 대에 대한 비판적 계승을 주장한다. 이것이 그의 훈고학 비판과 5경의 주석으로 나타난다. 그는 절도사의 발호를 비판하지만, 정치란 힘에 의한다고 하는 한-당 대의 논리를 계승하되, 그 힘의 합리적 행사를 위해서 새로운 제도(新法)를 수립할 것을 제창한다. 이런 점에서 그는 한 무제, 수 문제, 당 태종 등의 대통일 국가 이념을 비판적으로 계승한 것이다.

이 점에서 그는 왕통(王通)[36]의 사상을 승인하는 것 같다. 왕통은 한-수(漢-隋) 대까지의 문화 제도의 비판적 계승을 주장한 사람이다. 공자가 『시경』을 편찬했듯이 한-수 대의 시들을 모아서 하나의 경전을 편찬하고, 『서경』을 모방하여 한-수 대의 포고령을 모아서 책으로 만들고, 『춘추』 등의 다른 경전도 그렇게 했다. 또한 그

---

35) 예컨대 『白虎通』이 그런 접근의 대표적인 것이다. 辛正根, 「한대 유가의 국가 질서와 가족 질서의 문제에 대한 연구 - 『백호통』의 今·古文學派의 논쟁을 중심으로」, 서울대 석사 논문 1990 년 참조.

36) 587-618, 시호는 文中子이며, 같은 이름의 책이 있다. 隋의 文帝에게 태평 12策을 상주했다.

의 제자들은 왕통의 말들을 모아서 『논어』와 비슷하게 만들었다. 그것이 『문중자(文中子)』(일명 『中說』)이다. 이러한 유사 경전(擬經)을 왕통이 편찬한 것은 그가 한-수 대를 긍정한다는 말이 된다.

왕안석과 반대로 두 정씨는 왕통에 대해서 비판적이다. 이는 그들이 한-당 대를 부정하기 때문이다. 이런 논쟁은 주희와 진량의 논쟁에서 다시 드러난다. 주희는 왕통을 부정하나, 진량이나 영가학파는 왕통의 저서를 매우 중시하여 공부한다.

두 정씨와 주희는 한-당 대를 부정하고 요순과 공자 맹자의 고전 시대[三代]로 복귀할 것을 주장한다. 사마광의 『자치통감』은 기본적으로 그런 이념의 표출이며, 한-당 대에 대한 비판이다. 정씨 형제가 동중서의 "그 마땅함에 따라 바르게 살 것이로되 그 이익은 꾀하지 말 것이며, 그 진리(道)를 밝힐 것이로되 그 결과는 셈하지 말라"라는 명제를 주장하고, 주희가 이를 수용하여 도덕 정치(王道)와 힘의 정치(霸道)를 구분하며, 『자치통감 강목』을 쓰는 것은 모두 그런 맥락이다. 그들은 한-당 대의 정치를 '패도'로 규정하여 전면적으로 거부한다.

그들은 구체적인 역사 사실이 있는 한-당 대 보다는 요순과 공자 맹자라는 역사 초기의 시대에다 자신들의 형이상학을 적용한다. 그들의 형이상학적 상상력은 신화적인 시대에 귀속시키는 것이 더 적합할 것이다. 이들은 한-당 대의 힘의 논리에 철저하게 반대한다. 그러나 한-당 대의 지배 이념인 불교와 도교를 어느 정도 받아들인다. 왕안석이 한-당 대의 제도를 비판적으로 수용했다면, 두 정씨는 한-당 대의 이념을 비판적으로 수용했다고 할 수 있다.

(6) 교육 제도와 교재의 개혁

이런 대립은 그들의 교육 제도 개혁에서 다시 드러난다. 왕안석은 자신의 개혁 이념으로 무장한 관료들이 개혁된 새로운 제도[新法]를 맡아 주기를 바란다. 따라서 그 이념을 담은 교재의 편찬을 최우선의 일로 여긴다. 왕안석의 신법에서 가장 먼저 시행된 것 중의 하나가 바로 교육 개혁이다. 이 교재가 바로 '세 경전의 새로운 주석'(三經義)이다. 그는 그것을 각종 학교의 수업 교재로 채택할 뿐 아니라, 과거 시험의 문제를 거기에서 출제했다. 이런 교육 개혁은 구법당에 대한 치명적인 타격을 가하는 조치가 된다. 매년 신법의 이념으로 무장한 관료가 양산되는 반면 구법당에 동조하는 지식인은 탄압을 받게 되는 상황에서, 구법당은 자신들이 말라 죽어 소멸할 위기를 느낀다. 그래서 그들은 우선 자신들의 이념을 담은 교재를 편찬하려고 한다.

두 정씨는 4서와 『주역』에 대한 주석서를 편찬하려고 한다. 그러나 정호는 일찍 죽었고, 정이는 정치적 탄압을 받아서 그 작업을 진행하지 못한다. 결국 남송 시대에 와서 주희가 그 작업을 완료한다. 주희가 4서에 대한 주석서[四書集註]를 "주석을 모음"(集註)라고 이름 지은 것은, 두 정씨와 그 제자들이 남긴 주석들을 모았다는 말이다. 그리고 이 책들은 원 대 이래 과거 시험과 교육 기관의 표준 교재로 채택된다.

결국 구법당의 이념이 승리한 것이고, 동시에 왕안석의 필생의 역작들은 점차 사라지게 된다. 이런 점에서 볼 때, 성리학의 형성에 가장 큰 영향을 미친 것은 왕안석이라고 할 수도 있다.

4. 맺는 말

이상에서 당나라 시대의 주도적인 이념이었던 불교의 사회 정치적 의미를 살펴보고, 송대에 새로운 유교가 등장하였던 배경을 서술했다. 송대에 새로운 지배 계층으로 등장한 지주 지식인 관료(士大夫) 세력은 한-당 시대의 주도적 이념이었던 불교의 초세간적 입장을 비판하고, 현실 세계에서 조화로운 사회를 이루려 하였다.

북송 시대의 사대부들은 이에 대해서 다른 두 입장으로 분열되었다. 신법당은 제도의 완비를 통한 국가의 지도력과 지도자의 경륜에 의해서 질서 있는 사회가 이루어지리라고 보았다. 반면 구법당은 국가의 통치를 담당한 관료 지식인들의 완성된 인격이 중요하다고 보았다. 관료가 이성을 확립하여 도덕적인 행위를 할 때 그 사회는 안정되고 질서를 이룰 수 있다는 것이다. 이런 관점의 차이는 이상적인 국가, 지도자 혹은 인격자로서 성인 개념의 차이를 가져오고, 경전의 해석에서 서로 다른 입장을 취하게 했다. 나아가 한-당 시대에 대한 시각도 차이가 있게 되었다. 신법당이 한-당 시대의 제도를 비판적으로 계승하였다면, 구법당은 한-당 시대의 이념이었던 불교와 도교를 비판적으로 계승하였다고 할 수 있다. 이러한 시각의 차이는 다시 학교의 교재와 과거 시험 문제에 그들의 입장을 반영시키려는 갈등으로 나타났었다.

다음 장에서는 이들의 시각 차이를 구체적인 학설을 중심으로 살펴보겠다. 신법당의 핵심이었던 왕안석의 사상을 먼저 다루고, 이어서 구법당의 이론가들이었던 장재 정호 정이의 사상을 서술하고자 한다. 장재와 정호, 정이 사이에도 비판적인 계승 관계가 있었다고 할 수 있다.

제4장
왕안석의 제도 개혁론

1. 본성 이론

1) 선악 혼재설

왕안석(王安石; 1021-1086)[1]은 맹자의 성선설과 양웅(揚雄)의 선악 혼재설을 절충한 본성 이론을 제창하나, 실제로는 양웅의 설로 돌아간다. 양웅은 "사람의 본성에는 선과 악이 섞여 있는데, 선한 면을 닦으면 착한 사람이 되고 악한 면을 닦으면 악한 사람이 된다"고 한다.[2] 맹자는 모든 인간은 인의예지의 본성을 가져서 선하다고 한다. 왕안석이 보기에 인간의 본성은 양웅이 말한 것과 같은

---

1) 왕안석의 자는 개보(介甫, 介父)이고, 형주(荊州)에 봉해졌으므로 '형공(荊公)'이라 불리며, 그의 고향의 지명에 따라 '임천(臨川)'이라고 불리기도 한다. 시호는 '문공(文公)'이다.

2) BC 53 - AD 18. '楊雄'이라 하기도 한다. 자는 자운(子雲). 전한(前漢) 때의 사람. 저서로는 『논어』를 모방한 『법언(法言)』, 『주역』을 모방한 『태현(太玄)』 등이 있다. 선악 혼재설은 『법언』 「수사(修事)」 편에 나온다.

데, 맹자는 그 중에서 선한 측면만을 강조한 것이다.[3] 성악설을 주장한 순자는 그 중에서 악한 측면만 말한 것이다. 사람들은 그 본성에 따라 선/중간/악의 세 부류(즉 상 중 하의 세 등급)로 나뉜다(性三品說)고 주장한 한유(韓愈)[4]는 어설픈 절충을 한 셈이다. 그는 맹자의 성선설에 맞는 인간들은 상으로, 양웅의 혼재설에 해당되는 사람들은 중으로, 순자의 성악설에 맞는 사람들을 하로 분류한 것이다.

한유가 「원성(原性; 본성에 관하여)」에서 말한 본성 이론에 대해서 그는 다음과 같이 비판한다.

> 한유는 '인의예지신 다섯 가지를 본성이라'고 하면서도, 천하의 본성은 악할 따름이다 라고 한다. 그 다섯 가지를 본성이라고 하면서 악하다고 하니, 어찌 이 다섯 가지를 일러 말한 것이겠는가?[5]
>
> 또한 한유의 말은 깊이 생각하지 않은 것이다. 그는 "사람들의 본성은 세 가지 등급(三品)이 있으며, 그 본성이 되는 것은 인의예지신의 다섯 덕목이다"고 한다. 대저 다섯 덕목은 그 가운데 어떤 것을 선하지 않다고 할 것인가? 또 그는 "가장 높은 등급의 사람은 다섯 덕목에서 어느 하나를 주로 하여 나머지 넷을 행한다. 가장 낮은 등급의 사람은 다섯 덕목에서 하나에 거스르게 되어 나머지 넷에도 어긋난다"고 한다. 이는 그 본성에서 하나라도 잃지 않은 뒤에 가장 높은 등급이라 하고, 하나라도 얻지 못한 뒤에 가장 낮은 등급이라고 하는 것이다. 본래 본성이 선하고 선하지 않은 결과를 낳는 것은 학습(習; 익힘) 때문이다."[6]

---

3) 『王文公 文集』 27-4, 「양웅과 맹자(楊孟)」 "孟子之言性, 人之性善; 楊子之言性, 人之性善惡混. … 楊孟之道, 未嘗不同, 二子之說, 非有異也. 其所以異者, 其所指者異耳. … 故孟子之所謂性者, 獨正性也; 楊子之所謂性者, 兼性之不正者言之也." 이하에서 왕안석의 이 문집은 『문집』으로 줄여서 인용한다.

4) 768-824. 자는 퇴지(退之), 고향 이름을 따서 창려(昌黎)라고 부른다. 당(唐)의 유명한 문학자, 철학자. 당송 팔대가의 으뜸으로 여겨진다.

5) 『문집』 27-6, 「본성에 관하여(原性)」 "且韓子以仁義禮智信 五者謂之性, 而曰天下之性惡焉而已矣. 五者之謂性而惡焉者, 豈五者之謂哉?"

6) 『문집』 27-7, 「본성에 관한 학설(性說)」 "且韓子之言 弗顧矣, 曰'性之品(有)三, 而其所以爲性(者)五' 夫仁義禮智信, 孰而可謂不善也? 又曰'上焉者之於五, 主於一而行之

그는 두 가지 점에서 한유를 비판한다. 첫째, 한유는 「본성에 관하여(原性)」에서 "태어남과 더불어 가지고 나는 것"(與生俱生也)을 본성이라 한다. 그리고 그 본성을 다섯 덕목으로 정의한다. 이럴 경우 사람은 선천적으로 선하다고 해야 한다. 그러나 그는 또한 사람들을 상중하로 나누어, 윗 등급의 사람은 선만 있지만 아래 등급(下品)의 인간은 악만 있다고 한다. 즉 자월초(子越椒)[7]같은 사람은 태어날 때부터 선천적으로 악하다는 것이다. 이는 다섯 덕목이라는 선한 것이 본성이라는 그의 말과 모순된다. 둘째, 한유는 사람의 본성의 선악이 선천적으로 결정된다고 보기 때문에, 윗 등급(上智)과 아래 등급(下愚)은 옮기지 않는다[8]고 한다. 따라서 아래 등급의 어리석은 자는 학습에 의해서 나아질 수 없으므로, 법과 형벌로 제어해야 한다고 한다.(「原性」) 교육은 오직 가운데 등급의 사람들에게만 해당된다. 이런 이론을 왕안석은 비판한다. 사람은 그런 등급이 있는 것이 아니고 선악의 가능성이 있으므로, 오직 교육에 의해서만 현실적으로 선해지기도 하고 악해지기도 한다. 선악은 후천적인 노력(命)의 결과라고 본다.

맹자와 순자의 본성 이론에 대해서 그는 다음과 같이 비판한다.

(아래에서 A는 왕안석에 대한 반론, B는 왕안석의 답변이다.)

맹자는 사람의 본성이 선하다고 하고, 순자는 사람의 본성이 악하다고 한다. … [A] 맹자는 깜짝 놀라 남을 불쌍히 여기는 마음(惻隱之心)은 사람마

四；下焉者之於五, 反於一而悖於四.' 是其于性也, 不一失焉, 而後謂之上焉者, 不一得焉, 而後謂之下焉者. 是果性善, 而不善者 習也."

7) 『좌전』 선공(宣公) 4년. 태어날 때부터 악하여 자기 종족 약오씨를 멸망시킨 사람이다.

8) 『논어』 「양화」 3에 나오는 공자의 말을 한유는 그대로 받아들인다. 왕안석은 이에 대해서 '지혜와 어리석음(智愚)'은 '선악'과 다른 범주이다. 전자는 옮기지 않겠지만, 후자인 선악은 변할 수 있다고 한다. 『문집』 27-7, 「본성에 관한 학설(性說)」

다 가지고 있다는 것에 근거하여 사람의 본성은 남을 사랑(仁)하지 않음이 없다고 한다. [B] 본성이라는 것을 이렇게 말한다면, **반드시 독하게 원망하고 거칠게 분노하는 마음**이 모든 사람에게 없는 뒤에라야 사람의 본성은 착하지 않음이 없다고 할 수 있다. 그러나 사람에게 과연 그런 마음이 없는가? [A] 맹자가 깜짝 놀라 남을 불쌍히 여기는 마음을 본성으로 보는 것은 그것이 내 안에 있기 때문이다. [B] 그러나 깜짝 놀라 남을 불쌍히 여기는 마음과 독하게 원망하고 거칠게 분노하는 마음은, (이 마음이) 외부 사물에 자극을 받아서 마음 한 가운데에서 나온 것이라는 점에 있어서 과연 다른 점이 있는가?

[A] 순자는 "인간이 선하게 되는 것은 후천적인 노력(僞) 때문이다"고 한다. [B] 본성이라는 것을 이렇게 말한다면, 반드시 (선천적으로) **깜짝 놀라 남을 불쌍히 여기는 마음**이 사람마다 다 없고 난 뒤에라야 '선함이란 후천적 노력'이라고 말할 수 있다. 그런데 사람에게 그런 마음이 과연 없는가? [A] 순자가 말하기를 "(사람이 선하게 되는 것은) 옹기장이가 흙을 변화시켜서 (그릇을 빚을 수 있는) 찰진 흙으로 만듦과 같다. 찰짐이 어찌 흙의 본성이겠는가?" (옹기장이의 노력의 결과이다.) [B] 그러나 도공이 나무로 그릇을 만들지 않는 것은 오직 흙만이 찰진 성질을 가졌기 때문이다. (그릇 만드는 것이) 어찌 후천적인 노력에만 달려 있겠는가? 9)

왕안석은 맹자의 성선설에 대하여, 인간의 본성에는 악한 측면인 **독하게 원망하고 거칠게 분노하는 마음**도 있다는 것으로 반박하고, 순자의 성악설에 대해서는 인간의 본성에는 선천적으로 선해질 수 있는 자질, 즉 **깜짝 놀라 남을 불쌍히 여기는 마음**이 있다는 점에서 비판한다. 그는 인간의 본성에 선한 면과 악한 면이 다 있다고 한다.(선악 혼재설) 다만 그것은 가능태로서만 존재하고(이

9) 『문집』 27-6, 「본성에 관하여(原性)」 "孟子以惻隱之心 人皆有之, 因以謂人之性 無不仁. 就所謂性者 如其說, 必也怨毒忿戾之心 人皆無之, 然後可以言人之性 無不善, 而人果皆無之乎? 孟子以惻隱之心爲性者, 以其在內也. 夫惻隱之心與怨毒忿戾之心, 其有感於外而後出乎中者 有不同乎? 荀子曰'其爲善者僞也' 就所謂性者如其說, 必也惻隱之心 人皆無之, 然後可以言善者僞也, 而人果皆無之乎? 荀子曰'陶人化土而爲埴, 埴豈土之性也哉?' 夫陶人不以木爲埴者, 惟土有埴之性焉, 烏在其爲僞也."

런 점을 性이라 한다.), 현실태로서 선악을 이루는 것은 인간의 노력에 달려 있다고 한다. (이런 점을 命이라 한다.)

> 태극이란 것은 오행이 생겨나는 근원이다. 그러나 오행이 태극은 아니다. 본성이란 것은 다섯 덕목(五常; 仁義禮智信)의 태극(생겨나는 근원)이다. 따라서 오상을 본성이라고 말할 수 없다. 이점에서 나는 한유와 다르다.
>
> 대저 태극이 오행을 낳은 뒤에 이익과 손해(利害)가 생겨난다. 그러므로 태극은 이익과 손해로서 말할 수 없다. 본성은 감성을 낳는다. 감성이 있은 뒤에 선과 악이 형성된다. 그러므로 **본성은 선과 악으로서 말(규정)할 수 없다.** 이점에서 나는 두 사람(맹자 순자)과 다르다.[10]

그는 한유처럼 본성을 다섯 덕목으로 규정하지만, 다섯 덕목보다 더 근원적인 하나가 바로 본성이라 한다. 마치 이 세계를 이루는 다섯 중요한 물질이며 동시에 사람의 삶에 가장 중요한 다섯 물질인 '물 불 나무 쇠 흙'의 오행은 그 근원이 태극인 것과 같다는 것이다. 그는 이 세계를 하나의 원리(태극이나 본성)에 환원시킨다. 그리고 거기에서 다섯이 생겨나고, 만물 내지 모든 마음 현상이 나타난다. 이 근원인 본성으로 환원된다는 점에서 그는 한유와 다르다고 한다. 또한 다섯 물질(五行)로 생산을 해야 이익과 손해가 나타나듯이, 본성(마음의 근원적 상태)에서 감정이 생겨나서 상황에 맞느냐에 따라 선과 악이 결정된다. 따라서 **"본성은 선과 악으로서 말(규정)할 수 없다."** 맹자나 순자는 본성 그 자체를 선천적으로 선하거나 악하다고 규정지었다. 왕안석은 후천적으로 선악이 결정된다고 보므로 그 둘과 다르다는 것이다.

감성의 움직임에 따라 선악이 있고, '본성에는 선악이 없다'는

---

10) 앞의 글. "夫太極者, 五行之所由生, 而五行非太極也. 性者, 五常之太極也, 而五常不可以謂之性. 此吾所以異于韓子. … 夫太極生五行, 然後利害生焉, 而太極不可以利害言也. 性生乎情, 有情然後善惡形焉, 而性不可以善惡言也. 此吾所以異于二子."

것(백지설)은 그의 확고한 주장이다. 본성(이성)은 선하고 감성은 악한 것이 아니다. “본성은 감성의 근본이고, 감성은 본성의 작용(으로 나타난 것)이다.” 본성(마음의 본래 상태)이 바깥의 사물과 일을 만나면 움직인다. 그 움직임이 바로 감정이다. 이치(理)에 맞게 움직이면 선하고, 반대로 하면 악하게 된다.[11] 인간은 육체(形)와 마음(心)과 본성(性)으로 구성되어 있으며, 그 각각의 올바른 기능은 생명력(氣; 생리 작용), 성실함(誠; 도덕성), 신묘함(神; 인식 작용)이다.[12] 따라서 성실함과 신묘함을 갖추어야 이치에 맞게 움직여 선하게 될 수 있다.

그는 본성에는 선해질 수도 있고 악해질 수도 있는 가능성만 있다고 본다. 따라서 본성은 선과 악으로 규정할 수 없다. 다만 본성의 움직임에서 나온 감성이 이치에 맞느냐에 따라서 현실적으로 선해지기도 하고 악해지기도 한다. 따라서 선해지기 위한 후천적 노력이 필요하다. 그 노력의 결과는 완전히 자신의 뜻대로 되는 것은 아니다. 따라서 그것을 그는 맹자나 양웅의 말에 따라 ‘운명(命)’이라 한다. 도덕적으로 선해지기 위해 노력했으나 빈천하게 사는 것은 바른 운명이다. 그러나 그런 노력 없이 빈천하게 살거나 부유하게 사는 것은 바르지 못한 운명이다. 그는 선악의 가능태로서의 본성(性)과 그 선악을 현실태로 만드는 노력(命)을 ‘본성과 운명의 이치(性命之理)’라고 한다.[13]

---

11) 『문집』 27-5, 「본성과 감성(性情)」 “性者 情之本, 情者 性之用, 故吾曰性情一也. … (喜怒哀樂好惡欲) 此七者, 人生而有之, 接於物而後動焉. 動而當於理, 則聖也, 賢也; 不當於理, 則小人也.”

12) 『문집』 29-1, 「예와 음악을 논함(禮樂論)」 “神生於性, 性生於誠, 誠生於心, 心生於氣, 氣生於形. 形者 有生之本. 故養生在於保形, 充形在於育氣; 養氣在於寧心, 寧心在於致誠; 養誠在於盡性, 不盡性 不足以養生.”

13) 『문집』 27-4, 「양웅과 맹자(楊孟)」

2) 백지설

이처럼 선과 악은 인간의 본성에 본래 있는 것이 아니라, 공자가 "본성은 가까우나 습관을 들이면서 서로 멀어진다"(『논어』「양화」 2) 라고 말했듯이 후천적으로 결정되는 것이다.[14] 양웅은 본성의 선악은 학습에 따라 습관들이기에 따라 결정된다고 본다. 그러나 왕안석은 본성이 감성으로 드러났을 때, 그것이 상황에 적합하느냐에 따라 선악이 결정된다고 본다. 이는 본성을 선악의 피안에 있는 것으로 보는 셈이다.

이렇게 선과 악이 후천적으로 결정된다면, 결국 인간의 본성에는 선천적인 선도 악도 없다는 말이 된다. 이렇게 선악이 후천적으로 결정된다는 것은 본성은 백지 상태이며 식욕 성욕일 뿐이라고 한 고자의 본성 이론에 가깝다. 왕안석은 자신이 고자의 이런 이론을 추종한다고 하지는 않는다. 이점에서 그는 여전히 자신이 도덕을 강조하는 유학자로 남으려는 태도를 보인다.

"타고난 것이 본성이다" 라고 하는 고자 식의 발상은 후에 두 갈래로 발전한다. 하나는 '타고난 것'을 식욕과 성욕의 본성으로 파악하는 것이고, 다른 하나는 '타고난 것'을 선도 악도 없이 텅 비어 있는 마음이며, "살아 있고 깨어 있는 냉철한 마음(知覺)"이라고 보는 것이다. 전자는 식욕이나 성욕같은 생리적 욕구를 충족시키기 위한 생산과 그 절제를 위한 사회 제도를 중시하게 된다. 이는 순자의 이론에서 구현된다. 후자는 '비운 마음(虛心)'으로 자연이나 사회 속에 있는 필연성을 인식하고, 이에 따라 살 때 인간이 자유로워진다는 노자 장자나, 사회의 물리적 관계를 냉철하게 파악하

---

14) 『문집』 27-6 「본성에 관하여(原性)」 "有情然後善惡形焉. 然則善惡者, 情之成名而已矣. 孔子曰 '性相近也, 習相遠也.' 吾之言如此."

여 대처하자는 법가의 노선에서 나타난다.

왕안석에게는 이 두 가지 경향이 다 나타난다고 할 수 있다. 그의 경우 전자는 일반인과 관료, 후자는 성인의 이론으로 나타난다고 대략 말할 수 있다. 그는 인간을, 물자를 생산 소비하며 그 과정에서 식욕 성욕 등 '타고난 본성'을 도덕적으로 실현하는 존재로 본다. **일반인**은 물자를 생산하고 소비하는 자이며, **관료**는 생산과 소비를 관장하는 국가의 기구를 운영하는 자이다. 왕안석이 보기에 국가는 제도를 통하여 백성들의 중요한 생산 소비 활동에 관여하여야 하며, 이럴 경우에만 정의가 실현된다. 여기에서 가장 중요한 것은 이 제도의 창립자로서의 **성인**의 역할이다. 그는 역사를 다음과 같이 설명한다. 역사란 태초의 짐승 상태에서 점점 문명화되어 인간 사회를 이룬 과정이다. 이 발전에 결정적인 역할을 하는 것은 성인이다. 성인은 문화와 문명을 만들어 낸 자이다. 이 문명이 후세에 커다란 혼란에 처하자, 이 혼란을 피하여 태고로 돌아가자는 도가의 주장은 그 성인들의 업적을 무시하고 짐승이 되자는 것 밖에는 안 된다.[15]

2. 국가 이론

왕안석은 세계를 물질적인 운동의 공간으로 본다. 이 운동 가운데에서 인간이 참여할 수 있는 것은 사회이다. 그는 사회란 인간들이 타고난 본성인 욕망을 물질적으로 조화롭게 충족시키는 공간이

15) 『문집』 28-10 「원시 시대(太古)」 "太古之道, 果可行之萬世, 聖人惡用制作于其間? 必制作于其間, 爲太古之不可行也. 顧欲引而歸之, 是去禽獸而之禽獸也, 奚補于化哉? 吾以爲識治亂者, 當言所以化之之術, 曰歸之太古, 非愚則誣."

라고 본다. 그는 이 조화를 이루기 위하여 재화의 효율적인 증산과 공정하고 합리적인 유통, 이를 뒷받침하는 치안과 국방 등을 중시한다. 결국 왕권 아래의 국가의 권력과 제도라는 공간을 생각한다. 여기에서 가장 중요한 것은 그러한 공간을 유지시키는 국가 권력과 제도이다. (이에 비하여 정호 등은 리의 총체[태극]라는 객관적 당위성의 그물 속에서 천지가 만물을 낳고, 인간이 도덕적 행위를 하는 형이상학적 도덕률의 공간을 상정한다.)

그의 이러한 생각이 구체적 정책으로 드러난 것이 이른바 '신법'(제도 개혁)이다. 그의 개혁에는 경제 개혁과 군비 강화의 두 측면을 포괄한다. 이는 "재정을 정비하고 군대를 정돈함으로써, 나라를 부유하게 군대를 강하게 한다"는 신법의 강령으로 표현될 수 있다.[16] 그러나 신법의 주요한 목적은 법가의 부국강병이라는 말로 요약되는 군비의 강화보다는 정치의 질서 확립(관료의 기풍 쇄신), 국가 재정의 흑자, 국가의 부의 증대 등이다.[17]

왕안석의 제도 개혁안에는 장병법(將兵法), 보갑법(保甲法), 보마법(保馬法)의 제정과 군기감(軍器監)의 설치와 같은 군대와 관련된 것이 있다. 북송의 재정을 좀 먹어서 백성들의 극심한 부담을 초래했던 주요한 요소는 황제의 사치와 관료의 부패, 그리고 불필요한 관료 등뿐만 아니라, 군대가 가지고 있었던 낭비와 비효율이었다. 그는 단순히 군대 수를 줄이는 것뿐만 아니라, 요 서하 등과 대치하는 전방의 군 체제 정비(장병법), 후방 향촌의 자치 제도의 개선(보갑법), 군마 양육의 효율화(보마법), 무기 제조의 통제(군기감) 등을 시행했다. 이는 국가 전체의 **군비의 효율화**로서, 재정적인 측면에서의 개혁이라 할 수 있다. 이것은 국가 전체를 군대화(軍國)했

---

16) 서연달 외 저, 『중국 통사』, 청년사, 1989. 490쪽. "理財整軍, 富國强兵."
17) 제임스 류, 『왕안석과 개혁 정책』, 이범학 역, 지식산업사, 1991, 76-80 쪽.

던 법가의 부국 강병책과는 현저하게 다르다. 진(秦)의 법가가 가혹한 국가 통제와 형벌 위주의 정책을 시행하여 실패했다면, 한나라 이후 법가적 개혁을 추구한 사람들(상홍양 등)은 좀 더 부드러운 제도 개혁을 추구한다. 왕안석의 개혁도 그런 흐름에 있다고 할 수 있다.

그의 경제 사상은 "(물자의) 근원을 열고 그 흐름을 조절하는 것"이라 할 수 있다. 그는 물자의 흐름(유통)보다는 근원을 여는 것, 즉 생산을 중시했다. 국가의 재정이 고갈된 것은 근원(농업 생산)이 아닌 지류(상업)를 너무 확대시킨 데 있으므로, 그 흐름을 조절해야 한다. 또한 문제의 근본은 생산이 감소된 데 있다. 생산이 적으므로 백성이 빈곤하고, 백성이 빈곤하므로 국가가 부유하지 못하다. 따라서 그는 국가와 백성 양자의 부의 증진을 꾀한다.

이를 위하여 농업 생산의 증대를 위한 정책으로, 국가가 비용을 빌려주어 수로 제방 항만 하천을 수축하거나 준설하게 하는 농전수리 조약(農田水利條約), 대지주 대상인 등 고리대금업자에 의한 농민의 착취를 억제하기 위하여 매년 춘궁기에 저리의 돈을 빌려주는 청묘법(青苗法)을 시행했다. 또한 조세 징수 체계를 시장 경제에 통합시켜서, 조세로 징수된 물자를 가지고 물가를 조절하여, 대상인과 대지주들이 매점매석을 통하여 시장 가격을 조종하는 것을 방지하는 정책인 균수법(均輸法), 각 지역의 시장 상인에게 국가가 저리로 대출해 주어 물가를 안정시켜 물자 유통을 원활하게 하는 시역법(市易法), 토지의 측량을 다시 해서 지주들이 토지를 등기하지 않고 포탈하는 세금을 징수하는 정책인 방전 균세법(方田均稅法), 국가에 대한 봉사를 육체노동이 아닌 돈으로 대신하게 하고, 그 돈으로 사람을 사서 쓰는 모역법(募役法) 등을 시행했다.[18]

18) 이상의 제도 개혁(新法)에 대해서는 서연달의 앞의 책, 516-523 참조.

이러한 정책에 있어서 하나의 특징은 그의 사회 정의 이론인 **평균주의**이다. 그는 물가 조절 기능이 시장에만 맡겨지면 결국 대상인과 대지주들이 그 기능을 장악하여 매점매석하게 된다고 본다. 물가 조절 기능은 국가가 장악해야 한다. 그것은 국가 통치권의 가장 중요한 부분 중의 하나라고 그는 생각했다. 그는 자연에 음양이 있듯이 사회 경제에도 음양이 있다고 본다. 시간 공간적으로 물가가 오르내리고, 품귀 되거나 너무 많은 것은 사회의 음양에 해당된다. 이때 창고를 열거나 닫아서(開闔) 그 물자를 방출하거나 비축하여(斂散) (높은 물가를) 낮게 하고 (낮은 물가를) 높게 해야 한다.(輕重) 이처럼 물자의 방출과 비축을 통하여 물가를 조절하는 것을 경중 염산지권(輕重 斂散之權)이라고 한다. (이런 생각은 『관자(管子)』「경중(輕重)」 편에 최초로 나온다) 물자를 거두어들이거나 풀어 유통시켜서 물자가 가장 잘 유통되게 하는 것은, 자연이 음양의 법칙에 따라 모든 현상을 조화롭게 펼쳐내듯이, 국가 경제의 조화로운 상태를 이루기 위해서 국가가 장악해야 할 권력이라는 것이다. 이것은 일종의 '알맞음(中; 중용)'의 상태이다. 왕안석은 그 상황에 따라 가장 알맞는 조처를 취하여 가장 알맞는 상태로 만드는 것(時中)을 성인(聖人)이 가져야 할 첫째의 능력으로 친다. 그의 평균주의란 이런 식으로 물가와 물자의 유통을 조절하는 것이고, 그는 이를 통하여 사회 정의가 실현된다고 본다.19)

이러한 평균주의는 『노자』나 『주역』에서 제시된 "많은 것은 덜어서 적은 것에 보태 주고, 남는 곳을 덜어서 부족한 곳에 더해 준다"는 것과 맥을 같이 한다.20) 왕안석의 평균주의는 주로 경제에서

---

19) 『문집』 31-9 「三司를 설치하는 조례를 바랍니다(乞制置三司條制)」 制置三司條制司는 희녕 2-3년 신법을 실시하기 위해 설치했던 기관이다.

20) 『王臨川 先生 文集』 65 「易象論解」 " '君子以裒多益寡, 稱物平施'(『周易』 謙괘), 順天休命." 같은 책, 78 「與孟逸秘校手書」 5 " '損有餘以補不足'(『노자』 77장), 天之道也."

물자의 유통, 납세, 병역 등에서의 균등을 의미한다. 그는 국가에 그런 균등함이 실현되어야 한다고 본다. 그럴 때 그 국가는 강해지며, 그것이 군주의 의무라는 것이다. 국가 구성 계층들에 대해서 군주가 취하여야 할 정책은 그와 같아야 한다는 것이다. 고난 속에 백성이 궁핍하도록 놓아두는 것은 군주의 수치이다. 우선 생산의 증진을 도모해야 한다. 나아가,

> 하늘이 폐하에 명하여 백성의 주인이 되게 한 것은, … 정령(政令)으로 재산의 많고 적음을 균등히 하여 부유한 자가 가난한 자를 침탈하지 못하게 하고, 강한 자가 약한 자를 약탈하지 못하게 하기 위한 것입니다. 이제 부자는 백성의 땅을 겸병하여 왕공(王公)보다 부유하나 가난한 자는 구렁텅이에 빠져 죽음을 면치 못합니다.
>
> 백성이 임금이 없기를 바라는 것이 난리(亂)이다. … 왕이 강한 자들을 다스릴 수 없어서 백성들에게 재산이 없어지면 그들은 왕을 떠나서 다른 곳에 있는 재물을 따라간다. 까마귀란 놈은 자신을 먹여 주면 그 집에서 산다. 백성도 그러하다.[21]

당시에 홍수 등으로 이재민이 생기면 그들이 떠돌다 반란군이 되기도 했다. 이를 막기 위하여 일종의 사회 보장 정책으로 그들을 군대에 편입시켰다. 따라서 필요 없는 군인답지 않은 군인의 수가 늘어나서 막대한 재정적인 적자를 내게 하였다. 또한 빈부의 심한 격차 때문에 송초에 일어난 왕소파(王小波) 이순(李順)의 반란에서는 "빈부를 균등히 하라(均貧富)" 라는 구호가 등장한다.[22] 왕안석은 신종에게 후한 말의 장각(張角), 당말의 황소(黃巢)가 이끈 농민

21) 후외려 외, 『중국 사상 통사』 4상, 491-493 쪽. "天命陛下爲神明主, … 以政令均有無, 使富不能侵貧, 彊不得凌弱故也. 今富者兼幷百姓, 乃至過於王公, 貧者或不免轉死溝壑." "民有欲無王 乃亂. … 王不能乂而民無所得祿, 則釋王而從祿于他. 烏之爲物, 唯能食己, 則止其屋, 民之從祿, 特如此矣." (이상은 희녕 5년 왕안석의 상소문 및 『시경』의 주석임.)

22) 서연달 외, 앞의 책, 510-511, 549, 551 쪽.

반란은 이런 상황에서 나왔다는 것을 강조한다.[23] 농민 반란이란 그렇게 일어나고, 천하를 삼키겠다는 야심가들이 그런 상황에서 생겨난다. 따라서 군주가 할 일은 명백하다.

> 하늘이 폐하에게 명령하여 천하 백성들의 주인이 되게 하였사온데, 폐하가 천하의 선비와 백성들을 몰아서 국토를 지키고 사직을 수호하게 하면, 그들이 폐하를 죽기로 따르며 감히 거절하지 못하는 것은 무엇 때문입니까? … 폐하께서는 임금의 직무를 행함에 있어서 빠뜨린 바가 없습니까? (있다면) 천하의 선비와 백성들이 폐하를 위하여 목숨을 바치는데 무엇으로 보답하겠습니까? [24]

제도 개혁(新法)의 근거를 그는 이와 같은 상황과 논리에서 찾는다. 그는 신법이 추구하는 이상적인 국가를『서경』에서 그리는 성인 왕들의 제도, 그 중에서도「홍범」편이 그리는 이 세계의 모습에서 찾고 있다.「홍범」은 국가의 운영에 있어서 필요한 물질적 정신적 요소를 들고, 이것의 조화로운 운용이 군주의 임무임을 말하고 있다.[25] 또한 그는『시경』도 국가 제도의 측면에서 본다. 그는『시경』의 시에 기술된 정치 비판과 우국충정을 그런 잘못된 정치의 결과라고 본다. 그리고『주례』에 그려진 국가 제도를 이상적인 것으로 본다. (왕안석은『서경』『시경』『주례』를 가장 존중하여 그 셋에 주석서('三經義'라고 함)를 쓰고, 과거 시험의 교재로 채택한다.) 그의 개혁 사상이 기본적으로 근거하고 있는『주례』는 국가의 기관을 천지 춘하추동으로 나눈다. (즉 天官 地官 春官 夏官 秋官 冬官) 이는 자연의 가장 중요한 구조가 하늘 땅·봄 여름 가을 겨울

---

23)『문집』 1-1,「황제에게 올리는 만마디의 상소문(上皇帝萬言書)」

24) 후외려 외,『중국 사상 통사』 4상, 491 쪽. "天命陛下爲神明主, 毆天下士民使守封疆, 衛社稷, 士民以死徇陛下 不敢辭者, 何也? … 陛下無乃于人主職事有所闕, 何以報天下士民爲陛下致死?" (희녕 5년 왕안석의 상소문)

25)『문집』 25-1「홍범의 주석(洪範傳)」

이듯이, 국가에도 동일한 구조가 있어야 한다는 일종의 자연과 인간의 동일 구조론(天人合一論)이다. 이는 오행론(五行論; 상관적 우주론)의 기본적인 도식 중의 하나이다.

3. 성인 이론

왕안석은 이러한 방향에서 맹자의 사상을 받아들인다. 맹자는 "한갓 **선한 마음**만으로는 정치를 하기에 부족하고, (반대로) 한갓 **법도(제도)**만 가지고는 스스로 행해질 수 없다"고 한다.[26] 그는 맹자의 성인 이론을 이런 점에서 파악한다. 성인이란 선한 마음[仁; 사랑]을 가지고 완벽한 제도[선왕의 법]를 수립하는 사람이며, 이럴 때 이상적인 통치가 이루어진다. 이를 위해서는 자신이 처한 시대 상황(時)을 정확하게 인식하는 것이 필요하다. 그리고 그 상황에 대한 처방을 내려서 개혁을 해야 한다.

1) 집대성

맹자는 성인을 이윤(伊尹) 백이(伯夷) 유하혜(柳下惠)의 세 부류로 나눈다. 이윤은 어느 정권에도 주체적으로 참여했던 구세(救世) 의식이 강렬했던 사람이고, 백이는 부도덕한 통치자를 용납하지 못했던 청렴한 사람이고, 유하혜는 정치에 참여하거나 물러나거나 주어진 상황에서 최선을 다한 사람이다. (『맹자』「만장」하1)

---

26) 『문집』 1-1, 「황제에게 올리는 만마디의 상소문(上皇帝萬言書)」
"孟子曰 '有仁心仁聞, 而澤不加于百姓者, 爲政不法于先王之道故也.'"
맹자의 말은 「이루」 상1에 나온다.

옛날에 이윤은 그 행위를 천하에 알맞게 하며 말하기를, "누구를 섬긴들 임금이 아니며, 누구를 부린들 백성이 아니랴! (나는) 다스려지는 때에도 (통치에) 참여하고, 혼란할 때도 참여 하겠다"고 했다. 그런데 후세의 선비 가운데 이윤의 마음을 구할 수 없는 자가 많았는데, 이로 말미암아 나아가는 이는 많고 물러나는 이는 적었다. 그래서 구차하게 (벼슬을) 얻고 의로움(정의 도덕률)을 해치게 되었다. 이는 그 흘러간 풍조와 끝까지 가버린 속된 것의 폐단이다. 성인(의 자질이 있던 사람)은 그 폐단을 근심하였다.

이에 백이가 나와서 그것을 바로잡았다. 그는 천하에 그 행위를 알맞게 하여 말하기를, "다스려지면 나아가고, 혼란하면 물러나겠다. 그 임금이 아니면 섬기지 않으며, 그 백성이 아니면 부리지 않겠다"고 했다. 그런데 후세의 선비 가운데 백이의 마음을 구할 수 없는 자가 많았다. 이로 말미암아 물러나는 자가 많고 나아가는 자는 적었고, 지나치게 청렴한데다 또한 각박하였다. 이는 그 흘러간 풍조와 끝까지 가버린 속된 것의 폐단이다. 성인(聖人)은 그 폐단을 근심하였다.

이에 유하혜가 나와서 그것을 바로잡았다. 그는 천하에 그 행위를 알맞게 하여 말하기를, "더러운 임금을 (섬기는 것을) 부끄러워하지 않으며, 자그마한 벼슬자리라도 사양하지 않겠다. (임금이 등용하지 않고) 버려두어서 이름 없이 살아도 원망하지 않으며, 곤궁 속에 괴로워도 고민하지 않겠다"고 했다. 그런데 후세의 선비 가운데 유하혜의 마음을 구할 수 없는 자가 많았다. 이로 말미암아 더러운 자가 많았고 깨끗한 자가 적었으며, (자신과 지조가) 다름을 미워하고 같음을 숭상했다. 이는 그 흘러간 풍조와 끝까지 가버린 속된 것의 폐단이다.

이 세 사람은 (그들이 마주친) 시대가 치우쳤기 때문에 그것을 구제한 것이지, 천하에 (모범이 될) 알맞은 길(中道; 중용의 길)이 아니었다. 그러므로 (그런 행위가) 오래 가면 반드시 폐단을 낳았다. 공자의 때에 이르러 세 성인의 폐단은 각각 천하에 극단을 이루었다. 그러므로 공자는 그 행위를 모아서 천하에 완성된 법(成法)을 만들었다.[27]

---

27) 『문집』 26-3, 「세 부류의 성인(三聖人)」 "伊尹制其行于天下, 曰 '何事非君, 何使非民, 治亦進, 亂亦進' 而後世之士 多不能求伊尹之心者, 由是多進而寡退, 苟得而害義, 此其流風末俗之弊也. 聖人患其弊. 于是伯夷出而矯之, 制其行于天下, 曰 '治則進, 亂則退, 非其君不事, 非其民不使' 而後世之士 多不能求伯夷之心者, 由是多退而寡進, 過廉而復刻, 此其流風末俗之弊也. 聖人患其弊. 于是柳下惠出而矯之, 制其行于天下, 曰 '不羞汚君, 不辭小官, 遺逸而不怨, 厄窮而不憫' 而後世之士 多不能求柳下惠之心

왕안석이 보기에 이 세 사람은 모두 자신들이 당면한 상황에서 최선을 다했지만, 동시에 단점이 있다. 이윤의 적극적인 참여 정신의 단점은 백이의 결벽성으로 구제되고, 백이의 지나친 결벽성은 유하혜의 조화로움으로 치료가 된다. 이 세 사람의 종합자는 공자이다. 공자는 춘추 시대의 혼란을 맞아서, 그 이전 시대인 하 은 주의 정신과 제도의 좋은 점을 종합(집대성)하였는데, 그것이 바로 그 이전 성인들의 종합으로 드러난 것이다. 이 종합이란 공자가 처한 당시의 시대 상황을 정확하게 파악하고, 처방을 내린 것이라 할 수 있다.

공자 이전의 성인의 계보에는 그 세 사람 이외에 복희 요 순 우 탕 문왕 무왕이 있다. 그 성인들은 능력이 뛰어나므로 그 중 어느 누구도 후세에 영원히 통용될 사회 제도를 수립할 수 있었다. 그러나 복희씨 이래 사회 제도가 점차 많이 갖추어지는 것은 결국 시대 상황 때문이다. 복희씨가 복잡한 제도를 만들지 않은 것은 그런 제도를 받아들일 만큼 백성의 의식이 성장하지 않았고 사회적 조건이 갖추어지지 않았기 때문이다. 그런데 공자의 시대에 와서는 모든 제도가 갖추어져야 할 만큼 상황이 형성되었다는 것이다. 공자는 이 상황을 인식하고 그 이전 성인들의 제도를 종합하여 '집대성(集大成)'했다. 백성의 의식의 진보와 사회적 상황에 맞추어 그 이전 성인들의 법도를 집대성하여 확충하고 체계화했다는 점에서 공자는 '요순보다 훌륭한 사람'이다.[28)]

者, 由是多汚而寡潔, 惡異而尙同, 此其流風末俗之弊也. 此三人者, 因時之偏而救之, 非天下之中道也. 故久必弊. 至孔子之時, 三聖人之弊, 各極于天下矣, 故孔子集其行而制成法于天下."

28) 『문집』 28-1, 「우리 선생님은 요순보다 훌륭하시다(夫子賢於堯舜)」 "昔者 道發乎伏羲, 而成乎堯舜, 繼而大之于禹湯文武. … 夫以聖人之盛, 用一人之知, 足以備天下之法, 而必待至于孔子者何哉? 蓋聖人之心, 不求有爲于天下, 待天下之變至焉, 然後吾因其變而制之法耳. 至孔子之時, 天下之變備矣, 故聖人之法亦自是而後備也. … 孟子曰 '孔子集大成者' 蓋言集諸聖人之事, 而大成萬世之法耳. 此其所以賢于堯舜也." "夫子

2) 상황에 따른 변혁

왕안석은 맹자의 성인 이론을 그대로 받아들인다. 당면한 시대적 요구를 적절하게 처리하기 위해서는 성인과 같은 초인적 능력을 가진 사람이 나타나야 한다. 그는 자신이 『주례』에 기술된 선왕의 법도를 따라서 제도를 개혁한다고 주장했다. 이는 동시에 공자가 이상적인 국가로 보았던 주나라의 제도이며, 군주가 마땅히 시행해야 하는 제도라고 맹자가 주장한 것이기도 하다. (공자 이래 유가에게 주나라는 이상 국가를 의미했다.) 그런 제도로서 맹자는 정전법, 조세 제도 등을 든다. 맹자는 인륜이 구현된 국가의 건설을 목표로 한다. 사람이 인륜에 따라 살기 위해서는 우선 경제적인 바탕이 갖추어져야 한다. 군주가 할 일은 바로 백성의 경제적 안정과 도덕 교육이다. 따라서 인륜이 실현되기 위한 전제 조건이 바로 그 제도라는 것이다.

그러나 왕안석은, 『주례』에 제시된 정책이나 제도를 그대로 따라서는 안 된다고 한다. 주나라 시대와 그가 당면한 북송의 상황은 다르기 때문이다. 그는 겉으로 드러난 제도(迹)가 아니라, 그 제도에 구현된 정신을 따를 것을 주장한다.[29] 모든 성인들의 경우 "도(道)는 같아도, 겉으로 드러난 것(迹)은 다르며", "도(道)는 같아도, (그것을 실천하는) 마음은 (처한 상황에 따라) 다르다."[30]

그의 성인 이론의 요점은 바로 당면한 상황의 인식과 그에 적절

賢於堯舜"은 『맹자』 「공손추」 상2에 나오는 말이다.

29) 『문집』 1-1, 「황제에게 올리는 만마디의 상소문(上皇帝萬言書)」 "夫以今之世, 去先王之世遠, 所遭之變, 所遇之勢不一, 而欲一二修先王之政, 雖甚愚者, 猶知其難也. 然臣以謂今之失, 患在不法先王之政者, 以謂當法其意而已."

30) 『문집』 28-9, 「관직에 나감과 물러남(祿隱)」 "聖賢之言行, 有所同, 而有所不必同, 不可以一端求也. 同者 道也, 不同者 迹也." ; 『문집』 29-1, 「예와 음악을 논함(禮樂論)」 "同者道也, 不同者心也."

한 대처이다. 그는 마음을 비워서 냉철하게 시대 상황과 현실의 문제를 인식하고, 그 문제를 처리하는 **정치적 경륜**을 중시한다.

> 지금의 조정은 법이 엄하고 명령이 갖추어져 있어 없는 것이 없으나, 신은 법도가 없다고 생각합니다. 왜냐하면 지금까지의 법도는 선왕의 정치와 합치되지 않은 것이 많았기 때문입니다. 맹자가 말하기를 "(군주가) 사랑하는 마음(仁心)이 있고, 사랑의 정치를 한다는 소문이 있으나 그 혜택이 백성에게 돌아가지 않는 것은, 정치를 함에 있어서 선왕의 길을 본받지 않았기 때문이다" 라고 했습니다. 맹자의 설로 보건데 지금까지의 (정치의) 잘못은 바로 여기에 있을 따름입니다.[31]

그는 맹자처럼 이상적인 인격 형성의 바탕인 사랑의 마음(仁心)과 거기에서 나오는 선심 쓰는 정치로는 부족하다고 본다. 그 도덕적인 인격에다 덧붙여 선왕이 정치를 했던 근본 뜻을 기준으로 변화된 현실을 냉철하게 인식하는 능력이 있어야 한다. 그는 도덕을 무시하지 않지만, 정치가의 중요한 자질로서 당면한 사회 경제 군사적인 문제를 인식하고 처방을 내리는 경륜을 중시한다. 이런 현실의 물질적 상황에 대한 냉철한 인식은 『노자』에 특징적으로 나타나는 것이다. 왕안석과 그 추종자들이 『노자』에 주를 쓴 것도 우연한 것은 아니다.[32]

이렇게 현실의 냉철한 인식을 강조하면서, 성인의 형식적인 제도가 아닌 성인의 '마음'을 따를 것을 강조하는 것은 시대적 문제

---

31) 『문집』 1-1, 「황제에게 올리는 만마디의 상소문(上皇帝萬言書)」 "今朝廷法嚴令具, 無所不有, 而臣以謂無法度者, 何哉? 方今之法度, 多不合乎先王之政故也. 孟子曰 '有仁心仁聞, 而澤不加於百姓者, 爲政不法於先王之道故也.'(「이루」 상1」) 以孟子之說, 觀方今之失, 正在於此而已."

32) 왕안석과 그의 아들 왕방(王雱), 제자인 육전(陸佃), 유개(劉概), 유경(劉涇)은 각각 『노자』에 주를 썼다. 당시에 이 다섯 사람의 주는 『숭녕 오주(崇寧 五注)』로 불리며 유포되었다고 한다. 팽사(彭耜)가 편집한 『도덕진경집주(道德眞經集註)』 서문 참조.

를 해결해야 한다는 점에서 나온 것이다. 현실은 변화되었는데 몇천년 전 성인의 제도를 그대로 고수한다면, 현실에 부응하지 못하고 오히려 현실을 더 어렵게 만들며, 천하 사람들을 흥분시켜 시끄럽게 만들 뿐이다.[33] 그는 당면한 문제를 해결하기 위하여 제도를 개혁한다. 그가 시행한 새 법의 경우 많은 것이 이미 한-당 대에 실시된 것이다. (均輸法, 市易法 등) 성인[先王]의 법이 아닌 한-당 대에 나온 이상적인 제도를 받아들일 수 있듯이, 성인의 제도도 문제가 있으면 거부해야 한다. '집대성'이란 이전 제도의 비판적 계승이면서도 동시에 비판적 거부라는 것, 즉 상황에 따른 변혁이라는 것(隨時變革)이 왕안석의 주장이다.

그는 맹자가 말한 **'예가 아닌 예'**(「이루」 하 6)를 바로 그런 점에서 해석한다.

> 옛 사람이 이것을 예라고 하므로 내가 이제 반드시 그것을 (그대로) 따른다면 이는 옛 사람의 예에 반드시 맞는 것은 아니다. … 대저 천하의 일은 항상 변화하니 어찌 한결같을 수 있겠는가? 진실로 흔적(迹; 겉으로 드러난 현상)은 같으나 그 알맹이(實; 실질적 내용)가 다른 것이 있다. 요새 사람들은 그 (겉으로 드러난) 현상에 합치되기만을 구하는 데 급급하여 상황의 변화에 맞게 재량하는 것은 모른다. … 일은 옛 사람의 흔적과 같으나 그 알맹이에서 다르다면 그것이 천하에 끼치는 해는 무엇보다 더 클 것이다. 이 때문에 성인이 '상황의 변화에 맞게 재량하는 것'을 소중하게 여긴 것이다.
>
> 맹자가 말한 "예가 아닌 예와 의로움(義)이 아닌 의로움은 큰 사람은 하지 않는다"는 것은 대개 흔적은 같으나 내용이 다른 것을 말한 것이다. 대저 "임금은 신하를 사랑할 수 있어야 하며, 신하는 임금을 범할 수 없다"는 것은 대개 무엇보다 큰 의무이며 영원토록 변할 수 없는 것이다. 걸과 주가 나쁜 짓을 함에 탕과 무왕이 그들을 몰아내서 죽였다. 그런데도 천하의 사람들이 불의라고 하지 않았다. 왜냐하면 보통 사람들이 말하는 의로움이란 의로움의 일반적인 것(常; 정상적인 것)이고, 탕과 무왕의 일은 "내가 그 옛

33) 『문집』 1-1, 「황제에게 올리는 만마디의 상소문(上皇帝萬言書)」

것을 (그대로) 지키려 하면 그 폐해는 하나이나, 그것이 천하에 우환이 되는 것은 같을 것이다" 라고 깨달아서 그것에서 변화시킨 것이 있기 때문이다. 가령 탕과 무왕이 임금과 신하 사이의 정상적인 의를 지키는 것에만 어두워서 그 당시의 일을 헤아려 그 의로움을 변화시켜야 한다는 것을 꿰뚫어 알지 못했다면 어찌 그들이 이른바 탕과 무왕이 되었을 것인가? [34)]

선왕이 제정한 법이라도 상황에 맞지 않으면 그런 '예가 아닌 예'가 되어 버린다. 예컨대 걸(桀)이나 주(紂)와 같은 폭군에 대해서, 그들이 국왕이기 때문에 '충성(忠)'을 바쳐야 한다고 한다면, 이는 '예가 아닌 예'가 되며, 충(忠)을 강조한 성인들의 원래 뜻인, 국가의 질서와 평화를 이룬다는 것에 맞지 않게 된다. 따라서 그런 형식적인 충성 개념을 포기하고, 국가의 평화와 백성의 안녕을 위해서 신하로서 자신의 임금을 죽이고 새 국가를 세운 탕이나 무왕은 형식으로서의 예가 아닌 정신으로서의 예를 실천한 것이다. 그는 새 제도를 반대하는 구법당에 대해서 이런 '예 아닌 예'를 주장하는 자들이라고 비판한다.

그는 성인을 설명하면서 인간의 절대 주체를 상정한다. 성인은 시대 문제를 해결하기 위해서는 어떤 제한도 받지 말아야 한다. 구법당은 왕안석이 **"자연의 변화도 두려워할 필요가 없으며, 조상도 본받기에는 부족하고, 사람들의 말(여론)을 어찌 걱정할 필요가 있는가!"** 라고 주장했다고 비난한다.[35)] 한나라 이래 중국인들은 자연

---

34) 『문집』 28-2, 「예 아닌 예(非禮之禮)」 "古之人 以是爲禮, 而吾今必由之, 是未必合於古之禮也. … 夫天下之事, 其爲變豈一乎哉? 固有迹同而實異者矣. 今之人 嫓嫓然求合于其迹, 而不知權時之變. … 事同于古人之迹而異于其實, 則其爲天下之害莫大矣. 此聖人所以貴乎權時之變者也. 孟子曰'非禮之禮, 非義之義, 大人不爲' 蓋所謂迹同而實異者也. 夫君之可愛而臣之不可以犯上, 蓋夫莫大之義而萬世不可以易者也. 桀紂爲不善而湯武放殺之, 而天下不以爲不義也. 蓋知向所謂義者 義之常, 而湯武之事 有所變, 而吾欲守其故, 其爲弊一, 而其爲天下之患同矣. 使湯武暗于君臣之常義, 而不達于時事之權變, 則豈所謂湯武哉!"

"예 아닌 예"에 대한 왕안석의 이런 주장은 기존의 해석과 다른 것이다.

35) 『宋史』 王安石傳, 및 『資治通鑑長篇 紀事本末』 王安石 事迹 上. "天變 不足畏, 祖

의 변화를 정치의 잘못과 연결시킨다. 하늘과 인간은 서로 감응한다는 설이 그것이다.(天人感應說) 예컨대 홍수나 가뭄이 든 것은 인간이 정치를 잘못했기 때문에 하늘이 그것에 반응하여 내린 경고라고 보는 것이다. 왕안석의 신법 시행 기간에 홍수와 가뭄 등의 자연 재해가 많았다. 구법당은 그것이 신법에 대한 하늘의 경고라고 주장하며 왕안석을 규탄했다. 그러나 왕안석은 그 비판에 흔들리지 않았다. 그는 합리주의자로서 그런 이론을 반대했을 뿐 아니라, 자신의 정책에 대한 자신이 있으므로 그렇게 주장했을 것이다. 그는 굳건한 절대 주체로서 조상의 법을 개정하였고, 이에 대한 여론의 반대나 자연 재해에도 흔들리거나 굽히지 않았다.

3) 위대한 업적과 신하의 윤리

구법당의 그 말은 왕안석이 하늘도 조상도 사람도 무시하는 자라는 욕이다. 그러나 그 말은 왕안석의 태도를 적절하게 설명하는 것이다. 그는 당시에 이미 주공(周公)에 비유되었다.36)

> 예전에 임금님[신종]을 알현했더니 개보(介甫; 왕안석)의 학문을 칭찬하셨다. 내[정호]가 "왕안석의 학문은 옳지 않습니다" 라고 대답했더니 임금님이 깜짝 놀라 무엇 때문에 옳지 않냐고 물으셨다. [정호의 대답] "신은 감히 멀리서 인용하지 않고 다만 가까운 일[왕안석을 주공으로 묘사한 것]로 그것을 밝히겠습니다. 신이 일찍이 『시경』을 읽었사온데 주공의 덕을 말하여, '우리 님은 매우 어여쁘니, 붉은 신에 차분히 걸으시네' 라고 했습니다.

宗 不足法, 人言 不足恤."

36) 주공(周公)은 주나라 문왕의 아들이며, 무왕의 동생이다. 어린 조카인 성왕을 대신하여 섭정을 하면서, 주나라의 예(禮) 제도, 즉 주나라의 정치 제도를 수립했다. 공자 이래 유가에서는 주나라를 이상 국가로 보았으며, 공자는 평생 주공을 영웅으로 받들어 닮으려 했다. 주공은 제도 수립자로서 성인(聖人)의 대표자이다.

(「빈풍 발랑」) 주공의 무성한 덕을 형용함이 이와 같이 화려합니다. 왕안석은 그 몸도 오히려 스스로 다스릴 줄 모르는데 어찌 그것에 미칠 수 있겠습니까"[37]

이는 신종이 『주례』에 따라 신법을 시행하는 왕안석의 업적은 주나라의 예 제도를 완성한 주공과 같다고 칭찬하자, 정호가 왕안석의 행실로 반박한 것이다.[38] 신종이나 그의 추종자들은 그를 성인으로 본 것이다. 그는 하늘도 조상도 여론도 두려워하지 않는 굳건한 의지를 가지고, 완벽한 국가 제도를 창조하여 항구적인 질서의 토대를 정립하는 것을 목표로 한다. 이런 일을 할 수 있는 사람은 성인(聖人)이며, 만일 그가 신하라면, '국왕도 상을 줄 수 없는 업적을 세운 것'이다. **'국왕도 상을 줄 수 없는 업적을 세운 신하'**의 대표인 주공을 그는 흠모한 것이다. 이러한 업적은 그런 절대 주체에서 나온다고 할 수 있다.

정이는 왕안석의 이 이론을 맹렬하게 비판한다.

개보(介甫; 왕안석)는 "주공은 사람의 신하된 자로서 세울 수 없는 큰 공을 세웠다. 따라서 사람의 신하된 자가 쓸 수 없는 예를 쓸 수 있었다"고 하는데, 이는 틀렸다. 신하와 자식의 몸에는 분수 바깥의 마땅함을 넘어서는 일이란 없다. (자신의 분수에 따라 도덕적으로 해야 하는 마땅한 일의 정도를 아무리 넘어서도 그것은 마땅히 해야 하는 일일 뿐이다.) 무릇 순과 증자는 효자라고 하지만, 증자와 순이 효에 지나쳤다고 할 수는 없다.[39]

---

37) 『유서』 2상-30. "昔見上稱介甫之學. 對曰'王安石之學 不是' 上愕然問曰'何故?' 對曰'臣不敢遠引, 止以近事明之. 臣嘗讀詩, 言周公之德云「公孫碩膚, 赤舃几几.」周公盛德 形容如是之盛. 如王安石, 其身猶不能自治 何足以及此?' "

38) 진량과 같은 현실주의자들은 어떤 인물의 현실적 업적을 보는 반면, 주희와 같은 의리 명분론자들은 그 사람의 행위의 도덕성을 따진다. 사람을 평가함에 있어서 그 기준이 업적이냐, 아니면 도덕성이냐의 문제는 10장의 "동기와 결과(義-利)에 대한 논쟁" 부분(443쪽 이하)을 참조할 것.

39) 『유서』 19-63, "介甫謂'周公有人臣不能爲之功, 故得用人臣所不得用之禮' 非也. 臣子身上 沒分外過當底事. 凡言舜言曾子爲孝, 不可謂曾子舜過於孝也." 순임금의 효는 『

주공은 공자 이래 유자들이 이상 국가로 생각하는 주나라의 제도를 창시한 사람이다. 그는 이 큰 업적을 세웠기 때문에 그가 봉해진 노나라는 천자의 신하인 제후국이지만 신하된 자가 쓸 수 없는 천자의 예를 쓸 수 있었다. 이처럼 왕안석은 **신하로서는 세울 수 없는 그런 큰 업적(功)을 세울 수 있는 신하가 있다**고 본다. 그는 그런 큰 공을 세웠다고 하여 신하가 임금이 될 수 있다는 것을 말하는 것이 아니다. 관료라면 마땅히 원대한 경륜과 굳센 의지를 가지고 큰 업적을 세우는 성인의 일을 지향해야 한다는 것이다. 그것이 관료 지식인의 임무이다.

정이가 볼 때 이는 결국 큰 공을 세우면 신하도 군주가 될 수 있다는 말이 된다. 한-당 시대의 혼란은 그런 발상에서 나왔다는 것이 구법당의 기본 입장이다. 군주도 상을 줄 수 없는 공을 세운 신하는 무엇을 상으로 주어야 하는가. 결국 그 국가를 상으로 줄 수밖에 없다. 한-당 시대에 빈번했던 찬탈은 이런 논리로 합리화되었다고 할 수 있다. 신하는 어떤 큰 업적을 세워도 신하일 뿐이라는, **신하의 윤리**를 정이는 선택한다. 마치 순과 증자가 보통 사람이 할 수 없는 큰 효도를 했다고 해서 그들의 분수를 넘어서서 그들 부모와 동등한 대우를 받을 수는 없는 것과 같다. 신하와 자식은 충과 효를 아무리 크게 해도 그것은 그가 마땅히 해야 하는 분수 안에 들어가지, 그 분수를 넘는다고 하여 다른 대접을 요구할 수는 없다. 이런 의리 내지 도덕률에 충실한 것이 성리학의 기본 목표이다.[40]

맹자』「만장」하1, 증자의 효는 『논어』「태백」3 및 『효경』을 보라. 또한 이 문제는 『유서』 18-216, 정이의 『역전(易傳)』 사(師) 괘의 주석 등에도 나온다.

40) 이에 대해서는 3장의 "신법당과 구법당의 논쟁점" 가운데 "『맹자』의 성인 개념 / 개혁가와 인격자" (100쪽)를 참조할 것.

4) 도덕과 형벌

공자는 통치에 있어서 '덕과 예'와 같은 도덕적 능력과 '법과 형벌'같은 제도적 강제력을 대비시키고, 전자를 강조한다.[41] 그러나 이후 유가가 법이나 형벌을 부정한 적은 없다. 다만 덕과 예를 더 강조했을 뿐이다. 왕안석은 그 두 가지의 종합을 주장한다. 최선의 통치는 덕(德)과 형벌(刑)과 살핌(察)의 종합에서 나온다. 선진(先秦) 시대 인물들인 자천(子賤)은 덕에 의하여, 자산(子産)은 살핌(察)에 의하여, 서문표(西門豹)는 형벌(刑)에 의지하여 아래 사람이 속이지 못하게 했다. 그들은 셋 중 하나만을 각각 실행했다. 그래도 당시는 혼란한 세상이었으므로 그런대로 통치할 수 있었다. 그러나 성인의 이상적인 통치는 덕과 살핌과 형벌이 유기적으로 연관을 맺는 데서 나온다.[42] 왕안석은 공자가 제시한 덕과 예, 법과 형벌의 문제를 '덕 살핌 형벌'로 요약한 셈이다. 통치자는 자신의 덕(인격)에 근거하여 형벌을 사용하여야 한다. **인격**이 완성되어야 백성을 제대로 **살필** 수 있고, 이에 따라 올바르게 **형벌**을 줄 수 있다는 것이다. 그는 유가의 입장에 서므로 덕(인격)을 '사랑(仁)과 지혜(智)'로 나누고 '살핌과 형벌'을 정치(政)로 규정하여, '사랑 지혜 정치'의 셋을 제시하기도 한다.[43] 통치자는 백성에 대한 사랑을 가지고 그들을 위해서 어떤 조치가 필요한지 살피는 지혜가 필요하다. 이에 따라서 정치를 해야 한다. 이는 결국 국가를 경영하는 경륜을

---

41) 『논어』「위정」 3, "道之以政, 齊之以刑, 民免而無恥. 道之以德, 齊之以禮, 有恥且格."

42) 『문집』 26-9, 「세 가지의 속이지 못하게 하는 방법(三不欺)」 "昔論者[『史記 滑稽 列傳』]曰'君任德 則下不忍欺,(子賤의 경우) 君任察 則下不能欺,(子産의 경우) 君任刑 則下不敢欺(西門豹의 경우)' 而遂以德察刑爲次. 蓋未之盡也. 此三人者之爲政, 皆足以有取于聖人矣, 然未聞聖人爲政之道也. … 而足以有取于聖人者, 蓋人得聖人之一端耳. … 然聖人之道 有出此三者乎? 亦兼用之而已."

43) 혹은 인격은 사랑, 살핌은 지혜, 형벌은 정치로 바꾸었다고 할 수 있다. 楊景凡 主編, 『中國法律思想史簡編』 廣西 師範大學 出版社, 321-323 쪽 참조.

말한다. 그는 현실적인 문제 해결을 중시하는 입장에 선다. 따라서 현실적인 상황을 파악하고 처리하는 것이 이성이지, 순수하게 도덕률만 따르는 이성을 생각하지 않는다. 반면 정이 등은 이익과 손해를 따지는 것과는 전혀 상관없이 오직 도덕률만 생각하라고 한다.[44] 그들은 공자의 사상 가운데, 도덕률(義)과 현실적 결과(利)를 엄격하게 구분하고 오직 도덕률만을 따르라는 것을 받아들인다.

이런 이론이나 성인론은 법가와 비슷한 점이 있다. 법가에 의하면 군주는 마음을 비워서 어떤 상황에서도 흔들리지 않고 냉철하게 판단하고, 국가 전체를 위한 공평무사한 태도를 가져야 한다. 그리고 법에 의해 신하에게 일을 맡기고, 형벌에 의해 신하를 통제해야 한다. 따라서 군주는 아무런 일을 하지 않아도 되지 않는 일이 없다. 그러므로 마음 비우고 법과 형벌을 운용하는 것 이외에 군주에게 요구되는 능력이란 별로 없다.

이 법가의 이론에 대해서, 장자는 그런 마음가짐을 갖기 위해서는 요구되는 것이 많다고 비판한다. 그 마음가짐은 보통 사람이 가질 수는 없고 성인이나 가능하다.[45]

> 장주(莊周)는 말했다. "(1) 먼저 하늘(天)을 밝힌 뒤에라야 도(道; 길)와 덕(德; 능력)을 그 다음으로 하고, (2) 그것이 이미 밝혀지면 사랑(仁)과 의로움(義)을 그 다음으로 하고, (3) 그것이 이미 밝혀지면 직분을 지킴(分守)을, (4) 그것이 이미 밝혀지면 직책과 부여된 일(刑名)을, (5) 그것이 이미 밝혀지면 능력에 근거하여 맡김(因任)을, (6) 그것이 이미 밝혀지면 (실적을) 조사하고 살핌(原省)을, (7) 그것이 이미 밝혀지면 잘잘못을 따짐(是非)을, (8)

44) 『유서』 22하-19에 의하면, 청상과부가 얼어 죽고 굶어죽을 위기에 처해서도 개가(改嫁)를 해서는 안 된다고 한다. 얼어 굶어 죽는 것은 지극히 작은 일이지만, 다시 시집을 가서 절개를 잃는 것은 지극히 큰일이라는 것이다. 개가를 해서 살아남는 것은 현실적 이익을 따지는 것이고, 절개를 지켜 얼어/굶어 죽는 것은 도덕률을 따르는 것이다.

45) 풍우란 지음, 정인재 번역, 『중국 철학사』, 형설 출판사, 1979년, 221-224 쪽.

그것이 이미 밝혀지면 상과 벌을 줌을 그 다음으로 한다."(『장자』「천도」 3) 이 말은 비록 장주가 없었더라도 옛 사람 중 누가 그렇게 말하지 않았겠는가? 옛 사람들은 도와 덕이 나오는 곳을 말하면서 그것을 하늘에 소속시키지 않은 적은 없었다.

장주는 이어서 말했다. "(옛날에 큰 도를 말한 사람들은) 다섯 번째에 가서야 직책과 부여된 일(刑名)을 말했고, 아홉 번째에 가서야 상과 벌을 말했다", "도를 말하면서 그 차례를 세우지 않으면 그것은 도가 아니다!" 좋도다, 이 말이여! 장주는 옛날의 황당무계한 사람이다. … 비록 그렇다 하더라도 그가 이와 같이 말한 것은 성인일지라도 부정하지는 못할 것이다.[46]

이렇게 다섯 번째에 형명(刑名)이 나오고, 아홉 번 변한 뒤에 상과 벌을 말할 수 있는데, 법가는 순서를 무시하고 처음부터 그 둘[刑名, 賞罰]만을 말한다. 왕안석은 장자의 이 말에 깊이 공감하면서, 통치란 마땅히 그와 같은 것이어야 한다고 한다. 형명과 상벌을 올바로 시행하기 위해서는 다음의 네 가지 사항이 전제되어야 한다는 것이다.

(1) 모든 사물들의 근원인 하늘, (2) 그 하늘에서 나오는 도와 덕, (3) 그것으로 사랑하는 것(仁), 사랑하되 알맞고 마땅한 것(義) (4) 사랑에는 먼저인 것과 나중인 것이 있으며, 의로움에는 위와 아래가 있으니, 이를 분수(分)라고 하며, 이를 제대로 지키는 것(守)이 있다.[47]

통치자는 법가식의 냉혹한 마음을 가져야 하는 것이 아니다. 만물의 근원에 근거하여 올바른 길과 능력을 가져야 한다. 그리고 사

46) 『문집』 28-3, 「아홉 번 변한 뒤에라야 상과 벌을 말할 수 있다(九變而賞罰可言)」 "莊周曰'先明天而道德次之, 道德已明而仁義次之, 仁義已明而分守次之, 分守已明而刑名次之, 刑名已明而因任次之, 因任已明而原省次之, 原省已明而是非次之, 是非已明而賞罰次之' 是說雖微莊周, 古之人孰不然? 古之言道德所自出而不屬之天者, 未嘗有也. … 莊周曰'五變而刑名可擧, 九變而賞罰可言' '語道而非其序, 安取道?' 善乎 其言之也! 莊周 古之荒唐人也, … 雖然 其言之若此者, 聖人亦不能廢."

47) 앞의 글.

람들에 대한 사랑(仁)과 불의에 대한 미움의 마음(義)을 가지고,[48] 직분을 정해 주어야 한다. 그리고 나서야 상황을 냉철하게 판단하여 상과 벌을 주는 것이 가능하다. 그는 국가의 모든 자원을 국왕에게 집중시키고자 했던 법가와는 달리, 국민의 경제적 안정을 이루고 그 바탕에서 도덕 교육을 하려 했던 맹자의 노선을 따른다. 이는 그가 이념적으로는 공자 맹자를 따르면서도, 국가의 실무를 처리하며 쌓은 현실적 경험을 종합한 데에서 나온 것이다.

5) 성인의 두 가지 유형

유가에서는 전통적으로 성인을 두 가지로 구분한다. 하나는 예와 음악, 즉 제도를 창시하는 자, 즉 제작자로서의 성인이다. 다른 하나는 인의 도덕을 체현하여 이상적인 인격을 이룬 자이다. 전자의 대표는 주공이고, 후자의 대표는 공자이다.[49] 그런데 왕안석은 전자의 노선을 따른다. 그러므로 그는 공자나 맹자까지도 제작자로서의 성인으로 파악한다. 제작자로서의 성인이란 사랑과 미움의 마음을 갖고, 현실을 냉철하게 판단하여 제도를 수립하고, 그것을 바탕으로 백성의 경제적 상태를 안정시키고, 도덕 교육을 통하여 사회 기강을 확립하는 자이다. 그는 마음을 비워서 시대 상황을 냉철하게 인식하고 대처하는 자이다. 왕안석이 보기에 성인이란 객관의 필연성을 인식하고 그것을 제어하는 사람이다. 이런 성인 개념은 순자의 후왕(後王; 현재의 군주) 이론에서 발견된다. 고전 시

---

48) 맹자는 도덕적 감정의 기초를 사랑과 미움으로 파악한다. 그는 사랑(仁)을 측은지심이라 하고, 의로움(義)을 수오지심이라 한다. 수오(羞惡)란 부끄러워하고 미워함을 말한다. 맹자는 항상 인의(仁義)를 함께 가지라고 한다. 이는 결국 선에 대한 사랑과 악에 대한 증오를 가지라는 것이다.

49) 시마다 겐지 지음, 김석근 등 옮김, 『주자학과 양명학』 1986. 27 쪽.

대의 성인들을 선왕(先王)이라 한다. 선왕의 제도와 이념이 비록 좋다 하더라도 지금 현실을 담당하는 군주는 상황을 능동적으로 파악하고 현실을 처리해 나가야 한다. 반면 맹자는 선왕이 이룬 예(禮)를 우리의 마음속에 회복하여 실현해야 한다고 한다. 그 결과는 인격자가 되는 것이다. 이 인격자로서의 성인의 이론은 구법당의 이론가들에게서 발전된다. 이는 장재로부터 시작하여 두 정씨를 거쳐서 주희에 이르러 종합된다.

제5장
장재의 기 철학 – 인격 수양론 I

장재(張載; 1020-1077)[1]는 구법당의 동조자로서 왕안석 식의 '세상 보기'(세계관)를 반대한다. 그에게 보인 세상의 모습은 모두가 사랑(仁)으로 서로 맺어진 '위대한 조화'(太和)의 세계이다. 이러한 관념론적 우주론은 그에게서 그 멀고 기나긴 길을 출발하여 주희에 와서 완성된다. 그가 이런 관념론적 형이상학을 세우는 것은 하나의 우주적인 목표가 있다.

> 하늘과 땅에 근거하여 참된 마음을 확립하여서, 살아있는 백성들을 위하여 바른 길을 세우노라. 지나간 성인들에 근거하여 그 동안 끊긴 참된 학문을 복원하여서, 영원한 미래를 위하여 태평을 여노라.[2]

참된 마음을 가진 인격자들이 백성을 다스리는 태평한 국가, 옛 성인들이 제시한 영원한 이상 국가, 이는 그의 목표일뿐만 아니라,

---

1) 그의 자는 자후(子厚)이다. 횡거진(橫渠鎭)에 살았으므로 '횡거(橫渠)'라 불린다.
2) 『近思錄』 2-95 "爲天地立心, 爲生民立道 ; 爲去聖繼絶學, 爲萬世開太平."
이에 대한 시마다 겐지의 번역(『주자학과 양명학』 5쪽)은 틀렸다.

이후 모든 성리학자들의 목표가 된다. 그는 자신의 이론이 지나간 성인인 공자 맹자가 제시한 학문, 한-당 대까지는 끊긴 그 참된 학문을 복원한 것으로 생각했다. 이 이론에 따라 인격을 형성한 사람들이 다스리는 사랑으로 맺어진 국가는 살아 있는 백성을 위한 것이며, 영원한 미래에까지 태평을 열 것으로 확신했다.

이러한 이상 국가와 이상적인 인간(성인)을 이룰 수 있다는 자신감은 범중엄(范仲淹)의 "천하의 근심에 앞서서 근심하고, 천하의 즐거움을 뒤로 하여 즐거워한다" 라는 발언에서, 그리고 주돈이의 "성인은 배워서 될 수 있는가? 나는 말한다. 배워서 된다" 라는 말에서도 이미 드러난다. 이는 당시 사대부 지식인의 정신이며 경세 의식이다.[3)]

왕안석의 신법당이 제도 개혁을 들고 나온 것에 대해 구법당은 인격을 이룬 관료가 국가 통치의 근본임을 주장했다. 장재는 사람의 인격 형성을 위한 체계적인 이론을 제시한다. 그의 이론은 기를 중심으로, 하늘과 땅(자연)의 구조에 근거해서 사람의 마음을 통일적으로 설명한다.(天人合一) 그의 자연 이론은 도덕률에 객관적 절대성을 부여하기 위한 것이며, 사람이 인격을 이룰 수 있는 근거를 제시하기 위한 것이다. 따라서 그의 이론은 인격 형성을 제대로 설명할 수 있느냐에 성패가 달려 있다.

1. 『정몽』의 세계

장재의 주저인 『정몽(正蒙)』은 17편으로 이루어져 있다. '정몽(正蒙)'이란 '몽매함을 바로잡음'이란 뜻으로,[4)] 자연과 사회의 구조에

3) 戶川芳郎 등, 『유교사』, 조성을 옮김, 이론과 실천, 1990, 248 쪽.
4) 이 말은 『주역』 몽(蒙) 괘에 근거한 것이다. 몽매한 사람, 혹은 어린이를 교육하여 바로잡는다는 말이다. '童蒙' '擊蒙'은 모두 몽 괘에 나오는 말이다.

대한 자신의 형이상학을 제시하여 일반인이나 불교 도교의 무지몽매함을 바로잡겠다는 것이다. 그 중 제 2「삼량(參兩; 셋과 둘)」 제 5「동물(動物; 움직이는 것)」 편은 기 개념을 중심으로 자연 현상을 설명한 것이다. 그러나 나머지는 자연과 인간이 동일한 구조(天人合一)를 가졌다는 근본 전제 아래, 자연 인간 사회의 변화를 오로지 '마음'을 중심으로 설명한다. 왕안석이 철저하게 물질적으로 자연과 사회를 해석하는 것과는 판이하게 다르다.

1) 자연 - 하나(氣)의 두 측면(본체와 현상)

주돈이의 「태극도설」이 자연의 구조를 강령적으로 표현했다면, 장재의 『정몽』은 그 구조를 자세히 설명한다.

장재는 이 우주가 기(氣)로 이루어졌다고 본다. 기에는 흩어져서 희박한 균질한 상태와 모여서 뭉쳐진 상태가 있다. 전자를 그는 '태허(太虛)'라 하고, 후자를 '객형(客形)'이라 한다. 태허(太虛)는 '지극히 텅 빈 것'이라는 말로, 문자 그대로는 '허공' 내지 '공간'을 뜻한다. 그러나 장재는 본래 의미에다 '지극히 텅 빈 곳, 즉 허공/공간에 가득찬 기' 라는 의미를 부가시킨다. 기가 가장 희박하게 된 상태를 우리는 허공에서 발견할 수 있다. 이는 사실상 공기를 가리킨다. 그는 허공과 거기에 차 있는 공기를 구분하지 않는다. 이 '지극히 텅빈 곳(허공)에 가득 찬 기'는 우주의 모든 사물을 낳는 본체이다. '객형(客形)'이란 이 **허공의 기**(太虛)가 일시적으로 모여 뭉쳐져서 이룬 '일시적인 형체'를 의미한다. 이는 세계의 모든 **현상 사물**들이다. 따라서 "허공의 기(太虛)는 형체가 없으나 기의 본래의 몸(本體)이다. 그것이 모이고 그것이 흩어지는 것은 변화하는 일시적인 모습들(客形)이다."[5)]

허공의 기는 영원한 것으로 우주의 모든 사물을 낳는 것이다. 반면 현상 사물(客形)은 일시적으로 생겨났다 없어지는 것이다. 허공의 기가 현상 사물로 되는 과정에 관해서 장재는 여러 가지로 설명한다. 하나인 허공의 기는 둘(음양)로 나뉘고, 다시 다섯(오행)으로 나뉜다는 것이 그 요점이다. 그는 허공의 기의 운동을 "뜨고 가라앉음, 오르고 내림, 움직이고 멈춤, 이기고 짐, 펴고 굽힘", 요약하자면 "모여 뭉쳐짐과 흩어져 희박해짐"(聚散)이라는 반대되는 움직임들(음양)의 뒤섞임으로 묘사한다. 이런 대립적인 운동으로 허공의 기의 상태가 요동하면서 모든 일시적인 현상 사물들이 나타난다는 것이다. 그리고 자연의 운동은 위대한 조화(太和)를 이룬다고 한다.[6] (물론 이 이론을 전개할 때 그는, 이 조화를 인간이 본받아서 사회의 평화로운 질서를 이루어야 한다는 것을 깔아 두고 있다.)

나아가 그는 음양과 오행으로 우주의 구조와 자연 현상을 설명한다. 예컨대 해는 양이고, 달은 음이며, 다섯 행성은 오행이다. 땅은 그 안에 음양이 있어서 주기적으로 솟아오르고 가라앉는다. 따라서 밀물과 썰물이 있다. 불은 양 안에 음이 있는 것이고, 물은 음 안에 양이 있는 것이다. 이런 류의 자연 설명은 『정몽』의 「삼량(參兩)」, 「천도(天道; 하늘이 움직이는 길)」, 「동물(動物)」 편에 집중적으로 나온다. 자세한 설명은 하지 않겠다. 그는 기 이론으로 혼천설(渾天說)을 보완하는 우주론을 내 놓은 것으로 유명하다. 장재는 당시에 일급의 자연학자라고 할 수 있다.

이러한 자연 설명에서 장재는 어느 정도 물질주의자의 면모를 드러낸다. 본체인 허공의 기와 이것의 발현인 현상 사물의 관계를 음양오행의 논리로 설명을 하는 상관적 우주론은 중국에 전통적인

---

5) 『正蒙』 「太和」 2 "太虛無形, 氣之本體. 其聚其散, 變化之客形爾."
이하에서 『正蒙』은 편명만 인용한다.

6) 「太和」 1 "太和所謂道, 中涵'浮沈·升降·動靜' 相感之性, 是生'絪縕·相蕩·勝負·屈伸'之始."

것이다. 그는 이것을 좀 더 정밀하게 했다. 그러나 자연 현상과 사물의 변화 과정을 단지 음양오행으로 설명한 점에서 그는 여전히 중세 중국의 자연학의 한계 안에 머물고 있다. 허공과 거기에 차 있는 공기를 동일시한 것이나, 공기가 모든 사물을 이루는 재료라는 것, 공기가 모여 뭉쳐지면 사물을 이루고 그 사물이 죽으면 흩어져 희박해진다는 것, 사물이 죽어서 흩어진 것을 공기와 동일시한 것, 공기의 운동 방식이 음양오행이라는 것, 기타 음양 오행론으로 자연 현상을 설명하는 것 중 여러 가지는 지금 상식으로 볼 때 받아들이기 어렵다고 할 수 있다.

그는 근대 서구 자연과학처럼 기계론적 인과론에 근거하여 자연 현상을 수학적으로 기술하는 데에 큰 관심이 없다. 중국의 전통적인 도식인 음양 오행론에 근거하여 자연을 설명하지만, 심괄처럼 자연의 관찰과 설명에 오로지 치중하거나, 소옹처럼 음양 오행 등을 원용한 4진법의 도식을 끝까지 밀어붙여 자연 사회 전체를 설명하는 상수학에 빠지지도 않는다. 그에게 중요한 것은 자연보다는 인간 사회이며, 자연 현상의 법칙적 설명보다는 인간 사회의 규범(禮)과 인격 형성을 설명하는 것이다. 따라서 그는 자연의 법칙적 관계보다는 허공의 기(太虛)와 현상 사물(客形)의 관계를 주목한다. 그가 이런 형이상학적인 것에 관심을 두는 것은 '태허-객형'의 이분법적 도식을 통하여 인간 사회를 설명하려 하기 때문이다.

그는 자연에 대해서는 음양오행의 법칙에 따른 기의 운동 변화를 중심으로 설명한다. 그러나 그러한 자연의 법칙으로는 인간의 이성과 도덕률을 제대로 설명하기 어렵다. 다시 말해서 존재(자연의 법칙; 음양오행)와 당위(인간 사회의 규범; 주희의 경우 理) 사이에는 너무나 큰 간격이 있다. 그 간격을 그는 존재와 당위의 동일시를 통해서 메꾸려 한다. 이것이 이른바 '천인합일'(天人合一; 자연과 인간은 같은 구조를 가진다는 이론)이다. 그 결과 자연의 존재 법칙으로 도덕적 이성의 당위를 설명하기 보다는 도덕적 당위성의 개념으로 자연을 설명하게 된다. 혹은 자연을 물질적 법칙으로 설명하기 보다는 정신적인 실체로 설명하게 된다. 이는 천인합일론의 입장에서는 모든 학자들이 가지는 필연적인 문제이다.[7] 그는 그 간격, 그 불일치에 대해서 별 다른 고민을 하지 않는다. 오히려 그런 불일치를 뛰어넘어서 동일시한 것, 그리하여 인간의 이성과 도덕률을 자연에 근거시켜 설명한 것이 그의 이론의 독창성이고 기여라고 생각한다. (그리고 이는 북송대의 성리학의 선구자들이 공통적으로 가지는 생각이며, 그 형이상학의 기반이기도 하다.)

또한 그는 '기' 개념 하나를 중심으로 자연 인간 사회를 통일적으로 설명하려 한다. 이점에서 그는 기 일원론자라 할 수 있다. 그러나 인간 사회의 이성적 도덕규범을 자연(天地) 현상에 근거하여 설명하려 하므로 자연을 물질만이 아닌 정신으로 규정하려 한다. 이는 자연 현상에 인간의 모습을 뒤집어 씌워 보는 의인법적 사고방식이라 할 수 있다. 따라서 자연 현상에 물질적 부분과 정신적 부분을 인정한다. 『정몽』의 자연 설명은 그런 이원론적 경향이 주된 목소리를 내고 있다. 그 이원론을 통하여 그는 정이 내지는 주희의 리기 이원론에 접근한다.[8]

---

7) 주희도 그런 문제가 있다. 그는 자연을 음양 오행의 법칙으로 설명하다가, 어느 순간에 가면 '리(理)'라는 윤리적 당위 규범으로 설명한다. 그는 존재와 당위를 일치시킨다. 그렇게 일치시킬 때 나오는 문제에 대해서는 야마다 게이지 지음, 김석근 옮김, 『주자의 자연학』, "종장: 자연학에서 인간학으로"를 보라.

8) 장재의 기 이론이 겪는 이원론적 굴절에 대해서는 후외려, 『중국사상통사』 4상 556-570 쪽에 자세한 설명이 있다.

2) 자연과 인간은 같은 구조를 가진다

자연에는 텅빈 공간의 균일하고 맑은 기(太虛)와 모여 뭉쳐져서 현상 사물(客形)을 이룬 두 상태가 존재한다. 그 두 상태 사이를 오가면서 이 세계의 모든 사물이 생겨났다 없어진다. 그러므로 그 과정에서 생겨난 모든 사물들에는 맑고 균일한 기(태허)와 뭉쳐지고 탁한 기(객형)의 두 측면이 다 있게 된다. 이는 다음과 같은 장재의 말에서 뚜렷하게 표현된다.

> 태허(太虛; 하늘과 땅 사이의 텅 빈 공간의 기)란 자연의 실체이다. 모든 사물은 태허에서 부족함이 없이 취해 가진다. 사람도 또한 태허에서 나왔다. 그러므로 태허(太虛; 텅 빈 상태의 마음의 기)는 마음의 실체이다.[9)]

이는 장재의 학설의 근본적인 전제이며, 자연과 인간의 경우에는 그 둘이 같은 구조를 가졌다는 이론(天人合一論)으로 드러난다. 인간은 일시적인 현상 사물의 하나이다. 허공의 기(태허)가 모여 뭉치고 흩어져 희박해지는 운동을 통하여 현상 사물(객형)을 낳는 과정에서 인간은 생겨난 것이다. 그렇기 때문에 인간에는 태허와 객형의 두 측면이 다 존재한다.

인간에 있어서 허공의 기(태허)는 마음의 본체이고, 일시적인 형체(객형)는 그 몸이다. 장재가 보건대, 흩어져서 희박한 상태, 감각으로 지각할 수 없는 허공의 기가 자연의 태허(太虛; 텅빈) 상태이며, 고요하여 텅 빈 상태여서 아무런 규정이 없는 것이 인간의 마음의 본래 상태이다. 그는 '텅 비고 고요함'(태허)이라는 점에서는 허공의 기나 우리 마음의 본래의 기나 같다고 본 것이다. 마음의

---

9) 『張子全書』 「어록」 37, "太虛者, 天之實也. 萬物取足於太虛. 人亦出於太虛, 太虛者心之實也." 「어록」 40-51 까지는 같은 내용이다.

본체란 텅 비어 있어서 감각 자료(sense data)를 받아들일 수 있다. 그것을 받아들이기 이전의 마음의 본체는 텅 빈 고요한 것이므로, 어떠한 모습으로도 규정할 수 없다.

이는 마음의 본체는 선악 등 아무런 특징으로 묘사될 수 없다고 한 왕안석의 이론과도 거의 비슷하다.

장재는 다음 셋에 근거해서 천인합일(天人合一)을 주장한다.

(1) 사람이 자연의 태허에서 생겨난 것이라는 점. - 인간은 자연에서 생겨난 사물들 중의 하나[分殊]이므로, 자연의 본체[一]를 부여받아 갖추고 있다는 것은 후대에 리일분수(理一分殊)와 기일분수(氣一分殊) 이론으로 정립된다. 장재의 이 이론은 후대의 기일분수론의 원형을 이룬다.

(2) 자연의 본체의 상태나 마음의 본체의 상태나 다 규정할 수 없는 태허라는 점.

(3) 자연의 본체나 마음의 본체나 '태허 상태'는 기(氣; 생명력)로 가득 차 있다는 점에 근거해서, 자연의 본체와 인간의 본체는 같은 것으로 단정한다. 따라서 허공의 기(태허)에서 온갖 일시적인 현상 사물들(객형)이 나타나듯이, 인간의 마음에서 온갖 일시적인 감정들(客感)이 나타난다고 본다.

> (자연) ; 허공의 기(太虛)는 형체가 없으나 기의 본래의 몸(本體)이다. 그것이 모이고 그것이 흩어지는 것은 변화하는 일시적인 모습들(客形)이다.
>
> (인간) ; 지극히 고요하여 감각이 없는 것은 본성이라는 깊은 샘이다. (그 본성이 움직여) 의식을 갖고 인식을 하니, 이는 사물과 사귀어 나온 일시적인 감각들이다.
>
> (천인합일) ; 일시적인 감각과 감각이 없는 것(즉 본성), 일시적인 모습들과 형체가 없는 것(즉 태허), 이 둘은 오직 본성을 다 실현하는 자만이 하나로 할 수 있다.[10]

이는 인간과 자연이 동일한 구조를 가졌다고 보는 이론이다.(天人合一論) 이 구조는 감각되지 않는 **본체**와 감각되는 **현상**으로 이루어져 있다. 이런 동일 구조론은 인간이 정신과 육체로 이루어져 있다는 사실을 자연에도 투영시켜 본 의인법적 사고에서 나온 것이라고 할 수 있다. 일반적으로 성리학자들은 인간에 마음이 있듯이 자연에도 마음이 있다고 본다. 이를 하늘과 땅의 마음(天地之心)이라고 한다. 인간의 몸은 마음의 지휘를 받아 움직이듯이 자연도 그 마음에 의해서 움직인다. 이런 점에서 인간과 자연은 동일 구조를 가진다. 그리고 오직 본성을 다 실현하는 사람만이 그 두 측면을 하나로 할 수 있다.

자연의 본체인 허공의 기(태허)는 물질적인 것이다. 그러나 그것은 동시에 인간의 마음의 본체이다. 따라서 허공의 기(태허)는 물질적인 것이며 동시에 정신적인 것이라 할 수 있으며, 반대로 말하자면 그 둘 다가 아니라고 할 수도 있다. 이런 물질과 정신의 종합 상태의 것은 '**생명**'이라고 할 수 있다. 정호는 여기에서 한 걸음 더 나아가『주역』「계사」의 말을 인용하여 자연의 능력을 '낳고 또 낳는 것'(生生)이라고 규정한다. 그들은 자연 전체를 하나의 거대한 생명체로 본 것이다.

3) 인간의 이원적 구조

자연과 인간을 이렇게 물질과 정신의 통합체인 기(氣; 생명)로 파악하는 점에서는 일원적이다. 그러나 허공의 기(太虛)가 일시적인 형체(客形; 육체적 요소)와 일시적 감각(客感; 정신적 요소)으로

10)「太和」2 "太虛無形, 氣之本體；其聚其散, 變化之客形爾.(자연 설명) 至靜無感, 性之淵源；有識有知, 物交之客感爾.(인간 설명) 客感客形與無感無形, 唯盡性者一之."

드러난다고 보아서 본체와 현상을 엄밀하게 나누는 한, 그 이론은 엄격한 이원적 구조로 드러난다. 허공의 기(태허)는 맑고 비어 있고 고요한 반면, 현상 사물(객형)은 흐리고 가득 차 있고 움직인다. 이 두 상태는 서로 대립되는 것이므로 동시에 존재할 수 없다. 따라서 하나의 기의 두 상태인 태허와 객형은 엄격하게 서로 구분된다.

이러한 이분법은 자연 현상의 파악에서 드러난다. 장재는 자연 변화의 구조를 '본질적인 능력(德)과 그것이 드러나는 방식(道)', '신묘함(神)과 그 변화 양상(化)' 등으로 파악한다.

> 신묘함은 자연의 능력이고, 변화는 자연의 길이다. 그 능력은 그 몸이고 그 길은 그 움직임(작용)이다. (그것은) 기라는 점에서 하나일 뿐이다.[11]

여기에서 '신묘함(神)'은 두 가지 의미가 있다. (1) 변화의 양상을 도저히 인간의 인식 능력으로 파악할 수 없는 '신묘함(神)', (2) 그러한 변화를 일으키는 주체로서 '정신(神)', 즉 하늘과 땅의 마음이다. 자연은 신묘한 능력을 가진 마음이 있고, 그 마음에 따라 자연의 변화가 생겨나며, 그것이 바로 자연이 움직이는 길이다. 그 움직이지 않는 본체로서 '신묘한 능력'(德)과 그것의 움직임으로서 '변화의 길'(天道)은 기의 두 측면이다. 기는 정신과 물질의 통합체이므로 그런 체용의 두 측면이 있다. 이렇게 둘로 나누는 것은 태허와 객형을 구분하는 이원론적 사고방식과 궤를 같이 한다고 할 수 있다. 또한 그는 자연의 본체인 태허의 특징을 이런 '신묘한 능력'이나 '변화의 길'로 파악하는 한편, '성실함'(誠)과 '인식 능력'(明)으로 규정한다.

11) 「神化」 1. "神 天德, 化 天道 ; 德 其體, 道 其用, 一于氣而已."

자연과 인간이 다른 움직임(행위)을 가진다면, '성실함'을 말할 수 없다. 자연과 인간이 다른 지식을 가지면 '인식 능력'을 다 할 수 없다. 이른바 **성실함과 인식 능력**은, 인간의 본성과 자연의 길에 있어서, 크고 작음의 구별이 보이지 않는다.[12)]

자연의 움직임은 성실하듯이 인간의 행위도 성실해야 한다. 자연이 그 자체의 움직임(자연의 길)을 다 알듯이 인간도 모든 것을 다 알 수 있다. 그것이 밝은 인식 능력이다. 이처럼 그는 자연이나 인간이나 본체로서 '성실함'과 그 작용으로서 '인식 능력'(明)의 두 측면이 있다고 한다. 이렇게 물리적 특성보다는 인간의 정신적인 특징으로 태허를 규정하는 것은 태허에 인간의 본성을 근거시켜서 도덕적 덕목을 거기에서 도출하려 하기 때문이다.

그는 자연을 이원론적으로 파악하듯이 인간을 이원론적으로 규정한다. 자연의 본체인 허공의 기(태허)를 이어받은 것이 인간의 본성(性)이 되고, 그 기가 모여 뭉쳐져서 일시적 형체(객형)를 이룬 육체적인 측면이 '마음'이 된다.

(자연) ; 태허로 말미암아 '하늘(天; 자연)'이라는 이름이 있게 되고, 기의 변화로 말미암아 (자연의) '길(天道)'이라는 이름이 있게 되었다.

(인간) ; 태허와 기(의 변화)를 합하여 본성이라는 이름이 있게 되었고, 본성과 지각을 합하여 마음이라는 이름이 있게 되었다.[13)]

태허(太虛)란 글자 그대로 텅 빈 허공을 말한다. 하늘이란 그런 허공이다. 그것은 기로 가득 차 있어서 모여 뭉치거나 흩어져 희박해지는 운동을 하여서 모든 사물을 낳는다. 그런 움직임은 일정하

12) 「誠明」 2 "天人異用, 不足以言誠 ; 天人異知, 不足以盡明. 所謂誠明者, 性與天道, 不見乎小大之別也."

13) 「太和」 11. "由太虛, 有天之名; 由氣化, 有道之名. 合虛與氣, 有性之名 ; 合性與知覺, 有心之名."

게 가는 길이 있다. 그 자연의 길(법칙)의 측면이 사람에게 부여된 것이 바로 본성이다. 따라서 본성은 자연의 본질 그대로이다. 그 본성은 보편적인 것인데, 각 개인이 육체(즉 객형의 측면)를 가지면서 지각이 부여되어 그 마음이 이루어진다. 반대로 말하자면, 인간의 마음은 본성과 감각으로 이루어져 있다. 여기에서 '지각'은 감성을 가리킨다. 따라서 장재는 "마음은 본성과 감성을 통괄하는 것"[14]이라 한다.

본성은 '맑고 텅 빈 고요한 하나'(湛一 虛靜)이고, 마음의 욕망은 '좋아하는 것은 끌어당기고, 싫어하는 것은 밀어내는 것'(攻取)이다.[15] 본성에도 태허의 측면인 **천지지성**(天地之性; 자연의 본성)과 육체의 측면인 **기질지성**(각 개인의 기질에 따른 본성)이 있고, 마음의 경우에도 태허의 측면인 자연의 이치를 따르는 **큰마음**(大心)과 육체의 측면인 인간의 욕망(人欲)을 따르는 **작은 마음**이 있다. 이와 같이 하여 그는 인간의 지식도 **도덕적 이성**(德性)**으로 안 것**(德性知)과 **감각 기관으로 보고 들어서 안 것**(聞見知; 감각 경험)으로 나눈다.

> 몸이 있고 난 뒤에 기질(각 개인이 육체적으로 타고난 성질)에 따른 성격(기질지성)이 있다. 그것을 (본래 상태, 즉 텅빈 고요한 태허 상태로) 잘 되돌리면 하늘과 땅의 본성(천지지성)이 보존된다. 따라서 기질적인 성격을 군자는 본성으로 삼지 않는다.[16]
>
> 그 마음을 크게 하면 이 세상의 모든 사물을 다 자기 몸으로 삼을 수 있다. (즉 포괄할 수 있다.) 사물 가운데 자기 몸으로 삼지 못한 것이 있으면, 그 마음은 바깥이 있게 된다. (즉 포괄하지 못한 것이 있게 된다.) 세상 사람들의 마음은 (그들이) 보고 들은 좁은 것에 머무른다. 성인은 본성을 다

---

14) 『張子全書』「性理拾遺」, "心統性情者也."
15) 「誠明」 17 "湛一 氣之本, 攻取 氣之欲. 口腹于飮食, 鼻舌于臭味, 皆攻取之性也."
16) 「誠明」 22 "形而後有氣質之性, 善反之則天地之性存焉. 故氣質之性, 君子有弗性者焉.

하므로 보고 들은 것으로 그 마음을 얽매지 않는다. 따라서 이 세상을 보기를 어느 하나 나 아닌 것이 없다고 한다.(즉 모든 것을 자기 몸으로 여겨 사랑한다.)

… 하늘은 커서 바깥이 없다. 그러므로 바깥이 있는 마음은 하늘의 마음과 합치될 수 없다. 보고 들어 안 것은 (한 개인이 접촉하는) 사물들과 사귀어 안 것으로, 도덕적 이성으로 안 것이 아니다. **도덕적 이성**(德性)으로 아는 것은 **보고 들음**(聞見; **감각 경험**)에서 싹트지 않는다.[17]

성실함과 밝음(誠明; 즉 도덕적 이성)으로 아는 것은 곧 자연의 능력으로 선천적으로 아는 것이며, 보고 들은 좁은 지식이 아니다.[18]

도덕적 이성으로 아는 것은 자연과 인간을 태허 객형 같은 몇 가지 원리에서 연역적으로 설명하는 형이상학(즉 세계관)이다. 이는 그가 『정몽』에서 제시하는 본체와 현상의 형이상학이며, 이를 체득한 사람은 그 마음이 천지와 크기가 같아진다. 이와 같은 지식은 하나의 전체적인 체계, 즉 세계관을 이룬다. 반면 보고 들어서 안 것은 한 개인이 살면서 안 경험들로서, 자기 자신의 이해관계를 반영하는 잡다한 지식일 뿐이다. 그것은 세계의 부분 부분에 관한 경험들이므로, 그런 마음은 좁다. 그는 세계 전체의 모습을 제시하지 않는, 세계관으로 형성되지 않는 박학다식을 거부한다.

4) 마음을 비워서 넓히기와 세계관의 형성

한 개인의 마음은 그가 살아오는 동안 보고 들은 지식(聞見知)으로 가득 차 있다. 반면 도덕적 이성으로 안 것은 허공의 기(태허)에서 일시적 현상 사물(객형)로 나가는 자연의 구조와 선험적인 본성

---

17) 「大心」 1 "大其心, 則能體天下之物, 物有未體, 則心爲有外. 世人之心, 止于聞見之狹; 聖人盡性, 不以見聞梏其心, 其視天下, 無一物非我, … 天大無外, 故有外之心, 不足以合天心. 見聞之知, 乃物交而知, 非德性所知; 德性所知, 不萌于見聞."

18) 「誠明」 1 "誠明所知, 乃天德良知, 非聞見小知而已."

에서 경험적인 육체적 감각으로 나가는 인간의 구조를 꿰뚫어 보는 것, 자연의 본체인 태허가 가진 특징인 '신묘한 능력'과 '변화의 길', '성실함'(誠)과 '인식 능력'(明)을 인식하는 것, 즉 세계관의 형성이다. 따라서 보고 들은 지식은 한 개인의 체험에 국한되므로 좁은 반면, 이성으로 안 것은 세계 전체를 보는 것이므로 넓다. 즉 한 개인의 마음은 작으나 그의 본성[이성]은 크다.(心小性大) 따라서 개인적 경험으로 가득 찬 마음을 비우고,(虛心) 세계의 크기까지 마음을 넓혀야 한다.(大心)

위(형이상학적 원리)로 올라감은 자연의 이치에 되돌아감이며, 아래(현상 사물)로 내려감은 사람의 욕망에 따르는 것일진저! 본성은 그 종합이니, 그 둘을 합한 것이다.19)

고요하고 한결같은 것은 (인간의) 생명력(氣)의 근본이고, (싫어하는 것은) 밀어내고 (좋아하는 것은) 잡아당기는 것은 생명력(氣)이 가진 욕망이다. 입과 배가 먹고 마시는 것에 대한 것, 코와 혀가 냄새와 맛에 대한 것은 모두 밀어내거나 잡아당기는 본성이다. 덕을 아는 사람은 그것을 충족시키기만 할 뿐, 그 욕망으로 마음을 얽매지 않는다. 이는 작은 것으로 큰 것을 해치지 않는 것이며, 말단으로 근본을 해치지 않는 것이다.20)

마음은 본성을 다할 수 있으니, 이는 '사람이 진리(道)를 넓히는 것'이다. 본성은 그 마음을 제약할 줄 모르니, 이는 '진리가 사람을 넓히는 것이 아니다'라는 것이다.21)

이 본성을 다 하면 사람과 사물의 본성을 다할 수 있으며, 그렇게 하여 하늘의 명령(운명)에 도달하는 자는 또한 사람과 사물에 부여된 명령에 도달할 수 있다.22) 어떤 것도 진리에 본성이 근거하지 않거나, 하늘에서 명령

---

19) 「誠明」 15, 16. "上達反天理, 下達徇人欲者與! 性 其總 合兩也."

20) 「誠明」 17, "湛一 氣之本, 攻取 氣之欲. 口腹於飮食, 鼻舌於臭味, 皆攻取之性也. 知德者屬厭而已, 不以嗜欲累其心, 不以小害大 末喪本焉爾."

21) 「誠明」 18, "心能盡性, '人能弘道'也; 性不知檢其心, '非道弘人'也." ' ' 안에 있는 부분은 『논어』 「위령공」 28에 나온다.

22) 이 구절은 『중용』 22의 "唯天下至誠, 爲能盡其性. 能盡其性, 則能盡人之性. 能盡人之性, 則能盡物之性"과 『주역』 「설괘전」의 "窮理 盡性 以至於命"에 근거하고 있다.

> 을 받지 않는 것은 없다. 내가 사물을 남김없이 체득하면, 사물도 남김없이 다 나를 체득한다. 하늘의 명령(운명)에 도달한 뒤에라야 자신을 이룰 수 있고, 사물을 이룰 수 있어서 그 진리를 잃지 않게 된다.[23]

위로는 자연의 이치에 도달하는 것은 인간의 본성(이성)이고, 아래로는 사물에 반응하는 것은 사람의 욕망이다. 사람의 마음에는 본성과 욕망이 있다. 본성은 큰 것이고 근본이다. 이를 작은 것이며 말단인 욕망이 얽매고 해치지 않게 해야 한다. 이 본성은 참된 것이므로, 이에 따라 행위 할 때 우리는 진리를 실천하게 되며, 진리에 따라 행위 하라는 것은 하늘의 명령이다. 하늘의 명령은 모든 사물에 부여되며, 어떤 것도 벗어날 수 없으므로, 그것이 바로 모든 사물의 운명이다. 따라서 이 마음이 그 참된 보편적인 본성을 다 실현할 때, 사람이 진리(道)를 넓히는 것이며, 모든 사물의 본성과 운명을 두루 포괄하며, 나와 모든 사물을 이루어 주게 된다. 이것이 바로 욕망을 비우는 것이며, 마음을 넓히는 것이다. 이는 『주역』「설괘전」에 나오는 "이치를 탐구하고 본성을 다하여, 하늘의 명령에 도달하는 것"(窮理 盡性 以至於命)이다.

인간은 자신의 마음을 이 세상의 크기, 혹은 본성의 크기까지 넓혀야 한다. 그렇게 세계 전체를 보기 위해서는 잡다한 경험을 얻을 것이 아니라, 반대로 그런 경험으로 가득 찬 마음을 비워서 허공의 기(太虛)의 상태와 같아져야 한다. 정이는 이 세계의 리의 전체를 파악하기 위한 수단 내지 과정으로서 경험적 지식을 옹호한다. (이는 격물치지설로 나타난다.) 반면 장재는 그것을 거부한다. 그는 마음을 비워서(虛心) 텅 빈 상태(太虛)가 되면, 자연의 태허와 일치하여 자연 전체를 꿰뚫어 볼 수 있다고 본다. '태허(太虛)'란 마음의

---

23) 「誠明」 19, "盡其性, 能盡人物之性; 至於命者, 亦能至人物之命; 莫不性諸道, 命諸天. 我體物 未嘗遺, 物體我 知其不遺也. 至於命, 然後能成己成物, 不失其道."

본체를 묘사하는 말이며, 동시에 마음 수양의 방법을 나타내는 말이기도 하다. 그는 이런 점에서 "마음을 비워야(虛心) 세상을 꿰뚫어 볼 수 있다"고 한 노자나 장자의 이론과 맥을 같이 한다고 할 수 있다.

5) 도덕률 실천의 참된 주체로서 '비운 마음'

'도덕적 이성으로 아는 것(德性知)'은 세계관을 형성하기 위한 것이다. 이는 도덕률을 자연의 법칙에 근거시키는 것, 즉 당위를 존재에 근거지우는 것이다. 그렇게 하여 도덕률에 보편성과 선험성을 부여할 수 있다. 이러한 도덕적 세계관만으로 도덕적 인간이 될 수는 없다. 그런 도덕률에 따라 살 수 있는 도덕적 의지가 함양되어야 도덕적 인간이 될 수 있다. 그런 도덕적 의지의 근거를 장재는 자연의 태허와 사람의 마음의 본래 상태인 텅 빈 고요함에서 찾는다. 보고 들어 아는 경험적 지식(聞見知)은 결국 개인의 감정이나 욕망을 가져다주며, 그것은 참된 도덕적 의지나 주체를 형성할 수 없다. 다시 말해서 그가 마음을 완전히 비워서(太虛) 넓고 탁 트이게 하기(平曠)를 강조하는 것은 단지 세계관을 주는 지식을 얻기 위해서만이 아니라, 그런 마음일 때만 진정하게 윤리 도덕을 실천할 수 있다고 보기 때문이다.

> (사람이 사는 올바른) 길이란 (마음이) 넓게 탁 트인 가운데 그 옳음을 구하는 것이다. (마음이) 텅 빈 가운데 꽉 찬 것(실제적인 것)을 구해 내어서 또 그것을 문화로 바꾸면 (그 도덕적인 마음이) 더욱 단단해지고 더욱 성실해진다. … (도덕적인) 마음을 보존하기 시작할 때는 반드시 하늘의 능력을 명확하게 알아야 한다. 하늘의 능력이란 곧 '비우는 것'이다.
>
> 마음가짐의 요점은 다만 넓게 탁 트이게 하려는 것일 뿐이다. 그것이 익숙해진 뒤에 마음이 없어진다. (無心의 경지가 된다.)[24]

여기에서 '탁 트여 넓음'(平曠)은 마음을 비운(虛心) 결과이다. 그 마음은 트이고 넓을 뿐 아니라 차분하고 고요하므로, 그 마음에 따라 살면 사람이 살아가야 할 올바른 길을 갈 수 있다. 즉 그 마음에 올바른 길이 제시되어 있으며, 그것이 바로 삶을 꽉 채울 수 있는 실제적인 것이다. 그것이 현실적으로 관습화된 것이 바로 도덕 윤리 등의 문화가 된다. 이렇게 현실화될 정도로 그 마음을 수련하면 그 도덕적 의지는 단단해지고 성실한 것이 된다. 그러나 마음을 비웠으므로 윤리 도덕률을 억지로 행하지 않으며, 이는 마치 하늘이 무심하게 움직여도 법도에 맞는 것과 같다.

이런 도덕적 의지가 윤리 도덕의 문화로 굳어지는 경지가 되기 위해서 사람들은 자신의 마음에 굳어진 개인적인 성향을 풀어 헤쳐서 해소시켜야 한다. 사람은 비어서 차분한 도덕적 이성뿐만 아니라, 개인적인 욕망 감정을 가지고 있다. 그 욕망 감정이 살아오는 오랜 세월 속에 쌓여서 개인적인 기질을 형성한다. 그 기질은 그 개인이 가진 육체적인 성향이며 개인적인 성격을 이루게 된다.

> 배우는 사람은 반드시 먼저 자신의 **기질**을 **변화**시켜야 한다. 기질을 변화시키는 것과 마음(욕망, 감정)을 비우는 것은 서로 안팎을 이룬다.25)

밖으로 감성 욕망과 이것이 쌓여 굳어진 기질을 변화시키는 것은 결국 안으로 비운 차분한 마음의 도덕적 의지를 형성하는 것과 같은 것이다. 이렇게 이루어진 도덕적 의지를 그는 '사랑'(仁)하는 마음이라고 한다.

---

24)『經學理窟』「氣質」 17, 19. "道要平曠中求其是. 虛中求出實, 而又轉之以文, 則彌堅轉誠. … 存心之始, 須明知天德. 天德卽是虛." "心之要, 只是欲平曠. 熟後無心."

25)『經學理窟』「義理」 27 "學者先須變化氣質. 變化氣質, 與虛心 相表裏."

마음을 비운 뒤에라야 마음(의 능력, 즉 사랑)을 다 할 수 있다.

마음을 비우면, 바깥 (사물이 이 마음에 불러일으킨 욕망)에 (그 마음이) 얽매이는 것이 없어진다.

텅 비워진 마음은 (모든 사람에 대한) 사랑의 근원이다.

돈독하여 두텁고 텅 비어 고요한 마음이 사랑의 근본이며, (그 마음이) 경건하고 조화롭게 모든 사물과 일에 접하는 것은 사랑의 쓰임이다.

(마음이) 텅 비면 곧 사랑이 생겨난다.26)

사랑(仁)은 도덕률을 실천하는 마음의 근본이다. 자신을 위한 욕망과 감정으로 가득 찬 마음을 비워야(虛) 남을 사랑하는 마음이 생겨난다는 것이다. 이는 욕망 감정이 쌓여 굳어진 기질을 변화시켜서 모두를 사랑하는 마음으로 바꾸어야 한다. 마음을 비우는 궁극적인 목표는 이 사랑의 마음을 형성하는 것이며, 이 사랑의 마음이 바로 도덕적 의지의 근본이라는 것이다.

장재는 이렇게 사랑의 마음을 강조하지만, 그것은 결국 마음을 비워서 탁 트이게 넓히는 것에 달려 있다. 따라서 그는 마음 비우기를 최종적인 목표로 삼는다. 이 때문에 그는 도가적인 정적주의(靜寂主義; quietism)로 달리게 된다.

자연을 허공의 기(太虛)와 현상 사물(客形)로 엄격히 구분하듯이, 그는 사람의 마음을 텅 빈 상태와 욕망으로 엄격히 구분한다. 허공의 기는 맑고 비어 있고 고요한 반면, 현상 사물은 흐리고 가득 차 있고 움직인다. 마찬가지로 텅 빈 상태의 마음은 맑고 고요하고 차분한 반면, 대상 사물을 인식하여 생기는 욕망과 감정은 흐리고 움직인다. 이 두 상태는 서로 대립되는 것이므로 동시에 존재할 수 없다. 따라서 그는 텅 빈 고요한 마음과 움직이며 흐르는 욕망은 대립되는 것으로, 양립할 수 없다고 본다. 움직이는 마음(욕망)을

26) 『語錄抄』 43, 45 등. "虛心然後能盡心." "虛心則無外以爲累." "虛者 仁之原" "敦厚虛靜 仁之本, 敬和接物 仁之用." "虛則生仁."

비워야 고요한 마음이 된다. 욕망이 있으면서 텅 빈 마음이 될 수는 없다.[27)]

인간의 마음은 잡다한 '경험'으로 차 있는데, 그것은 동시에 개인적인 '욕망' '감정'이라 할 수 있다. (한 개인의 마음속에 있는 이 경험이면서 욕망 감정인 것을 정씨 형제는 '끊임없이 끓어 오르는 잡다한 생각들'(思慮紛擾)이라고 표현한다.)[28)] 이 욕망 때문에 사람들은 도덕률을 제대로 받아들여 실천할 수 없다. 따라서 사람은 욕망으로 가득 찬 그 마음을 비워 탁 트이게 넓혀야 한다. 공자가 70세에 생각하지도 않고 노력하지 않아도 저절로 도에 맞게 되었던 것은 그 마음을 실현했기 때문이다. 이런 마음을 실현하면 편안하게 예를 실천할 수 있을 뿐만 아니라, 온갖 잡다한 욕망에서, 나아가 죽음에의 공포나 자신의 이념을 실현하고자 하는 열정과 집념에서도 벗어날 수 있다. 장재는 공자가 70살에 "꿈에 주공을 보지 않았다"는 것을 그런 공포나 집념에서 벗어난 보기로 제시한다.

> (공자가) 70 살이 되어서 하늘과 그 능력이 같아졌다. 따라서 생각하지 않고 애쓰지 않아도 조용히 (하늘이 가는) 길에 맞았다. … 늙어서 죽음에 편안해진 뒤에라야 주공을 꿈꾸지 않았다. 마음의 상태에 따라 나타나는 것은 꿈만한 것이 없다. 꿈에 주공을 보는 것은 (주나라 같은 이상 국가를 이루려는) 그의 의지 때문이다. 꿈꾸지 않았다는 것은 (의지나 욕망 때문에) 법도를 넘어 어기지 않으려는 것이며, (욕망이나 의지가 바라는 마음) 바깥의 것을, (심지어 이상 사회라는 것까지도) 원하지 않는 것이니 (하늘의 길을) 따름의 지극함이며, 늙어서 죽음을 편안히 여긴 것이다. 그러므로 (공자는) "내가 노쇠해짐이 오래되었다"고 말했다.[29)]

---

27) 이렇게 장재가 비운 마음(이성)과 움직이는 마음(욕망)을 대립되는 것으로 보는 것을 정호는 통렬히 비판한다. 「정성서(定性書)」는 그 비판의 대표적인 글이다. 6장 (194쪽 이하) 참조.

28) 『유서』 1-41, 15-16, 18-42 등.

29) 「三十」 1, 3, 4 "七十 與天同德, 不思不勉, 從容中道. … 老而安死, 然後不夢周公. 從

이는 공자가 자신의 발전 단계를 술회한 것(『논어』「위정」4)을 『중용』 등의 구절로 설명한 것이다. 사람의 마음은 비어서 고요하고 차분하지 않다. 언제나 욕망 감정이 가득차서 부글부글 끓는다. 특히 혈기 방장할 때는 왕성한 식욕 성욕 권력욕 등을 갖는다. 공자는 늙어 노쇠해져서 그 혈기가 사라지자 그런 욕망에 시달리지 않았다. 나아가 이상 국가를 이루겠다는 이성적 욕망에서도 벗어났다. 그러므로 노쇠해져서는 꿈에 주공을 보지 않게 되었다.(『논어』「술이」5) 이처럼 육체적 욕망뿐만 아니라 자신이 평생 가진 이상 사회를 이루겠다는 집념에서 벗어난 자유의 경지에서 나아가, 사람이 도저히 떨칠 수 없는 죽음에의 공포마저 공자는 떨칠 수 있었다. 죽음마저도 편안히 받아들일 수 있는 것은 모든 것을 무심히 해도 법도에 맞는 하늘의 길이다.[30] (공자에 대한 이런 설명은 유가의 일반적인 학설과 다른 것으로, 도가적인 이론에 가깝다.)

비워서 탁 트인 마음으로 도덕을 실천할 때, 인간은 자유롭고 행복해질 수 있다. 장재는 도교나 불교만이 세속의 명리(名利)에 얽매이지 않고 도덕률에 구속되지 않는 자유와 행복을 제공하는 것이 아니라, 세속의 권력에 참여하여 도덕률을 실천하기를 주장하는 유가도 그런 편안함을 제공할 수 있다는 것을 증명한다. 여기에서 위진 시대 이래 유가의 소망인 "도덕률을 가르치는 학파(名教)에도 즐거움의 여지가 있다"는 것이 실현되는 것처럼 보인다.[31] 유가는 도덕률(禮)에 따라 살 때만 인간은 인간다울 수 있고 사회에 질서가 이루어진다고 본다. 내가 내 밖에 있는 예(禮)를 실천하려 할 때

心莫如夢. 夢見周公, 志也 ; 不夢, 欲不逾矩也, 不願乎外也, 順之至也, 老而安死也. 故曰'吾衰也 久矣.'"

30) 장재의 이런 정적주의 및 이를 받아들인 서경덕에 관한 설명은, 정원재 『서경덕과 그 학파의 선천 학설』, 1990, 서울대 석사 논문, 66-72 쪽을 참조하라.

31) 이것과 관련해서는 馮友蘭, 『중국 철학사』 형설, 1979년, 311.363-370 쪽 참조.

는 그 예는 나를 구속하는 것이다. 그러나 마음을 비워서 내 마음이 예 자체가 되면 그 예는 나 자신이므로 나를 구속하는 것이 아니다. 따라서 도덕률의 실천 속에서 자유와 행복이 이루어지게 된다. (이 이론은 정호에 의해서 명확하게 정립되며, 장재는 아직 이를 명확히 하지 못한다.)

그러나 장재와 그 제자들은 그 이론과는 달리 마음을 수양하는 과정에서 자유와 행복을 얻지 못하고 오히려 '끊임없이 끓어 오르는 잡다한 생각들'(思慮紛擾)에 시달리게 된다. (6장 '정호의 장재 비판' 191쪽 이하 참조.)

6) 수동적 정적주의

그와 같이 도덕률을 실천하는 고요한 이성을 강조하는 것은 수동적 정적주의를 낳게 된다. 그리고 여기에서 욕망 감정을 비우려 하나 도리어 생각이 어지럽게 들끓는 '주관의 분열(思慮 紛擾)'의 문제가 생겨난다. 왜 그러한가.

그는 예질서(도덕률)를 수립했던 사람들로 복희 신농 황제 요 순 우 탕 등의 성인을 지목한다.[32] 이들이 예 질서를 만든 것은 왕안석이 주장한 것처럼 자신들이 처한 시대 상황의 문제를 해결하기 위해서가 아니라, 자연의 본체이며 마음의 고요한 상태인 태허(太虛)의 가장 중요한 특징의 하나인 '알맞음'(中)과 '올바름'(正), 혹은 '지극히 마땅함'(至當; 當爲)을 현실화시킨 결과이다.[33]

> **알맞고 올바른** 뒤에라야 천하의 길을 꿰뚫게 된다. 이 때문에 군자가 올바른 곳에 크게 머무르게 된다. 왜냐하면 올바름을 얻으면 머무를 곳을 얻

32) 「作者」 1 "作者七人, 伏羲 神農 黃帝 堯舜 禹湯, 制法興王之道, 非有述于人者也."
33) 「中正」 및 「至當」 편 참조.

게 되고, 머무를 곳을 얻게 되면 넓어져서 큼에 이를 수 있다.[34]

(공자처럼) **크게 알맞고 지극히 올바름**의 극치에 이르면, 모든 문화(윤리 도덕 등)는 반드시 쓸 수 있으며, (예로써 자신을) 단속함은 (모든 사람 사물에) 작용하여 통할 수 있게 된다.[35]

알맞고 올바름의 극치에 이른 사람은 성인이다. 성인은 그 극치에 이르렀으므로 자신이 처한 어떤 상황에서도 올바름에 머무르게 된다. 예컨대 아버지일 때는 아버지의 길을, 군주일 때는 군주의 길을 올바로 할 수 있다. 그런 올바르고 알맞음이 그가 머무르는 곳이다. 그는 알맞음과 올바름의 덕목이 온 몸에 가득차서 빛나고, 위대하여 모든 것을 교화시킨다. 따라서 윤리 도덕 등의 문화를 다 발휘하여 가는 곳마다 모든 사람을 감화시킬 수 있다.[36] 이는 결국 성인의 행위가 바로 예라는 말이다.

지극히 마땅한 것을 일러 덕이라 한다.

천하의 이치를 따르는 것을 길이라 하고, 천하의 이치를 얻는 것을 덕이라 한다.

(내 몸 안에 있는 덕을) 넓혀서 해치지 않으면, 하늘과 땅과 그 능력(德)이 합치된다.

예의 자질은 곧 몸에 갖추어져 있으니, 그것을 씀에 이롭지 않음이 없다. **예의 운용**이라는 것은 그 (예가 모든 것에) 통용됨을 말하고, 예의 자질이라는 것은 그 (예가 모든 것을) 이룸을 말한다. 통용됨과 이룸은 본체와 그 작용의 길이 합해진 것이다. 본체와 그 작용이 합해지면 큰 사람의 일이 갖추어진다.[37]

---

34) 「中正」 1, "中正然後貫通天下之道, 此君子之所以大居正也. 蓋得正則得所止, 得所止則可以弘而至於大."

35) 「中正」 3, "大中至正之極, 文必能致其用, 約必能感而通." '文約'은 『논어』 「자한」 10의 "(공자는) 나(안회)를 문화로서 넓혀 주시고, 나를 예로써 단속해 주신다."(博文約禮)에서 따온 말이다.

36) 『맹자』 「진심」 하25, "充實而有光輝之謂大, 大而化之之謂聖."
「진심」 상13, "夫君子 所過者化, 所存者神."

지극히 마땅한 것은 천하의 이치이며, 이것이 우리 안에 능력으로 존재하는 것이 바로 덕이다. 이 덕은 천지자연과 그 능력이 같다. 그 능력을 구체적으로 예의 측면에서 말하자면 예의 자질(禮器)이고, 그 자질을 운용하는 것(禮運)에서 우리는 도덕률(禮)을 실천할 수 있다. 그런 예의 자질이 몸에 갖추어져 있으므로 사람은 예를 운용할 수 있다. 큰 사람, 즉 성인은 그 자질을 완벽하게 갖추어 운용하는 자이다. 결국 성인의 예의 자질과 운용하는 것에서 도덕률이 나왔다는 말이 된다.

이처럼 어떤 상황에서 가장 알맞고 올바르게 행위 하여 지극히 정당함을 실현시키는 행위 방식이 예이며, 그것은 성인의 행위에서 드러난다는 것이다. 장재는 예질서가 어떤 구체적인 상황의 문제 해결을 위한 능동적 행위의 산물이라고 보지 않는다. 단지 그 질서는 '알맞음과 올바름(中正)' 같은 형이상학적 덕목들의 구체화라는 것이다.

이처럼 수동적인 반응에서 예가 나왔다고 보므로, 그는 '알맞음'과 '올바름'에 따르는 성인의 마음을 쳐야만 소리가 나는 큰 종에 비유한다.

> 큰 종은 그 자체로는 소리가 없으나 두드리면 소리가 난다.
> 성인은 본래 앎이 없으나 물으면 곧 앎이 있다.[38)]

선진 시대부터 유가에서는 군자를 종에 비유했다. "군자는 겸손하여 언제나 기다린다. 남이 물으면 말을 하고, 묻지 않으면 가만있는다. 비유컨대, 치면 울리고, 치지 않으면 울지 않는 종과 같

---

37) 「지당」 1, 2, 6, 7, "至當之謂德." "循天下之理之謂道, 得天下之理之謂德." "浩然無害, 則天地合德." "禮器則藏諸身, 用無不利. 禮運云者, 語其達也; 禮器云者, 語其成也. 達與成, 體與用之道合. 合體與用, 大人之事備矣."

38) 「中正」 52, "洪鍾未嘗有聲, 由扣乃有聲; 聖人未嘗有知, 由問乃有知."

다"(『묵자』「공맹」1) 이는 공자의 "나에게 앎이 있는가? 앎은 없다. 그러나 낮은 사나이가 나에게 물어 보는데, (그가 그 내용에 대하여) 아무 것도 모르면, 그것을 처음부터 끝까지 철저하게 밝혀 준다"(『논어』「자한」7)라는 말에서 드러나는 수동적 태도를 쳐야 울리는 종에다 비유한 것이다. 이는 다음 비유와 같은 맥락에 있다.

지극히 고요하여 감각이 없는 것은 본성이라는 깊은 샘이다.[39)]

'깊은 샘(淵源)'은 끊임없이 솟아나와 여기 저기 부딪치면서 흘러간다. 그러나 제 갈 길을 제대로 간다. 마찬가지로 '텅 비어 고요한 마음'도 끊임없이 움직이면서 외부 사물에 반응하여 제대로 작용한다. 이와 같은 비유들은 외부 사물이 우리에게 부딪쳐 와야 의식과 지식이 성립한다는 것을 말한다. 본성에 선험적인 도덕률(理)을 상정하지 않는 기론자(氣論者)로서는 당연히 가지는 생각일 것이다.

성인은 능동적으로 상황을 파악하고 예 제도를 수립하는 것이 아니라, 마음을 비워서 고요하게 하여(靜寂主義), 어떤 상황이 그에게 닥쳐오면 그 때에 '알맞고 올바르게' 반응을 한다는 것이다.(수동성) 이런 식의 수동적 정적주의를 낳는 것은 그의 본성 이론 때문이다. 그는 자연의 본체나 인간의 마음의 본체(性)나 다 텅 빈 것(太虛)으로 상정한다. 그 자체에는 아무런 규정(예컨대 理 같은 것)이 없으므로 현상 자체를 적극적으로 규정하지 않는다. 다만 현상의 일이 부딪쳐 오면 그 본체의 특성인 '알맞음'과 '올바름'으로 응한다는 것이다. 이럴 때 인간은 거리낌 없이 자유롭게(自然) 행위 할 수 있다. 성인은 천지와 크기가 같은 위대한 마음을 가졌으므로 별다른 문제가 없이 그렇게 반응하여, 예를 수립하고 실천할 수 있다.

그러나 일반인의 경우 욕망과 감정으로 가득 찬 마음을 완전히

---

39)「태화」2, "至靜無感, 性之淵源." '淵源'은 『중용』 31-2의 '淵泉'에서 나온 것 같다.

비울 수 없다. 따라서 그런 넓고 탁 트인 마음을 가지지 못하므로 큰 종처럼 자연스런 반응을 할 수 없다. 오직 욕망과 잡다한 생각으로 가득 찬 마음을 비워서 그 성인들이 제정한 예를 받아들여 경건하게 실천하는 길이 있다. 따라서 장재는 예질서의 수립보다 기존의 예 질서에 따라 실천하는 마음가짐을 강조한다. 그는 성인들이 제정한 예 질서를 그대로 실천하려고 한다. 예컨데 그는 상례(喪禮)와 제례(祭禮)를 새롭게 정비하여 제자들에게 권장하며, 땅을 사서 맹자가 말했던 주나라의 토지 제도인 정전법을 시험 삼아 시행하려 했다.[40] 그러나 당시 상황에 따른 변화가 없이 그대로 하려 했으므로 실패했을 것이다. 수동적 정적주의를 따르면, 결국 사람들에게 각고의 노력으로 마음을 비우고 예를 실천할 것을 요구하게 된다.

(장재 당신이) 논한바 다른 것들은 대개 그 기상으로 말하자면, 마음을 괴롭게 하여 힘을 끝까지 쓴 모습은 있어도 드넓어 부유하고 따뜻하고 두터운 기운은 없으니, 밝은 지혜로 환하게 비추어 낸 것이 아니라 (애써서) 고찰하고 찾아서 그 이론에 도달한 것입니다. 그러므로 뜻이 거듭될수록 좁아지고, 말을 많이 할수록 더욱 막힙니다.[41]

횡거(장재)의 학설은 마음을 괴롭게 한 뒤에 얻은 것이니, 이는 곧 "일부분을 이룬 것"이다. 명도(정호)의 학문은 (그가) 조용한 가운데 (유교의 진리라는 물에) 헤엄치며 젖어들었던 맛이 (그 학문 모든 곳에) 흠뻑 스며들어 있다는 점이다. 횡거의 학문은 마음을 괴롭게 하여 힘써 찾은 노력이 깊다는 것이다.[42]

---

40) 『송원학안』「횡거학안」上과 『유서』 10- 5, 6에는 장재가 그 실시를 위해서 정호 정이와 토론한 내용이 있다.

41) 『伊川文集』 5-5 「答橫渠先生書」 "餘所論, 以大概氣象言之, 則有苦心極力之象, 而無寬裕溫厚之氣. 非明睿所照, 而考索至此. 故意屢偏, 而言多窒."

42) 『어류』 93-84, "橫渠之學是苦心得之, 乃是致曲." 93-87, "明道之學 從容涵泳之味洽, 橫渠之學 苦心力索之功深."

앞의 문단은 정이의 평가이고, 뒤의 문단은 주희의 평가이다. 그들이 보기에 장재는 고심해서 억지로 그의 이론과 실천을 이루었으나, 그의 학문에는 유교의 진리가 속속들이 스며들어 있지 않다는 것이다. 마음을 비우라는 수동적 정적주의는 유교의 이론이라기보다는 노자와 장자의 주장에 가깝다. 이처럼 유교의 진리에 일치하지 않는 것도 문제이지만, 더 중요한 것은, 그런 각고의 노력을 요구하는 것은 장재가 원래 목표했던 도덕률 실천에 있어서 자유와 행복과는 반대가 된다는 문제를 일으킨다는 점이다.

7) 자아의 갈등과 분열(思慮 紛擾)의 문제

장재의 이론에 따르면 일반인은 예를 실천하는 것 자체가 문제가 된다. 그는 인간의 마음의 본체(性)를 텅 빈 것(太虛)으로 상정한다. 그 본체 자체에는 아무런 규정이 없으므로

(1) 도덕률(禮)을 꼭 실천해야 할 이유가 없다. 오히려 노자나 장자의 주장처럼 자유와 행복을 위해서는 마음만 비우면 되지, 도덕률을 실천할 필요가 없다는 말도 가능해진다.

(2) 그 예(禮)는 텅 빈 고요한 마음의 속성이 아니라 외부에서 가해지는 제약이므로 그 마음을 얽매는 것이 되며, 따라서 그가 의도했듯이 도덕률을 실천하는 데 있어서 편안함도 없어지게 된다.

외부에서 '나'에게 도덕률이 가해질 때 나타나는 것은 자아('나')가 둘로 나뉘어져 생각이 어지럽게 들끓어 일어나는 현상 (思慮 紛擾; 일종의 강박 관념)이다. 도덕률을 실천하기 위해서는 마음을 비워서 탁 트이게 해야 한다. 마음을 비우려고 하면, 그 마음은 '비우려는 마음'(도덕률을 실천하려는 양심)과 '비워져야 하는 마음'(육체에서 나오는 욕망)으로 나눠진다. 욕망과 감정은 몸이 생길 때

타고난 것인 반면, 비우려는 마음과 의지는 바깥에서 도덕률을 받아들일 때 생긴다. 타고난 것인 욕망과 감정을 비우는 것은 쉽지 않다. 나아가 이렇게 자아[마음]가 둘로 나눠지게 되면, 비우려 하면 할수록 마음이 비워지기 보다는 '비우려는 집착'과 강박 관념 때문에 오히려 마음은 온갖 생각으로 가득 차 들끓게 된다. 결국 예를 실천하는 주체는 육체에서 나오는 욕망과 도덕률을 실천하려는 양심으로 나뉘어 치열하게 갈등하게 된다. 장재나 그의 제자들이 공통적으로 두 정씨와 논의하는 문제는 바로 이 현상이다.[43] 그 몇 가지 예를 들어보자.

> 여대림(呂大臨)이 일찍이 말했다. "생각이 많아서 몰아내 없앨 수 없습니다."[44]
>
> 소병(蘇昞)이 말했다. "저는 항상 생각이 고요해지지 않음을 근심합니다. 혹 하나의 일을 다 생각하기도 전에 다른 일이 쑥대처럼 또 생겨나는데, 어떻게 해야 합니까?"[45]
>
> 사마광(司馬光)은 일찍이 생각이 어지럽게 뒤엉키는 것을 근심하였다. (그는 그 어지러운 생각 때문에) 어떤 때에는 한밤중에 일어나서 아침이 되도록 자지 못했다. 가히 매우 스스로 괴롭다 할 수 있겠다. 사람들은 얼마나 많은 혈기를 타고나는가? 이와 같다면 (사마광처럼 스스로 괴로워하여 잠도 못자면) 얼마 가지 못해서 꺾여서 (그 생명력은) 다해 버릴 것이다.[46]

장재는 정호에게 편지를 해서 "마음을 고요히 하려 하면 할수록 마음이 흔들리지 않을 수 없어서, 오히려 바깥 사물에 (그 마음이)

---

43) 장재의 경우는 『명도문집』 2-1 「答橫渠先生 定性書」, 장재의 제자 여대림의 경우 『유서』 1-41, 15-16, 18-42 ; 제자 소병(蘇昞)은 『유서』 18-83, 장재의 동생인 장전(張戩)은 『유서』 2하-18, 기타 사마광은 『유서』 2상-88, 2하-18, 『외서』 12-89 참조.

44) 『유서』 1-41, "呂與叔嘗言,'患思慮多, 不能驅除."

45) 『유서』 18-83 "季明曰昞常患思慮不定, 或思一事未了, 他事如麻又生, 如何?"

46) 『유서』 2상-88 "君實嘗患思慮紛亂, 有時中夜而作, 達旦不寐, 可謂良自苦. 人那來多少血氣? 若此則幾何而不摧殘以盡也.

얽매이게 됩니다" 라고 한다.[47] 이는 바로 감정 욕망으로 차 있는 마음을 비우려 할 때 나오는, 비우려는 마음과 비워지려는 마음 사이에 일어나는 자아의 갈등 현상(思慮 紛擾)으로, 그 마음은 끊임없이 움직이는 물레방아나 거울과 같다.

> 사람의 마음에 주인이 정해지지 않은 것은, 바로 마치 하나의 물레방아가 (물이 흐르면) 끝없이 돌아가며 흔들리며 잠시라도 멈추지 않는 것과 같아서, (외부 사물에 자극받아 마음에 생기는) 생각이 천만 갈래가 된다. (그런 마음은) 또한 거울을 공중에 매달면, 어떤 사물도 그 속에 들어가지(비추어지지) 않는 것이 없는 것과 같으니, 어떤 고정된 형태가 있겠는가? [48]

여기에서 물레방아와 거울은 마음을, 흐르는 물과 외부 사물은 인식 대상, 물레방아의 움직임과 거울 속에 비추어진 영상은 우리 마음속에 생긴 생각들을 비유한 것이다. 우리의 마음에 주인이 정해지지 않았으므로 외부 사물이 오면 끝없이 반응하는 수동성이 바로 그 자아의 갈등 현상이다. 이 문제에 부딪쳐서 장재의 동생인 장전(張戩)은 모든 생각을 딱 끊어버리는 방법을 택한다.

> 장천기(張天祺; 장전)는 옛날에 항상 말하기를 "몇 년 동안 나는 스스로 맹세하기를, 침대에 올라가서 (자려고 할 때)부터는 곧 아무 일도 생각하지 않겠다"고 했다. 일을 생각하지 않으려 한 뒤부터는 반드시 억지로 애써서 그의 이 마음을 제압하여 꽁꽁 묶어 두어야 하며, 또한 반드시 하나의 형체에 붙여 두어야 하니, 모두 자연스러운 것은 아니다.[49]

---

47) 『明道文集』 2-1 「答橫渠先生 定性書」 "定性, 未能不動, 猶累於外物."

48) 『유서』 2하-18 "人心作主不定, 正如一箇翻車, 流轉動搖, 無須臾停, 所感萬端. 又如懸鏡空中, 無物不入其中, 有甚定形?"

49) 앞의 글 "張天祺 昔常言 '自約數年, 自上著牀, 便不得思量事' 不思量事後, 須强把佗這心來制縛, 亦須寄寓在一箇形象, 皆非自然."

잠자리에 든 이후에는 아무 일도 생각하지 않기로 맹세한 것은, 살아있는 마음을 정지시키는 것으로, 마치 돼지를 기둥에 꽁꽁 묶어 놓는 것과 같이 우악스러운 짓이다. 이것은 마음속에 들끓는 사려들을 막무가내로 딱 끊어 버리는 것으로, 그것을 몰아내 버리려 했던 여대림(呂大臨; 장재의 제자)의 방법보다 더 과격한 것이다. 마음은 살아 있어 언제나 움직이는 것이므로 그렇게 끊거나 쓸어내 버릴 수는 없다. 그것은 깨진 병을 물에 넣고 그 안에 물이 들어오지 않기를 바라는 것, 혹은 허술한 집에서 도둑을 막는 것과 같다.

> 여대림이 일찍이 "생각이 많아서 몰아내 없앨 수 없습니다." 라고 말했다. [답] 이는 바로 깨진 집 가운데에서 도적을 막는 것과 같아서, 동쪽에서 한 사람이 오는데 아직 쫓아내기도 전에 서쪽에서 또 한 사람이 오니, 왼쪽 오른쪽 앞 뒤로 쫓아내기에 여념이 없는 것과 같다. 이는 대개 그 네 방향이 (방어물이 없이) 텅 비어 탁 트여 있어[50] 도적이 진실로 쉽게 들어오기 때문이다. 따라서 주인을 만들어 세울 근거가 없다. (이는) 또한 텅 빈 병을 물속에 넣으면 물이 저절로 들어오는 것과 같다.[51]

그리고 설사 그렇게 해서 끊어버렸다 하더라도 그 마음은 잠든 것과 똑 같아서, 아무런 도덕 실천의 주체가 될 수 없다. 이보다 나은 것은 사마광의 방법이다. 그는 사려를 끊거나 쓸어내 버리려 하기 보다는 하나의 일에 정신을 집중하려 한다. 그러면 다른 모든 생각은 비워진다. 그래서 그는 '중(中)' 자에 정신을 집중한다. 『중용』에 따르면, "희노애락이 아직 드러나지 않은 마음을 '중(中)'이라 한다"고 했다. 따라서 그 말은 마음의 '고요함, 알맞음'을 의미한다.

---

50) 장재는 마음을 '텅 비우고'(太虛) '넓게 탁 트이게'(平曠) 하라고 한다. 이를 정호는 텅 비어 탁 트여 있으므로 도덕이 쉽게 들어오는 것으로 비유하면서 비판한다.

51) 『유서』 1-41, "呂與叔嘗言,'患思慮多, 不能驅除.' 曰'此正如破屋中禦寇. 東面一人來, 未逐得, 西面又一人至矣. 左右前後驅逐不暇. 蓋其四面空疎, 盜固易入. 無緣作得主定. 又如虛器入水, 水自然入.

> 군실(君實; 사마광)이 스스로 말하기를 "나는 (마음을 제어하는) 방법을 얻었다. 그것은 다만 (염불하듯이) '중(中)' 자를 외는 것이다."라고 했다. 이는 또한 (마음이) '중' 자에 묶이는 것이다. 그리고 '중' 자에 또 어떤 모습이 있는가?[52)]

'중' 자를 염불하듯 외면 마음의 중용(알맞은 상태)을 찾을 수 있을 것으로 그는 기대한 것이다. 그러나 이는 '중(中)' 자에 얽매인 것이며, 그런 추상적인 관념은 어떤 형체가 없으므로 그것에 마음을 집중시키기는 어렵다. 이보다는 차라리 승려들처럼 염주를 만지면서 염불하며 정신 집중하는 것이 나을 것이다.

> '중'은 어떤 형체가 있는가? 어떻게 그것을 외는가? (이는) 다만 유명한 말 가운에 하나의 좋은 글자를 뽑아낸 것뿐이다. 그 (마음이) '중' 자에 의해서 혼란스럽게 되게 하기 보다는 차라리 한 꾸러미의 염주를 (그에게) 주어서 (그것으로 마음을 가다듬게 하는 것)만 못했다.[53)]

정호는 이들이 도달하려는 마음의 경지는 결국 어리석은 평범한 사람들의 생각 없는 마음일 뿐이라고 비판한다. 그리고 장진과 사마광은 지나침과 모자람의 잘못이 있는 것으로, 자아의 분열을 가져올 뿐이라고 한다.[54)]

> (장전 사마광, 두 사람이 도달한 마음의 상태는) 어리석은 사내가 생각을 하지 않아서 (그 마음이) 캄캄하여 아무런 앎이 없는 것과 같다. 이는 또 (장전처럼) 지나침과 (사마광처럼) 모자람이 나뉜 것이다.

---

52) 『유서』 2하-18 "君實 自謂'吾得術矣. 只管念箇中字.' 此則又爲中繫縛. 且中字亦何形象?"

53) 『유서』 2상-88 "中又何形, 如何念得佗? 只是於名言之中, 揀得一箇好字. 與其爲中所亂, 却不如與一串數珠."

54) 이상의 문제에 대해서는, 손영식, 『정이천 철학에 있어서 리와 그 실천』, 1982, 서울대 석사 논문, 16 쪽 이하 '거경(居敬)' 부분 참조.

(장전 사마광 같은) 사람의 가슴 속에는 항상 두 사람이 있는 것 같아서, (그가) 착한 일을 하려 하면 나쁜 마음이 있어서 그것에 끼어들어 훼방 놓는 것 같고, 착하지 않은 일을 하려고 하면 또 (그 나쁜 일을) 부끄러워하고 미워하는 마음이 있는 것 같다. 본래 (마음에는) 두 사람이 없으니, 이는 바로 (그 마음이 둘로 갈라져서) 서로 싸운다는 증거이다.55)

이 문제는 장재 학파에게는 치명적인 것이었다. 제도 개혁을 들고 나온 신법당에 대해 구법당은 관료의 인격이 국가 통치의 근본임을 주장했다. 장재는 자연의 '태허(太虛)'에 해당되는 '텅 빈 차분한 마음'을 인격의 근본으로 상정한다. 그런데 장재와 그 제자 및 주변 사람들의 예에서 볼 수 있듯이 일반인의 경우 마음을 비우면 인격이 완성되기 보다는 오히려 주관이 분열되어 끝없는 사려의 분요에 휩싸이게 된다. 그래서 장재는 이를 해결하려 한다. 「서명(西銘)」은 그런 노력의 결실일 것이다. 그러나 두 정씨는 장재의 이런 노력을 비판하면서 근본적인 발상의 전환을 요구한다. 이러한 비판에서 두 정씨의 철학이 출발했다고 할 수 있다.

2. 「서명」의 세계

주관의 분열(思慮 紛擾)이라는 근본적인 문제 때문에 장재는 인격 형성 이론을 제대로 제시하지 못한다. 이 문제를 해결하기 위하여 그는 「서명(西銘)」을 쓴 것 같다. 「서명」은 그의 주저인 『정몽』 17편 상(上) 「건칭(乾稱)」의 다른 이름이다. 원래 이름은 「정완(訂頑; 완고함을 교정하노라)」이다. 장재는 이 글을 좋아하여 그의 서

55) 『유서』 2하-18 "若愚夫不思慮, 冥然無知. 此又過與不及之分也. 有人胸中 常若有兩人焉; 欲爲善, 如有惡以爲之間. 欲爲不善, 又若有羞惡之心者. 本無二人. 此正交戰之驗也."

재의 서쪽 창 위에 붙여 두었다. 이에 정이는 이름을 바꾸어 「서명(西銘; 서쪽에 새긴 글, 좌우명)」이라 했다.

어떤 사람들은 「서명」을 제외한 『정몽』 전체의 사상과 「서명」의 이론이 같은 것으로 간주한다.[56] 그러나 이는 극히 피상적인 견해이다. 정씨 형제는 『정몽』과 「서명」이 다른 것으로 거명하며, 그 두 사상이 다르다고 한다. (이에 대해서는 뒤의 178 쪽 이하 참조)

또한 『정몽』은 장재 자신이 썼을 때는 주제 별로 구분된 것이 아니었다. 이를 그의 제자 소병(蘇昞)이 주제별로 분류하여 편과 장을 만들었다.[57] 이때 그는 장재의 사상적 발전 과정에 따라 「서명」을 맨 뒤에 붙인 것 같다. 「서명」은 장재의 대표적인 사상이므로 마땅히 『정몽』의 첫머리에 들어갔어야 한다. 그러나 「서명」은 『정몽』 제1편 「태화(太和)」에 나오는 세계관과는 명백히 다르다. 그래서 맨 뒤에 넣었을 것이다. 이 글에서는 두 정씨의 의견에 따라 「서명」이 『정몽』과 서로 다른 사상을 표현한 것이며, 『정몽』의 문제를 해결하기 위해 제시한 것으로 간주한다.

1) 우주 가족과 효

「서명」은 다섯 부분으로 나뉜다. 첫째는 하늘과 땅이 모든 사물을 낳으므로 부모이며, 따라서 모든 사물들은 우주 가족을 이룬다는 것(A 부분), 둘째는 그 가족 사이에는 계층적 질서가 있다는 것(B 부분), 셋째는 어버이 하늘의 도덕적 명령을 이해하고 실천하는 것, 즉 효의 수양(C 부분), 넷째는 독실한 효자의 사례들(D 부분),

---

56) 예컨대, 喩博文의 『正蒙注釋』 蘭州대학 출판사, 감숙성 난주, 1990. 여기에 나오는 「서명」의 주석 및 해설문. 그러나 후외려는 그 두 사상이 서로 모순된다고 본다. 『중국 사상 통사』 4상, 565 쪽.

57) 앞의 책 328-329 쪽에 실린 「蘇昞序」 및 「范育序」 참조.

다섯째는 맨 마지막에 붙인 격언으로, 어버이 하늘이 고난을 내리거나 부귀를 주더라도 죽는 마지막 순간까지 하늘의 명령에 따르겠다는 다짐이다. 아래는 「서명」의 전체 번역이다.

[A] 하늘을 아버지라 이르고 땅을 어머니라 부르며, 나는 그 자식으로서 이 작은 몸이 그 가운데 혼연히 서 있다. 그러므로 하늘과 땅에 가득 찬 것[氣]이 내 몸을 이루고, 하늘과 땅을 이끄는 것[天地之心 ; 理]이 내 본성(마음)을 이룬다. 나아가 백성은 나와 같은 어머니 배[同胞]에서 나왔으며, 그 밖의 모든 것도 나와 더불어 사는 것[同類]이다. [우주 가족]

[B] 큰 임금은 우리 부모의 종가집 맏아들이며, 그 큰 신하는 (맏아들의) 집안일을 돕는 자이다. 나이든 이를 높이는 것은 어른을 어른으로 모시는 것이며, 외롭고 약한 이를 사랑으로 돌보는 것은 어린이를 어린이답게 대접하는 것이다. 성인(聖人)은 천지와 그 능력(德)이 같은 자이며, 어진 이는 (사람들) 중에서 빼어난 자이다. 그리고 천하의 모든 피곤하고 병든 자, 불구자, 고아, 형제나 자식이 없는 이, 홀아비와 과부는 모두 내 형제 중 곤경에 빠져서 하소연할 데 없는 이들이다. [계층적 질서]

[C] (하늘의 위엄을 두려워하며) 이에 (그 명령을) 받드는 것은 자식으로서 (어버이 하늘 땅을) 공경하는데 지극함이요, (하늘의 명령을) 즐겁게 따르며 (그에 따른 어떤 고난에도) 또한 근심하지 않는 것은 효에 순수한 것이다. (하늘의 명령을) 어기는 것을 자신의 덕[마음의 순수한 발로]을 거부하는 것(悖德)이라 하며, (그 우주적) 사랑을 부정하는 것을 (남을) 해치는 것이라 한다. 나쁜 짓을 하는 것은 (자기의 도덕적) 재능을 키우지 않는 것이며, 그 타고난 가능성을 실천함은 오직 (부모[天地]를) 닮으려는 것이다. (천지의) 변화를 아는 것은 (부모의) 일을 잘 이어 받으려는 것이요, (변화의) 신묘함을 탐구함은 (부모의) 뜻을 잘 계승하려는 것이다. 남이 안 보는 곳에서도 부끄러운 짓을 하지 않음은 (부모를) 욕되게 하지 않는 것이요, 양심을 보존하고 이성[도덕적 의지]을 기르는 것은 (부모를 섬기는데) 게으르지 않으려는 것이다. [효의 수련; 어버이 하늘의 명령 수행]

[D] (술에 취해 부모를 잘 모시지 못할까 해서) 맛있는 술을 싫어함은 숭백(崇伯)의 아들(禹 임금)이 부모를 봉양함을 생각한 것이요, 총명한 인재를 키워준 것은 영(穎) 지방의 관문지기가 그 (효자의) 무리를 넓힌 것이다.

(부모가 자신을 미워했으나) 조금도 지치지 않고 결국 부모가 기뻐함에 이르게 한 것은 순 임금의 그 노력이며, (아버지가 무고를 믿고 죽이려 하자) 도망감이 없이 부모가 삶아 죽이기를 기다린 것은 신생(申生)의 공손함이다. 부모로부터 받은 몸을 고스란히 간직하여 온전히 죽음으로 돌아간 자는 증삼(曾參)일진저! (계모가 끝없이 학대해도 부모의 명령에) 복종하는데 용감하여 분부에 따른 자는 백기(伯奇)이다. [효자의 사례]

부귀와 행복은 장차 나의 삶을 윤택하게 해 주는 것이요,
빈천과 근심은 평소 너를 갈고 닦아 완성시켜 주는 것이다.
살아서는 나는 따르고 섬길 것이며,
죽어서야 비로소 편안할 것이다.58)

여기에서는 『정몽』에 나타나지 않는 천지와 인간(사물 포함)의 엄격한 구별이 나타난다. 나는 하늘에서 정신을, 땅에서 몸을 받아 태어났다. 마찬가지로 다른 인간과 모든 사물들은 아버지인 하늘과 어머니인 땅 사이에서 태어난 것이다. 따라서 이 세상의 모든 것은 한 가족이다. 그러므로 한 개체는 다른 모든 것을 가족으로서 사랑해야 한다.(A 부분) 그 가족 사이에는 위계질서가 있다. 권력의 위계(임금과 신하), 나이의 차이(어른과 어린이), 도덕적 지적 능력의 차이(성인과 어진이), 생활력의 차이(하소연할 데 없는 이들) 등에 따른 계층적 질서가 있다. 그러므로 사람은 그 질서에 따라 자신의 역할을 다 해야 하며, 다스리는 자와 뛰어난 자는 노약자를 특히 잘 돌보아야 한다.(B 부분)

58) 「乾稱」 上 "乾稱父, 坤稱母, 予玆藐焉, 乃混然中處. 故天地之塞, 吾其體; 天地之帥, 吾其性. 民 吾同胞, 物吾與也. 大君者 吾父母宗子, 其大臣 宗子之家相也. 尊高年, 所以長其長; 慈孤弱, 所以幼其幼. 聖 其合德, 賢 其秀也. 凡天下疲癃殘疾惸獨鰥寡, 皆吾兄弟之顚連而無告者也. '于時保之', 子之翼也; '樂且不憂', 純乎孝者也. 違曰悖德, 害仁曰賊, 濟惡者不才; 其踐形, 惟肖者也. 知化則善述其事, 窮神則善繼其志. 不愧屋漏爲無忝, 存心養性爲匪懈. 惡旨酒, 崇伯子之顧養, 育英才, 潁封人之錫類. 不弛勞而底豫, 舜其功也; 無所逃而待烹, 申生其恭也. 體其受而歸全者, 參乎! 勇於從而順令者, 伯奇也. 富貴福澤, 將厚吾之生也; 貧賤憂戚, 庸玉汝于成也. 存 吾順事; 沒 吾寧也."

이처럼 사랑과 도덕적 행위를 해야 하는 근거는 어버이 하늘과 땅에 있다. 하늘은 그런 사랑과 도덕적 행위를 하라고 모든 개체에게 명령을 내렸다. 그것이 '하늘의 명령'(天命)이다. 장재는 『중용』 1장의 "하늘이 명령한 것이 (나의) 본성이다"(天命之謂性)는 말에 따라, 모두를 가족으로 사랑하며 도덕적 행위를 하라는 것은 하늘의 명령이며, 그것이 우리의 본성의 내용(이성)을 이룬다고 본 것이다. 유가는 이성을 그런 명령으로 보았다.

장재는 하늘과 땅이라는 절대자를 도입함으로서, 도덕률을 실천해야 하는 이유를 제시한다. 사람은 평소에 어버이 하늘의 명령에 따라 욕망을 비우고 예를 실천하기 위하여 고행에 가까운 수련을 해야 한다. 그것은 어버이 하늘의 명령이므로 자식 된 자의 효도로서 마땅히 실행해야 한다. 부귀와 행복을 누려도 자만하거나 게으르지 않고, 빈천과 근심 속에 살아도 부단히 자신을 갈고 닦으면서, 살아서는 하늘의 명령을 따르고 섬기고, 그 임무의 괴로운 실천은 죽어서야 끝나므로 그 때서야 편안할 것이다. 또한 살아서 명령에 따르고 섬겼으므로 떳떳하며, 죽어서는 편안할 것이다.

그 본보기를 그는 부모가 삶아 죽이려 할 때도 피하지 않은 신생, 부모의 명령을 용감히 따르다 얼어 죽은 백기에서 찾는다. 그들은 천명을 따랐으므로 아무런 후회나 원망이 없었을 것이다. 명교(名教; 유교)에 있는 즐거움은 바로 이런 것이다. 부모의 명령인 도덕률을 따를 때 사람의 마음은 떳떳하고 당당하며 개운하다. 이것이 참된 즐거움이라는 것이다. 도덕률의 실천에 있어서 자유와 편안함의 근거를 또한 여기에서 그는 발견한다.

2) 본체 이론의 변화
- 허공의 기(太虛)에서 하늘의 명령(天命)으로

「서명」에 표현된 경건한 복종(孝)의 이론은 『정몽』의 "마음은 작고 본성은 크다(心小性大)"는 주장을 한 단계 발전시킨 것이다. 개인적 자아인 마음은 그의 한 몸에 국한되어 있으므로 작다. 그러나 그의 본성은 자연의 본체인 태허(太虛)를 이어받았으므로 우주와 그 크기가 같다. 따라서 『정몽』에서 장재는 자신의 한 몸에 국한되어 고정 관념(成心)으로 굳어진 작은 마음[59] 을 비우고 넓혀서, 자연의 본체인 태허와 그 크기가 같은 자신의 본성을 드러내게 하는 방법을 주로 말한다. 넓은 마음이 있어야 도덕률을 실천할 수 있다는 것이다.

그런데 한 개인의 마음과 태허(즉 자신의 본성)의 차이를 「서명」에서는 한 개인과 천지의 관계로 전환시킨다. 『정몽』에 표명된, 이 작은 마음과 몸을 가진 인간이 도덕률을 실천하기 위해서는 마음을 비워서 탁 트이게 넓힌다는 생각을 「서명」에서는 발전시킨다. 비워서 넓혀진 마음이란 모든 사람에 대한 사랑(仁)이라는 것이다. 그 넓은 마음으로 볼 때, 모든 것은 하늘과 땅을 부모로 하는 가족이라는 것을 통찰할 수 있다. 뿐만 아니라 넓혀진 마음의 통찰이 있을 때, 어버이인 천지에 대한 경건과 헌신(孝)이 필요함을 절실하게 깨달을 수 있다. 또한 이 사랑과 헌신은 좁은 마음의 약함을 보완하는 것이면서 동시에 넓은 마음(본성)의 본래 모습 그 자체일 것이다. 이러한 생각은 「서명」 C 부분에 집중적으로 표현되어 있다.

『정몽』에서는 허공의 기(태허) 안에서 운동하는 개체[客形]들의

59) 「大心」 9-11 "成心忘, 然後可與進于道. 化則無成心矣. 無成心者, 時中而已矣." '成心'이라는 말은 본래 『莊子』 「齊物論」에 나온다.

'위대한 조화'(太和)로 그려졌던 세계의 모습이, 「서명」에서는 하늘과 땅이라는 부모의 명령 아래 사랑으로 얽혀진 '가족'이라는 좀 더 구체적이고 현실적인 모습, 그러나 은유적인 비유로 나타난다. 그가 이 글을 쓴 것은 『정몽』의 미비점을 보완하기 위한 것이라고 할 수 있다.

3) 왕안석 비판

나아가 그는 왕안석의 세상 보기(세계관)를 반박하려는 의도에서 「서명」을 쓴 것 같다. 「서명(西銘; 서쪽 창에 붙인 좌우명)」의 원래 제목은 「정완(訂頑; (자기 자신만을 생각하는) 완고함을 교정하노라)」인데, 정이가 "이는 분란의 실마리를 만드는 것이다"고 해서 바꾼 것이다.[60] 어떤 사람의 완고함을 교정하려 했기 때문에 분란을 일으키는 실마리가 되는가? 보통 불교의 완고함을 교정하려 했던 것으로 해석한다. 그러나 당시에 유학자들은 불교를 내놓고 공격했으며, 불교는 삼교 일치론을 들면서 수세적인 입장에 있었다. 또한 『정몽』 「건칭」 하편과 그 일부인 「동명(東銘; 동쪽 창에 붙인 좌우명)」은 불교와 도교의 비판이므로 「건칭」 상편인 「서명」은 불교 등에 대한 비판이 아닐 수 있다. 정이가 「동명」이라 개명하기 전의 원래 제목은 "어리석음에 침을 놓는다"(砭愚)이다. 그는 불교 도교를 어리석음으로 본 것이다.

이 「서명」은 원풍(元豐) 연간 이전에 쓰여 진 것이며, 그 기간에 왕안석의 신법이 왕성하게 시행되었다.[61] 이 「서명」은 왕안석의

---

60) 『외서』 11-78 "橫渠學堂雙牖, 右書「訂頑」, 左書「砭愚」. 伊川曰'是起爭端.' 改之曰「東銘」「西銘」"

61) 神宗 때의 연호는 熙寧(1068-1077)과 元豐(1078-1085)이 있다. 희녕 연간에는 왕안석 자신이 신법을 정력적으로 시행했고, 원풍 연간에는 왕안석은 은퇴하고 그 추종자들이 신법을 시행했다. 장재의 제자인 여대림이 원풍 2년(1079

물질주의적 세계관을 비판한 것이다.

첫째, 장재는 이 글에서 우주 가족의 이념을 들고 나왔는데, 이는 왕안석이 대지주 관료 상인들의 특권을 억제하려는 것을 부정한 것이다. 그는 우주 가족 안에는 대군(大君)과 대신(大臣), 백성의 위계 질서가 있으며, 그 사이에는 경제적 이해관계가 아닌, 가족적인 사랑으로 맺어져야 한다고 주장한다. (「서명」 B 및 A 부분) 즉 왕안석이 주장한 평균주의 대신, 이런 사랑의 위계질서 안에서의 계층적 차이가 가장 정의로운 것이라는 말이다.

둘째, 왕안석이 시대 상황을 해결하는 **경륜**을 주장하면서 하늘도 조상도 여론도 무시한 것에 대한 반박이라 할 수 있다. 장재가 보건대 국가란 사회 경제적 문제를 해결하기 위해서 존재하지만, 그런 문제는 제도가 아닌 도덕성으로 해결되어야 한다. 그는 국가를 하늘이 보증하는 인륜의 공동체이며, 조상 대대로 내려온 도덕(禮)의 공동체로 본다. 이 이념이 「서명」에서는 '우주 가족'이라는 것으로 드러난다고 할 수 있다.

장재는 당시의 가장 큰 이단을 왕안석의 신학(新學)과 불교 도교로 상정한다. 그리고 그 둘에 대한 비판을 「서명」과 「동명(東銘)」에서 전개한 것이다.

4) 정씨 형제의 장재 사상에 대한 평가

정호와 정이는 장재의 『정몽』은 비판하지만, 「서명」은 극구 칭찬한다. 「서명」은 극히 순수하며, 세계의 바른 모습을 완벽하게 제시하고 있다. 그것은 맹자가 제시한 "본성은 선하다", "기(氣; 도덕

년)에 낙양으로 두 정씨를 찾아가 배운 것을 기록한 것이 『유서』 2上이다. 여기에 「訂頑」에 대한 정호의 해석인 「識仁篇」이 있다.

적 용기인 호연지기)를 기르라" 라는 명제와 유가에 끼친 공헌이 같다.[62] 또한 그것은 유가의 근본 주장인 사랑(仁)의 핵심을 완전히 밝혀서 갖춘 것이다. 그것은 맹자 이후 어떤 학자도 도달하지 못한 경지이다. 「서명」은 한유(韓愈; 당 말의 문장가, 사상가)의 「진리에 관하여(原道)」에 비하면 할아버지이다.[63]

그들이 『정몽』을 비판하는 것은, 그것이 유가적 인격 형성 이론을 완벽하게 제시하지 못하였으며, 도가적 요소가 짙기 때문이다. 반면 「서명」은 구법당의 최대의 적인 왕안석을 비판할 수 있는 이론적 근거를 마련하고 있으므로 환영한다. 왕안석이 재화가 원활히 유통되는 경제적 공간으로서 국가의 모습을 제시한 것에 대해서, 「서명」은 사랑으로 맺어진 우주적 가족의 인륜 공간으로서 국가 모습을 제시한다.

장재는 스승이 없이 스스로 고심하여 생각하고 힘들게 실천하는 속에서 자신의 이론 체계를 형성시켰다.[64] 그 과정에서 기본적으로 윤리설인 유가 사상을 형이상학화 시키기 위해서 타 학파의 학설을 끌어들인다. 그는 『맹자』 『중용』 『논어』 등에 자기 사상의 뿌리를 둔다. 그러나 그의 사상에는 이단적인 요소가 있다.

『정몽』에는 **도가 철학**적인 요소가 있다. 비운 마음(虛)의 담담함이나 기 이론은 도가적인 것이다. 그리고 「서명」은 **묵자의 사상**과 유사한 점이 있다. 우주적 사랑은 묵자의 '겸애' 사상과 비슷하며,

---

62) 『伊川文集』 5 「答楊時論西銘書」 "橫渠立言, 誠有過者, 乃在正蒙. 西銘之爲書, 推理以存養, 擴前聖所未發. 與孟子性善養氣之論 同功."

63) 『유서』 2상-16 "「訂頑」 一篇, 意極完備, 乃仁之體也. 學者其體此意, 令有諸己, 其地位已高." 73 "「訂頑」 之言, 極純無雜. 秦漢以來, 學者所未到." 169 "伯淳言「西銘」. 子厚有如此筆力, 他人無緣做得. 孟子以後, 未有人及此." 154 "孟子而後, 却只有「原道」 一篇. 若「西銘」 則是「原道」 之宗祖也. … 自孟子後, 蓋未見此書."

64) 『伊川文集』 5-5 「答橫渠先生書」, "餘所論, 以大概氣象言之, 則有苦心極力之象, 而無寬裕溫厚之氣." 『어류』 93-84 "橫渠之學是苦心得之." 同 87 "橫渠之學, 苦心力索之功深."

하늘과 땅(天地)의 명령을 경건하게 수행하는 것은 묵자의 '하늘의 뜻(天志)'을 경건히 받들라는 이론과 유사하다.[65]

정호는 「서명」에서 묵자적인 요소를 제거하고, 맹자의 마음 이론을 중심으로 이해한다. 그리고 그는 「서명」에서 우주 가족을 이루는 사랑을 받아들이나, 묵자의 겸애처럼 무차별적인 사랑이 아니라 그 가족 사이에 있는 계층적 질서 속에서의 사랑(仁)으로 받아들인다. 또한 「서명」에 표명된 천지와 인간 사이에 엄격한 차이를 두고, 인간은 하늘의 명령을 경건하게 수행해야 한다는 것은 반대한다. 그것은 인격신이 내리는 상벌이 두려워서 도덕률을 실천하라는 묵자적인 이론(天志論)이며, 각 개인의 이성의 자율을 강조하는 맹자의 노선(天命論)이 아니다.

묵자는 인격신을 주장한다. 인간은 신의 계획(섭리)에 따라 행위하면 상을 받고, 따르지 않으면 벌을 받는다. 그에게 있어서 사람이 도덕률을 실천해야 하는 이유는 상과 벌을 내리는 인격신의 의지(天志)에 대한 두려움 때문이다.

반면 맹자는 "내 마음을 다해서 생각하면 나의 이성과 양심의 소리를 들을 수 있고, 그 소리는 바로 하늘의 명령이다"[66] 라고 한다. 인간 이성의 근거는 하늘이라고 본다. 그는 이성의 명령을 하늘의 명령(天命)과 동일시한다. 따라서 하늘은 인격신이 아니라, 인간의 자율적인 도덕 실천의 주체인 이성의 근거가 된다.

유가에도 인격신을 주장하는 전통이 있다. 『시경』『서경』에는 인격신에 대한 언급이 있다.[67] 그러나 공자 이래 유가는 인격신을

---

65) 후외려는 「서명」이 묵자의 겸애와 상동(尙同) 이론, 혹은 『예기』「예운」 편의 대동(大同) 사상과 비슷하다고 본다. 『중국 사상 통사』, 4상, 566쪽. 묵자의 경우, 상동(尙同) 혹은 대동 사상은 '천지'(天志) 이론에 포괄된다 할 수 있다.

66) 『맹자』「진심」 상 1, "盡其心者 知其性也, 知其性 則知天矣."

67) 『묵자』에는 『서경』과 『시경』의 구절이 인용되고 있다. 또한 묵자는 유가인 사각(史角)에게서 배웠다고도 한다. 그는 아마 『시경』과 『서경』의 인격신 이

긍정하지 않는다. 정호가 보건대 장재는 태허에서 천명으로 나갔고, 내친 김에 천지(天志)까지 가버린 것이다.

장재는 「서명」에서 우주 가족 사이의 사랑의 근거를 어버이 하늘에 대한 사랑과 경건인 '효'에서 찾는다. 정호는 이를 도덕적 이성에서 나오는 '사랑'(仁)이라고 보고, 이 관점에서 「서명」의 사상을 재구성한다. 그것이 이른바 「식인편(識仁篇; 사랑을 알라)」이다. 아래에 인용한 「식인편」 전문은 정호가 「서명」을 자신의 이론에 따라 이해하여, 장재의 수제자인 여대림에게 설명해 준 것이다.

학생들은 반드시 먼저 사랑(仁)을 알아야 한다.(識仁) **사랑하는 자**(仁者)**는 이 세상의 모든 것과 완전히 한 몸이 된다.** 정의감(義)과 예(禮)와 지혜(知)와 미더움(信)도 모두 이 사랑에서 나온다. 이 이치를 깨달아 성실함(誠)과 경건함(敬)으로 그 마음을 보존하면 되지, (사랑의 마음을 해치는 욕망을) 점검하여 막을 필요도 없고, (이 사랑을 실천할 이치를) 탐색하여 찾을 필요도 없다. 마음이 게을러지므로 사욕을 점검하고 막는 것이다. 진실로 이 마음이 나태하지 않다면 무슨 막을 필요가 있겠는가! (그 사랑을 실천할) 이치를 아직 깨닫지 못했기 때문에 반드시 탐색하여 찾는 것이다. (이 사랑하는 마음을) 보존함이 오래 되어 스스로 환하게 깨달았다면, 무슨 탐색을 할 필요가 있겠는가!

이 세상에는 이 진리(道; 사랑)에 맞설 것이 없다. (모든 것을 다 포용하므로) '크다'는 말도 이 사랑을 이름 짓기에는 부족하다. (이 사랑을 체득하면) 천지자연의 작용이 모두 나의 작용이 된다. 따라서 맹자가 말했다. **"모든 것이 다 나에게 갖추어져 있으니,** 반드시 나 자신을 반성하여 성실하면 곧 **이보다 큰 즐거움은 없다."** 만약 자신을 반성해 보아 아직 (그 사랑에) 성실하지 않다면, 곧 이 둘[나와 남]이 서로 맞서 있는 것이 된다. 그러면, 나를 그것과 합치시키려 해도 끝내 안 될 것이니, 또한 어찌 즐겁겠는가? 「(자신만을 생각하는) 완고함을 교정하노라」(西銘) 라는 글의 요점은 곧 이러한 것을 갖추어 말한 것이다.

이 (「서명」의) 요점으로 그것[仁]을 보존하면, 다시 더 무슨 할 일이 있

론을 받아들인 것 같다.

겠는가? (사랑을 마음에 보존하려면 맹자의 다음 말처럼 하라.) "(이 사랑/仁을 마음속에 보존하려고) 반드시 일삼음이 있되 미리 (그 효과를) 기대하지 말고, 마음속으로는 잊지는 말되 억지로 키우려(助長) 하지도 말라." (이처럼) 일찍이 털끝만큼의 힘도 들지 않으니, 이것이 그것을 보존하는 길이다. 만약 (그 사랑의 마음을) 보존하기만 한다면 곧 (나와 다른 모든 것은) 합쳐져서 하나가 된다. 왜냐하면 (善을 알 수 있는) 타고난 지혜(良知)와 (선을 행할 수 있는) 타고난 능력(良能)을 (사람은) 본래부터 잃지 않았기 때문이다. 다만 어려서부터 키워온 이해관계에 찌든 마음을 아직 제거하지 못했기 때문에, 반드시 이 사랑의 마음을 보존하고 학습해야 한다. 이 학습이 오래 되면, 그 찌든 낡고 좁은 마음을 떨쳐버릴 수 있다. 이 이치는 지극히 간단하나, 오직 그것을 지키지 못할까 걱정된다. 그러나 그것을 능히 체득하여 즐거우면 또한 지키지 못할까 걱정하지 않아도 된다.68)

이 설명은 철두철미 맹자의 노선에 근거한다. 여기에서 그는, 밖으로는 "사랑하는 사람은 모든 것과 완전히 한 몸이 되며", 안으로는 "사랑(仁)에는 정의감(義)과 예(禮)와 지혜(知)와 미더움(信) 등의 모든 덕목도 이 사랑에서 나온다"고 한다. 모든 사람과 사물과 '한 몸'이 되어 우주 가족을 이룰 수 있는 것은 사랑(仁)하는 마음에 의한 것이다. 우리는 우주적인 사랑(仁)을 가지고 있으므로, 하늘과 땅 사이의 모든 사물은 나와 한 몸을 이룬다. 따라서 이웃은 나의 몸의 일부분인데, 그들의 불행에 대해서 아파하지 않으면, 그것은 내 몸이 마비되어 감각이 없는 것과 같다고 한 것도 같은 발상이다.69) 「서명」에서의 '우주 가족'을 정호는 '한 몸'으로 바꾼다.

---

68) 『유서』 2상-28, 學者須先識仁. 仁者, 渾然與物同體. 義禮知信 皆仁也. 識得此理, 以誠敬存之而已, 不須防檢, 不須窮索. 若心懈則有防, 心苟不懈, 何防之有? 理有未得, 故須窮索. 存久自明, 安得窮索? 此道與物無對, 大不足以名之, 天地之用 皆我之用. 孟子言 '萬物皆備於我, 須反身而誠, 乃爲大樂.' 若反身未誠, 則猶是二物有對, 以己合彼, 終未有之, 又安得樂? 訂頑意思, 乃備言此體. 以此意存之, 更有何事? '必有事焉而勿正, 心勿忘, 勿助長', 未嘗致纖毫之力, 此其存之之道. 若存得, 便合有得. 蓋良知良能元不喪失, 以昔日習心未除, 却須存習此心, 久則可奪舊習. 此理至約, 惟患不能守. 旣能體之而樂, 亦不患不能守也.

우주의 모든 것을 자신의 몸으로 사랑하므로, 부모 군주 형제 친구 등 모두를 사랑한다. 그 사랑은 각각 효(孝) 충성(忠) 공손함(悌) 미더움(信)으로 나타난다. 또한 이런 사랑을 하면 자연히 용기 예절 지혜 미더움(義禮智信) 등의 덕목이 갖추어진다. 이 마음은 모든 덕목을 실행할 수 있는 완벽한 인격을 갖춘 것이다. 이 인격에 따르는 행위는 모두 이치(理)에 맞는다. (이 점에서 정이는 "본성이 바로 리이다 性卽理" 라고 한다.) 맹자가 말한 "모든 것이 다 나에 갖추어져 있다. 따라서 내 자신을 반성하여 성실하면 더 이상 즐거울 수 없다"는 것이 바로 그것이다. 밖으로 모든 사물이, 안으로 모든 덕목이 나에게 갖추어져 있다. 그러므로 모든 것은 나의 몸이 되고, 그 덕목에 따를 때 모든 것과의 관계는 완벽해진다.

이는 우리가 타고난 자질(良知 良能)이다. 그런데 사람들은 왜 그것을 발휘하지 못 하는가. 단지 안 할 뿐이다. 낡고 찌든 좁은 마음 때문에 그럴 뿐이다. 따라서 내 자신의 그 능력을 성실하게 반성해 보면, 모든 것과 한 몸이 되고 원만한 관계를 맺을 수 있으므로 즐겁게 된다. 반성하면 되지 점검하거나 탐색할 필요가 없다. 이는 지극히 간단하다. 맹자가 말한 "반드시 마음속에 보존하려고 일삼음이 있되 미리 그 효과를 기대하지 말고, 마음속으로는 잊지는 말되 억지로 키우려 하지도 말라"는 것이 그것이다. 그렇게 하면 어려서부터 키워온 이해관계에 찌든 낡고 좁은 것들이 없어진 사랑(仁)의 마음이 찬란하게 드러난다. 이것이 바로 「(자신만을 생각하는) 완고함을 교정하노라」(西銘) 라는 장재의 글의 요점이라고 그는 단언한다.

이처럼 그는 「서명」을 맹자의 마음 이론으로 해석한다. 그리고

69) 『유서』 2상-17, "醫書言 手足痿痹爲不仁. … 仁者以天地萬物爲一體, 莫非己也. 認得爲己, 何所不至? 若不有諸己, 自不與己相干. 如手足不仁, 氣已不貫, 皆不屬己."

이것은 정호 정이의 이론의 기초가 된다. 따라서 「서명」의 우주 가족에 근거한 사랑에 대해서 양시(楊時; 정씨 형제의 제자)가 **겸애 사상**이라고 비판하자, 정이는 그것은 "이치는 하나이나, 그 나뉨은 다르다(理一分殊)" 라는 사상이라고 옹호한다.

그러나 「서명」은 '리일분수(理一分殊)' 사상을 담고 있다기 보다는 기일분수(氣一分殊) 이론이다. 우주가 한 가족이 되는 것은 리(理) 때문이 아닌 기(氣) 때문이다. 장재는 하늘과 땅의 기가 모든 사물을 낳으므로 '한 가족'이라 한 반면, 정호는 사람에게는 모든 것을 사랑할 수 있는 능력(仁)이 갖추어져 있으므로 한 몸이라 한다. 이 사랑은 구체적으로는 리를 따르는 인격으로 드러난다. '리일분수(理一分殊)'는 정이가 이해한 「서명」의 골자일 뿐이다. (정이의 리일분수 이론은 제7장의 '역할과 그 수행', 244쪽을 보라.)

정이는 「서명」을 인(仁)과 리(理)를 중심으로 이해하면서, 그 사상의 핵심을 옹호한다. 즉 「서명」은 묵자의 전체에 대한 사랑(兼愛; 理一의 측면)과 양주(楊朱)의 자신에 대한 사랑(爲我; 分殊의 측면)을 종합한 맹자의 사상과 같다는 것이다.[70] 이는 두 정씨 사상의 한 근거가 된다. 이 점은 정이의 사상 부분에서 설명하자.

'하늘의 명령'(天命)에 대해서 장재와 정씨 형제는 치열하게 논쟁을 벌인다. 장재는 「서명」에서 하늘과 인간 사이에 엄격한 차이를 두고, 인간은 '하늘의 명령'을 경건하게 수행해야 한다고 한다. 반면 두 정씨는 하늘과 인간 사이의 간격을 부정한다. '하늘의 명령(天命)' 자체가 바로 인간의 이성이라는 것이다. 장재의 사상은 묵자의 '하느님의 의지(天志)' 이론과 비슷한 반면, 두 정씨는 맹자의 '하늘의 명령(天命)' 이론을 따른다.

이 점은 정호를 다룬 다음 장의 1장 3절 "천지(天地)와 인간의 분리의 문제"(197쪽 이하)에서 설명하자.

---

70) 『伊川文集』 5 「答楊時論西銘書」 "『西銘』明理一而分殊. 墨氏則二本而無分. 分殊之弊, 私勝而失仁; 無分之罪, 兼愛而失義. 分立而推理一, 以止私勝之流, 仁之方也."

제6장
정호의 일원론
깨달은 자가 본 세계 – 인격 수양론 II

정호(程顥; 1032-1085)[1]는 장재의 철학을 잘 알고 있었으며, 그 사상의 문제점을 비판 극복한 토대 위에 자신의 철학을 세운다. 그는 인격 수양이라는 대전제에서는 장재와 의견이 같으나, 구체적인 이론에서는 장재를 비판한다. 그는 『정몽』의 기(氣) 중심의 이론은 배격한다. 그러나 본체와 현상을 나누고 본체를 정신적인 것으로 규정하고, 현상 사물로서 인간은 본체의 측면을 회복해야 한다는 점을 받아들인다. 또한 「서명」에서 우주 가족의 이념(仁)은 받아들인다. 그러나 묵자의 천지(天志) 이론에 가까운 '천명(天命)' 이론은 거부한다. 이렇게 볼 때 장재의 사상은 정호의 이론의 기초라고 할 수 있다. 정호가 장재를 비판 극복한 것에 초점을 맞추어 서술하기로 한다.

---

1) 정호의 자는 伯淳, 호는 明道이다. 정호의 아우인 정이는 정호의 묘지명에서 그를 '진리를 밝힌 선생(明道 先生)'이라 이름 지었다.

1. 정호의 장재 비판

1) 청허일대와 태허의 문제

장재는 처음에는 우주와 인간의 본체를 '태허(太虛; 지극히 텅 빈 것)' 라는 말 대신에 '청허일대(淸虛一大; 맑고 텅 빈 하나의 요소)'[2)]라는 말로 표현했다. 정호는 그 '청허 일대'는 본체가 될 수 없다고 비판한다.

(1) 청허일대와 형이상자 : 신유학자들은 이 우주가 음양으로 이루어져 있다고 본다. 맑은 것(淸)과 흐린 것, 텅 빈 것(虛)과 가득 찬 것, 등등 서로 대립되는 것이 함께 어우러져 있는 것이 이 우주이며, 그 대립되는 쌍들은 음양이라는 용어로 수렴된다.

그런데 장재는 '맑고 텅 빈 하나의 요소(淸虛一大)' 라고 하여, 맑은 것과 텅 빈 것만이 본체라고 한다. 이에 대해서 정호는 다음과 같은 비판을 한다. 첫째, 대립되는 쌍 가운데 하나가 본체라면, 다른 하나에는 그 본체가 없게 된다. 왜냐하면 그 대립되는 쌍은 공존할 수 없기 때문이다. 예컨대 맑은 것(淸)과 텅 빈 것(虛)만이 본체라고 하면, 흐린 것(濁)과 가득 찬 것(實)에는 본체가 없다는 말이 되어 버린다. 맑은 것이 늘어나면 그만큼 흐린 것이 줄어들며,

2) '청허일대'라는 말이 『유서』에만 나오는 것으로 보아서, 정호가 그 말을 만들었을지 모르겠다. '일대(一大)'는 불교에서 세계의 구성 요소를 '흙 물 불 바람(地水火風)'의 사대(四大; 네 가지 요소)로 말하는 것을 의식하여 사용한 용어이다. 일설에 의하면, 청허일대(淸虛一大)는 '맑고(淸) 텅 비고(虛) 하나이고(一) 큰 것(大)'을 의미한다고 한다. 주희는 청허일대를 비판하면서 후자의 의미로 말을 한다. (『어류』 99-37) 그러나 『유서』에 나오는 정호 정이의 장재 비판으로 보건대, '일대(一大)'는 하나의 요소 혹은 원소라는 의미로 보는 것이 나을 것 같다. 또한 장재가 두 정씨의 비판을 받고 청허일대 대신 태허라는 말을 쓴 것으로 보아도 청허일대는 청허라는 하나의 요소를 뜻한다고 볼 수 있다.

더 많이 비게 되면 그만큼 가득 찬 것이 줄어든다. 청-탁 허-실은 공존할 수 없다. 그것은 어느 한쪽이 줄어들면 그 반대되는 것이 늘어나는 관계이다.

> "맑고 텅 빈 하나의 요소'를 세워서 만물의 근원으로 삼는 것은 아마 잘못된 것 같다. 반드시 맑음과 흐림, 비어 있음과 가득참을 겸해야 곧 (본체의 특성인) 신묘함을 (가졌다고) 말할 수 있다. (왜냐하면) 도란 어떤 사물도 빠뜨림이 없이 그 몸(본체)이 되며, (그 도가 존재하는 특정한) 시간과 장소가 있어서는 안 되기 때문이다."
>
> "기 바깥에 신묘함은 없고 신묘함 바깥에 기는 없다. 그런데도 어떤 사람(장재)은 '맑은 것이 신묘하다'고 한다. 그렇다면 흐린 것은 신묘하지 않다는 것인가?" 3)

청허(淸虛)만 본체가 아니라, 탁실(濁實)에도 본체가 있어야 한다는 주장에서 정호가 이끌어 내는 결론은 다음과 같다. 도란 대립되는 쌍 모두에 존재한다. 다시 말해서 어떤 사물에도 존재해야 한다. 그래서 그 사물의 본체가 되어야 한다. 따라서 도는 특정한 시간 공간에 존재해서는 안 된다. 그것은 모든 시간 공간 속에 존재해야 한다. 그래야 모든 사물에 도가 존재하게 된다. 이러한 발상은 정이에 이어져서 '형이상'과 '형이하'를 나누는 기본 이론이 된다.

주희도 이 비판을 그대로 수용한다.

> 횡거[장재]가 도를 말한 것은 현상 사물(形器) 가운데 좋은 것을 가려내서 (도라고) 말한 것에 그쳤다. (그가) 말한 것처럼 맑은 것이 도라면, 흐린 것 가운데에 (있는 것은) 과연 도가 아닌가?
>
> 횡거는 처음에는 '맑고 텅 빈 하나의 요소'라고 했다가 이천[정이]에게 비판을 받았다. 이에 (장재는) '맑은 것은 흐린 것을 겸하고, 빈 것은 찬 것

3)『유서』2상-61. "立淸虛一大爲萬物之源, 恐未安. 須兼淸濁虛實, 乃可言神. 道體物不遺, 不應有方所."『유서』11-52 "氣外無神, 神外無氣. 或者謂'淸者神' 則濁者非神乎?"

을 겸하고, 하나는 둘을 겸하고, 큰 것은 작은 것을 겸한다'고 했다. (그러나 내가 보건대) 그는 형이상[본체]을 말하려 했으나 도리어 형이하[현상 사물]가 되어 버렸다. (그의 이론은) 이 점에서 가장 불분명하다.

이 도리는 본래 공평하고 올바르다. 따라서 맑은 것에도 이 리가 있고 흐린 것에도 이 리가 있으며, 텅 빈 것에도 이 리가 있고 가득 찬 것에도 이 리가 있다. (이 세상의) 모든 것은 이 리가 한 것이다. 그의 (청허일대) 이론은 (형이상의 본체가) 이쪽에는 있고 저쪽에는 없다고 하는 것이 된다.[4)]

둘째, 청허일대를 본체로 보는 것에는 더 근본적인 문제가 있다. '맑음과 텅 빔(淸虛)'이란 현상 사물의 속성이지 본체의 특징이 아니다. 본체는 시간과 공간(方所) 속에 있는 현상 사물과는 다르다.

어떤 사람이 '커다란 태허'라고 하자, 선생[정이]이 말씀하시기를, '이 말은 옳지 않다. 그 안에 무슨 크고 작음을 논할 수 있는가?' 라고 하셨다.

형체를 초월한 것(形而上者)을 일러서 도라 하고, 형체 안에 있는 것(形而下者)을 일러서 기(器) 라고 한다.' 예컨대 어떤 사람은 청허일대(淸虛一大)를 자연의 도(天道)라고 하는데, 그것은 곧 기(器; 재료)로 말한 것이니, 곧 도가 아니다.[5)]

장재가 보건대, 태허는 우주를 포괄하는 큰 것이고 현상 사물은 그 태허의 일부분이므로 작은 것이다. 이를 정이는 비판한다. 크고 작음은 현상 사물의 속성이지, 본체의 특징이 아니라는 것이다. 또한 정호가 보건대 장재가 말한 청허일대는 현상 사물[形氣, 형이하]인데, 그것을 본체라고 보았던 것이다. 장재에 대한 비판과 반성에

4) 『어류』 99-9 "橫渠說道, 止於形器中揀箇好底說耳. 謂淸爲道, 則濁之中果非道乎?" 『어류』 99-37 "橫渠初云'淸虛一大' 爲伊川詰難, 乃云'淸兼濁, 虛兼實, 一兼二, 大兼小' 渠本要說形而上, 反成形而下, 最是於此處不分明" 『어류』 99-41 "這道理本平正, 淸也有是理, 濁也有是理, 虛也有是理, 實也有是理; 皆此理之所爲也. 他說成這一邊有, 那一邊無."

5) 『유서』 3-99 "或謂'許大太虛.' 先生謂'此語便不是. 這裏論甚大與小?'" 『유서』 11-10. "'形而上者 謂之道, 形而下者 謂之器.' 若如或者以淸虛一大爲天道, 此乃以器言, 則非道也."

서 나온 것은 바로 존재의 두 가지 유형을 주장하는 '형이상-형이하'의 이론이다. 본체란 현상 사물과는 근본적으로 다른 존재여야 한다. 현상 사물은 특정한 시공간을 차지하는 것, 즉 형이하자이다. 본체는 그와 반대로 특정한 시공간을 벗어난 것, 즉 모든 시공간에 존재하는 것으로 형이상자여야 한다.

장재는 왜 대립되는 쌍 가운데 한 쪽, 즉 '움직이는 것, 가득 찬 것, 흐린 것'인 현상 사물보다는 '고요한 것, 텅 빈 것, 맑은 것(淸虛一大)'을 본체로 보는가?

> 횡거(장재)가 사람을 가르친 것은, 본래 다만 '세상의 배움은 (권력 따위로 머리가) 굳어 있다고 하여, 그러므로 하나의 청허일대를 말하여, 다만 사람들로 하여금 조금은 (그 굳음을) 덜어내서 도리에서 떠남이 없게 하려는 것이었다. 그러나 사람들이 또한 다시 다른 곳(불교 도교)으로 달려가 버렸다. (그래서 그는) 오늘날 또한 다만 경건함을 말한다.[6]

장재는 사람들이 돈이나 명예 권력에로 머리가 굳어 있음을 걱정하여 청허일대를 말했다. 청허(淸虛)란 '텅 비워 맑게 함'을 뜻한다. 돈 권력 따위의 생각을 비우고 마음을 맑게 하려는 것이었다. 그런데 사람들은 그런 이론을 듣고 불교의 공(空)이나 도가의 허무(虛無)를 더 선택했다는 것이다. 청허(淸虛)는 공적(空寂)이나 허무(虛無)와 통하기 때문이다. 그래서 그는 유가를 고수하기 위해서 도덕률에 따르는 경건함을 말하기 시작했다는 것이다. 물론 장재가 말한 청허는 원래 권력이나 돈을 생각하는 것을 비우고 도덕률에 경건함을 뜻했다.

이런 문제는 아마 그가 도가(道家)의 생각을 수용했기 때문일 것

---

6) 『유서』 2상-138 橫渠敎人, 本只是謂世學膠固, 故說一箇淸虛一大, 只圖得人稍損得 沒去就道理來, 然而人又更別處走. 今日且只道敬.

이다. 물론 그는 '영원히 존재하는 하나의 기(一氣長存)'의 이론으로 도가의 기(氣) 이론을 비판한다. 도가는 기를 생멸하는 것으로 생각했다는 것이다. 그러나 이러한 비판에도 불구하고 청허(淸虛)를 강조하는 것은 명백하게 도가적이다. 이는 현상 사물의 세계와 그것을 초월하는 세계를 엄격하게 구분하고, 전자보다 후자를 중시하는 생각이다. 이렇게 나갈 경우, 현실 세계를 초월 달관하는 이론이 나올 수는 있어도, 현실에서 엄격하게 도덕률을 지켜야 한다는 유가의 입장이 근거지워지기 어렵다. 정호의 비판의 궁극적인 화살은 그런 구분과, 초월적 세계를 중시하는 것에 겨누어져 있다.7)

2) 태허의 문제 : 장재는 이러한 비판에 직면하여 '청허일대(淸虛一大)' 대신에 '태허(太虛)'라는 용어를 도입했던 것 같다. 본래 '태허'라는 말은 "지극히 텅 빈 것"을 뜻하며, '공간'을 가리키기도 한다. 장재에게 '태허'는 (1) 현상 사물을 이루는 재료로서 기, (2) 그 기가 움직이는 공간, 이 둘을 다 의미한다.

> 말을 하다가 태허에까지 미치게 되자, (정이가) 말하기를 "또한 태허(太虛; 텅 빈 곳)는 없다." 드디어 허공(虛; 태허, 텅 빈 공간)을 가리키면서 "이것은 모두 리이니, 어찌 텅 빈 것이라 할 수 있는가? 하늘 아래에 리보다 더 (확실하게) 가득 채우는 것(존재하는 것)은 없다."8)

정이의 이 태허 비판은 다음 두 의미가 있다
첫째 허공/공간의 모든 곳에 태허의 기가 가득 차 있다는 것을

---

7) 청허일대의 문제에 대해서는 다음을 참고하라. 안점식, 『장재의 기 철학에 있어서 「천인합일」의 구조』, 서울대 석사 논문, 1987년, 45쪽 이하. 정원재, 『서경덕과 그 학파의 선천 학설』, 서울대 석사 논문, 1990년, 36쪽 이하.
8) 『유서』 3-95 "(伊川)語及太虛曰'亦無太虛.' 遂指虛曰'皆是理, 安得謂之虛? 天下無實於理者.'"

비판한다. 기는 형이하자이므로 특정한 시공간 속에 존재한다. 따라서 그 기가 존재하지 않는 공간이 있을 수 있다. 둘째, 더 큰 문제는, 태허에서 현상 사물들(객형)이 만들어지는데, 그 현상 세계가 '위대한 조화(太和)를 이룰 수 있게 하는 어떠한 규정도 태허에는 없다는 점이다. 태허(太虛)란 말 그대로 텅 빈 것이다. 따라서 그 안에는 어떤 규정도 법칙도 없다. 정이가 보건대 형이상자인 리가 공간을 빈틈없이 채운다. 왜냐 하면 형이상자는 모든 시공간 속에 존재하기 때문이다. 또 그렇기 때문에 리는 현상 사물들이 움직이는 법칙이 될 수 있다.

또 한편 장재는 태허를 물질적 재료라는 의미로도 말하면서, 동시에 그것을 정신적인 것으로 말한다. 이는 물질에 정신의 성격을 부여한 것이다. 물질과 정신의 혼합체가 어떤 것인지 장재는 명백하게 정의하지 못한다. 정호는 그것을 우주적 '생명'이라고 단정한다. 그는 "천지가 만물을 낳는 기상을 보라" 하면서, 그 예로서 주돈이가 창밖의 풀을 베지 않은 것을 든다. 그는 풀이 자라는 것에서 우주적 생명을 본 것이다.[9] 이와 같은 점 때문에 정호는 장재가 '청허일대'를 자연의 본체(天道)로 상정하지만, 그것은 형이상의 본체가 아니라 형이하의 재료(器)에 불과하다고 비판한다.

2) 자아의 갈등과 분열의 문제

정호가 '태허'를 비판하는 것은 그런 논리적인 문제도 있지만, 그보다는 그런 태허를 설정하므로 인간의 주관의 분열과 갈등(思慮紛擾)을 가져 오기 때문이다. 태허는 맑고 비어 있고 고요한 반면,

9) 『유서』 6-52 "觀天地生物氣象." 『유서』 3-21 "周茂叔 窓前草不除去. 問之, 云'與自家意思一般.' "

현상 사물(客形)은 흐리고 가득 차며 움직인다. 이 두 상태는 서로 대립되는 것이므로 동시에 존재할 수 없다. 따라서 하나의 기의 두 상태인 태허와 객형(客形)은 엄격하게 서로 구분된다. 마찬가지로 사람의 마음도 맑고 비어 있는 본래 상태와 외부 사물과 접촉할 때 생겨나는 움직이고 흐린 욕망 감정이 있다. 이 둘은 함께 존재할 수 없다. 욕망 감정이 비워져야 고요한 본래 상태가 된다. 이런 이분법적 대립 구조는 필연적으로 주관의 갈등을 가져 온다. 그 결과는 '생각이 끝없이 어지럽게 일어나 뒤엉킴(思慮의 紛擾)'이다.

장재는 인간의 주관을 나의 마음(心)으로 보며, 이 "마음은 본성과 감성을 통괄하는 것(心統性情)"이라 한다. 인간의 주체인 이 마음은 본체의 상태(본성, 本然之性, 德性知, 太虛)이기도 하지만, 동시에 자신의 몸에 국한된 상태(감성, 氣質之性, 聞見知)이기도 하다. 그는 이렇게 인간을 이분법적으로 규정한다.

성인의 경우 태허인 본성이 그대로 실현된 텅 비고 탁 트인 큰마음(虛曠 大心)이 되어서 '치면 울리는 종'처럼 자신이 직면한 상황에 알맞고 바르게(中正) 대응할 수 있다. 그러나 보통 사람의 마음은 자신의 몸에 한정되어 있다. 따라서 이 몸의 욕망과 경험(聞見知)에 국한되어 고착된 이 마음(成心)을 비우고 탁 트이게 넓혀서 텅 빈 상태(太虛)가 되어야 한다. 태허의 상태는 나의 본성(德性知)이기는 하지만 그런 비우고 넓히는 수양[大心]을 통하여 도달해야 할 목표에 불과하다.

이 수양이란 자신의 육체적 욕망을 비워서 그 마음을 넓히는 것(虛曠 大心; 太虛)이다. 그리고 이 비워진 마음이 그의 도덕적 이성(德性知)이며, 이에 근거하여 도덕률(禮)을 실천하는 것이다. 이 고요한 마음[도덕적 이성]으로 도덕률을 행한다는 것은 수동적 정적주의(靜寂主義)가 된다. 이 고요한 상태는 언제나 육체적 욕망에 의

해서 흔들리고 파문이 인다. 사람이 사는 한 여러 일들에 부닥치게 되며, 그러면 이 마음은 흔들리고 욕망과 감정이 생겨난다. 장재는 오직 그 욕망과 감정이라는, 고요한 호수에 이는 파문을 제거하는 데 만 전력을 다한다. 이것은 결국 자아의 갈등을 일으키게 된다. 일에 당면하여 이 마음(자아, '나')은 잡다한 욕망과 이 욕망을 막는 자로 나뉘어, 마치 이 마음에 두 사람이 있어 서로 싸우는 것과 같이 된다.

> 어떤 사람의 가슴 속은 항상 두 사람이 있는 것 같다. 선한 일을 하려고 하면 악이 있어서 그것에 끼어들어 (방해하는) 것 같고, 선하지 않은 일을 하려고 하면 또한 (악을) 부끄러워하고 미워하는 마음이 있는 것 같다. 본래는 두 사람이 없다. 이는 바로 (존재하지 않는 그 두 사람이) 서로 싸우는 증거이다.
>
> 여대림이 일찍이 말하기를, '잡다한 생각이 많은 것을 근심해도, (그 생각들을) 몰아내 없앨 수 없습니다.' (정 선생이) 말하기를, '이는 바로 깨어진 집 안에서 도적을 막는 것과 비슷하다. 동쪽에 (도적) 하나가 와서 미처 쫓아내지 못 했는데 서쪽에 또 하나가 온다. 이리하여 왼쪽 오른쪽, 앞 뒤로 쫓아내기에 여념이 없게 된다. (이렇게 되는 것은) 대개 그 사방이 (깨어져서) 허술하고 비어 있어서 진실로 도적이 쉽게 들어오기 때문이다. 그러므로 주인을 이룰 근거가 없게 된다. 이는 또한 빈 병을 물속에 넣는 것과 같아서 물이 저절로 (병 안으로) 들어오게 된다.[10]

성인(聖人)의 경우 이 마음을 비우고 넓혀서 결국 주체가 소멸하는 데에 이르지만, 일반인의 경우 마음이 둘로 갈라지는 정신의 분

---

10) 『유서』 2하-18 "有人胸中 常若有兩人焉; 欲爲善, 如有惡以爲之間. 欲爲不善, 又若有羞惡之心者. 本無二人. 此正交戰之驗也." 『유서』 1-41 "呂與叔(呂大臨)嘗言 '患思慮多, 不能驅除' (程子) 曰'此正如破屋中禦寇. 東面一人來 未逐得, 西面又一人至矣. 左右前後 驅逐不暇. 蓋其四面空疎, 盜固易入. 無緣作得主定. 又如虛器入水. 水自然入.'" 앞의 인용문은 장재의 동생 장전(張戩)과 구법당의 영수 사마광(司馬光)이 겪은 마음의 갈등을 설명한 말이다. 여대림은 장재의 수제자이다. 그들이 겪은 것은 바로 장재 학파의 기본 문제에서 나온다고 할 수 있다.

열에 이르게 된다는 것이다. 그것은 마치 도적에 치여서 집안의 주인이 될 수 없듯이, 잡다한 생각이 들끓어서 자신을 통제하는 주인격인 자아를 이룰 수 없는 것과 같다. 이를 정호는 허술한 집에서 도둑을 막는 것, 혹은 깨진 병을 물속에 집어넣으면서 물이 못 들어오게 하려는 것과 다를 것이 없다고 한다. 이는 자아 혹은 도덕적 이성을 잘못 이해하여 그것을 제대로 정립시키지 못하는 데에서 나오는 것이다.

정호가 보건대, 도덕적 이성[마음의 고요한 상태; 定]이란 꼭 붙들어야 할 대상이 아니며, 욕망이란 무조건 부정되어야 할 것이 아니다. 차라리 그 둘을 다 잊는 것(兩忘)이 자아의 갈등을 막는 길이다. 욕망이란 우리가 일상적인 일을 수행하면서 생기는 것이며, 그 일을 적절하게 처리하는 데에서 도덕적 이성이 발휘된다. 따라서 이성만 긍정하고 욕망은 부정할 수는 없다. 그 둘은 공존하는 것이다. 그 두 집착에서 벗어나서 자연스러운 마음으로 공정하게 일을 처리하면 된다. 이것이 도덕적 자아를 확립하는 길이며, 욕망과 일상사를 제대로 처리하는 방법이다. (이하는 定性書 전문 번역이다.)

이른바 마음을 고요하게 한다(定性)는 것은, 행동할 때도 마음이 고요하고, 가만있을 때도 마음이 고요하여, '오는 것을 맞아들이지도 않으며, 가는 자를 배웅하여 붙잡지도 않으며', (마음의) '안과 밖을 구별하지도 않는다'는 것입니다.

만약 진실로 외부 사물이란 밖에 있으면서 나를 끌고 나가서 자신을 따르게 하는 것이라고 본다면 이는 자신의 마음을 안과 밖이 있는 것으로 보는 것입니다. 게다가 그런 이론대로 몸 안에 있어야 할 마음이 외부 사물에 유혹되어 끌려 나갔다고 한다면, 그 마음은 바깥으로 나가 버렸을 텐데, 그렇다면 무엇이 내 안에 있다는 말입니까? 이는 바깥 사물을 유혹(즉 욕망의 근원)으로만 보아 단절시키려고만 생각하는 것으로, 내 마음에는 안과 밖을 구별할 수 없다는 것을 알지 못한 것입니다. 이미 안('나')과 밖(대상 사물)

을 다른 두 근본[서로 맞서는 모순된 것]으로 보면서, 어떻게 갑자기 비약하여 마음의 고요함을 말할 수 있겠습니까?

대저 천지자연이 항상 하는 일은 그 마음(天地之心)으로 두루 만물을 다스리되 마음이 없고 [스스로 그러함; 自然], 성인이 항상 하는 일은 그 감정으로 (자신이 당면하는) 일에 맞추어 희노애락하되 (정작 자기 자신의 주관적인 희노애락의) 감정은 없습니다. 그러므로 군자가 배울 것으로는, 그 마음을 탁 트이게 넓히고 크게 공정(公)하게 하여 어떤 일에 닥치더라도 그에 꼭 맞게 적절히 응하는 것만한 것이 없습니다.11)

다시 말해서, 일에 당면하여 생기는 욕망과 감정을 제거할 것이 아니라, 그 욕망과 감정을 공정하게 처리하면 된다. 공정하게 처리하는 방법은 도덕률(理)에 따르는 것이다. 이럴 경우 도덕적 이성은 욕망에 질서를 주는 기준으로, 언제나 욕망과 함께 한다. 장재는 태허-객형, 본성-감성을 대립적으로 보는 반면, 정호는 현상 사물에 리(理)가 구현되듯 욕망과 감정에 이성(理)이 구현되기를 바란다. 사람이 몸을 가지는 한 욕망과 감정은 없을 수 없다.

그 욕망과 감정은 두 가지가 있다. 하나는 개인적인 이해관계(自私)에서 나오는 욕망과 감정으로, 이를 위한 꾀 냄(用智)은 장재의 말처럼 잊어야 한다. 또 하나 도덕률에 따른 감정과 욕망으로, 없어서는 안 된다. 사람은 자신의 욕망 감정이 개인적 이해관계에서 움직이는 것이 아닌, 이성과 도덕률(理)에 맞게 율동하는 것으로 만들면 된다.

군자는 그 마음을 탁 트이게 넓히고 크게 공정하게 하여, 어떤 일에 닥쳐서도 욕망 감정이 생기더라도 그에 맞게 응한다. 개인적

11) 『明道文集』 2-1 「答橫渠先生 定性書」 "所謂定者, 動亦定, 靜亦定. 無將迎, 無內外. 苟以外物爲外, 牽己而從之, 是以己性爲有內外也. 且以性爲隨物於外, 則當其在外時, 何者爲在內? 是有意於絶外誘, 而不知性之無內外也. 既以內外爲二本, 則又惡可遽語定哉! 夫天地之常, 以其心普萬物而無心; 聖人之常, 以其情順萬事而無情. 故君子之學, 莫若廓然而大公, 物來而順應." 이 편지를 보통 「定性書」라고 부른다.

인 욕망 감정은 없어도 도덕률에 따른 감정은 있으므로, 성인이 항상 하는 것은 당면하는 일에 맞추어 희노애락하되, 정작 자기 자신의 주관적인 희노애락의 감정은 없다. 마치 자연이 항상 하는 일은 그 마음으로 두루 만물을 다스리되 마음이 없는 것과 같다. 그 마음은 밝은 거울이 있는 것을 있는 그대로 비추듯이, 부닥치는 사물과 일에 대해 알맞게 대접한다. 도덕률에 비추어 마땅히 기뻐할 일은 기뻐하고, 마땅히 화낼 일에는 화를 낸다.

> 성인이 기뻐하는 것은 그 일이 마땅히 기뻐할 것이어서 기뻐한 것이고, 성인이 분노하는 것은 그 일이 마땅히 분노할 것이어서 분노한 것입니다. 성인이 기뻐하고 분노하는 것은 그 자신의 주관적인 감정에서 나오는 것이 아니라, 객관적인 일 자체에 달려 있습니다. 이로 보건대 성인이 어찌 일(사물)에 응하지 않겠습니까? 따라서 어떻게 바깥에 따르는 것은 그르다 하고, 다시 자기 안에 있는 것(太虛인 虛心)을 찾아서 그것만이 옳다고 할 수 있겠습니까? 이제 자신만을 위하여 꾀를 내는 자의 기뻐하고 분노함을 보고, 다시 성인의 기뻐함과 분노함이 바른 것을 보건대, 이 얼마나 서로 다릅니까![12]

욕망과 감정을 무조건 비워야 하는 것으로 생각하는 장재는 사려 분요(思慮 紛擾)에 빠질 뿐만 아니라, 세상일을 제대로 처리하지 못하게 된다. 이는 그가 도덕적 이성과 감정 욕망의 관계를 제대로 이해하지 못했기 때문이다. 장재는 '지금의 이 의식 작용'[作用; 知覺]을 주체('나')로 생각하므로 자아가 분열되고, 나아가 욕망과 대결하여 제거하므로 인간을 '말라비틀어진 나무와 불 꺼진 재'로 만들어 버리려 한다.

---

12) 앞의 글, "聖人之喜, 以物之當喜; 聖人之怒, 以物之當怒. 是聖人之喜怒, 不繫於心而繫於物也. 是則聖人豈不應於物哉? 烏得以從外者爲非, 而更求在內者爲是也? 今以自私用智之喜怒, 而視聖人喜怒之正 爲如何哉?"
『유서』 18-114 (239쪽)에 의하면, 舜이 四凶을 벤 것은 순임금이 분노할 만한 나쁜 일을 그 넷이 저질렀기 때문이지, 순의 사사로운 분노의 감정에서 나온 것이 아니라고 한다. 즉 정의의 분노이지, 血氣의 분노가 아니라는 것이다.

장형(張兄; 장재)은 기를 말했다. 이 때문에 장형이 작용(作用)을 기준으로 세워서 도를 밝힌 것이다.

여대림은 … 대개 전일의 사려 분요 때문에 이제는 (마음을) 텅 비우고 고요하게(虛靜) 하려고 한다. … 그것(사려 분요)이 병이 된 것을 뉘우쳤기 때문에, 비우고 고요하게 하려고 한다. (虛靜하려는 것의) 그 극단은 말라비틀어진 나무와 불꺼진 재(槁木死灰)같이 되려 하는 것이다. (그러나 그것) 또한 도리어 옳지 않다. 왜냐하면 사람은 살아 있는 것이니, 또 어떻게 말라비틀어진 나무와 불꺼진 재가 될 수 있는가? 이미 살아 있는 것이라면 반드시 동작이 있고, 반드시 생각함이 있다. 말라비틀어진 나무와 불꺼진 재가 꼭 되려 한다면 죽는 수밖에 없다.[13)]

인간이란 살아 있는 것이다. 이 살아 있는 인간의 마음에 굳센 도덕적 의지, 내지는 '주인'(主)을 세우는 것이 정호의 작업이었다.[14)]

3) 천지(天地)와 인간의 분리의 문제 - 천명(天命)과 천지(天志)

장재가 「서명(西銘)」에서 주장한 '우주 가족의 사랑'(仁)이라는 이념을 두 정씨는 그대로 받아들여 자신들의 사상의 기초로 삼는다. 그러나 「서명」에서 장재가 자아의 갈등에 대한 처방으로 제시한 "어버이 하늘과 땅에 대한 경건함"(孝)에 대해 정호는 정면으로 반대한다.

장재에 따르면, 어버이 하늘이 우리에게 실천하라고 명령한 것

---

13) 『유서』 5-43 "張兄(張載)言氣, 自是張兄作用立標 以明道." 『유서』 2상-93 "與叔 … 蓋爲前日思慮紛擾, 今要虛靜. … 懲此以爲病, 故要得虛靜. 其極 欲得如槁木死灰, 又却不是. 蓋人活物也, 又安得爲槁木死灰? 旣活則須有動作, 須有思慮. 必欲爲槁木死灰, 除是死也." '與叔'은 장재의 제자인 呂大臨의 字이다.

14) 『유서』 1-41 "呂與叔(呂大臨)嘗言 '患思慮多, 不能驅除.' (程子) 曰'… 無緣作得主定. 又如虛器入水. 水自然入. 若以一器 實之以水, 置之水中, 水何能入來? 蓋中有主, 則外患不能入, 自然無事.'" 『유서』 15-16 "人多思慮 不能自寧, 只是做他心主不定."

은 도덕률이다. 따라서 언제나 욕망과 감정과 잡념에 시달리는 도덕적 이성[고요한 마음]이 도덕률을 실천해야 하는 근거를 어버이 하늘에 대한 효도(경건)에서 찾는다. 정호가 보건대, 이는 자아의 갈등에 대한 근본적인 해결이 되지 못한다. 하늘과 인간 사이의 간격이 상징하듯이 도덕률 실천의 당위성이 개인의 이성과 분리되어 있다. 이와 같은 한 그 자아의 갈등은 피할 수 없으며, 그 효도라는 경건한 행위는 고행에 가까운 것이 된다. 왜 자신의 이성이 그 도덕률 실천의 당위성(주희의 용어로 말하자면 所以然 所當然)의 근거가 되지 못하는가. 왜 자신의 이성은 하늘의 마음과 본질적으로 같을 수 없는가. 이것이 정호의 반문이다.

이 문제는 장재와 두 정씨 사이에 "① 이치를 탐구하고, ② 본성을 다하고, ③ 하늘의 명령에 도달 한다"[15] 라는 명제에 대한 논쟁으로 나타난다. 장재는 ① ② ③ 은 단계적인 것이며, 특히 ① ②와 ③ 사이에는 넘을 수 없는 간격이 있다고 본다. 비유하자면, 하늘은 근원이고, 본성과 이치는 그 근원에서 나오는 물길이다.

> 횡거(橫渠; 장재)가 옛날에 항상 '(하늘의) 명령은 근원(샘의 물이 솟는 곳)이고, 이치를 탐구함과 본성을 다함은 도랑을 파서 근원(의 샘물)을 이끌어 들이는 것과 같다'고 비유했다. 그렇다면 도랑과 근원은 두 가지의 것이 되어 버린다.
>
> 두 정씨는 '이치를 탐구하고, 본성을 다하고, (하늘의) 명령에 도달한다'는 말을 풀이하여서, 다만 이치를 탐구하기만 하면 곧 (하늘의) 명령에 도달한다고 했다.
>
> 이에 자후(子厚; 장재)가 말했다. "(이는) 또한 (이치 탐구에서 하늘의 명

15) 『주역』「說卦」1. "窮理 盡性 至于命." 내가 당면한 일을 바르게 처리하기 위하여 그 일의 이치를 탐구하면, 그 일에 대해서 어떻게 해야 하는지 나의 본성(이성, 양심)의 소리를 들을 수 있다. 이 이성과 양심의 명령은 결국 하늘의 명령이라는 말이다. 이를 반대의 순서로 말한 것이 『중용』 첫머리의 "天命之謂性 率性之謂道 修道之謂教"이다.

> 령에 도달하는 것이) 지나치게 빠른 잘못이 있다. 이 명제에는 완전히 순서가 있다. 반드시 이치를 탐구해야 곧 자기의 본성을 다할 수 있으며, 비슷한 종류에까지 미루어서 또 사람들의 본성을 다한다. 사람들의 본성을 이미 다하면 반드시 아울러 모든 사물의 본성을 일제히 다하여야 한다. 이와 같이 한 뒤에라야 하늘의 도에 도달하게 된다. 그 사이에는 많은 일이 있는데 어찌 바로 그 자리에서 (하늘의 도를) 이해하겠는가? 배우는 자는 마땅히 이치를 탐구함을 우선해야 한다. 이와 같으면 곧 바야흐로 배움이 있게 된다. 이제 '(하늘의) 명령을 안다'와 '(하늘의) 명령에 다다른다'고 말하는데, (그 두 말 사이에는) 완전히 가깝고 먼 (차이가) 있다. 어떻게 '아는 것'을 곧 '다다르는 것'이라 할 수 있는가?"[16]

『주역』「설괘」전의 명제(窮理 盡性 至于命)와 비슷한 것이 『맹자』「진심」 상1 에 나오는 "마음을 다하면 본성을 알고, 본성을 알면 하늘을 안다(盡心, 知性, 知天)"라는 것이다. 맹자는 "하늘을 안다(知天)"고 한다. 장재는 '하늘을 안다(知天)'는 말을 '(하늘의) 명령을 안다(知命)'는 것이라 한다. 그가 보건대 인간은 이 점까지는 할 수 있다. 그리고 '(하늘의) 명령에 다다르는 것(至於命)'은 그것과는 다르다는 것이다. 따라서 우리의 본성은 하늘을 알 수는 있으나, 우리 본성이 직접 하늘이 될 수는 없다.

사람과 하늘 사이에 엄격하게 간격을 설정하는 그의 이런 입장은, 『정몽』에서 인간은 마음을 비우고 넓혀서 하늘[太虛]과 같이 되어야 한다고 한 것과 같은 궤적에 있다. 또한 「서명」에서 인간과 하늘 사이에 절대적인 차별을 두어 인간은 하늘에 대한 경건함을 가지고 도덕률을 행하라고 한 것과 직접 연결된다. 그는 하늘과 사

16) 『유서』 2상-99 "橫渠昔常譬'命是源, 窮理與盡性, 如穿渠引源.' 然則渠與源, 是兩物." 『유서』 0-30 "二程解'窮理 盡性 以至於命', 只窮理, 便是至於命. 子厚謂'亦是失於太快. 此義儘有次序. 須是窮理, 便能盡得己之性, 則推類又盡人之性. 旣盡得人之性, 須是幷萬物之性, 一齊盡得. 如此然後 至於天道也. 其間煞有事, 豈有當下理會了? 學者 須是窮理爲先, 如此則方有學. 今言'知命'與'至於命', 儘有近遠, 豈可以'知'便謂之'至'也?' "

람 사이에 절대적인 간격을 둔다. 그리고 그 간격을 크게 할수록 사람이 하늘에 바칠 경건도 더 커진다. 하늘은 그만큼 절대자이고, 인간은 그만큼 유한한 것이다. 그는 사려 분요에 시달리면서 인간의 한계를 깊이 느꼈을 것이고, 그만큼 하늘이 더 절대적이 된다. 사려 분요가 클수록 더 큰 경건이 요구되고, 그만큼 하늘은 더 넘을 수 없는 간격을 가진 절대자가 된다.

이에 대해 정호는 『주역』 「설괘」 전과 『맹자』 「진심」 편의 명제가 제시하는 세 단계는 하나이며, 따라서 우리의 이성의 명령은 결국 하늘의 명령과 같다고 한다. 물론 현실의 인간에 있어서 그 셋에 차이가 없는 것은 아니다. 그러나 본질적으로는 같다.

> (장재가) 일찍이 '마음으로 하늘을 아는 것은 서울에 살면서 장안에 가는 것과 비슷하다. 다만 (서울의) 서쪽 문만 나설 줄 알면 곧 장안에 도착할 수 있다'고 가르쳤다. 이는 오히려 (서울과 장안을) 두 곳으로 만들어 버림을 말한다. 만약 성실하기만 하면, 다만 서울에 있어도 곧 장안에 도착한 것이니, 곧 따로 장안을 구해서는 안 된다. 다만 마음이 곧 하늘이니, 그것을 다하면 본성을 알게 되고, 본성을 알면 곧 하늘을 안 것이다. 그곳에서 곧 인식할 것이며, 다시 바깥에서 구해서는 안 된다.
>
> 이치를 탐구하고, 본성을 다하여서 (하늘의) 명령에 다다르는 것은 다만 하나의 일이다. 이치를 탐구하자마자 곧 본성을 다하는 것이요, 본성을 다할 때 곧 (하늘의) 명령에 다다르게 된다.
>
> 이치를 탐구하고 본성을 다하여서 (하늘의) 명령에 다다른다는 것, 이 세 가지 일은 동시에 함께 하는 것인 셈이니, 본래부터 순서가 없다. 이치를 탐구하는 것을 앎의 일로 만들어서는 안 된다. 그러나 만약 실제로 이치를 탐구하면 곧 본성의 명령은 또한 (알게) 된다.[17]

---

17) 『유서』 2상-19 "(張載)嘗喩 '以心知天, 猶居京師, 往長安. 但知出西門, 便可到長安.' 此猶是言作兩處. 若要誠實, 只在京師, 便是到長安, 便不可別求長安. 只心便是天, 盡之便知性, 知性便知天. 當處便認取, 更不可外求." 『유서』 18-51 "窮理 盡性 至命, 只是一事. 才窮理便盡性, 方盡性便至命." 『유서』 2상-20 "'窮理 盡性, 以至于命', 三事一時并了, 元無次序. 不可將窮理 作知之事. 若實窮得理, 卽性命亦可了." 기타 『유서』

장재는 현실적으로 판단한다. 서울에서 장안으로 가는 것은 몸이 가는 것이다. 장안 가는 길을 알아도 실제로 장안에 간 것은 아니다. 몸이 장안에 가야 간 것이다. 따라서 그는 앎과 함을 구별한다. 그것이 바로 하늘의 명령을 아는 것(知天 知命)과 하늘의 명령에 도달하는 것(至於命)의 구별이다. 하늘의 명령을 아는 것은 하늘의 명령에 다다르는 것과 다르다. 하늘의 명령은 「서명」에서 말하듯이 각고의 노력 속에 실천하는 것이다. 그런 실천 뒤에라야 다다를 수 있을 것이다.

반면 정호는 앎과 함을 동일시한다. 그는 서울에 있으면서 장안에 가는 길을 알면 장안에 간 것과 같다고 본다. 일단 알면, 그것을 아직 안 했을 뿐 언젠가는 할 수 있다. 즉 가능태이다. 그는 맹자의 이론(盡心 知性 知天, 혹은 窮理 盡性 至於命)에 따라, 하늘의 명령은 내 마음 속의 이성의 명령이라고 본다. 맹자는 본성을 탐구하면 하늘의 명령에 도달한다고 본다.

그는 내 안에 신이 있다고 보는 일종의 범신론자이다. 따라서 정호가 보건대 하늘의 명령을 아는 것은 바로 하늘의 명령에 다다르는 것이다. 왜냐하면 하늘은 나의 본성 속에 있기 때문이다. 반면 장재는 묵자식의 하느님을 생각한다. 나의 바깥에 있으면서 나에게 명령을 내리시는 절대자이다. 따라서 하늘의 명령을 아는 것은 어렵지 않으나 그 명령을 수행하는 것은 어렵다. 그 명령 수행을 그는 '명령에 도달하는 것(至於命)'이라 한다.

정호는 어버이 하늘이 우리에게 실천하라고 명령한 것이 도덕률이라는 점에는 동의한다. 그러나 그 명령의 수행이 장재가 「서명」에서 말한 것처럼 하늘에 대한 경건함, 혹은 숭배를 의미하는 것은 아니다.

11-50 "'窮理 盡性, 以至于命' 一物也."
『유서』 2상-20, 99 ; 10-30, 11-48, 21하-6, 22상-74. 『외서』 11-5 참조.

이것은 묵자 류의 인격신(天志) 숭배에 지나지 않는다. 정호는 맹자가 말했듯이 나의 이성과 양심[性]의 명령이 바로 하늘의 명령이라고 본다. 그는 욕망과 감정을 이성화시키라고 한다. 욕망과 감정에 질서(理)를 부여하는 이성은 우리의 마음의 본질이다. 이성은 외부의 명령에 따라 질서를 부여하는 것이 아니다. 그것은 일종의 자율이다. 이 자율을 보장하는 것이 바로 나의 이성인 하늘의 명령이다. 그는 이성과 하늘의 명령을 동일시한다. 이성의 명령은 하늘의 명령이므로 절대적이며 보편적이다. 그 명령은 스스로 자각하여 자기 자신에 적용해야 한다. 이를 통하여 그 자율성의 근거를 찾는다.

장재는 자신의 이성, 혹은 행위 주체인 '나'를 '태허'(太虛, 아무런 규정도 없는 것, 고요한 상태)로 보기 때문에, 그 '나'에 행위의 방향을 지시해 주는 하늘의 명령을 상정하지 않을 수 없었다. 이렇게 행위 주체('나')와 하늘명령을 둘로 구분하기 때문에 장재와 그 제자들이 자아의 갈등을 겪을 수밖에 없었다. 정호는 나의 이성이 바로 진리(理)이며, 그것이 바로 하늘의 명령이라고 한다. 내가 도덕률을 행하는 것은 하늘의 명령을 수행하는 것이기에 앞서 자신의 이성에 따른 행위이다. 그는 인간의 이성이 태허처럼 무규정자가 아니라, 도덕률 실천의 당위성 내지 도덕률 그 자체라고 한다. 따라서 그는 인간의 마음 뿐 아니라, 자연의 현상은 다 '천리'(天理)의 드러남이라고 한다.

> 만물은 모두 다만 하나의 천리이니, 내가 (그것에) 어떻게 관여하겠는가? 천리라고 하는 것은 이 하나의 도리이니, 다시 무슨 다해서 없어짐이 있겠는가? (그것은) '요 임금 때문에 존재하는 것도 아니고 걸 때문에 없어지는 것도 아니다.' 사람이 그것을 얻는 것이니, 그러므로 (사람이 천리를) 크게 행해도 (천리에) 더 보태지는 것이 아니며, 궁벽하게 살아도 줄어드는 것이 아니다. … 그것은 원래부터 손톱만큼의 부족도 없으니, 모든 이치가

(나에게) 갖추어져 있다.

"만물(의 리)이 모두 나에게 갖추어져 있다." 사람만 홀로 그러한 것이 아니라 사물도 그러하니, 모두 그 안에서부터 나온 것이다. … 모든 이치가 갖추어져 평탄하게 쫙 펼쳐져 있다.[18]

이 세상에는 하늘의 이치(天理)가 있다. 그것은 객관적인 것이어서, 사람이 알던 모르던, 사람이 실천하던 안 하던 간에 그 자체로 존재하는 것이다. 그것은 사람이 어떻게도 관여할 수 없는 것이다. 그런 천리가 모든 사물에 부여되어 있다. 하늘의 명령에 따르는 것은 바로 그 천리에 따르는 것이다. 그렇게 할 때 사람은 가장 알맞게 살 수 있다. 그는 천명(天命)에서 천리(天理) 이론으로 나간다.

4) 대립자의 존재

장재가 마음의 본래 상태를 무규정자[太虛]로 보는 것은, "인간의 본성은 선이나 악이라는 개념으로 규정될 수 없다"는 이론으로 후대에 드러난다.[19] 이렇게 본성을 무규정자인 절대적인 것으로 보는 것은 노장이나 불교가 '허'(虛)와 '공'(空)을 말하는 것과 같은 맥락에 있다. 노장과 불교는 현실 세계의 도덕규범을 일단 부정하기 때문에 그런 입장을 취하게 된다. 즉 규범이 있어야 그것에 따라 선악이 결정된다. 그들은 규범을 부정하므로 선악의 피안으로 가게 된다. 그러나 장재가 현실 세계의 규범을 정립하기 위해 그런 이론을 도입하는 것은 결국 자아의 갈등으로 귀착될 수밖에 없다.

---

18) 『유서』 2상-111 "萬物皆只是一箇天理, 己何與焉?", 『유서』 2상-117 "天理云者, 這一箇道理, 更有甚窮已? '不爲堯存, 不爲桀亡'(『순자』 「天論」) 人得之者, 故大行不加, 窮居不損, … 是佗元無少欠, 百理具備.", 『유서』 2상-137 "'萬物皆備於我.' 不獨人爾, 物皆然, 都自這裏出去. … 百理具在, 平鋪放著."

19) 호굉이 그 대표자이다. 그는 "선은 악과 대립되는 것이 아니다"라고도 한다. 이점에 대해서는 8장, 3) 중화구설 3-4서, (1)의 ③ (287쪽 이하)를 보라.

정호는 "하늘과 땅 사이의 모든 사물의 이치는, 홀로인 것이 없고 반드시 짝(對; 대립자)이 있다. 모두 스스로 그러해서 그러한 것이지, 누가 그렇게 만들어 놓은 것[安排]은 아니다. 매일 한밤중에 그것을 생각하면 나도 모르게 손이 춤을 추고 발이 뛴다"고 한다.[20] 그가 그렇게 기뻐한 것은 자연의 변화 자체가 그런 대립자에 의한다는 것을 발견한 점에서도 나오지만, 장재의 사상의 근본 문제를 거기에서 찾았기 때문일 것이다.

겨울에 춥고 여름에 더운 것은 음과 양이다. 그렇게 운동하고 변화하게 하는 것(까닭)은 신묘함이다. '신묘함은 (존재하는 일정한) 곳이 없다. (모든 곳에 존재한다.) 그러므로 변화에는 (일정한) 몸이 없다.' 만약 어떤 사람[장재]처럼 (사람과) 따로 하나의 하늘을 세워서, 사람은 하늘을 포괄할 수 없다고 말한다면, 이는 (하늘=신묘함에 일정한) 곳이 있다는 것이고, (결국 사람과 하늘은) 두 근본이 된다.

모든 사물은 짝이 없음이 없으니, 한번 음하면 한번 양하고, 하나가 선하면 하나는 악하다. 양이 크면 음이 소멸하고, 선이 늘어나면 악이 줄어든다. 이것이 이치이다.

일에 선이 있고 악이 있는 것은 모두 자연의 이치이다. 자연의 이치 가운데 사물은 반드시 아름다움과 추악함이 있다. 왜냐하면 사물이 고르지 않음은 사물의 참 모습이기 때문이다. 그러나 마땅히 살펴서 스스로 악에 빠지거나 한 사물에 흘러서는 안 된다.

천하에 선과 악은 모두 자연의 이치이다. 악이라 말하는 것도 본래는 악이 아니다. 다만 어떤 것은 지나치고 어떤 것은 모자라서 곧 이와 같이 (악이) 된 것이다. 예컨대 양주와 묵적의 무리이다.

천지 가운데에 어떤 것이 없는가! 천지가 어찌 일찍이 마음을 가져서 선과 악을 구별해서 가려내는가? 모든 것을 포용하여 (하늘이) 덮어주고 (땅이) 실어 주되, 다만 그것을 대하는데 도가 있을 뿐이다. 만약 선한 자를 친하게 하고, 선하지 않은 자를 멀리 한다면 (천지가) 더불지 않은 사물이 많아질 것이니, (그래서야) 어찌 천지가 될 수 있겠는가?[21]

---

20) 『유서』 11-46 "天地萬物之理, 無獨必有對, 皆自然而然, 非有安排也. 每中夜以思, 不知手之舞之, 足之蹈之也."

정호는 사계절이 순환하는 것은 추위(陰)와 더위(陽)의 상대적인 늘고 줄음이라는 상대적 관계로 본다. 현상 세계에는 음양으로 대표되는 '움직임과 고요함', '추위와 더위', 나아가 '선과 악', '아름다움과 추악함' 등의 대립자가 있다.[22] 현상 세계에서 이러한 대립자의 관계는 양자의 불균형으로 나타난다.

이상적으로 볼 때 이 대립자 사이에는 알 맞는 상태가 있다. 이것이 '중용(中庸; 알맞음)'이다. 이 알 맞는 상태가 바로 그 변화를 규제하는 기준이 되며, 이 기준은 형이하자가 아닌 형이상자에 있다.

> 알맞음의 이치는 지극하다. 홀로 음만으로는 생겨날 수 없고, 홀로 양만으로도 생겨날 수 없다. 치우치면 짐승이 되고, 오랑캐가 된다. 알맞으면 곧 사람이 된다. 알맞으면 치우치지 않고 일정하면 변하지 않는다. 오직 '알맞음'이란 말로 그것을 다할 수 없으므로, '알맞음과 일정함(中庸)'이라 한다.
>
> 알맞음이란 천하의 큰 근본이니, 하늘과 땅 사이에 떳떳하고 당당하며, 위 아래로 두루 적용되는 올바른 이치이다. (그것에서) 벗어나면 옳지 않다. 오직 빠짐없이 늘 경건해야 (그 중용을) 가장 잘 할 수 있다.[23]

---

21) 『유서』 11-48 "冬寒夏暑, 陰陽也. 所以運動變化者, 神也. '神無方, 故易無體.' 若如或者別立一天, 謂人不可以包天, 則有方矣, 是二本也." 『유서』 11-74 "萬物莫不有對, 一陰一陽, 一善一惡. 陽長則陰消, 善增則惡減, 斯理也." 『유서』 2상-29 "事有善有惡皆天理也. 天理中物 須有美惡. 蓋物之不齊 物之情也. 但當察之, 不可自入於惡, 流於一物." 『유서』 2상-11 "天下善惡 皆天理. 謂之惡者, 非本惡. 但或過或不及 便如此. 如楊墨之類." 『유서』 2상-31 "天地中何物不有? 天地豈嘗有心 揀別善惡? 一切涵容覆載, 但處之有道爾. 若善者親之, 不善者遠之, 則物不與者多矣, 安得爲天地?"

22) 『유서』 11-14 정호는 "하늘의 도는 음양, 땅의 도는 강유(剛柔), 사람의 도는 인의(仁義)"라고 하는 『주역』 「설괘」의 말을 인용하고, 이처럼 삼재(三才; 天-地-人)를 한결같이 둘로 나눈 것은, 둘로 나누지 않으면 작용(用)이 없어지기 때문이라 한다.

23) 『유서』 11-63 "中之理 至矣. 獨陰不生, 獨陽不生. 偏則爲禽獸, 爲夷狄, 中則爲人. 中則不偏, 常則不易. 惟中不足以盡之, 故曰中庸." (庸=常) 『유서』 11-167 "中者 天下之大本. 天地之間, 亭亭當當, 直上直下之正理. 出則不是. 唯'敬而無失'(『논어』 「안연」 5), 最盡." 『근사록』 권1을 보면, 『유서』 11-46의 "天地萬物之理, 無獨必有對"라는 말 다음에 바로 위의 『유서』 11-167이 나오고, 그 다음에 정이가 仁을 公이라 정의하는 말을 싣고 있다. 따라서 주희는 『근사록』을 편찬하면서 有對 中庸 仁 公을 연결시켜서 생각하고 있었음은 명백하다.

자연 뿐만 아니라 사람의 마음에도 대립자가 있다. 욕망과 감정은 언제나 양극단이 있다. 슬퍼할 일에는 당연히 슬퍼해야 한다. 그러나 몸을 상할 정도가 되어서는 안 된다. 즐거워해야 할 일에는 마땅히 즐거워야 하나, 도를 넘어서는 안 된다. 용감해야 하나 예를 배우지 않으면 난동을 부리게 된다.[24] 이처럼 사람의 마음은 언제나 감정 욕망으로 흔들리며, 따라서 마땅히 절도가 있어야 한다. 이 지나침도 부족함도 없는 '알맞음'(중용)의 상태가 바로 올바른 상태이며, 이상적인 인격이다. 「정성서」에서 정호가 강조하는 바가 이것이다. 개인적인 이해관계를 벗어나 공정함을 따르는 희노애락이 바로 알맞은 마음가짐이다. 이 알맞음(中庸)의 기준이 예(禮)이며, 정호는 리(理)라고 한다. 우리의 본성은 욕망 감정이나 일 처리에 있어서 이 알맞음을 이룰 수 있는 타고난 능력이 있다. 즉 리가 부여되어 있다.

정호는 이 기준[天理]이 우리의 본성에 부여되어 있기 때문에 우리는 그것을 인식할 수 있으며, 그것에 따라 행위할 수 있고 한다. 그가 보건대, 그 알맞음을 인식할 때 인간은 확고한 주체를 정립하여 올바르게 행위 할 수 있다고 본다. 이 대립자[對待]의 개념에서 그는 '리'(理) 개념을 정립한다.

> 그것을 이름 지어 '변화'라고 하면 곧 리가 있다. 만약 (각 개인이) 안배하여 정한다면 다시 무슨 리가 있겠는가? 하늘과 땅 사이의 음양의 변화는 곧 두 짝의 맷돌과 같아서 오름과 내림, 가득 참과 이즈러짐, 강함과 부드러움(의 움직임)이 처음부터 일찍이 멈추고 쉼이 없다. 양은 항상 가득 차고, 음은 항상 이즈러지므로 곧 고르지 않게 된다. 비유하자면 예컨대 맷돌이 이미 돌아가면, (맷돌의) 이가 모두 고르지 않게 된다. 이미 고르지 않으면 곧 무수한 변화를 만들어 낸다.[25]

24) 『논어』 「팔일」 20, "樂而不淫, 哀而不傷.", 「태백」 2, "勇而無禮則亂, 直而無禮則絞." 『논어』에는 이와 같은 표현이 많이 나온다. 공자는 그런 '중용'의 상태가 이상적인 마음 상태이며 인격이라 본다.

그는 하늘과 땅, 음과 양을 맷돌 두 짝에 비유한다. 맷돌 윗짝이 돌아가면 곡식 알갱이가 으스러져 위아래 맷돌 짝 사이에서 나오듯이, 하늘이 움직이면 하늘과 땅 사이에서 자연의 모든 변화가 나온다. 그 변화는 '오름과 내림'처럼 음-양의 움직임이며, 그 속에는 리(理)가 있다는 것이다.

장재는 인간의 본성을 무규정자[太虛]로 보았다. 그러므로 그는 인간의 본성에 행위의 올바른 기준이 있다는 것을 제시할 수 없었다. 정호는 이런 대립자의 알맞는 상태를 객관적 '자연 질서'(天理)라고 보며, 그것이 행위의 기준이 된다고 한다. 정호 이래 성리학자들은 이런 대립자가 있어야 어떤 현상에 언어적 규정(명분 부여)을 할 수 있다고 본다. 이 언어(Logos)는 우리의 이성이며 행위 원리이며 규범이라는 것이다.

공자는 언어를 바르게 확립하여, 이 언어에 따라 바르게 행위를 하라고 한다. 이것이 '정명론(正名論)'이다. 정호의 주장은 정명론의 연장선에 있다. 이처럼 언어를 바르게 정립하려는 것은 선악의 기준을 제시하기 위한 것이다. 언어를 부정하는 도가(道家)는 선악을 넘어서서 그런 인위적 규정이 없는 자연 상태로 돌아가려 한다. 장재의 기 철학은 그런 요소가 다분히 있다.

정호가 대립자 사이의 알맞음(中庸)을 강조하는 것은 한편으로는 왕안석의 평균주의에 대한 비판이라고 할 수 있다. 왕안석은 남는 것을 덜어 부족한 것에 보태 주는 것을 그의 경제 정책의 기조로 삼는다. 정호가 보건대 그런 식의 평균은 진정한 알맞음(中庸)이 아니다. 남고 부족한 것도 그 차이에 정당성만 있으면 된다. 그 정당성은 예 제도에 따를 때 세워진다.[26] 정호는 이점에서 장재가

---

25) 『유서』 2상-130 "命之曰易, 便有理. 若安排定, 則更有甚理? 天地陰陽之變, 便如二扇磨. 升降盈虧剛柔, 初未嘗停息. 陽常盈, 陰常虧, 故便不齊. 譬如磨旣行, 齒都不齊. 旣不齊, 便生出萬變."

26) 『논어』 「자로」 23, "君子 和而不同, 小人 同而不和"

『서명』에서 제시한 우주 가족 안에 있는 사랑의 위계질서 안에서의 계층적 차이가 가장 정의로운 것이라고 본다. 그런데 왕안석은 그 차이를 무너뜨리고, 결과적으로 예 제도를 부정한다.

2. 정호에게 보인 세계의 모습

1) '현상이 곧 본체'라는 일원론

정호는 장재의 이론의 가장 큰 문제가 본체와 현상을 단절시키는 것이라고 본다. 그는 장재식의 이원론을 극도로 경계한다. 따라서 그는 본체와 현상을 철저하게 연결시킨다. 현상이란 본체가 드러난 것이며, 나아가 현상이 곧 본체라고 그는 단정한다.

그는 "현상 세계는 형이하자이고, 본체는 형이상자"라고 하여 둘로 나눈 『주역』「계사」의 생각을 일단 받아들인다. 그리고 현상이란 본체가 드러난 것이라고 한다.

> ① 「계사」 상12에서 '형이상자를 도라 하고, 형이하자를 기(器)라 한다'라고 한다. 그런데 ② '하늘의 도를 세워서 음과 양이라 하고, 땅의 도를 세워서 굳셈과 부드러움이라 하고, 사람의 도를 세워서 인과 의라 한다'(「설괘」2), ③ '한번 음하면 한번 양하는 것을 일러 도라 한다'(「계사」상5)고 한다. 음과 양은 또한 형이하자이다. 그런데도 (② ③에서는) 도(즉 형이상자)라고 한다. (왜 그런 모순을 범했는가?) 이 명제(①)는 위와 아래(형이상하)를 가장 분명하게 자른 것일 뿐이다. 본래는 다만 이것(음양)이 도이다. 요컨대 사람들은 (이 관계를) 속으로 곰곰 생각하여 깨달아야 한다.
>
> '형이상자를 도(道)라 하고 형이하자를 기(器; 현상 사물)라 한다.' 반드시 이와 같이 말해야 한다. 그러나 *기(器)가 또한 도(道)이고, 도(道)가 또한 기(器)이다.* 다만 도가 행해지기만 한다면, 현재와 미래, 나와 남과는 상관이 없다.[27]

일반적으로 음양은 기(氣, 器)이고 형이하자라고 한다. 그런데 『주역』에서는 음양이 도(道), 즉 형이상자라고 한다. 이런 모순은 왜 생기는가? 정이는 이 때문에 명제 ③을 '한번 음하면 한번 양하는 **까닭**(所以一陰一陽)이 도' 라고 바꾸어서 그 모순을 피한다. 그러나 정호는 그 모순이 정당하다고 본다. 세계는 둘로 구분되나 본질적으로는 하나이기 때문이다. 이런 모순은 이해가 되는 것이 아니므로, 곰곰 생각해 보아야 알 수 있는 것이다.

일반적으로 본체와 현상은 "하나이면서 둘이며, 둘이면서 하나이다" 라고 한다.[28] 장재는 "하나이면서 둘이다"라는 입장을 가지는 반면, 정호는 "둘이면서 하나라고 본다. 장재는 기(氣) 일원적 구조에서 출발하여 결국은 본체인 태허와 현상인 객형(客形)으로 나누는 것으로 돌아간다. 인간은 현상적인 마음(客感)에서 본체인 본성(太虛)으로 돌아가야 한다고 한다. 이렇게 하여 그는 현상과 본체 사이에 뛰어넘을 수 없는 간격을 두었다. 이는 엄격히 분리된 구조로 나타난다.

반면 정호는 인간과 자연에 있어서 본체와 현상이 분리된 모습을 시인한다. 그리고 그 둘은 본질적으로 혹은 본래 같다고 한다. 이런 모순은 이론적으로 설명할 수 없다. 그것은 일종의 지적인 직관적 깨달음의 문제라고 한다. 따라서 인간은 그런 사실만 깨달으면 되지, 하나가 되는 엄격한 도덕적 수련이 필요하지 않다고 한다. 그는 일종의 천재적인 직관을 요구한다.

---

27) 『유서』 11-13 "繫辭曰'形而上者 謂之道, 形而下者 謂之器.' 又曰'立天之道 曰陰與陽, 立地之道 曰剛與柔, 立人之道 曰仁與義.' 又曰'一陰一陽之謂道.' 陰陽 亦形而下者也, 而曰道者, 惟此語 截得上下最分明. 元來只此是道. 要在人默而識之也." 『유서』 1-15 "形而上爲道, 形而下爲器. 須著如此說. 器亦道, 道亦器. 但得道在, 不繫今與後, 己與人."

28) 『유서』 25-41 "知生之道, 則知死之道; 盡事人之道, 則盡事鬼之道. 死生人鬼, 一而二, 二而一者也." 『유서』 25-69 "君子之學貴乎一, 一則明, 明則有功."

2) 우주적 생명의 약동으로서 세계

이러한 '본체가 그대로 현상'인 세계는 어떤 것인가. 장재는 자연의 본체인 '태허'를 물질적인 것이면서 동시에 정신적인 것으로 규정하지만, 그것이 무엇인지 명확하게 파악하지 못한다. 정호는 그것을 '생명'이라고 단정한다. 물질과 정신은 생명의 두 양상이다. 반대로 보자면, 물질과 정신이 합해진 것은 바로 생명 현상이다. 그는 자연 현상 자체가 우주적 생명의 약동(生生)이라고 본다. 사람들은 자연이 단지 물질적인 것이라고 본다. 그러나 정호는 자연에 있는 정연한 질서는 정신적인 것, 즉 하늘과 땅의 마음(天地之心)에 의해서 생겨난다고 본다. 즉 자연은 물질이면서 동시에 그런 마음/정신이 있는 것, 즉 생명체라는 것이다.

> "'솔개가 날아서 하늘에 이르고, 물고기가 연못에서 뛰놀도다!'(『중용』 12-3) 라는 것은 그것이 위에서 아래까지 드러난다는 말이다. … (우주적 생명이) 살아서 펄떡 펄떡 뛰노는 것이다."
>
> "병아리를 보라! 여기에서 인(仁; 생명의 흐름)을 체험할 수 있다."
>
> "주무숙(周茂叔; 주돈이)은 창 앞의 풀을 베지 않았다. (그 이유를) 묻자, '(그 풀이 살려고 하는 것은) 나의 의지와 한 가지이기 때문이다' 라고 했다."
>
> "하늘과 땅이 만물을 낳는 기상을 보라!"[29]

하늘을 나는 솔개, 물속에서 뛰노는 물고기, 먹이를 찾는 병아리, 창 앞의 무성한 풀들은 단순히 그 개체들이 움직이는 현상일 뿐만 아니라, 그 우주적 생명이 움직인 것이 그 개체로 드러난 것이다. 보통 사람들은 각 개체의 움직임을 본다. 예컨대 하늘의 솔개를 보

---

29) 『유서』 3-1 "'鳶飛戾天, 魚躍于淵', 言其上下察也. … 活潑潑地." 『유서』 3-2 "觀鷄雛! (잔주) 此可觀仁." 『유서』 3-21 "周茂叔 窓前草不除去. 問之, 云與自家意思一般." 『유서』 6-52 "觀天地生物氣象!"

고 다만 그 솔개의 움직임이라고 한다. 그러나 정호는 솔개의 움직임에서 우주적 생명의 약동을 본다. 하늘과 땅 사이의 모든 사물들은 하나의 거대한 체계이다. 그 거대한 체계를 정호는 우주적 생명이라고 본다. 따라서 자연 속의 한 사물의 움직임은 그 우주적 생명의 움직임이다.[30] 이는 인간의 몸의 움직임은 그 마음의 뜻에 달려 있는 것처럼, 자연 현상은 전체로서 하나의 몸이고, 그것의 움직임은 자연의 마음[天地之心]의 뜻에 달려 있다고 보는 것이다. 이는 일종의 **의인법**이라고 할 수 있다. 각 개체의 움직임을 보는 것은 우리가 일상적으로 하는 것이다. 그러나 자연 전체를 하나의 몸으로 보아서, 모든 현상 사물의 움직임을 그 몸(우주적 생명)의 움직임으로 보는 것은 보통 사람이 가지는 일상적인 체험이 아니다. 그런 체험은 특수한 것으로 직관적이고 시적(詩的) 깨달음이라 할 수 있다.[31]

"'하늘과 땅의 위대한 능력은 낳음(생명력)이다.'(「계사」 하1) '하늘과 땅이 서로 작용하여 합해지니, 만물이 두루 다 변화한다.'(「계사」 하5) '생명력을 일러 본성이라 한다.'(『맹자』 「고자」 상3) 만물의 살려는 의지는 가장 보기 좋다. 이것이 '근원(元)은 선의 으뜸이다'(「건괘 문언」) 라는 것이니, 곧 인(仁)이다. 사람과 천지는 하나이다. 그런데도 사람은 왜 일부러 스스로를 작게 보는가?"

"이는 그 엄숙함(서늘함)이 가을과 같고, 그 온화함(따스함)이 봄과 같다는 것이다. 가을과 같다는 것은 곧 '의로움으로 바깥을 바르게 한다'(「곤괘 문언」)는 것이요, 봄과 같다는 것은 모든 사물이 다 봄의 의지(생명력)를 가지고 있음을 보는 것이다. 요부(堯夫; 소옹)의 시에서 말했다. '가슴에 꽉꽉

---

30) 『유서』 1-11, "天地之間, 非獨人爲至靈. 自家心 便是草木鳥獸之心也. 但人受天地之中 以生爾." 장재는 우주를 물질적 자연으로 보기 때문에 『정몽』의 초반부는 자연학적 설명이다. 그러나 「서명」은 우주를 가족으로 보기 때문에 직유에 의한 비유적 설명이다. 정호는 우주를 하나의 생명체로 보기 때문에 「식인편」 등에서 철저하게 은유를 사용한다.

31) 『유서』 2상에는 정호가 그런 체험과 깨달음의 홍분 속에서 한 발언들이 많다. 자연을 하나의 살아있는 생명체로 느끼는 깨달음은 이상의 『날개』 마지막 부분(정오 싸이렌 소리와 함께 모든 것이 살아 움직임)을 보라.

차 있으니, 완전히 무르익은 봄이로다!'" 32)

봄에 모든 사물을 볼 때 모든 것은 살아나서 자란다. 하늘과 땅 사이에는 살려는 의지로 가득 차 있다. 자연의 위대한 능력은 모든 것을 낳아서 그것들이 살게 하는 것이다. 즉 자신의 생명력을 모든 사물에 부여하는 것이다. 정호는 사계절의 변화는 이 살려는 의지의 변용이라고 본다. 가을에 모든 것이 시들어 겨울에 앙상함만 남는 것도 그 의지의 표현이다. 봄 여름에 무성하게 자라는 것은 생명의 자기의 표현이지만, 가을 겨울에 자신이 가진 본래의 것만 남는 것은 그런 자기 표현하는 주체만 남기는 것이며, 그 주체를 바로잡는 것이다. 그래야 그 다음 봄에 다시 그 삶의 의지가 다시 왕성하게 발현될 수 있으며, 자손이 대대로 이어질 수 있다.

이렇게 삶의 의지와 죽음의 의지가 같은 뿌리를 가진 것으로 보는 것은, 사랑(仁)과 증오(義)를 같은 근원을 가진 것으로 보는 것과 동일한 발상이다. 사랑과 미움을 함께 가지라는 것은 맹자가 힘써 주장하는 것이다. 어떤 사람을 사랑한다는 것은 그의 모든 행위를 다 용인한다는 것이 아니다. 그의 나쁜 행위에 대해서는 분노하고 미워하며 교정하려는 것이 오히려 사랑이다. 가을 겨울에 잎이 시들어 떨어지는 것은 그런 비본질적인 것이 제거되는 것이다.

"낳고 또 낳는 것을 변화라고 한다"(「계사」 상5) 라는 것이 바로 하늘이 (가는) 길로 삼는 것이다. 하늘은 다만 낳음을 길로 삼는다. 이 낳음(생명력)의 이치를 잇는 것이 곧 선(善)이다. 선은 하나의 근원이라는 뜻을 가지고 있

32) 『유서』 11-42 "'天地之大德曰生', '天地絪縕, 萬物化醇', '生之謂性'. 萬物之生意, 最可觀. 此'元者 善之長'也, 斯所謂仁也. 人與天地 一物也, 而人特自小之, 何也?" 『유서』 2상-130 "此其肅如秋, 其和如春. 如秋 便是'義以方外'也. 如春, 觀萬物皆有春意. 堯夫(召雍)有詩云 '拍拍滿懷 都是春.'"
'스스로를 작게 봄(自小之)'이란 말은 장재를 비판한 것이다.

다. “근원은 선의 으뜸이다.” 모든 사물은 다 봄의 의지를 가지고 있으니, 곧 “그것을 잇는 것이 선이고, 그것을 이룬 것이 본성이다.”(「계사」 상5) 이 이룸은 도리어 반드시 그 만물이 스스로 그 본성을 이루기를 필요로 한다.[33)]

이 삶의 의지가 바로 모든 것의 근원(元)이며, 선(善)의 으뜸이다. 이 의지를 있는 그대로 이어서 발현하는 것이 선을 실현하는 것이다. 자연은 그 생명력을 있는 그대로 드러내며, 거기에 최고의 선과 아름다움이 있다.[34)] 인간도 자신이 가진 생명력을 있는 그대로 표출할 때, 가장 선하고 아름다운 행위가 이루어지며, 가장 큰 즐거움이 있게 된다.

3) 사랑의 세계

정호는 그 생명의 가장 큰 속성을 ‘사랑(仁)’으로 본다. 봄에 모든 것이 살아서 움직일 때, 자연의 품 안에는 사랑으로 가득 차 있다. 마찬가지로 인간의 몸에 본래 가득 찬 것은 생명력이며 ‘사랑하는 마음(惻隱之心)’일 뿐이다. 그것은 끊임없이 살아서 움직이며 틈만 있으면 외부 사물로 달려 나가는 것이다.

“몸통에 가득 차 있는 것은 측은히 여기는 마음(仁; 생명력)이다.” “사람의 마음은 항상 살아 움직이려 하므로 곧 끝없이 두루 흘러서 한 구석에 처박혀 있지 않다.” “마음은 몸 안에 있어야 한다.” 그런데 “다만 바깥으로 약간의 틈만 있으면 곧 달려 나가 버린다.”[35)]

---

33) 『유서』 2상-109 “‘生生之謂易’, 是天之所以爲道也. 天只是以生爲道. 繼此生理者, 卽是善也. 善便有一箇元底意思. ‘元者 善之長.’ 萬物皆有春意, 便是‘繼之者 善也, 成之者 性也’. 成却待佗萬物自成其性 須得.”
기타 『유서』 2상-133, 11-42 참조.

34) 정호는 일원론자로서, 존재는 진(眞)이며, 선(善)이며, 미(美)이라 생각한 것 같다. 이는 화엄이나 선불교의 태도와 비슷하다.

35) 『유서』 3-45, 5-3, 7-10, 7-15 “滿腔子是惻隱之心.” “人心常要活, 則周流無窮, 而不

모든 사물들이 살아서 푸드득 거리는 것은 그 개체 자체의 생명의 발산만은 아니라, 근본적으로는 우주적 생명의 약동이다. 따라서 모든 사물은 우주적 생명체라는 점에서 서로 얽혀 있다. 이렇게 서로 조화롭게 얽혀 있는 상태는 '사랑'에 다름이 아니라고 정호는 본다. 한 사물은 그러므로 우주의 전 사물들과 얽혀 있다. "사랑하는 자(仁者)는 이 세상의 모든 것과 완전히 한 몸이 된다." 36) 장재의 「서명(西銘)」에 나타난 우주 가족의 이념은 이것을 잘 표현한 것으로 정호는 극찬을 한다. 그리고 그는 한 걸음 더 나아가, 모든 것은 '우주 가족'을 넘어서서 '한 몸'일 뿐이라고 한다. 정호가 보건대, 모든 현상은 그대로 이 우주적 생명이 드러난 것이며, 그것들이 상호 관계를 맺고 있다는 것 자체가 모두 그 사랑의 표출이다. 반대로 말하자면, 모든 현상 사물은 그 우주적 생명 내지는 사랑에 환원된다. 나아가 의예지신(義禮智信) 등의 인간의 덕목도 그 자신의 생명의 발현일 뿐만 아니라, 우주적 생명의 발현이다.(「識仁篇」) 장재가 말한 '위대한 조화'의 세계가 바로 그 한 몸이기 때문에 가능한 것이다.37)

사람들은 모름지기 마음을 탁 트이게 넓혀서38) 이 세계 전체의 그 생명과 사랑[얽힘]을 보아야 한다.39)

"맥박을 짚어 보는 데에서 가장 잘 '사랑'을 체험할 수 있다."

滯於一隅." "心要在腔子裏", "只外面有些隙罅, 便走了."
여기에서 틈(隙罅)은 눈 코 입 귀 몸 등의 감각 기관을 가리킨다.

36) 『유서』 2상-28. 「識仁篇」 "仁者 渾然與物同體. 仁義禮智信 皆仁也."

37) 이렇게 모든 현상은 본체 그 자체이며, 그것들은 圓融無碍하게 얽혀 있다고 보는 것은 화엄 철학의 事事無碍 法界觀을 연상시키게 하는 면이 있다.

38) 『明道文集』 3 「定性書」 "廓然而大公."

39) 정호는 전체를 보는 것을 중시한다. 책을 읽더라도 구절이나 단락의 의미를 따질 것이 아니라, 그 글 전체에서 주장하는 것이 무엇인지 보라고 한다. 이런 식으로 전체를 보는 상상력이 그가 철학하는 기본 방법이라고 할 수 있다.

"의학 서적에 손발이 마비된 것을 '불인(不仁)'이라 한다. 이 말은 그것을 가장 잘 묘사한 것이다. 사랑하는 자는 하늘과 땅 사이의 모든 사물을 한 몸으로 보니, 어떠한 것도 그 자신이 아닌 것이 없다. 그 자신이라고 인정하면, 어떠한 것에 다다르지 못 하겠는가? 만약 나에게 있지 아니하다면, 저절로 나와 서로 관계가 없게 된다. 예컨대 (이는) 손발이 불인(不仁; 마비)하면 기(氣; 생명력)가 이미 (손과 발에) 관통하지 못하니, (손발은) 모두 나에게 속하지 않게 되는 것과 비슷하다."[40]

손목에 맥박을 짚을 때 우리는 몸에 도도히 흐르는 생명[氣]의 고동을 느낀다. 그것은 우리의 몸에 가득 찬 사랑의 고동이기도 하다. 그러듯이 우리는 온 세상에 흐르는 생명의 약동을 보아야 한다. 그런데 보통 사람들은 자신의 배고픔에는 고통스럽지만, 이웃이 굶어 죽어도 무관심하다. 그것은 천하의 생명의 약동을 보지 못하고, 자신이 그 생명의 일부라고 생각하지 못하기 때문이다. 따라서 우주 전체의 약동을 느끼지 못하고 오직 자신의 생명만 느낀다. 이는 자신만 생각하는 개인적인 마음(私心)에서 나온다. 이웃의 생명이 죽어가는 것을 민감하게 느끼지 못하는 것을 정호는 마음의 마비로 본다. 의학 서적에 몸의 마비된 부분을 '불인(不仁)'이라고 하는 것은 '사랑'을 가장 잘 정의한 것이다. 내 몸을 사랑하는 것은 내 몸에 생명력(氣)이 관통해 흐르고 있기 때문이다. 예컨대 누가 내 팔을 찌르면 나는 피한다. 즉 아픔을 느끼기 때문이다. 아픔을 느끼는 것은 그곳에 생명력이 흐르고 있기 때문이다. 그것이 바로 팔을 사랑하는 것이다. 만약 팔이 마비되면 생명력이 흐르지 않기 때문에 피하지 않을 것이고, 결국 팔을 사랑하지 않는 것이 된다.

---

40) 『유서』 3-2 "切脈 最可體仁." 『유서』 2상-17 "醫書言手足痿痹爲不仁. 此言最善名狀. 仁者 以天地萬物爲一體, 莫非己也. 認得爲己, 何所不至? 若不有諸己, 自不與己相干. 如手足不仁, 氣已不貫, 皆不屬己."
의학 서적은 『黃帝 內經 素問』 痿論 44를 말한다.
이와 같은 이야기는 『유서』 2상-134, 4-38, 11-41에도 나온다.

한 개인은 우주와 한 몸이다. 몸의 마비된 부분은 꼬집어도 아픈 줄 모른다. 마찬가지로 내 이웃의 아픔을 민감하게 느끼지 못하는 것은 그만큼 그 마음이 마비된 것이며, 죽어 버린 것이다.

> 사랑하는 자(仁者)는 이 세상의 모든 것과 완전히 한 몸이 된다. … 이 이치를 깨달아 성실함과 경건함으로 그것(사랑/仁의 마음)을 보존하면 되지, (이 마음을 해치는 사욕을) 점검하여 막을 필요도 없고, (이 마음을 실천할 이치를) 탐색하여 찾을 필요도 없다. … 이 (「西銘」의) 뜻으로 그것을 보존하면, 다시 더 무슨 할 일이 있겠는가? (이 사랑을 마음에 보존하려고) '반드시 일삼을 것이나 미리 (그 효과를) 기대하지 말고, 마음으로는 잊지는 말되 조장하지도 말라!' (이처럼) 일찍이 털끝만큼의 힘도 들지 않으니, 이것이 그것을 보존하는 길이다. 만약 (사랑의 마음을) 보존하기만 한다면 곧 (나와 다른 모든 것은) 합쳐져서 하나가 된다. 왜냐하면 (善을 알 수 있는) 타고난 지혜(良知)와 (선을 행할 수 있는) 타고난 능력(良能)을 (사람은) 본래부터 잃지 않았기 때문이다.[41]

정호는 본래 인간이 태어날 때 타고난 마음[赤子之心]에는 이 사랑으로 가득 차 있는데, 자라면서 자신(私)만을 생각하다 보니, 우주가 한 생명이며 사랑으로 얽혀 있다는 것을 알지 못하게 된다고 본다. 자신만을 생각하는 이기심(私欲)은 후천적이며, 따라서 그것에서 벗어나서 탁 트인 마음으로 세상을 보기만 하면 된다. 그는 이 마음 자체가 그런 생명이고 사랑이므로, 그 자체만을 깨달으면 되지, 별다른 수양이 필요 없다고 본다. 이렇게 이기심을 큰 문제로 보지 않는 것은 그가 깨달은 자의 입장에 서기 때문이라고 할 수 있다.[42]

---

41) 『유서』 2상-28 「識仁篇」 "仁者 渾然與物同體. … 識得此理, 以誠敬存之而已, 不須防檢, 不須窮索. … 以此意存之, 更有何事? '必有事焉而勿正, 心勿忘, 勿助長.' 未嘗致纖毫之力, 此其存之之道. 若存得, 便合有得. 蓋良知良能 元不喪失."

42) 나의 지금 이 마음이 바로 우주의 본체인 생명이고 사랑이라고 보는 것은, "평상심이 진리이다" 라고 하는 선불교의 주장과 비슷한 점이 있다. 그러나 정호는 본래 상태의 마음과 그것을 가리는 이기심을 구분한다. 이점에서 그의 주장은 선불교와 다르다.

4) 천리(天理)의 세계

정호는 생명이며 사랑인 본체가 그대로 현상이라는 깨달음을 가지고, 유가에서 전통적으로 내려오는 형이상학적 개념들을 일관되게 설명한다. 그리고 그 개념들을 서로 연관시키고 체계화시켜서 하나의 거대한 형이상학적 이론 체계로 만든다. 이점 때문에 정이는 정호가 맹자 이래 단절된 학문을 회복했다고 한다.

우주 전체는 하나의 생명체이며, 사람도 그러하다. 이 생명은 조화롭게 발현되어야 한다. 만약 조화롭게 발현되지 않고, 지나치거나 모자람이 있다면 그 생명은 제대로 뻗어나갈 수 없다. 자연은 사계절을 통하여 모든 생명을 자라게 한다. 그렇게 모든 것이 살아가는 것은 자연이 항상 알맞게 움직이기 때문이다. 자연은 '알맞음(中庸)' 그 자체이다. 이 중용은 리(理)라는 기준에 따를 때 이루어진다. 자연은 리 그 자체를 구현한 것이다. 따라서 자연 현상의 어떤 것을 보아도 그것이 생명의 발현이라면, 동시에 조화와 중용과 리의 발현이 된다.

사람의 몸에는 생명이 가득 차 있다. 어느 누구라도 자신의 몸이 침해를 받으면 피하고 방어한다. 즉 자신의 생명을 사랑한다. 나의 몸과 연결되어 있지 않은 모르는 사람이 침해를 받으면, 나의 몸이 다치는 것만큼 방어하지 않는다. 나의 생명(氣)이 그것에 연결되어 있지 않기 때문이다. 생명이란 결국 사랑 그 자체인 셈이다. 자연은 그 안의 모든 것을 자라게 해 준다. 생명을 부여한다는 점에서 자연은 사랑을 베푼 것이다. 자연은 존재자의 전체이므로 부분인 개체들을 살리는 것은 전체적으로는 자신을 살리는 셈이다. 자연은 전체 생명이며, 그 생명이 통하는 모든 부분을 사랑한다. 사랑한다는 것은, 다르게 말하자면 살게 해 주는 것이다. 이처럼 살게 해 주는 것은 앞에서 말한 것처럼 조화와 중용과 리에 따를 때 가능하다. 따라서 자연 현상의 어떤 것을 보아도 그것이 사랑이 드러난 것이라면, 그것은 동시에 조화와 중용과 리의 드러남이 된다.

이처럼 생명이며 사랑인 본체는 현상 세계로 드러난다. 그 본체가 리(理)이므로 모든 현상에는 리가 있다. 반대로 말하자면, 현상 세계를 어떤 관점에서 보느냐에 따라 그 리를 다르게 규정할 수 있다. 그러나 그것은 결국 하나인 본체로 수렴된다는 것이다.

모든 현상은 하나의 본체가 드러난 것이다. 따라서 이 본체가 어떤 현상으로 드러나느냐, 혹은 그 본체를 어떻게 보느냐에 따라 그 본체에 대해서 다르게 이름을 붙일 뿐이다. 그는 이처럼 본체는 다양하게 드러나므로, 어떻게 보느냐에 따라 본체는 다양하게 규정된다고 하는 **관점주의**(觀點主義)의 입장에 선다. 장재와의 논쟁에서 그는 '궁리(窮理)=진성(盡性)=지어명(至於命)', 즉 '리(理)=성(性)=명(命)'이라고 주장한다. 이와 같은, 형이상학의 모든 개념이 본체의 측면에서 '같다'(=)라는 주장은 더욱 확장되어 모든 개념에 적용된다. "(하나의 본체의) 몸(體)을 (현상 세계 전체의) 변화(易)라 하고, 그 법칙(理)을 길(道)이라 하고, 그 작용(用)을 신묘함(神)이라 하고, 인간에게 명령(命)으로 주어진 것을 이성(性)이라 하고, 그 이성에 따르는 것을 바르게 사는 길(道)이라 하고, 그 길을 닦는 것을 교육(敎)이라 한다. 맹자는 그 가운데에 가서 또 호연지기(도덕적 용기)를 표현해 냈다." 따라서 본체(道)가 곧 현상(器)이며, 현상이 바로 본체이다.[43] 이처럼 본체는 다양하게 드러나므로 역(易) . 도

43) 蓋'上天之載, 無聲無臭', 其體則謂之易, 其理則謂之道, 其用則謂之神; 其命於人則謂之性, 率性則謂之道, 修道則謂之敎. 孟子去其中 又發揮出浩然之氣, 可謂盡矣. 故說神'如在其上, 如在其左右', 大小大事而只曰'誠之不可揜如此夫.' 徹上徹下, 不過如此. '形而上爲道, 形而下爲器.' 須著如此說, 道亦器, 器亦道." 또한 『유서』 6-153, 11-169 참조.

(道) . 신(神) . 성(性) . 도(道) . 교(敎) . 호연지기 등으로 규정되지만 결국은 하나이며, 보는 관점에 따라 그렇게 달리 표현한 것이다. 이런 식의 관점에 따른 분류는 정이에게 그대로 이어지며, 정교한 이론으로 체계화된다.[44] 하나의 본체가 다양한 현상 내지는 덕목으로 나타나는 관계를 정이는 "이치는 하나이나, 그 나뉨은 다르다"(理一分殊)는 명제로 요약한다.[45]

정호가 깨달음이라고 말하는 것, 내지는 마음을 탁 트이게 넓혀서 세상을 접하라고 하는 것[46]은 바로 이런 관점주의를 가지라는 것이다. 그는 하나의 본체가 다양한 현상으로 드러난다고 한다. 그러나 하나는 하나이고 여럿은 여럿이지, 하나가 여럿은 아니다. 그런데 '하나 = 여럿'이라고 하는 것은 명백한 모순이다. 이런 모순은 이론적으로 설명할 수 있는 것이 아니다. 그것은 결국 깨달음의 대상일 뿐이다. 깨달을 때 사람들은 다양한 현상은 하나의 본체가 다르게 드러난 것이라는 것을 알게 된다. 이런 관점주의는 정호 사상의 핵심이다. 따라서 그는 이 세상을 이분법적으로 혹은 여럿으로 나누는 것을 극도로 경계한다. 그가 보건대 장재의 가장 큰 문제는 이런 이분법적 생각이다.[47]

---

44) 『유서』 18-89 "孟子曰'盡其心, 知其性.' 心卽性也. 在天爲命, 在人爲性, 論其所主爲心, 其實只是一箇道. … 天下更無性外之物." 18-90 "在天爲命, 在義爲理, 在人爲性, 主於身爲心, 其實一也." 22상-98 "自理言之 謂之天, 自稟受言之 謂之性, 自存諸人言之 謂之心." 25-19 "稱性之善 謂之道, 道與性 一也, … 性之本謂之命, 性之自然者謂之天, 自性之有形者謂之心, 自性之有動者謂之情. 凡此數者, 皆一也." 『易傳』「건괘」 "天 專言之則道也. … 分而言之, 則以形體謂之天, 以主宰謂之帝, 以功用謂之鬼神, 以妙用謂之神, 以性情謂之乾." 기타 22상-54 참조.

45) 『伊川文集』 5 「答楊時論西銘書」 "『西銘』 明理一而分殊."

46) 『明道文集』 2-1 「答橫渠先生 定性書」 "夫天地之常, 以其心普萬物而無心; 聖人之常, 以其情順萬事而無情. 故君子之學, 莫若廓然而大公, 物來而順應." "(마음을) 탁 트이게 넓혀서 세상을 접하라"는 "廓然而大公, 物來而順應(마음을 탁 트이게 넓혀서 크게 공평하여, 일이 오면 공평함/리에 따라서 응하라)"를 가리킨다.

47) 二本의 문제는 『유서』 11-9 "道 一本也. 或謂'以心包誠, 不若以性包心, 以至誠參天地, 不若以至誠體人物', 是二本也." 11-48 "冬寒夏暑, 陰陽也. 所以運動變化者, 神也. '神無方, 故易無體' 若如或者別立一天, 謂人不可以包天, 則有方矣, 是二本也." 기타

정호는 이런 이론적 체계화에 있어서, 하나인 본체를 개념화하여 '자연의 질서(天理)' 라고 한다. 그는 자연의 변화를 하나의 우주적 생명체의 자기 전개로 본다. 이것은 일종의 신비한 체험이고 깨달음이다. 이런 깨달음을 이론화시키면서 그는 '천리(天理)'라는 개념을 도입한다. 다시 말해서 물질적 측면과 정신적 측면을 동시에 가지고 있는 '생명'의 개념은 비교적 개인적 체험과 관련이 있다. 그러나 그 개념을 그는 '천리'라는 비교적 이론적이고 중립적인 개념으로 기술한다.

현상이 곧 본체이므로, 이 세계에는 자연의 이치가 "평탄한 길처럼 쫙 펼쳐져 있으며", 자연과 인간에는 "모든 이치가 다 갖추어져 있어서, 원래부터 조그마한 부족도 없으며",[48] 그것은 선천적으로 존재하는 것이며, "요 임금에 의해서 있게 된 것도 아니고, 걸 임금에 의해서 없어지는 것도 아니다."[49] 모든 사물은 자연의 이치의

2상-19, 99 참조 ; 道와 人의 구분은 1-8 "如公[韓維]之言, 卽是一人自指其前一物, 曰此道也. 他本無可克者. 若知道與己未嘗相離, 則若不克己復禮, 何以體道? 道在己, 不是與己各爲一物 可跳身而入者也." ; 心과 迹의 구분은 1-10 "(程顥)曰'敢道此千七百人[僧] 無一人達者. 果有一人見得聖人「朝聞道 夕死 可矣」, 與曾子易簀之理, 臨死須尋一尺布帛裹頭而死, 必不肯削髮胡服而終.' 禪者曰'此迹也, 何不論其心?' 曰'心迹一也, 豈有迹非而心是者也? 正如兩脚方行, 指其心曰「我本不欲行, 他兩脚自行」豈有此理?'" 기타 4-4, 15-187, 19-83 참조 ; 方의 內外 구분은 1-10 "上下本末內外, 都是一理也, 方是道. 莊子曰'遊方之內, 遊方之外'者, 方何嘗有內外? 如此則是道有隔斷, 內面是一處, 外面又別是一處, 豈有此理?" 기타 18-58, 18-60, 22상-72 참조.

48) 『유서』 2상-117 "天理云者, 這一箇道理, 便有甚窮已? '不爲堯存, 不爲桀亡.' 人得之者, 故大行不加, 窮居不損, 這上頭來, 更怎生說得存亡加減? 是佗元無少欠, 百理具備." 2상-126 "'天民之先覺', 譬之皆睡, 佗人未覺來, 以我先覺, 故搖擺其未覺者, 亦使之覺. 及其覺也, 元無少欠. … 天生此民, 將以此道覺此民, 則元無少欠, 亦無增加, 未嘗不足." 2상-129 "天理云者, 百理具備, 元無少欠." 2상-130 "堯夫詩云'拍拍滿懷都是春', '芙蓉月向 懷中照.' 不止風月, 言皆有理. … 堯夫却皆有理, 萬事皆出於理, 自以爲皆有理. … 此道理 平鋪地放著裏." 2상-137 "'萬物皆備於我.' 不獨人爾, 物皆然. 都自這裏出去, 只是物不能推, 人則能推之. 雖能推之, 幾時添得一分? 不能推之, 幾時減得一分? 百理具在, 平鋪放著. 幾時道堯盡君道, 添得些君道多; 舜盡子道, 添得些孝道多? 元來依舊."

49) 『유서』 2상-108 "浩然之氣 又不待外至, 是集義所生者. 這一箇道理, 不爲堯存, 不爲桀亡. 只是人不到佗這裏." 11-21 "'鼓萬物而不與聖人同憂.' 聖人 人也, 故不能無憂, 天則'不爲堯存, 不爲桀亡'者也" 또한 2상-117, 137 참조.

그물 속에서 서로 얽혀 있다. 그러므로 만물이 한 몸인 것은 이 천리가 있기 때문이다. 인간이 이 세상에 사는 것은 그 천리의 그물 속에서 사는 것이다. 인간은 태어날 때부터 이 자연의 이치를 부여받았으므로, 그것에 따라 살 수 있다. 자신이 그 그물 속의 하나임을 자각하고 살 때, 인간은 제 자리에 서서 올바로 행동할 수 있으므로 당당해질 수 있고, 마음이 탁 트여 크게 쾌활해질 수 있다. 그런데 인간이 당당하고 떳떳하고 즐거워지지 못하는 것은 이런 것을 깨닫지 못하고, 작은 자기 한 몸만을 생각하기 때문이다.[50)]

정호는 이 현상 세계가 다 자연의 이치의 드러남이라고 본다. 그는 "나의 이론이 (다른 사람들에게서) 영향 받은 바가 있으나, '천리(天理)' 두 글자는 내가 몸소 터득해 낸 것이다" 라고 한다.[51)] 그러나 그에게는 아직 '리(理)'는 형이상학적인 개념으로 정립되지는 않는다. 그는 '천리'라는 개념을 중심으로 형이상학적 이론 체계를 형성하기 보다는, 그의 깨달음을 설명하는데 그 개념을 이용한다. 따라서 그는 '천리' 혹은 '리' 라는 말을 부사적으로 사용하기도 하며,[52)] '리'에 형용사를 붙인 형태로 사용한다. 예컨대 '도리(道理) 실리(實理) 인리(人理) 생리(生理) 의리(義理) 물리(物理) 백리(百理)'

'不爲堯存, 不爲桀亡'은 『荀子』「天論」에 나오는 말이다. 요임금이 선한 정치를 하여 세상을 바르게 하는 이치가 존재하게 된 것도 아니고, 걸이 폭정을 하여 그런 이치가 없어지는 것도 아니라는 理의 선천성의 강조는 왕안석의 신법에 대한 비판이라고 할 수도 있다. 왕안석에 따르면 세상의 제도는 통치자에 의해 수립되는 것이다.

50) 『유서』 2상-135 "所以謂萬物一體者, 皆有此理, 只爲從那裏來. '生生之謂易.' 生則一時生, 皆完此理. 人則能推, 物則氣昏, 推不得. 不可道他物不與有也. 人只爲自私, 將自家軀殼上頭起意, 故看得道理小了佗底. 放這身來, 都在萬物中一例看, 大小大快活." 2상-112 "人能放這一箇身公共, 放在天地萬物中一般看, 則有甚防碍? 雖萬身, 曾何傷?" 15-71 "人於天地之間, 幷無窒碍處, 大小大快活." 또한 6-88 참조.

51) 『외서』 12-25 "明道嘗曰'吾學 雖有所受. 天理二字, 却是自家體貼出來."

52) 『유서』 1-56 "이치로 보건대 선악이 있다"(理有善惡), 2상-11 "천하의 선악은 모두 자연의 이치이다"(天下善惡, 皆天理), 2상-29 "일에 선이 있고 악이 있는 것은 모두 자연의 이치이다"(事有善有惡, 皆天理也) 등이 그 예이다.

[53] 등이 그것이다. 이는 하나의 본체가 여러 현상으로 드러난다는 관점주의의 산물이라고 할 수 있다.

5) 수양이 필요 없다는 깨달음의 논리

장재가 볼 때, 인간은 육체[氣質之性, 客感]를 가진 불완전한 존재로서 자연의 상태[天地之性, 太虛]가 되기 위해서 끝없는 노력을 해야 한다. 장재에게 천지(天地)는 숭배의 대상이었고, 자신의 경건함의 감시자이고 근원이다. (「서명」 참조) 그러나 정호는 육체를 가진 인간이 자연 상태 그 자체라고 한다. 그는 인간과 자연이 본질적으로 동일하다고 본다. (天人合一) 인간의 육체와 감각 욕망은 자연의 본성을 잠시 가리는 일시적인 것에 불과하다. 이 가리는 것만 제거되면 인간은 자연의 이상적인 상태 그대로이다.

장재에 있어서 천인합일(天人合一)은 하늘과 인간이 같은 구조[54]를 가졌다는 것에 지나지 않는다. 그리고 그는 태허와 객형을 엄격히 나누듯이, 마음의 본성인 텅 빈 상태와 욕망을 엄격히 구분한다. 그 둘은 서로 함께 존립할 수 없다. 욕망을 비워야 본성의 상태가 된다. 따라서 인간의 본성이 자연의 태허 상태가 된다는 것은 노력을 통해 도달하는 가능성의 세계에 있을 뿐이다. 장재는 일상인의 입장에서 본다. 그러므로 자연의 상태를 향한 고행에 가까운 수행을 강조한다.

반면 정호에 있어서 천인합일은 문자 그대로 합일(合一)이다. 자연은 하나의 생명이다. 그러므로 그 부분인 모든 것, 즉 전체를 사

---

53) 『유서』 2상- 11, 29, 113, 131 등 (天理); 2상-108, 140(道理); 2상-109(生理) ; 2상-111, 183(義理) ; 2상-117(百理) ; 2上-166, 186(物理) ; 3-95, 11-73(實理) ; 정이의 경우는 18-2, 93, 113, 119(人理) ; 15-128(定理) ; 15-131, 18-221(常理)

54) 자연에 있는 太虛와 客形의 구조는, 인간에게는 본성과 마음(육체)의 구조로 드러난다고 장재는 본다.

랑한다. 이 사랑과 생명의 발현은 조화 중용 리(理) 내지 여러 형이상학적 개념으로 정의될 수 있으나 결국은 한 가지이다. 이를 반대로 생각하면 된다. 자연에는 중심점이 없으므로, 모든 '나'가 그 중심이라 할 수 있다. 내가 자연의 생명과 사랑을 깨닫는 순간, 나는 자연의 한 부분으로서 그 생명의 일부분임을 알게 된다. 즉 나와 자연은 연결된 거대한 전체이고, 내가 그 중심에 있음을 알게 된다. 따라서 인간은 그 본질상 혹은 실제로 하늘과 같다. 다만 인간이 그 사실을 깨닫지 못할 뿐이다. 깨닫기만 하면 그는 하늘과 같아진다.

따라서 그는 '깨달음'을 강조하며, 수양은 별로 필요가 없다고 말한다.[55] 사람은 본래 타고난 드넓은 마음으로 정의롭게 행위 하여, 세상일에 순리대로 응하면 된다.[56] 그는 보통 사람이 아닌 깨달은 자의 입장에 선다. 그 깨달은 자가 본 세계를 그는 '생명'으로, '사랑'으로 '천리'로 말하며, 모든 다양한 현상은 그 하나의 본체의 드러남이라고 한다. 그는 "내 마음이 곧 초목 금수의 마음이다" 라고 한다.[57]

현상이 바로 본체이므로, 정호는 다음과 같이 말한다. "타고난 것 (生)이 본성이다. 본성은 기(氣; 생명력)이고, 기가 본성이다"[58]

---

55) 『유서』 2상-28. 「識仁篇」 "사랑하는 자는 모든 것과 빈틈없이 하나가 된다. 이 이치를 깨달아 성실함과 경건함으로 (그 사랑을) 보존하면 되지, (장재 식으로 애써서 악을) 점검하여 막을 필요도 없고, (선을) 탐구하여 찾을 필요도 없다." (仁者 渾然與物同體. 仁義禮智信 皆仁也. 識得此理, 而誠敬存之而已, 不須防檢, 不須窮索.)

56) 『明道文集』 2-1 「答橫渠先生 定性書」 "廓然而大公, 物來而順應."

57) 『유서』 1-11, "天地之間, 非獨人爲至靈. 自家心便是草木禽獸之心也."

58) 『유서』 1-56 "'生之謂性' 性卽氣, 氣卽性, 生之謂也." 여기에서 生은 '생명, 생명력 / 태어남 - 타고남 / 살아감' 등의 뜻이 있고, 氣는 우리의 몸 안에 가득 차 있는 생명력을 말한다. 장재는 인간의 마음의 본체를 텅 빈 기(氣; 太虛)라고 한다. (『정몽』 「太和」 11 "合虛與氣, 有性之名.") 정호는 이 명제를 그대로 이어받되, 한 걸음 더 나아가 그 기가 바로 인간의 몸 안에 가득 찬 생명력이라고 한다. 그리고 이 생명력은 자연의 본체인 생명력과 같다고 한다. 그는 이런 점에서 인간과 자연을 구분하지 않는다. (天人合一)

하늘과 땅의 위대한 능력은 모든 것을 태어나게 하는 것(生)이다. 이 생명력(氣)을 모든 개체들은 이어받아 태어난다. 그러므로 모든 개체들은 하늘과 땅의 그 능력을 부여받는다. 동시에 그 능력은 그 개체의 육체적 자질(氣)에 한정되어 그 개체 나름의 본성(성격)이 된다. 모든 것은 태어날 때 자연으로부터 자신의 몫을 타고난다. 인간도 태어날 때 그렇게 타고나서 자신의 본성을 가지고 있다.[59] 그러므로 인간의 육체적 자질은 그 몸에 한정되어 있지만, 본질적으로 혹은 현실적으로 자연의 본체의 능력 그 자체이다.

그런데 장재는 자연의 본체와 인간의 개인적 자질을 엄격하게 구분한다. 그는 태허(太虛)와 객형(客形), 마음의 본래 상태(본체)와 현상적으로 형성된 상태[成心]를 엄격히 구분한다. 같은 기로 이루어진 것이지만, 태허와 마음의 본체만이 실재하며, 객형과 현상적으로 드러난 마음은 일시적이고 덧없는 무가치한 것이며 제거시켜야 할 것으로 본다. 이에 대해 정호는 그런 객형이나 마음의 현상적인 상태[氣] 자체도 본체[理]의 드러남이므로 부정할 수 없다고 한다. 마음의 본체와 현상적인 상태는 본질적으로 구별될 수 없다. 그러므로 그는 "본성이 기(생명력)이고, 기가 본성이다"(性卽氣, 氣卽性)라고 한다. 이는 "본성은 리이다"(性卽理)라는 것보다 더 강력하게 현상 세계에 리가 구현되어 있다는 것을 표명한 것이다. 그 말은 그대로 "내 마음이 진리이다"(心卽理) 라는 명제와 같은 뜻이다. 그는 본체가 현상이라는 일원적 입장을 취하므로 리(理)와 기(氣)를 엄밀하게 구분하여 이론화시키지 않는다.[60]

---

59) 『유서』 2상-110 "告子云'生之謂性'則可. 凡天地所生之物, 須是謂之性. 皆謂之性則可, 於中却須分別牛之性 馬之性. … '天命之謂性, 率性之謂道'者, 天降是於下, 萬物流形, 各正性命者, 是所謂性也. 循其性而不失, 是所謂道也. … 天只是以生爲道." 이 본성을 정호는 仁 내지 理로 규정한다.

60) 육구연이나 왕수인은 정호의 이런 일원론적 입장을 취한다. 그러므로 그들은 주희가 본체와 현상, 理와 氣를 엄격하게 구분하는 것에 반대한다. 즉 '理와

정호는 현상이 그대로 본체라고 함으로써, 왜 현상 세계에 악이 있는가 하는 문제를 설명하기가 어렵게 된다. 본체가 그대로 드러난 것은 선하고 아름답고 정의로운 것이다. 그런데 현상 세계는 그렇지 못하다. 이에 대해서 정호는 선과 악 자체를 '알맞음'의 문제라는 것으로 답을 한다. 본체는 각 개체들을 통하여 드러나며, 그 개체들이 행위 함에 있어서 '지나침과 모자람' 때문에 혹 그 사랑과 생명인 본체를 그대로 실현하지 못하는 경우가 있다. 정호는 현상 세계의 악을 바로 이 본체를 실현하는데 있어서의 과불급의 문제로 돌려 버린다.[61] 그는 선과 악의 실체를 부정하고, 단지 알맞음(中庸)의 실천의 문제로 환원시킨다.[62] 이는 그가 대립자의 존재에서 중용(알맞음)의 개념을 도출해 내고, 여기에서 리(理)의 개념을 정립하기 때문이다.

그는 깨달은 자의 입장에 서기 때문에 수양 이론에 별다른 신경을 쓰지 않는다. 인간은 우선 자신에게 우주의 전 이치가 부여되어 있으며, 우주의 사물과 자신은 구별되지 않는 하나로 사랑으로 얽혀 있다는 것을 깨달아야 된다. 그리고 그 깨달음을 가지고 당당한 마음으로 이 세상에 서면된다. 그는 장재와 그 제자들이 겪은 자아

氣'라는 도식 자체를 거부한다.

61) 『유서』 1-56 "人生氣稟, 理有善惡. 然不是性中元有此兩物相對而生也. … 善固性也, 然惡亦不可不謂之性也. 蓋'生之謂性', '人生而靜' 以上不容說. 才說性時, 便已不是性也. … 夫所謂'繼之者善'也者, 猶水流而就下也. 皆水也, 有流而至海, 終無所汚, … 有濁之多者, 有濁之少者. 淸濁雖不同, 然不可以濁者不爲水也.", 2상-11 "天下善惡 皆天理, 謂之惡者非本惡, 但或過或不及便如此." 2상-29 "事有善有惡, 皆天理也. 天理中物, 須有美惡. 蓋物之不齊 物之情也. 但當察之, 不可自入於惡, 流於一物."

62) 현상 세계가 그대로 본체라고 하는 일원론은 선악의 문제를 해결하기 어렵다. 일원론의 노선을 가는 이들은, 본체란 선악을 초월한 것이라고 규정하려는 경향이 있다. 이것이 그 문제를 해결하는 궁극적인 길이기 때문이다. 호굉은 "性不可以善惡名"이라 하고, 왕수인은 "無善無惡, 心之體"라고 한다. 육구연이 말하는 理인 마음(心卽理)도 결국 선악을 초월한 절대자이다. 호굉의 경우 8장의 "③『지언』 비판 - 본성은 선악으로 규정할 수 없음"(287 쪽 이하), 육구연의 경우 9장의 "3) 두 입장의 한계" 부분의 '행위의 객관적 타당성' 부분 (408 쪽 이하) 참조.

의 갈등(思慮紛擾)을 극도로 경계한다. 그 자아의 갈등은 그들의 이분법적 구조에서 나오는 귀결이다.63)

"'천리'의 뜻은 예컨대 성실함은 다만 이것[천리]에서 성실함이고, 경건함이란 다만 이것에서 경건함이다. (천리와) 따로 하나의 성실함이 있고, 다시 하나의 경건함이 있는 것이 아니다."

"리란 천하에 다만 하나의 리일 뿐이다. 그러므로 4해로 까지 미루어 나가서 (적용되는) 표준이요, 반드시 하늘과 땅에 물어 보아도, 삼왕에게서 고찰해 보아도 변할 수 없는 리이다. 그러므로 경건함인 즉 다만 이것에 경건한 것이요, 사랑이란 이것에 근거해서 사랑하는 것이요, 미더움이란 이것에 근거해서 미더워지는 것이다."

"사랑이라는 것은 여기[道]에서 사람다운 것이다. '경건하여 (자연스럽게) 안을 곧게 하고, 의로워서 밖을 바르게 하는 것'이 사랑이다. 만약 경건함을 가지고 (애써 힘써서) 안을 곧게 한다면 곧아지지 않을 것이니, '사랑과 의로움을 (애써) 행하는 것'에 어찌 곧음이 있겠는가? '반드시 일삼음이 있을 것이나 미리 예기하지는 않으면' 곧아진다. 대저 '경건하여 안을 곧게 하고 의로워서 밖을 바르게 할 수 있다'면 곧 사물과 더불어 하나가 된다."

"'빠짐없이 경건함'(『논어』「안연」 5)이 곧 '희노애락이 아직 드러나지 않음을 일러 중용(알맞음)이라 한다'는 것이다. 경건함을 바로 중용(알맞음)이라 할 수는 없다. 그러나 경건하되 빠뜨림이 없는 것은 중용(알맞음)을 하는 방법이다." 64)

자신 속의 천리를 깨닫고 그에 따라 경건하고 성실하면 되지, 본

63) 『유서』 2상-28 「識仁篇」 "孟子言'萬物皆備於我, 須反身而誠, 乃爲大樂.' 若反身未誠, 則猶是二物有對, 以己合彼, 終未有之, 又安得樂?"

64) 『유서』 2상-116 "如天理底意思, 誠只是誠此者也, 敬只是敬此者也, 非是別有一箇誠, 更有一箇敬也." 『유서』 2상-158 "理則天下只是一箇理, 故推至四海而準, 須是質諸天地, 考諸三王, 不易之理. 故敬則只是敬此者也, 仁是仁此者也, 信是信此者也." 『유서』 11-41 "仁者 人此者也. '敬以直內, 義以方外'(『주역』「곤괘 문언」) 仁也. 若以敬直內, 則便不直矣. '行仁義'(『맹자』「이루」 하19) 豈有直乎? '必有事焉而勿正'(『맹자』「공손추」 상2) 則直也. 夫能'敬以直內, 義以方外' 則與物同矣." 『유서』 2상-202 "'敬而無失'(『논어』「안연」 5), 便是'喜怒哀樂 未發之謂中'也. 敬不可謂之中, 但敬而無失, 卽所以中也." 『유서』 6-9도 참조.

체와 인간을 둘로 나누어 보고, 본체를 향한 경건한 마음에 집착하여 자신의 마음을 분열시켜서는 안 된다. 경건하되 지나치거나 부족함이 없는 것이 알맞음이지, 경건함으로 마음을 바로잡는 것은 아니다. 도덕률의 실천에 있어서 무작정 경건하기만 하여 괴로운 것은 천리를 깨닫지 못한 것이다. 공손하면서도 힘들지 않고, 자연스러운 즐거움과 조화로움이 있어야 한다.[65] 이는 자아의 갈등(思慮紛擾)이 없기 때문에 가능하다. 따라서 정호는, 수양이란 맹자가 말했듯이 "반드시 일삼을 것이나 미리 (그 효과를) 기대하지 말고, 잊지는 말되 억지로 키우지도 않는 것"이라고 한다. 이를 통하여 자신만을 생각하는 좁은 소견을 제거하면 된다는 것이다.[66]

---

65) 『유서』 2상-140 "今學者 敬而不見得, 又不安者, 只是心生, 亦是太以敬來做事得重. 此'恭而無禮 則勞' 也; 恭者 私爲恭之恭也, 禮者 非體之禮. 是自然底道理也. 只恭而不爲自然底道理, 故不自在也. 須是恭而安. … 只是天理合如此, 本無私意, 只是箇循理而已." 2상-122 "中心斯須不和不樂, 則鄙詐之心入之矣. 此與'敬以直內'同理. 謂敬爲和樂則不可, 然敬須和樂, 只是中心沒事也."

66) 『유서』 2상-28 「識仁篇」 "孟子言'萬物皆備於我' 須反身而誠, 乃爲大樂. 若反身未誠, 則猶是二物有對, 以己合彼, 終未有之, 又安得樂? 以此意存之, 更有何事? '必有事焉而勿正, 心勿忘, 勿助長' 未嘗致纖毫之力. … 蓋良知良能元不喪失, 以昔日習心未除, 却須存習此心, 久則可奪舊習. 此理至約, 惟患不能守."

제7장
정이의 이원론
보통 사람의 주체성 확립의 길 – 인격 수양론 III

정호는 깨달은 자의 입장에 선다. 다양한 현상이 그대로 하나의 본체라는 것(理一分殊), 즉 하나가 여럿이라는 모순성을 깨닫기만 (혹은 돌파하기만) 하면 되며, 거기에 따라 성실하고 경건하게 규범을 실천할 수 있다. 그러나 현상적인 인간들은 탁 트인 마음으로 세상 전체를 보기보다는 자기 한 몸의 일만이 절실하다. 따라서 그것을 깨닫기가 어렵다. 어떻게 그런 깨달음이 가능한가. 정호는 그것은 모순이므로 깨달으라고 할 뿐 체계적인 이론화를 거부한다. 따라서 보통 사람은 깨달음에 도달하기도 이해하기도 어렵다.

정이(程頤; 1033-1107)[1]는 이런 문제를 충분하게 의식하고 있었던 것 같다. 그는 장재처럼 보통 사람의 입장에 서서 정호가 남긴 사상의 풍요한 함축을 정연하게 이론화시킨다. 정호는 시적인 상상력으로 깨달음을 이야기하나, 정이는 일상인의 시각으로 논리적인 설명을 한다.

---

1) 정이의 자는 正叔, 호는 伊川이고, 河南 (洛陽) 사람이다. 정호의 동생이다.

1. 자연의 이론

정이는 기본적으로는 정호의 "본체가 현상으로 드러난다"는 입장에 선다.[2] 그는 '이치'(理)와 '사랑'(仁)을 본체를 규정하는 용어로 확정한다. 그리고 보통 사람의 입장에서, 혹은 이론가의 입장에서 본체와 현상의 관계를 설명한다.

『주역』「계사」에는, "한번 음하면 한번 양하는 것(一陰一陽者)이 도이다"(명제 A)와 "형이상자를 도라 하고, 형이하자를 현상(器)이라 한다"(명제 B) 라는 상반된 말이 나온다. A는 음양과 도, 혹은 기와 리의 일치를 주장하는 일원론이다. 반면 B는 형이상자와 형이하자, 도와 기(器)의 분리를 적시한 이원론이다. 정호는 두 명제를 다 받아들이면서도, 명제 A의 입장[일원론]에 선다.[3] 그러나 정이는 그 두 명제를 명확하게 구별한 뒤, 명제 B에 따른다. 그가 보건대, 음양은 기이며 형이하자이며, 현상 사물의 요소일 뿐이다. 형이상자는 현상 사물[형이하자]의 원리(理)이다. 따라서 그는 명제 A를 "한번 음하면 한번 양하는 **까닭**(所以一陰一陽者)이 도이다"라고 수정한다.[4] 정이는 명제 B의 입장에 서기 때문에 명제 A를 그렇게 바꾼 것이다.

---

2) 『易傳』 서문. "지극히 희미한 것은 리이고, 지극히 드러난 것은 (사물의) 모습이다. 본체와 현상은 하나의 근원이고, 드러난 것과 숨은 것 사이에는 틈이 없다." (至微者 理也, 至著者 象也. 體用一源, 顯微無間.)

3) 『유서』 11-13 "繫辭曰'形而上者 謂之道, 形而下者 謂之器.' 又曰'立天之道 曰陰與陽, 立地之道 曰剛與柔, 立人之道 曰仁與義.' 又曰'一陰一陽之謂道.' 陰陽 亦形而下者也, 而曰道者, 惟此語 截得上下最分明. 元來只此是道. 要在人默而識之也."

4) 『유서』 3-105 " '一陰一陽之謂道', 道非陰陽也, 所以一陰一陽 道也.", 15-124 " '一陰一陽之謂道', 此理固深, 說則無可說. 所以陰陽者道. 旣曰氣則便是二; 言開闔已是感, 旣二則便有感. 所以開闔者道, 開闔便是陰陽.", 15-137 "離了陰陽 更無道, 所以陰陽者是道也. 陰陽氣也. 氣是形而下者, 道是形而上者."
정이는 아직 理와 氣를 명백히 대립시켜 설명하지 않는다. 리와 기를 완전히 형이상학적 개념으로 정립하여 이론 체계를 세운 것은 주희이다.

그는 장재처럼 이분법적인 입장을 취한다. 장재는 태허(太虛)가 현상 사물로 드러나지만, 태허나 객형(客形)이나 같은 기의 두 양상이라고 본다. 반면 정이는 본체와 현상을 질적으로 다른 둘로 본다. 따라서 장재처럼 허공을 태허(太虛)로 보는 것을 반대하고, 허공은 리로 가득 차 있다고 한다.[5] 본체는 현상 세계의 배후에 있으면서 그 현상 사물들의 존재의 원리가 된다. 이렇게 현상 사물과 본체가 서로 질적으로 다르다는 것을 그는 '형이상자'와 '형이하자'라는 용어로 나타낸다.

이처럼 본체가 리(理)인가, 기(氣)인가의 논쟁은 무엇이 근원적인 존재인가 하는 문제로 나타난다. 장재는 태허의 기를 가장 근원적인 존재로 본다. 현상 사물은 일시적이며, 덧없는 것(客形)이다. 따라서 현상 사물의 운동의 원리(理)도 태허의 기의 운동 속에서만 존재하는 종속적인 존재이다. 반면 정이는 리만이 진정하게 존재한다고 본다. 현상 사물이 생겨났다 없어지듯이, 그것의 재료인 태허의 기도 생겨났다 없어진다. 예컨대 정이는 썰물은 물이 없어진 것이고 밀물은 새로 생겨난 물이라고 하며, 들이쉰 숨은 뱃속에서 사라지고 새 숨이 뱃속에서 생겨나서 날숨이 된다고 한다. 바다에 혹은 뱃속에는 진원(眞元)의 기가 있다는 것이다. 그 진원에서 기를 만들어 낸다. (장재가 말하는 우주적인 본체인 태허를 정이는 진원이라 하며, 각 사물에 있다고 본다.)[6] 이처럼 기는 리의 운동 원리

5) 『유서』 3-95 "(伊川)語及太虛曰'亦無太虛' 遂指虛曰'皆是理, 安得謂之虛? 天下無實於理者."

6) 기의 생멸에 대해서는 다음을 참조. 『유서』 15-43 "若謂既返之氣復將爲方伸之氣, 必資於此, 則殊與天地之化不相似. 天地之化, 自然生生不窮, 更何復資於其斃之形, 既返之氣, 以爲造化? 近取諸身, 其開闔往來, 見之鼻息, 然不必須假吸復入以爲呼. 氣則自然生. 人氣之生, 生於眞元. 天之氣, 亦自然生生不窮. 至如海水, 因陽盛而涸, 及陰盛而生, 亦不是將已涸之氣却生水. 自然能生, 往來屈伸只是理也. … 天地中如洪爐, 何物不銷鑠了?" 『유서』 15-146 "凡物之散, 其氣遂盡, 無復歸本原之理. 天地間如洪爐, 雖生物銷鑠亦盡, 況既散之氣, 豈有復在? 天地造化 又焉用此既散之氣? 其造化者, 自是生氣." 또한 『유서』 15-161 참조.

에 따라 생겨났다 없어지는, 리에 종속적인 존재이다.

이 본체관의 차이는 사물의 발생에 대한 견해의 차이로 나타난다. 장재는 태허의 기가 모여 뭉칠 때, 현상 사물이 생겨난다고 본다. 이렇다면, 똑같이 기가 뭉치고 모이는데 어떤 것은 소가 되고 어떤 것은 말이 되는지 설명되지 않는다. 즉 왜 소는 송아지만 낳고 말은 망아지만 낳는가, 이점이 제대로 설명이 되지 않는다. 정이는 모든 개체는 그 개체의 리를 부여받아 그에 따라 운동한다고 본다. 따라서 소는 소의 리에 따라 송아지만 낳지 망아지를 낳을 수 없다.[7)]

2. 사람의 마음

1) 마음의 이원적 구조

정이는 이런 이원론으로 주로 인간의 마음을 설명한다. 장재는 기를 본체로 보았으므로 자연 현상의 설명에서 강점을 보이는 반면, 사람의 마음을 설명하는 데에는 약점이 있다. 그것은 유가적이기 보다는 도가적인 이론이다. 그 반면 정이는 리(理)를 본체로 상정하므로 사람의 마음의 구조를 설명하는 데에 이원론을 주로 적

---

7) 馮友蘭,『중국 철학사』鄭仁在 번역, 螢雪出版社, 1979. 361 쪽 참조. 그러나 정이는 類에 따른 발생이 아니라, 또한 氣에서 직접 발생할 수도 있다고 본다. 『유서』 18-78 "問'太古之時, 人還與物同生否?' 曰'同' 問'莫是純氣爲人, 繁氣爲蟲否?' 曰'然. 人乃五行之秀氣, 此是天地淸明純粹氣所生也.' 或曰'人初生時, 還以氣化否?' 曰'此必燭理, 當徐論之. 此如海上忽露出一沙島, 便有草木生. 有土而生草木, 不足怪. 旣有草木, 自然禽獸生焉.' 或曰'先生語錄中云 「焉知海島上無氣化之人?」 如何?' 曰'是. 近人處固無, 須是極遠處有, 亦不可知.' 曰'今天下未有無父母之人. 古有氣化, 今無氣化, 何也?' 曰'有兩般. 有全是氣化而生者, 若腐草爲螢是也. 旣是氣化, 到合化時自化. 有氣化生之後而種生者. 且如人身上著新衣服, 過幾日, 便有蟣蝨生其間, 此氣化也. 氣旣化後, 更不化, 便以種生去. 此理甚明."

용한다.

정호는 깨달은 자의 입장에 서기 때문에, 본체가 그대로 드러난 것으로서 현상 세계를 말하며, 인간의 경우에도 본성이 그대로 현상적인 마음으로 드러난다고 한다. 따라서 하늘이 부여한 인간의 본성[天命之謂性]과 인간의 현재의 마음[生之謂性]을 구별하지 않는다. 그러나 정이는 그 둘을 명확하게 구분한다. 그가 보건대, 인간의 현상적인 마음은 자기 자신을 생각하는 욕망에 사로잡혀 있지, 이 세계의 전체를 합리적으로 생각하는 이성과 양심은 아니다.

> "타고난 것을 본성이라 한다"(『맹자』「고자」 상3)와 "하늘이 명령한 것을 본성이라 한다"(『중용』 1장)는 명제는 같은 것인가? '본성(性)'이란 하나로 싸잡아서 말해서는 안 된다. (엄밀하게 구분해야 한다.) "타고난 것을 본성이라 한다"는 말은 다만 (태어날 때 각 개인이) 부여받은 것을 가리킨다. "하늘이 명령한 것을 본성이라 한다"는 것, 이것은 본성의 리를 말한다. 요즘 사람들이 "천성이 부드럽고 느리다" "천성이 강하고 급하다" 라고 말하는 것, 혹은 세상에서 "타고난 것(天成↔人成)"이라 하는 것은 모두 태어날 때부터 이러한 것이니, 이는 부여받은 바를 가리킨다. (生之謂性이다.) 본성의 리라면 선하지 않음이 없으며, (天命之謂性의) '하늘(天)'이라는 것은 스스로 그러한 리를 말한다.[8)]

정호는 이 세계의 본체를 생명력으로 보고, 그 생명력이 우리에게 부여되어 있으므로, 그 생명의 발현으로서 우리의 마음도 본체 그 자체라고 본다. 따라서 "타고난 것이 본성(이성)이다"라고 한다. 그러나 그 명제는 본래 고자가 말했고, 고자가 말한 본성은 식욕과 성욕 등 육체적 욕망이었다.[9)] 정이는 그 두 명제의 본래의 의미에

---

8) 『유서』 24-17 "'生之謂性'與'天命之謂性' 同乎? 性字不可一概論. '生之謂性' 止訓所稟受也. '天命之謂性', 此言性之理也. 今人言天性柔緩, 天性剛急, 俗言天成, 皆生來如此, 此訓所稟受也. 若性之理也 則無不善, 曰天者, 自然之理也."

9) 『맹자』「고자」 상3, 4. "生之謂性", "食色 性也."

충실하게 해석한다. '하늘이 명령한 본성'은 우리의 이성과 양심이며, '타고난 본성'은 우리의 욕망과 감성이다. 인간의 마음은 그 두 요소로 이루어져 있다는 것이다.

이와 똑같은 맥락에서 정이는 정호가 말한 '사랑'을 구분한다. 정호는 본체를 '생명력'으로 규정하면서, 그것의 가장 큰 속성을 '사랑'(仁)이라고 본다. 우리가 작게 우리의 이 한 몸만 보지 않고 크게 이 세상 전체를 볼 때, 이 사랑은 그대로 드러난다.(「識仁篇」) 그러나 정이가 볼 때, 현실적으로 각 개인은 자신의 몸이나 가족을 생각하는 이기심에서 나오는 사랑(愛)은 있어도, 이 세상 전체를 사랑하여 온 세상과 한 몸이 되는 사랑(仁)을 가지고 있지는 않다. 그것은 수련을 통하여 도달해야 할 목표일뿐이다. 지금 이 의식에 떠오르는 사랑(惻隱之心)은 감성적인 것이고, 도덕적인 사랑(仁)은 미발의 본성의 것이다. 나의 의식에 떠오르는 온갖 사랑, 예컨대 효나 우애 충성 등을 잘 닦으면 온 세상과 한 몸이 되는 사랑(仁)을 이룰 수 있다. 의식에 떠오르는 사랑은 씨앗이고, 전체적인 사랑(仁)은 그 씨앗 속의 생명력이다.[10]

정이는 보통 사람의 입장에 서서, 정호가 말한 깨달은 자의 사랑과 생명의 발산을 도덕적 수양의 목표로 올려놓고, 보통 사람이 가진 마음의 상태가 어떠한지 살펴본다. 일상적인 인간의 마음은 그의 몸이나 가족, 아는 사람 내지는 그의 경험에 한정되어 있다. 그래서 그 크기는 됫박만한 것, 되나 말만한 것, 강이나 호수만한 것 정도이다. 정호가 말한 것은 하늘과 땅과 크기가 같은 것이다. 그런 마음은 일상인의 경우 넓혀서 도달해야 할 목표이다.[11] 정이는

10) 『유서』 18-1 "惻隱固是愛也. 愛自是情, 仁自是性, 豈可專以愛爲仁? … 仁者 固博愛, 然便以博愛爲仁, 則不可.", 18-3 "謂行仁自孝弟始. 蓋孝弟是仁之一事, 謂之行仁之本則可, 謂之是仁之本則不可. 蓋仁是性也, 孝弟是用也. 性中只有仁義禮智四者, 幾曾有孝弟來?", 18-6 "心譬如穀種, 生之性便是仁也."

인간들 사이의 차이에만 주목한 것이 아니라 인간과 동물, 동물과 식물 사이의 차이도 말한다. 그런 차이는 기에 따른 것이다.[12] 정이는 단지 본체인 리의 측면을 말하기 때문에 그런 차이를 크게 주목하지 않았을 뿐이다.[13]

2) 본성은 리이다(性卽理)

정이는 이와 같은 현실과 이상적인 모습의 차이를 그의 마음 이론에 반영한다. 그는 자연 사물에 현상 **이전**의 상태[形而上]와 현상 **이후**의 상태[形而下]가 있듯이, 사람의 마음도 드러나기 이전 상태[未發]과 드러난 이후의 상태[已發]가 있다고 한다.[14] 여기에서 '이전'과 '이후'는 시간상의 구분이 아니라, 형이상학적 혹은 인식론

---

11) 『유서』 18-45 "人量隨識長, 亦有人識高而量不長者, 是識實未至也. … 今人有斗VII之量, 有釜斛之量, 有鍾鼎之量, 有江河之量. 江河之量 亦大矣, 然有涯; 有涯亦有時而滿, 惟天地之量 則無滿. 故聖人者, 天地之量也. 聖人之量, 道也. 常人之有量者, 天資也. 天資有量者, 須有限."

12) 『유서』 19-37 "性無不善, 才有善不善. 楊雄韓愈皆說著才.", 21下-10 "氣有善不善, 性則無不善. 人之所以不知善者, 氣昏而塞之耳. 孟子所以養氣者, 養之至則淸明純全, 而昏塞之患去矣.", 24-37 "動物有知, 植物無知. 其性自異, 但賦形於天地. 其理則一.", 『經說』 8 「中庸解」 25 "吾生所有, 旣一於理, 則理之所有, 皆吾性也. 人受天地之中, 其生也, 具有天地之德, 柔强昏明之質 雖異, 其心之所同者 皆然. 特蔽有淺深, 故別而爲昏明; 稟有多寡, 故分而爲强柔; 至於理之所同然, 雖聖愚有所不異. 盡己之性, 則天下之性皆然, 故能盡人之性. 蔽有淺深, 故爲昏明; 蔽有開塞, 爲人物. 稟有多寡, 故爲强柔; 稟有偏正, 故爲人物. 故物之性與人異者 幾希, 惟塞而不開, 故知不若人之明; 偏而不正, 故才不若人之美. 然人有近物之性者, 物有近人之性者, 亦係於此. 於人之性, 開塞偏正, 無所不盡, 則物之性, 未有不能盡也."

13) 정호도 기에 따른 차이를 말하기는 한다. 『유서』 1-11 "人與物 但氣有偏正耳.… 陰陽之偏者 爲鳥獸草木夷狄, 受正氣者 人也." (이 구절은 보통 정호가 말한 것으로 보나, 명확하지 않다.) 그는 『유서』 2상-11, 29에서 過不及이 선악을 낳는다고 말하나, 정이처럼 명확하게 기의 치우침으로 인간과 사물의 차이를 규정하지 않는다.

14) 『유서』 18-82 "或曰'喜怒哀樂未發之前求中, 可否?' 曰'不可. 旣思於喜怒哀樂未發之前求之, 又却是思也. 旣思卽是已發. (註; 思與喜怒哀樂一般) 才發便謂之和, 不可謂之中也'", 『유서』 18-83 "只喜怒哀樂不發, 便是中也. … 中有甚形體? 然旣謂之中, 也須有箇形象. … 雖耳無聞, 目無見, 然見聞之理在, 始得."

적 구분이다. (이는 대략 '선험-경험'의 구분과 일치한다.) 이런 구분을 통하여, 따라야 할 도덕률은 미발의 마음에 보존되어 있고, 욕망에 사로잡혀 희노애락하는 현상적인 모습은 이발의 마음이라고 하여, 인간이란 이상과 현실, 욕망과 이성을 동시에 가진 중간자라는 것을 말한다.[15)]

정이는 드러나기 이전의 마음을 본성(性)이라 하고, 드러난 이후의 마음[외부 사물을 인식하여 자극을 받아 움직이기 시작한 마음]을 정(情)이라 한다. 이 드러나기 이전 상태를 정이는, "고요하여 움직임이 없고 막막하여 아무런 흔적도 없으나, 모든 것의 리가 이미 숲처럼 늘어서 있다"라고 묘사한다.[16)] 여기에서 마음이 드러나기 이전과 이후란 마치 잠든 상태와 깬 상태 같은 것을 의미하는 것이 아니라, 체용(體用)의 관계와 같은 것이다. 그리고 이 드러나기 이전 상태에 모든 리(理; 도덕률]가 갖추어져 있다는 것이다.[17)] 다시 말하자면 그것은 일종의 가능태이다.

모든 개인은 기(氣)에 의하여 몸을 갖게 되며, 이 몸을 가질 때 미발(未發)로서 리(理)가 부여된다. 이렇게 사람들은, 모든 리(理; 도덕률)가 부여되어 있지만, 그것을 다 실현시키지는[發] 못한다. 그

---

15) 『伊川文集』 4, "안회가 좋아했던 것은 어떤 배움이었는가"(顏子所好何學論) "天地儲精, 得五行之秀者爲人. 其本也眞而靜, 其未發也 五性具焉, 日仁義禮智信. 形旣生矣, 外物觸其形而動於中矣. 其中動而七情出焉, 日喜怒哀樂愛惡欲. 情旣熾而益蕩, 其性鑿矣. 是故覺者約其情, 使合於中, 正其心, 養其性, 故日性其情. 愚者則不知制之, 縱其情而至於邪僻, 梏其性而亡之, 故日情其性." 이 글은 그가 20세 때 쓴 것이다. 그는 이런 문제 의식으로부터 출발한 것이다. 그는 顏回가 성인에 가깝게 될 수 있었던 것은, 예(禮; 즉 理)에 따라 보고 듣고 말하고 움직이도록 희노애락하는 已發의 마음을 제어했기 때문이라고 한다. 『伊川文集』 13 "네 가지 경계함 및 그 서문"(四箴 幷序) "顏淵問克己復禮之目, 夫子日'非禮勿視, 非禮勿聽, 非禮勿言, 非禮勿動' 四者 身之用也. 由乎中而應乎外, 制於外所以養其中也. 顏淵事斯語, 所以進於聖人."

16) 『유서』 15-78 "沖漠無朕, 萬象森然已具."

17) 『유서』 18-92, 22상-72에 '性卽理'라는 말이 나온다. 또한 『유서』 11-90, 15-16, 『外書』 3-11에 "禮卽理也"라는 말이 나온다. 따라서 理를 도덕률(禮)로 번역한다.

것은 마음의 본체 [미발의 리]가 드러나기 위해서는 반드시 육체 [氣]를 빌려야 하기 때문이다. 사람에 있어서 기는 리의 담지자이면서 동시에 은폐자이다. 여기에서 리(理)와 기(氣), 혹은 정신과 육체는 사회와 개인, 또는 전체와 개체의 대립을 의미한다.

3) 마음(心), 그리고 본성(性)과 감성(情)

정이가 보건대 인간이 태어나면서 가지는 것은 정신적 요소와 육체적 요소이다. 따라서 인간의 정신을 이루는 본성과 감성도 그 둘로 나뉜다고 본다. 본성의 경우, 선험적인 리가 부여되어서 이루어진 본래 모습의 본성[本然之性]과 자신이 태어날 때 가진 육체적인 특성을 반영한 기질의 본성[氣質之性]으로 이루어져 있다.[18] 본연지성(本然之性)은 본성 속의 도덕률을 따르는 도덕적 이성을 말한다. 기질지성(氣質之性)은 각 개인이 가진 성격, 예컨대 "그의 천성은 느리다, 급하다, 잔인하다"고 할 때의 성격이다. 정이는 '본연지성'과 '기질지성'이라는 용어는 쓰지 않았으나, 그 구분은 명확히 한다.

마음은 본성과 감성을 포괄한다. 이 마음의 기능은 무엇인가? 인간의 마음은 그 행위의 주체(主; '나')로서, 어떻게 행위 할 것인가를 결정한다.[19] 그 '나'인 마음이 도덕률 내지 이성[天理]을 따르는가, 아니면 개인적인 욕망[人欲]을 따르는가가 문제가 된다. 그는

18) 『유서』 24-17 "'生之謂性'與'天命之謂性' 同乎? 性字不可一概論. '生之謂性' 止訓所稟受也. '天命之謂性', 此言性之理也. 今人言天性柔緩, 天性剛急, 俗言天成, 皆生來如此, 此訓所稟受也. 若性之理也 則無不善, 曰天者, 自然之理也."

19) 『유서』 18-89 "孟子曰'盡其心, 知其性.' 心卽性也. 在天爲命, 在人爲性, 論其所主爲心, 其實只是一箇道.", 『유서』 18-90 "在天爲命, 在義爲理, 在人爲性, 主於身爲心, 其實一也.", 주희에 의하면, '在義爲理'는 '在物爲理'라 보아야 한다고 한다. 『유서』 15-12 "有主則虛, 無主則實, 必有所事.", 『유서』 15-16 "人多思慮不能自寧, 只是做他心主不定. 要作得心主定, 惟是止於事, 爲人君止於仁之類.", 또한 『유서』 15-158 참조

사회적인 측면을 천리, 개체적인 측면을 인욕이라고 한다. '나'인 마음이 천리를 따르면 '진리의 마음'(道心)이 되고, 인욕을 따르면 '개인적인 마음'(人心)이 된다고 한다.[20] 그에게 있어서 배움이란 '천리를 보존하고 인욕을 막는 것(存天理 滅人欲)'이다.

그는 정호가 주장한 하나인 본체가 여러 현상으로 나타난다는 것(관점주의)을 마음에 적용한다. 하늘이 이 마음에 명령한 것이 본성이다. 그 본체를 본성(性; 양심)이라 하고, 현상적으로 드러난 것이 감성(情)이며, 그 사이에서 본성을 따를 것인가 감성을 따를 것인가를 결정하여 행위를 하는 주체가 마음이다.[21]

그 셋은 결국 하나라는 것이다. 다시 말해서 인간의 마음의 본체는 고요하다. (未發; 沖漠無朕) 이 본체가 외부 사물과 접촉하면 움직인다. 이 움직임이 치열해지면 희노애락의 감정으로 나타나며, 자신의 욕망이 형성된다.[22] 이처럼 마음의 본체가 외부 사물과의 접촉에서 움직이는 것을 정이는 시냇물이 흘러가다 바위에 부딪치고, 모래톱에 막히면서 튀고 요동하는 것에 비유한다.[23]

이렇게 하여 사람은 자신의 마음의 고요한 상태에 보존되어 있는 이성과 양심을 잊고, 이 사물 저 일에 끌려 다니게 된다. 즉 욕

---

20) 『유서』 11-103 "'人心惟危' 人欲也. '道心惟微' 天理也. '惟精惟一' 所以至之. '允執厥中' 所以行之." 『유서』 24-9 "人心私欲, 故危殆. 道心天理, 故精微. 滅私欲則天理明矣." 『외서』 2-64 "人心人欲, 道心天理." 『외서』 3-15 "'人心惟危' 人欲也. '道心惟微' 天理也." 이 구절들은 본래 『서경』 「大禹謨」의 16字 心傳의 주석이다.

21) 『유서』 18-89 "在天爲命, 在人爲性, 論其所主爲心, 其實只是一箇道." 18-90 "在天爲命, 在義爲理, 在人爲性, 主於身爲心, 其實一也." 24-16 "氣稟有清濁, 故其材質有厚薄. 稟於天謂性, 感爲情, 動爲心, 質幹爲才."

22) 『伊川文集』 4 「顔子所好何學論」 "天地儲精, 得五行之秀者爲人. 其本也眞而靜, 其未發也 五性具焉, 曰仁義禮智信. 形旣生矣, 外物觸其形而動於中矣. 其中動而七情出焉, 曰喜怒哀樂愛惡欲. 情旣熾而益蕩, 其性鑿矣. 是故覺者約其情, 使合於中, 正其心, 養其性, 故曰性其情. 愚者則不知制之, 縱其情而至於邪僻, 梏其性而亡之, 故曰情其性."

23) 『유서』 18-91 "問'性之有喜怒, 猶水之有波否?' 曰'然. 湛然平靜如鏡者, 水之性也. 及遇沙石, 或地勢不平, 便有湍激, 或風行其上, 便爲波濤洶湧. 此豈水之性也哉? … 然無水安得波浪? 無性安得情也?'"

망에 따라가게 된다. 정이는 인간이 사물과 일에 끌려 다니는 것을 '사물에 부려지는 것'이라고 한다. 왜 사람은 자신의 이성에 따라 사물을 부리지 못하고, 오히려 사물에 부려지는가, 왜 마음은 사물의 노예가 되는가, 이것이 정이의 문제의식이다.[24)]

사람은 사물과 접촉하지 않을 수 없으며, 따라서 희노애락의 감정과 욕망을 가지지 않을 수 없다. 그가 보건대 희노애락에는 두 가지가 있다 하나는 자신의 육체적인 욕망에 따라 희노애락하는 것이고, 다른 하나는 그 마음의 바탕에 있는 이성(理)에 따라 희노애락하는 것이다. 이성에 따라 희노애락하는 것은 어떤 일이나 사물에 대해서 그것에 꼭 알맞게 대접하는 것(物各付物)이다.[25)] 꼭 알맞게 대접는 방식을 그는 리(理)라고 하며, 그것은 우리의 마음의 고요한 상태에 보존되어 있다고 한다. 이렇게 이성적인 행위를 그는 "밝은 거울과 고요히 멈춘 물"에 비유한다. 그 거울이나 물이 사물을 있는 그대로 비추듯이, 우리의 이성은 그 일에 합당한 이치대로 행위 한다는 것이다.[26)]

이런 점 때문에 주희는 인간의 마음을 '허령불매(虛靈不昧)' 라고 정의한다. 마음은 "텅 비고, 인식 능력이 있어서 어둡지 않다." 텅 비었으므로(虛) 어떤 사물이나 받아들여 접촉하고, 환하게(不昧) 비추어 보는 인식 능력(靈)이 있으므로 그 사물을 있는 그대로 파악

24) 『유서』 15-16 "人多思慮 不能自寧, 只是做他心主不定. 要作得心主定, 惟是止於事; 爲人君止於仁之類. 如舜之誅四凶, 四凶已作惡, 舜從而誅之, 舜何與焉? 人不止於事, 只是攬他事, 不能使物各付物. 物各付物 則是役物, 爲物所役 則是役於物. 有物必有則, 須是至於事!"

25) '物各付物'은 理 개념의 주요한 특징 가운데 하나이다. 그것은 또한 그들이 생각하는 정의(公)를 뜻한다.

26) 『유서』 18-114 "問'「不遷怒, 不貳過」 何也?' 曰'此莫是最難? 須是理會得 因何不遷怒. 如舜之誅四凶, 怒在四凶, 舜何與焉? 蓋因是人有可怒之事而怒之 聖人之心本無怒也. 譬如明鏡, 好物來時, 便見是好, 惡物來時, 便見是惡, 鏡何嘗有好惡也? 世之人固有怒於室而色於市. 且如怒一人, 對那人說話, 能無怒色否? 有能怒一人而不怒別人者, 能忍得如此, 已是煞知義理. 若聖人, 因物而未嘗有怒, 此莫是甚難. 君子役物, 小人役於物. 今人見有可喜可怒之事, 自家著一分陪奉他, 此亦勞矣. 聖人心如止水."

한다. 환하게 비추어 볼 수 있는 것은 그 텅 빈 마음에 그 사물의 리(理)가 있기 때문이다. 있는 그대로 파악하므로 그 사물을 합당하게 대접할 수 있다.

이성과 감성의 구분은 그의 사랑 이론에도 그대로 적용된다. 사람은 이성과 감성(혹은 육체)을 가지고 태어나서, 한 개인으로서 사회 속에 살므로, 그가 가지는 사랑에도 두 가지 종류가 있다. 자신(과 가족, 아는 이들)을 생각하는 욕망에서 나오는 사랑(私)과 사회 전체를 생각하는 도덕적 사랑(仁)이 있다. 개인적인 사랑에 빠지면 모든 것은 모든 것으로 뿔뿔이 분열되지만, 사회의 도덕률에 따르는 사랑을 하면 하나가 된다.[27] 정이가 보건대 도덕적인 사랑만이 가장 정의(公)롭다. 그것은 사회 전체를 생각하는 것이기 때문이다. 따라서 정이는 사랑(仁)의 가장 중요한 속성을 공정성(公)이라고 한다.[28]

3. 수양론

1) 거경(居敬) - 도덕적 주체('나')의 확고한 정립

마음을 이발과 미발, 감성과 이성으로 나누는 것은 그대로 그의 수양 이론에 적용된다.

정호에 의하면, 사람은 그 본질상 혹은 실제로 하늘과 같으므로(天人合一), 다만 그 사실을 깨닫기만 하면 된다. 정이는 인간에 있

27) 『유서』 15-18 "公則一, 私則萬殊. 至當歸一, 精義無二. 人心不同如面, 只是私心." 3-58 "仁則一, 不仁則二."

28) 『유서』 15-84 "仁之道, 要之只消道一公字. 公只是仁之理, … 只爲公, 則物我兼照, 故仁, 所以能恕, 所以能愛." 3-59 "仁之道難名, 惟公近之, 非以公便爲仁." 9-1 "仁者公也, 人此者也. 義者宜也, 權量輕重之極." 기타 『유서』 3-58, 15-24, 173 ; 22상-42, 49 ; 『외서』 4 3, 12-88, 『易傳』 復 괘 수석 등 참조.

어서 하늘과 같은 요소(理)는 미발의 본성에 있다고 한다. 그런데 그 미발의 본성은 직접 인식의 대상이 될 수 없다. 인식 대상이 되려면 우리의 의식 속에 들어와야 하는데, '미발'이란 의식화되기 이전의 상태를 말하기 때문이다. 따라서 정좌(靜坐)를 하여서 미발을 파악하려는 것은 허망한 노력에 불과하다. 정이는 미발의 본성을 나의 주관의 뿌리라고 본다. 즉 미발이란 '나'의 근거이며, 나의 의지의 근원이다. 따라서 그것을 인식하려 해서는 안 되고, 도덕적인 의지로 확고하게 키워야 한다.(涵養)29)

나의 마음의 본체(未發)는 일에 접촉하면, 그 일에 따라 나가서 희노애락하며 욕망을 불태운다. 이렇게 흔들리는 마음은 개인적인 욕망에 따라 표류하는 것일 뿐 도덕적 원리에 따라 일관성 있게 사는 것이 아니다. 따라서 바깥 사물로 끊임없이 향하는 이 마음을 채찍질하여 안으로 몰아넣어서 집중시켜야 한다.30)

이렇게 집중시키는 것은 항상 경건함 속에 있는 것(居敬)이다. 이런 경건 속에서 마음은 고요하고 안정된다. 이런 상태가 바로 도덕적 이성이 발휘되는 차분한 상태이다. 이는 결국 자신의 마음을 보존하여 본성을 기르는 것(存心養性)이며, 개체적인 욕망을 부정하고 본성의 이치에 따르도록 선 의지를 키우는 것이다. 이렇게 하

29) 『유서』 18-82 "或曰'喜怒哀樂未發之前求中, 可否?' 曰'不可. 既思於喜怒哀樂未發之前求之, 又却是思也. 既思卽是已發. (註; 思與喜怒哀樂一般) 才發便謂之和, 不可謂之中也' … 若言存養於喜怒哀樂未發之時則可, 若言求中於喜怒哀樂未發之前則不可. … 於喜怒哀樂未發之前, 更怎生求? 只平日涵養便是. 涵養久, 則喜怒哀樂發 自中節." 『유서』 18-83 "只喜怒哀樂不發, 便是中也. … 中有甚形體? 然既謂之中, 也須有箇形象. … 雖耳無聞, 目無見, 然見聞之理在 始得."

30) 『유서』 15-4 "主一無適, 敬以直內, 便有浩然之氣. 浩然須要實識得他剛大直", 15-45 "惟是動容貌, 整思慮, 則自然生敬, 敬只是主一也. 主一, 則既不之東, 又不之西, … 存此則自然天理明." 15-54 "閑邪則固一矣, 然主一則不消言閑邪. 有以一爲難見, 不可下工夫. 如何一者, 無他, 只是整齊嚴肅, 則心便一." 이렇게 마음을 집중하는 것을 정이는 主一無適이라 하고, 정호는 "채찍질하여 안으로 몰아넣음"(鞭僻近裏)라 한다. 『유서』 11-171, "學之要, 鞭僻近裏, 著己而已."

여 한 인간은 도덕적 주체('나')를 형성하게 된다.

그러나 이렇게 키우는 도덕적 의지('나')는 끊임없이 밖으로 달려 나가려는 방자한 욕망에 비하면 언제나 미약한 싹에 불과하다. 이 싹은 그 개인 혼자서 키우기는 어렵다. 따라서 이 과정에서 중요한 것은, 소학(小學)에서 어린이에게 회초리로 예의범절을 가르치는 것이다. 왜냐하면 한 개인의 도덕적 자아의 확립이란, 그 사회의 도덕적 규범의 수용에 의해 이루어지기 때문이다. 개인의 욕망을 그 사회의 규범 안에서 실현시키도록 교육하는 것이 바로 그 도덕적 자아의 확립 과정이라 할 수 있다.

2) 궁리(窮理) - 세계관의 형성

장재는 도덕적 자아(太虛인 마음)의 형성에 경험적인 지식(聞見知)이 전혀 도움이 되지 않는다고 배척했으며, 정호는 인간이 그 마음의 크기가 세계와 같다는 것을 깨달으면 된다고 하여 경험적인 지식을 중시하지 않았다. 그러나 정이는 경험적 지식을 중시한다. 한 인간이 도덕적 자아만 형성한다고 그 사회에서 살 수는 없으며, 무엇보다도 도덕적 자아를 형성하기 위해서는 사회와 자연의 구조를 알아야 한다. 도덕적 자아란 그 사회의 구조를 반영하는 도덕률의 내면화이기 때문이다.

정이는 경험적 지식을 쌓아가는 것을 '이치를 탐구하여 앎을 이루는 것(格物致知)'이라고 한다. 이 탐구는 이 사회와 이 세계는 어떤 구조를 가졌으며, 그 속의 개인 즉 '나'란 어떤 위치를 차지하는가를 자각하는 것이다. 예컨대 자연의 운행이 변함없듯이 사회도 어김없이 돌아가야 하며 거기에는 성실함(誠)이 공통점이라는 것, 혹은 사계절이 있듯이 인간에게는 인의예지가 있으며, 하늘과 땅이 있듯이 임금과 신하, 어버이와 자식이 있으며, 이 가족 속에 나는 어떤 위치인가 등을 따져 보는 것이다. 격물치지의 주요한 방법은 경전 공부, 역사 공부 및 일상생활에서 규범을 실천해 보는 것 등이다. 이런 탐구를 통하여 세계관을 세우기 위해서 이 세상의 모든 것을 다 탐구해 볼 필요는 없다. 어느 정도 탐구하면 활연 관통하여 모든 것을 이해하게 된다.[31] 즉 세계관이 형성된다. 왜냐하면 인간의 본성에는 모든 것의 이치가 다 부여되어 있기 때문이다.(性卽理)[32]

정호가 단지 최초의 깨달음의 영역에 두었던 세계의 전체 모습(天人合一, 혹은 理一分殊의 모습)에 대한 통찰을, 정이는 수양의 맨 끝에 이루는 활연관통의 순간에 둔다. 이 순간에 확인되는 것은 객관적인 법칙의 총체가 내 마음 안에 있다는 것이다. 격물치지란 객관적인 자연의 법칙을 발견하는 활동은 아니다. 그것은 사회의 규범을 자신의 내면에서 확인하는 작업일 뿐이다. 이 사회 전체의 얼개에 대한 통찰, 이것은 그 개인의 도덕적 주체를 형성하는 중요한 요소이다. 따라서 안으로 도덕적 의지를 키우고 밖으로 세계관을 형성하는 거경과 궁리는 뗄 수 없는 관계에 있다.

---

31) 『유서』 18-27 "'格物在致知' 格 至也, 如'祖考來格'之格. 凡一物上有一理, 須是窮致其理. 窮理亦多端; 或讀書 講明義理, 或論古今人物, 別其是非, 或應接事物而處其當, 皆窮理也. … 隨時今日格一件, 明日又格一件, 積習旣多, 然後脫然自有貫通處."

32) 손영식, 『정이천 철학에 있어서 리와 그 실천』, 서울대 석사 논문, 1982.

4. 역할과 그 수행

이렇게 안으로 도덕적 의지를 키우고 밖으로 세계관을 형성하여 인격을 이룬 사람의 삶에 대하여 정이는 복(復) 괘와 간(艮) 괘의 이미지로 설명한다.[33] 미발의 마음에는 하나의 삶의 의지가 있어서 그의 이성을 이룬다.(復卦) 이발의 마음으로 이 세상을 살면서 자신이 머물러야 할 자리에 머무른다.(艮卦)[34]

자신이 머물러야 할 자리에 머무른다는 것은, 자신이 할 일을 다 한다는 것이다. 자신이 아버지이면 아버지로서의 역할을, 아들이면 아들로서의 역할을, 신하이면 신하로서의 역할을 다한다는 것이다. 여기에서 정이는 공자가 말한 '정명론'의 이념을 확인한다. 한 개인이 사회 속에서 산다는 것은 무수한 역할(이론적으로는 그 사회에 있는 모든 역할)을 계속 수행한다는 것이다. 다시 말해서 한 개인은 아버지, 아들, 신하, 남편, 친구 등등의 역할을 가지고 있어서, 아들을 만나면 아버지로서 역할을 하고, 아버지를 만나면 아들의 역할을 해야 한다. 한 인간의 하루의 삶, 나아가 그의 일생은 이런 역할의 계속 바꾸어 가면서 수행하는 것이다. (이는 分殊의 강조라 할 수 있다)

따라서 그의 미발의 본성에는 그 모든 역할의 이치(理一)가 부여되어 있어야 한다. 그래야 자신이 누구를 만나든지 그 상대에 맞게 자신의 역할을 수행할 수 있다. **이치는 하나이지만, 그 나뉨은 다**

---

33) 『유서』 18-83 "人說'復其見天地之心', 皆以謂至靜能見天地之心, 非也. 復之卦下面一劃, 便是動也. 安得謂之靜? 自古儒者皆言靜見天地之心, 唯某言動而見天地之心. … 釋氏言定, 聖人便言止. 且如物之好, 須道是好; 物之惡, 須道是惡. 物自好惡, 關我這裏甚事? 若說道我只是定, 更無所爲, 然物之好惡, 亦自在裏. 故聖人只言止. 所謂止, 如人君止於仁, 人臣止於敬之類 是也. 易之艮言止之義曰 '艮其止, 止其所也' 言隨其所止而止之, 人多不能止."

34) 복괘와 간괘에 관한 주희의 설명은 329-332 쪽 이하 및 335 쪽에 있는 「程子養觀說」을 보라.

양할 수밖에 없다(理一分殊). 이 이치의 총체(理一)를 주희는 태극이라 한다. 아버지를 만나면 아들의 리(理)에 따라 행위 해야 하고, 임금을 만나면 신하의 리에 따라 행위 해야 한다. 이런 나눠진 리를 분수리(分殊理)라고 한다.

이러한 역할 수행은 다르게 말하면 **사랑(仁)**의 실천이다. 아버지에게 아들로서의 역할을 다하는 것은, 아들로서 아버지에 대한 사랑인 효를 다하는 것이다. 임금에게 충, 친구에게 우애, 형제 사이의 공경, 어른에게 양보함 등도 다 사랑이다. 한 인간이 다른 인간을 만나서 자신의 역할을 다한다는 것은 상대에 따라 사랑을 베푸는 것이다. 상대에 따라 사랑이 달리 나오기 위해서는 이 마음에 하나의 근원적인 사랑이 있어야 한다. 그 사랑을 정이는 인(仁)이라고 한다. 정이는 공자와 맹자 이래 유가의 기본 관점인, 인간관계는 사랑으로 맺어져야 한다는 것을 여기에서 확인한다. 정이에게 있어서 리일분수(理一分殊)는 사랑(仁)의 이론과 표리의 관계를 이룬다. 행위의 측면에서는 리일분수이고, 그 때 마음가짐은 사랑이라는 것이다.

정이의 이와 같은 이론은 한 인간의 **인격 형성**의 과정을 말하며 동시에 **사회화**의 과정을 의미한다. 그는 미발의 본성에 이 세상의 이치의 총체가 다 부여되어 있으므로, 한 개인은 그 이치의 총체를 자각하여 도덕적 세계관을 세우고 도덕적 주체성을 확립하면 올바르게 이 세상을 살 수 있다고 한다. 그러나 이 인격 형성의 과정은 그 이치의 총체를 발견하는 것이라기보다는 확인하는 것, 다시 말해서 그 사회의 구조를 반영하는 도덕률을 자기 자신 속에 내면화시키는 과정이라 할 수 있다. 즉 사회화의 과정이다. 요컨대 그것은 '개인의 사회화, 사회의 개인화'라고 할 수 있다.

정이는 냉철하게 현실과 이상의 두 측면을 다 본다. 그의 이런 사상은 이미 정호에 그 싹이 다 있었으며, 주희에 와서 철저하게 형이상학적인 이론 체계로 형성된다. 정이는 자신이 세운 이 이론 체계에 대한 깊은 확신을 가지고 있었던 것 같다. 따라서 정호가 죽었을 때, 그 묘지명을 쓰면서 정호가 맹자 이래 끊긴 **'진리의 학문**(道學)'을 세웠다고 한다. 그래서 정호에게 **'진리를 밝힌 선생**(明道)'이라는 호를 붙인다. 구법당의 이론가임을 자부한 그가 이렇게 자신들의 이론을 '진리의 학문'으로 자신한 것은, 당시에 '새로운 학문'(新學)을 들고 나와서 개혁을 추진했던 왕안석에 대한 날카로운 대립 의식에서 나온 것이다.

5. 북송 신유학에서 대립적 세계관의 형성

북송이라는 새로운 국가를 어떻게 이끌어 나갈 것인가에 대해서 당시의 지식인은 둘로 갈라진다. 왕안석으로 대표되는 신법당은 제도의 개혁을 주장한다. 그는 정치 경제 군사 등 모든 분야에 있어서 이상적인 제도의 수립과 국가의 지도력을 강조한다. 따라서 국가를 운영하는 자는 원대한 경륜이 있어야 한다. 왕안석은 객관적 현실의 냉철한 인식을 중시한다. 그 물질적 현실의 필연성을 인식하기 위해서는 마음을 비우고 냉철하게 현실을 보아야 한다. 왕안석은 현실의 필연성을 관조하려 했던 도가학파와는 달리, 그 필연성을 인식하여 현실을 변혁하려 했다. 따라서 그는 사회 전체의 정치 경제적 문제에 대한 원대한 경륜과, 어떤 비판과 반대에도 굽히지 않는 굳센 의지를 가지고 현실을 변혁시키는 성인의 이론을 전개한다. 그는 제도를 만드는 자로서의 성인을 말한다. 그 성인은 이 세상 위에 서서 그 필연성을 인식하고 국가를 경영하는 초인이라 할 수 있다.

왕안석에게 반대했던 인격 수양론자들은 객관적 현실보다도 주관적인 관념을 중시한다. 그들이 보는 세계란 정치 경제적인 물질적 현실이 아니라, 인륜 도덕의 그물이다. 그들은 그 인륜 도덕의 근거를 하늘(天地)에서 찾는다. 도덕률은 자연의 객관적인 법칙이며, 그것이 우리의 마음에 부여되어 있다고 한다.(天人合一) 이런 발상의 시작은 장재이다. 장재는 자연 법칙을 윤리 규범과 동일시한다. 이 규범의 그물 아래 이 세상은 '위대한 조화'를 이룬다. 따라서 인간은 마음을 비워서 이 규범을 실천해야 한다. 장재는 마음을 비우고 규범을 실천함에 있어서 고행에 가까운 수행(窮理와 行禮)을 한다.

정호는 이점을 문제 삼아서, 우리의 마음 자체가 그 도덕률이라고 한다. 따라서 그것을 깨달으면 되지 별다른 수행이 필요 없다고 한다. 정이는 그런 깨달은 자의 입장에서 벗어나 현실적인 인간을 본다. 평범한 인간들은 자신의 욕망에 따라 살 뿐, 그런 깨달음도 없고 도덕률을 자율적으로 실천하지도 않는다. 따라서 정이는 '깨달음'의 문제를 도덕적 수양의 영역으로 가져온다. 경건함에 의해서 자신의 도덕적 주체성을 확립하고, 탐구에 의해서 세계관을 세우라고 한다. 이렇게 하여 인격을 형성하고 동시에 사회화가 된 인간들의 세계, 그것은 '위대한 조화'의 세계이며, 제각기 제 몫의 도덕적 역할을 하는 사회이며, 사랑으로 맺어진 인륜 공동체이다.

이들은 사회의 규범이 내면화된 것이 주체성이라고 본다. 주관의 자유는 객관적 필연을 내면속에 수용할 때 이루어진다는 것이다. 따라서 그들은 마음을 비울 것이 아니라 그런 규범으로 채우라 한다. 그들은 **제작자**로서의 성인이 아니라, 그렇게 하여 위대한 **인**

격을 이룬 자로서의 성인을 말한다. 그러나 그들의 결론은 초인의 이론이 아니라, 평범한 인간들의 도덕성의 확립이다.

왕안석과 장재, 정호, 정이의 입장은 남송 시대의 사상가들에게 그대로 반복된다고 할 수 있다. 주희는 젊어서 불교에 심취했다가 유교로 돌아온다. 기본적으로 장재와 같은 입장을 가진 호남학파와 교류하면서 그는 자신의 사상을 형성한다. 그의 사상 체계는 정이의 철학을 이어받은 것이다. 주희가 자신의 사상을 형성하고 난 뒤에 논쟁하는 대상인 육구연은 정호의 입장에 선 것이며, 진량은 왕안석과 기본 입장이 같다. 이하에서는 주희를 둘러싼 사상적 대립 구조를 설명하기로 한다.

제8장
주희의 심성론의 형성
- 중화 논변을 중심으로 -

1. 들어가는 말

주희(朱熹; 1130-1200)[1]는 30대에서 40대 초반에 걸쳐 그의 사상의 기초를 확립했다. 이 때 그는 호남학파, 특히 장식(張栻)과의 토론을 거쳐서 그의 심성 이론을 확립했다. 이 토론을 거쳐서 그의 후기의 모든 이론, 즉 그의 전 사상 체계의 기초를 닦았다고 할 수 있다.

이 토론을 주희는 '중화(中和)'에 관한 논변이라 한다.[2] '중화(中和)'란 중(中)과 화(和), 즉 중용과 조화를 말한다. 이 말은 본래『중용』에 나온다. 즉 "희노애락이 **아직 드러나지 않은 마음**(未發)을 중(中)이라 하고, **드러나서** 모두 절도에 맞는 **마음**(已發)을 화(和)라고

---

1) 주희의 字는 元晦, 혹은 仲晦이고, 號는 晦庵, 晦翁, 遯翁, 滄洲病叟 등이 있다.
2)『朱子文集大全』75-28 (p.29)「中和舊說序」이하에서는 이 책을『문집』으로 약칭한다. '75-28'은 75 권에서 28 번째로 나오는 글이나 구절을 말한다. 이하의 모든 어록체, 문집도 다 동일한 방법으로 표시한다. 'p.29'는 75 권의 페이지로, 기준이 되는 책은 참고 문헌을 볼 것. 다른 인용 서적도 동일하다.

한다"[3] 는 말은 마음의 상태를 둘로 나눈 것이다. 마음이 움직여 희노애락으로 드러나기 이전의 상태(未發)와 드러난 이후의 상태(已發)로 나누고, 그 이상적인 모습을 각각 중용(中)과 조화(和)라고 한 것이다. 따라서 중용과 조화란 마음의 미발과 이발을 각각 가리키며, 중화 논변(中和論辯)이란 마음의 미발과 이발에 관한 논의라는 뜻이다.

공자 이래로 유가는 인간의 마음을 중시했다. 사람이 어떤 마음가짐을 갖느냐에 따라 그 행위가 달라지며, 각 개인들이 제대로 행위할 때 사회가 질서와 안정을 이룬다고 한다. 결국 사회의 문제는 마음의 문제가 된다. 마음(心性)이란 어떤 구조를 가지고 있으며, 어떻게 심성을 수양해야 하는가를 토론한 것이 이 논변이라고 할 수 있다.

이 논쟁은 주희와 장식이 했다. 주희는 젊어서 유학을 비롯하여 도가와 불교(특히 선불교)를 드나들며 배웠다. 그러다 24세 때 이통(李侗)[4]을 만났다. 그리고 미발의 기상을 체험하라는 양시(楊時) 학파의 학문을 배운다. 그가 이를 확실히 알기 전에 이통은 죽었다. 방황하던 주희는, 호굉(胡宏)의 이발 중심의 이론을 배운 장식과 토론하게 된다. 결국 이발 중심의 이론에 기울어져서 이른바 '중화구설(中和舊說)'을 세운다. 40세 때 친구인 채원정(蔡元定)과 토론하다가 그는 이발 중심 이론의 문제점을 발견하고 이를 포기했다. 그리고 미발 중심이면서 이발도 종합하는, 이른바 '중화신설(中和新說)'을 확립했다.

---

3) 『중용』 1-4 "喜怒哀樂之未發 謂之中, 發而皆中節 謂之和."

4) 李侗(1088-1158) 자는 愿中, 호는 延平. 李延平이라 부른다. 『논어』 「태백」 16에 나오는 '侗而不愿'이라는 말에서 그의 이름과 자가 나온 것 같다. 侗은 '통'과 '동'의 두 발음이 있다. '통'은 '미련하다, 어리석다, 무지하다, 바보; 키가 크다'의 뜻이고, '동'은 '정성, 성실, 참되다'의 뜻이다. 아마 『논어』의 글에 따라 '통'의 뜻일 것이다.

주희와 장식은 각각 미발과 이발의 입장에 서서 토론을 했다. 그들이 마음을 분석할 때, 기본적인 전제로 받아들이는 것은 다음과 같다. 마음이란 이발과 미발로 나뉜다. 희노애락하는 인간의 현실적인 마음의 흐름을 '이미 드러난 마음' 즉 이발(已發)이라 한다. 그리고 그 마음의 밑바탕에 있는 '드러나지 않은 마음'을 미발(未發)이라고 한다. 이는 마음을 본체(體)와 그 작용(用)으로 구분한 것이라 할 수 있다.

이 논문은 우선 주희가 이통에게서 배운 것과 거기에서 생긴 문제점을 추적하고, 다음으로 그가 해결하지 못했던 문제(즉 未發 氣象의 체험)를 장식과의 토론을 통하여 어떻게 풀어나가는지를 설명하겠다. 그리고 이렇게 세운 중화구설이 가진 문제를 해결하고, 자신의 이론 체계를 세우는 과정을 서술하겠다. 마지막으로 이 '중화신설'을 통하여 그가 세운 여러 이론과의 관계를 설명하고자 한다.

2. 이통과의 만남

주희의 사상은, 그의 나이 37세(1166년)에 장식을 통하여 호남학파의 "마음이 드러나는 실마리를 살피라"(察識端倪)는 학설을 알게 되는 것을 중심으로 대략 전기와 후기로 나뉜다.[5] 전기는 다시 그가 24 세에 이통(李侗)을 만난 것을 중심으로 나눌 수 있다. 그리고 후기는 40 세 때 중화신설을 세우게 되는 것을 중심으로 나눌 수 있다. 이 글에서는 이통과 만난 시기, 장식에게 배운 시기, 그리고 독자적인 이론[중화신설]을 세운 시기로 구분하여 서술하기로 한다.

---

5) 李光虎, 「中和論辯을 통하여 본 朱子 後期 思想의 端初」 『哲學論究』 12 집, 1984, 서울대 철학과, p.28

1) 만난 사연과 만남의 의미

주희는 이통을 만나 본격적으로 유학을 배우기 전에 불교와 노장, 특히 선불교에 심취했다. 이것은 그가 아버지 주송(朱松)의 유언으로 아버지의 친구인 유자휘(劉子翬, 호 屛山), 유면지(劉勉之, 호 白水), 호헌(胡憲, 호 籍溪) 등에게서 배웠는데, 그들이 불교와 노장에 빠져 있었던 것도 한 원인인 것 같다.[6] 만년에 그는 이러한 때를 회고하여 다음과 같이 말한다.

> 내 나이 15-16세 때에 또한 일찍이 이것[禪]에 마음을 두었다. 어느날 병옹(病翁; 劉子翬)의 집에서 한 스님과 만나서 더불어 말하게 되었다. 그 스님은 다만 ("응, 그래" 하고) 맞장구치며 화답하여 말할 뿐, (내 말이) 옳다 그르다 비평하지는 않았다. 그리고 유자휘 선생에게 내가 빛나고 신묘한(昭昭靈靈) 선(禪)[7]을 이해하고 있다고 말했다. 뒤에 유선생이 나에게 이 말을 해 주자, 나는 (우쭐해져서) 드디어 이 스님도 또한 오묘한 진리(要妙處)를 가지고 있다고 생각하여, 드디어 그에게 가서 물어보고, 그가 말하는 것이 또한 매우 좋다고 생각했다. 그래서 과거 시험을 치러 갔을 때, 그 스님의 의견을 가지고 황당하게 말했다.[선불교의 이론을 가지고 유교 경전을 해석했다는 말임.] 당시에 (내가) 글을 쓰는 것은 요새처럼 정밀하지 않아서 남의 조잡한 학설을 따르곤 했다. 시험관이 나의 말에 마음이 움직여서 드디어 시험에 합격하게 되었다. (이 때 나이 19 살이었다.)[8]

이러한 방황기를 거쳐서 그는 이통을 만나게 된다.

---

6) 『朱子語類』 104-37 (p.11) 이하에서는 『朱子語類』는 『어류』라고만 표시함.
7) 선불교에서 강조하는 환하게 빛나는, 지적 능력이 있는 마음의 본체. 이 스님은 대혜(大慧) 종고(宗杲)의 제자인 개선(開善) 도겸(道謙)이라 한다.
8) 『어류』 104-38 (pp.12-13) "某年十五六時, 亦嘗留心于此. 一日在'病翁所'會一僧, 與之語. 其僧只相應和了說, 也不說是不是. 却與劉說, 某也理會得箇昭昭靈靈底禪. 劉後說與某, 某遂疑此僧更有要妙處在, 遂去扣問他, 見他說得也煞好. 及去赴試時, 便用他意思去胡說. 是時文字, 不似而今細密, 由人醜說. 試官爲某說動了, 遂得擧." (時年十九)

> 그 뒤에 (내가) 동안(同安)에 부임하게 되었을 때, 나이 24-5 세였다. 이때 이선생(이통)을 처음 뵙고 (위에서 말한 선불교 식의 이론을) 이야기를 했다. 이선생은 다만 (나의 의견이) 옳지 않다고 말씀하셨다. 나는 오히려 이선생이 아직 이것을 잘 이해하지 못한 것이 아닌가 의심하고 두 세번 더 질문했다. 이 선생은 사람됨이 간명하고 중후해서(簡重) 어떻게 잘 설명하지 못하고, 다만 성현의 말씀을 보라고 하셨다. 나는 드디어 그 선(禪) 이론을 잠시 제쳐 두었다. 마음 가운데에는 선(禪)은 또한 그대로 있었지만, 또한 성인의 책을 가지고 읽었다. 읽고 또 읽기를 하루에 하루 더해 가면서 성현의 말에도 맛이 있음을 점점 깨닫게 되었다. 반대로 머리를 돌려서 석씨의 설을 살펴보니 점점 찢어지고 갈라져서 틈이 무수히 나타났다.[9]

이와 같이 하여 그는 유학에 뜻을 확고하게 두고 유교 경전을 배운다. 『연평답문(延平答問; 주희의 물음에 연평 선생 이통이 답함)』은 이 때 배운 것과 이통이 보내온 편지를 연차적으로 배열한 것인데, 경전을 배우면서 동시에 이통의 학설인 "묵묵히 앉아서 마음을 깨끗히 함"(黙坐澄心; 未發氣象의 체인)을 배웠던 것이 나타난다.[10] 이 때 이통은 주희에게 주로 두 가지 점을 강조한다.

첫째, 선(禪)에 깊이 빠져 있는 주희를 깨우치기 위하여 일상생활의 일과 관련하여 본체를 체득하라는 것. 그러므로 유가의 경전, 특히 『논어』 『맹자』를 통하여 도덕 원리(義理)를 탐구하라고 한다. "자네는 그렇게 추상적으로는 많은 것들을 이해하면서 도리어 눈앞의 (실제적인) 일들은 이해하지 못하는가? 도는 또한 원래 묘함이란 없고, 다만 일상에서 착실하게 공부하는 곳에서 이해하면, 곧

---

9) 『어류』 104-38 (p.13) "後赴同安任時, 年二十四五矣. 始見李先生, 與他說. 李先生只說不是. 某却倒疑李先生理會此未得, 再三質問. 李先生爲人簡重, 却不甚會說, 只教看聖賢言語. 某遂將那禪來權依閣起. 意中道, 禪亦自在, 且將聖人書來讀. 讀來讀去, 一日復一日, 覺得 聖賢言語 漸漸有味; 却回頭看釋氏之說, 漸漸破綻, 罅漏百出." '權依閣起'는 權은 '임시방편으로', '倚閣'은 '버려두다, 잠시 그만 두다'의 뜻이고, 起는 어조사.

10) 『延平答問』의 맨 처음에 수록된 것은 주희 28 세 때 이통이 보낸 편지인데, 여기에서 함양涵養을 위하여 맹자의 야기설夜氣說을 잘 알아보라고 한다. 이것은 그 뒤에도 계속 편지의 주제가 된다.

저절로 (도를) 보게 되네" 라고 이통은 충고한다.[11] 그는 선(禪)이 추구하는 고원(高遠)한 본체를 주희가 추상적으로 개념적으로 이해하는 것을 비판하고, 눈앞에 있는 일상의 일에서 실천하면서 깨달으라고 한 것이다.

둘째, 그러한 일상의 일을 이루는 주체로서 마음의 본체를 체득할 것을 강조한다. 이통의 가르침은 "마음의 고요함(靜) 가운데에서 큰 근본을 체득하여, 마음이 아직 드러나지 않은 때(未發)의 기상이 분명해지면, 일을 처리하고 남을 상대함에 저절로 절도에 맞게 된다"는 것이다.[12] 즉 말없이 앉아서 마음을 맑게 하여(默坐澄心) 천지의 이치를 체득하면(體認天理), 마음이 맑아지며 자신감에 차는(自得) 기상이 있게 된다고 한다.

첫 번째는 분수(分殊)의 측면을, 두 번째는 리일(理一)의 측면을 말한다. (리일분수는 뒤의 8장 350쪽 이하 참조) 이통은 리일(理一), 즉 미발의 측면을 강조한다. 이점은 『연평답문』에서도 찾아진다.

2) 미발 기상의 체인

『연평답문』의 맨 처음에 수록된, 주희가 28 세 때 받은 편지에서 이통은 맹자의 **밤의 차분한 기운에 관한 학설**(夜氣說)[13]을 잘 음미

---

11) 『延平答問補錄』 22 (p.5a) ('a'는 5 페이지의 앞면을, 'b'는 뒷면을 나타낸다.) "汝恁地懸空理會得許多, 而面前事 却理會不得. 道亦無元妙, 只在日用間着實做工夫處理會, 便自見得."

12) 『문집』 40-12 (p.10) "李先生教人, 大抵令於'靜中體認大體, 未發時氣象分明, 卽應事接物, 自然中節.' 此乃龜山門下相傳指訣." 여기에서 마음의 고요함, 큰 근본/본체, 미발, 마음의 기상은 모두 같은 것을 가리킨다.

13) 야기夜氣는 『맹자』 「고자」 상8에 나온다. 새벽에 우리는 마음의 본래 상태인 차분한 마음(이것이 착한 본성이며 이성이며 양심이다)을 확인하고 북돋아야 한다. 밤의 차분하고 고요한 기운(夜氣)을 가지고, 우리의 마음을 차분하고 고요하고 서늘하게 해야 한다. 이는 잃어버린 마음을 다시 찾는 것, 즉 마음을 수렴하는 것이다.

하여, 함양할 때에 가장 힘쓸 곳(用力處)을 발견하라고 한다. 즉 이 도덕적인 마음을 항상 보존[涵養]하여 다른 일에 압도당하지 않으면, 그릇되고 치우침을 걱정하는 마음은 자연히 생기지 않게 된다는 것이다.[14] 이 문제의식은 『연평답문』 전체에 걸쳐서 계속 이어진다. 『연평답문』 25 (p 21-23)에 이통이 나종언(羅從彦)에게서 야기설(夜氣說)과 더불어 정좌(靜坐)하여 미발의 기상을 체득하는 것을 배웠다는 것이 나온다. 그리고 "이 뜻(未發 氣象의 體認)은 학문에 나아가는데 도움이 될 뿐만 아니라 마음을 기르는 요점이다. 원회(元晦; 주희)는 마음에 병을 가져서 사색할 수 없으니, 다시 이 한 구절에서 안으로 구하여 정좌하면서 그것이 어떠한지 살펴보면 보탬이 없을 수 없으리라"고 한다.[15]

또한 『연평답문』 31 (p.26)에 의하면, 주희는 마음을 기르는 것(養心; 미발의 기상을 체득하는 것)과 관련하여, "반드시 (그 기운을 기르는데 마음을 두어) 일삼되, 꼭 기르겠다고 고집하지는 말라. (꾸준히 마음에 두어) 잊지는 말되, 억지로 키우지도 말라"[16]는 구절을 다음과 같이 해석했다. "(미발의 마음은) 평소 일상 생활에 있어서 마음을 쓰는 것(着意)도 아니고, 쓰지 않는 것도 아닌, 어둠 침침하고 드넓은 것으로,[17] 털끝만큼이라도 사적인 의도(私意)가 있으면 곧 (체험 대상인 그 미발의 마음과) 서로 관계없게 된다"로

14) 『연평답문』 1 (p.1) "但常存此心, 勿爲他事所勝, 卽欲慮非辟之念, 自不作矣. 孟子有夜氣之說, 更熟味之, 當見涵養用力處也."

15) 『연평답문』 25 (p.22) "此意 不有於進學有力, 兼亦是養心之要. 元晦偶有心恙, 不可思索, 便於此一句, 內求之, 靜坐, 看如何, 往往不能無補也."

16) 『맹자』 「공손추」 상2 "必有事焉而勿正, 心勿忘, 勿助長." 이는 浩然之氣를 기르는 방법으로 맹자가 제시하는 것이다. 주희는 이를 미발의 마음을 기르는 것과 관련시킨 것이다.

17) 이 편지 뒷부분에서, 이 상태를 '溟溟涬涬'이라 한다. '溟涬'은 하늘과 땅이 아직 형성되기 전, 자연의 기가 완전히 뒤섞인 모양, 혹은 만물이 발생할 때의 元氣의 모습. 여기에서는 선과 악이 아직 나뉘지 않은, 드러나 움직이기 이전(未發)의 마음을 묘사한 것이다. 『장자』 「재유」편에도 나온다.

이해한다.[18] 이통이 수양의 방법으로 제시한 것을 주희는 형이상학적으로 이론적으로 이해하고 있다. 이에 대하여 이통은 "이 뜻은 또한 좋으나, 다만 아직 힘을 쓸 곳이 무엇인지를 도리어 알지 못하고 있으니, 반드시 거기(맹자의 말)에서 절실하게 이해해야 한다"고 하면서, 다음과 같이 말한다.

> (미발의 마음을) 있다고 하자니 **말로 표현할 수 없고**, 없다고 해도 그것은 반드시 일을 함이 있다.[19] '말로 표현할 수 없다'는 것은, (未發의 마음은) 보아도 보이지 않고 들어도 들리지 않아, 눈과 귀에 포착되는 소리나 형체도 없다는 것이다. '일함이 있다'는 것은 '숨은 것 보다 더 잘 보이는 것이 없고, 은밀한 것 보다 더 잘 드러나는 것이 없어서, 모든 사물에 빠짐없이 본체가 되기' 때문이다. 배우는 자가 이것을 깨달아 안다면, 거의 **중용**을 택하여 잡을 수 있다.[20]

미발의 마음은 '말로 표현할 수 없는 것'이라는 것은 적연부동(寂然不動) 혹은 충막무짐(沖漠無朕)을 의미하며, '반드시 일을 함이 있다는 것'은 감이수통(感而遂通) 혹은 만리(萬理)가 갖추어짐을 뜻한다고 할 수 있다. 또한 "숨은 것 보다 더 보이는 것이 없고, 은밀한 것 보다 더 드러나는 것이 없어서, 모든 사물에 빠짐없이 본체가 되기 때문이다" 라는 말은, 『중용』의 "숨은 곳 보다 더 나타나는 것이 없고, 은밀한 곳보다 더 드러나는 곳이 없다", "(귀신은) 보아도 보이지 않고 들어도 들리지 않으나, 빠짐없이 모든 사물의

---

18) 『연평답문』 31 (p. 26) "因看, '必有事焉而勿正, 心勿忘, 勿助長' 數句; 偶見 全在日用間, 非着意 非不着意處. 才有毫髮私意, 便沒交涉."

19) 이통은 '必有事焉'을 '미발의 마음이 움직여 작용함(事)이 반드시 있는 것'으로 해석한다.

20) 『연평답문』 31 (pp.26-27) "此意亦好. 但未知用力處却如何, 須喫緊理會這裏 始得. … 謂之有物 則不得於言; 謂之無物 則必有事焉. 不得於言者, 視之不見, 聽之不聞, 無聲形接乎耳目 而可以近也. 必有事焉者, 莫見乎隱, 莫顯乎微, 體物而不可遺者也. 學者見乎此, 則庶乎能擇乎中庸而執之. … 正惟虛心以求之, 則庶乎見之."

본체가 된다”[21] 라는 구절에 근거하고 있다고 할 수 있다. 이때 ‘귀신(鬼神)’이라는 말 대신에 ‘미발의 마음’이라는 말을 넣어서 이해하면 된다. 미발의 마음은 모든 인간의 마음의 본체로서, 이발의 마음 아래에 숨겨진 은밀한 것이나, 이것보다 더 드러나 보이는 것이 없다. 따라서 그것을 일삼아 닦아야 한다. 또한 인용문의 ‘중용’은 ‘일삼음’(必有事)과 ‘고집하지 않음’(勿正)의 중용, ‘잊음’(忘)과 ‘억지로 키움’(助長)의 중용이다. 이런 세심한 노력에 의하여 미발의 마음이 체험될 수 있다고 이통은 주희에게 일러준 것이다.

여기에서 우리는 주희가 미발의 기상을 체험하려 하면서 어떤 혼란을 겪었는지 알 수 있다. 그는 미발을 체득하기 위하여 맹자가 말한 “잊지는 않되 조장하지도 않는 것”, 즉 의도적으로(着意) 포착하는 것도 아니고, 의도적으로 포착하지 않으려는(不着意) 것도 아닌 방법을 동원한다. 이에 대하여 이통은, 미발은 ‘말할 수 없는 것’[寂然不動, 沖漠無眹]이며, “반드시 일하는 것이 있는 것”[感而遂通, 萬理가 갖추어짐]이라 하여 존재론적으로 설명하면서, 동시에 중용을 말하여 마음 수양의 측면을 애매하게 뒤섞어 말한다. 주희가 이통을 ‘간명하고 중후해서’(簡重)라고 평했듯이, 이통이 이론적으로 명쾌하게 설명하지 못한다는 점이 여기에서도 보인다.

3) 미발의 인(仁)과 리일분수

이통은 미발을 인(仁) 혹은 리일(理一)과 연관시켜 설명한다.

> 맹자가 말한 ‘인(仁)은 사람의 마음(人心)이다’라는 것은, 마음의 본체는 있는 것(有)과 없는 것(無)을 관통하고 어두운 것(幽)과 밝은 것(明)을 꿰뚫

21) 『중용』 1-3, “莫見乎隱, 莫顯乎微.” 16-2, “視之而弗見, 聽之而弗聞, 體物而不可遺.”

어 포괄하지 않음이 없으므로, 사람들에게 (마음이) 드러나 작용하는 곳을 가리켜 주어서 (그것을) 구하게 한 것이다. 또 (맹자가) 말한 '인(仁)이란 사람(人)이다'라는 것은, 사람의 한 몸은 곧 천리(天理) 그 자체로서, 어떤 이치도 갖추지 않음이 없다는 말이다.[22)]

여기에서 '마음의 본체'는 인(仁)을 가리키며, 이는 결국 미발의 마음을 말한다. 또한 없는 것(無)과 어두운 것(幽)은 사람의 마음에서 겉으로 드러나지 않은 측면을 말하고, 있는 것(有)과 밝은 것(明)은 마음이 드러나 작용하는 측면을 말한다. 이는 각각 미발과 이발을 가리킨다. 이통의 이 말은 미발은 마음의 본체이고 인(仁)이며 천리(天理)의 총체라는 것을 나타낸 것이다. 이 미발의 기상을 체인하는데 혼란을 겪었던 주희에 대해서 이통은 이어서 다음과 같이 말한다.

"반드시 이 섞임이 없이 순수하고 한결같은 곳을 체험해 들어가야, 바야흐로 완전히 만물과 한 몸이 되는 기상을 볼 수 있다"는 한 단락의 (주희의) 말에는 잘못이 없다. 그런데 "이로부터 미루어 나가 보면, 분수(分殊)의 마땅한 곳이 바로 의(義)라는 것, 그리고 그 이하의 몇 구절(禮, 智 등을 말함)이 모두 여기에서 말미암지 않음이 없으니, 인(仁)이 하나로 꿰뚫고 있다. 왜냐하면 다섯 가지 덕목(五常)과 모든 행위는 인(仁)에서 나오지 않은 것이 없다"는 (주희의) 이 말은 대개 그럴듯하다. 그러나 자세히 따져 보면 오히려 이천(伊川; 程頤)의 이른바 리일분수(理一分殊)를 체인하지 못한 것 같다. 구산(龜山; 楊時)이 말한 "그 리일(理一)이 인(仁)이 되는 까닭을 알고, 분수(分殊)가 의(義)가 되는 까닭을 알라" 라는 명제는 오직 '안다'(知)라는 말에 힘을 쓰라는 것이다, 또 사상채(謝上蔡; 謝良佐)의 어록에 "인(仁)하지 않으면 이는 곧 죽은 사람이니 아픔과 가려움을 알지 못한다.[23)] 인(仁) 자는 다

22) 『연평답문』 54 (p.39) "孟子曰 '仁人心也'(「고자」 상11) 心體通有無, 貫幽明, 無不包括, 與人指示於發用處求之也. 又曰'仁者人也'(「진심」 하16) 人之一體, 便是天理, 無所不備具."

23) 『上蔡語錄』 상6 "心者何也? 仁是已. 仁者何也? 活者爲仁, 死者爲不仁. 今人身體痲

만 깨어있는 마음(知覺)이 있어서 분명히 아는 것의 본체이다" 라고 했다. 만약 여기에서 공부하여 투철히 하지 않으면 무엇을 근거로 본원(本源; 理一)의 털끝만한 분수(分殊)를 보겠는가! 24)

"만물과 한 몸이 된다"는 것은 정호가 인(仁)을 묘사해서 한 말이다.(「識仁篇」) 주희는 순수하고 한결같은 곳인 미발의 마음(즉 仁)의 기상을 보아야 한다는 것은 이해했으나, 구체적으로 어떻게 그것을 체득할지를 몰랐던 것 같다. 이에 대해서 이통은 인체(仁體)인 미발의 기상을 직접 체험할 것이 아니라, 그것이 일상의 일로 드러나는 분수(分殊)의 측면을 주목하라고 한다. 분수(分殊, 分殊理)란 각 개인이 맡은 일(分)에 따라 다른 리(理)를 말한다. 즉 어떤 사람이 아버지라면, 아버지로서의 역할(즉 分殊理)을 다하는 것이 바로 분수의 마땅함이다. 이렇게 일상의 일에서 마땅하게 행하면, 미발의 기상을 체험할 수 있다는 것이다. 미발의 마음에는 모든 리의 총체(理一)가 갖추어져 있다. 그것을 직접 체험(體認)하는 것은 쉽지 않으므로 그것이 일상의 일에서 나타나는 분수리(分殊理)를 수양의 대상으로 삼으라는 것이 이통의 권유이다. 그것이 정이가 말한 리일분수라는 것이다. 그리고 이는 양시(楊時)가 제시하는 방법이며, 그 구체적인 실행은 사량좌(謝良佐)가 말한 지각(知覺)을 투철히 하는 공부라는 말이다.

여기에서 눈에 띄는 것은 이통이 주희를 비판하고 깨우쳐 주는

痺, 不知痛痒, 謂之不仁. 桃杏之核, 可種而生者, 謂之仁, 言有生之意. 推此 仁可見矣." 이는 『유서』 2상-17의 정호의 말과, 18-6의 정이의 말에 근거한 것이다.

24) 『연평답문』 54 (p.40) "又云 '須體認到此純一不雜處, 方見渾然與物同體氣象'一段, 語却無病 又云 '從此推出, 分殊合宜處 便是義, 以下數句, 莫不由此, 而仁一以貫之. 盖五常百行無往而非仁也.' 此說大概是, 然細推之, 却似不曾體認得 伊川所謂理一分殊. 龜山云 '知其理一所以爲仁, 知其分殊所以爲義'之意, 盖全在'知'字上用着力也. 謝上蔡語錄云 '不仁 便是死漢, 不識痛痒了. 仁字只是有知覺了了之體段' 若於此, 不下工夫令透徹, 卽何緣見得本源毫髮分殊哉!"

것이 그리 명쾌하지 못하다는 점이다. 본체(理一; 純一無雜한 곳)만 체득하면 의(義) 예(禮) 지(智) 등 모든 덕목을 다 포괄할 수 있다고 보는 주희를 비판하고, 앎(知)이 중요하다고 강조하는 것은 물론 일상 생활(分殊의 측면)에서 체득하라는 것이겠지만, 설명이 명쾌하지 못하다. 미발의 기상을 체인하면 만물과 하나가 된다고 하면서, 구체적인 실행 방법으로 이발의 마음을 살아서 깨어 있게 하는 사량좌의 지각설(知覺說)을 제시하는 것은, 주희로 하여금 미발과 이발 사이에서 혼동을 일으키게 했을 것이다. 이통은 주희가 중화 논변 이후에 제시하는 미발-이발, 형이상-형이하, 리-기(理氣) 같은 이론보다는, 실천적으로 미발의 마음을 자각하고 이에 따른 실천을 강조했다. 따라서 양시와 사량좌를 구분하지 않고, 그들의 학설을 실천의 방법으로 제시했다. 그러나 불교의 영향을 받아서 형이상학적 이론에 몰두했던 주희는 그런 의도를 제대로 읽지 못했다. 그래서 이발-미발의 개념 차이를 이론적으로 제대로 파악하지 못한 것에 따른 혼돈이 있었다. 이런 점은 후에 주희가 인(仁)을 이론적으로 파악하여 다음과 같이 정의한 것에서도 드러난다. 인이란 덕목 중의 하나일 때는 '사랑의 이치'(愛之理)를 말한다. 모든 덕목을 포괄하는 점에서는 '마음의 근원적인 능력'(心之德; 미발)을 말한다. 이처럼 이론적으로 명쾌하게 규정해야 하는 주희와 실천적으로 심성 수양을 강조했던 이통의 차이가 여기에서 두드러지게 드러난다.

4) 일상생활에서 도덕적 의지의 함양

그렇다면 이통이 강조한 일상의 일(分殊)에서의 실천(위에서 말한 知 혹은 知覺의 일)을 통하여 마음의 본체(理一, 仁)를 체득하는 것은 어떤 것인가? 뒤에 주희가 이때의 일을 회고한 것이 『주자어류』 권 103에 나온다. 이통은 "책은 구두점을 찍을 필요는 없고, (그 큰 뜻이 무엇인지) 보는 것이 훨씬 좋다"고 한다.[25] 예컨대 주희가 『논어』 「안연」3의 "인자(仁者; 인격자)는 말을 잘 하지 못한다"에 대하여 성인과 하늘을 들먹이며 이론적으로 장황하게 설명하자, 이통은 "그렇게 장광설을 늘어놓을 필요는 없고, 반드시 '말을 잘 하지 못한다'는 것의 앞머리[실천의 요점]가 어떠한지를 살펴봐야 하니, 요컨대 한 걸음 나아가는 것을 얻으라"고 하였다.[26] 그는 한걸음 확실하게 전진하는 것을 강조한다. 그는 이론보다는 실천을 중시했다.

그러므로 그는 장재의 『정몽』이나 호굉(胡宏)의 『지언(知言)』 등을 읽는 것을 달가워하지 않았다.[27] 그 책의 내용이 옳으냐 그르냐는 것을 떠나, 그런 관념적인 이론[형이상학]에 빠지면 힘만 낭비한다는 것이다.[28] 이통의 학문은 항상 **'눈 앞의 것'**에 있었다.[29] 그는 "잘못되고 나쁜 것이 현저하게 싹 터 움직이는 것은 쉽게 보고 제거할 수 있으나, 사소한 일에서 터져 나와서 우리의 생각을 옭아묶는 것은 제거할 수 없으니, 이런 것이 더욱 일을 그르친다"고 한다.[30] 따라서 그의 학문은 요컨대 "군자는 남이 보지 않는 곳에서 (그 행동을) 조심하고, 남이 듣지 못하는 곳에서 (잘못을 할까) 두

---

25) 『어류』 103-17(p.4) "李先生云 '書不要點, 看得更好.'"

26) 『어류』 103-18 (p.4) 李先生說一步是一步. 如說'仁者其言也訒', 某當時爲語云, "聖人 如天覆萬物 云云", 李先生曰 "不要如是廣說. 須窮得'其言也訒' 前頭如何; 要得一進步處."

27) 『어류』 103-15 (p.4) "李先生云, '橫渠說 不須看. 非是不是, 只是恐先入了, 費力.'"
27)) 『어류』 103-14 (p.4) "『正蒙』『知言』之類, 學者便須被他汨沒. 李先生極不要人傳寫文字, 及看此等. 舊嘗看『正蒙』, 李甚不許. 然李終是短於辨論邪正." 『정몽』이나 『지언』은 氣나 性 등을 다루어서 형이상학적인 책이다.

28) 『어류』 103-15 (p.4) "李先生云, '橫渠說 不須看. 非是不是, 只是恐先入了, 費力.'"

29) 『어류』 103-30 (p.6) "再論 李先生之學, 常在目前. 先生曰 '只是君子戒愼所不睹, 恐懼所不聞, 便自然常存.'"

30) 『어류』 103-22 (p.5) "李先生嘗云,'人之念慮, 若是於顯然過惡萌動, 此却易見易除. 却怕於匹似閑底事爆起來, 纏繞思念將去, 不能除. 此尤害事."

려워한다"[31] 는 실천에 있으며, 이 실천은 미발의 기상을 체인(體認)하는 것에 의하여 확보된다. 그것을 체험하여 확립하면, 마음이 깨끗해지고 자신감이 넘치되(灑落自得) 온화하여, 깊고 두터운 품격이 있게 된다고 한다. 남이 보지 않는 곳에서도 바른 행동을 할 수 있는 것은, 그 마음의 근원(未發)이 확립되어 있기 때문이다. 즉 남의 눈을 의식하고 행동하는 것이 아니라 내 마음의 근원에서 나오는 욕구(즉 양심)에 따라 행동하므로, 그 마음이 깨끗하고 차분하며 온화하되, 자신감에 넘치게 된다는 것이다.

이것을 『연평답문』에서는, "다만 경건하되 **이치**에 밝지 못하다면, 그 경건함이 억지로 노력한 데에서 나온 것에 지나지 않아, 그 마음에 깨끗하고 자신감 넘치는 것이 없게 된다. … 이치와 마음이 하나가 되면 가슴이 깨끗하게 된다"고 하였다.[32] 여기에서 이치(理)는 마음의 근원, 즉 미발의 마음을 말한다. 경건함이란 이 마음의 근원에 따라 살려는 노력이다. 이 마음의 근원이 확립되면 경건하려고 할 필요가 없다. 그러나 그 근원은 확립되지 않은 채 경건하려고 애쓰는 것은 힘만 들 뿐, 마음이 깨끗하고 자신감 넘치게 되지는 않는다는 것이다.

이러한 미발 기상의 체인은 결국 일상의 생활에서 나쁜 짓을 하지 않고 착한 일을 하려 하는 도덕적 의지를 기르는 것(養心)을 말한다. 이것은 선(禪)에 기울어진 주희를 유학으로 돌아오게 하는데 올바른 방향을 제시한 것을 의미한다. 그러나 이통은 지나치게 실천적인 측면(일상생활에서 도덕적인 의지를 함양하는 것)을 강조하고 이론적인 측면을 등한히 했다.(『정몽』이나 『지언』 등을 배척

31) 『어류』 103-30 (p.6) 李先生曰 '只是君子戒愼所不睹, 恐懼所不聞, 便自然常存.' '戒愼 恐懼'는 『중용』 1-2 에 나온다.

32) 『연평답문』 22 (p.20) "但敬而不明於理, 則敬特出於勉强, 而無灑落自得之功. … 理與心爲一, 庶幾灑落爾."

한 것) 그는 한걸음 한걸음 확실히 전진할 수는 있으나 너무 느리기 때문에, 주희가 그를 '간명하고 중후하다'(簡重)하다고 평했듯이 명쾌한 이론적인 해명과 설명이 부족했다. 그는 주관의 함양, 즉 묵묵히 앉아서 마음을 깨끗이 함(黙坐澄心)은 이루었으나, 미발과 관련하여 리일분수 인(仁) 등의 개념을 체계적으로 종합하지는 못했다. 즉 이론적인 체계 내지는 세계관의 제시에 실패한 것이다. 이 점을 주희는 "이선생이 당시에 학문을 말씀하신 것이 이미 허다한 뜻이 있었으나, 다만 '경(敬)' 자를 설명하는 것이 불분명하여 허다한 때에 더듬어 잡을 곳이 없었다"고 술회하고 있다.[33)]

5) 이통의 죽음과 중화 구설

주희는 이통을 통하여 선(禪)에서 유학으로 돌아섰으며, 또한 그를 통하여 "고요함(靜) 가운데서 큰 근본을 체득하여 마음이 아직 드러나지 않을 때의 기상이 분명해지면, 일을 처리하고 사람을 대하는 것이 자연히 절도에 맞게 된다"는, 양시→나종언→이통으로 이어지는 양시 문하에서 서로 전해 온 근본 명제(指訣)를 접하게 된다.[34)] 그러나 이통이 실천을 강조하고 이론적인 명쾌함이 결여되어 있어, 주희는 그 근본 명제를 확실하게 이해하지 못했다. 이에 대해 주희는 그 자신이 "(이통에게서) 직접 가르침을 받을 때 강론(講論)이나 듣고자 하고, 혼자 장구(章句) 나누고 훈고나 하기 좋아하는 습성이 있어, 거기 (이통이 가르친 것)에 마음을 쏟지 않았다. 지금까지 알듯 모를 듯 하여 하나라도 확실히 안 것이 없으니 교육하는 뜻을 저버렸다"고 한다.[35)]

---

33) 『어류』 103-20 (pp.4-5) "李先生 當時說學 已有許多意思. 只爲說敬字不分明, 所以許多時, 無捉摸處."

34) 『문집』 40-12 (p.12, 10) "李先生教人, … 此乃龜山門下相傳指訣."

그러는 사이에 이통이 죽었다. 이때를 술회하여, 그에게서 “『중용』을 배워서, 마음에 희노애락이 일어나 드러나지 않음(未發; 中)의 의미를 탐구하고자 하였으나, 아직 이해하지 못하고 있을 때 선생이 돌아가셨다. 나는 나 자신이 게으름을 슬퍼하여 마치 올데 갈데 없는 딱한 사람과 같았다”고 한다.[36] 그는 실마리는 잡았으나 확고하게 깨닫기 전에 이통이 죽은 것이다. 이러한 불완전함 때문에 그는 사량좌 계통의 호남학에 기울어지게 된다.

3. 중화 구설

1) 중화 구설의 성립 과정과 구성

이통이 죽고 난 뒤에 주희는 장식과 사귀기 시작하면서 미발(未發) 중심인 양시(楊時) 문하의 핵심 명제를 벗어나, 이발(已發) 중심의 이론을 전개한 사량좌(謝良佐) 호굉(胡宏) 등에서 시작하는 호남학(湖南學)에 접근한다. 이 때 그가 가졌던, 호남학에 접근하는 이론을 그는 스스로 ‘중화 구설(中和 舊說)’이라 한다.[37] 이 때 주희와 장식 사이에 오고간 토론의 주된 주제는 중용(中)과 조화(和), 즉 미발과 이발, 심(心)과 성(性) 정(情)의 관계의 문제였으며, 이와 관련하여 인(仁), 리일분수(理一分殊) 등이 논의된다.

‘중화 구설’이라고 일반적으로 칭해지는 것은 『주자 문집』 30-14, 15와 32-3, 4에 나오는 주희가 장식에게 보내는 편지이다. 이 네 편

---

35) 『문집』 40-12 (p.10) “然當時親炙之時, 貪聽講論, 又方竊好章句訓詁之習, 不得盡心於此. 至今若存若亡, 無一的實見處, 辜負教育之意. 每一念此, 未嘗不愧汗沾衣也.”

36) 『문집』 75-28 (p.29) 「中和舊說序」 “余蚤從延平李先生學, 受中庸之書, 求喜怒哀樂未發之旨, 未達而先生沒. 余竊自悼其不敏, 若窮人之無歸.”

37) 『문집』 75-28, (p 29) 「中和舊說序」

지를 구설로 지목하는 것은 편지 내용상 호남학에 접근하는 견해로 중용과 조화, 심성(心性) 등의 개념을 사용하고 설명하기 때문이다. 또한 주희 자신이『문집』30-14의 편지에 "이 편지는 틀렸다. 다만 보존하여서 의론(議論)의 본말(本末)을 보이고자 한다." 30-15에 "이 편지에서 논한 것은 더욱 어그러졌다. (정이의) 어록을 의심했던 것들은 모두 옳지 않다. 뒤에 (이를 내) 스스로 매우 상세하게 비판 설명한 것이 있다"고 주를 붙이고 있다.[38] 이 네 편지는 일반적으로 그 순서대로 1서 2서 3서 4서로 불린다. 그런데 왕무횡(王懋竑)은『주자 연보』에 이 편지들을 37세조에 넣으면서, 4서를 3서 앞에 두었다. 또한 모종삼은 4서는 내용상 제 1서 다음에 넣어야 한다고 한다.[39] 문제는 4서(32-4 편지)의 순서 문제이다. 모종삼은 두 번째에, 왕무횡은 세 번째에 넣었다. 본 논문은 일단 세 번째에 해당된다고 보고 서술하겠다.

또한 한원진(韓元震)은『문집』31-9, 10이 제 5서, 6서가 된다고 한다.[40] 이런 주장의 근거가 무엇인지 알 수 없으나, 확실한 것은 위에 제시한 네 편지가 여러 편지 사이에 오고갔다는 점이다. 다시 말해서 주희와 장식은 중화라는 개념에만 국한되어 토론한 것이 아니라, 성(性)과 정(情) 인(仁) 리(理) 등의 개념까지 포괄하는 넓은 관점에서 토론한 것이다. 이것은 신유학이 가지는 본질적 특징 - 신유학은 종합적이고 체계적인 이해를 지향하는 것, 즉 세계관을 제시하는 철학이라는 것 때문이다. 그러므로 여기에서는 그런 포괄적이고 종합적인 이해를 지향하는 방향으로 전개해 보고자 한다.

---

38)『문집』30-14 (p 24) 先生 自注云"此書非是. 但存之, 以見議論本末耳. 下篇同此."『文集』30-15 (p 25-26) 先生 自注云"此書所論 尤乖戾. 所疑語錄 皆非是. 後自有辨說 甚詳."

39) 牟宗三,『心體與性體』권3, p 93-94 그는 이렇게 추정하면서도 王懋竑이 정한 순서에 따라 네 편지를 설명한다.

40)『朱子大全箚疑輯補』권 4, p 926에 인용된 韓元震의『朱子言論同異考』

따라서 네 편지를 각각 설명하지 않고, 먼저 1서 2서의 내용을 종합적으로 서술하고 다음으로 3서 4서를 종합해서 설명하겠다. 중화구설은 편지 내용으로 보아 장식의 말을 듣고 자신이 모호하게 미발을 생각했던 것을 비판하는 1서 2서와, 수양 방법의 측면에서 이 1서 2서를 비판하는 3서 4서로 구별되기 때문이다.

2) 중화구설 1-2 서 - 이발 중심 이론

『문집』 30-14, 15의 두 편지는 주희가 최초로 장식에게서 중화 구설을 깨우쳐, 이전에 자신이 가졌던 미발 위주의 견해에 대하여 과격하게 비판하는 것이 주된 내용이다. 이런 과격성 때문에 중화신설을 정립한 후에 주희는 '이 글은 틀렸다', '이 글은 더욱 어그러졌다'고 스스로 주를 붙이고 있다. 이 두 편지의 구조는 다음과 같다.

제1서 (『문집』 30-14)

(1) 처음부터 蓋愈求而愈不可見까지 : 知識과 無覺·有覺으로 已發을 규정하고, 未發 氣象 體認을 부정함. (心性論)
(2) 於是退而驗之於日用之間에서 而可以謂之中哉까지 : 覺을 渾然全體, 應物不窮과 天命流行, 生生不已之機로 규정함. (本體論)
(3) 然則天理本眞에서 則誰之罪哉까지 ; 이는 天理本眞으로 私欲의 장애 속에서도 드러나는 良心이므로, 이를 致察 操存하는 것이 중요함. (修養論)
(4) 周子曰에서 끝까지 ; 이 이론을 先賢의 글에서 확인함 - 주돈이, 정이의 말.

제2서 (『문집』 30-15)

(1) 처음에서 張皇走作之態까지 : 전번 편지에 대한 장식의 兩物之弊이라는 평에 대한 감사 표시.

(2) 自今觀之에서 更望一言垂教, 幸幸까지 : 已發 중심의 호남학파의 이론을 方往方來說로 규정함.

(3) 所論龜山『中庸』可疑處에서 此豈有一息停住時耶까지 : 이에 근거하여 기존 이론을 비판함 / 양시, 정이, 장식.

(4) 只是來得無窮에서 끝까지 : 맺는말 / 已發 心體가 大本이며, 天命 · 生物 · 氣化의 근본임.

(1) 묵좌(默坐)의 비판과 미발 개념의 정립

주희가 아직 미발의 기상을 체득하지 못했을 때 이통이 죽었고, 그 뒤에 그것을 체득하려는 그의 노력을 결정적으로 막고 나선 것이 다음과 같은 정이의 말이다.

> 질문 : 희노애락이 드러나기(發) 이전의 마음에서 중용(中)을 구해도 됩니까?
> 답변 : 안 된다. 이미 희노애락이 발하기 전에서 구하려고 생각하면, 이는 또한 '생각함'이다. 이미 생각하면 곧 드러난 마음(已發)이니, 드러나면 조화(和)라 하지 중용(中)이라 하지 않는다.41)

『중용』에 따르면, 드러나기 이전의 마음(未發)은 희노애락 어느 쪽으로도 치우치지 않은 가장 알맞은 상태(中; 중용)를 유지하는 것이며, 이미 희노애락의 감정으로 드러난 마음(已發)은 그 감정의 조화(和)를 이루어야 한다. 이를 정이는 미발의 마음과 이발의 마

41) 『유서』 18-82 (p14) 或曰, "喜怒哀樂 未發之前, 求中 可否?" 曰 "不可. 旣思 於喜怒哀樂 未發之前 求之, 又却卽是思也. 旣思卽是已發.(自注; 思與喜怒哀樂一般) 才發, 便謂之和, 不可謂之中也."

음은 서로 차원이 다른 것으로 이해한다. 마음이 작동(用)하여 움직이며 희노애락의 감정으로 드러난(發) 상태, 즉 우리들의 **마음의 흐름이 있는 상태**가 이발(已發)이다. 그리고 그 이전, 혹은 **그 움직임의 토대**가 되는 마음의 상태가 미발(未發)이다. 다시 말해서 경험적인 인간의 마음의 흐름이 이발 상태라고 한다면, 그 경험 밑바탕의 선험적인 상태를 미발의 마음이라 한다.

이런 구별에 충실하다면, 마음의 움직임이 드러나기 이전의 상태인 미발 기상의 체득은 **논리적으로** 불가능하다. 왜냐하면 미발(未發)을 체득하려는 우리의 노력은 언제나 이발(已發)의 마음인데 비해, 그 체득 대상은 마음의 미발(未發)의 상태이기 때문이다. 즉 '마음이 아직 드러나지 않은 상태'(未發)를 '이미 드러난 마음'(已發)으로 체득하려 하기 때문이다. 이미 드러남과 아직 드러나지 않음은 서로 모순되는 것이다. '논리적으로' 불가능하다는 것은 그런 '미발(未發)' '이발(已發)'이라는 말의 규정 때문에 불가능하다는 말이다. 다시 말해서 미발(未發)이란 이 마음이 작동하지 않는 상태이다. 그러나 그 상태를 체득하려는 노력은 치열한 의식이며, 이는 마음이 작동하는 이발(已發)의 상태이다. 즉 정이의 말처럼, 그 미발(未發)의 상태를 체득하려고 **생각하는 것** 자체가 이미 이발(已發)이다.

이처럼 미발-이발을 **논리적**으로 규정하지 않고 **심리적**으로 규정하는 사람들도 있다.[42] 즉 미발은 마음이 고요하고 평정하여 아무런 희노애락도 아직 일어나지 않은(未發) 상태이다. 이발은 그 마음에 희노애락 등의 감정이 생겨난(已發) 상태이다. 이렇게 보면 미발과 이발은 서로 모순되지도 않으며, 동시에 존재할 수도 있다. 즉

42) 徐復觀은 『중국인성론사』「선진편」 123-137 쪽에서 정이와 주희의 미발-이발 구별을 비판한다. 그가 말하는 '未發'이 『중용』 원문의 뜻에 더 가까울 수 있다. 그러나 주희의 철학은 그가 해석한 『중용』과는 상관없이 하나의 이론으로 성립할 수 있다.

마음이 고요 담담하면서 희노애락이 일어나는 것이다.

미발-이발을 논리적으로 규정하는 정이 주희 등은 미발-이발을 형이상-형이하의 관계로 본다. 즉 미발과 이발은 근본적으로 서로 다른 존재이다. 형이상과 형이하라는 서로 다른 두 개의 존재를 인정하는 논리이다.[43]

그러므로 고요히 앉아서(黙坐, 靜坐) 미발의 상태를 체인하려는 것은 허망한 노력에 불과하다. 당시에 주희가 묵좌하여 미발을 잡으려 했던 것은, 그가 만년에 다음과 같이 비판한 그의 제자와 비슷한 것이다. "오늘날 배우는 자 중 어떤 이는 날마다 반나절 동안 (마음을) 고요히(靜) 하는 공부를 했다"고 하는데 이는 미발을 한 때로, 이발을 한 때로 보는 잘못이다.[44] 마음의 고요한 상태(靜), 텅 빈 상태(虛), 적연부동(寂然不動), 충막무짐(沖漠無朕) 등은 미발의 마음을 묘사하는 대표적인 어휘들이다. 이 말 뜻 그대로의 미발을 체험하기 위하여, 정좌(靜坐)라 하여 반나절 동안 앉아 있는 때가 미발의 마음은 아니다.

주희는 자신이 이통에게서 배웠던 미발의 기상을 체득하려 했던 것을 그와 같은 오류로 본다. 제1서 (1)에서 그는 그런 태도를 다음과 같이 비판한다.

> 성현의 말에 이른바 '(마음이) 아직 드러나지 않은 중용 상태(未發之中)', '고요하여 전혀 움직임이 없는 마음 상태(寂然不動)'가 있다고 한다. 그러나

---

43) 그들은 왜 이렇게 두 개의 다른 존재를 인정하는가? 이발-형이하는 현상 세계이고 잡다하고 불규칙한 것이다. 따라서 거기에서는 보편적인 원리나 법칙이 나올 수 없다. 그것과 완전히 존재 방식이 다른 미발-형이상의 세계에 보편 타당한 원리와 법칙(理)이 있다, 아니 그런 규범의 근거가 있다는 것이다. 즉 미발을 옹호하는 것은 규범을 정당화시킬 근거, 혹은 규범의 당위성을 바로 그 미발에서 찾기 때문이다.

44) 『어류』 62-118 (p 39) "若以爲截然有一時是未發時, 一時是已發時, 亦不成道理. 今學者, 或謂每日將半日來靜做工夫, 卽是有此病也."

이것이 어찌 일상생활에서 우리의 마음이 흘러갈 때(流行)를 이발의 상태라 하고, 잠시 동안 (정좌 등을 하여) 마음이 쉬면서 일과 접촉하지 않은 때를 가리켜 미발의 상태라고 한 것이겠는가! 그런 식으로 구한다면, (정좌하여) 점점 의식이 사라지며 아무런 감각도 없는(無覺) 가운데, 어둡고 꽉 막힌 상태가 되어서, (이것이) '텅 비었으나 밝아서 모든 사물을 인식하는 (未發의) 본체' 비슷한 것 아닌가 (하고 생각한다.) 그러나 (그 미발의) 낌새가 있는 그 순간, 한번 깨어나면(有覺) 또 다시 이발의 상태가 되어 고요한 본체가 아니다. 대개 (이런 식으로) 구하면 구할수록 더 (미발을) 볼 수 없다.45)

정좌(靜坐)란 이발의 마음의 여러 상태 중의 하나일 뿐이다. 그러나 사람들은 정좌를 통하여 이 이발의 마음을 초월하여 미발의 마음을 체험할 수 있다고 오해한다. 즉 "어느 한 때에 한정되고 어느 한 곳에 국한된" 마음의 상태가 따로 있어서, 정좌를 통하여 도달할 수 있다고 본다. 그러나 미발이란 그런 식으로 이 움직이는 마음과 따로 노는 어떤 것은 아니며, 정좌는 미발의 중용을 이룰 수 있는 방법이 아니라고 주희는 비판한다.46)

(2) 방왕방래(方往方來)의 이론

이러한 비판은 물론 그 자신의 체험에서 나온 것이다. 그는 묵좌하여 이통이 말한 미발의 기상을 체험하려 했으나, 항상 의식이 사라지며 아무런 감각도 없어서 어둡고 꽉 막힌 마음 상태를 헤매다 깨어날 뿐, 미발의 상태의 체득도, 그것을 체득하면 갖게 되는 마음의 청명함과 든든함도 없었던 것 같다. 이처럼 막혀 있었을 때에

---

45) 『문집』 30-14 (P 24) "聖賢之言, 則有所謂 '未發之中', '寂然不動'者; 夫豈以日用流行者爲已發, 而指夫暫而休息, 不與事接之際, 爲已發時耶! 嘗試; 以此求之, 則泯然無覺之中, 邪暗鬱塞, 似非虛明應物之體, 而幾微之際, 一有覺焉, 則又便爲已發, 而非寂然之謂. 蓋愈求而愈不可見."

46) 앞의 글 (p 25) "夫豈別有一物, 限於一時, 拘於一處, 而可以謂之中哉!" 또한 문집 32-4 에도 같은 표현이 나온다. 주희는 이 표현으로 정좌를 비판하곤 했던 것 같다.

그는 장식을 만나서, 호남학파(湖南學派)의 이발 중심의 이론을 듣는다. 「중화구설 서(序)」에서 그는 다음과 같이 말한다.

장흠부(張欽夫; 장식)가 형산의 호씨(胡氏; 호굉)의 학설을 배웠다는 소문을 듣고 찾아가 따르며 물었다. 그는 들은 대로 나에게 가르쳐 주었으나 나는 또한 그것을 깨닫지 못하였다. 물러나와 생각에 빠져 들어서 먹고 자는 것도 거의 잊을 정도였다. 어느 날 (나는 문득 깨달아서) 크게 감탄하여 말했다. "사람은 어린애 때부터 늙어 죽을 때까지 비록 말하고 침묵하고 움직이고 고요한 차이는 있을지라도 그 큰 근본은 이발의 마음이 아님이 없다. 다만 그 미발(의 마음)이란 **아직 드러나지(發) 않은 것**일 따름이다" 라고 생각하게 되었다. 이때부터 다시는 의심이 없었으며, 『중용』의 뜻은 과연 이것을 벗어나지 않는다고 생각했다.47)

그는 미발 기상의 체인은 근본적으로 불가능한 것임을 깨닫고, 이발의 마음에서 수양할 수 있다는 호남학파의 사상을 이해하게 된 것이다.

이 깨달음을 그는 중화 구설 제1서의 첫머리에서 다음과 같이 토로한다.

사람은 태어나면서부터 **인식 능력**(知識)이 있게 된다. 사물과 일이 번갈아 옴에, (이 마음은) 응하고 접하는데 겨를이 없어서, 순간순간 옮겨가고 바뀌다가 죽음에 이른다. 그 사이에 처음부터 한 순간이라도 (이 마음은) 멈추거나 쉼이 없으니, 온 세상 사람이 다 그렇다.48)

---

47) 『문집』 75-28 (p 29) 「中和舊說序」 "聞張欽夫得衡山胡氏學, 則往從而問焉. 欽夫告余以所聞, 余亦未之省也. 退而沈思, 殆忘寢食. 一日喟然嘆曰, '人自嬰兒以至老死, 雖語默動靜之不同, 然其大體, 莫非已發, 特其未發者, 爲未嘗發爾.' 自此不復有疑, 以爲中庸之旨, 果不外乎此矣."

48) 『문집』 30-14 (p 24) 「與張欽夫」 "人自有生, 卽有知識. 事物交來, 應接不暇, 念念遷革, 以至於死. 其間初無頃刻停息, 擧世皆然也."

나에게 현존하는 것은 지금 이 마음뿐이라는 것이다. 그렇다면 성현이 말한 '마음이 드러나기 이전의 중용 상태(未發之中)', '고요하여 전혀 움직임이 없는 마음 상태(寂然不動)'은 무엇인가? 이것은 물론 앞에서 말했듯이 묵좌(默坐) 등을 하여 이 마음이 어느 한 때 한 곳에서 '멈추어 작동을 그만 두고 있는 것'은 아니다.

> 무릇 (마음은 바깥 사물에서) 자극을 받으면(感) 연결되고(通), 접촉하면 깨어난다. 왜냐하면 혼연한 전체로서 사물에 응하여 다함이 없는 것이 있어, 이것이 곧 '천명(天命)이 흘러가며 끝없이 생성 변화하는 바탕(機)'이기 때문이다.[49] 비록 하루 사이에 (내 마음에) 만 가지가 일어나고 만 가지가 소멸해도 그 고요함의 본체는 곧 일찍이 고요하지 않음이 없다. 이른바 (마음의) 미발이란 이와 같을 뿐이다.[50]

항상 살아서 움직이는[51] 우리의 마음에 그 바탕(機)이 되는 것이 미발이라는 것이다. 제2서 (2)에서 그는 이 미발과 이발의 관계를, "드러나 움직인 마음은 **바야흐로 지나가고**(方往), 아직 드러나지 않은 마음은 **바야흐로 오고**(方來) 있어서, 그 사이에 끊겨서 단절된 곳이 없다"는 것이라고 한다.[52] "이발(已發)은 바야흐로 지나가고, 미발(未發)은 바야흐로 온다"는 것이 바로 이 1, 2서의 핵심 사상이다. '바야흐로 지나가고 바야흐로 온다는 설(方往方來之說)'[53]에 따르면

49) 『맹자』 「진심」 상1에 의하면, 인간의 마음의 밑바탕에는 자연의 본체(天命)가 있어서 외부 사물을 지각하면서 그것이 변화해 간다고 한다. (盡心→知性→知天) '機'는 『문집』 32-4 에서는 天機라 한다.

50) 『문집』 30-14 (p 24-25) "凡感之而通, 觸之而覺. 蓋有渾然全體, 應物而不窮者, 是乃天命流行, 生生不已之機. 雖一日之間, 萬起萬滅, 而寂然之本體, 則未嘗不寂然也. 所謂未發, 如是而已." 이것은 전형적인 性體心用 이론이다.

51) 구설의 네 편지에서 주희는 마음이 '살아서 움직임'을 '發', '發用' 혹은 '流行'이라 표현한다.

52) 『문집』 30-15 (p 25-26) "只一念間, 已具此體用. 發者方往, 而未發者 方來了, 無間斷隔截處."

53) 『문집』 32-3 (p5) "前此 方往方來之說." 이 제 4서에서 주희는 제1서의 사상을

마음은 끝없이 생겨나고 변화하며 흘러가며 움직인다.(生生流動)

나아가 제2서에서 그는 다음과 같이 말한다. 마음이란 이발의 상태는 바야흐로 지나가고, 미발의 상태는 바야흐로 다가오는, 살아있는 것이므로, "미발은 본체(體), 이발은 그 작용(用)"이라는 도식이 성립하며, "다만 한 순간의 마음의 움직임에도 이미 이 본체와 작용이 갖추어져 있다."[54] 이렇게 미발과 이발이 그 사이에 전혀 끊겨서 단절된 곳이 없으므로, 그 둘은 전혀 나눌 수가 없게 된다. 주희는 이 점에서 마음이 드러나기 **이전**(未發之'前')이나, 드러나지 않을 **때**(未發之'際', 未發之'時')라는 표현은 문제가 있다고 한다.[55] 미발이란 개념상 구별될 뿐, 현실에서는 그것을 찾을 수 없다. 현실에서 그것을 찾으려 하면 앞서 말한 묵좌하는 사람의 병폐만 갖게 될 것이다. 그러므로 『중용』에서는 '이전'(前)이나 '때'(時, 際) 등의 말을 쓰지 않고 다만 '미(未)' 자만을 쓴 것은 마음이 '살아있는 곳(活處)'이기 때문이라고 한다.[56] 따라서 이런 마음의 모습을 그는 제3서에서는 '살아있는 것(活物)'이라고 회고한다.[57] 전(前)이나 시(時) 등의 말을 쓰면, 미발의 때가 이발의 때와는 따로 있는 것처럼 오해되기 때문이다.

이러한 시각에서 주희는 그 이전의 사람들의 이론을 평가한다. 제1서 (4)에서 그는 새롭게 배운 학설의 증거를 주돈이의 「태극도설」과 『통서』의 말, 및 정이의 말(『유서』 18-82)에서 찾는다. 그러

이렇게 요약하고 난 뒤에 비판한다. 유인희는 이 말을 잘못 해석한다.

54) 『문집』 30-15 (p 25-26) "只一念間, 已具此體用." 이는 호남학파의 性體心用 이론이다.

55) 앞의 글, "大抵此事渾然, 無分段時節先後之可言. 今著一時字 一際字, 便是病痛." '未發之前/際/時'에서 之는 동격의 의미인 '의'이다.

56) 앞의 글, "熟玩『中庸』, 只消著一'未'字, 便是活處. 此豈有一息停住時耶!" 『중용』 1장에는 다만 '喜怒哀樂之未發 謂之中'이라고만 한다. '活處'는 '살아 있는 표현'이란 뜻으로 볼 수도 있다.

57) 『문집』 32-4 (p6) "通天下, 只是一箇天機活物, 流行發用, 無間容息."

나 제2서 (3)에서 그는 그 학설에 근거해서 사량좌를 높이 평가하고 양시와 정이를 비판한다. 양시는 『중용』의 주석을 쓰면서, "배우는 자가 희노애락이 미발할 때(際) 마음으로 그것을 체험하면, (미발의) 중(中)의 체(體)가 자연히 나타날 것이다"라고 한다. 이는 미발과 이발을 나누는 잘못이 있으며, 결국 그가 미발 중심의 이론을 가졌기 때문에 나오는 것이다. 이통의 미발 기상 체인의 이론을 이렇게 주희는 간접적으로 비판하는 것 같다. 또한 "마음이 아직 드러나지 않았을 때(未發之時)에 그 마음을 기르고 보존(存養)하라"는 정이의 말[58]은 마음이 아직 드러나지 않은(未發) 때가 현실적으로 있는 것처럼 오해시켜 묵좌(默坐) 등을 하게 할 소지가 있다. 또한 정이가 "중용(中; 未發)의 때를 당하여서는 눈과 귀에 보이고 들리는 것은 없으나, 보고 들음의 이치(理)는 있다"고 하여,[59] 미발의 때에 공부할 수 있다고 한 것은 같은 오류이다. (이 때 주희는 存養이라는 말을 잘못 이해하여 이런 비판을 하는 것이다.)[60]

반대로 주희는 제1서 (1) (2)에서 방왕방래(方往方來)하는 이발의 마음을 '지식(知識)', '각(覺; 도덕적 인식 능력)'으로 규정하면서, 미발 중심의 이론이 유각(有覺) 무각(無覺)을 나누는 잘못을 범했다고 비판한다. 그가 말하는 '지식(知識)', '각(覺)'은 호남학파의 뿌리인 사량좌가 주장하는 '지각(知覺)'에 근거를 두었다고 할 수 있다. 그는 장식에게서 사량좌의 이론을 배우고 그것을 제1서에서 설명한 것 같다. 이 사량좌의 '지각'설은 정호의 이론인 '사랑(仁)이란

58) 앞의 글 "語錄亦嘗疑一處, 說'存養於未發之時'一句." 정이의 이 말은 『유서』 18-82에 나온다.

59) 앞의 글 "及問者謂'當中之時, 耳目無所見聞', 而(程頤)答語, 殊不痛快." 정이의 이 말은 『유서』 18-83에 나온다. 정이의 대답은 "雖耳無聞, 目無見, 然見聞之理在, 始得."이다.

60) 이 때 주희는 存養이나 見聞의 理를 구하는 것을 默坐와 같은 것으로 오해한 것이다. 정이에 의하면, '聞見의 理'는 우리가 일상에서 보고 듣는(聞見) 일의 이치로서, 이것이 마음의 未發의 상태에 있다는 것이다. 즉 性卽理이다.

마비되지 않은 마음'이라는 것에 근거하고 있다. 몸에 생명력(氣)이 흐를 때 그 몸은 마비되지 않은 것이다. 마음이 생명으로 가득차서 자신뿐만 아니라 이 세상의 모든 것을 생각할 때 사랑(仁)은 완성된다.[61] 이런 생명력(氣)과 살아있는 마음(生)에 대해서 정호는 "본성은 생명력이며, 생명력이 본성이다(性卽氣, 氣卽性)" 및 "살아 있음이 본성이다(生之謂性)"이라는 명제로 표현한다.[62] 주희는 제1서 (2)에서 "혼연(渾然)한 전체로서 끊임없이 사물에 응하는 것(도덕적 인식 능력 ; 知識)이 곧 천명(天命)의 유행(流行)이며 그침 없이 生生하는 바탕"이라 하고, 2서 (1)에서 "한 순간의 마음의 움직임(一念)에도 이미 체용(體用)이 갖추어져, 드러난 것은 바야흐로 가고 아직 드러나지 않은 것은 바야흐로 와서 틈이나 끊임이 없는" 살아있는 것으로서 마음을 말한다. 이는 결국 사량좌의 지각설, 나아가 정호의 이론에 근거한 말이라 할 수 있다.

이상에서 알 수 있듯이 주희는 마음을 미발과 이발로 나누고 미발을 중시했던 정이-양시-이통의 줄기를 거부하고, 미발과 이발을 결합시키면서 이발을 중시했던 정호-사량좌-호굉의 노선을 받아들인다. 이런 주희의 입장은 "**본성은 본체요, 마음은 그 작용(혹은 현상)이다**"[63] 라는 호굉 계통의 호남학파의 주장을 그대로 받아들인 것이다. 이 입장에 의하면, 미발이란 문자 그대로 '**아직** 드러나지 않은 것'(未發)일 뿐이다. 미발은 드러나서 작동할 가능성일 뿐 다

61) 자세한 것은 뒤의 8장 340쪽의 [인설] 참조. 사량좌를 높이 평가하는 것은『문집』32-5 (p 7) 참조.

62)『유서』1-56 "生之謂性. 性卽氣, 氣卽性, 生之謂也" '生之謂性'은 고자(告子)가 제시한 명제이며, 맹자가 반대한 것이다. 고자는 그 명제를 "타고난 것(즉 식욕이나 성욕같은 욕망)이 본성이다"라는 의미에서 말한 것이다. 그러나 정호는 (마음이 생생하게) "살아있는 것이 도덕적 본성이다"로 해석한다. 4장 정호 부분 참조.

63) '性體心用' 이는 호굉에서 시작된 호남학파의 근본 명제이다. 그리고 본성(性)은 미발의 상태, 마음(心)은 이발의 상태를 말한다.

른 어떤 것도 아니다. 이런 입장을 극단적으로 밀고 나가면, 미발이란 '드러나 작동할 가능성' 이외에 아무 것도 아니고, 그래서 오직 드러난 상태의 마음(已發)만을 인정하게 되고, 그 결과 감각적인 욕망을 이치(理)라고 까지 주장하게 된다는 것이 중화신설 이후의 주희의 비판이다.[64] 드러난 상태의 마음(已發)은 지각(知覺; 知識)이며, 이는 결국 희노애락하는 감각적 욕망을 의미한다는 것이다.

호남학파의 이론은 마음이 드러나지 않은 상태(未發)의 내용을 규정하지 않는다. 예컨대 정이는 성즉리(性卽理)라고 하여, 미발의 본성에는 리(理)의 총체가 있다고 한다. 따라서 인간은 이 이치의 총체를 파악하여 그에 따라 살아야 한다는 것이다. 그러나 미발을 규정하지 않고 다만 이발의 깨어있는 마음(知覺)을 이루려는 호남학파는 그 마음 전체를 하나의 도덕적 능력으로 본다. 그것은 장재의 태허설과 유사하다고 할 수 있다. 장재는 마음의 본래 상태를 '비어서 탁 트인 것(太虛)'이라고 한다. 호남학파가 말하는 본체인 본성(性體)은 바로 그런 것이다. 그들이 말하는 본체는 외부 사물에 적절하게 대응하는 주체일 뿐, 미발의 리(理)에 근거해서 적극적으로 세계를 이끌어나가는 것은 아니다. 그러므로 그 본체는 육구연이 주장하는 '진리인 내 마음'(心卽理)이라는 주체와 다르다고 할 수 있다.

(3) 수양론 - 살핌(致察)과 보존하여 기름(存養)

위와 같은 이론에서 나오는 수양 이론은 마음이 드러나는 실마리를 살피는 것(察識端倪)을 중심으로 하는 것일 수밖에 없다. 제1서 (3)에서 그는,

---

64) 『문집』 67-23 (p 27) 「仁說」 "專言知覺者, … 其弊, 或至於認欲爲理者 有之矣."

> 그렇다면 세상 이치의 참된 모습은 어느 곳에서나 드러나서 조금이라도 멈추거나 쉼이 없다. 그 본체와 작용이 본래 이와 같으니, 어찌 개인적인 물질적 욕망이 그것을 가로막아 짓눌러 죽일 수 있는 것이겠는가! 그러므로 비록 (그 마음이) 물질적 욕망이 들끓는 속에서 헤매더라도, 그 양심(良心)의 싹은 또한 (자신이) 접하는 일로 인하여 드러나지 않음이 없다.[65)]

여기에서 마음의 본체는 바로 세상 이치의 참 모습(天理의 本眞)이며 양심이다. 그는 마음의 본체가 현상(用)으로 드러나는 것을 막는 것으로 개인적인 물질적 욕망을 등장시킨다. 천리(天理)의 본진(本眞)은 본체이므로 어느 때이고 드러나지 않을 때가 없다. 따라서 한 개인의 마음이 물질적 욕망으로 들끓더라도 어떤 일을 계기로 해서 그 참 모습(本眞), 즉 양심이 드러나지 않을 수 없다. 다시 말해서 이 물욕은 천리의 본진(本眞; 즉 體, 미발의 마음)이 드러나는 것을 막아 없애지만, 그렇다고 완전히 다 막아 없애는 것은 아니다. 일에 따라 양심[天理의 本眞]의 싹이 그 가로막음을 뚫고 드러난다는 것이다. 이러한 것의 예로써 제의 선왕이 도살장으로 끌려가는 소를 보고 차마 죽이지 못하는 마음(不忍之心)을 가졌던 것을 들 수 있다.(『맹자』「양혜왕」 상7) 수양은 바로 이 양심의 싹을 키우는 것이 된다.

> 배우는 자가 이에 (양심의 싹을) 잘 살펴서 잡아 보존하면(操存) 곧 거의 큰 근본(大本)과 보편적인 도(達道)의 전체에 관통하여 그 시초를 회복할 수 있을 것이다.(復其初) 살피지 못해서 (그 싹이) 짓눌려 죽게 하기를 되풀이하여, 밤의 차분한 기운(夜氣)도 그 싹을 보존하기에 충분하지 않음에 이르러 짐승이 됨에 빠지면, 이것은 누구의 죄인가? [66)]

---

65) 『문집』 30-14 (p 25) "然則天理本眞, 隨處發見, 不少停息者. 其體用, 固如是, 而豈物欲之私, 所能壅遏而梏亡之哉! 故雖汨於物欲流蕩之中, 而其良心萌蘖, 亦未嘗不因事而發見."

66) 앞의 글 "學者 於是 致察而操存之, 則庶乎可以貫乎大本達道之全體, 而復其初矣. 不

미발의 마음이 큰 근본(大本)이며 보편적인 길(達道)이다. 이것이 양심의 싹으로 드러난다. 이 미발의 마음을 회복하는 것이 바로 복기초(復其初)이다. 살핀다(致察)는 것은 이 양심의 싹과 욕망의 마음을 가려서, 전자는 키우고 후자는 막는 것이다. 즉 살피는 것(致察), 혹은 살펴 아는 것(察識)은 그 싹을 가려내는 것이고, 일단 알아 가려내면 이것을 붙잡아 보존해야 한다.(操存)[67]

이것은 이때 주희가 공감했던 호굉의 『지언』에 나타나 있다. "제의 선왕이 소를 보고 차마 죽이지 못했던 것은 양심의 싹이 이기적 욕망 사이에서 드러났기 때문이다."[68] 이 싹을 자각하는 것이 **살핌**(致察)이다. 그러나 우물에 빠지려 하는 어린애를 보고 누구나 '측은지심(惻隱之心)'을 가지지만, 이것이 살핌이 아니고, 여기에서 한 걸음 더 나가, 이 마음을 자각하고 보존하려 할 때 살핌이라 한다.

호굉은 이어서 말하기를, "(그 싹을) 한번 보면 잡아서 보존하고, 보존하여 기르라. 길러서 (온 몸에) 가득 차게 하여, (몸 밖으로 나아가) 큼에 이르고, 커져서 그침이 없으면 천지와 크기가 같게 된다."[69] 이것은 양심의 싹을 살피고(致察) 보존하여 기르는(存養) 효과를 말해준다. 가끔 드러나는 양심의 싹을 살펴서 잡아 기르면, 그의 행위가 모두 그 양심에 맞게 된다. 나아가 그것은 자기 자신을 채우고 하늘과 땅 사이를 채우는 호연지기같이 된다.[70] 양심(良

能致察, 便梏之反覆, 至於夜氣, 不足以存, 而陷於禽獸, 則誰之罪哉!"

67) 『맹자』「고자」 상8 "孔子曰 '操則存, 舍則亡; 出入無時, 莫知其鄕, 惟心之謂與!'" 여기에서 맹자는 夜氣에 의하여 양심을 기르는 것을 '操存'이라 한다.

68) 『문집』 73-6 ⑦ (p 60) 「知言疑義」 "齊王見牛而不忍殺, 此良心之苗裔, 因利欲之間而見者也."

69) 앞의 글 「知言疑義」 "齊王見牛而不忍殺, 此良心之苗裔, 因利欲之間而見者也. 一有見焉, 操而存之, 存而養之; 養而充之, 以至于大; 大而不已, 與天地同矣."

70) 양심에 따라 행위 하면, 마음이 개운하고 넓어지며 자신감이 있게 된다. 이는 일종의 도덕적인 확신이며 용기이다. 이런 기운은 자신의 몸을 넘어서서 하늘과 땅 사이에 가득 차게 된다는 것이 맹자의 지론이다. 이는 아마도 '氣蓋世'일 것이다.

心)의 싹을 살피는 것(致察)은 잡아서 보존하는(操存) 과정이다. 이것은 동시에 밤의 차분한 기운(夜氣)에 의하여 양심을 보존하고 기르는 것(存養)이 된다. 이렇게 양심이 커지면 몸을 가득 채우며 나아가 하늘과 땅 사이를 가득 채우는 호연지기가 된다. 이 기운[浩然之氣] 혹은 양심(良心)은 살아서 활발히 움직이는(活潑潑地) 도덕적 능력이라 할 수 있다.

주희는 제1서에서 "혼연한 전체로서 끊임없이 사물에 응하는 것(도덕적 인식 능력; 知識)이 곧 천명(天命)의 흘러감(流行)이며 그침없이 낳고 또 낳는(生生) 바탕"이라고 하면서, 이 도덕적 인식 능력을 심성 수양의 측면에서는 '양심(良心)'이라 한다. 이 양심이 바로 천하의 큰 근본(大本)이라고 한다.

(4) 두단설(頭端說)과 미단설(尾端說)

이와 같은 것은 확충설(擴充說)에 속한다. 주희 당시에 확충설과 복초설(復初說)에 대한 논의가 있었다. 확충이란, 도덕적인 마음을 키워서 확충시킴을 말한다. 복초(復初)란 그 시초로 돌아간다는 말이다. 마음의 근원에 도덕성이 있으므로 이 근원으로 돌아가자는 것이다.

> 질문 : 감성에 근거하여서 본성을 아는 것은 흡사 물 흐름에 근거하여서 그 근원(물이 솟아나오는 곳)을 아는 것과 비슷합니다. 옛날에 듣기로는, 채계통(蔡季通)이 강숙림(康叔臨)[71]에게 묻기를 "대저 사물에는 두 실마리(兩端)가 있다. 측은히 여기는 마음은 인(仁)의 실마리인데, (그것은) 두단(頭端)인가, 아니면 미단(尾端)인가?" 하니, 강숙림은 미단이라고 했다고 합니다. 근래에 주장중이 설명하

---

71) 蔡元定의 자는 季通이며, 주희의 학문적 동료이다. 康淵의 자는 叔臨이고, 謝良佐의 續傳 제자이다.

는 것을 듣자하니, 선생님께서는 "반드시 이와 같이 나눌 필요는 없다"고 하셨다고 합니다.

대답 : 자네는 어떻게 말하겠는가?

답변 : 측은한 마음은 본성이 움직인 곳입니다. 그 움직인 곳에 근거해서 그 본체를 알게 되니, 이는 물 흐름으로 인하여 그 근원(샘)을 알게 되는 것과 같습니다. 아마 다만 그것은 미단인 것 같습니다.

대답 : 그와 같다.[72)]

질문 : 4단의 '단(端)'을 『집해(集解)』에서는 '실마리'라고 했습니다. 일전에 보니 채계통이 "실마리는 꼬리이다" 라고 말했는데, 무슨 말입니까?

답변 : 체(體)와 용(體)으로 말을 하자면, 체(體)가 있은 뒤에 용(用)이 있으므로 실마리는 또한 꼬리(尾端)라고 말할 수 있다. 만약 시작과 끝으로 말하자면, 4단은 드러나기 시작하는 곳이므로 또한 실마리(端緖; 頭端)로서 말할 수 있다. 이 두 가지 설은 각각 가리키는 바가 있으니, 저절로 서로 막히지 않는다.[73)]

여기에서 두단(頭端)이란 '실의 머리'로서 실마리이고, 미단(尾端)이란 '실의 꼬리'로서 실마리이다. 만약 측은지심이 인(仁)의 두단(頭端), 즉 실의 머리라면, 이것은 이 측은지심이 시초(즉 頭)이고, 이것을 키워서 확충해 나가면, 인(仁)이 된다는 확충설이 된다. 만약 측은지심이 인(仁)의 미단(尾端), 즉 '실의 꼬리'라면 이 꼬리에서부터 거슬러 올라가 그것의 시초인 인(仁)을 알 수 있다는 복초설이 된다. (이 인용문은 주희가 중화 신설 이후에 확립된 견해로

72) 『어류』 95-40 ⑨ (17-18쪽) 問"因情以知性, 恰似因流以知源. 舊聞蔡季通問叔臨云'凡物有兩端; 惻隱爲仁之端, 是頭端, 是尾端?' 叔臨以爲尾端. 近聞周莊仲說, 先生云, '不須如此分.'" 曰 "公如何說?" 曰"惻隱是性之動處. 因其動處, 以知其本體, 是因流以知其源, 恐只是尾端." 曰"是如此."

73) 『어류』 53-42 問 "四端之'端', 『集解』以爲端緖. 向見季通說'端乃尾', 如何?" 曰"以體用言之, 有體而後有用, 故端亦可謂之尾. 若以始終言之, 則四端是始發處, 故亦可以端緖言之. 二說各有所指, 自不相礙也."

말한 것이다. 그의 마음 이론은 본질적으로 미단설이나, 수양 이론은 그 두 설을 다 포괄하는 것이므로 양자를 다 긍정한다.)[74)]

두단설 혹은 확충설에 근거하고 있기 때문에, 호굉은, 본성(性)은 선과 악이라는 말로 규정할 수 없다고 하며,[75)] "좋아하고 싫어하는 것(好惡)이 본성이다. **소인**은 '나'(己; 私)를 기준으로 좋아하고 싫어하는 반면, **군자**는 진리(道)를 기준으로 좋아하고 미워한다"고 한다.[76)] 희노애락하며 좋아하고 싫어하는 우리의 마음[77)]은 두단(頭端)으로서 출발점이기 때문에 그 완성태인 인의예지 등의 선도, 그 반대인 악도 없다고 본다. 군자는 그 인의예지의 덕목을 확충하여 완성하므로 진리(道)를 기준으로 좋아하고 미워할 수 있지만, 소인은 확충하지 못하고 죽이므로 그 반대가 된다.

아직 드러나지 않은 마음이 드러났을 때, 이때를 시초로(頭端) 하여 찰식과 존양을 시작하는 이 확충설은 철저히 마음의 이발의 영역에서의 수양을 주장한다. 이것을 받아들이는 주희는 같은 정이의 말이지만 마음이 아직 드러나지 않은 때(未發之時)에서 함양하라는 것은 비판하나(제2서 (3)), "마음이 드러나기 전에서 어떻게 구하겠는가? 다만 평일에 함양하라"(『유서』 18-82)는 것은 찬성한다. 또한 "잘 보는 사람은 마음이 드러났을 때(已發)에서 본다(觀)"

---

74) 정약용은 頭端과 尾端에 대해서 매우 민감하게 생각했다. 주희를 미단설로 보고 다산 자신은 두단설을 주장한다. 정약용 이재의 지음, 『다산과 문산의 인성 논쟁』, 실시학사 경학 연구회 편역, 한길사, 1996. 53쪽, 103쪽 이하. 김영우, 『다산 정약용의 修己治人 兼全論과 上帝天論』, 서울대 석사 논문, 1990년. 27쪽. 한형조, 『주희에서 정약용에로의 철학적 사유의 전환』, 한국 정신 문화 연구원 박사 논문, 187쪽.

75) 『문집』 73-6 ⑤ (p 57) 「知言疑義」 "性也者 … 善不足以言之, 況惡乎哉!" 계속해서 호굉은 맹자가 말한 '性善'은 '본성이란 착함(善)이다'는 말이 아니라, '본성이란 좋은 것(善)이다!'라는 감탄의 말이라고 한다.

76) 앞의 글 (p 55) "好惡 性也. 小人好惡以己, 君子好惡以道."

77) 정호가 '性卽氣, 氣卽性'이라 할 때의 氣이며, '生之謂性'의 性이다. 생명력이며 살아 있는 것으로서 마음이다.

(『유서』 18-83)는 말을 '찰식(察識)'으로 본다.(이상 제1서 (4))

이와 같은 이론을 주장하면서도, 그는 찰식과 존양의 결과가 '복기초(復其初)'라고 하여(제1서 (3)) 확충설과 불일치를 보여 준다. 그가 '성체심용(性體心用)'이라는 호남학파의 이론을 따르면서도, 호남학파처럼 이발의 마음을 깨어있는 도덕적 능력(知覺)으로 보지 않는다. 어쨌든 이점은 이론상의 부정합이며, 그가 호남학파의 이론[擴充說]도, 양시 문하의 근본 명제(指訣; 復初說)도 확실히 알지 못함이 있었다는 것을 보여 준다.

3) 중화구설 3-4 서 - 이발 중심 이론의 반성

이상의 제1, 2 서신이 보여 주는 것은 이통이 죽고 난 뒤에 묵묵히 앉아서 마음을 깨끗이 함(默坐澄心)을 제대로 이해하지 못하여, '마치 올데갈데없는 딱한 사람' 같을 때,[78] 장식을 만나서 깨달은 것, 즉 "사람의 마음은 나서 죽을 때까지 이발이 아님이 없다. 미발이란 아직 발하지 않은 것[이 의식으로 떠오르지 않은 것]일 뿐이다"[79]라는 것을 깨달은 흥분에서 서술하고 있다.

제3, 4 서신(『문집』 32-4, 3)은 이 흥분에서 깨어나 그가 새로 터득한 방법의 문제점을 기술한 것이 주된 내용을 이루고 있다.

제3서는 제 1, 2 서신에서 기술된 방왕방래(方往方來) 이론을 좀 더 발전시켜서 "이발은 사람의 마음(心)이고, 미발은 그 본성(性)이다"라고 하여 호남학파의 '성체심용(性體心用)'설을 명확히 한다. 그것에 근거하면서도 호굉의 사상을 비판한다.

---

78) 『문집』 75-28 (p 29) 「中和舊說序」 "余蚤從延平李先生學, 受中庸之書, 求喜怒哀樂未發之旨, 未達而先生沒. 余竊自悼其不敏, 若窮人之無歸."

79) 앞의 글 "人自嬰兒以至老死, 雖語默動靜之不同, 然其大體, 莫非已發. 特其未發者, 爲未嘗發爾."

제4서는 여기에서 한걸음 더 나아가, 호남학파의 이발 이론은 마음을 급박하게 만든다고 비판하고, 마음이 체류할 거점으로서 편안한 집(安宅; 仁-사랑)을 제시한다. 그리고 그 사상은 장재의 이론이 가진 문제점을 갖는다고 한다.

이하에서는 제3, 4 서신을 차례로 인용하고 분석하기로 한다.

(1) 제3서 - 성체심용(性體心用) 이론과 '본성은 선악으로 규정할 수 없음'

① 3서 (『문집』 32-4)의 구조

㉠ 처음부터 豈欺我哉까지 ; 자신의 이전 학설에 대한 반성. 새로운 깨달음이 있어서 聖賢의 글과 근세 학자의 말에서 그것이 옳음을 발견함. 마음에 시원한 바가 있음.

㉡ 蓋通天下에서 觸處朗然也까지 ; 已發의 心體가 天機의 活物로서 천하의 大本임.

㉢ 存者, 存此而已에서 眞不浪語까지 ; 修養論 및 수양의 결과가 좋음.

㉣ 而此一段事에서 復以爲如何爾까지 ; 先賢 비평(謝良佐 찬성 楊時 비판), 范伯崇과 대화, 장식의 지도에 감사함.

㉤ 孟子諸說에서 끝까지 ; 性善과 관련하여 『知言』의 '性不可以善惡名' 비판.

② 중화 구설의 발전 - 성체심용(性體心用) 이론

제3 서신 (1)에서 주희는 이전 편지의 내용을 "적연(寂然)한 미발의 비판, 양심(良心)의 발현(發現)에서 수양함"이라 요약하고, 이는 이통에게서 배운 미발 기상의 체인이라는, 치우치고 막힌 견해보다 낫다고 한다. 그러나 그것도 말에 문제가 아직 많아서 정밀하고 절실하지 않았다. 그래서 여러 날 깊이 생각해 보고서야 그 실체를 정밀하고 명확하게 알았다. 이 수정된 견해로 성현의 글과 근세의 학자들의 말을 해석해 보니 합치되지 않은 것이 없었다. 그리고 평일에 의심나서 명백하지 않았던 것이 이제는 모두 이리저리 따져볼 필요가 없었고, 왕왕 마음에 시원한 바(灑落)가 있었다고 한다.

그리고 그 수정된 견해를 (2)에서 다음과 같이 요약하고 있다.

> 대개 천하를 통틀어 다만 하나의 '자연적으로 타고난 바탕(天機)인 살아있는 것(活物; 마음)'이 작동하며 흘러가서 잠시라도 그치지 않는다. 그 이미 드러난 마음에 근거하여 그 아직 드러나지 않은 마음을 가리킨다면, **이미 드러난 것(已發)은 사람의 마음이고, 무릇 아직 드러나지 않은 것(未發)은 다 그 본성(性)이다.** 여기에는 하나의 일이라도 갖추어지지 않음이 없다. 어찌 한 때에 고정되고 한 곳에 한정된 것이 따로 있어, 그것을 (未發이라) 이름 지을 수 있겠는가!
>
> 곧 일상의 사이에 혼연한 전체[마음]는, 냇물이 쉬지 않고 흐르고 하늘의 운행이 끝이 없는 것과 같다. 이 때문에 마음의 은밀한 본체와 드러난 현상, 근본인 고요한 상태와 말단인 움직이는 상태 사이에 털끝만큼이라도 단절된 곳이 없고, '솔개가 나르고 물고기가 뛰노는 것' 등 모든 곳이 명확하게 이해된다. 보존하는 것도 이것을 보존하는 것일 뿐이며, 기르는(養) 것도 이것을 기르는 것일 뿐이다.[80)]

"하나의 자연적으로 타고난 바탕(天機)인 살아있는 것(活物; 마음)이 작동하며 흘러가서 잠시라도 그치지 않는다."고 한 것은 제

---

80) 『문집』 32-4 (p 6-7) "蓋通天下, 只是一箇天機活物, 流行發用, 無間容息. 據其已發者, 而指其未發者, 則已發者人心, 而凡未發者, 皆其性也. 亦無一物已不備矣. 夫豈別有一物, 拘於一時, 限於一處, 而名之哉! 卽夫日用之間, 渾然全體, 如川流之不息, 天運之不窮耳. 此所以體用精粗, 動靜本末, 洞然無一毫之間, 而'鳶飛魚躍' 觸處朗然也. 存者, 存此而已; 養者, 養此而已."

1,2서에서 말한 '방왕방래(方往方來)'하는 이발의 마음의 본체를 다시 기술한 것이다. 그러나 이 본체는 이발에 근거해서 그 미발을 살펴본다면, "이미 드러난 것(已發)은 사람의 마음이고, 무릇 아직 드러나지 않은 것(未發)은 다 그 본성(性)이다." 이것은 "본성이 본체이고 마음은 그 작용이다(性體心用)"이라는 호남학파의 사상을 나름대로 서술한 것이다. 이점이 바로 제1, 2서에 비해서 발전한 것이며, 그의 수정된 견해이다.

그리고 이발과 미발을 단절시켜서 그 각각을 실체로 보는 견해(未發 氣象 體認)를 비판한다. 미발이 끊임없이 이발로 되는, 살아있는 마음이 바로 인간이 어떤 행위를 할 때에도 바탕이 되는 상태(天機)이다. 따라서 "여기에는 하나의 일이라도 갖추어지지 않음이 없다." 정좌(靜坐)하여 마음이 흐려지면서 꽉 막힌 것 같이 '한 때에 고정되고 한 곳에 한정된 것'이 따로 있어, 이를 미발의 마음이라 할 수 없다. 그리고 그 미발은 모든 행위의 근본이 될 수 없다. 이는 미발을 나와 분리하여 대상화시키는 것이기 때문이다.

이 살아있는 바탕(天機)이 한 때라도 끊임이 없이 흐르기 때문에 자연과 인간의 움직임의 큰 근본(大本)이 된다. 예컨대 '솔개가 나르고, 물고기가 뛰노는 것'(『중용』 12-3)은 그것들이 그러하게 하는 것(天地之心)이 있기 때문이다. 이것이 바로 그 살아 있는 것(活物)인, 자연적으로 타고난 바탕(天機)이라는 것이다.[81] 주희는 솔개나 물고기가 그렇게 움직이게 하는 본체를 천지지심(天地之心)이라 한 것이다. 즉 자연의 배후에는 일종의 마음이 있다는 것이다. 이런 풍경은 "본체와 현상은 하나의 근원을 가지고 있다"(體用一源)는 것을 잘 보여주는 것으로, 자주 인용된다.

---

81) 다음 편지에서 그는 천기(天機)를 안택(安宅; 편안한 집 - 仁)이라 한다. 이 편안한 집을 마련하기 위해서 그는 천기(天機)를 설정하는 것 같다.

따라서 사람은 이러한 살아있는 바탕(天機 活物)으로서의 이발의 마음을 보존하고 길러야 한다. 이어서 (3) 부분에서 그는 이런 이론에 따라 마음을 수양한 결과 "물이 차오르자 배가 떠서, 밧줄을 풀고 키를 바로 잡아 오르락내리락하면서 마음 내키는 대로 갈 수 있게 되었던 것"과 같이 쉬움을 느꼈다고 한다.[82] 커다란 배가 땅 위에 있으면 아무도 그것을 움직일 수 없다. 그러나 일단 물이 가득 차면 배는 뜨게 되고 새털처럼 자유자재하게 움직일 수 있다. 미발 기상 체인이라는 이통의 이론을 이해하지 못했을 때의 답답함을 그는 땅 위에 누워있어서 꼼짝도 하지 못했던 배와 같다고 본 것이다. 그런데 이제 호남학파의 이론을 배워서 마음 수양을 한 결과 왕왕 마음이 시원한 바가 있었으니, 이는 물이 차올라 마음대로 움직일 수 있었던 배의 자유로운 기분이었을 것이다.

그리고 (4) 부분에서는 이와 같은 이론에 근거해서 정씨 형제의 제자들을 평가한다. 그의 이론과 같은 지각설을 주장한 사량좌의 말이 옳고, 그 밖의 인물은 틀렸다고 한다. '그 밖의 사람들(自餘)'이라는 말로 그는 양시 및 이통을 비판하고 있다. 이는 제2서와 똑같은 견해이다. (5) 부분에서 그는 이 학설을 범념덕(范念德; 자는 伯崇)에게 말했다. 그랬더니, 미증유의 견해를 들어서 범념덕 자신이 이전에 가졌던 마음 수양 방법이 틀렸음을 깨달았다고 한다. 그래서 이때까지 사량좌 등의 견해를 잘 알지 못했음을 반성하고, 지도해 준 장식에게 감사한다. 그러나 그는 (6)에서 호남학파의 뿌리인 호굉의 학설을 비판한다. 이 비판의 관점은 중화신설에서 가졌던 견해와 같다.[83] 이는 그의 이론 발전의 측면에서 볼 때 중요한 것이므로 다음 절에서 설명하자.

---

82) 앞의 글 (p 7) "今覺得, 如水到船浮, 解維正舵, 沿廻上下, 惟意所適矣, 豈不易哉!" 『文集』 2-61 (p 13) 에도 같은 내용의 시가 있다. 「觀書有感」 2首 "半畝方塘一鑑開, 天光雲影共徘徊. 問渠那得淸如許? 爲有源頭活水來." "昨夜江邊春水生, 蒙衝巨艦一毛輕. 向來枉費推移力, 此日中流自在行."

83) 『朱子大全箚疑輯補』 권4, p 856.

③ 『지언』 비판 - '본성은 선악으로 규정할 수 없음'

주희는 호남학파의 이론에 따라 이발의 마음을 천기(天機)라고 한다. 그는 이 사상이 맹자의 "본성은 선하다(性善)"는 설과 같다고 본다. 그리고 이 입장에서 호굉이 말한 "본성은 선악으로 규정할 수 없다(性不可以善惡名)"는 사상을 비판한다. 이 편지에서 그는 호굉의 『지언(知言)』의 사상을 받아들이면서도, 그렇게 비판하는 태도를 가진다. 『지언』의 핵심 구절들에 대한 그의 비판은 「지언의의(知言疑義)」라는 글로 남아 있다.[84] 이하에서는 우선 그 글에 따라 호굉의 '성불가이선악명(性不可以善惡名)'을 설명하고, 주희의 비판을 다루겠다.

호굉에 의하면, "성(性)이란 천지와 귀신의 오묘함이다. '선'으로도 그것을 규정할 수 없는데 하물며 악으로써 할 수 있으랴!"[85] 이에 대하여, 맹자는 '성선(性善)'이라고 했는데, 이 말은 어찌된 것이냐고 어떤 이가 반론하자, 호굉은 "맹자가 '성선(性善)'이라고 한 것은 감탄하는 말이지, 악에 대립시켜 선을 말한 것은 아니다" 라고 대답한다.[86] '성선(性-善)'이라는 말은 "성(性)은 참 좋은 것이구나!"라는 감탄의 의미의 '선'이지, "본성은 착하다"는 것, 즉 악의 반대로서 '착함'은 아니라는 것이다. '선(善)'에는 '좋다'는 뜻과 '착하다'는 뜻이 있다.

대신에 그는 "좋아하고 싫어하는 것이 본성이다(好惡 性也)" 라고 한다.(「知言疑義」) 그는 악(惡)의 반대를 선(善)이 아닌 호(好)로 본 셈이다.[87] 그는 미발의 내용을 규정하지 않고, 이발의 마음에

---

84) 『문집』 73-6 (p 57-58)

85) 「知言疑義」 "性也者, 天地鬼神之奧也. 善不足以言之, 況惡乎哉!"
이것을 주희는 '性不可以善惡名'이라고 요약해서 말하고 있다. '鬼神'을 장재는 二氣의 良能이라 하고, 정이는 造化의 迹이라 한다. 따라서 '鬼神'은 '변화'라는 뜻이며, 다. '天地鬼神'은 '천지의 모든 변화'라는 의미일 것이다.

86) 앞의 글 "孟子道'性善'云者, 歎美之詞, 不與惡對."

주목하기 때문에, 미발의 마음에 리(理)같은 선악의 기준이 있다고 보지 않는다.[88] 다만 '지금 이' 살아 있는 마음이 도덕적으로 깨어 있을 때 인간은 선하게 행위 할 수 있다는 것이다. 도덕적으로 깨어 있는 것(知覺)을 그는 '좋아하고 싫어함'으로 표현한다. 이는 욕망에 따른 것이 아니다. 따라서 그가 말하는 본성은 고자(告子)가 "타고 난 것이 본성이다"(生之謂性)이라 한 것과 다르다고 할 수 있다.

그러한 노선에서 호굉은, "본성(性; 미발)은 움직이지 않을 수 없는 것이고, 움직이면 곧 마음이다"[89] 라고 한다. 제 1서에 표현된 주희의 깨달음처럼, 미발의 마음(즉 性)은 우리가 규정할 수 없는 '어떤 것'이고, 그것은 다만 드러나기 이전, 또는 직전의 것이라는 의미만 갖는다. (이는 두단설에 해당된다. 279쪽 이하 참조.) 여기에서 '규정하지 않는다'고 해서 그 의미나 중요성을 무시한다는 말이 아니다. 오히려 호굉은 성체심용(性體心用)이라 하여 성(性)을 매우 중시한다. 규정하지 않는다는 것은 미발의 마음에 우리의 행위를 이끄는 객관적이고 보편적 원리, 즉 리(理)가 있는 것으로 보지 않는다는 말이다. 그러므로 본성이란 다만 '희노애락 함', '좋아하고 싫어함'이라는 이발의 마음이 드러나는 근거, 혹은 드러날 가능성이다. 이렇게 미발의 마음의 영역을 선이나 악으로 규정하기

---

87) 惡은 다음 세 가지 뜻이 있다. (1) 악할 악, (2) 추악할 악, (3) 싫어할 오. 이에 대한 반대말은 (1)은 善, (2)는 美, (3)은 好이다. 호굉은 (3)의 뜻을 취하고 있다. 善은 (1) 착함, (2) 좋음(好)의 두 가지 뜻이 있다. 맹자는 善-惡을 '착함-악함'으로 보는데 비해, 호굉은 '좋아함-싫어함'으로 본다.

88) 『어류』 101-174, 175 주희는 호굉의 "좋아하고 싫어하는 것이 본성이다(好惡性也)"라는 명제를 비판하면서, "좋아하고 싫어하는 까닭이 본성이다(所以好惡性也)"이다. 좋아하고 싫어함(好惡)은 情이므로, 마땅히 "선을 좋아하고 악을 싫어하는 것(好善而惡惡)이 본성(性)이다"라고 해야 한다고 한다. 주희는 선악의 기준을 좋아하고 싫어함(好惡)과 같은 각 개인의 마음 작용에 두는 것을 위험하게 생각한다. 따라서 미발의 본성에 理(所以)를 상정한다.

89) 「知言疑義」(p 61) "聖人指明其體曰'性', 指明其用曰'心'. 性不能不動, 動則心矣." 이는 性體心用說을 말한 것이다.

를 거부한다면 남는 것은, 희노애락 하거나 좋아하고 싫어하는 우리의 의식의 움직임[已發] 뿐이다. 이 의식의 움직임, 이 자체만 가지고는 선하다거나 악하다고 규정할 수 없다. 따라서 호굉은 "본성은 선악으로 규정할 수 없다"고 한다.

이발의 마음은 싹[頭端]에 불과하기 때문에 선악으로 말할 수 없다. 그 싹이 드러나 법도에 맞는가(中節), 혹은 법도에 맞도록 그 싹을 보존하고 길러서 확충했는가 여부에서 선악이 나올 뿐이다. 이 확충설은 주희가 이 때 빠졌던 호남학파의 이발 중심 이론의 수양론이다. 그러므로 호굉은 말하기를, "좋아하고 싫어함이 본성이다. 소인은 나[己, 즉 私]를 기준으로 좋아하거나 싫어하고, 군자는 진리를 기준으로 좋아하고 미워한다."[90] 소인은 확충을 하지 않으므로, 고자가 '생지위성(生之謂性)'이라 말한 대로 욕망에 따라 좋아하고 싫어할 것이다. 그러나 군자는 보존하고 확충하여 이발의 마음 자체가 도덕적 의식으로 되었기 때문에 도덕률에 따라서 좋아하고 싫어한다. 이러한 입장은 뿌리가 깊은 것이다. 주희는 그것을 기(氣), 지각(知覺) 중시의 입장이라고 본다.[91]

이에 대한 주희의 비판은 다음 두 가지이다. (제3서 ㉣ 부분)

첫째는, "좋아하고 싫어함(好惡)이 본성이다" 라는 주장에 대하여, 주희는 다음과 같이 비판한다. 이는 맹자의 고자 비판과 같은 것이다.

> 그 좋아함이 있고 미워함이 있는 까닭은 다만 (사람의 마음이 본래) 선을 좋아하고 악을 미워하기 때문이다. 그러니 (마음에) 어찌 처음부터 '선하지 않음(不善)'이 있겠는가? 그러므로 그것을 선하다고 해도 또 안 될 것

90) 앞의 글 (p 55) "好惡, 性也. 小人好惡以己, 君子好惡以道."
91) 『어류』 95-39 ⑧-⑩ (p 15-16)

> 이 어디 있겠는가? 이제 (호굉은) "좋아하고 미워하는 마음의 작용을 미루어 본성이라" 하고, "리(理)에 맞게 좋아하고 미워하는 것을 선(善)이라" 한다.[92] 그렇다면 본성 바깥에 리(理)가 있게 되어, 의심컨대 (본성과 리는) 서로 다른 것이 된다.[93]

이것은 그대로 맹자가 고자를 의외설(義外說)이라 비판하는 것과 같은 논법이다.

호굉은 인간이 어떤 사물을 접하고, 그것에 대하여 좋아하거나 싫어하는 것을 본성이라고 본다. 다시 말해서 그렇게 좋아하고 싫어하는 것은 인간의 마음에 본래 그렇게 좋아하고 싫어하는 **경향**이 있으므로 그런 것이며, 나아가서 이 경향이란 아무런 **방향**이 없는 것이 아니라, 도덕규범에 맞는 것을 좋아하고 그것에 어긋나는 것을 싫어하는 방향이 본래 있다는 것이다. 그러나 이 도덕적 경향이 그대로 드러나는 것은 아니다. 이것이 드러나는 마음의 싹을 잡아서 보존하고 키워야 한다.

호굉이 본성을 좋아하고 싫어함(好惡)이라고 규정한 것은 사실적 측면을 지적한 것이다. 사람의 마음은 그 호오(好惡)의 작용을 가지고 있다. 그러나 이 좋아하고 싫어한다는 사실만 밀고 나가서 "본성에 아무런 선이나 악의 규정이 없다(性不可以善惡名)"고 한 점에서 그는 도덕률을 정초시킬 근거를 허약하게 한다. 육구연처럼 이발의 "마음이 진리이다(心卽理)" 라고 규정하면 도덕률의 근거가 일단 규정된다. 호굉은 실천적인 입장에서 이 마음은 식욕 성욕에 따라 호오(好惡)하는 경향도 있지만(소인의 경우), 도덕적으로 호오

---

92)『문집』73-6 ③ (p 55) "好惡 性也. 小人好惡以己, 君子好惡以道." 여기에서 道는 理에 해당되는 것이라 할 수 있다.

93)『문집』32-4 (p 7) "夫其所以有好有惡者, 特以好善而惡惡耳. 初安有不善哉! 然則名之以善, 何不可之有? 今推有好有惡爲性, 而以好惡以理者爲善, 則是性外有理, 而疑於二矣."

(好惡)하는 경향이 있다고 보아(군자의 경우), 이 마음이 좋아하고 미워함이 도(道; 理)에 맞으면 선(善)한 것이고, 맞지 않으면 불선(不善)한 것이 된다고 한다.

이렇게 되면, 본성의 바깥에 따로 도(道), 혹은 리(理)가 있어서, 이것에 맞아야만 선하게 된다는 것이다. 이는 본성과 도 혹은 리를 분리시키는 것이며, 호오(好惡)하는 본성에 제시되는 기준은 본성에 있는 것이 아니므로 외적으로 제시되어야 한다. 이는 결국은 고자의 "의(義)는 본성 바깥에 있다(義外說)"는 주장과 같아져 버릴 것이다.[94] 호굉이 제시한 "본성은 선악으로 규정할 수 없다(性不可以善惡名)"와 "좋아하고 싫어함이 본성이다(好惡 性也)" 라는 명제는 그런 위험성을 내포하고 있다.

따라서 주희는 위의 비판에 이어서 다음과 같이 말한다.

> 『지언』은 여기에서 비록 일찍이 여러 설명을 붙이지만, 그러나 아마 맹자의 (性善이라는) 말은 본래 (본성과 선함이) 혼연(渾然; 완전히 뒤섞여 구별이 안 됨)하다는 것에서 나왔으니, 반드시 다시 (好惡가 性이라는 것과, 道에 맞게 好惡함이 善이라는 것을, 즉 性과 善을) 찢고 깨뜨려 나눌 필요는 없다. 『지언』이 비록 그렇게 말하지만, 또한 "순수한 천지의 마음은 도의(道義)를 완전히 갖추고 있다"고 한다. 이것을 선(善)이라 하지 않으면 무엇이라 이름 지을 것인가? 이것을 잃지 않을 수 있다면 어디 간들 선하지 않겠는가? 이로 본다면, "본성은 선악으로 규정할 수 없다"는 말은 쓸데없는 군더더기이다. 이는 (『지언』이 가진 문제점 가운데) 하나의 예이다.[95]

여기에서 주희는 호남학파의 이발설(已發說)을 따르면서도 호굉

94) 이런 점에서 『중용』 1장에서 '發而中節'이라고 한 말도 똑같은 문제를 가지고 있다. '節'이 선악의 기준이 되는데, 그것이 어디에 있는가는 문제가 된다.

95) 『문집』 32-4 (p 7) 『知言』於此, 雖嘗著語, 然恐孟子之言, 本自渾然, 不須更分裂破也. 『知言』雖云爾, 然亦曰'粹然天地之心, 道義完具.' 此不謂之善, 何以名之哉? 能勿喪此, 則無所適不爲善矣. 以此觀之, '不可以善惡名', 太似多, 却此一轉語.

을 비판한다. 이는 그가 호남학파의 입장에 완전히 경도된 것이 아니라, 이통에게서 배운 것의 영향이 남아있음을 보여준다. 그는 본성을 선악으로 규정하지 않으려는 호굉을 비판한다. 그러나 그가 비판했던 호굉의 그 명제가 호굉 사상의 핵심이며, 호남학파의 학설의 기본 바탕이다. 이점에서 주희가 다음 편지에서 1-3서의 사상을 비판할 싹이 이미 있음을 볼 수 있을 것이다.

둘째 비판은, "다만 '본성은 선악으로 규정할 수 없다(性不可以善惡名)', 이 한 명제는 저에게는 끝내 의심스럽습니다. 왜냐하면 선이란 악이 없다는 말이기 때문입니다" 라는 말에 제시되어 있다. 이 비판은 "천지 만물의 이치는, 홀로인 것[獨]이 없고 반드시 짝[對]이 있다는 것이다"[96]는 관점에서, "본성은 선과 악으로 규정할 수 없다"는 것, 혹은 "선은 악과 대립되는 것이 아니다"(善不與惡對)라는 명제를 비판하는 것이다. 호굉을 이어 받아 본성은 선과 악, 참(眞)과 거짓(妄), 고요함(靜)과 움직임(動) 같은 짝을 이루는 개념으로 정의할 수 없다고 하는 호실(胡實, 자는 廣仲, 호굉의 아들)을, 후에 주희는 다음과 같이 비판한다.

> 선과 악, 참과 거짓, 고요함과 움직임은, 하나가 먼저이면 다른 하나는 나중이며, 하나가 이것이면 다른 하나는 저것이니, 모두 그 상대의 짝을 기다려서 [對待] 규정되는 것이다. '악'과 짝이 되지 않는 것이면 '선'이라 이름지을 수 없고, '움직임'(動)과 짝이 되지 않는 것이면 '고요함'(靜)이라 이름지을 수 없고, 이미 '거짓'도 아니고 '참'도 아니라면 지칭할 수 있는 아무런 것도 없게 된다. … 무릇 상대가 있는(對待) 개념들은 모두 본성을 규정할 수 없고, 오직 그런 상대적인 (개념인 '선(善)'과 '고요함(靜)'을) 초월하여, 따로 상대가 없는(無對) 절대적인 '선'과 '고요함'이라는 개념만으로 인

96) 『어류』 95-65 (p 25-26) "天地萬物之理, 無獨必有對." 이는 본래 『유서』 11-46에 나오는 정호의 말이다. (『근사록』 1-25에도 수록되어 있다.)

간의 타고난 본성(天性)의 오묘함을 형용할 수 있다고 하니, 이는 또한 이상하지 아니한가![97]

자신이 존재하기 위해서는 정반대되는 상대자를 필요로 한다는 것을 '대대(對待)'의 논리라고 한다. 대(對)는 상대, 짝을 말한다. 여기에서 선과 악, 진(眞)과 망(妄), 동(動)과 정(靜)은 모두 서로 짝이 되어 서로를 존재하게 해 주는 것이다. 이 둘은 서로 모순되는 것이라고 보아야, '악'이 있으므로 '선'이 있다는 주희의 말이 이해될 수 있다. 일반적으로 형식 논리학에서는 모순되는 것은 공존할 수 없다고 한다. 그러나 이 대대(對待)의 논리는 모순되므로 공존한다고 하는 것이다. (대대의 논리는 음-양의 관계를 설명해 주는 기본 도식이다.)

호굉처럼 상대가 없는[無對] 절대의 측면으로 나가면, 상대가 있는[對待] 것이 본질인 현상계를 거부하고, 무대(無待)인 무명(無名)이나 공(空)을 주장한 노장(老莊)과 불교에 접근하게 된다. 이것은 주희가 호굉의 학설을 불교의 지각설(知覺說)과 같은 것으로 본 것과 일치하는 것이다. 현상 사물은 모두 상대가 있다[對待]는 논법은 노자가 최초로 말한 것이다. 이름(名)이란 대대(對待)하는 것에만 붙여지는 것이다. 즉 예컨대 '선'과 '선 아닌 것'이 서로 구별되어야 '선'이라는 말이 성립한다. 노자는 무대(無待)의 논리로 유가 묵가의 이론(名)을 부정하고, 무명론(無名論)을 주장한다. 무대(無待)나 대대(對待)라는 말은 『장자』에 그대로 나오는 말이다. 불교에서 말하는 공(空)도 결국은 그런 상대성을 초월한 절대의 세계를 말한다.

---

97) 『문집』 75-29 (p 30-31) "善惡也, 眞妄也, 動靜也, 一先一後, 一彼一此, 皆以對待而得名者也. 不與惡對, 則不名爲善; 不與動對, 則不名爲靜; 旣非妄, 又非眞, 則亦無物之可指矣. … 凡有對待, 皆不可以言性, 而對待之外, 別有無對之善與靜焉, 然後可以形容天性之妙, 不亦異乎!"

이런 식으로 상대적인 것들[對待]을 회피하는 것은, 결국 우리가 살아야 하며 이념을 실현해야 할 현상 세계를 부정하는 것이 되고, 그래서 그런 논리는 본성을 뾰족하게 기울어진 것(尖斜物)으로 만들어 버린다.[98] 뾰족하고 기울어진 것이라고 하는 이유는, 악과 반대되지 않는 '선' 하나만을 가지고 본성을 정의하기 때문이다. 이상의 비판에서 드러나는 것은, 주체인 '나'의 자각과 더불어, 이발의 마음을 질서 지워 주는 미발의 리(理)를 어느 정도 자각하기 시작했다는 점이다.

(2) 제4서 - 자아의 갈등(思慮紛擾)과 편안한 집으로서 인(仁)

① 제4서 (『문집』 32-3)의 구조

㉠ 처음부터 以卜是否까지 ; 자신의 이전 이론의 반성 ; 한 곳이 막혀 모든 곳이 안 통함.

㉡ 大抵日前所見에서 而自覺殊無立脚下工夫處까지 ; 이전에는 大本의 그림자만 보아서, '致中和', '求仁'을 몰라서 立脚點이 없었음.

㉢ 蓋只見得箇에서 而不知其所自來也까지 ; 已發의 心體 이론의 문제점 ; 마음이 흘러갈 뿐, 寬裕 雍容한 氣象이 없었음.

㉣ 而今而後乃知에서 亦可笑矣까지 ; 已發 心體 이론에 대한 代案 ; 安宅으로서의 마음이 著身處임.

㉤『正蒙』可疑處에서 是皆一病而已까지 ; 이 깨달음에 근거한 先

---

98)『어류』95-65 (p26) "胡氏謂'善不如惡對' 惡是反善, 如仁與不仁, 如何不可對? 若不相對, 覺說得天下事都尖斜了, 沒箇是處." 또한『어류』95-39 (p 16) 問"胡氏說'性不可以善惡名', 似只要形容得性如此之大." 曰"不是要形容, 只是見不明. 若見得明, 則自不如此. 敬夫[張栻]向亦執此說. 嘗語之云, '凡物皆有待, 今乃欲作尖斜物, 何故?' 程先生論性, 只云 '性卽理也', 豈不是見得明?"『어류』94-43, 問 "南軒云'太極之體至靜' 如何?" 曰"不是." 問"又云'所謂至靜者, 貫乎已發未發而言', 如何?" 曰"如此, 則却成一不正當尖斜太極!"

賢 비판 ; 張載의 『正蒙』의 문제점.

ⓑ 復見天地之心說에서 끝까지 ; 이 깨달음에 근거하여 復其見天地之心說에 대해서 새롭게 이해함.

② 중화 구설의 문제점 - 사자와 같은 기상

제1, 2서에서 말한 방왕방래(方往方來)하는 이발의 마음 이론이나, 3서에서 말한 천기(天機)이며 활물(活物)인 마음 이론에 대해서 이 편지는 첫머리에서 문제를 제기한다. (㉠ 부분)

> 자세히 가르쳐 주신 몇 조목이 처음에는 의심하지 않을 수 없었습니다. 그러나 좀 더 생각하면, 어떤 것은 의심스럽고 어떤 것은 믿을 만하여, 서로 통하지 않습니다. 근래에 깊이 생각해 보니, 다만 **한 곳이 뚫리지 않아서** 닿는 곳마다 다 막힙니다. 비록 혹 생각하여 억지로 통하려 해도 끝내 관통하지 못함을 알았습니다.[99]

한 곳이 막혀서 이론적인 일관성이 이루어지지 않았다는 말이다. 그가 말하는 통하지 못하는 '한 곳'은 무엇인가? 그것을 ㉡ 부분에서는 다음과 같이 말한다.

> 몇 번의 편지에서 진술한 것은 다만 흐리멍덩하게 큰 근본(大本)과 보편적인 도(達道)의 그림자만 보고, 곧 붙잡아 옳은 것이라고 생각한 것입니다. 오히려 '중용과 조화를 이룬다(致中和)'는 한 구절은 전혀 생각하지도 못했습니다. 그래서 누차 '인(仁)을 체득하는 공부'가 급하다는 깨우침을 받았지만 특히 **발을 딛고 공부할** 곳이 없음을 스스로 깨달았습니다.[100]

---

99) 『문집』 32-3 "誨諭曲折數條, 始皆不能無疑. 旣而思之, 則或疑或信, 而不能相通. 近深思之, 乃知只是一處不透, 所以觸處窒碍. 雖或考索彊通, 終是不該貫."

100) 앞의 글 "大抵日前所見, 累書所陳者, 只是儱侗地見得箇 大本達道 底影象, 便執認以爲是了. 却於'致中和'一句, 全不曾入思議. 所以累蒙敎告 以求仁之爲急, 而自覺殊無立脚下工夫處."

앞서 말한 "본성이 본체이고 마음은 그 작용이다(性體心用)"의 깨달음은 큰 근본(大本; 中)과 보편적인 도(達道 ; 和)의 그림자를 본 것에 불과하다는 것, 다시 말해서 마음의 중용과 조화를 이루는 공부나 인(仁)을 체득하는 공부를 할 발판(立脚點)을 그 이론에서는 발견하지 못했고, 바로 그 점이 '통하지 못하는 한 곳'이다. 왜냐하면

> 다만 하나의 곧바로 뚫고 나가는 근원[마음]이 연못을 기울이고 바다를 뒤엎는 듯한 기상만을 보았기 때문에, 하루 중에 자신이 커다란 변화들(大化; 마음의 흐름)에 떠밀려 다녀, 마치 드넓은 파도와 거대한 물결 가운데 마음이 잠시라도 정박할 수 없음을 깨달을 뿐이었습니다.101) (편지의 ㉢ 부분)

연못을 기울이고 바다를 뒤엎으면 아무도 그 물이 쏟아져 나옴을 막을 수 없듯이 미발의 마음이 이발의 마음으로 끊임없이 나와서, 드넓은 파도와 거대한 물결처럼 출렁거릴 때, 사유와 행위의 주체인 '나'는 그 물결과 그 파도 위의 배처럼 정박할 곳, 혹은 근거할 곳을 찾을 수 없게 된다. "본성이 본체이고 마음은 그 작용이다(性體心用)" 라는 설에 의하면, 미발의 본성은 포착할 수 없는 어떤 것이므로 '주체'가 될 수 없고, 이발의 마음은 끊임없이 흘러가는 것이므로 주체[혹은 '나']를 어디에다 근거시켜야 하는지가 문제가 된다. 일단 이 '나'가 확립되고 난 뒤에라야 중용과 조화를 이루는 공부나 인(仁)을 체득하는 공부도 가능할 것이다.

이어서 주희는 ㉢ 부분에서 계속하여 말하기를

> 대개 본 것이 한결같이 이러하므로 일을 처리하고 사람을 대함에 있어서 다만 **거칠게 밀어 붙이는 용기와 과단성**은 전보다 배로 늘었으나, 여유 있고 온화한 기운은 대략 털끝만큼도 없으니, 비록 몰래 고민을 해도 그 유래한 곳을 알지 못했습니다.102)

---

101) 앞의 글 "蓋只見得箇直截根源, 傾湫倒海底氣象. 日間 但覺 爲大化所驅, 如在洪濤巨浪之中, 不容少頃停泊."

‘거칠게 밀어 붙이는 용기와 과단성’은 “마음이 드러나는 싹을 살피자(察識端倪)”는 설에 특징적이다. 제나라의 선왕이 도살장에 끌려가는 소를 보고 차마 하지 못하는 마음을 느끼듯이, 일에서 어쩌다가 드러나는 양심의 싹을 살펴서 보존 확충하는 것은 그저 가만히 해서는 안 되고 불굴의 용기와 신념을 가지고 그 싹을 지키며 보존 확충해야 한다. 왜냐하면 넓은 파도와 거대한 물결처럼 밀려드는 이발의 마음, 즉 물욕과 사욕의 와중에서 그 싹을 지키고 그 욕망을 막아내는 것은, 예컨대 지칠 대로 지쳐있을 때 치열하게 몰려드는 졸음을 쫓는 것과 같아서 용기와 과단성이 없어서는 안 된다.

후에 주희는 ‘거칠게 밀어 붙이는 용기와 과단성’과 ‘여유 있고 온화한 기운’의 대비를, 다음과 같은 왕일휴(王日休)의 『맹자』 해석을 통해서 설명하고 있다. 왕일휴는 “기린은 달리는 짐승의 무리이지만, 그 무리에서 뛰어난 것이다”(麒麟之於走獸, 「공손추」 상2)를 특이하게 해석한다.

> 잠깐 왕일휴의 맹자 해석을 보니 ‘기린이란 사자이다’라고 한다. 인(仁)은 본래 (기린의 성격처럼) 측은히 여기는 따뜻하고 두터운 것(마음)인데, 오히려 그들에 의하여 “허공을 날아올라 험한 곳을 넘어 가며, 눈을 부릅뜨고 쏘듯이 보는 것”이라 말해지니, 오히려 기린을 사자라 하여, 백수를 집어 삼킬 듯이 엎드려 있는 모습이 있다고 하는 것 같다. (이는) 대개 지각(知覺)의 이론 때문에 일어나는 것이다.[103]

102) 앞의 글 “蓋其所見, 一向如是, 以故應事接物處, 但覺粗厲勇果, 增倍於前, 而寬裕雍容之氣, 略無毫髮, 雖竊病之, 而不知其所自來也.”

103) 『어류』 6-120 (p 27) “湖南學者 說仁, 舊來都是深空, 說出一片. 頃見王日休解孟子, 云‘麒麟者 獅子也’ 仁本是惻隱溫厚底物事, 却被他們說得, 擡虛打險, 瞠眉努眼, 却似說麒麟做獅子, 有吞伏百獸之狀. 蓋自知覺之說起之.” (잔주; 麒麟 不食生肉, 不踐生草. 獅子 則百獸聞之, 而腦裂.) 사자는 불교를 상징하는 동물이다. 붇다의 설법을 ‘사자의 울부짖음’(獅子吼)에 비유한다. 왕일휴의 이런 이론은 아마 선불교에서 영향을 받은 것 같다.

산 짐승의 살을 먹지 아니하고, 산 풀(生草)을 밟지 아니하는 기린은 매우 인후한 것인데, 오히려 모든 짐승이 그 이름을 듣기만 해도 머리가 찢어질 것 같이 두려운 사자와 같다고 하는 것은 지각(知覺; 살아 움직이는 마음)이 인(仁)이라 하는 호남학자의 설과 같다고 한다.[104] "그들은 지각을 인(仁)이라 하여 장대(長大)하여 두려운 것이라고 말한다."[105] 왜 지각이 장대하여 두려운 기상인가?

앞에서도 말했듯이 마음의 중용과 조화를 이루는 것(致中和)은 인(仁)을 체득하는 공부이고, 이는 바로 마음의 싹을 살피고, 보존하여 확충하는 공부이다.(致察, 存養) 그런데 '본성이 본체이고 마음은 그 작용이다'(性體心用)는 설에 따르면, 넓고 넓은 커다란 변화들(大化; 마음의 흐름)인 이발의 마음, 즉 물욕과 사욕의 와중에서 양심의 싹을 지키는 것이 **살핌**과 **보존 확충**이며, 이것은 항상 마음의 선한 싹을 살펴 키우는 생생한 의식, 즉 지각(知覺)에 의해 가능하다. 즉 그것은 이 선한 싹이 확충되어 '바야흐로 지나가고 바야흐로 오는'(方往方來) 우리의 마음이 모두 선한 것이 될 때 완성된다. 이러한 완성을 향해 나가는, 그리고 완성된 마음을 지각(知覺)[106]이라 한다. 마음의 선한 싹을 보존하여 악에 의해 질식되지 않기 위해서는, 항상 선악에 민감하게 자각하는 살아서 움직이는 마음[知覺]이 필요하며, 이것의 극치는 마음 그 자체가 항상 깨어있는 민감한 것(常惺惺)이 되는 것이다.[107] 이런 의식이 바로 장대하

104) 앞의 글 및 『어류』 26-71 (p 21-22)

105) 『어류』 26-71 (p 21) "湖南諸公, 以知覺做仁, 說得來長大可畏."

106) 정호는 이를 '살아서 뛰는 생생한(活潑潑地)' 의식이라 한다.(『유서』 3-1)

107) 사량좌는 경건함(敬)을 설명하여, "(유가의) 경건함은 항상 마음이 깨어있는 것(常惺惺)이고, (도가의) 마음을 깨끗이 함(心齋)은 일마다 다 놓아버리는 것(放下) 이니, 이치가 서로 같지 않다"(『上蔡語錄』 中35)고 한다. 이것을 설명하여, 주희는, "대저 배우고 묻는 것은 반드시 자신을 살피고 깨어나게 하는 것이어야 하니, 또한 서암(瑞巖) 스님처럼 하라! 그는 날마다 새벽에 항상 '주인장(즉 자기 자신)께서는 깨어있는가?' 라고 스스로 묻고, '깨어있네'라고 스스로 답했다"고 한다. (『어류』 12-15, 大抵學問須是警省. 且如瑞巖和尙

여 두려운 사자와 같은 기상을 가진 것이다.

③ 자아의 갈등과 편안한 집으로서 '나'

이와 같은 주장은 하나의 근본적인 문제를 내포하고 있다. 즉 주관의 갈등(思慮紛擾)의 문제이다. 항상 이일 저일에 직면하여 드러나고 또 드러나며 끊임없이 흘러가는 이 의식이, 어떤 일에서 당면해서 자신의 마음에서 양심의 싹을 살펴서 키운다는 것은 '주관의 갈등'을 의미한다.[108] 이럴 경우는 '살피는 나'와 '살펴지는 나'가 있다는 말이 된다. 이러한 '나'의 분열에 대하여 정자(程子)는 '생각이 어지럽게 들끓음'(思慮紛擾)이라고 한다. '살피는 나'가 지금 드러난 '나'의 마음이 선한 것인가 악한 것인가를 살피는 것은 '생각이 어지럽게 들끓음'에 불과하며, "이것은 마치 부서진 집에서 도둑을 막는 것과 같다. 동쪽에서 도둑 하나가 와서 아직 쫓아 내지 못할 때 서쪽에서 또 한 놈이 온다. 좌우 전후로 쫓는데 겨를이 없게 된다. … 이것은 또한 빈 그릇을 물속에 넣는 것과 같으니, 물은 자연히 들어오게 되어 있다."[109]

이와 같으므로 제 아무리 사자처럼 눈을 부릅뜨고 버티고 서서 마음의 악의 싹을 쏘아 보았자, 막는데 정신이 없을 것이다. 그러므로 거칠게 밀어 붙이는 용기와 과단성은 전보다 배로 늘어나도 마음 깊은 곳에서 나오는 **여유 있고 온화한 기상**은 털끝만큼도 없게 되며, "자신의 마음속이 어지러워 깊고 순일한 맛이 없으며, 그

每日間常自問: "主人翁惺惺否?" 又自答曰: "惺惺.")
사량좌가 말하는 '항상 마음이 깨어 있는 것'은 대개 瑞巖의 말에 근본하고 있다. 깨어 있다는 것은 마음이 선악에 민감하여, 어둡고 우매하지 않음을 말한다. 宇野哲人, 『中國 近世 儒學史』, 1954, 12장 2절 참조.

108) 이 문제는 『문집』 67-22 (p24-25) 「觀心說」에 자세하다. 뒤의 8장 5절, 335쪽 이하 참조.

109) 『유서』 1-41 "呂與叔嘗言, '思慮多, 不能驅除.' 曰 '此正如破屋中禦寇. 東面一人來, 未逐得, 西面又一人至矣. 前後左右, 驅逐不可 … 又如虛器入水, 水自然入.'"

말하는 것이나 행동하는 것이나 항상 급박하고 경솔하여, 온화하고 중후한 기풍이 없다."[110]

정자(程子)가 '생각이 어지럽게 들끓음'을 막는 길은 주체성('主')의 확립이라고 보았듯이,[111] 주희의 그 반성도 그를 '나'라는 것에 대한 생각으로 이끈다.

> 오늘 이후부터 나는 알았습니다 ; 넓고 넓은 커다란 변화들(大化; 마음의 흐름) 가운데 한 개인에게는 스스로 하나의 **편안한 집**(安宅)이 있습니다. (이 집이) 바로 그 스스로 '편안한 마음으로 자신의 운명 앞에 설 수 있는 곳'이며, ('나' 혹은 '내 마음'이라는) 주재하고 지각하는 곳입니다. 그것은 큰 근본을 세우고 보편적인 도를 행하는 핵심 축이니, 이른바 "본체와 현상은 하나의 근원을 가지고 있으며, 드러난 것[현상]과 은밀한 것[본체]은 서로 단절되어 있지 않다"는 것이 곧 여기에 있습니다. 이전의 '이발의 마음은 바야흐로 지나가고, 미발의 마음은 바야흐로 온다'는 설(方往方來之說)은 바로 손발만 바쁘고 어지러울 뿐, 몸을 둘 곳이 없는 것이었습니다. 진리는 가까운데, 먼 곳에서 구하여 이러한 것에까지 이르렀으니, 또한 우스운 짓을 했습니다.[112] (편지의 ㉣ 부분)

그는 **'커다란 변화(大化)'**라는 말로 이발의 마음을 비유한다. 그 가운데 한 개인이 편히 쉴 집이 있다는 것이다. 맹자는 인(仁)을 편안하고 넓은 집에 비유한다. "대저 사랑(仁)이란 하늘이 내려준 높은 벼슬이며, **사람의 편안한 집**(安宅)이다." "천하에 가장 **넓은 집**[仁]에서 살고, 천하에 가장 올바른 자리[禮]에 서며, 천하에 가장 큰 길[義]을 걸어가라!" "몸 둘 곳이 어디 있는가? 인(仁)이 바로 그

110) 『문집』 64-55 (p 37) "使人胸中擾擾, 無深潛純一之味, 而其發之言語 事爲之間, 亦常急迫浮露, 無復雍容深厚之風."

111) 『유서』 1-41 "盜固易入, 無緣作得主定. … 蓋中有主則實, 實則外患不能自入, 自然無事."

112) 『문집』 32-3 (p 5) "而今而後乃知; 浩浩大化之中, 一家自有一箇安宅. 正是自家安心立命, 主宰知覺處. 所以立大本, 行達道之樞要. 所謂'體用一源, 顯微無間'者, 乃在此. 而前方往方來之說, 正是手忙足亂, 無著身處. 道邇求遠, 乃至於是, 亦可笑矣."

것이다. 갈 길이 어디 있는가? 의(義)가 바로 그것이다!"[113] 주희는 맹자의 말에 따라 미발의 마음을 이 집으로 본다.

이 마음의 본체[미발의 마음]는 '나'의 체류 거점이다. 이에 따라 행위 하면 온갖 의혹과 번뇌가 사라지고, **마음이 편안해지며**(安心), 그렇게 행위 해서 나온 결과는 **하늘의 명령**(天命; 운명)으로 받아들일 수 있게 된다. 즉 편안한 마음으로 자신의 운명 앞에 설 수 있게 된다.(安心立命) 또한 이 마음의 본체는 나 자신의 행위를 **주재하는** 언제나 **깨어 있어 선악을 가리는 마음**(知覺)이다. 즉 사랑(仁)이라는 편안한 집[未發의 마음]은 안심입명(安心立命)과 주재(主宰) 지각(知覺)의 근거라는 말이다.

이처럼 마음은 살아있어 끊임없이 흘러가지만,(已發) 거기에는 '나'가 체류할 거점이며 주관인 '편안한 집'이 있다.(未發) 이 편안한 집으로서 사랑(仁)의 마음이 우리의 행위의 주체가 된다. 이발과 미발, 마음과 행위를 포괄하는 이 이론을 그는 정이의 『역전(易傳)』 서문에 나오는 유명한 구절인 "체용일원(體用一源), 현미무간(顯微無間)"과 같은 뜻이라고 본다. 미발의 마음[體, 微]과 이발의 마음[用, 顯]은 서로 떨어져 있지 않다는 말이다. 그리고 그 이전의 방왕방래(方往方來) 이론은 이발의 마음만 주목한 것이기 때문에 손발만 어지러울 뿐 몸둘 곳(著身處)이 없었다고 비판한다.

여기에서 그가 말하고자 하는 것은, 마음의 싹을 살피고 보존 함양하는 주체, 혹은 사유와 행동의 주체인 '나'[주재자]에 대한 자각이다. 이것을 그는 **커다란 변화**(大化; 已發) 가운데 한 개인이 **편히 쉴 수 있는 집**(安宅)이라고 한다. 이것은 그가 '마음'을 주체로서 '나'라고 보기 시작했다는 것, 그리고 마음은 순전히 드러난 상태

113) 『맹자』 「공손추」 상7, "夫仁, 天之尊爵也, 人之安宅也." ; 「등문공」 하2, "居天下之廣居, 立天下之正位, 行天下之大道." ; 「진심」 상33, "居惡在? 仁是也. 路惡在? 義是也."

(已發)만은 아닌 어떤 체류 거점[이른바 安宅]을 가지고 있다는 것, 즉 미발의 측면도 있다는 것을 명확하게 자각하기 시작했다는 것을 보여 준다.

그러나 이것은 한계가 있다. 이는, 제 1서 . 2서에서 보이는 호남학파의 이발 중심의 이론을 받아들이면서도, 큰 근본[未發의 마음]에의 복귀[復初]를 버리지 못했던 것이 뚜렷한 자각 없이 드러난 것이다. 그러므로 중화신설에서처럼 명확하게 마음은 미발과 이발을 포괄하는 것이라는 점을 확실히 하지는 못한 것이다.

④ 『정몽』 비판과 '되돌아옴에서 천지의 마음을 봄'

그는 이 깨달음을 가지고 그는 『정몽』에 대해서 몇 가지 비판적인 고찰을 한다. 그리고 『주역』 복(復) 괘에 나오는 "되돌아옴에서 천지의 마음을 본다(復其見天地之心)" 라는 명제에 대해서 새롭게 이해한다. 복(復) 괘의 그 명제는 자신의 새 깨달음[자아의 체류 거점, 행위의 주체인 '나'의 자각]을 확증하는 것이라고 그는 본다.

㈎ 「정성서」와 『정몽』 비판

장재의 『정몽』에 대해서 주희는 편지의 ㉤ 부분에서 다음 세 가지 문제점을 지적한다. 이 셋은 모두 같은 문제로서, 호남학파가 '사자(獅子)같은 기상'을 강조하는 것은 장재가 가진 '사려 분요'의 문제를 가졌기 때문이라는 것을 밝힌 것이다. (장재와 정호의 관계에서 대해서는 제6장 1절의 (2) "자아의 갈등과 분열의 문제" - 191쪽 이하를 볼 것.)

> 『정몽』의 의심스러운 곳은 제가 보건대, 또한 다만 하나의 잘못입니다. 예컨대 (a) (장재가) 마음을 고요하게 하려 했던 것[定性]은 바깥 사물에 그 마음이 얽매이지 않으려 하는 것이고, (b) 지극히 고요한 것(至靜; 미발의 마음)

을 논하면서, 의식의 흐름[識]과 인식[知]을 일시적인 감각[客感]이라 하고, (c) 성인(聖人)은, (남이 그에게) 물을 때, 비로소 앎을 가지게 된다고 말합니다. 이것들은 모두 똑 같은 병폐를 가질 뿐입니다.114) (편지의 ㉤ 부분)

(이하에서는 위의 인용문의 (a) (b) (c)를 설명한다.)

(a) 여기에서 '마음을 고요하게 하는 것'[定性]은 「정성서(定性書)」에서 다루는 문제이다. 장재가 정호에게 "마음(性)을 차분하고 고요하게 하려 하나, 마음이 움직이지 않게 할 수 없을 뿐만 아니라 오히려 외부 사물에 얽매이게 된다"고 자신의 문제를 호소한다.115) 장재는 고요하고 차분한 마음을 가지려고 노력했다. 고요하고 차분한 마음[靜]은 미발의 마음이다. 이 마음이 있어야 바른 행위를 할 수 있다. 마음을 고요하고 차분하게 만들기 위해서는 우선 이 마음이 바깥 사물과 접촉하지 않게 해야 한다고 그는 생각했다. 그러나 바깥 사물을 생각하지 않으려 하면 할수록 오히려 마음은 더 그 사물에 얽매이고, 차분함도 고요함도 없었다는 것이다. 이것이 이른바 '생각이 어지럽게 일어나 들끓음'(思慮 紛擾)이다.

이에 대하여 정호는 다음과 같이 답한다. 바깥 사물과 접촉하고 반응하는 것[즉 감각하고 사유하는 것]은 마음의 본래의 기능이다. 따라서 외부 사물과의 접촉은 끊을 수 없으며, 끊으려 하면 오히려 생각이 들끓게 되는 것은 당연한 것이다. 그렇게 끊으려 하지 말고, 세상일이 닥쳐오면 그것에 접촉하여 올바로 처리하라고 한다. 그럴 때도 마음의 밑바탕[즉 未發]은 고요하다는 것이다. 즉 "마음이 움직일 때도 마음의 바탕은 고요하고, 마음이 안 움직일 때도 그 바탕은 고요한 것(動亦定 靜亦定)"이다. 장재는 마음의 본체를 '텅

114) 문집』 32-3 (p 5) "『正蒙』可疑處, 以熹觀之, 亦只是一病. 如定性, 則欲其不累於外物; 論至靜, 則以識知爲客感; 語聖人, 則以爲因問而後有知. 是皆一病而已."

115) 『明道文集』 권 3 「定性書」 "定性, 未能不動, 猶累於外物."

빈 것(太虛; 理와 같은 규정이 없는 것)'으로 생각하므로 이런 문제가 생긴다. 이에 비하여 정호는 마음의 본체를 리(理)로 본다. 따라서 올바로 처리하는 것, 즉 리에 맞게 처리하는 것을 말한다.

(b)에서 말한 '지극히 고요한 것(至靜)'은 『정몽』에서 나오는 다음 구절을 가리킨다.

> 지극히 텅빈 것[太虛]은 아무런 형체도 없으나 기의 본체이다. 그 모이고 흩어지는 것은 변화 속의 일시적인 형체이다. **지극히 고요한 것**(至靜; 마음의 본체)은 움직임[感]이 없으나, 본성의 깊은 근원이다. 그 의식이 흐르고 그 지각함은 사물과 사귀는 일시적인 감각이다.[116]

장재에 따르면, 태허(太虛)는 아무런 형체도 없다.(無形) 그러나 그것은 기(氣)로 가득 차 있다. 그 기가 모여 굳어서 만물이 생겨난다. 모든 형체 있는 사물은 이 기가 모여서 생긴 것이다. 그 사물이 죽으면, 그 몸은 흩어져 버린다. 따라서 이 세상에서 생겨났다가 없어지는 것은 사물의 형체일 뿐이며, 태허의 기 자체는 생겨나거나 없어지지 않는다. 모이고 흩어지는 것은 사물의 일시적인 형체(客形)이며, 그 모이고 흩어지는 과정을 '변화'라고 한다.

천지자연의 본체인 태허와 대칭되는 지극히 고요한 것이 본체로서 인간에게 있다.[117] 장재는 인간의 마음의 본체를 지극히 고요한 것[至靜], 즉 깊고 고요한 샘[淵源] 같은 것으로 본다. 그것은 그 자체로는 움직여 작용함[感; 즉 發]이 없으나, 마음의 깊은 샘[근원]이 되어, 사물에 접하면 의식의 흐름[識]과 인식[知]이 있게 된다는 것이다. '일시적인 감각'(客感)이란, 우리가 바깥 사물과 접촉할 때 이 지극히 고요한 근원이 자극(感)을 받아서 생기는 감각을 말한다.

116) 『정몽』「大和」 2절 "太虛無形, 氣之本體; 其聚其散, 變化之客形爾. 至靜無感, 性之淵源; 有識有知, 物交之客感爾."

117) 장재의 天人合一論은 5장의 1절, 147쪽 이하 참조.

이는 마음의 본체를 수동적인 것으로 보는 것이다. 즉 그 자체로는 움직임이 없고, 외부 사물이 부딪쳐 왔을 때 비로소 의식의 흐름이 생기면서 감각 지각이 생긴다는 것이다. 이는 다음의 (c)에서 성인(聖人)의 마음을 종에다 비유하는 것과 같은 것이다. 종은 쳐야 소리가 나지 그 자체로는 소리가 나지 않는다. 마찬가지로 마음의 본체는 외부에서 자극[感]이 있어야 비로소 의식의 흐름과 인식 작용이 있게 된다는 것이다. 이것은 '본성이 본체이고 마음은 그 작용이다'(性體心用)는 설과 거의 같다.

(c) 마지막으로 성인을 말한 것은 『정몽』의 다음 구절을 가리킨다.

> 큰 종은 그 자체로는 소리가 없으나 두드리면 소리가 난다.
> 성인은 본래 앎이 없으나, 물으면 곧 앎이 있다.118)

선진(先秦) 시대부터 유가에서는 군자를 종에 비유했다. "군자는 겸손하여 언제나 기다린다. 남이 물으면 말을 하고, 묻지 않으면 가만 있는다. 비유컨대 치면 울리고 치지 않으면 울지 않는 종과 같다." (『묵자』「公孟」 1) 또한 공자가 말하기를 "나에게 앎이 있는가? 앎은 없다. 그러나 낮은 사나이가 나에게 물어 보는데, (그가 그 내용에 대하여) 아무 것도 모르면, 그것을 처음부터 끝까지 철저하게 밝혀 준다." (『논어』「자한」7)

장재는 이 두 비유를 끌어들여서 자신의 마음 이론을 설명한다. 지극히 고요한 미발의 본성은 (b) 에서는 깊은 연못[淵源]에 비유되고, 여기에서는 큰 종에 비유되고 있다. 이는 외부 사물이 우리에게 부딪쳐 와야 의식과 지식이 성립한다는 것을 비유한 것이다. 이는 기론자

118) 『정몽』「中正」 52, "洪鍾未嘗有聲, 由扣乃有聲; 聖人未嘗有知, 由問乃有知."

(氣論者)로서는 당연히 가지는 생각일 것이다. 이것은 (b) 에서 말한 '지극히 고요한 것'(至靜)과 '일시적인 감각'(客感)의 관계에서 보이는 사람의 마음의 수동성을 다른 비유를 통하여 말한 것이다.

이상의 세 가지는 공통적으로 마음의 본래 상태[未發]와 드러난 상태[已發]의 관계를 규정한 것이다. '고요한 마음(定性), 지극히 고요한 것(至靜), 성인의 마음'은 미발인 마음의 본체를 가리킨다. 이 세 가지 예를 통하여 장재는 마음의 본체는 능동적인 주체성[主宰]을 가진 것이 아니라, 바깥 사물에 의하여 작동되는 수동적인 것임을 말하고 있다. (이는 호남학의 찰식 단예설의 근거일 것이다.)

이것은 주희 스스로 비판한 제1 . 2 서신에서 자신의 입장과 같은 것이다. 장재는 기론자(氣論者)로서 인간의 마음에서 기(氣) 이외의 어떤 요소를 인정하지 않는다. 그래서 그는 인간의 마음에 대하여, 고요한 상태, 즉 태허(太虛)라는 말 이상을 할 수 없다. 이 고요한 상태는 바깥 사물의 자극을 기다리는 것일 뿐이다. 따라서 위의 세 가지 예에서 볼 수 있듯이 주체로서 '나'를 상정하지 못한다. 그래서 모두 하나의 병폐를 가진다.

반면 주희는 이 제4 서신에서 마음의 체류 거점으로서 '편안한 집'을 발견한다. 그리고 그 이전에 이발(已發) 중심의 이론은 장재의 심성론이 가진 병폐가 있다고 생각한다. 장재는 마음의 고요한 상태만 말했을 뿐, 마음의 주체를 상정하지 못했다. 반면 정호는 미발의 마음에 보존되어 있는 리(理)를 말한다. 정씨 형제는 마음의 본체는 리이며, 인간은 이 리에 따라 살아야 한다고 한다. 이 리는 인간의 마음의 본체, 즉 이성 혹은 양심의 근원이다. 따라서 이럴 경우 인간은 매우 능동적이고 주체적인 인간이 된다. 중화신설에서 주희는 이 노선을 따른다.

㈏ 되돌아옴에서 천지의 마음을 봄

둘째로, 편지의 ⓑ 부분에 나오는 "되돌아옴에서 천지의 마음을 본다"(復其見天地之心)는 명제에 대한 새로운 이해이다. 이 명제는 『주역』 복(復; 되돌아 옴) 괘에 나온다. 복 괘는 다섯 개의 음효(陰爻) 아래에 하나의 양효(陽爻)가 있는 것이다. 다섯 음효는 겨울의 추위를 상징하고, 맨 아래의 한 양효는 그 한 겨울의 추위 속에서도 움트는 생명의 싹을 의미한다. 즉 음(陰)이 극치일 때, 반드시 양(陽)의 기운이 **다시 되돌아 온다**(復)는 것을 말한다.[119] 복 괘의 맨 아래로 이 한 양효가 되돌아옴에서 천지의 마음을 볼 수 있듯이, 주희는 우리의 마음을 볼 수 있다고 한다. 그 양효는 '편안한 집'으로서 자아의 체류 거점이며 주체성이라고 본다. 즉 미발의 마음으로 본 것이다.

> 내가 생각하기로는, 천지자연은 만물을 낳는 것(生)을 그 마음으로 삼습니다. 비록 기(氣)에는 열리고 닫힘이 있고, 사물에는 차고 비는 것이 있으나, 천지의 마음은 예로부터 지금까지 털끝만큼이라도 끊어져 연속되지 않은 적이 없습니다. 그러므로 양(陽)이 바깥에서 극을 이루면 **되돌아 와서**(復) 안에서 생겨납니다. 성인(공자)은 이에서 천지의 마음을 볼 수 있다고 생각했습니다. 대개 그 돌아오는 것(復)은 기이고, **그 돌아오는 까닭**(所以復者)은 곧 그 근원이 있습니다. 천지의 마음이 끊임없이 낳고 변화시키지 않으면, 양(陽)은 극한 상황에서 일단 끊겨서 다시 계속되지 않을 것입니다. 그러니 어떻게 그 음의 안에서 양이 다시 생겨나서, 열리고 닫힘의 변화가 끝이 없을 수 있겠습니까? [120]

---

119) 복 괘는 동짓날의 상황을 의미한다고 한다. 이를 소옹은 「동지음(冬至吟)」에서 이렇게 말한다. "冬至子之半, 天心無改移. 一陽初動處, 萬物未生時. 玄酒味方淡, 大音聲正希. 此言如不信, 更請問包羲!" 추위의 극한에서 하나의 陽이 싹 터 오므로 이 날은 성문을 닫고 장사꾼이나 길손이 오고가지 못하게 한다고. (복괘) 또한 『유서』 18-83 참조.

120) 『문집』 32-3 (p 5-6) "復見天地心之說, 熹則以爲天地以生物爲心者也. 雖氣有闔闢, 物有盈虛, 而天地之心 則亘古亘今 未始有毫釐之間斷也. 故陽極於外而復生於內, 聖人以爲於此可以見天地之心焉. 蓋其復者, 氣也. 其所以復者, 則有自來矣. 向非天地

정호에 의하면, '천지자연이 만물을 낳는 마음'(天地生物之心)은 바로 인(仁; 사랑)이다. 모든 것을 죽이지 않고 살리려는 것은 사랑의 극치이다. 천지는 끊임없이 움직인다. 이 움직임은 만물을 낳는 것이다. 따라서 천지의 움직임은 인(仁) 그 자체이다. 이 천지의 움직임은 구체적으로는 기(氣)의 열리고 닫히는 운동으로 드러난다.

사물의 변화는 기가 모여 그 사물로 형성되어 가는 과정과, 그 사물이 노쇠하여 기가 흩어지면서 그 사물이 소멸되는 과정, 이 둘로 이루어져 있다. 기가 모이는 과정을 '열림(開)', '차는 것(盈)'이라 한다. 흩어지는 과정을 '닫힘(闔)', '비는 것(虛)'이라 한다. 하늘과 땅 사이의 모든 사물은 영원한 것이 없고, 이런 변화 과정 속에 있다. 그러나 이런 변화를 일으키는 것이 그 배후에 있다. 그것을 천지의 마음이라 한다. (즉 천지 자연은 만물을 낳는 것을 마음으로 삼는다.) 모든 사물은 생성 소멸하나 천지의 마음은 예로부터 지금까지 잠시라도 끊긴 적이 없이 영원히 존재한다.

가을에서 겨울이 됨에 따라, 점점 더위[陽]는 소멸되고 추위[陰]가 늘어난다. 동지 날이 되면, 추위의 극치이고, 따뜻함[陽]은 전혀 없는 것 같다. 그러나 이러한 극한 상황이므로 양(陽)은 **돌아와서** 다시 생겨난다는 것이다. 이렇게 다시 돌아온 것은 양의 기운이다. 그런데 이렇게 돌아오게 하는 것(所以復者)은 곧 천지지심(天地之心)이라는 것이다. 이 마음이 없으면 하지 때에는 음의 기운이 끊기게 될 것이다. 결국 자연의 변화 [닫히고 열림]는 있을 수 없게 된다는 말이다.

여기에서 주희는 이 세상의 변화인 기의 열리고 닫힘, 사물이 차고 비는 것[復者]과 그것들이 그렇게 하게 하는 것[所以復者]인 천지의 마음을 대비시키면서, '천지자연은 만물을 낳는 것을 그 마음으

之心, 生生不息, 則陽之極也一絶而不復續矣. 尙何以復生於內, 而爲闔闢之無窮乎?"

로 삼는 자'라는 것에 새로운 이해를 가진다. 천지의 마음은 만물을 낳으려 하는 것이다. 만물을 낳는다는 것은 자연의 변화를 말한다. 자연의 변화란 음과 양, 동(動)과 정(靜)이 서로 교대하는 것을 말한다. 천지의 마음은 그것들이 교대할 때, 그 사이를 연결해 주는 것이다. 앞의 복 괘에서 말한 동짓날의 상황이 바로 그런 것이다.

이 천지(天地)의 마음을 주희는 인간의 미발의 마음과 같은 것으로 보고 있다. 천지의 마음은 음과 양이 교대하는 것을 이어주는[所以復者] 적극적인 역할을 가진다. 그렇듯이 미발도, 장식이 말하는 것처럼, 단지 아직 드러나지(發) 않은 어떤 것[무규정자]으로 축소될 수 있는 것이 아니다. 그러므로 장식이 말한 마음의 **움직임의 싹**[動之'端']이라는 것은 곧 "복 괘에서 하나의 양(陽)이 움직이게 하는 것[天地之心]이며, 한갓 그 하나의 양의 움직임만을 가리켜서 말하는 것은 아니다."121)

주체[主宰者]로서 '나'의 자각은 미발에 대한 이러한 재평가를 가져오며, 나아가 이통이 주희에게 함양하라고 일러 주었던 밤의 차분한 기운(夜氣)에 대해서도 적극적으로 평가한다.

> 밤의 차분한 기운은 본래 천지의 마음이라고 할 수는 없지만, 그러나 그것은 바로 마음의 기가 회복하는 곳이다. 진실로 그 원인을 찾아 (자신을 되돌아) 본다면, 또한 천지의 마음을 볼 수 있다. 122)

밤의 차분한 기운을 되찾는 것이 기를 회복하는 것이라면, 결국 미발의 마음을 함양하는 것이 가능하다는 말이 될 수도 있다. 여기에서 그는 가능성을 말하며 앞의 제 1서, 2서에서 미발의 마음의

---

121) 앞의 글 "此則所論'動之端'者, 乃一陽之所以動, 非徒指夫一陽之已動者而爲言也." 여기에서 動은 發과 비슷한 의미이다.

122) 앞의 글 "夜氣 固未可謂之天地心. 然正是氣之復處. 苟求其故, 則亦可以見天地之心矣."

함양을 배격했던 것을 재고하기 시작한다.

이상의 비판에서 드러나는 것은, 주체인 '나'의 자각과 더불어, 이발의 마음을 질서 지워 주는 미발의 리(理)를 어느 정도 자각하기 시작했다는 점이다. 그러나 이것은 명료히 체계화되지 못한 채 호남학파의 '본성이 본체이고 마음은 그 작용이다'(性體心用), '마음이 드러나는 싹을 살피고 보존하여 기르라'(察識存養)는 설과 혼합되어 있다. 이것을 명료하게 정리한 것이 중화신설이다.

4. 중화 신설

주희가 36세에 장식을 만나고 그 뒤 37-38 세 때까지 그와 토론하면서 이른바 중화 구설을 구성한다. 이러한 토론 과정에서 그는 이 중용과 조화, 혹은 미발과 이발의 문제를 명확히 해명하기 위해서는 두 정씨의 사상을 연구할 필요가 있음을 절실히 느끼고, 39 세 때 『하남정씨유서(河南程氏遺書)』의 편찬을 완료한다. 그리고 40 세의 봄에 친구 채원정(蔡元定)과 미발을 논하다 갑자기 자신의 이론[중화 구설]을 의심한다. 그 뒤 다시 정이의 글을 읽고 얼음이 녹듯이 의문이 풀리면서 중화의 문제에 대하여 깨닫게 된다. 이것을 중화 신설(中和 新說)이라고 한다. 이것은 그 뒤 그의 주요한 사상 - 인(仁) 태극(太極) 리기(理氣) 격물치지(格物致知) 심성론(心性論) 등의 핵심을 이루는 것이다.

1) 중화 신설의 이해 과정

「중화구설서(中和舊說序)」에 의하면 그는 중화 구설을 구성하고

난 뒤에, 이 이론을 가지고 "틈틈이 사람들에게 설명했으나 깊이 깨닫는 자를 보지 못했다. 건도(乾道) 을축(乙丑) 년 (1169년, 40세) 봄에 친구 채원정과 이야기하며 묻고 따질 때 나는 갑자기 (내 이론을) 스스로 의심하기 시작했다. 이 이치 [중화 구설]는 비록 내가 혼자 속으로 깨달은 것이지만, 또한 남에게 일러 주지 못할 것도 없다. 그런데 이제 그것을 분석해 보면 이처럼 어지럽게 얽혀서 환히 알기가 어렵고, 들어 보면 이처럼 어둡고 갈피를 못 잡아서 깨닫기가 어렵다. 생각 컨데 하늘과 땅의 쉽고 간결한 이치는 사람들이 마음으로 다 받아들이는 것으로, 거의 나의 이 이론과 같지 않다."[1]

하늘과 땅의 큰 이치일수록 쉽고 간결하여 사람들이 쉽게 다 똑같이 받아들이는데, 자신의 이론은 남에게 설명하고 설득할수록 복잡하게 얽혀 들어가서 갈피를 잡을 수 없게 되므로 뭔가 잘못되었다는 것을 그는 반성한다. 그리고 중화 구설을 구성하면서 그 이론과 맞지 않는 정이의 말은 다 "그가 젊었을 때 지은 (서투른) 이론이거나 (그 제자들이) 잘못 전한 것"[2] 이라고 치부했던 자만심을 반성하고 "다시 정씨의 글을 가지고, 마음을 비우고 심기를 편안히 하여, 천천히 읽어 보았다. 몇 줄을 내려가지 않아서 언 것이 풀리고 얼음이 녹듯이, 막힌 것이 풀렸다. 그런 뒤에 마음의 본래 모습과 성현의 미묘한 말씀이 평탄하고 바르며 명백함이 이와 같음을 알았고, 그리고 전에 책을 읽은 것이 정밀하지 못해서, 멋대로 만들어 내고 억지로 천착하여, 무릇 신물 나게 고생하여 얻은 이론이 바로 족히 나 스스로를 잘못되게 했을 뿐이라는 것을 알았다."[3]

---

1) 『문집』 75-28 (p 29-30) "然聞以語人, 則未見有能深領會者. 乾道乙丑之春, 爲友人蔡季通言之, 問辨之際, 予忽自疑; 斯理也, 雖吾之所默識, 然亦未有不可以告人者. 今析之, 如此其紛糾而難明也, 聽之, 如此其冥迷而難喩也. 意者 乾坤易簡之理, 人心所同然者, 殆不如是."

2) 앞의 글 "雖程子之言, 有不合者, 亦直以爲 少作失傳, 而不之信也."

3) 앞의 글 "復取程氏書, 虛心平氣, 而徐讀之. 未及數行, 凍解氷釋. 然後知情性之本然,

설명할수록 복잡하고 혼미한 까닭은, 이발 중심의 이론과 미발에 근거한 이론이라는 정반대의 두 계기가 뒤섞여 있기 때문이다. 다시 말해서, 중화 구설에서 장식의 '성체심용(性體心用)'과 '선찰식(先察識) 후존양(後存養)'이라는 명제를 받아들이면서, 동시에 이런 미발의 영역을 규정하지 않는 이론과는 반대로 사유와 행위의 근거로서 '나'를 미발에 근거시키므로 미발의 영역을 확장시키는 이론이 뒤섞여 있기 때문이다. 몇 줄도 읽지 않아서 얼음이 녹듯이 깨달았다는 것은 무엇 때문인가? 그것은 미발과 이발의 관계를 심-성-정(心-性-情)이라는 세 개념을 중심으로 명쾌하게 파악하고, 특히 '마음'이란 어떤 것인가를 정확히 인식했기 때문이다. 이러한 것을 그는, "전날의 설은 '마음'과 '본성'의 개념을 규정하는 데만 잘못되었을 뿐 아니라 일상의 공부에도 전혀 핵심(本領)이 없었으니. 대개 잘못된 것은 비단 글을 잘못 읽고 이해한 것만은 아니다"[4] 라거나, "근래에 구설을 보니 어떠한 강령도 없었다. 그리하여 다시 몸소 살펴보니, 이 이치는 반드시 마음을 주로 하여 논하면, 본성의 능력(性情之德)과 (마음의) 알맞음과 조화로움의 묘함(中和之妙)[5]이 다 조리가 있게 되어 문란하지 않음을 알게 되었다"[6] 라고 한다. 이론에 있어서 마음을 중심으로 본성과 감정을 포괄함으로써 '강령'이 서게 되고, 실천 공부에서는 경건함(敬)을 중심으로 미발과 이발의 마음을 망라하므로 '본령'이 생기게 된 것,

---

聖賢之微旨, 其平正明白, 乃如此; 而前日讀之不詳, 妄生穿穴, 凡所辛苦而僅得之者, 適足以自誤而已."

4) 『문집』 64-55 (p 37) 「與湖南諸公 論中和 第一書」 "乃知 前日之說, 非惟心性之命名之不當, 而日用工夫, 全無本領, 蓋所失者, 不但文意之間而已."

5) 性情과 情性은 다른 말이다. 性情은 性을 의미하고, 情性은 情을 의미한다. 성리학자들은 이 둘을 구별해서 쓴다. 德은 일반적으로 두 의미가 있다.
(1) 능력 power (2) 특징 character. 그 능력을 발휘했을 때 가지는 특징이다.
妙란 비밀, 감추어진 진실을 의미한다고 볼 수 있다.

6) 『문집』 32-18 (p 32) 「答張欽夫」 "然比觀舊說, 却覺無甚綱領. 因復體察, 得見 此理須以心爲主而論之, 則性情之德, 中和之妙, 蓋有條而不紊矣."

이것이 중화 신설이다.

중화 신설이 나타나 있는 것은 문집 64-55 의 「여호남제공 논중화 제일서(與湖南諸公論中和第一書)」, 문집 67 의 「미발이발설(未發已發說)」, 「장자 양관설(程子養觀說)」, 『문집』 32-18 의 「답장경부(答張敬夫)」 등이 있다. 이것은 중용과 조화, 혹은 마음 본성 감성(心 性 情)의 문제를 정면으로 다룬 것이고, 그밖에 구설에서 신설로 오는 시기에 오고 간 많은 다른 편지들이 있다. 이상의 것들을 중심으로 중화 신설을 설명해 보자.

2) 중화 신설의 마음 이론

"이전의 설은 마음과 본성의 개념 규정이 부당할 뿐만 아니라, 일상의 공부에도 전혀 본령이 없었다"[7] 는 술회처럼, 그는 중화 신설을 통해 이론과 실천의 양 측면에서 새로운 것을 내 놓는다.

그는 본성과 마음을 미발과 이발에 귀속시켰던 구설(性體心用 이론)에서 벗어나, 본성(性) 마음(心)이라는 구조에 '정(情)'이라는 개념을 도입하여 마음과 본성의 관계를 새롭게 정립한다. 즉 '정(情)' 개념을 도입함으로써 마음('나')의 구조를 명확하게 파악한 것이다.

그는 구설에서, "사람이 태어나면 바로 인식 능력[知識]이 있게 된다. (이 마음은 바깥) 사물과 일이 번갈아 접촉해 옴에, 응하고 접하기에 겨를이 없어 순간순간 변하고 바뀌니, 죽음에 이르러서야 그친다. 그 사이에는 처음부터 잠시라도 멈추거나 쉼이 없다"[8] 고 하여 마음을 모두 이발(已發)로 보았다. 또한 정이도 "마음이란

---

7) 『문집』 64-55 (p 37) 「與湖南諸公論中和第一書」 "乃知 前日之說, 非惟心性之命名之不當, 而日用工夫, 全無本領."

8) 『문집』 30-14 (p 24) 「與張欽夫」 "人自有生, 卽有知識. 事物交來, 應接不暇, 念念遷革, 以至於死. 其間初無停息, 擧世皆然也."

모두 이미 드러나 움직이는 것(已發)을 가리켜서 말한다" 라고 하는 것을 보고, 드디어 본성은 미발, 마음은 이발이라고 생각하게 되었다고 술회한다. 그러나 이것과 맞지 않는 정이의 말들이 너무 많았다는 것이다.[9)]

그래서 채원정과 논변하고 난 뒤에 자기 이론에 의문이 생겨서, 마음을 편안히 하고 정자(程子)의 글을 읽었다. 이 때 그는 아마 「여여대림 논중서(與呂大臨論中書)」를 본 것 같다. 이 글에 의하면, 정이가 "마음이란 모두 이미 드러나 움직이는 것(已發)을 가리켜서 말한다"고 하자, 여대림(呂大臨)이 반론하기를, "무릇 마음이라 하는 것은 다 이발(已發)의 상태를 가리켜서 말한다고 하면, 미발(未發)의 상태에는 마음이 없다고 해야 하는데 이것이 말이 되느냐"고 하자, 정이는 자신의 말이 온당치 않다고 시인하면서 "마음은 하나이다. 그러나 본체를 가리켜서 말한 것이 있고, 그 작용[현상]을 가리켜서 말한 것이 있으니, 오직 어떤 점을 보는가에 달려 있다"고 한다.[10)] 『이천문집』의 주석에 따르면, 본체를 가리켜 말한 것은 "(마음의 본체는) 고요하여 아무런 움직임도 없다"(寂然不動)는 것이며, 작용을 가리켜 말한 것은 "(그 마음이) 자극을 받아 드디어 천하의 모든 일에 반응하게 된다"(感而遂通天下之故)는 것이라고 한다. (이 두 구절은 『주역』 「계사」상 10에 나온다.)

주희가 "옛날에 내가 책을 읽은 것이 상세하지 않아서" 중화 구설을 구성하게 되었다고 술회하듯이,[11)] 이전에 그는 이 부분을 자

---

9) 『문집』 64-55 (p 37) "又因程子 '凡言心者. 皆指已發而言', 遂目心爲已發, 性爲未發. 然觀程子之書, 多所不合. 因復思之." "凡言心者. 皆指已發而言"은 『伊川文集』 5 「與呂大臨論中書」에 나온다.

10) 『伊川文集』 5 「與呂大臨 論中書」 [呂大臨] : "先生謂 '凡言心者, 皆指已發而言' 然則未發之前, 謂之無心, 可乎?" [程頤] : "'凡言心者, 皆指已發而言' 此固未當. 心一也, 有指體而言者,(自註; 寂然不動 是也) 有指用而言者,(自註; 感而遂通天下之故 是也) 惟觀其所見如何耳."

11) 『문집』 75-28 (p 30) 「中和舊說序」 "前日讀之不詳, 妄生穿穴."

세히 읽지 않은 것 같다. 이제 다시 그 구절을 보고, 자신의 새 학설[중화 신설]을 지지해 주는 강력한 근거로 삼는다. 그리고 주희는 본래 "정이가 "마음이라 말하는 것은 모두 이미 드러나 움직이는 것(已發)을 가리켜서 말한다"고 했던 것은 "마음의 본체(心體)는 변화하며 흘러간다"는 뜻으로 말한 것이지, "외부 사물과 사려가 끊임없이 접촉하는 것만이 마음이다"는 의미로 말한 것은 아니었다. 그러나 『중용』의 본문과 일치하지 않으므로 온당치 않다고 보고 정이는 그 말을 다시 고쳤다"고 해명한다.12)

중화 신설에서 그가 **마음**의 기능으로 강조하는 것은 결정권(宰), 혹은 **주체성**(主)이라는 것이다. "사람의 한 몸의 감각과 운동13)은 이 마음이 하는 것이 아닌 것이 없으니, 마음이란 움직이거나 쉬거나, 말하거나 침묵하거나 간에 본래 항상 몸에 주인이 되는 것이다."14) 마음은 의식과 육체를 포함한 몸의 운동의 주인이라는 것, 그리고 미발과 이발, 움직이거나 쉼, 말하거나 침묵함의 양쪽에 걸쳐 있음을 밝히고 있다. 그리고 이처럼 양쪽에 근거하기 때문에 마음이 주재자가 될 수 있다고 본다. 미발의 리(理)에 근거하여 이발의 의식과 행위를 이끌어 나가는 것이 바로 마음이기 때문이다. (이것이 중화 신설의 결론이다.) 이를 주희는 장식에게 보낸 편지(『문집』 32-18)에서 다음과 같이 설명하고 있다.

---

12) 『문집』 67-10 (p 15) 「已發未發說」 "程子所謂 '凡言心者. 皆指已發而言', 此却指心體流行而言, 非謂事物思慮之交也. 然與『中庸』本文不合, 故以爲未當, 而復正之." 여기에서 心體는 『중용』의 '喜怒哀樂之未發'을, 心體의 流行은 '發而中節'을 가리킨다. 그러나 어쨌든 "마음은 모두 이발을 가리켜 말한다"는 명제는 마음에서 미발 부분을 제외시키는 것으로 보일 수 있다. 그래서 정이는 그 말을 고쳤다는 것이다.

13) 知覺과 運動. 知覺은 눈으로 보고 귀로 듣고 하는 감각 작용을, 運動(運用, 作用)은 배고프면 먹고 목마르면 마시는 것 등의 움직임을 말한다. 즉 지각은 마음의 움직임, 운동은 몸의 움직임이다.

14) 『문집』 32-18 (p 32) 「答張欽夫」 "然人之一身, 知覺運用, 莫非心之所爲, 則心者固所以主於身, 而無動靜語默之間者也."

(a) 『문집』과 『유서』의 여러 설[15]은 모두 사물과 일이 아직 접촉해 오지 않아, 이 마음에 *생각의 싹이 트지 않았을 때*(思慮未萌)를 희노애락이 아직 드러나지 않은 것[未發]으로 보는 것 같습니다. 이 때 이 마음은 고요히 아무런 움직임도 없는 것으로서, 하늘이 부여한 본성[天命之性]의 본체가 갖추어져 있습니다. 이 마음은 지나침도 모자람도 없고,(無過不及) 어느 쪽에도 치우치지 않기(不偏不倚) 때문에 중용(中; 알맞음)이라 합니다.

그러나 그 마음이 자극[感]을 받아 천하의 모든 일에 반응하게 되면 희노애락의 감정이 드러나니, 이에 마음의 작용을 볼 수 있습니다. 그 감정이 절도에 맞지 않음이 없어서, 어그러지는 바가 없으므로 조화(和)라 합니다. 이는 사람의 마음의 바른 모습과 감정의 특징이 그러한 것입니다.[16]

(b) 이 (마음의) 고요함(靜; 未發)은, 사물과 일이 접촉해 오지 않아, *아직 생각의 싹이 트지 않은 것*입니다. 그렇지만 거기에는 하나의 순수한 본성으로서 도의(道義; 天理)가 완전히 갖추어져 있으니, 이른바 중용입니다. 이것이 곧 마음의 본체로서 '고요히 아무런 움직임도 없는 것'입니다.

이 (마음이) 움직임(動; 已發)에 이르러서는, 사물과 일이 잇달아 접촉해 와서 사려가 싹틉니다. 그러면 일곱 감정(七情)이 번갈아 일어나되, 각각 그것에 주인이 되는 것이 있으니, 이른바 조화입니다. 이것이 곧 마음의 작용[현상]으로서, '자극[感]을 받아 움직여서 천하의 모든 일에 반응하는 것'입니다.[17]

여기에서는 '미발-본성-본체-중용'이 한 갈래로, 그리고 '이발-감정-작용-조화'가 한 갈래로 되고, 이것을 통합하는 것으로 마음이 제시된다. 이를 도표로 표시하면 아래와 같다.

---

15) 『文集』은 『伊川文集』 5 「與呂大臨論中書」를 말하고, 『유서』는 『河南程氏遺書』 18-82, 83, 11-167, 2상-202 등을 가리킨다. 여기에서 인용하는 여러 설의 조목은 『문집』 67-10 「已發未發說」에 나온다.

16) 『문집』 64-55 (p 37) 「與湖南諸公 論中和 第一書」 "按『文集』『遺書』諸說, 似皆以思慮未萌, 事物未至之時, 爲喜怒哀樂之未發. 當此之時, 卽是此心 寂然不動之體, 而天命之性 本體具焉. 以其無過不及, 不偏不倚, 故謂之中. 及其感而遂通天下之故, 則喜怒哀樂之情 發焉, 而心之用可見. 以其無不中節, 無所乖戾, 故謂之和. 此則人心之正, 而情性之狀 然也."

17) 『문집』 32-18 (p 32) "然方其靜也, 事物未至, 思慮未萌, 而一性渾然, 道義全具, 其所謂中. 是乃心之所以爲體, 而'寂然不動'者也. 及其動也, 事物交至, 思慮萌焉, 則七情迭用, 各有所主, 其所謂和. 是乃心之所以爲用, '感而遂通'者也."

마음(心)	미발(未發) -- 본성(性) -- 본체(體) -- 중용(中)
	이발(已發) -- 감성(情) -- 작용(用) -- 조화(和)

마음은 '본성과 감성을 총괄하는 것'(心統性情, 혹은 心主性情)이다. 즉 편지에서 '하늘이 부여한 본성(天命之性)의 본체' 혹은 '도의(道義)'라고 표현했던, 모든 이치를 갖추고 있는 미발의 본성이 마음의 본체(體)가 된다. 그리고 이 본체에 사물이 접촉해 와서 사려가 싹튼, 이발의 감정이 마음의 작용(用)이 된다. 마음이 주인[사유하고 행위 하는 주체로서 '나']이 될 수 있는 것은, 본성의 리(理)가 '나'의 확고한 바탕이 되어 일상의 일에 접하면, 그 일을 그 일의 리에 맞게 처리할 수 있기 때문이다. 다시 말해서 일상의 일에 접하면 우리의 마음이 움직이고 감정이 드러난다. 이것이 이발(已發)이다. 이발의 마음은 이 리(理)에 따라 움직여야 하며, 그 리는 미발의 본성에 갖추어진 것이다. 즉 객관적 사물과 일의 이치는 이 마음의 본체인 성(性)에 다 갖추어져 있다는 것이다. (性卽理) 따라서 그것이야 말로 진정한 '나'의 주체[宰]이며 주인[主]일 것이다.

위의 (a) 에서는 '지나침도 모자람도 없고'(無過不及) '어느 쪽에도 치우치지 않음'(不偏不倚)이라는 말로서 미발의 중용을 설명하고 있다. 그런데 주희는 후년에 쓴 『중용혹문(中庸或問)』에서는 불편불의(不偏不倚)를 미발의 중용에, 무과불급(無過不及)을 이발의 중용[時中]에 적용시키고 있다. 이점을 보면, 이때는 아직도 그의 생각이 완전히 정리되고 있지 않았음을 알 수 있다.

미발의 중용을 '어느 쪽에도 치우침이 없다'(不偏不倚)고 묘사하는 것은 "그 주인 노릇하는 것[마음]이 어떤 한 일에도 치우치지 않기[不偏]" 때문이다. 마음이 어떤 일에 치우치거나[偏] 의지한다[倚]는 것은, 자신의 개인적인 욕망 때문에 어떤 것을 **공정하지 못**

하게 좋아하거나 미워하는 것[偏愛偏惡]을 말한다. 이런 것은 개인적인 이유[私]에서 나온 욕망이므로 사욕(私欲)이라 하고, 어떤 일이나 사물[物]에 당면해서 나온 욕망이므로 물욕(物欲)이라고 한다.[18] 이런 자기가 직면한 일에 대한 개인적인 욕망 때문에, 그 일에 치우치거나 의지함(달라붙음)이 없는 공평하고 정의로운[公] 주관이 우리의 미발의 본성에 선천적으로 갖추어져 있다는 것이다. 이런 미발의 본성은 리(理)인 성(性; 理性) 혹은 양심이라 할 수 있을 것이다.

이 마음을 여대림은 '순수하여 물든 것이 없다'고 묘사하며, '갓난아이의 마음'[赤子之心]에 비긴다.[19] 사람이 막 태어났을 때는 미발의 고요한 마음만 가지고 있다. 이 마음을 갓난아이의 마음이라 한다. 이는 순수하고 착한 것이다. 그러나 그가 커가면서 가르쳐 주지 않아도 저절로 배우는 것은, 자신의 몸에 유리한 것은 추구하고 해로운 것은 피하는 것이다. 이것은 자기 자신만을 위하는 이기적인 욕망이 자라가는 과정이다. (이 욕망은 결국 이발의 마음을 의미한다.) 이 욕망이 커가면서 점차 본래 타고난 순수한 어린아이의 마음은 은폐되고 잊혀 진다. 욕망에 따라 자신에게 유리한 것에는 붙고 불리한 것은 피하는 것은, 그 대상에 치우치고 붙어버린 마음이다. 그러나 미발의 순수한 마음은 치우침이나 붙음이 없는 공정한 마음(不偏不倚)이다. 이렇게 개인적인 이유[私]로 일[物]에 치우치는 것은 그가 사회에 살면서 그 일에 물들기[僞] 때문이다. 이것은 그가 본래 가진 마음, 즉 갓난 아이 때의 마음을 잃어가는 과정이므로 여대림은 그렇게 말한다.

---

18) 주희가 보건대, 이발의 마음의 주요한 두 특징은 바로 私欲과 物欲일 것이다. 그것은 특정한 시간과 공간 속에 있는 사물(즉 형이하자)에 관한 것이다.

19) 『伊川文集』 5 「與呂大臨論中書」 "大臨以赤子之心爲未發, … 大臨初謂赤子之心, 止取純一無僞, 與聖人同." 여기 僞는 순자가 쓰는 僞와 의미가 비슷하다.

정이는, 적자지심(赤子之心)은 미발의 본성은 아니나, 이발의 마음 중에서 그것에 가장 가까운 것이라고 한다.(『유서』 18-83) 갓난아이의 마음을 가지며 나아가 미발의 본성에 근거할 때, 어떤 것에도 치우침이나 의지함이 없게 된다는 것[不偏不倚]은, 공정한 마음을 가져서 한 개인의 입장은 배제된다는 말이다. 다시 말해서, 인간이 커가면서 형성하게 되는 이발의 마음이란 자기 자신만을 위하는 욕망이다. 이 욕망은 자기 자신과 자신의 가족이나 무리만을 생각하는 것이다. 이 개인적인 욕망으로 가득 찬 이발의 마음이 배제된 미발의 마음은 그런 치우침이 없는 공정한 것이다. 모든 것을 자신의 이익이 아닌 공정한 입장에서 판단한다는 것은 모든 것을 공평하게 대접하는 것이며, 모든 것을 다 사랑[仁]하는 태도이다. 따라서 정호는 "사랑한다는 것은 이 세상의 모든 사물과 완전히 한 몸이 되는 것이다"[20] 고 한다. 결국 이발의 마음은 그가 가진 욕망의 의식(意識)이므로 그의 개인적인 것 [私]이고, 이것을 배제한 미발은 사회 전체를 반영한 것[公]이 된다.[21]

본래 '미발(未發)'의 마음에 대해서는 '아직 드러나지 않은 것'[未發]이라는 점에서 "고요하여 아무런 움직임도 없다"(寂然不動)라는 규정을 한다. 그런데 이제 주희는 미발의 마음을 '어떤 것에도 치우치거나 의지함이 없다'(不偏不倚)고 규정한다. 이는 미발의 본성을 마음(心), 즉 '나'의 본체로 봄으로써 비로소 나올 수 있는 것이다. 어떤 것에도 치우치거나 붙음이 없기 때문에, 우리의 마음은 오는 것을 미리 맞이하지도 않으며 가는 것을 붙들어 두지도 않는

20) 『유서』 2 상-28 「識仁篇」 "仁者 渾然與物同體." 각 개인 혹은 그 무리나 당파의 입장[私]을 떠나서 전체 사회의 입장[公]을 반영하는 것이 이 "渾然與物同體"이다. 이는 "뭇 용들이 뒤얽혀 있으나, 머리는 보이지 않는다"(見群龍無首) 라는 乾 괘의 비유로 이미지화될 수 있을 것이다.

21) 자세한 것은 8장, 주희의 인仁 설명 부분 (340 쪽 이하)를 참조할 것.

밝은 거울과 고요히 멈춘 물(明鏡止水)과 같이 될 수 있다.[22] '맞이하거나 붙들어 둔다'는 것은 나에게 이로운 것을 추구하는 것을 말한다. 이는 이발의 마음, 즉 욕망의 전형적인 태도이다. 그리고 이것을 주희는 '치우침 의지함'이라고 한다. 이런 치우침과 의지함이 없는 공평하고 정대한 마음가짐이 바로 미발의 중용을 이룬 밝은 거울과 고요히 멈춘 물과 같이 된 마음이다.

이런 마음을 바탕으로 일상의 일에 나아가서 생각을 하고 행위를 하여도 지나치거나 모자람(過不及)이 없이 그 일에 맞게 할 수 있다. 이것을 '그 상황에 꼭 알맞게 함'(時中)이라 한다. 이는 이발의 중용이다. ('중용'이란 **알맞음**을 의미한다) 주희는 이처럼 이발의 중용은 미발의 중용에 달려 있다고 본다. 다시 말해서 일상의 행위[이는 이발의 측면임]를 제대로 하기 위해서는 마음의 바탕[미발의 측면; 양심]이 바르게 갖추어져야 한다는 것이다. 이는 마음가짐(動機)을 중시하는 철저한 동기주의라고 할 수 있다. 이처럼 미발과 이발을 규정하므로 주희는 "평소에 (몸을) 엄숙하게 하고 (마음을) 경건하게 하여 물 주어 기르는 노력이 지극하여, 개인적인 욕망이 어지럽힘이 없으면, 그 (마음이) 아직 드러나지 않음(未發)은 밝은 거울이나 고요히 멈춘 물과 같고, 그것이 드러나 움직이면(已發) 절도에 맞지 않음이 없다"고 한다.[23]

3) 중화 신설의 수양론

주희는 이전의 자신의 수양 방법을 반성하여, "그러나 마음이 아직 드러나 움직이기 이전[未發]은 찾거나 살필 수 없고, (미발의 마

---

22) 자세한 것은 『유서』 18-114 (239쪽) 및 「定性書」(194-5쪽)를 참조할 것.

23) 『문집』 64-55 (p 37) 「與湖南諸公論中和 第一書」 "但平日莊敬涵養之功至, 而無人欲之私以亂之, 則其未發也, 鏡明水止, 而其發也, 無不中節矣."

음에서) 깨어난 이후[已發]에는 안배(安排)를 용납하지 않는다"고 한다.[24] 이통에게서 배운 미발 기상의 체험은, 원칙적으로 찾거나 살필 수 없는 미발의 본성을 '나'(주관) 아닌 어떤 것으로 대상화시켜 포착하려 한 것이다.[25] 장식에게서 배운 '찰식단예(察識端倪)'라는 것은 '나'의 마음이 둘로 나뉘어 한 '나'가 다른 '나'의 선악을 판단하고 시비를 판정하는 것[安排]이었다. 다시 말해서, 마음이 드러난 싹은 '나'를 의미한다. 그 드러난 싹이 선한가 악한가를 살피는 것은, 내가 살피는 '나'와 살펴지는 '나'로 분열되는 것이다. 이 때 살피는 나는 선악을 가리는 확고한 기준을 가지고 있어야 한다. 주희가 보건대 이 기준은 미발의 리(理)에 있다. 다시 말해서, 미발의 리는 '나'의 본체이다. 그런데 이 미발의 리를 도외시하여 근거와 기준이 없는 상태에서 마음의 싹을 성찰하는 것은 결국 '사려의 분요(紛擾)'일 뿐이다.

이 두 가지 점을 반성한 주희는 미발의 본성[理]을 '나'의 바탕과 근거[體]로 삼는다. 미발의 마음은 체험의 대상이 아니라, '나'(도덕적 자아)로서 보존하고 길러야 하는 것(存養)이다. 이 나에 의하여 이미 드러난 마음의 싹을 살펴야 한다. 이는 거경(居敬)과 궁리(窮理)의 방법이다. 중화 구설 시기에 그는 다만 '찰식(察識)'을 강조했는데, 중화 신설에 와서는 '존양(存養)'을 더 강조한다. 이 둘을 각각 이발과 미발의 공부라 한다면, 중화 신설에서는 미발을 더 중시한다고 할 수 있다.

다만 평소에 (용모를) **엄숙 단정**히 갖고, (마음을) **경건**히 하며, (도덕적

---

24) 앞의 글 "然未發之前, 不可尋覓; 已覺之後, 不容安排." 여기에서 未發의 부분은 靜坐 등을 통하여 未發의 氣象을 체험하려는 이통의 노선을 비판한 것이다. 已發의 부분은 마음의 싹을 살펴서 선한 것을 키우려 하는 장식 등의 호남학파를 비판한 것이다.

25) 『문집』 32-4 "別有一物, 拘於一時, 限於一處."

> 의지를) **함양**하는 노력이 지극해져서 개인적인 욕망이 그것을 어지럽힘이 없으면, 그 미발의 마음은 거울처럼 밝고 고인 물처럼 고요하며, 그것이 (희노애락으로) 드러남[已發]에는 절도에 맞지 않음이 없게 됩니다. 이것이 일상에서 본령이 되는 공부입니다. 나아가 (이 마음이) 접하는 일마다 **반성하여 살피고** 사물에 나아가서 **추론하여 밝히는** 경우에도 또한 반드시 이것을 근본으로 해야 합니다. 이렇게 (마음이) 드러나 움직일 즈음에 살피면, (그것이) 드러나 움직이기 이전[未發]에 갖추어진 것은 진실로 혼자 묵묵히 알 수 있습니다.[26]

여기에서 그는 엄숙 경건하여 미발의 마음을 함양하는 공부(莊敬涵養)와, 이발의 마음에 대한 성찰하고 추론하는 공부(省察 推明)를 제시한다.

(1) 미발의 공부 - 거경(居敬) 함양(涵養)

'함양'이란 '존양(存養)'이라고도 한다. 이는 보존하고 기른다는 의미이다. 이 때 경건함에 처하여 무엇을 보존하고 기르는 것일까? 함양은 마음이 아직 드러나 작동하지 않을 때(未發)의 공부이므로, 결국은 미발의 본성을 기른다는 말이 된다. 태어날 때부터 인간은 본성에 이 세상의 모든 사물의 이치의 총체를 부여받는다.(性卽理) 주희는 그것은 늘어나거나 줄어드는 것이 아니라고 본다. 따라서 본성은 이치의 전체로서 보존되거나 길러지는 것이 아니다. 그렇다면 무엇을 기르는 것인가?

주희는 이 중화 신설의 단계에 와서도 장식에게서 배운 "미발 이전의 마음은 찾거나 살필 수 없다"는 명제를 고수한다. 다시 말해서 앎이나 지식은 이미 드러나 작동하는 마음에서만 성립할 뿐이

---

26) 『문집』 64-55 (p 37) 「與湖南諸公論中和第一書」 "但平日莊敬涵養之功至, 而無人欲之私以亂之, 則其未發也, 鏡明水止, 而其發也, 無不中節矣. 此是日用本領工夫. 至於隨事省察, 卽物推明, 亦必以是爲本. 而於已發之際觀之, 則其具於未發之前者, 固可默識."

다. 이발의 움직이는 마음은 인식 작용을 가지며, 이 작용은 만물의 이치(理)를 탐구하는 것을 포함한다. 따라서 이치의 탐구는 이발의 마음에서만 성립할 뿐이다. 움직이지 않아 고요한 미발의 마음에 아무리 이 세상의 이치의 총체가 부여되어 있어도, 그 마음은 움직이지 않고 고요한 것이므로, 그 이치는 인식 대상이 될 수 없다. 따라서 경건함에 처하여 보존하고 기른다는 것은, 미발의 마음에 보존된 이치를 탐구하는 것이 아니다. 즉 미발 기상의 체인(體認)이란 미발의 본성에 보존된 이치를 문득 깨닫는 것이 아니다.

이런 점에서 그는 이통의 '미발 기상의 체험'이라는 주장을 다시 평가한다.

> 그[이통]는 일찍이 책을 쓰지도 않았고, (다만 도덕적 의지로 그 몸을) 기르고 채우는 것이 지극히 좋았다. 무릇 학문을 하는 것은 이처럼 함양해 가는 것에 불과할 뿐, 그에게는 처음부터 다른 것에 뜻이 없었다. 다만 이 때문에 선생이 "(그 본성이 빛을 내면) 윤택하게 얼굴에 나타나고 등에 가득 넘치며, (팔 다리에 골고루 퍼져 말하지 않아도 자연히 깨우쳐 알게 해 준다)"는 경지에 도달하였으며, 자연히 (내가) 미칠 수 없게 된 점이다.[27]

이통에 있어서 학문은 사물의 이치를 탐구하는 것이 아니다. 따라서 그는 책을 쓰지 않았다. 다만 그는 도덕적 의지를 함양할 뿐이었다. 다시 말해서, 미발의 기상을 체인한다는 것은, 미발의 본성에 부여된 만물의 이치의 총체를 체득하는 것이 아니고, 미발의 본성을 '나'(도덕 행위의 주체)의 근거점으로 보아 그것을 확립하는 것이다. 이 본성이 확립되면, 그 빛이 온 몸에 가득 차게 된다는 것이다. 주희가 처음 그에게서 '미발 기상의 체인'을 배울 때, 그 내용을 오해하여, 미발의 본성에 부여된 만물의 이치의 총체를 체득

---

27) 『어류』 103-3 "他却不曾著書, 充養得極好. 凡爲學, 也不過是恁地涵養將去, 初無異義. 只是先生'睟面盎背', 自然不可及." '睟面盎背'는 『맹자』「진심」상22 "其生色也, 睟然見於面 盎於背, 施於四體; 四體不言而喩."

하는 것으로 보았다. 이제 주희는 미발 기상의 체인이 도덕적 의지의 함양임을 알게 된 것이다.

기르고 보존하는 것(存養)은 '나'[주체성]의 근거를 기르고 보존하는 것이다. '나'는 일상생활에서 끊임없이 일에 부딪치며, 감정 욕망 생각 등이 일어난다. 그리고 그 일을 처리한다. 이런 일련의 활동의 주체(주희의 말로는 '主宰')가 되는 '나'가 바로 미발의 본성이다. 이 본성을 보존하고 길러서 확고하게 정립하며, 이 확고한 바탕 위에서 일상의 일에 대처하는 것이 거경 함양이다. 이것은 결국은 **도덕적인 의지, 즉 선한 의지를 함양하는 것**이다.

이와 관련하여 주희는 장식의 주장인 '선찰식(先察識), 후존양(後存養)'을 비판하고, '선존양(先存養), 후찰식(後察識)'을 주장한다.[28] 위에서 말했듯이 찰식(察識)이란 존양(存養)에 의한 자아 확립이 있고 난 뒤에 가능한 것이고, 자아 확립 없는 찰식이란 그야말로 '생각이 어지럽게 들끓음'(思慮紛擾)에 지나지 않는다.

주희와 장식이 말하는 존양(存養)은 서로 의미가 다르다. 주희의 경우, 미발의 본성을 함양하여 도덕적 주체성을 확립하는 것이 존양이다. 반면 장식의 경우, 이발의 마음이 드러난 싹을 성찰하여 선한 싹을 보존하고 기르는 것이 함양이다. 존양의 의미가 서로 다르므로, 성찰(省察)의 의미도 서로 다르게 된다. 주희의 경우, 성찰이란 이발의 마음에서 이 세상의 이치를 탐구하여 미발의 본성에 부여된 이치의 총체를 깨닫는 것이다. 이를 격물치지(格物致知)라 한다. 따라서 중화신설 이후에 주희는 성찰이라는 말보다는 격물치지를 중시한다. 장식의 경우 성찰이란 이발의 마음의 싹이 선한가 악한가를 살피는 것이다.

---

28) 『문집』 32-18 (p 33) "又如所謂'學者先須察識端倪之發, 然後可加存養之功', 則熹於此不能無疑. 蓋發處固當察識. 但人自有未發時, 此處便合存養. … 不知學者將先於此而後察之也, 抑將先察識而後存養也? 以此觀之, 則用功之先後, 判然可觀矣."

어찌 반드시 (마음의 싹이) 드러나기를 기다려 그 뒤에 살피고[察識], (그 싹을) 살핀 뒤에 보존해야 합니까? 처음부터 (도덕적 자아를) 보존 함양하지도 않고, 접하는 일에 따라 (나오는 마음의 싹을) 살피려 하면, (그 싹을 살피는 주체가 확립되지 않았으므로), 아마 드넓고 망망하여 손대어 착수할 곳이 없게 될 것입니다.29)

그러므로 주희는 어릴 때, 소학에서는 도덕적 자아를 확립하고(存養), 커서 대학에서는 세상의 이치를 탐구한다[察識]는 학과 과정상의 순서까지도 생각한다.

생각컨대 옛 사람들은 바로 소학 가운데에서 함양을 이루었으므로, 대학에서의 공부는 '사물의 이치를 탐구하는 것(格物)'으로부터 시작되었습니다. 요새 사람들은 전에 미리 이 (함양하는) 공부가 없이, 다만 『대학』을 보고 격물(格物)을 우선으로 삼아서, 생각하고 따져서 (미발의 이치를) 구하고, 다시는 (마음을) 가다듬어 보존하는 것(操存)에 힘쓰지 않습니다. 이렇게 하여 설사 (미발의 본체를) 충분히 엿보고 헤아렸다 하더라도 또한 근거할 만한 실제 바탕이 없게 됩니다. 대저 '경(敬)' 자는 '위 쪽 끝까지 꿰뚫고 맨 아래까지 꿰뚫는다(徹上徹下)'는 뜻이요, 격물치지는 그 사이에서 나아가는 단계입니다."30)

물 뿌리고 청소하거나, (사람을) 맞아서 대하고, (벼슬에) 나아가고 물러나는 (모든 일상적인) 것이 다 (도덕적 자아를) 기르고 보존하는 일입니다.31)

맹자는 말한다. **"잡으면 보존되고 놓아두면 잃어버리나니,** 시도 때도 없이 나가고 들어와서 그 고향을 알 수 없는 것은 바로 이 마음을 두고 이른 말이로다"32) 마음을 잡아서 보존하는 것은 마음을

---

29) 앞의 글, "豈可必待發而後察, 察而後存也! 且從初不曾存養, 便欲隨事察識, 竊恐浩浩茫茫, 無下手處."

30) 『문집』 43-41 (p 36) 「答林擇之」 "疑古人直自小學中涵養成就, 所以大學之道, 只從格物起. 今人從前無此工夫. 但見大學以格物爲先, 便欲只以思慮知識求之, 更不於操存處用力. 縱便窺測得十分, 亦無實地可據. 大抵敬字, 是徹上徹下之意; 格物致知, 乃其間節次進步處耳."

31) 『문집』 32-18 (p 33) "且如灑掃應待進退, 此存養之事也."

가다듬어 수렴하는 것이다. 이는 즉 함양하고 존양하는 것이며, 거경(居敬)이다. 이는 마음을 가다듬어서 도덕적 자아를 형성시키는 것이고, 여기에서 중요한 것은 '경건함'(敬)이다. 그런데 이렇게 함양을 하지 않고, 마음의 미발의 본체를 인식하려 한다는 것은 미발의 마음을 대상으로 상정하는 것이며, 이를 인식하는 주체가 따로 있다는 말이 된다. 즉 '나'가 둘로 나뉘는 것이다. 따라서 미발의 본성은 인식해 보았자, 인식한 뒤에는 다시 분리되어 '나'의 근거가 되지는 못한다. 따라서 인식하려는 그런 노력보다는 경건함 속에서(居敬) 도덕적 주체를 형성하는 것이 낫다. '위로 꿰뚫음(徹上)'은 미발을, '아래로 꿰뚫음(徹下)'은 이발을 가리킨다. 경건하게 함(居敬)은 미발의 때에도 이발의 때에도 항상 해야 하는 공부라는 것이다. 이러한 도덕적 자아의 형성은 어렸을 때부터, 즉 소학에서부터 시작되어야 한다는 것이 주희의 생각이다.

소학에서는 다만 아동들에게 물 뿌리고 청소하는 등 일상적인 일의 규칙과 몸을 움직이는 범절을 가르칠 뿐, 행위의 시비선악의 판단을 구하지는 않는다. 이는 회초리로 예의범절을 가르쳐서 그것을 습득하게 하는 것이다. 즉 규범의 무조건적인 수용에 의한 자아의 확립을 이루려 하는 것이 소학의 교육의 목표이다. 존양(存養)이란 이처럼 자아 혹은 주체성을 확립하는 것을 말한다. 따라서 소학에서 가르치는 것은 행위의 시비선악을 판단하거나, 규범의 의미와 적합성을 따지는 격물치지는 아니다. 그것은 일단 주체성이 확립되고 난 뒤에 가능한 것으로 대학에서 행해져야 한다. 대학의 교육은 격물치지, 즉 사물의 도리를 탐구하고, 시비선악의 판단력을 양성하는 것으로 거기에는 분별 의식이 움직이는 찰식(察識)이 행해진다.[33]

---

32) 『맹자』 「고자」 상8 "操則存, 舍則亡. 出入無時, 莫知其鄕, 惟心之謂與."

함양(涵養)은 지적인 탐구가 아닌 도덕적 자아의 확립이므로 경건함에 거할 것이 강조된다. 거경(居敬)이란 선(善)에 대해 마음이 항상 깨어 있는 상태를 유지하는 것이다. 주희는 장식에게 보내는 편지에서 다음과 같이 말한다.

> 대개 마음은 이 한 몸에 주인이 되는 것으로, 움직이거나 쉬거나 말하거나 침묵하거나 간에 (그 작동이 멈추는) 사이가 없습니다. 그러므로 군자는 어느 때고 간에 경건하려 함에 힘쓰지 않음이 없습니다. (마음이) 아직 드러나 움직이기 이전[未發]에는 이 경건함이, 곧 이미 '보존하고 길러야 하는'(存養) 실체[도덕적 의지]를 주관합니다. (그 마음이) 드러났을 때[已發]에도 또한 이 경건함이 항상 (마음의 싹을) 살피는 사이(省察)에서 행해집니다.
>
> (미발의 마음을) 보존하면, 사려가 아직 싹트지 않았지만(靜), 지각 능력(動)은 어둡지 않습니다. 이는 곧 **고요함 가운데의 움직임**(靜中之動)이니, '되살아남'(復 괘)에서 "천지의 마음을 본다"는 비유에 해당됩니다. (그 마음을 잘) 성찰하면, (마음에 세상의) 온갖 일이 다 어지럽게 몰려와도(動), 절도에 어긋난 것이 없게 됩니다.(靜) 이는 곧 **움직임 가운데의 고요함**(動中之靜)이니, '머무름'(艮 괘)에서 "그 몸[자신]을 보지 아니하고, 그 사람[남]을 보지 아니할 수 있는" 근거가 됩니다.
>
> **고요함 가운데에도 움직여서** (나의 행위를) 주관하는 것이 있으므로, 그 마음이 조용(寂)하되, 외부 사물에 반응(感)하지 않음이 없습니다. **움직임 가운데 고요하여** (나의 마음의 싹을) 살피는 것이 있으므로, 외부 사물에 반응하되 그 마음의 바탕은 조용하지 않음이 없습니다. 조용하되 항상 반응하고, 반응하되 항상 조용합니다.[34] 이 때문에 마음이 세상일에 두루 흘러 꿰뚫고 지나가되, 한 순간이라도 어질지 않음(不仁)이 없습니다.[35]

---

33) 友枝龍太郎『朱子の思想 形成』p 96

34) 조용함(寂)은 미발의 마음을, 반응함(感)은 已發의 마음을 말한다.

35) 『문집』 32-18 (p 32) 「答張欽夫」 "蓋心主乎一身, 而無動靜語黙之間. 是以君子之於敬, 亦無動靜語黙而不用其力焉. 未發之前, 是敬也 固已主乎存養之實; 已發之際, 是敬也 又常行於省察之間. 方其存也, 思慮未萌, 而知覺不昧. 是則靜中之動, '復'之所以'見天地之心'也. 及其察也, 事物紛糾, 而品節不差. 是則動中之靜, '艮'之所以'不獲其身, 不見其人'也. 有以主乎靜中之動, 是以寂而未嘗不感; 有以察乎動中之靜, 是以感而未嘗不寂. 寂而常感, 感而常寂. 此 心之所以周流貫徹, 而無一息之不仁也."

여기에서 주희는 미발과 이발로 마음을 나누고, 미발의 마음에 이미 이발의 마음의 요소가 있고, 이발의 마음에도 미발의 마음의 요소가 있다고 한다.[36] 그러므로 미발의 존양(存養) 공부와 이발의 성찰(省察) 공부가 가능하다고 한다. 미발의 마음은 아직 외부 사물과 접촉하지 않았으므로 아무런 움직임이나 작동도 없다. 그러나 그 고요함 가운데에 이미 외부 사물을 인식할 수 있는 지각 능력이 갖추어져 있다. 이를 주희는 『대학장구(大學章句)』 1에서 "텅 비어 있으나, 환히 비추어 보는 능력이 있으므로 어둡지 않다"(虛靈不昧)고 묘사한다. 혹은 『중용장구(中庸章句)』 서문에서는 '텅 비어 있으나, 환히 비추어 보는 살아 있는 마음'(虛靈知覺)이라 한다. 이는 인식의 주체이므로 능각자(能覺者)라고 주희는 이 편지에서 말한다.

그는 또 '조용함(寂)', '고요함(靜)'으로 미발의 마음을, '반응함(感)', '움직임(動)'으로 이발의 마음을 설명한다. 미발의 마음은 고요하고 조용하나, 외부 사물이 오면 언제나 반응하고 움직인다. 이발의 마음은 외부 사물에 반응하여 항상 움직이나, 그 밑바탕에는 조용함이 있다. 이 고요하고 조용함이 있으므로 세상일을 차분하게 처리할 수 있다. 이를 그는 각각 '정중지동(靜中之動)', '동중지정(動中之靜)'으로 말한다. 그리고 미발과 이발의 마음을 복(復) 괘와 간(艮) 괘로 이미지화시킨다. 이 복(復) 간(艮) 괘의 비유는 『유서』 18-83에 있는 정이의 말에 나온다. 그는 정이의 이 말을 중화신설의 결론으로 삼는다. 그리고 「정자양관설(程子養觀說)」이라는 글을 쓴다. (이 글의 전문은 뒤의 335쪽을 보라.)

『주역』의 복(復) 괘는 다섯 음효(陰爻) 아래 하나의 양효(陽爻)가 있는 것이다. 다섯 음효는 미발의 마음을 상징한다(未發 = 靜 =

36) 그는 "세상의 모든 일에는 혼자인 것은 없고 반드시 짝이 있다"(無獨 必有對; 292 쪽 참조) 라는 정호의 명제를 받아들여 이와 같이 말한 것 같다. 또한 287 쪽에 있는 '性不可以善惡名'에 대한 비판을 참조할 것.

寂然不動 = 陰). 하나의 양효는 그 미발의 마음에 있는 허령불매(虛靈不昧)한 지각 능력의 움직임을 상징한다. (已發 = 動 = 陽) 맨 아래의 한 양효는 생명의 싹이 **되살아나는 것**(復)을 말한다. 이 되살아남은 천지의 마음이 하는 것이다.[37] 미발의 마음이 드러나는 것은 이 한 양효에 해당된다는 것이다. 그 생명의 싹을 키우듯이 우리는 미발의 마음을 존양(存養)해야 한다.

'간(艮)'은 일정한 자리에 '머무름(止)'을 의미한다. 예컨대 아버지는 아버지의 직분에 **머무르고**, 아들은 아들의 직분에 **머무르는** 것이다. 이렇게 각자의 직분에 머무르면, 그 자신이나 자신의 무리인 사람의 이익을 편파적으로 돌보는 것이 없게 된다. 즉 공정하게 된다. "머무름에서 그 몸이나 그 사람을 보지 아니한다"는 것은 이런 의미이다. 이는 정명론(正名論)의 변용일 뿐이다. 이발의 마음의 움직임이란 세상의 온갖 일에 부딪치는 데에서 나온다. 그 일 중에서 주희가 중요하게 생각하는 것은 그런 인륜 관계이다. 따라서 그에게 있어서 이발의 성찰이란 그 인륜 관계를 정확하게 처리하는 것, 즉 정명론을 의미한다고 할 수 있다.

이처럼 미발과 이발의 공부를 하면 사람은 세상일을 제대로 할 수 있는 마음을 가지게 된다. 이런 마음은 모든 덕목을 갖춘 것이다. 따라서 주희는 인(仁)을 애지리(愛之理)이며, 심지덕(心之德)이라 정의한다. 따라서 이 인용문의 마지막 구절에서 이 마음은 언제나 인(仁)에 맞게 된다고 한다.

요약하자면, 마음이 깨어 있는 상태로서 경건함(敬)은 미발과 이발에 다 적용이 되는 철상철하(徹上徹下)의 도(道)이다.[38] 미발의 경우 "보존하고 길러야 하는 실체 [도덕적 의지]를 이 경건함이 주

---

37) 자세한 것은 307 쪽에 있는 '되돌아옴에서 천지의 마음을 봄'을 참조할 것.
38) 『문집』 43-41 (p 33) "大抵敬者, 是徹上徹下之意."

관한다", "그 미발의 마음이 보존되면, 사려가 아직 싹트지 않았지만 지각 능력[能覺者]은 어둡지 않다. 이는 곧 **고요함 가운데의 움직임**(靜中之動)이다."

미발의 마음에는 아직 싹터서 드러나 움직이는 것[所覺者]이 없지만, 거기에는 지각하는 능력[能覺者]이 있다. 경건함이란 이 지각 능력을 어둡지 않도록 하는 것(知覺不昧)이다.[39] 어둡지 않게 한다는 것은 이 마음이 항상 깨어 있어 민감하게 하는 것이며, 항상 살아서 활발히 움직이는 상태[活潑潑地]를 유지하는 것이다. 이것이 바로 **고요함 가운데의 움직임**(靜中之動)이다

(2) 이발의 공부 - 성찰(省察) 궁리(窮理)

이발의 경우에 "이 경건함이 또한 항상 마음의 싹을 살피는 사이(省察)에서 행해진다", "그 마음을 잘 성찰하면, 마음에 세상의 온갖 일이 다 어지럽게 몰려와도 절도에 어긋난 것이 없게 된다. 이는 움직임 가운데의 고요함(動中之靜)이다." 경건함이 항상 마음의 싹을 살피는 사이에서 행해진다는 것은 다음과 같은 의미이다. 이발의 때에 이 마음에 세상의 온갖 일이 접촉해 오면, 사려가 싹트고 행위가 이루어진다. 마음에 온갖 일이 접촉해 온다는 것은, 구체적으로 말하자면 아들로서 아버지 앞에 서는 것, 신하로서 임금을 알현하는 것, 친구로서 친구를 만나는 것 등을 말한다. 사회 속의 한 인간으로서 나는 아들, 신하, 친구 등의 다양한 역할을 가진

39) 『문집』 75-29 「記論性答藁後」 '知覺不昧'라 하면, 마치 마음이 드러나 움직이는 것[已發]을 말하는 것처럼 보이며, 未發의 마음을 묘사하는 말이 아닌 것으로 오해하기 쉽다. 따라서 주희는 후년에 『大學章句』에서는 '虛靈不昧'라고 바꾼다. 이것은 '復其見天地之心'이란 말에도 적용된다. 사려가 막 다시 싹터 움직이려 하는 것[復]을 천지의 마음이라 하면 약간의 어폐가 있지 않느냐 하는 반론이 있었다. 천지의 마음은 未發의 본성과 같은 것이기 때문이다. 이에 대해서 주희는 이미 싹튼 것(已復)이 아니라, 막 싹트려 하는데서 천지의 마음을 보려 한 것이며, 막 싹트려 하는 것은 已發의 때가 아니라고 한다.

다. 이 나의 마음에 접촉해 오는 사물이란 아버지, 임금, 친구 등 나의 상대자를 말한다. 이런 역할에 따른 접촉 이외의 여러 다른 일도 그 '사물'에 해당될 수 있다. 그러나 유가(儒家)로서 주희나 장식에게 중요한 것은 '아버지-아들 사이'와 같은 인륜 관계가 언제나 관심의 초점이 된다. 이런 경우들에 있어서 '나'는 자신이 하는 행위가 법도에 맞는가를 항상 **살펴야 하며,** 법도에 따라 **삼가 행해야 한다.** 이것에서 가장 중요한 것은 자신이 '경건'해야 한다는 것이다. 경건할 경우, 자신이 아들 신하 친구로서 아버지 임금 친구 등과의 여러 일에 직면해도 그 사이의 품절이 어그러짐이 없게 된다.

이것은 간(艮)=지(止; 머무름)에 비유된다.40) 아버지는 아버지로서 머물 곳(止)이 있고, 아들은 아들로서 머물 곳이 있고, 임금은 임금으로서 머물 곳이 있고, 신하는 신하로서 머물 곳이 있으며, 친구는 친구로서 머물 곳이 있다. 이 머물 곳(止)이란 자신이 가진 역할을 말한다. 자신이 머물 곳에 머물기 위해서는, 자기 자신만을 돌보거나 상대방을 의식하는 것이 없어야 한다. 그렇지 않다면, 이는 사욕(私欲) 때문에 머물 곳에서 일탈하는 것이 된다. 이런 점에서 맹자는 예(禮)를 '천하에서 가장 바른 자리(正位)' 고 한다.(「등문공」 하2) 예란 각 개인이 행해야 할 직분을 규정하는 것이다. 예컨대 아버지가 아버지로서의 직분을 다하는 것은 아버지의 예를 지키는 것이다. 간(艮) 괘에서 말하는 '머물 곳'(止)이란 바로 이 천하에서 가장 올바른 자리를 의미한다.

머물 곳이란 각 개인이 가진 직분의 총체를 말한다. 주희가 보건대, 이 직분은 자연적으로 존재하는 것이다. 그리고 이 직분을 수행할 능력은 각 개인에게 자연의 이치(天理)로서 그 마음에 부여된

---

40) 艮 괘는 止를 의미한다. 자세한 것은 335 쪽의 「程子養觀說」 참조.

다. 이를 그는 '성즉리(性卽理)'라는 명제로 나타낸다. 따라서 머물 곳에 머무는 것, 혹은 각 개인의 역할 수행은 미발의 마음에 부여된 이치(理)에 따라 하면 된다. 이것을 **움직임 가운데의 고요함**(動中之靜)이라 한다.

드러나 움직이기 이전[未發]의 경우에는 선(善)에 대해 항상 깨어 있는 마음 [虛靈 不昧]을 유지하고, 드러나 움직일 때 [已發]에는 이 깨어 있는 마음으로 경건하게 행위 해야 한다. 이것이 바로 미발일 때에는 존양하고, 이발일 때에는 성찰하는 것이다. 마음이 움직일 때나 고요할 때나, 고요함[寂]과 반응함[感]이 동시에 존재한다. 이 동시 존재에 근거하여, 미발과 이발에 공통된 공부가 가능하다.

이와 같이 미발의 마음은 함양하고, 이발의 마음은 살핀다는 정이의 명제를 주희는 받아들인다. 왜 이런 미발과 이발에 일관된 공부를 말하는가? 미발의 마음을 보존하고 함양함으로써 도덕적 의지와 주체('나')가 확고히 정립되지만, 이것만으로는 부족하다. 그런 의지가 있다고 하여, 예컨대 임금과 신하, 아버지와 아들이 만나는 상황에서 구체적으로 어떻게 행위 해야 하는가는 저절로 아는 것은 아니다. 또한 반대로 구체적으로 어떻게 행위 해야 하는가를 알지 못하면, 그 도덕적인 의지는 약화될 수밖에 없다. 그리고 확고한 도덕적 의지와 자아가 없으면, 도덕규범을 탐구하기 어려우며, 설사 탐구해 내도 실천할 수 없다. 따라서 그 둘은 상보적인 관계에 있다. 그러므로 확고한 도덕적 자아가 서기 위해서는 함양 이외에 행위 규범을 살피는 것이 필요하다. 이것이 성찰(省察), 혹은 찰식(察識)이다.

이 성찰은 장식 등 호남학파의 그것과는 다르다. 장식의 경우 성찰은 자신의 사유와 행위에서 선한 싹을 찾아 기르는 것, 즉 '나'의 모든 의식이 선(善)에 대해 생생하게 살아서 활발발지(活潑潑地)하게 깨어 있게 하는 것이다. 주희는 선에 대하여 깨어 있는 의식을 유지하자는 것을 받아들인다. 그리고 나아가 행위의 선과 악을 분별하여 하나의 지식 체계를 이루려 한다. 즉 인간의 사회적 행위를 연구하여 선한 행위와 선하지 못한 행위를 구분하려 한다.[41] 그리고 그 선한 행위를 유형화(類型化)시킨다. 이는 결국 하나의 윤리 도덕규범 체계를 세우는 것이다. 주희는 새로운 규범 체계를 세우려 하지는 않는다. 오히려 기존의 규범을 그대로 수용하는 편이다. 따라서 이는 결국 각 개인이 기존 도덕률을 수용할 것을 주장하는 것이 된다고 할 수 있다.

이렇게 볼 때, 그에게 있어서 성찰이란 선한 행위와 선하지 못한 행위를 유형화시켜서 구분하는 것이다. 인간의 드러나 움직이는 이발의 의식(知覺)은 그런 도덕적 인식 작용을 목표로 해야 한다. 그리고 그 인식 작용은 **하나의 점**을 중심으로 체계를 이루어야 한다. 이 하나의 점을 그는 **태극**이라 한다.[42] 이런 체계에 들어오지 못하는 지식은 다만 잡다하게 보고 주어들은 지식(聞見知)에 불과하고, 덕성을 이루는 지식(德性知)이 되지 못한다. 그가 보건대, 인간의 이발의 마음이 선에 대해서 생생하게 살아서 활발발지(活潑潑地)하게 깨어 있게 되는 것은 그런 체계화된 지식을 가질 때만 가능하다.

인간의 삶과 인식 능력은 유한하나, 이 세상에서 알아야 할 것은 무한하다. 그렇다면 인간이 모든 것을 포괄하는 체계화된 지식, 혹은 의식을 갖는 것은 불가능할 것이다. 이에 대하여 주희는, 이 세

---

41) 이는 '存天理, 滅人欲'이라는 구호로 나타난다. 천리란 선한 행위들을, 인욕은 개인적인 이기심에서 나온 선하지 못한 행위들의 집합에 대한 지칭이라 할 수 있다.

42) 이 하나의 점, 혹은 太極은 헌법(憲法)과 비슷하다. 다른 모든 법이 거기에서 연역되어 하나의 체계를 이루어야 하듯이, 윤리적 지식도 한 개인의 마음에서 체계화되어 인격이 되어야 한다. 혹은 수학에서 공리와 비슷하다고 할 수도 있다.

상의 모든 것을 다 탐구할 필요는 없다, 어느 정도 탐구하면 문득 전체를 깨닫게 된다[豁然貫通]고 한다. 아버지에 대할 때, 아들에 대할 때, 임금에 대할 때 등등 일상에서 부딪히는 모든 일에서 그 이치를 탐구하면, 어느 때에 가서 활연히 관통하게 된다. 왜 활연 관통(豁然貫通)하게 되는가? 그런 개별적인 일에서의 탐구는 그것 하나로만 떼어서 보는 것이 아니고, 전체 속에 그것이 어떤 것이냐를 따지기 때문이다. 떼어서 본다면, 그것은 잡다한 지식(聞見知)에 불과하게 되고, 체계를 이룬 도덕적 지식이 아니기 때문이다. 다시 말해서, 그 지식은 하나의 점을 중심으로 체계화되어야 한다. 이 하나의 점은 나의 본성이 가진 선한 의지이라고 할 수 있다. 또한 세상의 모든 것의 이치는 혼연히 하나의 체계를 이룬 전체[太極]이기 때문이다. 활연 관통이란 바로 그 전체를 깨닫는 순간이다. 그리고 이 전체란 다름 아닌 나의 미발의 본성에 갖추어진 천지만물의 리(理)의 총체[太極]이다. 이 세상의 모든 리는 체계화된 전체이며, 이는 나의 본성에 갖추어진다. 그리고 이것이 태극이다. (이는 리(理)에 관한 설명에서 따로 다루어야 할 긴 주제이므로 여기서는 설명을 생략한다.)

이런 과정은 뒤에 격물치지(格物致知)의 이론으로 된다. 이런 과정은 결국 개인이 세계관, 혹은 사회관을 형성하는 것을 말한다. 거경(居敬)과 함양(涵養)에 의하여 굳센 도덕적 의지와 주관을 기르고, 성찰(省察)과 궁리(窮理)에 의하여 참된 세계관을 가질 때 그는 비로소 진정한 인간으로 이 세계에 설 수 있게 된다. 이는 "함양은 반드시 경건함으로 해야 하고, 배움에 나아가는 것[窮理]은 참된 앎을 이루는데 달려 있다"는 정이의 명제로 요약될 수 있다.[43] 정

43) 『문집』 64-55, "涵養須用敬, 進學在致知." 이는 본래 『유서』 18-28에 나오는 정이의 말이다.

이의 이 말을 주희는 자신의 수양 방법의 결론으로 삼는다.

미발과 이발에 일관된 공부를 해야 한다는 것을 압축하여 보여 주는 것이 「정 선생이 말한 **함양과 살핌**에 대한 설명(程子養觀說)」이다.

> [질문] 정 선생(程子)은, '마음이 드러나 움직이기 이전(未發)에는 그것을 보존하고 **함양**하는 것이 옳다' 라고 하고,(『유서』 18-82) 또 말하기를 '잘 **살피는** 자는 마음이 드러나 작동할 때(已發)에 **살핀다**'고 했다.(『유서』 18-83) 이것은 무슨 말인가?
>
> [답] 이것은 경건하려는 공부가, (마음이) 움직일 때나, 고요할 때에나 다 일관해서 적용된다는 말이다. … 그 (마음이) 아직 드러나 움직이지 않을 때에도 '반드시 일이 있다.'(『맹자』「공손추」 상2) 이는 이른바 '고요함 가운데 있는 살아있는 의식(知覺)'이며, '되살아남'(復)에서 천지의 마음을 볼 수 있는 이유이다. 그 (마음이) 이미 드러나 작동함에 이르러서는 부닥치는 일에 따라 살피고 성찰한다. 이는 이른바 '움직이는 데에서 고요함'을 구하는 것이며, 간(艮; 머무름)에서 그 자리에 머무를 수 있는 근거이다. 그렇다면 마음의 고요함 가운데 있는 움직임은 경건함이 아니면, 그 무엇으로 그것을 형성할 수 있겠는가? 마음의 움직임 가운데 있는 고요함은 경건함이 아니면, 그 무엇으로 그것을 살필 수 있겠는가? 44)

이상에서 심(心)과 성(性)과 정(情)의 관계는, 주희가 "두드려 패고 내팽개쳐도 깨어지지 않는 두 명제"라 했던, '성즉리(性卽理)'와 '심통성정(心統性情)'으로 요약될 수 있다.45)

44) 『문집』 67-11 (p 15-16) 「程子養觀說」 "[질문] 程子曰'存養於未發之前則可', 又曰 '善觀者, 却於已發之際 觀之', 何也? [답] 此持敬之功, 貫通乎動靜之際者也. 就程子此章論之; 方其未發, '必有事焉', 是乃所謂靜中之知覺, 復之所以見天地之心也. 及其已發, 隨事觀省, 是乃所謂動上求靜, 艮之所以止其所也. 然則靜中之動, 非敬, 其孰能形之? 動中之靜, 非敬, 其孰能察之?"

45) 『어류』 5-70 (p 15) "伊川 '性卽理也', 橫渠 '心統性情' 二句, 攧撲不破."

5. 중화논변에 함축된 문제

이상의 논변 과정에서 주희가 가졌던 문제의식 몇 가지를 아래와 같이 설명하고자 한다. 이 문제는 그의 형이상학 형성에 결정적인 것들이다.

1) 주관의 분열

앞의 3) 의 제4서 부분(299쪽 이하)에서도 서술했던 주관의 분열에 관하여 주희는 「관심설(觀心說)」(『문집』 67-22)에서 좀 더 명백하게 서술하고 있다. (이하는 「관심설」 전문 번역이다.)

> [질문] 불교에는 '**마음을 본다**'(觀心)는 설이 있는데, 과연 그러한가?
> [답] 마음이라는 것은 사람이 몸의 주인이 되는 근거이다. 그것은 하나이면서 둘이 되지[분열되지] 않는 것이며, 주인[주체]은 되지만 손님[대상]이 되지 않는 것이며, 사물에 명령하여 부리지만 사물에게서 명령받아 부려지지는 않는 것이다. 그러므로 마음으로 사물을 관찰하면 사물의 이치(理)를 얻는다. 그러나 이제 (불교의 이론처럼) 다시 어떤 것이 있어서 거꾸로 **마음을 본다면**, 이것은 이 마음 밖에 다시 하나의 마음이 있어서 이 마음을 관리할 수 있게 된다는 말이 된다. 그렇다면 이른바 마음이란 하나인가 둘인가? 주인인가 대상인가? 사물을 부리는 것인가, 사물에 부려지는 것인가? 이는 또한 고쳐주기를 기다리지 않아도 그 말의 그릇됨을 살필 수 있다.[46]

이것은 불교의 마음 이론을 비판하는 것이지만, 동시에 호남학파의 '마음의 싹을 살핀다'(察識端倪)는 설에도 적용된다. 이런 식

---

46) 『문집』 67-22 (p 24-25), 「觀心說」 或問"佛者有觀心之說, 然乎?" 曰"心者 人之所以主吾身者也, 一而不二者也, 爲主而不爲客者也, 命物而不命於物者也. 故以心觀物, 則物之理得. 今復有物, 以反觀乎心, 則是此心之外, 復有一心, 而能管乎此心也. 然則所謂心者 爲一耶 爲二耶, 爲主耶 爲客耶, 爲命物者耶 爲命於物者耶? 此亦不待校而審其言之謬矣."

의 주관의 분열은 마음에 생각이 들끓는 현상(思慮紛擾)을 가져 온다는 것은 앞 절에서 설명했다. 나아가 주희는 말한다.

[질문] 만약 당신의 말과 같다면, 성현이 말씀한 (마음을) "정밀히 하고, 한결같이 하라", (마음은) "잡으면 보존되고, 놓아두면 잃는다", "마음을 다하면 본성(이성과 양심의 소리)을 알 수 있다. 마음을 보존하고 본성을 기르라", (너의 성실한 마음이) "네 앞에 늘어서 있음을 보고, 멍에에 기대어 있음을 보라"는 것[47] 등은 모두 무슨 말인가? (그것들은 모두 주관의 분열을 의미하는 것이 아닌가?)[48]

[답] 이 명제들은 말한 것이 (불교의 「觀心說」과) 비슷하나, (그 내용은) 같지 않은 것이다. … 배우는 자들이 마땅히 구별해야 하는 것이다.

(1) 무릇 사람의 마음(人心)이 위태로운 것은 인간의 욕망(人欲)이 싹트기 때문이며, 진리의 마음(道心)이 잘 드러나지 않는 것은 천리의 오묘함 때문이다. 마음은 하나이나 그 바르고 바르지 않음 때문에 ('사람의 마음'과 '진리의 마음'으로) 그 이름이 다르다. "정밀히 하고, 한결같이 하라"는 것은 그 (진리의 마음의) 바름에 거하여 그 (사람의 마음의) 어긋남을 살피고, 그 (천리와) 다른 것을 물리쳐서 그 (천리와) 하나됨으로 돌아오라는 것이다. 이와 같을 수 있다면, 참으로 그 알맞음을 잡아서 지나치거나 모자람의 치우침이 없어진다는 것이지, 진리(의 요소)가 하나의 마음(道心)이 되고, 사람(의 요소)이 하나의 마음(人心)이 된다거나, 하나의 마음이 있어서 (다른 마음을) 정밀히 하고 한결같이 만든다는 것은 아니다.[49]

---

47) "道心惟微, 人心惟危, 惟精惟一, 允執厥中"은 『書經』 「大禹謨」에 나오는 말로써, 이른바 '16 字 心傳'이라는 것이다. "操則存, 舍則亡, 出入無時, 莫知其鄕, 惟心之謂與"는 『맹자』 「고자」 상8에 나오는 공자의 말이다. "盡心, 知性, 知天, 存心養性"은 『맹자』 「진심」 상1에 나온다. "立則見其參於前也, 在輿則見其倚於衡也"는 『논어』 「위영공」 5에 나오는 공자의 말이다.

48) 若子之言, 則聖賢所謂'精一', 所謂操存, 所謂盡心知性, 存心養性, 所謂見其參於前, 而倚於衡者, 皆何謂哉?

49) 此言之相似而不同, 正苗莠朱紫之間, 而學者之所當辨者也. 夫謂人心之危者, 人欲之萌也; 道心之微者, 天理之奧也. 心則一也, 以正不正而異其名耳. 惟精惟一, 則居其正, 而審其差者也, 黜其異而反其同者也. 能如是則信執其中, 而無過不及之偏矣. 非以道爲一心, 人爲一心, 而又有一心, 以精一之也.

(2) “잡으면 보존 된다”는 것은 저 마음으로 이 마음을 잡아서 보존한다는 것이 아니며, “버리면 잃는다”는 것은 저 마음이 이 마음을 버려서 잃게 된다는 것은 아니다. (그것은) 마음이 스스로 잡으면 잃을 것도 보존되고, (마음이) 버려두고 잡지 않으면 보존된 것도 잃게 된다는 말이다. 그러나 잡는 것에 대해서 또한 (맹자는) “낮에 하는 일이 그 사랑과 의로움의 좋은 마음(良心)을 질식시켜 없애게 하지 말라”고 했지, 흙덩이처럼 우뚝 앉아서 그 밝되 작용하지 않는 지각(知覺; 깨어있는 마음)을 지키기만 하는 것을 일컬어서 ‘잡아 보존하는 것’이라 한 것은 아니다.50)

(3) “마음을 다한다”는 것은 사물에 나아가서 그 이치를 탐구하여 확트이게 꿰뚫어 알아서 마음이 갖춘 바의 이치를 끝까지 다하는 것이다. “마음을 보존 한다”는 것은 경건함으로 내 안을 바르게 하고, 의로움으로 바깥을 단정하게 하는 것이다. 이것들은 앞에서 말한 “정밀하게 하고 한결같이 하고”, “잡아서 보존하는” 방법과 같은 것이다. 그러므로 그 마음을 다하면 본성(이성의 소리)을 알 수 있고, 하늘(의 명령)을 알 수 있다. 이처럼 (마음의) 본체가 가리워지지 않으므로, 그 이치의 스스로 그러함을 탐구함이 있게 된다. (따라서) 마음을 보존하면 본성(이성 양심)을 기르고 하늘을 섬길 수 있다. 이처럼 그 본체를 잃지 않았기에 그 이치의 스스로 그러함에 따르게 된다. 이것이 어찌 이 마음으로 저 마음을 다하고, 이 마음으로 저 마음을 보존한다는 것, 즉 마치 두 개가 서로 잡고 서로 버리지 않는 것과 같은 것이리오!51)

이상의 논의에서 주희는 마음이 ‘인간의 마음’(人心)과 ‘진리의 마음’(道心), 잡는 마음과 잡히는 마음, 보존하는 마음과 보존되는 마음 등으로 분열될 수 없다고 한다. 이렇게 통합될 수 있는 것은, 중화 신설에서 그가 깨달았듯이 이 마음이 주체(‘나’)가 되어 미발과 이발을 통합하기 때문이다.

---

50) 夫謂操而存者, 非以彼操此, 而存之也; 舍而亡者, 非以彼舍此, 而亡之也. 心而自操, 則亡者存; 舍而不操, 則存者亡耳. 然其操之也, 亦曰不使旦晝之所爲, 得以梏亡其仁義之良心云爾, 非塊然兀坐, 以守其炯然不用之知覺, 而謂之操存也. 맹자의 말은 「고자」 상8에 나온다.

51) 若盡心云者, 則格物窮理, 廓然貫通, 而有以極夫心之所具之理也. 存心云者, 則敬以直內, 義以方外, 若前所謂精一·操存之道也. 故盡其心, 而可以知性·知天, 以其體之不蔽, 而有以究夫理之自然也. 存心而可以養性·事天, 以其體之不失, 而有以順夫理之自然也. 是豈以心盡心, 以心存心, 如兩物之相持 而不相舍哉!

주희에 있어서 마음의 분열은 객관적 도덕률(天理)과 인간의 욕망(人欲)의 대립으로 흔히 말해진다. 천리는 미발의 마음에 있는 도덕률의 요소를, 인간의 욕망은 이발의 마음에 있는 육체적 욕망의 측면을 말한다. 일상적인 인간은 살아가는 동안 어떤 순간도 행위를 하지 않음이 없다. 이 행위의 순간에 그의 마음('나')은 사회의 도덕률을 따를 것인가, 내 한 몸의 욕망을 따를 것인가 하는 선택의 기로에 서 있다. 이 선택권을 행사하는 것을 주희는 마음의 주재(主宰)라고 한다. 이때 그 마음('나')이 인간의 욕망을 따르면 그것은 '인간의 마음(人欲)'이 되고, 천리를 따르면 '진리의 마음'(道心)이 된다. 그 마음이 천리를 잡으면 그것은 보존된다(操存). 그러나 그것이 욕망을 따르면 마음이 만나는 사물과 일에 매달려 나의 주체성을 잃어버린다. 인간의 욕망이란 어떤 사물이나 일에 대한 것이기 때문이다. 이처럼 마음이 하나의 일이나 사물에 매달리는 것을 그는 "마음이 사물에 부려지는 것"이라고 한다. 이럴 때 그 마음은 결국 천리와 인욕으로 분열된다.

이러한 분열을 극복하여 마음('나')이 "그 천리의 바름에 거하여 그 욕망의 어긋남을 살피고, 그 천리와 다른 것을 물리쳐서 그 천리와 하나 됨으로 돌아오면", "그 알맞음을 잡게 되어 지나치거나 모자람에로 치우침이 없게 된다." 마음을 다하고 본성(이성 · 양심)을 보존하는 것, 즉 마음을 기르고(涵養) 이치를 탐구하는 것은 결국 이런 분열을 극복하고, 하나가 된 강력한 도덕적 주체성을 형성하는 과정이다. 여기에서 말하는 천리(天理)와 인간적 욕망은 각각 사회와 개인의 측면을 의미한다. 주희는 사려의 분요, 주관의 분열을 극복한 마음이 갖는 본질 혹은 그 양상을 바로 인(仁)으로 규정한다. 이는 다음 절에서 설명하겠다.

2) 인(仁; 사랑함과 인격)에 관한 이론

주희의 인(仁)의 이론에 대해서는 그가 중화 신설을 깨달은 이후에 확립된 이론을 주로 설명하기로 한다. 그 이론은 『문집』 67-23 (p 25-27)에 있는 「인설(仁說)」에 집중적으로 나타난다. 그는 중화 신설에서 마음의 이발과 미발을 관통하는 덕목은 경건함(敬) 뿐만 아니라 인(仁)이라고 한다.

> (마음은 본래) 고요하면서도 항상 반응하고, 반응하면서도 항상 고요하다. 이 때문에 마음이 두루 흘러 꿰뚫으면서도 한 순간이라도 인(仁; 사랑/인격)하지 않음이 없다. 그러므로 군자가 (마음의) 알맞음(中)과 조화(和)를 이루면 하늘과 땅이 자리 잡고 만물이 길러지는 이유는 여기에 있을 뿐이다. 왜냐하면 몸에 주인이 되어 움직이거나 고요하거나, 말하거나 침묵하거나 (작동하지 않는) 틈이 없는 것이 마음이기 때문이다. 인(仁)은 마음의 길이고, 경건함(敬)은 마음의 줄기(貞)이다. 이는 위로도 꿰뚫고 아래로도 꿰뚫는 길이며, 성인이 되는 학문의 근본이다.[52)]

여기에서 인(仁)이란 마음의 고요함(寂)과 반응함(感), 즉 미발과 이발에 두루 통해 있는 것으로, 마음의 길이라고 한다. 이것이 주희가 중화 신설을 통해서 확립한 인(仁)의 이론이다. 여기에서 인(仁)은 첫째 사랑의 이치(愛之理), 둘째 어떤 상황에도 적절히 행위할 수 있는 완벽한 마음의 능력(心之德), 이 두 가지 의미 중에서 두 번째 의미에 가깝다. 완벽한 덕(仁)을 갖출 때, 마음은 몸의 주인이 되어서, 그 몸이 움직이거나 정지해 있거나, 말하거나 침묵하거나 상관없이 언제나 알맞게 주재(主宰)할 수 있다. 동정(動靜) 어묵(語默) 등을 상하(上下)라고 규정한다면, 이 인(仁)이 바로 철상철하(徹

52) 『문집』 32-18 (p 32-33) 「答張欽夫」 寂而常感, 感而常寂. 此心之所以周流貫徹, 而無一息之不仁也. 然則君子之所以致中和, 而天地位 萬物育者, 在此而已. 蓋主於身, 而無動靜語默之間者, 心也. 仁則心之道, 而敬則心之貞也. 此徹上徹下之道, 聖學之本.

上徹下)의 길(道)이며, 마음의 길이 될 것이다. 경건함은 마음의 줄기이고 뼈대(貞=楨)이며, 마음이 항상 따라야 하는 것(常)이다.

이를 그는 임택지(林擇之)에게 보내는 편지에서 "인(仁)이란 마음의 본체의 전부로서, 그 작용은 일에 따라 드러난다"고 요약한다.[53] 중화에 관한 토론을 통하여 주희는 미발과 이발, 본성과 감성 등을 구분하고 이를 마음에 통합시켜서, 마음의 구조에 관한 자신의 이론을 정립한다. 이 과정에서 그는 인(仁)의 이론을 확립하면서 그런 구분이 다시 나타난다. 인(仁)이란 미발과 이발에 동시에 나타난다는 것이다.

* 이하에서는 「인설(仁說)」(『문집』 67-23)을 중심으로 설명하겠다.

(1) **사량좌(謝良佐)**는 항상 이발의 상태에 있는 이 마음에는 측은지심(惻隱之心) 같은 선한 싹도 나오므로, 이 싹을 잘 살펴 잡아서 보존해야 한다고 한다. 그러므로 인간의 마음에는 언제나 깨어 있는 마음, 이른바 지각(知覺; 깨달아 앎)이 있어야 한다.

이에 대해 주희는 다음과 같이 비판한다. "그가 말하는 '마음은 지각을 가지고 있다'는 것에서 인(仁)이 앎(智; 지혜)도 포괄하고 있다는 것은 볼 수 있으나, ('지각'은) 인(仁)이 그 이름[규정]을 얻게 되는 실제 내용은 아니다."[54] '인(仁)'이라는 말은 원래 '사랑함'을 의미했다. 사량좌는 이 사랑의 이치(愛之理)는 언제나 깨어 있고 살아 있는 마음[知覺]을 유지하는 것, 즉 '앎(智)'이라는 것이라 한다. 주희가 볼 때 '지각'은 맹자가 말한 '인의예지(仁義禮智)' 중에 지(智)에 해당된다는 것이다.

이처럼 그는 인(仁)을 덕목 중의 하나로 해석하고 있다. 그러나

---

53) 『문집』 43-41 (p 36) 「答林擇之」 "仁者 心體之全, 其用 隨事而見."
54) 『문집』 67-23 (p 27) "彼謂心有知覺者, 可以見仁之包乎智矣, 而非仁之所以得名之實也."

공자 이래 정자(程子)까지 인(仁)이란 그런 덕목 중의 하나일 뿐 아니라, 모든 덕목을 포괄하는 전체라고 한다. "인자(仁者)는 그 마음에 지각을 가지고 있다고 할 수는 있으나, 마음이 가진 지각만을 인(仁)이라 할 수 없다."[55] 인자(仁者)는 완벽한 인격을 갖춘 자이고, 완벽한 인격을 갖춘 자는 모든 덕목을 다 갖추어 실현시킨 자이다. 그러므로 인(仁)이란 모든 덕목을 다 포괄한 것이다(心之德). 그런데 그 덕목 중 하나인 지각(知覺)을 지적하여 인(仁)이라 하는 것은 부당하다.[56] 사량좌는 오직 언제나 깨어 있어 살아 있는 마음[知覺]만 강조한다. 그 결과 사람들은 항상 흘러가는 자신의 마음을 반성하여, 선한 마음의 싹을 찾아 키우는데 급급하게 된다. 이처럼 지각설(知覺說)은 사람으로 하여금 다급하고 바쁘게만 할 뿐, 그 마음이 깊고 순수하고 차분한 맛이 없게 한다. 이발의 마음만 강조하므로, 심지어는 그 마음에 떠오르는 욕망을 본성의 리(理)라고 인정하는 사람도 있게 된다.[57] 주희가 보건대, 사량좌는 인(仁)을 정의함에 있어서 사랑함의 이치(愛之理)는 지적했으나 마음의 능력(心之德)의 측면은 빠뜨린 것이다.

(2) **양시(楊時)**는, 우리의 미발의 본성에는 인의예지의 덕목뿐만 아니라 모든 덕목이 갖추어져 있는데, 이러한 덕목의 전체가 인(仁)이라고 한다. 이러한 덕목을 발휘하는 것은 자신의 역할(노릇)을 제대로 하는 것이며, 동시에 상대를 사랑하는 것이다. 예컨대 그 덕목 중의 하나인 효(孝)를 행한다는 것은 그가 자식 노릇을 제대

55) 『문집』 32-14 (p 26) "仁者, 心有知覺, 則可 ; 謂心有知覺, 謂之仁, 則不可. 蓋仁者心有知覺, 乃以仁包四者之用而言. … 若曰心有知覺, 謂之仁, 則仁之所以得名, 初不爲此也."

56) 『유서』 18-1, 4, 6. 참조.

57) 『문집』 67-23 (p 27) "專言知覺者, 使人張皇迫躁 而無沈潛之味. 其弊 或至於認欲爲理者 有之矣."

로 하는 것이며, 동시에 그 아버지를 사랑하는 것이다. 나아가 임금에 대한 사랑인 충성(忠), 형제에 대한 사랑인 우애(弟), 벗에 대한 사랑인 미더움(信) 등등의 모든 덕목을 행하면 모든 사람을 사랑(仁)하게 된다. 이처럼 사랑하는 사람(仁者)은 만물과 빈틈없이 어우러져 한 몸이 된다고 한다. 이 모든 덕목은 천리(天理)로서 사람의 미발의 본성에 본래 부여되어 있다.[58] 그러므로 사람에게는 무엇보다도 이 본성의 인(仁)을 깨달아 실현하는 것이 중요하다. 따라서 양시 이래 이통까지 그 제자들은 미발의 기상을 체험하여 확인하는 것을 중시한다.

이것에 대한 주희의 비판은 다음과 같다. "그가 말한 '만물과 내가 하나이다'라는 것에서, 인자(仁者)가 (어떤 것이든) 사랑하지 않음이 없다는 것을 알 수 있다. 그러나 (그 명제는) 인(仁)이 그 **실체**를 얻게 되는 올바른 방법은 아니다."[59] 인(仁)이란 덕목의 전체이며, 그 모든 덕목을 다 잘 발휘하면 모든 사물과 한 몸이 된다. 그것이 인(仁)의 **실체**이기는 하다. (이를 心之德이라 한다.) 그러나 미발의 기상을 바로 체험하여 만물과 한 몸이 되라고 하는 것은 거창하기는 하지만 인(仁)의 실체를 얻는 바른 방법은 아니다. 그들은 미발의 기상을 체험하는 방법으로 '조용히 앉아 있는 것(靜坐)'을 제시한다. 그러나 그런 참선을 통하여 미발의 본성을 체인하는 것은 논리적으로 불가능하다.[60] 설사 체득했다 하더라도, 그것을 통하여 만물과 한 몸이 되는 사랑을 발휘하기는 어렵다. 따라서 인(仁)이란 만물과 "한 몸(同體)이 되는 것이라고 얼버무리는

58) 양시의 그러한 사상은 『유서』 2상-28 「識仁篇」에 나오는 "仁者渾然與物同體. 義禮智信 皆仁也."라는 정호의 말에 근거하고 있다.

59) 『문집』 67-23 (p 27) "彼謂物我爲一者, 可以見仁之無不愛矣. 而非仁之所以爲體之眞也."

60) 이 문제에 대해서는 267 쪽에 나오는 '묵좌의 비판'과 321 쪽의 '중화신설의 수양론'을 보라.

것은, 사람들로 하여금 (정좌처럼 마음을 잠재우는 방법으로 미발의 기상을 체인하게 하여) 혼란스럽고 어둡고 느리게 만들어, (한 몸이 되는 사랑도 깨닫지 못하게 하여, 실제로 만물을 사랑하는) 엄하고 절실한 공부가 없게 한다. 그래서 그 폐단은 선불리 짐승이나 '사물도 나의 몸이다'라고 하는데 까지 이른 사람도 있게 된다는 점이다."[61] 주희가 보건대 양시는 인(仁)을 정의함에 있어서, 사량좌와 반대로 마음의 능력(心之德)은 지적했으나 사랑함의 이치(愛之理)의 측면은 빠뜨린 것이다.

사량좌는 언제나 깨어 있어 살아 있는 마음[知覺]만 강조하여, 항상 흘러가는 자신의 마음을 반성하여 선한 마음의 싹을 찾아 키우는데 급급하게 한다. 이처럼 사람으로 하여금 다급하고 바쁘게만 할 뿐, 그 마음에 깊고 차분한 맛이 없게 한다. 나아가 그 마음에 떠오르는 욕망을 본성의 리(理)라고 인정하는 사람도 있게 된다. 양시는 인(仁)이란 만물과 한 몸(同體)이 되는 것이라고 하여, 사람들로 하여금 미발의 기상을 체인하게 한다. 그 결과 혼란스럽고 어둡고 느리게 만들어 실제로 만물을 사랑하는 엄하고 절실한 공부는 없이, 선불리 짐승이나 '사물도 나의 몸이다'라고 하는데 까지 이른 사람도 있게 만들었다. 사량좌의 지각설은 인(仁)이 사랑(愛)이라는 것을 '잊은 것(忘)'이라면, 양시는 인(仁)이 사랑이라는 것을 지나치게 강조하여 모든 것이 나와 한 몸이라고 하여, '조장함(助)'의 잘못을 범한 것이다.[62]

(3) **주희(朱熹)**는 이와 같은 두 입장을 비판적으로 종합하여, 인

61) 『문집』 67-23 (p 27) "汎言同體者, 使人含胡昏緩, 而無警切之功. 其弊 或至於認物爲己者, 有之矣."

62) 『문집』 67-23 (p 27) "一忘一助, 二者 蓋胥失之." 잊음(忘)과 조장함(助)은 『맹자』 「공손추」 상2에 나온다.

(仁)이란 '사랑의 이치(愛之理)'이며, '마음의 능력(心之德)'이라고 정의한다.63) '사랑의 이치'는 전체 덕목 중의 하나의 덕목으로서의 인(仁)을 말한 것이다. 이는 '부분으로 말한 인(仁; 偏言之仁)'이다. '마음의 덕'은 모든 덕목을 포괄한 덕목으로서의 인(仁)을 규정한 것이다. 이는 '포괄하여 말한 인(仁; 專言之仁)'이다.64) 인(仁)이란 인간이 사랑할 수 있는 바른 이치(근거 바탕)이다. 그러므로 주희는 '애지리(愛之理)'라고 정의한다. 바르게 사랑할 수 있는 것은 인간의 마음에 그런 능력이 본래 부여되어 있기 때문이다. 그것은 가능성에 불과하므로 사람은 마땅히 그 가능성을 계발해야 한다. 그러면 어느 누구를 만나도 상대에 맞게 사랑할 수 있다. 이런 마음의 능력은 충 효 의(義) 예(禮) 지(智) 신(信) 등의 덕목으로 나타난다. 그러므로 주희는 인(仁)을 '심지덕(心之德)'이라 정의한다. 이를 주희는 다음과 같이 설명한다.

우리의 마음에 가득 차 있는 것은 다만 이 근원적인 사랑일 뿐이다. 이 사랑의 마음은 하나이다. 그러나 이 사랑이 모든 것에 다 일률적으로 평등하게 적용될 수는 없다. 아버지에 대해서는 아버지에 맞게, 임금에게는 임금에 맞게 사랑을 해야 한다. 그렇게 사랑할 수 있는 능력은 비록 우리가 태어날 때 하늘과 땅에서 부여받았지만, 실제로 자신이 아버지나 임금을 상대하여 적용하기 위해서는 끊임없는 노력이 필요하다. 즉 내가 그들에게 제대로 알맞게 사랑(행위)했는지 항상 반성해야 한다. 이런 반성적 노력이 바로 사량좌가 말하는 도덕적으로 '깨어있는 마음'(知覺)을 유지하는 것이며, 호남학파가 강조하는 내 마음의 싹이 바른 것인지 살피는 것(察識端倪)이다. 이것이 사랑을 제대로 베푸는 방법이며 이치이다.

---

63) 『문집』 67-23 (p 27) 「仁說」, 『論語集註』 「學而」 2 의 주석 등.

64) 『어류』 6-78, 79 (p16-18) "偏言則一事, 專言則包四者." 『문집』 32-12 (p22) "仁包四德(仁義禮智). … 『易傳』所謂'專言之則包四者' 亦是正指生物之心而言."

따라서 인(仁)이란 '사랑하는 이치'(愛之理)이다.

그러나 그런 깨어 있는 마음으로 이 끊임없이 흘러가는 나의 마음이 도덕적인 것인가를 살피는 것만으로는 부족하다. 남을 향한 그런 사랑이 하나의 덕목으로 형성되어 나의 인격을 이루어야 한다. 그렇지 않으면, 사람은 자신이 당면하는 상황에서 항상 자신의 마음을 감시하는데 급급하게 된다. 그런 덕목이 나의 미발의 본성에 정초하게 하는 것, 즉 나의 인격이 되게 하는 공부가 필요하다. 그렇게 되면 누구를 만나도 차분하게 자신의 마음에 따라 행위할 수 있게 된다. 이렇게 그 사랑의 관계를 나의 마음의 능력으로 승화시켜야 한다. 따라서 인(仁)이란 '마음의 능력'(心之德)이다.

이 능력을 가지면 인간은 완성된 인격을 가지게 된다. 왜냐하면 그런 인격을 가지면 임금에게는 충성을, 아버지에게는 효도를, 아들에게는 자애를, 친구에게는 미더움(信)을 베풀 수 있다. 또한 그런 능력을 발휘하기 위해서는 의(義), 예(禮), 용기, 지혜 등의 덕목이 필요하다. 이러한 덕목을 모조리 갖춘 자는 완성된 인격을 갖게 될 것이다. 따라서 인(仁)의 귀결은 그런 인격의 형성이다.

이러한 생각의 바탕에는 개체보다는 사회를 긍정하는 사고 방식이 있다. 사회란 사람이 모여 사는 것이고, 모여 살기 위해서는 그 개체들을 연결시켜 주는 끈이 있어야 한다. 이것이 바로 사랑(仁)이라는 것이다. 모여 산다는 것은 서로 관계를 맺는다는 것이다. 이 중에서 주요한 관계는 임금-신하, 아버지-아들이다. 이런 관계를 제대로 맺을 수 있는 것은, 그 끈으로서의 사랑이 우리의 본성에 본래 부여되어 있기 때문이다. 한 개인이 자신의 몸만 생각한다면 그 개인에 불과하나, 모든 덕목을 다 갖추고 있다는 점을 파악한다면, 자신이 그 거대한 사회의 그물의 한 부분이라는 것을 깨닫게 된다. 이 때문에 정호는 만물이 나와 한 몸이라 한다.(「識仁篇」) 그러므로 맥박을 짚어 봄으로써 내 몸의 고동을 알듯이, 이러한 깨달음이 있으면 사회 전체의 맥박을 짚어 볼 수 있다. 그리고 이웃의 아픔을 내 몸의 아픔으로 가져오게 된다.

그러나 무엇이 이런 사랑의 마음을 마비시키는가? 자신이나 자신의 가족 동문 패거리 밖에 생각하지 못하고, 심지어는 자신의 이익 때문에 아버지나 임금도 적으로 싸우게 하는 것은 무엇인가? 이것은 몸에만 한정된 '나'(私)에 대한 이기적 사랑(私欲)과 이 '나'를 이롭게 하는 사물에 대한 욕망(物欲), 두 가지 요소이다. 사욕(私欲)과 물욕(物欲)은 '전체의 그물'(사회) 속에 있는 '나'를 망각하게 하여 좁은 자아에 안주하게 한다. 그러므로 정이는 "사랑(仁)하면 (모두가) 하나가 되지만, 자신(私)만 생각하면 모든 것으로 분열된다"고 한다.[65] 모든 개인이 예민한 마음(知覺)을 발휘하여 사랑하고(愛之理) 그 마음의 능력을 발휘하면(心之德) 조화로운 하나[社會]가 되지만, 모든 개인이 자기 자신만을 찾는다면, 모든 개인은 모든 개인으로 분열될 것이다. 그러므로 인(仁)이란 사(私; 개인적 요소)를 제거하고 공(公; 사회의 요소)으로 돌아가는 것이다. 공자는 이것을 "자신의 욕망을 이기고 예로 돌아가는 것"(克己復禮)이라고 한다.

이런 공(公)과 사(私)의 대립을 주희는 천리와 인욕으로 표현한다. 자신만을 생각하는 사욕과 물욕이 인욕이며, 나를 넘어서 아버지 아들 임금 신하 등등 사회 전체와 맺는 바른 관계가 천리이다. 이것은 결국 개인과 사회, 부분과 전체의 대립이라고 할 수 있다.

---

65) 『유서』 3-59, 15-18 "仁則一, 私則萬殊."

3) 천인합일과 리일분수

이러한 착상을 형이상학적 언어로 표현한 것이 바로 천인합일(天人合一) 이론이며, 구체적으로는 월인천강(月印千江)과 리일분수(理一分殊) 이론으로 나타난다.

주돈이와 장재 이래 주희 육구연까지 모두 인간과 자연은 동일한 본질을 가졌다(天人合一)는 것을 근본 전제로 삼는다. 인간과 자연은 현상적으로는 다르지만, 그것들의 동질성을 유지시켜 주는 본질이 있다. 이 본질을 그들은 '생명력'(生)이라 하며, 또한 사랑(仁)이라 한다. 그것을 정호 정이와 주희는 '리(理)'라고 한다. 그리고 한편으로 기(氣)의 측면에서는 음양오행으로 나타난다. 자연에는 밤-낮, 더위-추위, 밝음-어두움이 있듯이 인간 사회에는 임금-신하, 아버지-아들, 형-아우 등이 있다. 자연에는 봄 여름 가을 겨울의 사계절이 있듯이 인간에게는 인의예지(仁義禮智)의 네 덕목이 있다고 한다. 자연의 그런 네 가지 변화 양태의 형이상학적 바탕을 『주역』에서는 원형이정(元亨利貞)이라 한다. 이런 것은 모두 오행(五行)의 변용일 뿐이다. (오행의 토土는 바탕이므로 구체적인 적용에서 빠진다. 따라서 사계절, 사덕四德으로 나타난다.)

그러나 어떤 정도의 동일성을 가졌느냐 라는 점에서는 의견이 서로 다르다. **장재**(張載)는 인간과 자연은 본질적으로는 동일하나 현상적으로는 서로 다르다고 한다. 그러므로 인간은 자연의 상태가 되기 위해서는 노력을 해야 한다고 한다. 그는 자연의 본질적 상태를 '태허(太虛; 텅 빈 것)'이라 하고, 인간의 마음의 본래 상태도 그런 텅 빈 것이라 한다. 그런 비운 마음이야 말로 사랑(仁)을 할 수 있고, 모든 것을 용납하여 살아가게(生) 한다. 그러나 그는 자연과 인간 사이의 차이를 너무 엄격하게 둔다. 인간은 거의 금욕과 고행을 해서 자연 상태를 향해 나가야 한다. 그러나 자연 상태는 될 수 없다. 자연과 인간은 질적으로 차이가 난다는 것이다. 이런 식으로 자연과 인간을 엄격하게 구분하는 것은 그의 「서명(西銘)」에서 절정에 이른다. 하늘과 땅은 모든 인간 사물의 어버이이다. 인간은 어버이로서 그것을 경건히 모셔야 하지, 자신이 바로 그것이 될 수 있다고 해서는 안 된다. 따라서 하늘과 땅의 마음(天地之心)과 인간의 마음은 넘을 수 없는 간격이 있다. 이 때문에 그는 하늘과 땅을 거의 숭배의 대상으로 삼는다.

정호(程顥)는 이런 점을 문제 삼는다. 인간의 마음과 천지(天地)의 마음은 본질적으로 같을 뿐 아니라, 지금 이 마음도 바로 천지의 마음 그대로이다. 그런데 인간이 그것을 깨닫지 못하고, 단지 자신과 그 이익만 생각하는 욕망(私欲 物欲)에 사로잡혀서 그것을 망각한다. 그 망각만 헤쳐 나오면 인간은 바로 천지의 마음과 같게 되어, 하늘과 땅 사이에 올바로 설 수 있으며, 떳떳하고 즐거울 수 있다. 이런 것은 인간의 자질과 능력을 너무 높이 평가한 것이라 할 수 있다. 따라서 정이(程頤)는 현실적인 인간의 마음이 그대로 천지의 마음이라고 보지 않는다. 그 마음을 갈고 닦아야 자연 상태에 도달할 수 있다. 그 마음을 수양하는 방법으로 그는 거경(居敬)과 궁리(窮理)라는 것을 제시한다. 그런 수련을 거쳐야만 인간의 마음은 천지의 마음처럼 생명력과 사랑에 가득차고, 사회에서 제대로 행위 할 수 있다. 이는 장재와 정호의 입장을 비판적으로 종합한 것이며, 현실적 인간의 상황에 좀 더 접근한 것이다. 주희는 기본적으로 정이의 노선을 따른다.

주희는 천지의 마음이 인간의 본성에 부여되어 있다는 것을 형이상학적인 이론으로 재구성한다. '생(生)', '인(仁)' '리(理)' 등으로 말해진 그 동일한 본질을 그는 두 가지 차원에서 각각 둘로 나눈다.

(1) 전체로서 태극(統體太極)과 개체에 부여된 태극(各具太極)

자연의 마음(天地之心)에 있는 리와 각 개체에 부여된 리를 그는 나눈다. 천지자연의 마음에는 리의 전체가 있고, 이 리의 전체는 그대로 각 개체에 부여된다. 리의 전체를 주희는 주돈이의 『태극도설』의 용어에 따라 '태극'이라 한다. 천지자연에 있는 태극을 그는 '통체 태극(統體 太極)'이라 하고, 각 개체에 부여된 것을 '각각에 부여되어 갖추어진 태극(各具 太極)'이라 한다. 이렇게 이치의 총체가 각 개체에 부여되어 있다는 것을 『중용』 첫머리에서는 "하늘이 명령한 것을 본성이라 한다"고 한다. 인간에 부여된 그 이치의 총체는 그의 본성을 이룬다. 또한 이렇게 부여되어 있는 것을 주희는 "하늘의 달이 모든 강물에 비추어 찍혀 있는 것"(月印千江)에 비유한다. 이는 원래 불교에서 쓰던 것인데 그가 차용한 것이다.

(2) 리일(理一)과 분수(分殊)

주희는 리를, 이치의 전체(理一)와 각각의 상황에서 구현되는 개별적인 리(分殊理)로 나눈다. 이는 그가 부분으로서의 인(仁; 愛之理)과 모든 덕목을 포괄하는 인(仁; 心之德)으로 나누는 것에 대응한다. 이를 그는 리일분수(理一分殊)라고 한다.[66]

'리일분수'라는 말을 최초로 쓴 사람은 정이이다. 「서명(西銘)」의 사상은 묵자의 겸애설과 같은 것이 아니냐 라는 양시의 질문에 대해서, 묵자는 리일(理一)만을 보았고, 양주(楊朱)는 분수(分殊)만 말했지만, 「서명」은 그 둘을 종합하여 리일분수를 밝힌 것이라고 정이는 답한다. 양주는 '자신을 위함(爲我)'를 주장하므로 자기 자신만을 다할 것을 생각한다. 이것은 자신의 직분(分)의 다름(殊)만을

---

66) 月印千江의 비유로 설명되는 統體太極과 各具太極의 관계를 주희는 理一分殊라고 하기도 한다. 그러나 일단 月印千江과 理一分殊는 구별하는 것이 주희의 이론을 이해하는데 도움이 된다.

본 것으로 의(義)에 해당된다. 반대로 묵자는 '보편적인 사랑(兼愛)을 주장하여 사회 전체가 나와 한 몸이 되는 것만 중시했으므로 리일(理一)을 본 것이다. 정이가 이 때 말하는 리일(理一)은 마음의 덕목의 총체(心之德)로서의 인(仁)이다.

이와 같은 언명을 통하여 유가의 핵심이 리일과 분수, 인(仁)과 의(義), 개인과 사회의 종합이라는 것을 정이는 말하고 있다. 그는 단지 양시에게 보내는 그 편지에서만 리일분수라는 말을 한번 쓴다. 이 '리일분수'라는 말의 의미를 좀 더 이론화시킨 사람이 주희이다. 주희는 정이의 이론을 이어서, 인(仁)이 모든 덕목을 포괄하는 마음의 능력이라는 점을, 인간의 행위라는 측면과 연결시킨다. 한 개인의 마음에는 근원적인 사랑(仁)이 있다. 이것은 어떤 사랑이라고 규정할 수 없고, 다만 인간의 마음에 하나의 능력으로서 존재한다. 그 사랑은 구체적인 대상을 만나면, 구체적인 사랑으로 드러난다. 따라서 하나의 근원적인 사랑은 대상에 따라서 다양하게 드러난다. '나'가 사회 속에서 어떤 사람을 만나든지 그 사람에 합당하게 대접하여 바른 관계를 맺을 수 있는 것은 그 하나의 근원적인 능력으로서의 사랑이 있고, 그 사랑을 대상에 따라 적절하게 표출할 수 있기 때문이다.

하나와 여럿의 관계에 대해서 주희는 "리는 하나이지만 다양하게 드러난다"(理一分殊)는 명제와 연결시킨다. 사람이 사회 속에서 산다는 것은 하나의 역할을 한다는 것이다. 모든 개체는 그 개체의 리가 있다. 아버지에게는 아버지의 리가, 임금에게는 임금의 리가 있다. 자신이 맡은 역할을 다 하려면 그 리에 따르면 된다. 그런데 한 개인은 자신의 상대에 따라 자신의 역할이 바뀐다. 한 개인은 아버지 앞에서는 아들이면서 동시에 자신의 아들 앞에서는 아버지가 된다. 또한 신하의 역할을 다하려면 임금의 역할이 어떠한지를 잘 알아야 한다. 따라서 한 개인은 이론적으로는 그 사회 전체에 있는 역할을 다 맡을 수 있다. 그리고 사람은 모든 역할을 다 잘 할 수 있다. 왜냐하면 역할을 다할 수 있는 그런 능력이 가능태로서 그 마음에 부여되어 있기 때문이다. 그 능력을 마음의 측면에서는 '마음의 덕'(心之德)이라 한다. 그리고 행위의 측면에서는 '리의 총체'(理一)이라 한다.

아들로서 아버지에게 효를 하는 것은 동시에 아들의 도리(理)를 행하는 것이며, 신하로서 임금에게 충성을 바치는 것은 동시에 신하의 도리를 하는 것이다. 이처럼 충효라는 사랑을 상대에 베푸는 것은 동시에 그런 리(理; 禮)를 행하는 것이다. 그러므로 사랑과 행위 원리는 표리(表裏)를 이룬다. 안으로 마음의 측면에서는 사랑(仁)이라 하고, 밖으로 행위 원리의 측면에서는 리(理)라고 한다. 따라서 마음에 있는 하나의 근원적인 사랑은 동시에 하나의 근원적인 리(理; 理一)이다. 하나의 사랑이 상황에 따라 다르게 나타나듯이, 하나의 근원적인 리는 상황에 따라 상대와 자신에 맞는 리(分殊理)로 드러나야 한다.

하나의 근원적인 사랑, 혹은 리는 가능태로서 인간에 부여되어 있다. 그리고 그것을 자각하여 상대와 자신에 맞게 베풀고 행위하는 것은 그 개인의 도덕적 수양에 달려 있다. 이 수련을 주희는 정이에 따라 거경과 궁리라 한다. 거경(居敬)은 하나의 근원적인 사랑을 확립하는 것이고, 궁리(窮理)는 하나의 리를 구체적인 상황에 적용하는 것이다.

이와 같은 이론은 인(仁)과 정명론(正名論)을 주창했던 공자에게서도 보인다. 공자의 인(仁)의 이론은 마음의 측면에서 전개된 것이고, 정명론은 행위의 측면에서 전개된 것이다. 주희의 리일분수론은 공자의 정명론을 다시 한번 되풀이한 것이라고 할 수 있다.[67]

6. 맺는 말

이상에서 필자는 주희가 30-40 대 중반에 걸쳐 그의 이론의 기초를 세우면서, 호남학파 사람들, 특히 장식과의 토론을 거쳐서 그의 마음 이론(심성론)을 확립하는 과정을 추적해 보았다.

1) 주희는 그의 나이 24 세에 이통을 만나기 전까지는 여러 학문을 두루 섭렵하다가, 선(禪)에 몰두했다. 그러다 이통을 만나서 유학에 확고하게 뜻을 두고 묵묵히 앉아서 마음을 맑게 하여, 미발의 마음의 기상을 체험하는 것을 배운다. 그리고 동시에 유교 경전과 인(仁) 리일분수 등을 배우지만, 본질적으로 실천 위주인 이통이 그런 이론들을 명확히 설명해 주지 못했고, 주희가 그것들을 미처 다 깨닫기도 전에 이통이 죽는다.

그 뒤에 그는 장식을 만나서 토론한다. 그리고 아직 드러나 움직이지 않는 마음(未發)의 기상을 체험하려 했던 것의 잘못을 비판하고, 이발의 마음을 중심으로 한 호남학을 받아들인다. 이것이 중화 구설이다. 묵좌하여 미발의 마음을 체인하려는 것은 논리적으로 불가능하다. 체험하려는 '나'[인식 주체]는 언제나 드러나 움직이는 것(已發)이며, 체험하려는 대상은 언제나 드러나 움직이지 않는 것(未發)이기 때문이다.[68] 그래서 미발의 마음이란 그야말로 아직 드러나 움직이지 않은 것이라고 보아, '지금 움직이는 이 마음(已

---

67) 리일분수 이론에 대해서는 다음 논문이 가장 자세하다. 장원목, 『성리학의 理一分殊 체계 - 주희를 중심으로』, 서울대 석사 논문, 1988년.

68) 체험 주체는 움직이는 것이고, 체험 대상은 움직이지 않는 것이라면 물론 인식은 이루어진다. 그러나 중화 구설에서는 인식 주체와 인식 대상이 서로 같다. 인식 주체인 나의 마음은 움직이는 것(已發)이고, 인식 대상인 나의 마음은 움직이지 않는 것(未發)이라면, 결국 그 마음은 움직이면서 움직이지 않는다는 말이 된다. 내가 나의 마음을 인식한다는 것은 그처럼 논리적인 모순이다. 자세한 것은 267 쪽 및 321 쪽을 참조할 것.

發)은 곧 가고, 아직 움직이지 않은 마음(未發)은 바야흐로 오고 있다(方往方來)'는 호남학파의 학설을 받아들인다. 이처럼 흘러가고 오는 우리의 마음은 직면하는 일에 따라서, 식욕이나 성욕 등의 욕망의 싹도 나오고, 측은히 여기는 마음 같은 양심의 싹도 나온다. 이 싹들을 살펴서 그 중에서 선한 것만 가려서 보존하고 키운다(察識 存養)는 수양 이론도 주희는 받아들인다.

이런 이론에 따랐던 주희는 곧 사려 분요(思慮紛擾)의 문제에 부딪치게 된다. 흘러가고 오며, 두루 넓고 크게 변화하는 우리의 마음에서 양심의 싹을 살펴 보존하고 기른다는 것은 결국 '살피는 나'와 '살펴지는 나'라는 자아의 분열을 가져온다. 이 결과 생각이 어지럽게 들끓고 행동이 급박해져 순수하고 두터운 기상이 없게 된다. 그리하여 그는 행위와 사유의 주체로서 '나'를 정초지울 수 있는 편안한 집(安宅)을 찾게 된다.

이러다가 그의 나이 40 세 때 친구 채원정과 미발의 마음에 대하여 토론하다가 호남학에 기울어졌던 자신의 학설[중화 구설]이 잘못되었음을 알고 새로운 학설을 세운다. 성체심용(性體心用)이라는 호남학의 근본 명제의 잘못은, 드러나 작용하는 것(已發; 用)만을 마음으로 돌린데 있었다. 드러나 움직이는 것만을 마음이라 할 수는 없다. '희노애락하는 것'과 '이 희노애락이 절도에 맞게 조절하는 것'은 구별해야 한다. 전자는 정(情)이라 한다면, 후자는 행위와 사려의 주체인 '나', 즉 심(心)이다. 이 '마음'의 재평가는 미발에 대한 재발견에서 나온 것이다. 우리의 마음('나')은 물론 이발의 상태에 있지만, 그것의 바탕은 천리(天理)인 미발의 본성이어야 한다.[69] 이 미발의 본성(性)에 근거할 때 우리의 주관('나', 心)은 희

69) 이 마음과 성(性) 정(情)의 관계를 주희는 '心統性情'이라 한다. 이는 「龍飛御天歌」의 "뿌리 깊은 나무는 바람에 아니 흔들릴 새, 꽃 좋고 열매가 많나니" 라는 구절에 비유할 수 있다. 뿌리는 未發의 본성이고, 꽃과 열매는 已發의 감정

노애락하는 감정에 휩쓸려 생각이 어지럽게 들끓지 않고, 그 감정과 행위를 제어[主宰]하는 확고한 도덕적 주체가 될 수 있다. 이 때 제어가 가능한 것은 미발의 본성에 이 세상의 이치의 총체가 있어, 이 이치에 비추어 볼 수 있기 때문이다.

그러나 이것은 존재론적으로 볼 때 그러하고, 현실적인 인간은 미발의 본성에 있는 이치가 그대로 다 주관[心]이 감정과 행위를 주재하는 원리가 되지는 못한다.[70] 그러므로 거경(居敬) 함양(涵養)과 궁리(窮理) 격물(格物)이 필요하다. 그는 장식에게서 배운 미발의 본성은 파악할 수 없다는 명제를 끝까지 받아들인다. 아직 드러나 작동하지 않는 것이므로, 미발의 본성은 궁리의 대상이 될 수는 없다. 그 대신 미발은 우리의 주관의 바탕이므로 이 바탕을 확고히 하는 것이 필요하다. 이것이 경건함(敬)에 의한 함양으로, 이는 도덕적인 의지 내지는 도덕적인 주관의 강화의 작업이다. 이와 동시에 세상일을 탐구해야 한다. 탐구는 이발의 마음에서만 가능하므로, 자신이 당면하는 일상의 일에서 하나 둘 이치를 탐구해야 한다. 그러다 보면 언젠가는 문득 탁 트이며, 세상의 모든 이치를 깨닫게 된다(豁然貫通). 이것은 이 세상의 이치의 총체인 리일(理一)을 깨닫는 것이다. 그리고 깨달은 바 리일(理一)은 다름 아닌 나의 미발의 본성에 갖추어진 것이니, 이것이 격물치지이다. 이 리일의 깨달음은 세계관의 형성이라 할 수 있다. 도덕적인 의지와 세계

및 거기에서 나오는 행위이며, 줄기는 마음이라 할 수 있다. '나'(마음)가 未發의 본성에 뿌리박고 있다는 것은 이런 의미이다.

70) 미발의 마음은 인격의 근거이고 자아이며 '나'이며 '주체'이다. 사람이 태어나서 커가면서 이 자아는 자신이 사는 환경에 따라 형성된다. 따라서 대부분의 사람들의 자아는 완전히 도덕적이지는 못하다. 도덕적인 자아를 갖기 위해서는 수양이 필요하다. 居敬 窮理의 수양을 거치면 도덕적인 자아를 갖게 된다고 주희는 말한다. 이 도덕적인 자아가 형성될 수 있는 것은 우리의 마음의 밑바탕(未發)에 그 가능성이 있기 때문에 가능하다고 그는 본다. 즉 본성은 자연의 이치를 가지고 있기 때문이라는 것이다.(性卽理)

관이 확고하게 정립된 자아[心]는 미발의 본성에 근거하여 이발의 마음에서 법도에 맞게 행위 할 수 있게 된다.

2) 이상에서 살펴본 주희의 지적인 편력은 다음과 같이 정리할 수 있을 것이다. 그는 이통에게서 미발 중심의 사상을 배웠다. 그 후 다시 장식에게서 이발 중심의 이론을 배워 그것에 경사되었다. 그런 뒤에 자신의 깨달음을 바탕으로 중화 신설을 세우는데, 이것은 물론 원래의 입장인 미발 중심의 이론으로 돌아간 것이기는 하지만, 완전한 미발 중심은 아니고, 호남학자에게서 배운 이발의 이론도 포함되어 있다.

그의 이러한 지적인 편력은 기본적으로 이발(已發; 氣) 중심의 두단(頭端)-확충설(擴充說)과 미발(未發; 理) 중심의 미단(尾端)-복초설(復初說)의 사이를 오고간 것이다.

'두단(頭端)설'은 미발의 본성을 우리의 이발의 마음이 나오는 배경으로 인정한다.[71] 이 배경에서 나온 마음의 싹[頭端]을 선하게 키워가는 것이 그 수양 이론이다. 선하게 키워서 완성이 되면 인의 예지 등의 덕목이 된다.(擴充說) 그러므로 이 키워가는 최초 상태의 마음, 혹은 그 배경은 선악이 있다고 하기는 어렵다. 그래서 호굉은 "본성이란 선이나 악으로 규정할 수 없다"(性不可以善惡名)는 것을 주장한다. 이처럼 그들은 이발의 마음('나')에서 선(善)을 이루는 것을 중시하므로, 언제나 드러나서(發) 움직이고 흘러가는 이 마음이 항상 선에 민감한 상태, 즉 항상 깨어 있고(常惺惺) 살아

71) 이는 기본적으로 그들이 미발의 마음을 어떤 규정도 없는 순수한 것으로 생각하기 때문이다. 장재가 마음의 본체를 지극히 고요한 것(至靜), 텅 비어 있는 것(太虛)으로 규정하는 것이 그런 것이다. (302쪽 이하의 '「정성서」와 『정몽』 비판' 참조) 반대로 정이는 미발의 본성은 理라는 규정이 있는 것으로 생각한다. 중화 신설은 정이의 이론에 근거한 것이다.

서 활발히 움직이기(活潑潑地)를 요구한다. 그런 마음 상태를 '지각'이라 하고, 또 인(仁; 완벽한 인격)이라고 한다. 주희에 의하면, 이런 이론의 싹은 맹자의 말[「공손추」 상7]에서 이미 보이고, 장재(정호)→사량좌→호굉으로 이어진다.

이에 대하여 **'미단설(尾端說)'**은 미발의 본성이 천리를 가지고 있는 것으로 파악한다. 이 모든 덕목과 모든 리(理)를 갖춘 미발의 본성이 이발의 마음으로 드러난다. 따라서 이 드러난 마음[情]을 실마리[尾端]로 하여 그 근원에 있는 미발의 본성을 알 수 있다고 한다. 그들은 이 미발의 본성을 우리의 자아[주체성-'나']의 확고한 근거로 본다. 이 자아의 근거를 키우는 것, 즉 도덕적 주관(의지)을 강화시키는 것이 거경 함양이다. 이 공부는, 사물의 이치를 탐구함으로써 미발의 본성에 갖추어진 리의 총체를 파악하는 격물치지의 공부와 나란히 가야 한다고 한다. 미발의 리의 총체는 이 세상의 리의 총체이다. 따라서 격물치지는 결국 세계관을 형성한다는 말이 된다. 이런 이론은 맹자의 말[「진심」 상1 盡心-知性-知天]에서 이미 보이고, 정이→양시→나종언→이통→주희로 이어진다.

두단설(頭端說)은 미발과 같은 선험적인 것을 인정하지 않고 순간순간 나오는 마음의 표출을 중시하므로 경험적 자아를 강조한다. 이에 비해, 미단설은 리의 총체를 말하므로 세계에 대한 종합적 전체적 파악을 중시하게 된다. 이 종합적 파악은 다시 도덕적 주체성의 함양과 결부되어 세상을 넓게 보는 강력한 자아를 가진 도덕인이 된다. 그러나 그것은 이런 위험성도 있다. 세계에 대한 종합적 전체적 파악이란, 대부분은 기존의 도덕과 제도를 그대로 받아들이는 것이 되고, 결국은 함양된 도덕적 의지와 결합되어 완고한 보수주의자가 될 수 있다. 한편 두단설은 그런 기존 도덕의 내면화가 일단은 이론적으로 거부된다. 그러나 대신 그런 객관적 기준 없이 개인의 이발의 마음만을 극단적으로 인정하므로 규범 파괴적이며 무책임한 행동으로 나올 수 있다.

3) 중화 신설에서 확립한 마음 이론은, 성즉리(性卽理)와 심통성정(心統性情)이라는 두 명제로 나타낼 수 있을 것이다.

이러한 마음 이론은 인(仁)의 이론으로 연결된다. 인(仁)은 사랑의 이치(愛之理)이며 마음의 덕(心之德)이다. 인은 하나의 덕목으로 볼 때 근원적인 '사랑'이며, 포괄적인 덕목으로 볼 때는 마음의 덕(德; 능력)을 다 포괄한 것이다. 사람이 모여서 사회를 이루며 살기 위해서는 결합력으로서 사랑이 필요하다. 이 사랑은 그러나 모든 사람에게 일률적으로 같은 것이 아니라, 상대에 따라 다르게 나타난다. 아버지에게는 효로, 아들에게는 자애(慈)로, 임금에게는 충성(忠)으로 표출되어야 한다. 이렇게 볼 때 인(仁)은 모든 덕목을 포괄하는 것, 즉 마음의 덕(心之德)이 된다.

한 개인이 심통성정의 이론에 따라 확고한 도덕적 의지와 세계관을 갖고 산다는 것은 바로 이 근원적인 사랑(仁)을 실현하는 것이다. 왜냐하면 마음에 내재하는 인(仁)이라는 덕목은 리라는 존재론적 원리로 바꾸어 볼 수 있기 때문이다. 아버지에 대한 효와 아들에 대한 자애는 아버지의 리와 아들의 리라고 볼 수 있다. 따라서 인(仁)이 모든 덕목을 포괄하며 미발에 존재하듯이, 천지만물의 리가 우리의 본성에 존재한다. 그러므로 우리는 어떤 상황에서도 그것에 맞게 행동할 수 있다. 왜냐하면 모든 것의 리가 우리의 본성에 갖추어져 있기 때문이다. 인(仁)과 리(理)는 도덕적 의지와 세계관의 측면을 말한다고 볼 수 있다.

이와 같은 인(仁)과 리(理)의 이론은 그 바탕에 미발과 이발이라는, 혹은 중용과 조화라는 문제를 깔고 있다. 주희는 장식과의 중화논변을 통해 인(仁)과 리의 이론을 포함한 그의 후기의 모든 이론의 기초를 닦았다고 볼 수 있다. 이는 북송 시대에 장재 정호 정이 사이에 오고갔던 논점을 재현한 것이며, 이 논변을 통하여 주희는 그 세 사람으로 대표되는 북송 시대의 인격 수양 이론을 두루 섭렵하고, 정이의 이론을 중심으로 하여 종합한 것이라 할 수 있다. 그리고 이를 기초로 하여, 육구연 진량과 논쟁했다 할 수 있다. 이 논쟁은 다음에서 서술하기로 하자.

제9장
주희와 육구연의 논쟁

1. 들어가는 말

주희는 30대 후반에 장식(張栻; 호는 南軒)과의 토론을 거쳐서 40세쯤에 그의 이론의 골격을 확정한다. (중화 신설) 그리고 이를 확장하여 인(仁), 태극, 격물치지 등에 관한 이론을 내놓으며 여러 저서를 낸다. 그의 이러한 이론적 작업은 '리(理)'를 중심으로 해서 이루어진다. '중화 신설' 자체가 기 중심의 이론을 포기하고, 미발(未發)-이발(已發)의 이원적인 구조를 채택하여 '현실을 규제하는 객관적 당위성'으로서 순수한 리를 상정하는데서 성립한다. 따라서 현실의 기를 중심으로 생각하는 사람들과의 충돌은 생길 수밖에 없었다. 그것은 1175년 아호사(鵝湖寺)의 모임에서 육구연과의 논쟁에서 일차 나타난다. 그 뒤 진량과의 왕도와 패도(王-霸), 도덕률과 욕망(理-欲)에 관한 논쟁(1182-1193), 육구연과의 무극 태극 논쟁(1187-1189)은 그 두 노선의 차이에서 나오는 본격적인 충돌이라 할 수 있다.

이 두 가지 논쟁에 대하여 지금까지 중국 대륙 계통의 학자들은, 주희와 육구연의 논쟁은 같은 유심론 내부에서 일어난 의견 대립으로서, 그 둘은 각각 객관적 유심론과 주관적 유심론에 속한다고 본다. 그러나 주희와 진량의 논쟁은 근본적인 입장의 차이에서 나온 것으로 그 둘은 각각 유심론과 유물론을 대표한다고 한다. 주희는 육구연과는 상통할 수 있으나 진량과는 조화될 수 없다. 왜냐하면 주희-육구연의 논쟁은 사변 철학 내부에서 일어난 몇 가지 범주에 관한 문제이지만, 주희-진량의 논쟁은 근본적으로 대립되는 두 노선의 투쟁이기 때문이라는 것이 그들의 견해이다.[1] 또한 모종삼을 추종하는 관념론자인 노사광은 주희와 진량이 '도덕적 선악 시비'와 '사실에 있어서 성공 실패'를 각각 중시하는데 입장의 차이가 있다고 본다. 주희와 육구연은 리(理)와 심(心)을 각각 강조한다는 것, 혹은 마음에 대하여 각각 '경험적 자아'와 '초월적 자아'를 인정하는데서 차이가 난다고 한다.[2]

이런 설명들은 주희-육구연, 주희-진량의 논쟁을 두 가지 다른 사실로 다루고 있다. 그러나 필자는 주희가 리 중심의 이론을 세운데 대한 반론이 그들 둘이고, 그들을 하나로 묶어서 개괄할 수 있으며, 묶을 수 있는 공통점은 '기' 혹은 **현실 중시**라고 할 수 있을 것이다.[3] 물론 필자는 육구연과 진량이 갖지는 사상적 차이를 무시하는 것은 아니다. 다만 그들의 공통점을 부각시킴으로써 주희의 사상을 좀 더 선명하게 부각시킬 수 있다. 나아가 리 중심의 사

1) 侯外廬 외 편,『中國思想通史』권 4하, 595, 648, 739 쪽 등.
楊天石『朱熹及其哲學』中華書局 1982 의 37, 268-285 쪽 등.

2) 勞思光『중국철학사』III 상, 362 373 384 쪽.

3) 현상계에서 활동하는 개체의 주관('나')의 강조가 그들 둘의 공통점이라 할 수 있다. 진량의 경우는 주체의 현실 인식과 냉철한 결단에 따라 나오는 결과를 중시하며, 육구연은 도덕적인 주체의 자발성과 능동성을 강조한다. 반면 주희는 미발의 본성에 있는 리에 따라서 현실의 '나(주관)'가 재조직되어야 한다고 본다.

상과 기 중심의 사상이 주희 이래 중국 유학의 중심 조류라고 볼 때, 그 두 사상을 선명히 부각시켜 볼 필요가 있다. (여기에서 사용하는 '기'의 개념은 「제1장 서론」에서 설명했다. 26쪽 참조 바람.)

2. 논쟁의 배경과 과정

육구연(陸九淵 1139-1192 ; 자 子靜, 호 象山)은 강서성(江西省) 무주(撫州) 금계(金溪) 출신으로 주희 보다 9살 적다. 『송원학안(宋元學案)』에 의하면 육씨 여섯 형제 중 넷째 육구소(陸九韶)와 다섯째 육구령(陸九齡), 여섯째 육구연은 사상적 연관 관계가 있으며, 육구연에게는 특별한 사승(師承) 관계는 없으나 정자(程子) 문하 중에서 선종의 사상에 영향을 받았던 사량좌(謝良佐), 장구성(張九成) 등의 사상을 이어서 완성시켰다고 볼 수 있다고 한다. 이런 점에서 정이-주희 학파가 화엄종[특히 법계관 사상]의 영향을 받았다고 한다면, 육구연의 심학(心學)은 선종(禪宗) 특히 견성성불(見性成佛), 불립문자(不立文字) 등의 사상에 영향 받았다고 할 수 있다.[4]

육구연은 어려서 어떤 사람이 정이(程頤)의 말을 외우는 것을 듣고 "마치 나를 해치는 것 같음을 느꼈다" 고 하며, 처음 『논어』를 읽고 "유자(有子)의 말(「학이」 2)은 지리하다"고 생각했다.[5] 정이나 유자나 공통적으로 예 혹은 생활 규범을 익히기를 강조한 사람들인데, 이들에 대해서 반감을 느낀 것은 그가 규범에 의한 주관의 구속을 거부하기 때문이며, 이는 그의 사상의 핵심을 이룬다. 그는

4) 侯外廬, 앞의 책 649 쪽. 정주학파와 화엄과의 관련은 楊天石, 앞의 책 138 쪽 참조.
5) 『陸象山先生全集』 권 33, 「象山先生行狀」 "先生獨謂簡, 曰'丱角時 聞人誦伊川語, 自覺若傷我者', 亦嘗謂人曰'伊川之言, 奚爲與孔子孟子之言不類'. 初讀論語, 卽疑有子之言支離." 이하에서 이 책은 『상산전집』으로 약칭한다.

그런 부정 배척의 측면 이외에 긍정하고 주장할 것을 발견한다. 13세에 그는 "사방 상하를 '우(宇)'라 하고, 태초부터 지금까지를 '주(宙)'라 한다"를 책에서 읽고 우주가 내 마음이며, "우주의 일이 나의 일이고", 모든 성인[과 자신]은 이 마음과 이 이치를 같이 한다는 것을 깨닫는다.[6] 인간의 주관을 구속하는 외적인 규범을 배척하고, 행위의 주체인 '나'(주관)의 자발성, 능동성을 강조하는 것을 핵심으로 하여 그는 하나의 학파를 연다. 거의 비슷한 시기에 정이-양시 계통을 이어받아 일가의 견해를 이룬 주희가 육구연과 논쟁을 하게 된 것은 이러한 배경 아래서이다.

주희는 여조겸(呂祖謙)의 중개로 1175년 아호사에서 육구령, 육구연과 만난다. 여기서 그들은 서로 각각 '지나치게 간략하다'와 '지리하다'고 비난한다. 이는 그들 사이에 근본적인 입장의 차이가 있음을 확인하는 것으로 그친다. 그 뒤 1181년 육구연이 백록동(白鹿洞) 서원으로 주희를 방문하여 『논어』「이인」 16의 "군자는 의에 밝고 소인은 이익에 밝다"(君子喩於義, 小人喩於利)를 강의한다. 이에 주희는 그 강의를 크게 칭찬하고, 그 둘은 서로를 인정했으나 근본적인 견해 차이는 좁히지 못한다. 이것이 격렬한 논쟁으로 터져 나온 것이 1187년부터 오고간 편지에서 논의되었던 무극과 태극의 문제이다.

6) 『상산전집』 권 22「雜說」 8, 및 권 33「象山先生行狀」 "他日讀古書, 至宇宙二字. 解者曰'四方上下曰宇, 往古來今曰宙, 忽大省曰'宇宙內事, 乃己分內事; 己分內事, 乃宇宙內事.'"

3. 아호사에서의 논쟁

아호사(鵝湖寺)에서 육씨 형제를 만나기 전에 주희는 그들이 자신과 사상이 같지 않다는 것을 어느 정도는 알고 있었던 것 같다. 즉 주희 자신이 선과 가깝다고 비판했던 장구성(張九成)에 육씨(陸氏) 형제가 근본하고 있고, 자신이 중시한 문자 공부를 생략하고 바로 근본을 세운다는 육구연의 주장에 대하여 그는『중용』의 "박학(博學), 심문(審問)" 등을 인용하며 의문을 표시한다.[7] 이점들은 아호사에서 논쟁한 문제들로서, 육씨 형제들도 반대로 주희가 자신들과 사상이 다르다는 것을 미리 알고 있었던 것 같다. 따라서 아호사에서 모이기 전에 육구연과 육구령은 주희에게 어떻게 말할지를 미리 토론한다. 이때 육구령은 자신의 생각을 한수의 시로 표현한다.

> 어려서는 (자연히 부모를) 사랑할 줄 알고, 커서는 (형님을) 공경할줄 아니[8]
> 옛 성인이 서로 전한 것은 다만 이 마음일 뿐이로다.
> 대저 기초가 있어야 바야흐로 집을 짓나니,
> 터전도 없이 갑자기 높은 누각 올렸단 말을 들은 적이 없네.
> (경전의) 주석에 뜻을 두면 도리어 (성현의) 길이 막히고
> 정밀하고 미묘한 것 다 밝히려 하면 점점 더 빠져드네.
> 진귀한 벗과 더불어 서로 갈고 닦으니
> 반드시 알으소서, 지극한 즐거움이 지금 있다는 것을.

---

7)『주자문집』33-26, p22「答呂伯恭」"陸子壽[陸九齡] 聞其名甚久, 恨未識之. 子澄[劉淸之]云'其議論頗宗無垢[張九成]' 不知今竟如何也", 47-15, p25「答呂子約」"陸子靜[陸九淵]之賢, 聞之蓋久. 然似聞 有脫略文字, 直趨本根之意, 不知 其與『中庸』學問思辨, 然後篤行之旨, 又如何耳." 33-26은 권 33에 26 번째 나오는 편지라는 뜻임. p22는 뒤에 인용된『朱子文集』판본의 페이지이다. 이하 같음.

8)『맹자』「진심」상1 "人之所不學而能者, 其良能也; 所不慮而知者, 其良知也. 孩提之童, 無不知愛其親也, 及其長也, 無不知敬其兄也"에서 인용한 것임.

孩提知愛長知欽，古聖相傳只此心．大抵有基方築室，未聞無址忽成岑．
留情傳註翻榛塞，著意精微轉陸沈．珍重友朋相切琢，須知至樂在於今.9)

이에 대해 육구연은 제2구가 좀 타당하지 않다고 하면서도 모임에서 발표하라고 했다. 아호사에 모여서 육구령이 이 시를 낭송하자 주희는 여조겸을 돌아보면서 "자수(子壽；陸九齡)가 벌써 자정(子靜；육구연)의 배를 탔구려" 했다. 이어 육구연이 시를 낭송했다.

황폐한 무덤에도 슬픔이 솟아오르고, 종묘에서 자연히 경건한 것,10)
이는 사람마다 가진 천고(千古) 동안 갈지 않은 마음이라네.
졸졸 흐르는 물이 모여서 푸른 바다의 물에 이르고
자갈들이 높이 쌓여서 태산과 화악의 봉우리를 이루네.
간략한 공부는 끝내 오래 가서 크게 되나
지리한 사업은 결국 떴다 가라앉았다 할 뿐이니

여기까지 낭송하자 주희의 안색이 돌연 변했으나 육구연은 개의치 않고 계속해서 낭독했다.

낮은 데서 높은 곳에 오르는 것을 알고자 하거든
참과 거짓을 반드시 지금 가려야 합니다.

墟墓興哀 宗廟欽，斯人千古 不磨心．涓流滴 到滄溟水，拳石崇 成泰華岑．
易簡工夫 終久大，支離事業 竟浮沈．欲知 自下升高處，眞僞 先須辨只今.11)

---

9) '岑'은 높은 집(岑樓), 『맹자』「고자」하1 참조. '榛塞'은 막힘. '陸沈'은 "땅에 물도 없는데 침몰하다", 즉 愚昧 迂執하여, 時宜에 不合함이다.

10) 陸氏 집안은 매일 아침 사당 앞에 육씨 동족촌의 자제들을 모아놓고 절하게 하고 그들에게 훈계했다고 한다.(『宋史』 434 「陸九韶」傳) 이는 군대의 아침 조회와 비슷한 것 같다. 종묘에서의 이런 의식을 통하여 슬픔이 솟아나고 경건하게 했던 것 같다.
侯外廬 앞의 책 p654 및 友枝龍太郎, 『朱子の思想形成』 p447 참조.

11) 『상산전집』 34-197.

두 시는 같은 생각을 표명한 것이지만 전자가 비교적 온화한 말투에 주희의 체면을 세워 주는 것인데 비해 후자는 서슴없이 주희를 비판한 것이다. 두 시는 다 전반부에서 인간이 본래 타고난 것은 이 '마음'이라는 것, 이 마음이 근본이고 기초이기 때문에 이를 세워야 모든 일이 가능하다는 것을 말한다. 육구령은 이 '마음'은 옛 성현이 전한 것이라 하여 주희의 입장[성현의 말을 공부하는 것]을 어느 정도 인정한다.

그러나 육구연은 '천고 동안 갈고 닦지 않은 마음'이라 하여 이 마음은 선천적으로 가진 것으로 이론적인 탐구를 통해서 갈고 닦아서 가진 것은 아니라고 단호하게 부인한다. 또 육구령은 기초를 닦아야 높은 누각을 세울 수 있다고 단순하게 말한데 비해, 육구연은 근본을 한번 세우면 일상의 모든 일에서 이 마음['나']이 발휘된다고 좀 더 강하게 말한다. 즉 이 마음이 먼저 확립되어서 이 일 저 일[졸졸 흐르는 물, 자갈에 비유됨]에 행위의 주관으로 작용하여야, 모든 일의 총체로서 일상의 인륜[바다, 태산 등으로 비유됨]이 이루어진다. 후반부는 공부 혹은 수양 방법을 대비시킨 것이다. 육구령은 주희의 경전 주석 중심의 공부만 비판했다. 이에 비해, 육구연은 자신을 간략한 공부, 주희를 지리한 사업으로 규정하고, 이 둘을 각각 참과 거짓이라고 단정한다.

이러한 비판에 대하여 주희는 모임 당시에는 크게 좋아하지 않았고 육씨 형제와 논변을 했으나, 그 후 자신의 이론에 대한 반성과 더불어 육구연의 이론에 대한 비판을 동시에 진행한다. 아호사의 모임 3년 뒤 내방한 육구령에게 주희는 답시를 쓴다.

> 덕의(德義)와 풍류를 일찍부터 흠모해 온 바이니
> 헤어 진지 3년에 다시 관심을 두어 주시는군요.
> 마침 명아주 지팡이를 짚고 스산한 골짜기를 나서시고

또 남여를 욕되게 타고 먼 봉우리를 넘으셨군요.
옛 학문은 헤아림이 정밀해지고 그윽함이 더해 가고
새 지식은 배양하여 더욱 깊어 가는군요.
다만 학설이 '말이 없는 곳'에 이르르니,
인간 세상에는 옛과 지금이 있다는 것을 믿지 않음을 근심할 뿐입니다.

德義風流夙所欽, 別離三歲更關心. 偶扶藜杖出寒谷, 又枉藍輿度遠岑.
舊學商量加邃密, 新知培養轉深沈. 却愁說到無言處, 不信人間有古今.[12)]

주희는 육씨 형제를 만나고 난 뒤에 자신의 이론에 대한 반성과 재확인이 있었다고 한다. 이는 육구연에게 보낸 편지에서 "다행한 것은 요즈음 일상 공부에 매우 힘이 붙어 다시는 종래의 '지리함'의 병이 없음을 느낍니다. 만나서 조용히 얼굴을 맞대고 논의하지 못함을 심히 한스러워 하니 언젠가 서로 만나면 아직도 (의견의) 같고 다름이 있을까요"[13)] 라고 한 것에서도 보인다. 그러나 이 편지와 그 다음 편지에서 여전히 주희는 육구연의 제자를 비판함으로써 간접적으로 육구연을 비판한다.[14)] 마찬가지로 이 시의 끝부분에서 육구연의 학설은 '말이 없는 곳' 즉 이론적 탐구 대상이기보다는 주체적인 자각을 해야 하는 '마음(心)'만 강조하여, 예로부터 내려온 성현의 말[경전]을 무시한다고 비판한다.

이것을 주희는 육구연에게 보내는 편지에서는 "도리가 비록 극히 정밀하고 미묘하지만, 처음부터 눈과 귀로 보고 듣는 것 바깥에

---

12) 『주자문집』 4, 「鵝湖寺和陸子壽」

13) 『주자문집』 36-7, p8, "所幸 邇來日用功夫, 頗覺有力, 無復向來支離之病. 甚恨未得從容面論. 未知異時相見, 尙復有異同否耳."

14) 앞의 책, "子淵去冬相見, 氣質剛毅, 克不易得. 但其偏處, 亦甚害事." 同 36-8, "李子甚, 不易知. 向學但漸覺好高, 鄙意且欲其著實看得 目前道理事物分明."
여기에서 子淵과 李子甚은 육구연의 제자들이다. 주희는 子淵이 치우친 곳이 있다고 하고, 李子甚은 높은 곳을 좋아하여 눈 앞의 도리와 사물을 분명히 보지 못한다고 비판한다.

있는 것은 아닙니다. 옳고 그름과 검고 흰은 곧 눈앞에 있는데 이를 깨닫지 못하고, 사유의 바깥에서 현묘함을 따로 구하려 한다면 또한 이미 잘못된 것입니다", 혹은 "제가 근심하는 것은 오히려 다음에 있습니다. 가볍게 고론(高論)을 하며, 함부로 안과 밖(內外), 정밀함과 거침(精粗)의 구별을 지어 내어서 좋은 마음과 일상생활을 나누어 두 토막으로 보며, 성현의 말은 다 믿을 필요가 없으며 행동거지와 말하는 사이는 깊이 성찰할 필요가 없다고 하는 풍조입니다"[15] 라고 한다. 또 장식에게 보내는 편지에서 "육씨 형제의 기상(氣象)[16]은 매우 좋습니다. 그러나 그 병은 곧 강학을 다 폐지하고 오로지 실천에만 힘쓰는 것인데, 그 실천 가운데서도 도리어 사람들로 하여금 성찰을 꽉 잡아서 본심을 깨닫는 것만 하게 하니 이것이 그 병 가운데서도 큰 것입니다. … 애석하도다. 그 자신함이 지나치나 규모가 작아서, 사람들에게서 좋은 점을 다시는 취하지 않으니 장차 이단의 학문에 흘러 들어가도 스스로 알지 못할 것입니다" 라고 한다.[17]

이상에서 주희의 비판의 요점은 육구연이 일상생활에서 규범의 실천이나 경전에서 의리를 공부하는 것[격물 궁리]을 무시하고, 현묘함을 구하는 것[성찰하여 본심을 깨닫는 것]만 강조한다는 점에 있다. 육구연은 마음과 일상생활을 각각 안과 밖, 정밀한 것과 거

---

15) 『주자문집』 36-7, p8, "道理雖極精微, 然初不在耳目見聞之外. 是非黑白, 卽在面前. 此而不察, 乃欲別求玄妙 於意慮之表, 亦已誤矣", 36-8 (p 8) "區區所憂, 却在一種 輕爲高論, 妄生內外精粗之別, 以良心日用分爲兩截, 謂聖賢之言 不必盡信, 而容貌詞氣之間 不必深察者. 此其爲說, 乖戾狼悖, 將有大爲吾道之害者." 內-外는 마음의 안과 밖, 精-粗는 본체(형이상자)와 현상 사물(형이하자)를 가리킨다.

16) 당시에 육구연과 비슷하게 마음의 주체성을 강조한 호남학파 사람들은 도덕률을 실천하는 주체의 '사자와 같은 기상(氣象)'을 중시한다. 주희는 그것을 어느 정도 연상한 것 같다. 8장 3절(297쪽)에 인용된 『주자어류』 6-120, 26-71참조.

17) 『주자문집』 31-18, p20, "子壽兄弟氣象甚好. 其病却是盡廢講學, 而專務踐履, 却於踐履之中, 要人提撕省察, 悟得本心. 此爲病之大者. 要其操持謹質, 表裏不二, 實有以過人者. 惜乎! 其自信太過, 規模窄狹, 不復取人之善, 將流於異學而不自知耳."

친 것(內外 精粗)으로 구별하여 마음[주관]만 확립되면 바르게 행위할 수 있다고 보며, 일상생활에서 객관적 규범을 탐구하고 따지는 것은 주관의 자율성을 해치는 것으로 보아 배척한다. 주희는 주관성의 일방적인 강조가 가져올 폐단을 우려하며 육구연을 비판한다. 주희의 이 비판은 아호사의 모임에서 육구연이 자신과 주희를 간략함과 지리 함으로 나누어 각각 참과 거짓이라고 했던 것을 그대로 맞받아 친 것이다. 주희는 '이치를 탐구함(窮理; 道問學)'을 택하고, 육구연은 '마음을 밝게 깨달음(明心; 尊德性)'을 선택하여 상대의 단점을 서로 지리 함과 지나치게 간략함[18]이라고 비난한 것이다.

그 모임에 배석했던 주형도(朱亨道)는 다음과 같이 말한다. "아호사의 모임에서 논의가 사람을 가르치는 것에 이르자, 주원회(朱元晦; 주희)의 뜻은 사람으로 하여금 "두루 보고 널리 배운 뒤에 묶음(約; 지식을 체계화시켜 자신의 관점으로 가짐)으로 돌아가게 하고자 한 것"이고, 두 육씨의 뜻은 "먼저 사람의 본심을 드러내어 밝히고 난 뒤에 두루 보게 하고자 한 것"이다. 주씨는 육씨의 사람 가르치는 것이 지나치게 간소하다 하고, 육씨는 주씨의 그것이 지리하다고 하여 이 점에서 매우 일치하지 않았다"[19] 이것은 주희와 육구연의 논쟁점을 비교적 잘 요약한 것이다. 그러나 아호사의 모임에서 그들 둘의 사상적 차이가 단지 가르침, 즉 어떤 경로를 거쳐서 개인이 윤리 도덕을 완성하느냐 하는 수양의 문제에만 그치는 것일까?

필자가 보건대, 그 둘의 사상적 차이는 도덕적 수양 방법의 문제만은 아니며, 또 수양 방법의 문제는 그렇게 중요한 것이 아니다. 주희나 육구연이나 서로 상대의 방법을 무시하는 것은 아니다.

---

18) 더 정확하게 말하자면 주관의 약화와 비대화이다.

19) 『상산전집』 36「年譜」淳熙 2년 "鵝湖之會, 論及教人. 元晦之意, 欲令人泛觀博覽, 而後歸之約. 二陸之意, 欲先發明人之本心, 而後使之博覽. 朱以陸之教人爲太簡, 陸以朱之教人爲支離, 此頗不合."

예컨대 주희는 '몸과 마음을 수렴시키는 것'을 중시하여 "맹자는 '학문의 길은 오직 놓아버린 마음을 찾는데 있다'고 하고 정선생[정호]도 '마음은 몸 안에 있어야 한다'고 했습니다. 이제 한결같이 문자에 집착하여 이 마음의 전체로 하여금 책 위에만 달려 다니게 하고, 다시는 '나'가 있음을 알지 못한다면, 이는 감각이 없어 아픔과 가려움을 알지 못하는 사람과 같으니, 비록 책을 읽는다고 해도 또한 나의 일에 무슨 도움이 되겠습니까?"[20] 라고 하여 이 마음이 확립되어야 독서도 유익함을 강조한다.

육구연도 독서와 강학을 일단은 중요시하여 "예로부터 성인 또한 지나간 철인의 말씀과 스승과 벗의 말로 인하여 진보할 수 있었으니, 하물며 성인도 아니면서 어찌 스스로 자기 지능에만 의존하여 학문에 나아갈 수 있는 자가 있겠는가?"[21] 라고 한다.

주희와 육구연의 사상적 차이점은 마음에 대한 이해에 있다. 주희는 '심통성정(心統性情)'이라 하여 마음이 미발(未發)의 본성[性]과 이발(已發)의 의식[情]을 포괄하는 것으로 보는데 비하여, 육구연은 '심즉리(心卽理)'라 하여 이발(已發)로서의 마음만을 인정한다. 주희는 '나'(주관)를 미발의 본성[理]에 정초시켜야 한다고 보므로 미발의 리를 찾는 공부인 격물치지를 중시하는 반면, 육구연은 '나'를 이발의 마음에 근거하는 것으로 보아서 주관의 능동성을 확립하는 것, 즉 자신의 '마음을 밝게 아는 것'(明心)을 강조한다.

미발을 인정하느냐 않느냐에 따른 차이가 근본적인 문제라고 할 수 있다. 그리고 미발의 인정의 문제는 무극(無極)의 인정의 문제로

---

20) 『주자문집』 47-26, p37, "孟子言'學問之道, 惟在求其放心', 而程子亦言'心要在腔子裏' 今一向耽著文字, 令此心全體都奔在册子上, 更不知有己, 便是箇無知覺, 不識痛癢之人, 雖讀得書, 亦何益於吾事耶?"
맹자의 말은 『맹자』 「고자」 상11, 정자의 말은 『유서』 7-10에 나온다.

21) 『상산전집』 21-5 「學說」 "自古聖人, 亦因往哲之言, 師友之言, 乃能有進. 況非聖人, 豈有自任私知而能進學者!"

연결된다. (태극은 둘 다 인정한다. 그러나 그 의미는 서로 다르다.)

다시 말해서 주희는 인간의 주체성('나')이란 언제나 천리와 인욕 사이에서 흔들리는 불완전한 것으로 보아, 자아의 도덕적 의지를 강화하고[存心養性] 도덕적 인식을 모아 쌓아서 도덕적 세계관을 완성하는[格物致知] 공부를 해야 한다고 본다. 육구연은 인간이 본래 타고난 도덕적 주체성의 순수성을 확신하며, 일단 그것이 서기만 한다면 인간의 행위는 선해지지지만, 욕망과 편견에 의해서 그 순수성이 해쳐진다고 본다. 따라서 그는 순수한 주관의 확립과 편견을 깎아 없애버릴 것을 강조한다.

주희는 개인의 마음은 마땅히 사회의 규범에 의해서 길들여져야 한다고 본다. 사회의 규범은 개인을 규율하는 보편적인 것이므로 개인의 현상적인 마음을 넘어선 것, 즉 미발의 본성에 보존되어 있다. 따라서 미발 혹은 무극은 그의 사상의 핵심으로 자리 잡게 된다. 육구연은 그럴 경우 자유로운 개인의 주체의 자발성이 제약된다고 보아 미발 혹은 무극을 부정한다.

아호사에서 논쟁할 당시에 주희와 육구연은 이 근본적인 문제를 확실히 의식하고 있었던 것 같다. 따라서 둘은 각자의 방법이 지닌 문제를 서로 지적하여 각자의 한계를 명확히 느끼면서 서로 우호적인 관계를 유지하지만, (육구연의 白鹿洞 서원 강의도 그 산물이다) 근본 입장은 서로 포기하거나 양보하지 않았다. 무극 태극 논쟁은 이 근본 입장의 차이에까지 들어간 논쟁이라 할 수 있다.

4. 무극과 태극에 대한 논쟁

이 논쟁은 주희가 그의 나이 43세에 『서명해(西銘解)』를, 44세에 『태극도설해(太極圖說解)』를 출간하고 난 뒤에 육구소(陸九韶)가 이의를 제기하여 시작된다. 그 뒤에 육구연이 그의 형 육구소를 이어서 주희와 「태극도설」의 "무극이며 태극이다(無極而太極)"라는 말에 대해 집중적으로 논쟁한다. 아호사의 모임은 1175년에 있었고, 이 육구연과의 무극 태극 논쟁은 1187-1189년 사이에 이루어졌다.

육구소가 보낸 편지는 『주자전서(周子全書)』에 몇 구절이 남아 있고, 주희의 답장은 『주자문집』 36에 두 통이 있다. 육구연이 보낸 편지는 『상산전집』 2에 세 통이 있는데 그 중 앞의 두 통이 중요하다. 이에 대한 주희의 답장은 『주자문집』 36에 두 통이 있다.

1) 육구소와의 논쟁

(1) 무극에 관한 논쟁

① 육구소의 첫째 편지는 다음과 같이 말하여, 주돈이의 『태극도설』 자체에 문제가 있다는 것을 말하고 있다.

> (선생이) 쓰신 『태극도설』(의 해설)을 삼가 살펴보니 왼쪽에서 추켜세우고 오른쪽에서 부축하여 바름을 잃지 않게 하려고 하여 힘이 많이 든 것 같습니다. 그러나 이 그림에 본래 붙어 있는 설명 자체가 바르지 않으니 비록 곡진히 부축해 주어도 끝내는 그것이 병의 뿌리가 되어 후학에게 유감을 남기지 않을까 두렵습니다.22)

이에 대하여 주희는

> (『태극도설』과 『서명』) 이 두 글의 설에 대해서 (저는) 종전에는 감히 가볍게 논의하지 못했습니다. (그런데 지금 논의하는 것은) 사람들[주돈이 장재]의 발뒤꿈치를 따라 가서 그들의 집안(파벌)에 의지하려는 것이 아니라, 반복해서 (그 글들을) 읽어 보니 도리가 참으로 그러하여 따로 입을 열 곳

22) 『周子全書』 3-2, "敬覽所著『太極圖說』, 左扶右掖, 使不失正. 用力多矣. 然此圖本說, 自是非正, 雖曲爲扶掖, 恐終爲病根, 貽憾後學."

이 있지 아니해서 입니다. 따라서 그것을 믿어 의심치 않았습니다. 그런데 멋대로 내 의견으로 함부로 말하여 그것에 해설을 붙이니, 바로 그 오묘한 뜻을 다 드러낼 수 없을 뿐만 아니라, 도리어 그것에 누를 끼칠까 두려울 뿐, 어찌 감히 치켜세우고 부축한 공이 있다고 스스로 이르겠습니까![23]

라고 하여, 『태극도설』이나 『서명』 자체가 잘못되었다고 보는 육구소에 반대하고, "도리가 참으로 그러하다"고 하여, 그 두 글을 전적으로 옹호한다. 그리고 자신의 주석은 그 '도리'를 밝힌 것에 불과하다고 한다.

② 주희는 이어서 다음과 같이 말한다.

다만 『태극도설』 첫머리의 한 구절[無極而太極]에 대해서 어른께서는 가장 심하게 배척하는 것 같습니다. 그러나 다음을 특히 모르시는 것 같습니다. **무극을 말하지 않으면** *태극이 현상계의 사물과 같아져서, 모든 변화의 뿌리가 되기에 족하지 않고;* **태극을 말하지 않으면** *무극은 공적(空寂 ; 無)에 빠져서 모든 변화의 뿌리가 될 수 없다*는 점입니다.[24]

태극과 무극에 대한 이 명제는 주희의 근본 주장이며, "막막하여 아무런 조짐도 없으나, 만상이 숲처럼 이미 갖추어져 있다.(沖漠無朕, 萬象森然已具)"[25]고 하는 정이의 말을 "무극이며 태극이다(無極

23) 『주자문집』 36-3, p4, "伏承示諭太極西銘之失, 備悉指意. 然二書之說, 從前不敢輕議. 非是從人脚跟, 依它門戶. 却是反覆看來, 道理實是如此, 別未有開口處. 所以信之不疑, 而妄以己見, 輒爲之說, 正恐未能盡發其奧, 而反以累之, 豈敢自謂有扶掖之功哉!"

24) 앞의 글, "只如太極篇首一句, 最是長者所深排. 然殊不知 不言無極, 則太極同於一物, 而不足爲萬化之根; 不言太極, 則無極淪於空寂, 而不能爲萬化之根."
현상계의 사물이 모든 변화의 본체가 될 수 없는 이유는 뒤의 402 쪽 참조. '空寂'은 불교 용어인데, 현상 세계의 배후 근거[본체]는 없으며, 비어 있어서(空) 고요하다(寂)는 말이다. 즉 현상 세계의 변화에는 고정적인 실체가 없으며, 그런 변화를 주관하는 배후의 실체가 없다는 것이다.

25) 『유서』 15-78. 본체의 세계가 그렇다는 말이며, 특히 인간의 마음을 본체로 보는 입장에서는 未發의 마음이 그렇다는 말이다. 未發이므로 沖漠無朕하나, 그것에 이미 萬象의 변화 법칙(理)이 갖추어져 있다는 것이다.

而太極)" 라는 명제로 파악한 것이다. 나아가

> 다만 (『태극도설』 첫머리의) 이 한 구절에서, 곧 그 말한 것이 정밀 미묘 무궁하며, 그 아래에서 말한 허다한 도리는 결과 맥이 서로 통하여 질서 있고 혼란하지 않게 됨을 볼 수 있습니다. 이 도리는 지금 눈앞에 있으며 예로부터 지금까지 때리고 쳐도 깨어지지 않는 것입니다.[26)]

라고 하여, "무극이며 태극이다"라는 말이 그의 형이상학의 시초이고 바탕이며, 거기에서 출발하여 질서정연한 이론 체계를 세울 수 있다고 한다.

③ 이에 대해 육구소는,

> '태극' 두 글자는 성인[27)]이 도의 본원은 '희미하고 묘하며, 알맞음이며 올바름'이라[28)]는 것을 밝힌 것이니, 어찌 아래로 현상계의 사물과 같아질 이치가 있겠습니까? 당신의 말씀이 지나치십니다. 이제 그 위에 또 '무극' 두 자를 얹어놓으면 이는 머리 위에 머리를 놓는 것이고, 지나치게 (도가류의) '허무(虛無)'[29)]라는 높은 것을 좋아하는 논의가 됩니다"[30)]

---

26) 『주자문집』 36-3, p4, "只此一句, 便見其下語, 精密微妙無窮, 而向下所說 許多道理, 條貫脈絡, 井井不亂. 只今便在目前, 而亘古亘今, 攧撲不破."

27) 신유학자들이 '聖人'이라고 할 경우 대부분 공자를 가리킨다.

28) "변화에는 태극이 있다(易有太極)"라고 『주역』 「계사」 상에 나온다. 이는 이 세계의 변화와 인간의 행위의 본체로서 태극이 있다는 것이다. 다시 말해서, 본체로서 자연에는 天地之心이 있고 각 개인들에게는 본연의 마음이 있다. 이 마음들은 모두 태극의 구현체이다. 육구연과의 논쟁에서 태극은 이런 본체로서 마음을 의미하며, 그 마음이 하는 행위는 "알맞으며(中; 중용) 바르다(正)"는 것이다. 또한 태극은 현상계의 사물로서 직접 드러난 것이 아니므로 "희미하며 묘한 것(微妙)"이다. 주희와 육씨 형제는 이런 본체로서 태극은 받아들인다.

29) '虛'와 '無'는 노자와 장자의 주장이다. 노자는 현상 세계를 규율하는 영원불변하는 객관적 기준으로서의 名을 부정한다. [無名論] 그리고 현상 세계의 본래 모습은 아무런 개념 규정이 없는 자연 그대로의 것[無]이라 한다. 따라서 名으로 대표되는 이념이나 육체적 욕망을 줄이고 비울 것[虛]을 요구한다. 손영식, 「공자의 정명론과 노자의 무명론」 (철학 31집) 참조.

30) 『周子全書』 3-2, "太極二字, 聖人發明道之本源, 微妙中正, 豈有下同一物之理? 左右

라고 한다. 즉 '무극'이란 두 글자 없이 '태극'이란 말만으로도 '도의 근원'이라는 것을 나타낸다. 따라서 무극 두 글자가 없으면 태극은 현상계의 사물과 같아진다는 주희의 말은 지나치다는 것이다.

④ 주희는 답장에서,

> 주선생의 뜻은 배우는 자가 태극을 따로 한 사물로 착각할까 두려워 '무극' 두 자를 붙여서 밝힌 것이라는 점을 저는 「태극도설해」에서 말했습니다. 이는 옛 현인이 말한 본뜻을 미루어 헤아린 것입니다. 따라서 (무극과 태극이 서로) 중복됨을 싫어하지 않은 것은 대개 이런 깊은 뜻이 있기 때문입니다.[31]

라고 하여, 주돈이가 착각하는 학생들을 가르치기 위하여 '무극' 두 자를 첨가했다고 한다. 이는 사실 지엽적인 일이며, 주희가 무극에 집착하는 본래의 이유가 아니다. 주희가 무극과 태극을 굳이 집착하는 것은 '형이상과 형이하', '미발과 이발'의 도식으로 세상을 보기 때문이다. 이러한 이원적 구분은 그의 다음과 같은 말에서 명백해진다.

> 보내신 편지에서 "무극 자를 붙이면 곧 '허무'라는 높은 것을 좋아하는 폐단이 있다"고 하셨는데, 잘은 알지 못하겠지만 존형이 말하는 태극은 형체가 있는 것[현상계의 사물]입니까, 없는 것[초월적 보편자]입니까? 만약 과연 형체가 없으나 리가 있는 것이라면, 무극은 곧 '형체가 없음(無形)'이고 태극은 곧 '이치가 있음(有理)'이라는 것은 명확합니다. (이렇다면 무극

之言 過矣. 今於上又加無極二字, 是頭上安頭, 過爲虛無好高之論也."
"무극이며 태극이다"를 노장의 설로 단정하는 이유는 뒤의 386 쪽 참조.
현실 세계를 초월한 虛와 無의 세계를 논의하므로 '높은 것(오묘한 것)을 좋아하는 논의' 라고 비꼰 것이다.

31) 『주자문집』 36-4, p6, "如太極之說, 熹謂周先生之意, 恐學者錯認太極 別爲一物, 故著無極二字 以明之. 此是推原前賢立言之本意, 所以不厭重複, 蓋有深指."

이라는 말은) 또 어떻게 허무라는 높은 것을 좋아하는 것이 되겠습니까?[32)]

주희는 '무극이태극(無極而太極)'은 '무형이유리(無形而有理)' 라는 말이고, '형체가 없음(無形)'이므로 형이상학적 존재이며 '리가 있음(有理)'이므로 모든 변화의 원리가 된다고 한다. 따라서 리(理; 원리, 규칙)를 부정하는 도가의 허(虛)와 무(無)의 설은 아니라는 것이다.

주희의 이러한 이원적 구분을 육구소는 반대하고, 태극으로 대표되는 이발 혹은 형이하[33)]만 인정하는 일원론적 세계관을 주장하여 서로 대립한 것이 그들의 논쟁의 정확한 이유이다. 그러나 그들은 이 핵심 되는 문제까지는 논의를 진행시키지 못했고, 그 뒤에 육구연이 논쟁을 확대시켰으나 마찬가지로 그 핵심까지는 접근하지 못했다. 이점은 다음 육구연과의 논쟁에서 자세히 밝힐 것이다. 다만 그들이 핵심에까지 논의를 진행시키지 못한 중요한 이유 중의 하나는 그들이 논쟁할 때 주로 시비 단정의 기준으로 '권위' 즉 성현의 글에 의존한 것 때문이라고 볼 수 있다.

(2) 「서명」에 관한 논쟁

형이상학적 실체의 긍정과 부정 : 주희와 육구소의 논점은 무극에 관한 것뿐만 아니라 「서명(西銘)」에 대한 것도 있다. 「서명」[34)]

32) 앞의 글, "又謂'著無極字, 便有虛無好高之弊', 則未知 尊兄所謂太極 是有形器之物也, 無形器之物也? 若果無形而但有理, 則無極卽是無形, 太極卽是有理 明矣, 又安得爲虛無而好高乎?"

33) 주희가 볼 때 육구소가 주장하는 태극은 이발, 혹은 형이하의 것이다. 반면 주희는 태극을 형이상의 것으로 본다. 육구소는 기본적으로 형이상-하 혹은 미발-이발로 나누는 것을 반대한다. 그런 맥락에서 그는 '무극'을 부정한 것이다.

34) 『서명』은 장재의 『정몽』의 맨 마지막 편인 『건칭(乾稱)』 편의 앞부분으로 장재가 자기 방의 서쪽 창문 위에 써서 걸어놓은 것이다. 『서명』의 첫머리는 "하늘(乾)을 아버지라 하고 땅(坤)을 어머니라 하니, 나의 이 작은 몸이 혼연히 그 가운데에 있다. 천지에 가득 찬 것[氣]을 나는 그 몸으로 삼고 천지를 이끄는 것[理]을 나는 그 본성으로 한다. (만물은 한 가족이므로) 백성은 나와 어머니 배를 같이한 자[同胞]이며 만물은 나의 벗들이다" 라고 하며, 부모로

에 대한 논의를 여기에서 굳이 거론하는 것은 그들 둘이 무극 논쟁과 같은 비중으로 「서명」을 논의하며, 「서명」에 대한 논쟁은 기본적으로 무극 논쟁에서 보이는 근본 입장의 차이에서 비롯되기 때문이다. 「서명」에 대한 육구소의 편지 내용은 남아 있지 않으므로 주희의 편지에 의존해서 설명하자.

우선 주희의 편지를 보자.

「서명」의 설에 이르러서는 ('無極而太極'의 논지가) 다시 더욱 더 분명해집니다. 이제 또한 (「서명」의) 첫 구절로 논하자면 사람의 한 몸은 본래 부모에서 난 것입니다. 그러나 부모가 부모되는 까닭은 곧 건곤(乾坤; 天地) 때문입니다. 만약 부모로써 말하면 각 사물은 각각 그 부모를 가지나, 건곤으로 말하면 만물은 한 부모(乾坤; 天地)를 같이 가집니다. 만물이 이미 한 부모를 가진다면, 곧 내 몸이 몸이 되게 한 것(재료)은 천지에 가득찬 것(氣)이 아니겠으며, 내 본성이 본성이 되게 한 것은 어찌 천지를 이끄는 것(天地之心; 理)이 아니겠습니까?[35]

옛 군자는 오직 도리가 진실로 이러함만을 보았습니다. 따라서 "어버이를 어버이로 모시고 나서 백성을 사랑하고, 백성을 사랑하고 나서 만물을 사랑하니"(『맹자』「진심」 상45), 이렇게 되는 그 점을 미루어 나가서 천하를 한 집안으로 삼고 중국을 한 몸으로 할 수 있는 데까지 이르른 것이요, 억지로 생각해서 (만물일체라고) 한 것은 아닙니다.[36]

이제 만약 "사람과 사물은 다만 그 부모에서 태어난 것이요, 다시 건곤과는 전혀 상관없다"고 꼭 말하시겠다면, 이는 「서명」에서 취한 것이 다만 "일시적으로 거창한 말을 하여서 (만물 일체라는) 사랑의 본체(仁體)를 형용하여 '나'의 사사로움을 깨려했다"고 하는 점뿐입니다. 그렇다면 여기에서

서 하늘과 땅을 공경하고 한 가족으로서 만물을 사랑하라고 한다. 「서명」에 대한 자세한 것은 5장 2절, 172 쪽 이하 부분을 보라.

35) 『주자문집』 36-3, p4-5, "至於西銘之說, 尤更分明. 今亦且以首句論之, 人之一身, 固是父母所生. 然父母之所以爲父母者, 卽是乾坤. 若以父母而言, 則一物各一父母. 若以乾坤而言, 則萬物同一父母矣. 萬物旣同一父母, 則吾體之所以爲體者, 豈非天地之塞, 吾性之所以爲性者, 豈非天地之帥哉!"

36) 앞의 글, "古之君子, 惟其見得 道理眞實如此. 所以親親而仁民, 仁民而愛物, 推其所爲, 以至於能以天下爲一家, 中國爲一人, 而非意之也."

말한 '사랑의 본체'라는 것은 전혀 빈말에 불과하고 처음부터 실체가 없는 것이며, (반대로) '작은 나'의 사사로움은 도리어 참된 이치(實理)가 되어 마땅히 분별해야 하는 것이 됩니다. (만물일체의 사랑을 말한) 성현은 이에 도리어 처음부터 도덕률(義理)을 보지 못하고, 다만 이익과 손해만 보아서 멋대로 자기 뜻으로 말을 만들어 내어서, 없는 것[仁體]을 불려서 꾸며내고 있는 것[己私]은 파괴한 셈이 됩니다. 만약 과연 이러하다면 (「서명」에서) 한 말의 잘못은 어찌 '교고(膠固; 완고함)' 두 글자로 그칠 수 있겠습니까?[37]

다음 편지에서 또 주희는 말한다.

어르신께서는 횡거의 말[서명]이 부당하게 하늘과 땅을 실제의 부모로 삼았다고 하여 '완고[膠固]하다'고 배척했습니다. 그러므로 제가 의심하여 생각하기를, 만약 어르신의 말과 같다면, 이는 사람과 사물이 천지에서 입은 바가 없다는 것이니, 아마 타당하지 않은 점이 있는 것 같습니다. 제가 본래 말하고자 한 것은 진실로 이와 같은 것은 아니었습니다. 이제 보내신 편지를 상세히 살펴보니 오히려 횡거는 다만 (하늘과 땅을 묘사함에 '어버이'라는 말을) 빌려 왔다고 하고, 다음을 즉 "부모는 건곤과 비교해 볼 때 비록 그 직분은 다르나 처음부터 그 본질이 다른 것은 아니다"는 것을 살피지 못하고 있습니다.[38]

여기에 암시된 육구소의 논점은 「서명」의 형이상학적인 상상력에 대한 비판이다. 「서명」은 첫머리에서 하늘이 아버지이고 땅은 어머니이며, 나(를 포함한 모든 것)는 그것의 자식이라고 한다. 육구

---

37) 앞의 글, "今若必謂'人物只是父母所生, 更與乾坤 都無干涉', 其所以有取於西銘者, 但取其姑爲宏闊廣大之言, 以形容仁體, 而破有我之私而已, 則是所謂仁體者, 全是虛名, 初無實體, 而小己之私, 却是實理, 合有分別. 聖賢於此, 却初不見義理, 只見利害, 而妄以己意造作言語, 以增飾其所無, 破壞其所有也. 若果如此, 則其立言之失, 膠固二字, 豈足以盡之?"

38) 『주자문집』 36-4, p6 "長者 以橫渠之言, 不當謂乾坤實爲父母, 而以膠固斥之, 故竊疑之, 以爲若如長者之意, 則是謂人物實無所資於天地, 恐有所未安爾. 非熹本說固欲如此也. 今詳來誨, 猶以橫渠只是假借之言, 而未察父母之與乾坤. 雖其分之有殊, 而初未嘗有二體. 但其分之殊, 則又不得而不辨也."

소가 보건대 이는 도식적이고 상투적인 말[膠固]이며 가상적으로 한 말(假借)이라는 것이다. '나'란 실제로는 나의 부모의 자식이지 건곤의 자식은 아니라는 것이 육구소의 주장이다. 이는 형이상학적인 실체[假想物--예컨대 무극, 건곤 같은 것]를 부정하고, 상식적이고 현실적으로 확인할 수 있는 것[나의 부모 등]을 중시하는 육구소의 사고방식에서 나온 것이다. 그는 무극을 부정했던 사고방식에서 건곤을 부정했던 것이다. 육구소는 이 세계의 질서가 형이상학적 실체에 의하여 선험적으로 부여되어 있다는 점을 거부한다. 그에게 있어서 확실한 것은 그 질서를 만들어 나가는 개체의 주관이며, 그 주관의 자발성을 제약하는 모든 형이상학적 실체를 부정한다.

이에 대한 주희의 답변의 핵심은 '전체'의 문제[理一分殊], 혹은 객관성의 문제이다. 만일 건곤이라는 포괄적 '전체'적 실체를 가정하지 않고 단지 자기 부모만 생각할 때, 모든 개체는 그 부모와 자식 (혹은 가족)으로 나누어져 각각 자기들만의 이익을 추구할 것이다. 이럴 때 전체적인 조화는 어떻게 이룰 수 있다는 것인가? 이것이 주희가 육구소에게 보내는 의문이다.[39] 주희가 보건대 '전체 속의 조화'를 주는 것[즉 건곤 또는 무극 태극]이 바로 지금 나의 행동을 판단하는 객관적인 기준이 된다.[40] 주희가 "「서명」의 설에 이르러서는 (무극, 태극의 문제가) 더욱 더 분명해집니다"[41] 라고 한 이유는 이런 것이다.

건곤을 부정하고 각자의 부모만 인정하면 위에서 서술한 문제가 생기듯이, 무극은 부정하고 태극만 인정한다는 것은 같은 문제에 부딪친다. 무극을 무형(無形)이라 하는 이유는 형체 있는 것(有形), 즉 현상계의 사물은 '잡다함'(다양성)이 그 특징이고, 이 잡다함을

39) 이는 유아론唯我論의 극복의 문제라고 할 수 있다.
40) 이는 동시에 사람이 형이상학적 실체로 승화된 규범에 구속되는 것이다.
41) 『주자문집』 36-3, p4, "至於西銘之說, 尤更分明"

통일시켜 주는 것은 무형의 것으로 어떤 법칙 원리 같은 것이어야 하기 때문이다. 이것을 주희는 "무극이며 태극이다" 혹은 "형체는 없으나, 이치가 있다(無形而有理)"는 말로 표현한다.

그는 현상계의 잡다함을 규율하고 질서를 주는 것으로서 현상계를 초월한 어떤 것 [形而上, 未發]을 가정한다.[42] 이 점에 대해 그런 형이상학적인 가정을 비판 부정하며 오직 현상계만을 인정하려는 것이 육구소의 근본 주장이다. 그렇다면 육구소는 무엇에 의하여 현상계의 규율과 질서를 이루려 했는가? 이점에 대해 그는 명시적으로 이야기한 바가 없다. 육구연에 와서는 '마음'이 바로 그런 것이라고 명확히 주장된다. 이하에서는 육구소를 이어받아 육구연이 주희와 했던 논쟁을 살펴보자.

2) 육구연과의 논쟁

육구소에 대한 주희의 답장에 잔뜩 불만을 가진 육구연이 반론을 제기한 첫 번째 편지는 육구연의 50세 여름 4월에 부친 것이고, 주희는 이것을 옥산(玉山)에서 받아 보았고, 그 뒤 상경하여 바쁘게 지내다가 귀가한 뒤 11월 8일에 답장을 보냈다. 이를 받은 육구연은 12월 4일에 반론 편지를 보냈고, 주희는 이에 대한 답장을 다음해 정월에 보냈다.

(1) 육구연의 첫 번째 편지 - 무극 및 「태극도설」의 부정

① 육구연의 편지(『상산전집』 2-3)는 주희의 말투와 태도에 대

42) 현상계를 규율할 수 있는 것은 현상계의 잡다한 것 중의 하나일 수 없다는 것은 주희의 근본적인 확신이다. 이는 "物物者는 非物이다" 라고 하는 莊子의 말과 맥을 같이 하는 것이다.

한 감정적인 반발로 가득 차 있다. 주희는 육구소의 반론에 대하여, 「서명」이나 「태극도설」에 대한 이해 부족, 혹은 공부를 제대로 하지도 않고 감정만 앞서 남의 글을 대충 읽고 자기 주장에 따라 반론을 제기한다는 투로 말한다. 예컨대,

이제 보내주신 편지를 살펴보고 종전에 (당신이) 주장한 것을 되새겨 보니, 아마 어르신께서는 처음부터 그 (「서명」 「태극도설」의) 말에 곧 소홀히 하여, 생각해 봄이 없이 다만 자기가 본 도리만 옳다고 하고, 본래 (자신이) 그런 경지에 오르지 못했음을 알지 못하고 곧 자기 견해로 경솔히 함부로 배척하는 것 같습니다.43)

그러나 이 (「서명」, 「태극도설」에 대한 오해)는 반드시 기질과 습관의 치우침에서 생겨나는 것은 아닌 것 같습니다. 다만 이는 급박하게 남의 글을 읽어 그의 뜻을 다 알지 못하고 서둘러 자기 뜻을 펴려 한 것입니다. 따라서 경솔하게 입론하여 헛되이 말만 많을 뿐 이치에 반드시 맞지 않게 됩니다.44)

저의 어리석음으로 삼가 원하노니 존형은 다시 두 선생[주돈이, 장재]의 말에 조금만 반복하여 마음을 넓히고 뜻을 자유롭게 하심을 베풀어 (그 말이 옳다거나 그르다고 미리 단정하지 말고) 반드시 그 말이 마치 내가 한 것 같이 하여 털끝만큼도 의심이 없은 뒤라야 발언하고 입론하여 그것의 가부를 단정할 수 있으며, 그 논변이 번거롭지 않고 이치가 있는 곳을 얻게 될 것입니다. 만약 한결같이 급박한 뜻으로 구한다면 이치를 살피는 데에 이미 정밀할 수 없고 그의 뜻[논쟁 대상자의 뜻]도 완전히 알 수 없을 것이니 헛되이 복잡할 뿐 비록 어긋나지 않게 하려 해도 안 될 것입니다.

그러나 이 급박해 함은 다만 보내주신 편지의 이른바 **'기질의 폐단'** 때문입니다. 대개 논의가 어긋나는 것이 비록 기질의 폐단에 있지 않다고 당신이 주장해도 어긋나는 까닭은 곧 그것에 근원한다는 것은 속일 수 없을 것입니다.45)

43) 『朱子文集』 36-3, p4, "今詳來教, 及省從前所論, 却恐長者從初便忽其言, 不會致思, 只以自家所見道理爲是, 不知却元來未到它地位, 而便以己見輕肆抵排也."

44) 『주자문집』 36-4, p5, "然此恐未必生於氣習之偏. 但是急迫看人文字, 未及盡彼之情, 而欲遽申己意. 是以輕於立論, 徒爲多說, 而未必果當於理爾."

45) 『주자문집』 36-4, p6, "熹之愚陋, 竊願 尊兄更於二家之言, 少賜反復寬心游意, 必使於其小說, 如出於吾之所爲者, 而無纖芥之疑, 然後可以發言立論, 而斷其可否, 則其爲辨也 不煩, 而理之所在, 無不得矣. 若一以急迫之意求之, 則於察理 已不能精, 而於彼之情, 又不詳盡, 則徒爲紛紛, 而雖欲不差, 不可得矣." "然只此急迫, 卽是來諭所謂氣

자기의 형 육구소에 대한 이런 말투에 대하여 육구연은, 주희 자신이 도리어 급박하게 남의 글을 보고 제대로 이해하지도 못하면서 자기 뜻만 펴려하여, 경솔히 입론하여 말만 많을 뿐 이치에 안 맞는 것이라고 한다. 이런 식으로 상대방에게 **마음을 가라앉혀 내 말을 차분히 들어보라. 그러면 내 말을 알아듣고 따를 것이다** 라고 하는 것은 문제 해결에 아무런 도움이 되지 않는다. 서로 상대방을 보고 마음을 가라앉히고 유연하게 생각해 보라 하지만, 피차가 상대의 말을 의심하면 어떻게 상대방의 말을 자기가 한 것처럼 하여 털끝만큼도 의심함이 없는 일치를 이룰 것이며, 처음부터 의견이 같다면 토론할 이유가 어디에 있느냐고 육구연은 반문한다. 따라서 마음을 가라앉히는 것을 말할 것이 아니라 사실에 근거해서 이치를 따지자고 한다.

여기에서 드러나는 것은 주희나 육구연이나 자신들의 근본 입장에 대하여 깊은 확신을 가지고 물러서지 않는다는 점이다. 따라서 **나는 확실한 이론을 가지고 있는데 상대방이 제대로 알아보지도 않고 비판한다**는 것이 양쪽의 공통된 의견이다. 이는 주희나 육구연이나 지엽적인 몇 가지 사실에 의견의 불일치가 있는 것이 아니라, 그들의 철학은 출발점에서 서로 갈라졌다는 것을 말한다. 그러나 그들의 논쟁은 그 출발점 혹은 근본 입장에 대한 이론적 반성 없이, 다만 자신들의 주장을 문헌 고증에 의해 제시하며 평행선을 달리다가 그쳐 버린다.

이 첫 번째 편지에서 육구연의 주희에 대한 반론은 다음 두 가지로 요약된다.

첫째, 태극은 인정할 수 있으나 무극은 인정할 수 없다.

둘째, 『통서(通書)』는 주돈이의 저작이나 「태극도설」은 그의 저

質之弊, 蓋所論之差處, 雖不在此, 然其所以差者, 則原於此而不可誣矣."

작으로 보기 어렵다.

두 번째 주장은 첫 번째 주장에 대한 근거로서 제시된 것이다.

② 육구연은 다음의 세 가지로 요약되는 논증을 통해 '태극은 인정할 수 있으나 무극은 인정할 수 없다'고 한다.

㈎ 육구연은 주희의 근본 명제인 "무극을 **말하지 않으면** 태극은 현상계의 한 사물과 같아져서 모든 변화의 근본이 되기에 **족하지 않고**, 태극을 **말하지 않으면** 무극은 공적(空寂)에 빠져 모든 변화의 근본이 될 **수 없다**" 라는 말을 비판한다.

육구연은 이 명제에서 "…을 **말하지 않으면** …이 되기에 부족하다" (혹은 "…이 될 수 없다") 라는 것을 비판한다. "무릇 태극이라는 것은 실제로 객관적으로 이런 이치가 있으므로 성인이 그것에 따라 밝힌 것이지, 빈말로 입론하여 후세 사람들로 하여금 혀와 붓 사이에서 키(箕)질 하라고 한 것은 아니니다." 즉 태극이란 객관적으로 실재하는 이치이지, 사람들이 말을 하면 존재하는 것은 아니라는 것이다. 따라서 태극이 모든 변화의 근본이 되는 것은 본래 객관적으로 정해진 것이지, 그것이 모든 변화의 근본이 되기에 **족하거나 부족한 것**, 혹은 능히 변화의 근본이 될 수 있거나 될 수 없는 것이 어찌 사람이 말하거나 말하지 않는 데에 달려 있는가?

또한 『주역』「계사」에 "변화에는 태극이 있다(易有太極)" 라고 하여 태극은 말하고 무극은 말하지 않았으며 [혹은 "변화 속에는 태극이 있다(易有太極)"고 하여, '있음(有)'은 말했으나, "변화에는 태극이 없다(易無太極)"고 하여 '없음(無)'은 말하지 않았다. (태극도 없는 단계, 즉 '무극'이 있다고 하지는 않았다)], 『서경』「홍범(洪範)」에서도 황극(皇極)은 말했으나 무극은 말하지 않았다. 이렇게 무극을 말하지 않았다고 해서 태극이 현상계의 한 사물이 되어 모든 변화의 근본이 되기에 부족했는가?

또한 『주역』 「계사」에서 "형이상자를 도라 한다(形而上者謂之道)"고 하고, "한번 음(陰)하면 한번 양(陽)하는 것을 도라 한다(一陰一陽之謂道)"고 했으므로 "한번 음하면 한번 양하는 것"(현상계의 사물의 변화 양식)도 형이상자(즉 無極)인데, **하물며 태극이 형이상자가 아니겠는가?**[46] 태극만 말해도 주희가 무극이라는 말에서 지적하고 싶어 하던 것, 즉 형이상자의 의미가 들어가므로 굳이 무극을 말할 필요가 없다는 것이다.

『주역』이 이루어진 이래 '무극'이란 말이 없었어도 지금까지 태극을 한 사물로 착각하여 모든 변화의 근본이 아니라고 한 사람이 있었던가? 설사 그런 멍청한 사람이 있더라도 깨우쳐 주면 되지 노선생(老先生; 주돈이)으로 하여금 번거롭게 '태극' 위에 '무극'이라는 말을 붙이게 할 필요가 있는가? 꼭 붙이고 싶거든 『시경』에서 "저 위 하늘의 일은"이라는 말 아래에 "소리도 없고 냄새도 없다"[47]는 말을 덧붙인 것처럼 뒤에 붙이면 되지, 꼭 앞에 '무극'을 붙일 필요가 있는가? 형용사적 용법으로 할 것이지 명사적으로 써서 두개의 실체처럼 보이게 할 필요가 없다는 것이다.

㈏ "무극이며 태극이다"(無極而太極)를 주희는 "형체는 없으나 이치가 있다"(無形而有理)라 해석했는데, 이 경우 "무극(無極) = 무형(無形)"이 되며, 결국 극(極)을 형(形)으로 해석한 셈이 되는데, 이렇게 해석할 수는 없다는 것이다.

또한 전통적으로 '극(極)'은 '중(中; 알맞음, 중용)'으로 해석했는데, 주희같이 무극을 주장할 경우 '태극(太極)'은 '태중(太中; 가장 알맞음)'이 되므로 말이 되나, '무극(無極)'은 '무중(無中; 알맞음이 없음)'

46) 본래는 "하물며 태극이랴!"로 번역된다. 여기서는 육구연의 의도에 따라 의역했다. 이 구절에 대한 주희의 비판은 391 쪽 이하의 ④ ⑥을 참조하라.

47) 『중용』 33-6, "上天之載, 無聲無臭." 본래는 『시경』 「大雅 皇矣」 편에 나온다.

이 되어 말이 안 된다고 한다.

㈐ 『태극도설』은 "무극→태극→음양→오행→천지의 만물"의 순으로 말하지만 주돈이의 다른 저서에는 '무극'이라는 것이 나오지 않는다. 예컨대 주돈이의 『통서』 「동정(動靜)」 장은 '오행, 음양, 태극'만을 말하며, 「이성명(理性命)」 장은 "중용이니 거기에 멈추어라. 두 기와 오행이 만물을 낳고 변화시킨다. 다섯 다른 것은 두 알맹이요, 두 근본은 곧 하나이다" 이라 한다. 여기에서 '중용', '하나'는 태극을, '두 기', '두 알맹이', '두 근본'은 음양을, '다섯 다른 것'은 오행을 가리킨다.

또한 주돈이에게서 배웠던 두 정씨는 한번도 '무극'이라는 말을 한 적이 없다. '무극' 뿐만 아니라 '태극'이라는 말도 한 적이 없다. (다만 『주역』 「계사」에 대한 주석(『程氏經說』)에서 '태극'이라는 말을 하는데, 이는 「계사」 원문에 '태극'이라는 말이 나오기 때문이다.) 오히려 '무극'이라는 말은 『노자』 28장에 나오며 유가 문헌에는 나오지 않는다. 또한 『노자』 1장의 "무명(無名)은 천지의 시초이고, 유명(有名)은 만물의 어머니이다"[48] 라는 말은 "무극이며 태극이다" 라는 명제와 똑 같은 구조이다. 주희는 다년간 노장에 대해 공부했으면서도 이점에 대해 언급하지 않는 것은 무슨 까닭인가. 몰래 답습하면서 숨기는 것이 아닌가?

"무극이며 태극이다"라는 것이 유가 사상이 아닌 도가 사상임은 「태극도설」이 도사(道士)들에게서 나왔다는 점에서도 입증된다.

③ 육구연은, 『통서』는 주돈이의 저작이나 「태극도설」은 주돈이의 저작인지 의심스럽다고 한다.

---

48) 『노자』 28 "知其白, 守其黑, 爲天下式. 爲天下式, 常德不忒, 復歸於無極."
『노자』 1 "無名天地之始, 有名萬物之母."
『노자』 1 에 대한 다른 번역은 395 쪽의 ② 및 주 61을 볼 것.

㈎ 주진(朱震, 자는 子發)이 말하기를 "주렴계(周濂溪; 주돈이)는 태극도(太極圖)를 목수(穆修, 자는 伯長)에게서 얻고, 목수는 진단(陳摶 ; 자는 希夷)에게서 나왔다"고 했는데, 목수나 진단은 다 북송 시기의 도사(道士)들이다. 따라서 태극도는 도가에 근거하고 있다.

㈏ 주돈이에게서 직접 배운 두 정씨는 태극이나 「태극도설」에 대해 한마디의 언급도 없고 다만 반흥사(潘興嗣, 자 淸逸)라는 사람만이 「태극도설」을 주돈이가 썼다고 하는데 주희는 두 정씨를 사숙한다면서 왜 이 문제에서만은 반씨를 따르는가?

육구연은 명백한 증거가 없으므로 주돈이가 「태극도설」을 쓰지 않았다고 단언하지는 않는다. 다만 그것은 주돈이의 저작이 아니거나, 학문이 완성되기 전에 쓴 미숙한 것이다. 『통서』를 쓸 무렵에 그 책을 한마디도 언급하지 않는 것으로 보아, 그 학설이 잘못된 것으로 인정하고 버린 것이 아니냐고 한다.

이상에서 육구연의 논의는 문헌적으로 역사적으로 증거 (즉『주역』「계사」나『서경』「홍범」 등 어디에서도 '무극'이라는 말이 없다는 것, 「태극도설」은 유가 계통보다는 도가 계통에서 나왔다는 것)를 빼고는, 무극을 부정하겠다는 자신의 의지(물론 그의 학설에 근거한 것이지만)를 표명한 것에 불과할 뿐이다.

(2) 주희의 답장 - 형이상의 표준(無形而有理)으로서 태극

주희의 답장(『주자문집』 36-10)은 육구연의 도전적인 태도에 맞추어 굉장히 공격적이다. 우선 논의하는데 이치만을 살펴야 할 뿐 그것을 누가 말했느냐 혹은 어떤 책에서 나오느냐가 중요하지 않다고 전제한다. (이는 육구연이 한 말을 그대로 받아들인 것이다) 그리고 "말은 선택하기가 어렵지 않으나 이치는 쉽게 밝힐 수 없다"고

하면서, "바로 이점이 이치에 밝지 못하여 남의 말의 뜻을 이해하지 못한 점이다"라고 끝맺는 일곱 조목을 제시하며 육구연을 반박한다.

① 극(極)을 중(中)이라 해석한 것의 비판

『주역』「계사」에 말한 태극은 '양의(兩儀), 사상(四象), 팔괘(八卦)'의 이치(理)로서, 그 셋이 생기기 이전부터 이미 존재하다가(統體太極), 그 셋이 생김에 따라 그 셋 안에 부여된 것이다.(各具太極)[49] 따라서 그것은 이름 지을 수 있는 이름이 없는 궁극의 지극함, 혹은 "천하의 지극한 것을 다 들어도 더 이상 덧붙일 수 없는 것" (천하의 지극함을 따져 볼 때, 8괘→4상→양의로 올라가서 최후로 도달하여 더 이상 나갈 수 없는 궁극의 것, 끝의 것)[50] 이기 때문에 '태극(太極; 가장 끝, 궁극)'이라 한 것이고, 처음부터 '중용' 이란 뜻을 가진 것은 아니다. '북극(北極; 북쪽의 끝)', '옥극(屋極; 지붕의 끝)', '황극(皇極; 皇의 끝)', '민극(民極; 民의 끝)'도 다 이런 '끝'이라는 뜻이다.

이런 가장 끝-궁극을 다시 주희는 질적으로 '가장 좋음'과 동일시한다. 더 이상 덧붙일 수 없는 지극함을 주희는 "극히 좋으며 지극히 선한" 도리, 혹은 천지에 있는 사람과 사물의 "모든 선하고 지극히 좋은 것"의 별명이라 한다.[51] 즉 모든 사물의 궁극적인 표준 혹은 기준이 태극이다. 궁극적인 기준이므로 그것은 "처음부터 말할 수 있는 형상이나 장소가 없다." 형체나 위치가 있는 것은 현

---

49) 하나의 태극이 모든 개체에 부여된 것을 주희는 달이 모든 강마다 하나씩 찍혀 있는 것(月印千江)에 비유한다. 이는 理一分殊 이론의 한 측면이다.

50) 주희는 만물→8괘→4상→양의→태극으로 추상화해 가는 과정을 '집 짓는 것'에 비유한다. '極'은 원래 지붕의 끝을 의미했다. 집을 지어 가면 그 마지막에는 지붕의 끝에 도달한다.

51) 『주자어류』 94-21 "太極只是箇極好至善底道理. … 周子所謂太極, 是天地人物萬善至好底表德."

상계의 많은 사물 중의 하나일 뿐 현상계의 사물들의 궁극적인 기준이 될 수 없다.

여기에서 주희는 현상계를 초월한 궁극적인 기준(理)으로서 태극을 생각하고 있다. 따라서 '극'을 '지극(至極)'으로 해석하고 있다. 이에 비해 육구연이 '중용(中)'으로 해석하는 것은 현상계 속에서 현상계를 이끌어 가는 주체(心=中)를 생각하기 때문이다.[52)]

②『통서』「이성명」장을 육구연이 잘못 해석한 것

주희의 해석에 따르면 「이성명」장은 다음과 같다.

㉠ 그 드러난 것이여! 그 미묘한 것이여![53)] 지극히 총명하지 않으면, 환히 알지 못한다. 厥彰厥微, 非靈弗瑩.

㉡ (성격이) 강해서 선한 것과 강해서 악한 것이 있고, 부드러운 것도 또한 그러하다. 중용[알맞음]이 있으니 그 곳에 머물도록 하라.

剛善剛惡, 柔亦如之, 中焉止矣.

㉢ 두 기와 오행이 만물을 낳고 변화시킨다. 다섯 다른 것은 두 알맹이요, 두 근본은 곧 하나이다. 二氣五行, 化生萬物. 五殊二實, 二本則一.

여기에서 이 세 단락은 각각 리(理), 성(性), 명(命)을 설명한 것이다.[54)] 그런데 육구연이 ㉡의 마지막 구절인 "중용이 있으니 그곳

52) 이는 '未發의 중'과 '已發의 중'[時中]의 차이라고 할 수 있다. 318 쪽 참조.

53) 주희에 의하면, 理에도 大小와 精粗가 있어서 알기 쉬운 리[君臣 父子의 理]와 알기 어려운 리[陰陽 性命의 理]가 있는데, 드러난 것과 미묘한 것은 이를 가리킨다고 한다. 일설에 의하면 이는 一陰一陽하는 작용을 말한다고 한다. 음은 미묘한 것, 양은 드러난 것이다. 주희는 所以一陰一陽者를 理로 보므로 그렇게 해석한 것이다.

54) 이는『주역』「설괘」의 '窮理 盡性 至於命'을 설명한 것이다. 이 명제는 당시 학자들의 중심 토론 주제 중의 하나였다. 주돈이는 이 셋을 연결시키지 않고 따로 따로 해석하고 있다. '理→性→命'은 개체가 天이라는 본체에 도달하는 탐구의 과정이고, '命→性→理'는 하늘의 명령이 모든 사물에 부여되어 본성이 되는 것을 가리킨다. (『중용』 1장의 '天命之謂性' 참조) 이는 보통 '1→2→4→8→만물'의 순으로 설명된다.

에 머물도록 하라"를 태극에 대한 언급으로 보고, ③의 첫머리에 붙여 "태극→음양→오행"의 도식으로 파악한 것은 어거지 해석이라는 것이다. ②는 인간의 성질(性)을 설명하는 부분으로, "억세도 선한 것, 억세서 악한 것, 부드러워도 선한 것, 부드러워서 악한 것, 알맞은(중용) 성격"으로 나누고 중용에 머무르라는 것이 주돈이의 본래 뜻이라는 것이다.[55] 이 부분은 육구연의 해석이 틀렸다.

③ '무극'이란 주돈이가 갑자기 말한 것이 아니라는 것

주돈이는 도의 본 모습(道體)을 훤히 알아보고, 태극의 묘함은 "(태극이) 유(有)나 무(無) 어느 쪽에도 속하지 않으며 위치나 형체를 가진 것이 아님"이라는 것을 통찰했다. 그는 이를 보여 주기 위해 '무극'이라는 말을 쓴 것이다. 이는 배우는 자들을 위하여 주 선생이 천성(千聖) 이래 전해지지 않은 비밀을 용감히 말한 것일 뿐이며, "집 아래에 집을 짓고 상 위에 상을 포개 놓은 일"은 아니다.

주희는 이치(理)란 인간과 상관없이 객관적으로 존재하며, 다만 사람의 노력에 따라 그 이치를 더 보느냐 안 보느냐의 차이만 생겨난다고 한다. 그런데 역사의 발전에 따라 사람들은 그 이치를 점차 많이 알게 된다. 따라서 『주역』에 있어 복희씨는 획만 그었고 (8괘를 만듦), 문왕은 거기에 괘사를 덧붙여 건원(乾元) 이하만 말했고 (兩儀의 단계), 공자가 10익(翼)을 지어 거기에 태극을 덧붙여 말했고, 주돈이가 나와 무극을 덧붙여 말했다. 이렇게 "8괘→양의→태극→무극"이 역사적으로 나온 것은 그 몇 개인들이 각각 그 이치를 만들어 낸 것이 아니라, 객관적으로 그런 이치가 있었으므로 그 사람들이 순차적으로 발견해 냈다는 것이다.

---

55) 성격에 대한 이런 다섯 가지 분류는 『통서』「師」장에 나온다. "性者, 剛柔善惡, 中而已矣. 剛善爲義·爲直·爲斷·爲嚴毅·爲幹固. (剛)惡爲猛·爲隘·爲强梁, 柔善爲慈·爲順·爲巽, (柔)惡爲懦弱·爲無斷·爲邪佞."

④ 육구연이 형이상자와 형이하자의 구별에 어둡다는 비판

『주역』「계사」의 "한번 음하면 한번 양하는 것을 도라 한다"(一陰一陽之謂道) 와 "형이상자를 도라 한다"(形而上者 謂之道) 라는 두 .명제에서 육구연은 '음양 = 도 = 형이상자'라는 결론을 내린다.[56] 이에 비해 주희는 "한번 음하면 한번 양하는 것(一陰一陽)"은 현상계 사물의 변화의 양식으로서 형이하자이고, "한번 음하면 한번 양하는 '근거'('所以'一陰一陽者)"가 형이상자[道]라고 하는 정이의 설을 따른다. 따라서 주돈이가 무극이라 한 것은 바로 이 '근거(所以)'라는 말과 같은 뜻으로, 태극[道]이 형이상자라는 것, 즉 말할 수 있는 형상이나 위치가 없음을 말한 것이다. 주돈이가 또 무극에 덧붙여 태극을 말한 것은 "태극이 현상계를 초월한 지극한 표준[至理]이지만, 언제나 일음일양하는 현상계에 법칙으로 존재한다"는 것을 지적한 것이다. 태극(道)은 어떠한 사물도 있기 이전부터 존재하지만[형이상의 세계], 사물이 생긴 이후[형이하의 현상계]에서 있지 않음이 없고, 음양의 바깥에 있으면서도 음양 가운데에서 작동하지 않음이 없고, 사물의 전체를 포괄하면서도 개체 속에 존재하지 않음이 없다.[57] 이제 육구연이 극력 '무극'을 부정하면 이는 음양을 형이상자로 보는 것이요, 형이상과 형이하를 구분하는 데 어두운 것이다. 더구나 육구연이 "(음양도 형이상자인데) 하물며 태극이리오"라고 말하는 것은 형이상자 위에 또 어떤 것이 있어서 '태극'이라 한 것이니 더욱 문제가 있다.[58]

---

56) "A이면 C이다. B이면 C이다. 고로 A이면 B이다" 라는 추론은 삼단논법으로 볼 때 타당한 추론이 아니다. 육구연은 논리적 추론보다 직관에 의존한다.

57) 각 개체 속에 전체(태극)의 모습이 있는 것을, 주희는 불교에서 쓰는 '달이 모든 강에 찍혀 있는 것(月印千江)'의 비유로 설명한다.

58) 이런 비판을 당한 육구연의 원래 말은 385쪽의 주 46과 원문 부분 참조.

⑤ **"…을 말하지 않으면, …이 되기에 족하지 않다"** (혹은 …이 될 수 없다)는 말에 대한 오해; 이는 주돈이가 이렇게 말하지 않았으면, 당시 독자들이 태극을 현상계의 한 사물로 오해하고 무극을 도교의 허무(虛無)나 불교의 공적(空寂)과 같은 것으로 볼 위험성이 있었다는 지적이지, 육구연이 말하는 것처럼 태극이 말하고 하지 않음에 따라 늘어나고 줄어든다는 말은 아니다.

⑥ 『주역』「계사」에 "변화(易)에는 태극이 **있다**"고 하여 '있음'(有)은 말했으나 '없음'(無)은 말하지 않았다는 비판에 대해서, 주희는 괜한 트집이라 한다. 과연 육구연의 말대로 한다면 "「계사」의 이른바 '있음'은 과연 양의(兩儀) 4상 8괘가 정해진 위치가 '있음'과, 천지 오행 만물이 일정한 형체를 '가짐'(有)을 말하고, 주돈이의 이른바 '없음'(無)은 허(虛)와 공(空)이고 단멸(斷滅)이어서 사물을 낳는 이치가 없다는 말인가?" 라고 반문하며, "변화에 태극이 있다"(易'有'太極)라는 말에서 '유(有)'와 "'무'극('無'極)"의 무(無)를 각각 '존재'와 '무(無)'로 해석하는 것을 비판한다.[59] 그것들은 문맥 속에서 이해되어야 한다는 것이다.

⑦ 『노자』 28장에 나오는 "무극에 복귀한다"의 무극은 『장자』「재유(在宥)」편의 **"무궁(無窮)**의 문으로 들어가서 무극(無極)의 들에서 노닌다"(入無窮之門, 以遊無極之野)에서 말하는 **무궁**을 의미하지 주돈이의 무극을 말하는 것은 아니라는 것이다. 노자의 경우 '무궁'(無窮)은 '끝(窮)이 없음' 즉 '기준(理)이 없다'는 뜻이고, 주돈이의 경우 '무극'은 '더 이상 갈 곳이 없음(최후임)' 즉 최후의 기준이나 표준(理)이라는 것을 의미하여 서로 다르다는 것이다. 따라서 「태

59) 육구연은 '易有太極'에서 태극 개념이 나왔다면, 無極은 '易無太極'이라는 것. 이와 관련된 논쟁은 『주자문집』 71-3, 「記 林黃中 辨易西銘」 참조.

극도설」을 도가에 몰아 붙여서는 안 된다는 것이다.

이상에서 '극(極)'을 '지극(至極)'과 '중용(中庸)'으로 달리 해석하고, 형이상자를 '음양하게 하는 것'(所以陰陽者)과 '음양하는 것'(一陰一陽者)으로 다르게 해석하는 것이 바로 주희와 육구연의 차이이고 논쟁점이다.

(3) 육구연의 답장 - 무극의 부정과 중용으로서 태극

이 편지(『상산전집』 2-4)는 주희의 답장을 받자마자 쓴 것으로 굉장히 격앙된 상태에서 제1서보다 더 격렬하고 과격한 용어를 구사하고 있다. 그리고 제1서와 마찬가지로 난삽하게 자신의 주장을 늘어놓고 있다. 이 난삽성은 이론적인 탐구를 '지리하다'고 배척하는 그의 주장에서 나오는 것 같다. 그는 이론적으로 따져 논리적으로 서술하기 보다는 직관적으로 파악하여 그대로 쓴다. 따라서 자신의 주장에 대하여 직관적으로 파악하여 받아들이지 않고 이론적으로 조목조목 따지는 주희를, 말을 잘 했던 공자의 제자 자공(子貢)과 같은 자라고 비난한다.

> "옛 사람은 **질박**하고 실질적일 뿐 지혜의 교묘함을 숭상하지 않아서 말로 상세히 밝히지 않아도 사실이 먼저 드러났다. 알면 안다고 하고 모르면 모른다고 했다. 따라서 먼저 안 자[先知者]가 나중에 알 사람을 깨우치고 먼저 깨달은 자[先覺者]가 나중에 깨달을 사람을 깨우치는 것은 그 사실로서 그 사실을 깨우친 것이었다. 따라서 말이 그 사실이고 그 사실이 말이었다.
>
> … 그런데 주나라의 도가 쇠퇴함에 **이론**만 나날이 승하여, 사실은 의견(意見; 억견) 속에 인멸되고, 전거는 논증하는 말 속에 무성하며; 때려 맞추고 베끼는 기술이 교묘해지고, 모방하고 빌리는 것이 (원본과 거의) 비슷해졌으며; 조목을 나누는 것은 자신(自信)하기에 족할 만큼 했으며, 그 익숙해짐은 스스로 편안해 하기에 족할만큼 했다."60)

따라서 공자가 아무리 깨우쳐 주었지만 이론에만 의지한 자공이 끝내 공자의 도를 잇지 못하고, 질박함에 근거한 안회나 증자(曾子)가 공자의 도를 이었다. 그런데 주희의 재주는 자공에 비겨서 어떠한가?

이것은 아호사에서의 논쟁의 연장선에 불과하다. '간략함'과 '지리함'이라는 것이 여기에서는 '질박함'과 '이론'라는 말로 바뀌었을 뿐이다. 이하에서는 무극과 태극에 관한 그의 주장을 몇 가지로 요약해 보자.

① 주희는 태극의 참 모습을 환히 보아서 '극(極)'이란 "궁극의 지극함으로서, 이름 지을 수 있는 이름이 없는 것"이며 "천하의 지극한 것을 다 들어도 더 보탤 수 없는 것"이라 했는데, 만약 이렇다면 굳이 '무극'을 '태극' 앞에 붙일 필요가 없다. '극(極)' 혹은 '태극'이라는 말로 족하기 때문이다. 만약 붙인다면 무극은 '상 위의 상'이 되고, 태극은 '집 아래의 집'이 된다.

"위치도 없고 형체도 없다"는 것을 나타내기 위하여 '무극'을 붙였다고 했는데, 그런 식으로 한다면 『주역』「계사」의 "신묘함은 위치가 없다"(神無方 ; 변화의 이치의 신묘함은 모든 곳에 동시에 존재한다는 말)은 "무신이유신('無神'而有神)"의 '무신(無神)'이 되고, "변화에는 고정된 형체가 없다"(易無體)는 "무역이유역('無易'而有易)"의 '무역(無易)'이란 말이 되지 않느냐.

'易有太極'이라는 말에서 '無極而太極'이라는 말을 끌어낼 수 있다면, 같은 구조로 해서 '神無方 易無體'에서 '無神而有神', '無易而有易'이라는 명제를 끌어낼 수 있다는 것이다.

---

60) 『상산전집』 2-4, "古人質實, 不尙智巧; 言論未詳, 事實先著; 知之爲知之, 不知爲不知; 所謂先知覺後知, 先覺覺後覺者, 以其事實覺其事實, 故言卽其事, 事卽其言, 所謂言顧行, 行顧言. 周道之衰, 文貌日勝; 事實湮於意見, 典訓蕪於辨說; 揣量模寫之工, 依放假借之似; 其條畫足以自信, 其習熟足以自安. 以子貢之達, 又得夫子而師承之, 尙不免 此多學而識之之見. 非夫子叩之, 彼固晏然而無疑. 先行之訓, 予欲無言之訓, 所以覺之者屢矣, 而終不悟."

② "무극이며 태극이다"는 『노자』 1장의 "**무**(無)를 천지의 시초라 이름하고 **유**(有)를 만물의 어미라고 이름 한다. **상무**(常無)에서 그 미묘함을 보고자하며 **상유**(常有)에서 그 귀착점을 보려 한다"[61]와 같은 논리이다. 따라서 무극은 '무(無)'이고 태극은 '유(有)'이다. 노자에 따르면 '무'에서 '유'가 나왔으므로[62] '무'가 근원자가 된다. '무(無)'는 '없다'는 말이다. 이렇다면 모든 리(理)가 없다(無)는 말이고, '군불군 신불신(君不君 臣不臣)'이 되지 않느냐.[63]

다시 말해서 주희는 근원자가 무극=태극이며 리(理)이라고 한다. 그러나 결국은 리는 없고, 단지 무가 근원자라는 말이 된다. 리가 없기 때문에 나오는 귀결은 예컨대 이런 것이다. 임금이 임금다울 수 있음, 신하가 신하다울 수 있음도 그 각각의 리가 있기 때문이다. 임금다움이란 임금의 리에 의해서 규정된다. 무가 근원자라면 바로 그런 '다움'의 리가 없다는 말이다.

이러한 육구연의 비판은 좀 지나친 감이 있기는 하지만, 무극과 태극으로 말해지는 주희의 이원적 구분이 도가적인 것임은 분명하다.

③ '극(極)'도 이 이치(理)이고 '중(中)'도 이 이치이므로 '극(極)'은 '중(中)'이다. 황극은 「홍범」의 9주(九疇) 가운데 다섯 번째이므로 '중(中)'이고, 민극(民極)은 백성이 천지의 중(中; 가장 정밀하고 바른 것)을 받아 태어났다는 것이고, 『중용』에도 "중용이란 천하의 큰 근본이다" 라고 했다.

---

61) 『노자』 1 "無名天地之始, 有名萬物之母. 故常無欲以觀其妙, 常有欲以觀其徼" 일반적으로 이 구절은 "무명은 천지의 시초이고 유명은 만물의 어미이다. 그러므로 항상 무욕에서 그 미묘함을 보고자하며, 항상 유욕에서 그 귀착점을 보려 한다"로 번역한다. 그러나 사마광은 본문처럼 번역하며, 그 두 사람의 논쟁도 이 번역에 근거하고 있다.

62) 『노자』 40 "天下萬物 生於有, 有生於無."

63) 육구연은, 맹자가 楊朱 墨翟을 '無父無君'이라 비판한 것은 '말을 안 것(知言; 그들이 내세운 전제를 밀고 나가서 그 귀결이 그러할 것임을 미리 아는 것)'이며, 자신도 그런 입장에서 주희를 비판한다고 한다.

* 민극(民極)에 대한 증거로 육구연은 『시경』 「사문(思門)」편의 '입아증민(立我烝民) 막비이극(莫非爾極)'을 든다. 육구연은 이 구절을 "우리의 뭇 백성들에게 세웠나니, 너희 백성들의 극(極) 아닌 것이 없도다"라고 해석하나, 주희는 잘못 해석한 것이라고 비판한다. 주희에 의하면 "우리의 뭇 백성을 먹여 살리는 것이 너(임금)의 극이 아닌 것이 없다" 라고 해석해야 한다고 한다. 즉 립(立)은 '세운다'는 말이 아니라 '립(粒)', 즉 "먹여 살린다"는 말이라는 것이다.[64]

④ 한 글자는 여러 가지 의미가 있다. 예컨대 "한쪽(一極)은 흉악함이 있고 한쪽(一極)은 흉악함이 없다"의 경우 '극(極)'은 허자(虛字)이다. 태극이나 황극의 '극(極)'은 실자(實字)로서 우주에 가득 찬 것, 즉 지리(至理)를 가리키며 이는 '중(中)'이다.

나아가 『대학』과 『주역』 「건괘 문언」에 각각 나오는 '지지(知至)'는 "지극함을 안다"라는 것으로, '지극함'(至)은 곧 이 '극(極)'이며, 이는 지리(至理)를 말하며, '중(中)'을 의미한다. 따라서 『주역』을 읽는 것을 말할 때 "태극을 알 수 있으면 '지극함을 알게 된다'[知至]" 고 하고, 『서경』 「홍범」을 읽는 것을 말할 때 "황극을 알 수 있으면 '지극함을 알게 된다'"고 한다. 이처럼 '극(極)'이란 대체로 '중(中)'의 의미를 가지며 '지극(至極)', '지리(至理)' 등으로 의미가 확장된다. 그런데도 주희는 어떤 경우나 '극(極)'을 '궁극의 지극함'이라고 해석하는가.

* 주희의 반론 : 『대학』과 『주역』의 '지지(知至)'는 뜻이 다르다. 『대학』의 경우, "앎이 다다르게 된다"는 말이고, 『주역』의 경우 "다다를 곳을 알게 된다"는 말이다.[65] 즉 이 두 경우 '지(知)'는 각

---

64) 주희는 이를 『서경』 「益稷」의 "烝民乃立 萬邦作乂"와 결부시켜 그렇게 해석한다.
65) 『대학』 경 5 "物格而後知至, 知至而後意誠", 『주역』 「건괘 문언」 "知至至之, 可與幾也. 知終終之, 可與存義也."

각 명사와 동사이다. / * 위의 육구연의 논증은 주희의 비판에 대한 정확한 대응이 못 된다.

⑤ 음양은 형이하자[形器]이고 형이상자[道]가 아니라는 주희의 주장에 대한 반박 : 변화(易)의 도는 '일음일양(一陰一陽)'일 뿐이다. 즉 천(天), 지(地), 인(人)에 걸쳐서 "음양, 강유(剛柔), 인의(仁義), 선후, 시종(始終), 동정(動靜)" 등 대립되는 쌍의 현상이 가득 차 있을 뿐이다.[66] 이런 『주역』의 이론을 거부하고 '도'란 현상계를 초월해 있는 것(形而上者)이라는 주희의 주장은 정이에게서 나온 것으로 도가 계통의 사상일 뿐이다.

⑥ 주희는 '무극'이란 말을 주돈이가 학생의 착각을 두려워하여 제시하였다고 하나 이것이 사실인지 의심스럽다. 아무튼 주희는 이처럼 남 보고는 어떤 말의 본래 의도(指歸)를 보라 하면서도 자신은 "하물며 태극이랴!" 라는 말을 형이상자 위에 따로 어떤 것이 있어 그것을 태극이라 한다고 곡해하는가. 그 말은, 『주역』「계사」에 의하면 형이상자는 도이고, 일음일양(一陰一陽)을 도라고 했으므로 음양도 형이상자이다. 음양이 형이상자라면 태극도 형이상자임은 당연히 알 수 있지 않느냐는 말이다.[67]

⑦ 『통서』 7장에는 "중용이란 조화이며 절도에 맞음이며 천하의 보편적인 도이니, 성인의 일이다. 그러므로 성인은 가르침을 세워

66) 다음을 인용하여 육구연은 자기 논거를 댄다. 『주역』「설괘」 1, 2, "觀變於陰陽而立卦, 發揮於剛柔而生爻. 和順於道德 而理於義, 窮理 盡性 以至於命. … 立天之道曰陰與陽, 立地之道曰柔與剛, 立人之道曰仁與義", 『주역』「계사」 하10 "易之爲書也, 廣大悉備, 有天道焉, 有人道焉, 有地道焉. 兼三才而兩之, 故六; 六者非他也, 三才之道也."

67) 이와 관련된 주희의 비판은, 391 쪽 ④의 끝 부분 및 각주 46과 그 원문 부분도 참조할 것.

사람으로 하여금 스스로 그 나쁨을 고쳐서 그 **중용에 이르러 머무르게 한다**"(至其中而止矣) 68) 라고 한다. 이로 보건대 주돈이가 중(中)을 중시했으며, 전번 편지에서 「이성명」 장을 인용한 것은 『통서』에서는 '중'이나 '일(一)'은 말했으나 '무극'은 말하지 않았다는 것을 입증하려는 의도였다. 또한 위에 인용한 7장에 나오는 '지기중이지의(至其中而止矣)'는 「이성명」 장의 '중언지의(中焉止矣)'와 비슷한 구절이다. 따라서 「이성명」 장의 '중언지의(中焉止矣)'를 아래의 2기(氣) 5행(行)에 붙여 해석해야 한다. 즉 7장에서 '중용'이 천하의 보편적인 도라고 했으므로, 다섯 성질(五性) 중의 하나라기 보다는 태극에 가까운 의미라는 것이다.69)

⑧ 주희는 옛 서적을 배척하지 말라고 하면서도 왜 '무극'이란 말이 옛 책에 나오지 않는다는 육구연의 증거는 무시하는가. 또 '극(極)'을 주돈이에 따라 '형체'라 하고, '중(中)'이라 해석하는 옛 학자의 설은 배척하며; "한번 음하면 한번 양한다"는 말은 정이의 해석에 따라 형이하자(器)라 하고, 『주역』「계사」의 형이상자라는 해석은 무시하는데, 이는 옛 서적과 옛 사람을 무시하는 것이 아닌가?

⑨ 주돈이는 이 도를 확실히 보았다 하고, 또 '무극'은 형체나 위치가 없어서 말할 수 없다고 하는데, 무슨 사정이 있어서 형체나 위치가 없는 것을 확실히 보며, 보았으면서도 말을 하지 못하는가? 또한 건곤은 쉽고 명확한데70) 비해 태극만 사람에게 숨겨져 있는가.

---

68) 『통서』 7 「師」 "惟中也者 和也, 中節也, 天下之達道也, 聖人之事也. 故聖人立教, 俾人自易其惡, 自至其中而止矣"

69) 육구연의 입장에서 볼 때, 다섯 성질의 하나이면서 중용을 이룬 것은 '태극'이 될 수 있다. 즉 육구연은 이발의 중[時中]을 강조하기 때문이다.

70) 『주역』「계사」 상1, "乾以易知, 坤以簡能."

⑩ 주희가 진량에게 보낸 편지 등에서 한 말 중에 "태극의 진체"(太極 眞體), "전해져 내려오지 않은 비밀"(不傳之秘), "아무런 사물도 있기 이전"(無物之前), "존재에도 무에도 속하지 않다"(不屬有無), "시간 공간 속에 떨어져 있지 않다"(不落方體), "상식을 훨씬 뛰어넘다"(逈出常情), "속세 밖으로 넘어가다"(超出方外) 등은 모두 선종(禪宗)의 용어이다. 따라서 주희의 학설은 실은 선종에서 나온 것인데 이를 감추고 학생들에게 가르치니 이는 자신을 병들게 할 뿐만 아니라 남까지 병들게 하는 것이다.

이상에서 중요한 것은 ③ ⑤ ⑦이다. 이는 육구연 자신의 입장을 표명한 것이다. 태극은 '도'이며, '일음일양(一陰一陽)'하는 것으로 현상계에 존재한다.(⑤) 따라서 태극을 실현한 사람은 현상 세계에서 적절하게 '일음일양(一陰一陽)'하여 중용 혹은 지극한 이치를 이루는 사람이다.(③, ⑦) 이것이 그의 근본 주장이므로 지극한 이치로서 태극이 현상계를 초월해 있다는 주희의 주장을 배척하게 된다.

이러한 점은 그의 편지의 첫머리에 서술되어 있다.

"사람이 도를 넓히는 것이지 도가 사람을 넓히는 것은 아니다"[71] 이 리(理)는 '우주'사이에 있으니 본래 사람이 깨닫느냐 못 깨닫느냐, 행하느냐 안 하느냐에 따라 더해지거나 줄어드는 것은 아니다. 그러나 사람이 사람이 되는 것은 그 직분이 있기 때문이다.

해 달 별을 드리우며 모든 것을 (위에서) 덮어 주는 것이 **하늘의 직분**이며, 형체를 이루게 해 주고 모든 것을 실어 주는 것이 **땅의 직분**이다. 천지의 도를 이루어 천지의 마땅함을 돕고 백성을 보살피는 것이 **임금의 직분**이다. … 어려서는 이 도를 배우고 커서는 그것을 실천하여 … 임금의 마음의 그릇됨을 바로잡아 그 임금을 마땅한 도에로 이끌고, 임금과 더불어 도를 논하며 나라를 다스리고 음양을 순조롭게 하여, 이 도가 천하에 이루어지

71) 『논어』「위령공」28 "人能弘道, 非道弘人也."에서 따온 말. 이는 그의 근본 주장인 '心卽理'를 잘 표현한 것이다. 사람은 주체성[心]을 세워서 이 세상에 도를 실현시키는 자라는 말이다. 이에 비해 주희는 도가 사람을 넓힌다는 입장이다.

게 한다. … 이것이 **선비와 군자의 직분**이다.72)

이것은 그의 근본 입장을 표명한 것이다. 육구연은 사람이 도를 넓히는 것이며, 이것이 사람의 직분이라는 것을 강조할 뿐, 주희처럼 **현상계를 초월하여 있으면서 현상계를 규율하는 리(理)**를 구현할 것을 강조하지는 않는다. [주희가 말하는 격물치지란 바로 '리' 혹은 도가 사람을 넓히는 것이다.] 육구연은 직분 즉 주체성을 강조한다. 이 주체성이야말로 현상 세계에 존재하며 현상 세계를 이끌어 나가는 것, 즉 '태극'이며 '중용을 이룬 마음'이다.[心卽理] 따라서 그는 현상 세계를 넘어선 것을 부정하며, 무극을 끝까지 반대한다.

육구연은 주희와 자신 사이에 있는 이런 근본적인 입장의 차이를 인식한 것 같다. 근본적인 입장이 차이가 날 경우는 말이나 증거로서 설득할 수는 없다. 다만 상대가 자각하여 개종하기를 바랄 수 있을 뿐이다. 따라서 육구연은 주희가 진량에게 했던 말, "백척간두에서 한걸음을 내딛으라"는 말을 거꾸로 주희에게 한다.73) 한 걸음 더 내딛을 경우 그는 추락하여 죽게 된다. 이것은 일종의 개종을 말한다. 한걸음 내딛는 것은 아무나 할 수 있지만, 백척간두에서는 쉬운 일이 아니다. 그것은 '나'를 포기하는 것, 즉 정신적 사망을 통한 재탄생이기 때문이다.

72) 『상산전집』 2-4, "人能宏道, 非道宏人. 此理在宇宙間, 固不以人之明不明 行不行而加損. 然人之爲人, 則抑有其職矣; 垂象而覆物者, 天之職也. 成形而載物者, 地之職也. 裁成天地之道, 輔相天地之宜, 以左右民者, 人君之職也. 孟子曰'幼而學之, 壯而欲行之' 所謂行之者, 行其所學 以格君心之非; 引其君於當道, 與其君論道經邦, 燮理陰陽, 使斯道達乎天下也. 所謂學之者, 從師親友, 讀書考古, 學問思辨 以明此道也. 故少而學道, 壯而行道者, 士君子之職也."

73) 앞의 글, "尊兄嘗曉陳同父云 '欲賢者 百尺竿頭 進取一步, 將來不作三代以下人物, 省得氣力爲漢唐分疏, 卽更脫灑磊落.' 今亦欲得尊兄 進取一步, 莫作孟子以下學術, 省得氣力爲無極二字分疏, 亦更脫灑磊落!"

④ 주희의 답장 - '소이연'으로서 태극과 선불교 비판

주희는 이 편지(『주자문집』 36-11)에서 육구연의 편지를 16 부분으로 나누어 하나하나 답하고 있다. 그러나 전번 편지에서 했던 말을 다시 반복하는데 지나지 않는다. 형이상자와 형이하자는 구별해야 한다는 것 [음양이 형이상자라면 형이하는 무엇이냐고 반문함](#10), 태극은 본래 무극[형이상자]이나 진체(眞體; 理)가 있다는 것(#4), 태극은 '표준'의 뜻과 '지극'의 뜻을 가지고 있으며 굳이 '중용'이라 풀이할 필요가 없다는 것(#7, 11, 12), "음양, 동정, 시종(始終)" 등이 도(道)가 아니라, "음양, 동정하는 근거(所以)"가 도라는 것[여기에서 '소이(所以)'란 음양 동정 등을 규율하는 규칙이라는 의미임] (#10) 등이 주희의 답장의 요점이다. 그리고 주희는 육구연이 인용하며 잘못 해석한 구절을 여러 가지로 설명한다. (395쪽 이하의 ③, ④ 참조)

또한 주희는 "선학(禪學)에 빠져 있으면서 이를 감추고 있다"는 육구연의 비판에 대하여 정면으로 반박한다(#14). 주희가 썼던 "상식을 훨씬 초월하다", "속세 밖으로 넘어가다" 등의 용어는 이미 민간에서 널리 쓰이고 있으므로 꼭 선불교만이 쓰라는 법은 없으며, 이를 근거로 선학이라고 단정하는 것은 부당하다는 것이다.

주희 자신이 말하는 태극은 '천지의 모든 사물의 이치'로서 예로부터 지금까지 변함이 없는 것이다. 반대로 육구연이 말하는 태극은 "마음이 곧 이치이다"(心卽理)에서의 '마음(주체성)'으로서, 이는 선가에서 말하는 "환하게 깨어 있어[昭昭靈靈] 능히 작용(作用 ; 사량좌의 용어로는 '知覺')할 수 있는 것"으로서의 마음을 말한다. 따라서 육구연이 굳이 '극'을 '중(中)'으로 해석하려는 것은, 이 깨어 있는 '나(心)'가 일상생활을 하면서 "지나침도 모자람도 없는 중용"을 이루는 것을 '태극'으로 보기 때문이다. 이런 **이발(已發)**의 중용에 대하여 주희는 **미발(未發)**의 중용을 강조한다. 미발의 중용이란 "그 본체가 아직 드러나지 않았을 때의, (어느 쪽의 이익에도)

치우치지 않은 (공정한) 마음"이다(#11).

주희가 보건대 자신이 말하는 태극[미발의 중용]은 결코 선불교에서는 말하지 않는다. 오히려 선불교의 "작용하는 것이 마음의 본성이다"(作用是性)라는 설을 따와서 태극이라 하는 육구연이야말로 "속으로는 선가의 설을 사용하면서도 얼굴만 바꾸어 겉으로는 그 유래를 숨기는 것"에 불과하다(#14).

5. 논쟁의 평가

이상에서 서술한 아호사의 모임과 무극 태극 논쟁은 이론적 일관성이 있다. 그것은 육구연의 근본 입장과 주희의 근본 입장이 충돌한 것으로, 아호의 모임의 경우 '쉽고 간략함'과 '지리함'이라는 말로 표현되는 마음(心) 중심의 이론과 본성(性) 중심의 이론의 충돌로 나타나고, 무극 태극 논쟁에서는 무극의 긍정과 부정에서 보이는 이발(已發)의 중용과 미발(未發)의 중용에 대한 강조의 차이로 나타난다. 이제 그 두 논쟁의 배경이 되는 입장의 차이를 밝혀 보자.

1) 주희의 입장

주희의 입장은 근본적으로 이원적 구조이다. 그는 세상을 형이상과 형이하로 나누어 각각 도(道, 혹은 태극)와 음양(陰陽)을 소속시킨다. 이러한 이분법은 인간의 마음에도 그대로 적용되어 미발의 본성(性)과 이발(已發)의 정(情)으로 구분된다.[心統性情] 그가 이런 이분법을 주장하는 이유는 형이상자 혹은 미발을 강조하기 위해서이다.

현상계의 사물[형이하자]은 '잡다함'이 특징이고, 이는 인간의 마음의 경우[已發], 사람마다 각자 욕망이 다른 것으로 나타난다. 개인은 각자 자신이 접하는 사물 혹은 상황이 다르므로 그 지각과 욕망도 다르다. 따라서 이러한 잡다함만이 존재하므로, 그것을 통일시켜 조화와 질서를 유지시켜 주는 것이 필연적으로 요청된다. 이 조화, 통일, 질서를 가져다주는 규칙은 현상계의 것일 수는 없다.[74] 만일 현상계의 것이라면 그것은 잡다한 것 중의 하나이며 전체를 통합하는 것이 될 수 없다. 예컨대 모든 개인을 규율할 규칙을 몇몇 개인이 정한다면, 이는 그들의 욕망과 이익을 반영한 것으로 그 개인들 혹은 그들의 무리에 치우친 것이며, 모든 인간을 규율하여 질서 조화를 가져올 수 있는 규범이 될 수 없다. 그런 규범이 되기 위해서는 개인이 아닌 전체가 반영되어야 한다. 다시 말해서 모든 개인들의 입장을 반영하면서 어떤 개인들만 강조하거나 어떤 개인들은 무시하지 않는 것이어야 한다. 이런 것은 **"뭇 용들이 뒤얽혀 있으나 머리는 보이지 않는다"**(見群龍無首)는 『주역』「건괘」의 비유로 나타낼 수 있을 것이다.[75]

주희는 전체를 반영하는 규범은 개체성을 떠난 것, 즉 어떤 무리나 파당에의 치우침이 없는 것(不偏不倚)이며, 공정한 것[76] 이라고 한다. 그것은 현상계의 개체성을 떠나서 성립하므로 **형이상자**이며, 동시에 현상계의 모든 개체에게 준수해야 할 의무로서 **선천적**으로 제시되는 것이다. 그런 규범이 객관적으로 존재하며 개인들에게

---

74) 이런 점에서 주희는 무극을 요청한다. '미발, 형이상자로서 理'도 같은 맥락에서 요청된다. 또한 이는 "物物者는 非物이다"고 말한 莊子의 생각과 궤를 같이 한다.

75) 『어류』 94-28 "太極是藏頭底. 動時屬陽, 未動時屬陰了." 여기에서 태극을 '머리를 감춘 것'이라 한 것은, 태극이 음양의 動靜 위에 떠 있는 것, 즉 형이상자라는 것을 표현한 것이다.

76) 『中庸章句』에서 주희는 '中'을 "不偏不倚 無過不及"이라고 정의한다. 이 때 '不偏不倚'는 未發의 中을, '無過不及'은 已發의 中을 나타낸다.

선천적으로 부여된다는 그의 주장은 "과연 그러한가?" 라고 의심할 수 있다. 이 의심에 대해서 그 주장이 옳다는 것을 증명하기는 어렵다. 그것은 마치 기하학에서 제시하는 '공리'와 비슷하다. 공리란 증명되는 것이 아니라, 그냥 받아들여야 하는 것이다. 다시 말해서 그것은 주희의 이론의 최초의 전제이다. 그것은 증명되기 때문에 받아들여지는 것이라기보다는, 그 전제를 받아들이면 주희의 노선을 받아들이는 것이고 그것을 거부하면 주희의 이론을 거부하게 되는 그런 것이다. (육구연의 입장에서도 마찬가지이다.) 육구연과의 논쟁 사항도 바로 이 최후의 전제[즉 공리]에 관한 것이다.

주희는 형이상자로서 전체 사회를 규율하는 규범[理]이 인간의 마음에 선천적으로 부여되어 있다고 한다.[性卽理] 이 리는 가능태 혹은 잠세태로서 인간의 마음에 존재하며, 그것을 계발하지 않는 한 현실 속의 인간들은 육체가 타고난 욕망에 따라 행동한다. 사람들은 태어나면서부터 규범을 어느 정도 배운다.[사회화] 따라서 현실 속의 인간들은 규범에 따라야 한다는 도덕적 의무감[天理]과 인간적인 욕망[人欲]의 사이에서 갈등한다. 이 의무감과 욕망 사이에서 어느 쪽을 선택하느냐는 행위의 주체인 '나'가 결정한다.[心統性情] 주희의 수양론은 이 '나'가 언제나 도덕적 의무를 택하게 하는 것, 즉 도덕적 주체의 선의지를 키우는 것이다.

주희는 도덕적 수양의 방법으로 '경건함에 속에 있는 것(居敬)'과 '이치를 탐구하는 것(窮理)'을 제시한다. '거경'이란 "마음을 보존하고 본성을 기르는 것(存心養性)"으로 자신의 선의지를 강화시켜서 도덕적 주체를 확립하는 것이다. '궁리'란 "사물의 이치를 탐구하여 자신의 앎을 넓히는 것(格物致知)"으로 유교적인 세계관을 확립하는 것을 말한다. 이 둘은 상보적인 것으로, 안으로는 확고한 도덕적 주체를 세우고 밖으로는 도덕적 세계관을 확립하여 살아가는 인간을 양성하는 것을 목표로 한다.

격물치지는 현실 속의 인간이 공정하고 객관적인 규범[理]을 하나 하나 배워 나가면서, 자신이 살아오는 동안 길러져 온 좁은 '나'(나와 나의 무리만 생각하는 욕망에 찬 자아)를 깨뜨려 나가는 과정이다. 사물의 이치를 다 탐구하면 세상의 참된 모습이 보이게 될 것이다.[세계관의 확립] 이를 위하여 이 세상의 모든 사물을 다 탐구할 필요는 없다. 어느 정도 탐구하면 어느 때인가 모든 사물의 이치에 활연히 관통하게 된다. 왜냐하면 나의 마음에는 모든 사물의 이치가 가능태-잠세태로 주어져 있기 때문이다. 그리고 이 세계를 다 포괄하는 넓은 자아를 형성하게 된다. 이는 거경의 경우도 같다. 존심양성이란 개체적인 욕망을 부정하고 본성의 이치에 따르도록 선의지를 키우는 것이다. 이 키움이 끝까지 가면 천하를 뒤덮는 기개이며 용기인 호연지기가 될 것이다.

이와 같이 되는 것은 이상이며 뛰어난 자들에게나 가능한 것이다. 평범한 사람들은 자신의 마음에 생각이 일어날 때 마다 그것이 옳은 것인지 그른 것인지 살피는, 깨어 있는 마음으로 마치 "깊은 물가에 다가간 듯 살어름을 밟고 가듯 전전긍긍하며"77) 살아가는 것이 수양법이 된다. 주희는 기본적으로 개체의 주관성이란 사회 전체의 규범[미발의 본성에 부여된 형이상자로서 리理]에 의해 제약되고 길들여져야 한다고 본다. 이 주관성의 제약에 대해 정면으로 반대한 것이 육구연의 입장이라 할 수 있다.

---

77) 『논어』「태백」3 "戰戰兢兢, 如臨深淵, 如履薄氷" 이는 증자가 죽을 때, 자신이 살아온 태도를 설명하는 말로 인용한 『시경』「소아 小旻」 편에 나오는 말이다.

2) 육구연의 입장

육구연의 근본 입장은 현실 속의 인간의 주관을 긍정하고, 이 주관을 제약하는 형이상자를 부정하는 것이다. 이는 무극의 부정과 태극의 긍정으로 연결된다. 이런 점에서 주희의 이론과 첨예한 대립을 이룬다. 주희의 이론은 객관성의 확보에 치우친 나머지 일상의 삶에서 행동하는 개인들의 주관['나']이 사사건건 규범에 얽매이게 한다.

> 내가 선생님을 모시고 있는데 선생님이 갑자기 일어나셔서 나도 따라 일어났다. 그러자 선생님은 "자네는 아직도 안배(安排)를 하는가" 하셨다.[78)]

어떤 상황에서나 자신의 자발성 능동성에 근거하여 행동하는 것이 아니라, 잔머리를 굴려서, 사사건건 규범을 따져서[安排] 행동하는 것은 주관의 자유가 제약됨을 의미한다. 그러므로 육구연은 안배하여 행동하는 것을 배격한다.

육구연의 이러한 이론은 개인의 주관의 자발성, 능동성의 확보라는 점에서는 의미가 있으나, 그 개인의 행동의 보편성 혹은 타당성에 대해서는 아무런 책임도 지지 않는다. 모든 개인들이 자신의 주관의 능동성에 따라 행동했을 때, 그것이 과연 사회 전체에 혼란을 가져 오지 않을 수 있는가? 일상적인 인간은 자신의 욕망에 근거해서 행동한다. 그런데 육구연의 이론처럼 자신의 주관의 자발성에 따라 행동하라는 것은 인간의 욕망의 무절제한 발산을 조장하는 것이나 다름이 없다.

이런 점에서 육구연은 "**먼저 그 큰 것을 세우라!**" 그래서 "일상생활에서 그 큰 것을 발휘하는 실마리를 열라"고 한다.[79)] 그 큰 것이

---

78) 『상산전집』 35-322, "某方侍坐, 先生遽起, 某亦起. 先生日"還用安排否?""
79) 『상산전집』 34-40 "先立乎其大者!" 같은 책 10 「與邵叔誼」 "某屢言先立乎其大者."

란 이치 그 자체인 나의 마음[心卽理]이고, 이 마음은 주체[주관,'나'] 이며 우주와 그 크기가 같다. "우주의 마음이 나의 마음이며, 나의 마음이 우주의 마음이라"는 그의 주장은 일상적 인간의 '욕망에 찬 좁은 자아'가 아닌 '보편적인 자아'가 각 개인에게 갖추어져 있음을 말한다. 이런 점에서 "이치를 환하게 알고, 마음을 세워서, 사람이 되는 것"(明理, 立心, 做人)이 육구연의 공부 방법이며 목표이다.[80)]

> 마음은 한 가지 일에 골몰해서는 안 되니, 다만 스스로 이 마음을 세우라. 사람의 마음은 본래 일에 의해 혼란스러워짐이 없으나, 사물에 이끌려 가게 된다.[81)]
>
> 정신을 수습하여 스스로 주재하는 자가 되라. 만물은 모두 나에게 갖추어져 있으니 무슨 부족함이 있겠는가?[82)]
>
> 성실함(誠)이란 <u>스스로</u> 성실함이요, 도(道; 길)이란 <u>스스로</u> 가는 것이다. 군자는 <u>스스로</u> 밝은 덕을 밝힌다. 사람은 4단을 가지고 있으나 <u>스스로</u> 실행할 수 없다고 하는 것은 <u>스스로</u> 해치는 것이며, 포(暴)란 <u>스스로</u> 학대하는 것이며, 기(棄)란 <u>스스로</u> 버리는 것이다.[83)]

"마음을 세워 주재자가 되라. 세상일은 <u>스스로</u> 하는 것이다" 라는 것이 육구연의 근본 주장이다. 이 마음('나')의 자발성 혹은 자유의 확립을 막는 것을 그는 욕망(物欲)과 편견(意見)이라 한다.

> 어리석고 못난 자들은 물욕에 가리워지고, 현자와 지식인은 편견[이념]에 가리워진다. (물욕과 편견이) 높고 낮음, 깨끗하고 더러움이 비록 같지 않으나 그것이 이치를 가리고 마음을 헤매게 하여 바름을 얻지 못하게 한다는 점에서는 같다.[84)]

---

80) 侯外廬 外, 『宋明 理學史』, 569 쪽.
81) 『상산전집』 35-189 "心不可汨一事, 只自立心. 人心本來無事胡亂, 被事物牽將去."
82) 같은 책, 35-186 "收拾精神, 自作主宰, 萬物皆備於我, 有何欠闕?"
83) 같은 책 34-196, "誠者自誠也, 而道自道也. 君子以自昭明德. 人之有四端, 而自謂不能者, 自賊者也; 暴謂自暴, 棄謂自棄."

따라서 육구연의 공부 방법은, 물욕과 편견 따위의 마음을 가리는 것을 **'깎아 내리고[剝落] 간이하게 하는 것'**이다.

> 사람의 마음에 병이 있으면 반드시 깎아내려라. 한번 깎아 버리면 그만큼 마음이 밝고 맑아지며, 그 뒤에도 (병이) 일어나면 또 깎아 버리고 또 밝고 맑게 하라. 때에 따라 깎아 버려서 완전히 깨끗해져야 바야흐로 옳다.[85]
>
> 내 마음을 해치는 것은 무엇인가? 욕심이다. 욕심이 많으면 마음이 보존됨이 반드시 적고, 욕심이 적으면 마음이 보존됨이 반드시 많다. … 욕심이 제거되면 마음은 스스로 보존될 것이다.[86]
>
> 가리는 것이 있고, 빼앗는 것이 있고, 빠지는 것이 있으면, 이 마음은 그 때문에 기능[靈; 인식]을 하지 못하고, 이 이치는 밝아지지 못하게 된다. 이것을 일러 그 바름을 얻지 못한 것이라 하니, 그 보는 것도 사악하게 보는 것이고, 그 말하는 것도 사악한 말이 된다.[87]

이러한 물욕과 편견을 깎아버리는 공부는 또한 간이한 것을 세우는 공부이다. 즉 본래의 마음을 드러내어 밝히는 "마음을 보존하고" "마음을 기르며" "놓아버린 마음을 거두어들이는 것"(求放心)이다.[88]

3) 두 입장의 한계

이 세상의 모든 일의 주체로서 '나'의 자발성 능동성을 강조하는 육구연의 주장의 문제점은, 그 자발적인 주관이 하는 행위의 '객관

---

84) 같은 책 1「與鄧文範」1, "愚不肖者之蔽 在於物欲, 賢者知者之蔽 在於意見. 高下汚潔雖不同, 其爲蔽理溺心, 不得其正則一也."

85) 같은 책 35-206, "人心有病, 須是剝落. 剝落得一番卽一番清明, 後隨起來, 又剝落又清明, 隨時剝落得淨盡 方是."

86) 같은 책 32「養心莫善於寡欲」, "夫所以害吾心者何也? 欲也. 欲之多 則心之存者必寡; 欲之寡 則心之存者必多. … 欲去, 則心自存矣."

87) 같은 책 11「與李宰」2, "有所蒙蔽, 有所奪移, 有所陷溺, 則此心爲之不靈, 此理爲之不明, 是謂不得其正, 其見乃邪見, 其說乃邪說."

88) 侯外廬 外,『宋明 理學史』564 쪽.

적 타당성'이 어떻게 보장될 수 있느냐 하는 점이다.

의식으로 드러난 마음(已發)은 감각적 욕망의 측면[告子가 말하는 '食色之性', 혹은 순자의 '天官']과 사유와 행위의 주체의 측면[순자가 말하는 '天君']이다. 육구연은 인간이 전체 사회를 망각하고 자기 자신 혹은 자신의 무리만 생각하는 것은 그 두 측면에서 각각 '물욕'과 '편견'에 사로잡히기 때문이라고 한다. 이 둘을 깎아 내버리면 좁게 국한된 '나'에서 벗어나 전체성을 회복할 수 있다고 본다. 이 전체성을 회복한 '나'[이발의 의식]은 모든 제약이 제거되었으므로 살아서 펄떡 펄떡 움직이며[活潑潑] 항상 깨어 있으며[常惺惺], 선불교의 이른바 "맑고 밝은[昭昭靈靈] 작용 혹은 의식[知覺]"이 되며, 자발성과 능동성을 회복하게 된다. 이러한 살아서 움직이는 의식은 마치 밝은 거울(明鏡)과 고요한 물(止水)과 같아서 외부에서 어떤 사물이나 일이 닥치더라도 그에 알맞게 행동할 수 있다.[89]

> 너의 귀는 스스로 총명하고 너의 눈은 스스로 밝고, 부모를 섬길 때 스스로 효도할 수 있고 형을 섬길 때 스스로 우애할 수 있어, 본래 조그마한 부족도 없으니, 다른 데서 구할 필요가 없고, (어떤 상황에서나 적절하게 행동할 수 있는 것은) 스스로 서는데 달려 있을 뿐이다.[90]

보고 듣고 우애하고 하는 어떤 상황에서도 적절하게 행동할 수 있는 것은 전체성을 회복한 마음에 의한 것이다. 이 전체성을 육구연은 다음과 같이 표현한다.

> 사방 상하가 '우(宇; 공간)'요, 태초부터 지금까지가 '주(宙; 시간)'이다. 우주는 곧 내 마음이요 내 마음이 곧 우주이다.[91]

---

89) 194-195 쪽에 있는 「정성서」 및 239 쪽에 인용된 『유서』 18-114 (각주 26) 참조.
90) 『상산전집』 34-27, "汝耳自聰, 目自明, 事父母自能孝, 事兄自能弟, 本無少闕, 不必他求, 在乎自立而已."

우주 안의 일이 나의 일이요, 나의 일이 우주 안의 일이다.[92]
우주에 가득 차 있는 것은 하나의 이치이다. (塞宇宙一理耳.『상산전집』12-8)
이 도는 우주에 가득 차 있다. (此理 充塞宇宙. 같은 책 10-7)

시간과 공간의 총체가 '우주'이고 이 우주에 가득 차 있는 것은 '하나의 이치(一理)' 혹은 '도'이며 이것은 곧 내 마음이다. 이것이 전체성을 회복한 마음이고, "하늘과 땅 사이에 가득 차 있는 기개"인 호연지기와 같은 것이다. 우리는 여기에서 '우주'라는 말에 현혹되어서는 안 된다. 육구연이 '우주'라는 말을 쓴 것은 다만 개체성을 떠났다는 것을 표현하려 한 것이다. 개체성을 떠났으므로 그것은 '이치(理)'라 할 수 있다. 개체성을 떠난 것을 '리(理)'라고 본 것은 주희도 같다. 다만 주희는 '여러 리(理; 分殊理)'가 모인 총체를 '태극(太極; 理一)'이라 하는데 비해, 육구연은 '여러 리(理)'를 긍정하지 않고 다만 '총체인 태극' 혹은 '하나의 리(一理)' 만을 말한다.

마음은 한 마음(一心)이고, 리는 하나의 리(一理)이다. 지극히 당연함은 '하나'로 모아지고 정밀한 의리는 둘이 아니다. 이 마음, 이 이치는 참으로 둘로 나누어짐을 용납하지 않는다.[93]
사람은 모두 이 마음(一心)을 가지고 있고, 마음은 모두 이 이치(一理)를 갖추고 있으니, 마음이 곧 리이다.[94]

하나인 마음, 하나인 리는 깎아내리고 간이하게 하여서 도달한 것으로 둘로 나뉘어짐(개체성; 分殊理)을 용납하지 않는다. 우리는 근본[其大者]인 이 하나의 마음(一心), 이 하나의 이치(一理)만 세우면 어떠한 상황에서도 그 상황에 맞게 행동할 수 있다. 따라서 어

---

91) 같은 책 22 잡설 8, "四方上下曰宇, 往古來今曰宙. 宇宙便是吾心, 吾心便是宇宙."
92) 같은 책 22「잡설」9, "宇宙內事 是己分內事, 己分內事 是宇宙內事."
93) 같은 책 1-2, "心一心也, 理一理也. 至當歸一, 精義無二. 此心此理, 實不容有二."
94) 같은 책 11-16, "人皆有是心, 心皆具是理. 心卽理也."

떤 상황이나 어떤 경우에 적용되어야 하는 리(分殊理 ; 주희의 경우 태극을 이루는 개별적인 리)가 따로 없고, 다만 하나의 마음, 하나의 리에 따라 행동하면 과불급이 없는 중용(時中 ; 已發의 中)을 이룰 수 있으며, 그것이 리에 맞는 것이 된다. [心一分殊]

이렇게 되면 물론 주관('나')의 자발성과 능동성과 자율이 보장되나, 과연 구체적인 상황에서 그의 행위가 객관적 타당성을 확보할 수 있느냐가 문제가 된다. 주희는 바로 이점을 의심한다. 인간이 아무리 깎아내리고 간이하게 하여도 과연 마음은 전체성을 획득하여 리의 경지[時中] 까지 올라갈 수 있는가? 아마 천재들에게는 가능할지 몰라도 일상인의 경우에는 '깎아내림'과 '간이하게 함'이라는 이름 아래 자신의 사욕과 편견을 정당화시키는 것에 불과하게 될 것이다. 이렇게 되면 식욕과 성욕만이 인간의 본성이라고 했던 고자(告子)와 무엇이 다른가.

> 육상산이 죽자 선생[주희]은 문인을 이끌고 절에 가서 곡을 했다. 곡이 끝나고 한참 있다가 선생이 말하기를, "애석하도다, 고자가 죽다니!"[95)]

이런 것의 귀결은 그 큰 것을 세웠다는 이름 아래 못하는 짓이 없게 될 것이다.[96)] 이는 분명히 선(禪)이며, 그것도 '미친 선(狂禪)'에 불과할 것이다.[97)]

---

95) 『주자어류』 124 –48, "象山死, 先生率門人往寺中哭之. 旣罷, 良久曰'可惜 死了告子!'" 또한 같은 책 124-14 참조.

96) 『주자어류』 124-10 "象山言'本立而道生' … 所以學之者 皆顚狂", 같은 책 116-33 "恐成猖狂妄行, 蹈乎大方者矣!"
顚狂'이나 '猖狂'은 다음의 두 의미가 있다. (1) 미치다, 미쳐 날뛰다, 못 하는 짓이 없다. (2) 자유로워서 전혀 얽매임이 없는 모습과 격렬하여 전혀 꺾임이 없는 기세. - 이는 『장자』에서 시작하여 선불교에 이어지는 전통이며 정신이다. 주희가 육구연을 이 말로 평가할 때는 그 두 의미가 다 있다.

97) 『주자어류』 116-33 "陸子靜所學, 分明是禪",
같은 책 124-25 "金溪學問, 眞正是禪." 등.

주희는 개관적인 규범을 강조하여 이것의 근거로서 미발(형이상자)을 중시한다. 미발의 본성에 모든 이치가 갖추어져 있어 이 이치를 하나하나 체득하면 어느 날엔가 리의 총체[태극]를 활연 관통하게 된다.(理一分殊)

이에 비해 육구연은 모든 경우의 리를 배우는 것은 사사건건 주관이 규범(理)에 제약되는 것이라고 비판하고, 행위의 주체인 마음('나')을 일단 세우면 어떤 경우에도 타당한 행위를 할 수 있다[時中]고 본다. 이렇게 미발의 형이상자를 부정할 경우 부딪치는 것은 객관성 확보의 문제이다.

아무튼 육구연은 주희가 절대적인 규범으로 내세운 미발의 리 혹은 무극을 부정하고 인간을 좀 더 현실[현상계, 已發]로 끌어들였으나, 전체성을 다만 '욕망과 편견'을 깎아내림만으로 가능하다고 본 것은 좀 안이한 방법이다. 개인들의 욕망을 어떻게 사회 전체적으로 조화 있게 충족시킬 수 있는가 하는 문제에는 정면으로 부딪치지 못했다.

6. 맺는 말

이상에서 서술한 주희와 육구연의 사상은 여러모로 비교할 수 있다. 주관과 객관, 혹은 마음과 현실이라는 점에서 볼 때 주희는 객관을, 육구연은 주관을 강조한다. 물론 이 경우 주희는 객관적인 리(理)를 주장하므로 현실에 접근하나, 그 리는 초시대적으로 보편타당한 것이므로 구체적으로 당면한 현실의 문제와는 상관이 없다. 육구연은 주관을 강조하나, 그 주관이 꼭 따라야 할 선험적이고 객관적인 리[分殊理]의 총체를 부정하므로 그 주관은 현실의 문제에 좀 더 능동적으로 대처할 수 있다.

육구연은 "이 마음이 진리이다"(心卽理)라고 보아, 선험적인 법칙 혹은 리를 부정하고, 주관이 능동성과 자발성을 가지고 주어진 상황의 문제를 적극적으로 타개하는 것을 중요시한다. 그러나 그는 선험적인 법칙을 거부하므로 인간의 행동의 보편타당성을 근거시킬 곳을 찾아야 한다.

주희는 보편적 원칙성으로서 리(理)에 따른 행위만을 강조하기 때문에, 육구연에게서 상황에 대처하는 주관의 능동성 혹은 현실타개의 능력이 없다고 비판받는다. 반대로 주희는, 도덕적 주체의 실천성만 강조한 육구연의 이론에 따르면 인간 행동에는 보편타당한 기준과 근거가 없으므로 자의적인 행동이 될 것이라고 비난한다. 이에 대해 육구연은 자신의 이론은 '전체'에 근거하고 하고 있으므로 그런 문제가 없다고 한다. 그는 우주 (안의 일)가 '나'(의 일)이며 리이며, 이 '나(心)'는 이런 전체성을 가졌으므로 어떤 상황에서도 그것에 맞게 행동할 수 있으며, 그 행동은 사적인 데로 흐르지 않게 되어, 보편타당성을 획득한다고 한다. 주희도 전체성을 강조한다. 이 세상의 모든 이치의 총체[태극]가 내 마음에 있으므로[性卽理] 모든 인간이 그 리에 따라 살 때 세상에는 안정과 질서가 온다. 이런 점에서 주희나 육구연이나 전체 속에서 안정과 질서를 이루는 것을 최종 목표로 삼는다.

주희와 육구연의 논쟁의 초점은 무극을 인정하느냐 하는 점이다. 주희가 무극을 인정하는 것은, 선험적으로 질서 규범이 주어져 있다는 것을 주장하기 위한 것이다. 그 초월적 규범에 의하여 인간사회는 보편타당한 규범 질서를 갖게 된다. 따라서 본래 주어진 리를 일상생활에서 탐구하여 익힐 것이 강조된다. 이에 대해 육구연은, 주희의 공부 방법이 번쇄하고 지리한 것으로, 규범이 행동 주체인 '나'의 자발성과 능동성을 제약하게 된다고 비판한다. 따라서 주체를 제약하는 것인 규범 나아가 세부 조목으로서의 리[分殊理]를 부정하고, 그것을 깎아내리라고 한다. 따라서 세부 조목으로서의 리의 근거지인 무극을 부정한다. 이렇게 되면 태극이란 말의 의미도 달라진다. 주희의 경우 태극은 선험적인 리의 총체이지만, 육구연의 경우 그것은 자발성 능동성을 가진 주체로서의 '나'로, 이것은 세부 조목이 없는 전체의 하나의 리이다.98)

리에 따른 행위를 위해서 거경(居敬) 궁리(窮理)를 하라고 한 주희의 이론은 정이의 입장에 선 것이다. 반면 "이 마음이 진리이다"(心卽理), "우주 안의 일이 나의 일이다"고 주장한 육구연은 기본적으로, "인자(仁者)는 온 세상의 사물과 한 몸을 이룬다", 따라서 별다른 수양이 필요 없고 다만 그 사실만을 깨달으면 된다고 했던 정호의 입장에 섰다고 할 수 있다. 도덕적 원칙성을 택한 주희와 도덕적 행위 주체의 확립이라는 실천성을 강조한 육구연의 대립은 쉽게 해결될 수 없을 것이다.

이 두 사람의 논쟁은 결론이 나거나, 어느 한 쪽이 다른 쪽을 굴복시키거나 설득할 수 있는 것이 아니다. 그들은, 비유하자면 백척간두에 올라서도 마음이 흔들리지 않음[不動心]을 이룬 자들이다. 따라서 그들은 대개 자기주장을 하다가 상대에게 그 백척간두에서 진일보하기를 요구한다. 그러나 아무도 그 한걸음을 내디딘 사람은 없었다. 다시 말해서 그만큼 그들은 각자의 입장을 확신했다. 그리고 그런 확신에 값할 수 있을 만큼 각자의 주장은 나름의 타당성이 있는 것 같다.

---

98) 理一分殊는 법에다 비유하자면, 理一은 헌법(의 前文, 혹은 1조)이고, 分殊理는 그 헌법의 정신에 따라 이루어진 하위법들이다. 육구연은 一心 一理를 주장한다. 그것은 분수리가 없는 理一에 비교될 수 있다. 즉 하위법이 없는 헌법이다. 헌법만 있으면 하위법은 자동적으로 나올 수 있다는 것이 육구연의 확신이다.

제10장
주희와 진량의 논쟁

1. 들어가는 말

주희는 중화 논변을 거쳐서, 그의 형이상학을 완성해 간다. 그 형이상학은 태극 인(仁) 격물치지 등의 개념으로 이루어져 있는데, 요컨대 '리(理)'를 중심으로 해서 이루어진 것이다.

그 이론은 철저한 이원론이다. 이 세계를 형이상과 형이하로 가르며, 사람의 마음을 미발과 이발로 나눈다. 형이하와 이발은 바로 우리가 접하는 현실 혹은 세계이며, 형이상과 미발은 그 현실 세계가 따라야 할 법칙/원리가 존재하는 곳이다. 그 법칙/원리를 주희는 '리'라고 한다. 이와 같은 분리 때문에 리는 아주 독특한 성격을 갖는다. 즉 리는 사람 혹은 이 세상과 상관없이 **객관적**으로 존재하며, 그 리는 가능성으로만 존재하기 때문에 그것이 실현되는 것은 사람에 달려 있다. 리의 객관성과 가능태로서의 성격을 비유적으로 표현하자면, "리는 군림하되, 통치하지 않으며" "군림하되 (아래의 것, 즉 기 혹은 형이하자에게서) 영향을 받지 않는다!"

진량은 바로 리의 그런 성격에 대해서 비판을 한다. 법칙 혹은 원리라면, 그것은 바로 현실 세계에 적용되고 있는 것이어야 한다. (즉 법칙이란 가능태가 아닌 현실태여야 한다.) 그런데 현실 세계와 떨어져서 객관적으로 존재하면서, 사람들이 실천하기를 기다려야 실현되는 것이라면 그것을 법칙/원리라 말할 수 있는가?[1)]

이 쟁점은 구체적으로는 하-은-주 시대(삼대)와 한-당 시대를 어떻게 평가할 것인가로 나타난다. 주희가 보건대 삼대는 성인 왕들이 리를 실현하여 밝디 밝은 시대였지만, 한-당은 리가 전혀 실현되지 않은 캄캄한 시대였다. 바로 사람들이 리를 실현하지 않았기 때문이라는 것이다. 따라서 한-당이란 전혀 배울 필요가 없다. 이에 대해 진량은 한-당 시대 1500년간 실현되지 않는 것이라면 그것도 법칙/원리라 할 수 있겠냐고 반문한다. 그는 한-당 시대에서 배워야 한다고 생각하기 때문에 주희의 그런 이론을 거부한다.

결국 이런 이론은 한-당 시대를 부정 하는가 긍정하는가와 관련이 있다. 주희는 한-당 시대를 부정했고 진량은 긍정한다. 주희는 기본적으로 북송을 건립했던 사대부들의 유토피아 의식을 이어받아서 한-당 시대를 어둡게 본다. 한-당 시대는 이성이 아닌 무력, 즉 말이 아닌 칼로 싸운 시대였다. 그것은 무질서 그 자체였다. 반면 송나라는 이성과 말에 의한 국가를 지향한다. 이성적인 국가, 즉 유토피아라는 것이다. 그런 유토피아 의식이 바로 한-당 시대를 부정하게 만든 것이다.

---

1) 리와 음양오행의 차이도 그런 것이다. 리나 음양오행이나 다 변화의 패턴 혹은 법칙/원리라는 점에서는 같다. 그러나 리는 인간 사회를 설명하는 것이고, 음양과 오행은 자연을 설명하는 것이다. 음양과 오행은 자연 법칙이기 때문에 그것은 가능태가 아닌 현실태이다. 즉 사람이 실천하든 말든 언제나 적용되고 있는 법칙이다. 반면 리는 인간 사회를 규율하는 법칙, 즉 도덕규범이다. 따라서 사람이 실천하느냐에 따라 실현될 수도 있고 안 될 수도 있는 가능태의 것이다.

반면 진량은 금나라에 빼앗긴 중원을 찾아야 한다는 것을 남송이라는 국가의 제일 목표로 본다. 중원 회복은 현실의 문제이다. 그런 현실 문제를 해결하기 위해서는 한-당 시대의 시행착오에서 배울 수 밖에 없다. 진량은 현실을 타개하는 능력, 즉 물질적 힘을 긍정한다. 이러한 주장에서 주희는 싸움을 일삼았던 한-당 시대의 힘의 논리의 불길한 그림자를 보았기에 진량을 격렬하게 비난한다. 반면 진량은 이성과 말에 의한 국가를 지향한다면서, 금나라의 침략에 속수무책인 무능한 도학자들에 대해서 깊은 반감을 갖는다.

현실적인 힘을 키워서 치욕적인 상황을 타개할 것인가, 아니면 도덕적 이성을 키워서 오래 가는 인륜 국가를 이룰 것인가. 이 핵심 쟁점은 결과와 동기, 왕도와 패도 등등의 주제로 번져나가면서 둘 사이의 11년에 걸친 논쟁으로 이어진다.

2. 진량의 사상적 배경

진량(陳亮 1143-1194 ; 자 同甫, 호 龍川 先生)은 절강성(浙江省) 영강(永康) 출신이다. 그의 본명은 여능(汝能)인데 제갈량(諸葛亮)을 흠모하여 이름을 '량(亮)'으로 바꾸었다. 이는 그의 사상의 핵심을 보여 주는 사건이다.

그의 출신지 절강성 일대에서는 여조겸, 당중우(唐仲友), 진부량(陳傅良), 섭적(葉適) 등 역사와 현실을 중시하는 것이 풍조였다. 진부량 섭적 등의 영가학파는 경전과 제도의 연구를 통해 사공(事功 ; 현실적인 결과, 즉 상황의 타개)을 말한 반면, 진량은 오로지 사공을 말했다는 것이 종래의 평가이다.(『宋元學案』, 「龍川學案」) 영가학파는 그 맥이 정이에 이어지는데 비해 진량은 뚜렷한 사승(師承) 관계는 없다. 다만 그의 문집을 보면 『이락 정원서(伊洛正源書)』, 『이락 예서 보망(伊洛禮書補亡)』, 『삼선생 논사록(三先生 論事錄)』에 서문을 썼고,[2)]『이락 유서(伊洛遺書)』, 『이천 선생 춘추전(伊川先生 春秋傳)』에 발문을 썼다. 또 『이락 정원서』는 곁에 두고 날마다 보았다고 그 서문에서 말한다. 이로 보건대 그는 친구인 영가학파 사람들의 영향을 받아 두 정씨와 장재의 글을 자주 보고 익혔던 것 같다.

육구연이 13세에 '우주'라는 말에서 "내 마음이 우주이고 우주가 내 마음이라" 하여, 마음이 모든 것의 근본이라는 근본적인 문제의식에서 그의 철학을 전개시켰던 것처럼, 진량에게도 하나의 근본적인 문제의식이 있었다. 그것은 남송(南宋)이 중흥하여 원수를 갚고 중원을 되찾아야 한다는 것이다. 이는 당시 지식인 사회의 가장 큰 관심사로서, 여론은 주전파와 주화파로 갈라져 있었다. 이와 같은 것이 그의 근본 관심사이므로 그는, '마음을 밝히고 본성을 자각하는 것'을 중시하여 개인적인 도덕 수양의 측면으로 나갔던 당시의 도학자들을 경멸하고 현실 사회의 문제로 나간다. 현실의 상황을 어떻게 타개해 나갈 것인가를 중시하므로, 그는 실제의 일[事]에서 실제의 결과와 업적[功]을 이루는 것을 따진다. 그는 역사적인 사실을 따질 때도 바로 이 '사공(事功)'을 기준으로 본다. 어떤 역사적인 인물이 그가 처한 상황에서 어떻게 문제를 해결하여 안정과 질서를 가져왔는가를 본다. 이에 대해 주희는 역사적인 인물이 한 행위가 정당하고 바른 것이었는가, 즉 의리(義理; 도덕률)에 맞는가를 따진다. 이 견해 차이에서 논쟁이 일어난 것이다.

주희가 전형적인 문사(文士; 이론가)라면 진량은 무사(武士)적인

---

2) 『伊洛正源書』는 주돈이 장재 정호 정이의 글을 모은 것이고, 『伊洛禮書補亡』은 정이의 禮說을 모은 것이며, 『三先生 論事錄』은 장재 정호 정이가 일을 논한 것을 모은 것이다.

기질이 굉장히 강하다. 그가 주장하는 상황 타개[事功]라는 것도 일선 야전군 사령관이 가져야 할 기본 덕목이다. 반면 행위의 정당성[義理]을 따지는 것은 서재에 앉은 지식인(文士)에게 어울리는 것이다. 당시에 진량과 견해나 기질이 가까운 사상가는 별로 없었으나, 다만 문학가이며 장군이었던 신기질(辛棄疾)과는 접근한다. 둘 다 애국주의적인 정열에 싸여 공담을 배척하고 실천을 숭상한다.[3)]

그의 상황 타개를 중시하는 무사적인 견해는 어려서부터 나타난다. 그는 18, 19세에 『작고론(酌古論)』을 쓴다. 이 책은 한신(韓信) 및 광무제(光武帝)와 그 이후의 인물들인 유비 조조 등 19인의 군사 전략을 평가하고 비판한 것이다. 다시 말해서 이 책은 주로 개별 전투와 관련된 전술적인 측면이 아닌, 전체 상황 혹은 천하를 경략한다는 전략적인 측면에서 전투를 논한 것이다. 이런 것은 그의 '중흥, 원수 갚음'이라는 근본 문제의식에서 나온 것이다.

이렇게 다져진 관점에서 그는 중원 회복을 위해 3차의 상소문을 올린다. 그 첫째가 26세 때 올린 「중흥 오론(中興 五論)」이다. 이것이 채택되지 않자 그는 10년 간격으로 두 번 더 효종에게 상소문을 올리나 받아들여지지 않는다. 이러한 좌절 속에서 울분에 싸여 있던[4)] 그는 호방한 기질로 말미암아 일생에 세 번에 걸쳐 투옥되어 사형 선고를 받을 뻔 하다가 풀려난다.[5)]

그는 도학(道學)의 '마음을 닦고 의리를 따지는 것'을 비판하며, 도덕률에 어긋나지 않으려고 '살얼음 밟듯 전전긍긍'하며 사는 경건한 태도[敬]를 경멸하고 공리(功利)와 사공(事功)을 주장함으로

---

3) 侯外廬, 『中國 思想 通史』, 권4하, 695 쪽.

4) 진량은 남송이 중흥하여 원수를 갚고 중원을 회복하기를 바라므로 주전파에 속한다. 그러나 당시 조정은 구차하게 편안함을 추구했던 주화파가 맡고 있었다. 그는 낙향하여 살면서 그런 것에 좌절하고 울분에 싸여 있었다.

5) 이는 술 먹고 임금 흉내를 낸 것, 살인 사건에 살인자로 무고를 당한 것 등 그의 조심성 없는 언행 때문에 투옥된 것이다. 『宋史』 陳亮傳 참조.

써 반도학 혹은 반유학적인 경향을 가진다.

그 자신도 이러한 이단적인 성격을 의식하고 있어 스스로를 묘사하기를 "입으로는 묵적(墨翟)의 말을 외나 몸은 양주(楊朱)의 길을 따르며, 밖으로는 자공(子貢)의 모습을 가지나 안으로는 원헌(原憲)의 알맹이를 간직 한다"고 한다.[6]

양주는 천하를 위해서 자신의 정강이의 털 한오라기도 뽑지 않겠다고 한 위아주의자(爲我主義者)이고, 묵자(墨子)는 천하를 위해서는 이마가 벗겨지고 발뒤꿈치가 까지도록 노력한 이타주의자(利他主義者)이다. 자공은 공자의 제자로서 거만의 부를 축적한 사람이고, 원헌은 세상에 도가 없으면 물러나서 숨어 살라는 공자의 가르침대로 변방에서 가난하게 살았다.[7] 그런 모순성이 진량 자신에게 있다는 것이다.

3. 주희와 진량의 논쟁

진량과 주희는 이 세상, 이 사회에 어떻게 질서를 이룰 수 있는가 하는 점에 대해서 주로 논의한다. 그리고 육구연과 주희가 논쟁했던 행위 주체인 인간의 마음에 대해서는 별로 논의하지 않는다. 이는 진량이 주관적인 관념[心性] 보다는 객관적인 현실[事功]을 문제 삼는 현실주의자이기 때문이다. 이들은 현실에서 질서를 실현하는 문제에 대해서 의견이 일치하는 점이 거의 없다.

---

6) 『陳亮集』 20-4 "亮口誦墨翟之言, 身從楊朱之道; 外有子貢之形, 內居原憲之實."

7) 『장자』 잡편 「양왕」8, 『史記』 「仲尼弟子列傳」, 『韓詩外傳』, 『新序』 등에 자공과 원헌의 일화가 보인다. 가난한 원헌이 자공을 비판하는 내용이다.

1) 형이상학과 역사 이론

(1) 주희의 이론

주희는 이원적으로 이 세상을 본다. 그는 인간의 마음에서는 미발과 이발로, 세계에 있어서는 형이상과 형이하로 나누어 본다. 이발 혹은 형이하는 변화하며 다양성, 잡다함이 있는 현상 세계이다. (氣의 세계) 반면 미발 혹은 형이상은 변화하는 잡다한 현상 세계의 추상적 형식 혹은 규칙성이다.(理의 세계) 이 형식 혹은 규칙은 현상 세계의 잡다한 사물의 변화에서 찾은 공통점이기는 하나, 현상 세계의 일시적이고 상대적인 무수한 변화상과는 상관없이 미리 먼저 존재하는 보편타당한 것이다.[8] 그러면서도 현상 세계의 변화에 질서가 부여되는 것은, 그 선험적인 '규범'이 실현되어, 잠재적 당위성(理)이 작동할 때만 가능하다. 변화하는 현상계와 이에 질서를 독자적으로 주는 당위적 세계[理]의 관계를 주희는 달이 모든 강에 비추어 도장처럼 찍힌 것[月印千江]에 비유한다.

이러한 이원론은 그대로 역사관에 투영된다. 그는 역사를 삼대(三代; 夏-殷-周)와 한-당(漢唐)으로 나누어 각각 형이상과 형이하에 배속시킨다. 더 정확히 말하면, 삼대는 도(道; 형이상의 理)를 완전히 실현시킨 시대이고, 한 당은 전혀 실현시키지 못한, 도가 은폐된 시대이다. 이것을 그는 다음과 같은 논리로 설명한다.

잡다한 현상계를 반영하는 마음은 인심(人心)이다. 사람은 날마다 여러 사물과 일에 접하여 좋아하거나 싫어하며, 자신에게 좋은 것을 추구하고 싫은 것은 피한다. 이처럼 이익과 손해만을 따지는

---

8) 이러한 점 때문에 '리'를 '형이상자(形而上者)'라고 한다. 그러나 따지고 보면 현실적으로 '리'라고 하는 것은 '예(禮)'이다. (『예기』에서는 "禮는 理이다"라고 한다.) 예는 기존의 규범을 모은 것이다. 따라서 리(理)를 강조한다는 것은 기존의 규범, 기존의 질서를 강조한다는 말이 된다.

것이 인간의 욕망(人欲)이며, 인간의 마음(人心)이다. 오직 선험적 보편적인 도(道; 天理)만을 따지는 것이 진리의 마음(道心)이다. 이 마음은 자신이 일상 세계[형이하자]에서 부닥치는 이익과 손해를 전혀 따지지 않고, 오직 마땅히 해야 할 것[天理; 형이상자]만 한다. 이 천리는 우리 마음 깊은 곳[未發]에 보존되어 있어 잘 생각해 보면 나오는 것, 즉 도덕적 양심이다. 따라서 사람은 '인심'을 좇지 말고, '도심'을 따라야 한다.

역사적으로 보건대 삼대는 진리의 마음(道心)으로 다스린 시대였다. 요 순 우 임금이 서로 전한 것은 단지 통치권뿐만 아니라, "사람의 마음은 오직 위태롭고, 진리의 마음은 오직 미미하니, 정밀히 하고 한결같이 하여, 진실로 그 알맞음을 잡으라"[9] 는 '밀지'(密旨)였다. 이 '밀지'를 탕왕 무왕은 들어서 알거나 반성해서 그 깨달음에 도달했다.[10] 이를 공자는 안회와 증자에게 전하고, 증자는 자사에게 전했고, 그 뒤에 맹자에게 전해졌다. 그 증거로 안회에게는 "하루에 자기를 이기고 예로 돌아가면 천하가 인(仁; 사랑)으로 돌아간다"고 하고,[11] 자사는 "도라는 것은 잠시라도 떠날 수 없으니, 떠날 수 있다면 도가 아니다. 따라서 군자는 남이 보지 않는 곳에서도 경계하고 조심하며, 남이 듣지 않는 곳에서도 두려워하며 떤다"고 했고,[12] 맹자는 천지에 가득 찬 호연지기를 말했다.[13] 그리고 맹자가 죽고 난 뒤에는 이 '서로 전해졌던 오묘한 것(妙)'이 더

---

9) 『書經』「大禹謨」"人心惟危, 道心惟微, 維精維一, 允執厥中." 이를 '16字 心傳'이라고 한다.

10) 『맹자』「진심」하38 "由堯舜至於湯, 五百有餘歲. 若禹臯陶則見而知之, 若湯則聞而知之. … 若文王則聞而知之. … 若孔子則聞而知之." 같은 곳 33 "堯舜性者也, 湯武反之也."

11) 『논어』「안연」1 "克己復禮 爲仁. 一日克己復禮, 天下歸仁焉."

12) 『중용』1, "道也者, 不可須臾離也. 可離 非道也. 是故君子戒愼乎其所不睹, 恐懼乎其所不聞." 사마천은 『사기』「공자세가」에서 자사가 『중용』을 지었다고 한다.

13) 『맹자』「공손추」상2「浩然之氣」장.

이상 전해지지 않았다. 따라서 한-당 시대는 도(道; 진리) 혹은 도심(道心)은 은폐된 채 모든 임금과 신하 백성은 인심(人心) 속에서 서로의 욕심(人欲)을 가지고 다투었을 뿐이다.[14)]

이와 같은 주장은 자신의 이론에 근거하여 상당히 치밀하게 증거를 댄 것이지만, 결국 유학에서 마음 수양을 주장한 사람들의 계통을 서술한 것으로, 두 정씨의 도통론을 반복한 것에 불과하다. 과연 삼대는 천리가 그대로 실현된 사회인가? 『서경』만 믿고 신화적인 시대를 이상 사회로 볼 수 있는가? 『서경』을 보더라도 왕들 사이에 밀지가 다 전해진 것도 아니고, 정권 싸움과 비리가 없었던 것도 아니다. 마찬가지로 한-당 시대에 정통적인 마음 수양론 계통의 유학자가 없었다고 암흑시대로 볼 수 있는가? 이는 자신의 이론을 경전이라는 권위에 기대어 합리화시킨 것에 지나지 않는다. 물론 그는 도[天理]는 현실[형이하자]에 실현되는 것과 상관없이 존재한다고 보므로, 왕도 아니고 책임 있는 정치가도 아니었던 공자 증자 맹자 등도 도를 이어받았다고 본다. 이런 현실 무시가 한-당을 어두운 시대로 보게 한 것이다.

주희가 한-당 대를 욕망의 싸움으로 점철된 어두운 시대로 보는 것은 북송 시대 이래 지식인들의 역사에 대한 반성에서 나온 것이라고 할 수 있다.[15)] 그들은 후한 이래 분열되었던 중국이 수나라와 당나라 때에 통일이 되었지만, 그것은 불안한 통일이라고 본다. 송

---

14) 『주자 문집』 36-19 p30-31, "所謂'人心惟危, 道心惟微, 維精維一, 允執厥中'者, 堯舜禹相傳之'密旨'也. … 至於湯武則'聞而知之', 又'反之 以至於此'者也. 夫子之所以傳之子思孟軻者 亦此也. 故其言曰'一日克己復禮, 天下歸仁焉', 又曰'吾道一以貫之', 又曰'道也者, 不可須臾離也. 可離 非道也. 是故君子戒愼乎其所不睹, 恐懼乎其所不聞', 又曰'其爲氣也, 至大至剛, 以直養而無害, 則塞乎天地之間.' 此相傳之妙. … 然孟子旣沒, 而世不復知有此學. 一時英雄豪傑之士, 或以資質之美, 計慮之精, 一言一行, 偶合於道者, 蓋亦有之; 而其所以爲之 田地根本者, 則固未免乎利欲之私也."

15) 이런 맥락에서 지난 역사를 반성하고 새 역사를 창조하겠다는 유토피아 의식에서 사마광은 『資治通鑑』을 저술했고, 정이는 그런 도통론을 전개한 것이다.

나라는 명실 공히 대통일 국가를 이루어서 평화를 유지했으며, 이는 한-당 대와는 달리 지식인들이 투철한 진리 의식[道心]으로 정치에 참여했기 때문이라는 것이다.

(2) 진량의 이론

이러한 점을 진량은 격렬하게 비판한다. 그는 상식적인 입장에서 비판한다.

하늘에 해와 달이 규칙적으로 돌고 사계절이 순환하며, 땅에 만물이 자는 것은 모두 천지에 도가 실현되고 있기 때문이다. 그런데 유독 인간 세계에서만 삼대 이후 1500년 간 도가 실현되지 않았다고 하니, 그렇다면 그 오랜 기간에 "천지는 또한 비새는 집을 임시로 대충 막아서 세월을 보내고, 인심(人心) 또한 터진 옷자락을 억지로 당겨 임시로 가리거나 기워 입고서 날을 보낸 몰골이라 할 것이니, 그렇다면 만물은 어떻게 번성하였으며 도는 어떻게 항상 존재해 왔는가?"[16] "만약 천지가 비새는 집에서 임시로 막아 세월 보낼 수 있었다면, 이는 돌덩이같은 한 사물이고; 인심이 터진 옷자락을 억지로 당겨 가리고 기워 입고서 날을 보낼 수 있다면, 이는 죽었는지 살았는지 알 수 없는(半生半死) 짐승의 형국일 것이다!"[17] 진량이 보건대, 천지와 인간[人心]은 그저 그냥 존재하면서 어영부영 세월을 보내는 타율적인 존재가 아니라, 능동적으로 각자의 영역에서 자신의 도를 실현시켜 나가는 것이다.

---

16) 『진량집』 20-4, "自孟荀論義利王霸, 漢唐諸儒未能深明其說. 本朝伊洛諸公辯析天理人欲, 而王霸義利之說 於是大明. 然謂'三代以道治天下, 漢唐以智力把持天下'(『유서』 1-13) 其說固已不能使人心服; 而近世諸儒遂謂'三代專以天理行, 漢唐專以人欲行, 其間有與天理暗合者, 是以亦能久長.' 信斯言也, 千五百年之間, 天地亦是架漏過時, 而人心亦是牽補度日, 萬物何以阜蕃 而道何以常存乎!"

17) 『진량집』 20-5, "若謂道之存亡, 非人所能與, 則捨人可以爲道, 而釋氏之言 不誣矣. … 天地而可架漏過時, 則塊然一物也; 人心而可牽補度日, 則半死半活之蟲也. 道於何處而常不息哉!"

진량은, 하늘과 땅 사람은 삼재(三才)이므로 천지가 지금까지 잘 운행해 왔듯이 인간 세계도 나름대로 도가 실현되어 왔다고 보며, 한-당 시대에 도가 실현되지 않았다는 주희의 주장은 결국 인간 세계 뿐만 아니라 천지에도 도가 실현되지 않았다는 주장으로 본다. 왜냐하면, "천지는 항상 홀로 운행되고, 인간의 행위만이 그침이 있는 것"이 아니라, "사람이 서지 않으면 천지는 홀로 운행할 수 없고, 천지를 버리면 도가 될 수 없기 때문이다."[18)]

이에 대해 주희는 자연[天地]과 인간 세계(人)를 잘 구분하지 못한 것이라고 비판한다. 하늘 땅 사람(天地人)은 물론 진량의 말처럼 하나의 도를 가지고 있다. 그러나 "천지는 마음이 없으나 인간은 욕망이 있다." 여기에서 마음이나 욕망은 이발(已發)의 의식(意識)을 가리킨다. 따라서 자연은 욕망이나 의도가 없이 그냥 천리(天理)를 그대로 실현하지만, 인간은 욕망과 의지가 있어 미발의 천리에 따르기 보다는 자신의 이해(利害) 관계에 얽매인다. 그렇기 때문에 비록 천리가 나에게 있어도 실현되지 않는다.[19)] 따라서 "천지의 운행은 무궁하나 사람에 있는 것은 때로는 그렇지 않다. 의리(義理)의 마음이 잠시라도 존재하지 않으면 사람이 가야 할 길(人道)이 그치기 때문이다." 천지의 운행은 진량이 생각하듯이, 인간이 그것을 실행하느냐 하지 않느냐에 따라서 그치는 것은 아니다. "도는 없어진 적이 없지만, 사람이 그것을 구현하는 것은 완벽함과 불완전함의 차이가 있을 뿐이다." 반대로 진량의 말처럼 저 푸른 하늘이 위에서 운행하고 드넓게 퍼진 땅이 아래에 있으므로 자연의 이치(天理)는 없을 때가 없고, 인간도 또한 "진실로 이 몸이 있으면 도는

---

18) 『진량집』 20-5, "夫心之用 有不盡而無常泯, 法之文 有不備而無常廢. 人之所以與天地幷立而爲三者, 非天地常獨運而人爲有息也. 人不立則天地不能以獨運, 捨天地則無以爲道矣. 夫'不爲堯存, 不爲桀亡'者, 非謂其捨人而爲道也."

19) 이러한 天과 人의 구분이 역사에 투영된 것이 三代와 漢唐의 구분이라 할 수 있다.

자연히 존재하고, 반드시 이 몸이 없고 나서야 도가 없어지는 것”은 아니다.[20]

여기에서 주희는 “하늘과 땅과 사람(三才)이 각각 하늘과 땅과 사람이 되는 까닭은 본래 서로 다른 도를 가지고 있지 않기 때문이다”라고 하며, 이는 진량도 받아들이는 전제이다. 이처럼 두 사람 다 자연의 법칙과 인간 세계의 규범을 구분하지 않은 문제점을 가지고 있다. 다만 **진량은 자연과 사회의 현상이 있으면, 언제나 거기에는 그 시대 상황에 따른 도가 있다**고 보는 반면, **주희는 현상 혹은 역사와 상관없이 도는 존재한다고 본다.**[21] 이는 형이상자를 부정하느냐 부정하지 않느냐, 혹은 현상 세계의 상황을 중시하느냐 선험적인 원리를 중시하느냐 하는 근본적인 입장의 차이만 제시된 것이다.

주희가 말하는 도는 형이상학적인 존재로서, 형이하의 세계에 대해서 원리/법칙으로 존재한다. 그러나 그 원리/법칙은 바로 그 자체로 실현되는 것이 아니라, 인간이 노력하느냐에 따라 실현될 수 있는 가능성으로만 존재한다. (즉 그 법칙은 현실태가 아닌 가능태/잠세태이다.) 문제는 법칙인데 왜 바로 실현되어 있지 않고, 가능태로만 존재하는가, 그런 것도 법칙이라 할 수 있는가 하는 것이다. 그러므로 주희의 근본 입장을 반박하여 한-당의 1500년간은 도가 없이 엉성하게 어영부영 세월만 지내 왔느냐는 진량의 반문에 주

---

20) 『주자 문집』 36-19 p31, “夫三才之所以爲三才者, 固未嘗有二道也. 然天地無心而人有欲, 是以天地之運行無窮, 而在人者 有時而不相似. 蓋義理之心 頃刻不存, 則人道息; 人道息 則天地之用, 雖未嘗已; 而其在我者, 則固卽此而不行矣. 不可‘但見其穹然者常運乎上, 頹然者 常在乎下; 便以爲人道無時不立, 而天地賴之 以存之驗’也. 夫謂‘道之存亡 在人, 而不可舍人以爲道’者, 正以道未嘗亡, 而人之所以體之者, 有至有不至耳; 非謂‘苟有是身, 則道自存; 必無是身, 然後道乃亡’也.”

21) 주희는 理가 선험적으로 존재한다는 것을 ‘달이 모든 강에 비추어 찍혀 있는 것’(月印千江)에 비유한다. 물결에 따라 비추어진 달의 모습은 다르지만, 하늘에 있는 달 자체는 그것에 아무런 영향을 받지 않고 영원히 존재한다. 理도 그처럼 현상 세계에 구현되지만, 현상 사물에 따라 변화되지는 않는다.

희가 제대로 대답하지 못했으며 할 수도 없는 것이다. 주희는 근본적으로 송대의 국가 체제를 긍정한다. 그리고 그것은 선험적인 원리(이상)을 실현한 국가이며, 한-당 시대의 혼란에 종지부를 찍을 수 있는 체제이다. 그가 한-당 대를 부정하는 것은 이러한 입장에서이다. 한-당 대의 군주의 활동을 긍정하는 진량의 입장과는 근본적인 차이가 있을 수밖에 없다.

이러한 근본 입장의 차이는 그 뒤 편지에서도 계속된다. 예컨대 요순 임금이 서로 전했던 밀지(密旨), 즉 도심(道心)이라는 심법(心法)을 주희가 '광명보장'(光明寶藏)이라 하고,[22] 한-당의 군주는 모두 욕심에 본심[光明寶藏]이 가리워져 욕망과 이익의 진흙탕에서 머리를 들이 내밀었을 뿐(頭出頭沒), 성공한 자란 본심(양심)에 그 행동이 우연히 맞아 떨어졌기(暗合) 때문이라고 하자,[23] 진량은 묻는다. "빛나는 해가 중천에 떠 있어 처처가 다 밝게 빛나니(光明), 눈 감은 사람은 눈을 뜨면 그만이다. 어찌 세상 사람이 다 눈이 멀어 이 광명을 함께 할 수 없다는 것입니까? [24] 눈이 먼 자가 더듬어 찾기 때문에 '암합(暗合)'이라고 하는데, 2천년 사이에 모든 눈이 다 멀 수는 없습니다!"[25]

---

22) "光明寶藏"은 빛나는 보배로운 마음을 의미한다. '光明'은 迷妄의 어둠을 깨뜨리고 진리를 드러내는 불(佛) 보살의 지혜를 상징한다. '藏'은 불교 용어로 제 7 識인 알라야 識을 가리킨다. 주희는 '본성'(性)을 그것에 비유한 것이다.

23) 『주자 문집』 36-20 p34-35, "聖人者 金中之金也; 學聖人而不至者, 金中有鐵也; 漢(高)祖 唐(太)宗 用心行事之合理者, 鐵中之金也; 曹操劉裕之徒, 則鐵而已矣. 夫金中之金, 乃天命之固然, 非由外鑠; 淘擇不淨, 猶有可憾. 今乃無故必欲棄舍自家光明寶藏, 而奔走道路, 向鐵爐邊查鑛中, 撥取零金, 不亦誤乎!" 진량이 한-당 대의 군주를 존경하여 연구하는 것을, 주희는 용광로 주변에 있는 쇳물 찌꺼기(鐵爐邊查鑛) 속에서 금 부스러기(零金)나 찾는 것으로 비판하고 있다. 後來所謂英雄, 則未嘗有此功夫, 但在利欲場中, 頭出頭沒. 其資質美者, 乃能有所暗合, 而隨其分數之多寡, 以有所立.

24) 이러한 비판 때문에 다음 편지인 『주자 문집』 36-23 p41에서는, '光明寶藏'이라는 말 대신에 "此是千聖相傳 '正法眼藏'"이라고 바꾸어 말한다. '正法眼藏'도 같은 의미의 선불교의 용어이다.

25) 『진량집』 20-7, "來書所謂'自家光明寶藏'者, 語雖出於釋氏, 然亦異於這些子之論矣.

이 말씨름도 또한 "터진 옷자락과 비새는 집"의 비유를 한 논쟁의 연장선일 뿐이다.

주희는 송나라가 우주적 원리인 윤리 도덕을 구현한 인륜 국가라고 보았다. 그리고 이는 그 이전의 한-당 시대에는 없는 새로운 국가라는 것이다. 그가 보건대 한-당 대의 국가 창건자들은 인륜 국가를 세우겠다는 의지는 전혀 없고, 단지 천하를 제패하겠다는 야욕뿐이었다는 것이다. 그가 우주적 원리를 삼대라는 신화적인 시대에 기대는 것은 문제가 있지만, 그는 그런 인륜 도덕에 대한 확신에서 한-당 대를 어두운 시대로 단정한다. 반면 진량은 천하를 경륜하는 영웅을 지향하기 때문에, 한-당 대의 영웅들이 천하를 경영했던 것에서 배울 것이 있다고 확신한다. 따라서 그는 한-당 대를 어두운 시대로 보지 않는다. 그가 『작고론(酌古論)』을 쓴 것도 한-당 시대에서 배우자는 이러한 시각에서 나온 것이다.

(3) 심무상민(心無常泯) 법무상폐(法無常廢) 논쟁

진량은 삼대뿐만 아니라 한-당 시대에도 도가 실현되었다는 것을 다음과 같이 표현한다. "삼대는 완전히 다한 때이고, 한-당은 완전히는 다한 시대는 아니다." 이것은 주희와 일견 같은 견해인 것처럼 보이며, 진량도 유자인 이상, 『서경』이 묘사하는 이상 사회로서 삼대를 완전히 부정하지는 못한다. 따라서 그의 말이 애매하고 또 주희에게 끌려 다니는 듯 한 인상을 준다. 진량의 본래 의도대로 말한다면 이렇다. 삼대도 완벽한 시대가 아니며, 한-당도 완전 암흑시대가 아니다. 삼대나 한-당이나 다 같은 역사 시대이며, 다 같이 잘 다스려졌던 시대도 혼란한 시대도 있었다.

天地之間, 何物非道; 赫日當空, 處處光明. 閉眼之人, 開眼卽是, 豈擧世皆盲, 便不可與共此光明乎! 眼盲者 摸索得着, 故謂之暗合, 不應二千年之間有眼皆盲也."

그는 삼대가 완벽한 시대이고 한-당은 불완전한 시대라는 유가의 통념을 그대로 받아들인다. 그러나 실제로 그는 삼대보다는 명백히 한-당 시대의 일을 선택한다. 삼대의 사적(史籍)은 제대로 남아 있지 아니하다. 따라서 불완전하나마 문헌이 남아 있는 한-당 시대의 역사적 제도와 시행착오의 사실을 거울삼아야 한다. 이것이 그의 논점이다. 따라서 한-당 대의 군주들을 가인차의(假仁借義)한 부도덕한 자들로 매도하는 정이-주희 류의 유학자들을, 주나라의 옛 제도를 회복하려는 공자를 비판했던 노장의 무리와 같다고 비판한다.

한-당 대의 정치 제도를 옹호하려는 진량의 논증은 다음과 같은 명제로 나타난다. **"마음의 작용은 다하지 않을 때도 있으나 항상 소멸되는 것은 아니며, 법의 조문은 불비(不備)한 때도 있으나 항상 폐해지는 것은 아니다."** 한-당 시대에도 마음이 작용하고 법이 갖추어져 있다는 것이다. 다시 말해서 어느 시대에나 인간의 이성의 작용이 없어진 적이 없다. 제도는 이성의 산물이다. 그 이성이 제대로 발휘되지 않아서 제도가 갖추어지지 않은 시대는 없다.[26]

이에 대해 주희는 그 명제를 "마음은 항상 소멸되는 것은 없으며(心無常泯), 법은 항상 폐지되는 것이 없다(法無常廢)" 라는 말로 요약하고, 자신과 진량 사이에 일치점과 차이점이 다 이 말이라고 한다. "이 사람이 있으면 이 마음이 있고, 이 마음이 있으면 이 법이 있다. 따라서 항상 소멸하고 항상 폐해진다는 이치는 없다." 이 점이 일치점이다. "그러나 **'항상** 소멸하지는 않는다'고 하면 **어느 때**

26) 『진량집』 20-6, "某大概以爲 三代做得盡者也, 漢唐做不到盡者也. 故曰'心之用 有不盡而無常泯, 法之文 有不備而無常廢.'" 같은 책 20-5 亮深恐儒者之視漢唐, 不免如老莊當時之視三代也. (如此)儒者之說 未可廢者, 漢唐之心迹 未明也. … 夫心之用 有不盡而無常泯, 法之文 有不備而無常廢. 같은 책 20-6 王通有言'不以三代之法統天下, 終危邦也. 如不得已, 其兩漢之制乎! 不以兩漢之制 輔天下者, 誠亂也已.' 仲淹取其以仁義公恕統天下, 而秘書[朱熹]必謂其假仁借義以行之. 心有時而泯 可也, 而謂千五百年常泯 可乎? 法有時而廢 可也, 而謂千五百年常廢 可乎?

는 소멸된다는 말이고, '**항상** 폐해지지는 않는다'고 하면 **어느 때**는 폐해진다는 말이다." 이것이 다른 점이다.[27]

주희의 이러한 비판은 우선 논리적으로 **강조의 오류**를 범한 것이다. 진량은 그 명제에서 '소멸됨'과 '폐해짐'을 강조하여, 한-당시대에도 마음이 작용하고 법이 갖추어져 있다는 것을 주장한다. 그런데 주희는 '항상'이라는 말을 강조하여, "항상 …은 아니므로, 어느 때는 그렇다"고 결론을 내린 것이다. 이 같은 논증이 진량을 설득시킬 수 없는 것은 뻔하다. '항상'이라는 말 가지고 논증하는 것이 수긍될 수 없을 뿐만 아니라, 설사 그 논증에 따라 "어느 때는 소멸된다"는 것을 받아들여도, 삼대 이후에만 소멸된다는 결론은 나오지 않는다.

주희가 그러한 논증을 한 원래 의도는 천리(天理)와 인욕(人欲)이라는 그의 이분법적 인간관을 역사에 적용하려는 것이다. 사람이 인욕을 제어하지 않으면 자신의 본성에 부여된 천리는 그것에 가리워져 은폐된다. 역사상 어느 시기에 모든 사람들이 이러할 경우, 천리가 인욕에 가리워진 시대이다.[28] 따라서 어느 때는 마음의 작용이 소멸되고 법률의 조목이 폐해질 수 있다. 그런데 유독 한-당시대에만 천리가 드러나지 않은 것은, 그 시대의 군주와 지식인들이 이른바 '진리의 학문(道學; 性理學)'을 알지 못하고 인욕에 사로잡혀 천리를 알지 못했기 때문이다.

주희는 참으로 존재하는 것을 '본래 그러한 오묘함(本然之妙)'인

---

27) 『주자 문집』 36-19 p29, "來書'心無常泯, 法無常廢'一段, 乃一書之關鍵. 鄙意所同, 未有多於此段者也; 其所異, 亦未有甚於此段者也. 蓋有是人則有是心, 有是心則有是法. 固無常泯常廢之理. 但謂之'無常泯', 卽是有時而泯矣; 謂之'無常廢', 卽是有時而廢矣."

28) 이는 진리가 가리워진 어두운 시대이며, 궁핍한 시대일 것이다. 주희는 북송 당시의 지식인 관료들이 가졌던 강박 관념에 가까운 유토피아 의식을 가졌다. 즉 송 이전은 어두운 궁핍한 시대이고, 송대는 유토피아이며, 자신들은 그 이상 국가를 건설하고 운영하는 자들이라는 자부심이다. 예컨대 이런 자부심은 소옹이 자신의 책 제목을 『황극 경세』, 『격양집』이라 한 것에서도 드러난다.

천리라 하고, 이를 가리워서 어느 때 소멸시키는 것을 인욕(人欲)이라 본다. "본연의 묘를 논하자면 오직 천리만 있고 인욕은 없다. 따라서 성인의 가르침은 반드시 인욕을 다 제거하고 천리를 다시 온전하게 하는 것이다."[29] 주희는 형이상과 형이하를 구분하여 형이상자인 천리는 미발의 본성에 갖추어져 있으며(性卽理), 이것만이 영원하다. 그것은 다만 때에 따라 욕심(人欲)에 가리워져 소멸되고 폐해지는 것처럼 보일 뿐이라고 한다.

이는 무엇이 영원히 존재하느냐에 대한 논쟁이다. 진량은 인간의 이성은 어느 시대 상황에서만 드러나지, 초역사적으로 선험적으로 혹은 당위로서 존재하지 않는다고 본다. 인간은 자기 시대에 자신의 이성을 발휘해야 한다. 그리고 그것은 그 시대의 정치 제도로 현실화된다. 진량은 당시의 제일의 문제를 오랑캐인 금나라에게서 중원을 회복하는 것이라고 본다. 그것을 위해서 한-당 시대의 위정자와 군사 전략가들의 행적을 그는 연구한다. 삼대에나 한-당 시대에나 이성은 존재했다. 그러나 역사적 사실이 명백히 남아있는 한-당 시대의 인간들의 이성을 연구해야 한다는 것이 그의 주장이다. 진량에게 영원한 것은 시대 상황과 무관한 당위적 이성과 보편 타당한 제도가 아니다. 그 시대에 어떻게 냉철하게 현실을 직시하는 이성을 발휘하여 문제를 해결하는가, 그것만이 영원하다.

주희는 이상과 현실을 나눈다. 인간에게는 영원히 보편타당한 도덕률(理)을 지향하는 이성이 있으며, 동시에 자신의 이익 내지 자신이 처한 상황만을 문제 삼는 이성이 있다. 그가 보건대 진량은 후자에 치우쳐 있다. 그런 이성은 목표를 위해서는 어떠한 부도덕한 짓도 할 수 있다. 한-당 시대의 강자들이 자신들에게 이익이 된

29) 『주자 문집』 36-19 p29-30, "蓋天理人欲之竝行, 其或斷或續, 固宜如此. 至若論其本然之妙, 則唯有天理 而無人欲. 是以聖人之教, 必欲其盡去人欲而復全天理也. 若心則欲其常不泯, 而不恃其不常泯也; 法則欲其常不廢 而不恃其不常廢也."

다면 심지어 도덕률마저 이용하는 것(假仁借義)은 그런 이성의 발로이다. 인간은 도덕률 자체를 목표로 삼아야 한다. 그는 도덕률을 초시대적인 보편적인 것으로 놓고, 그것을 인간이 실현하느냐 않느냐를 문제 삼는다. 형이상자와 형이하자를 나누는 그의 이론은 그런 관점에서 나온 것이다.

(4) 진량과 주희의 논점 – 결과 내기 대 정의로움

주희는, 형이상의 천리(天理)가 천지자연에는 천지의 마음으로, 사람에는 미발에 본성으로 존재하며, 그 천리는 형이하의 현상 세계와 인간의 육체에 **군림할 뿐 영향 받지 않는다**고 한다. 진량은 이러한 생각을 부정한다. 어떤 시대의 어느 상황에서도 적용되어야 하며 실현되어야 하는 선험적인 법칙은 없다. 다만 자기 시대 자기 상황에서 문제를 해결해 나가는 것이 중요하다. 그의 문제의식은 "시대를 구하고 난리를 평정하겠다"는 것이다. 진량은 자신의 학설이 "처음부터 끝까지 다만 하나의 요점이 있으니, 그것은 '해서 이루자'는 것이다" 라고 한다.30)

진량이 천리와 같은 선험적인 법칙을 부정한다고 해서 객관적인 조건을 부정하는 것은 아니다. "사람이 하늘과 땅과 더불어 함께 서서 셋이 되는 까닭은, 천지만이 항상 홀로 운행하고 인간의 노력(人爲)이 그침이 있기 때문이 아니다. 사람이 서지 않으면 천지는 홀로 운행할 수 없고, 천지를 배제하면 도가 되지 못한다."31) 마찬가지로 천지가 없으면 사람의 행위도 설 수 없을 것이다. 천지와 사람이 얽혀 하나라고 진량이 보는 이유는 상황 타개(事功)를 강조하기 때문이다. 어떤 상황을 처리해 나갈 때, 천지 등 객관적인 조

30) 『진량집』 20-4, "如亮之說, 却是直上直下, 只有一箇頭顱處'做得成'耳."

31) 『진량집』 20-5, "人之所以與天地幷立而爲三者, 非天地常獨運而人爲有息也. 人不立則天地不能以獨運, 捨天地則無以爲道矣."

건을 고려하지 않으면 타개해 나갈 수 없다. 사람이 객관적 상황을 정확하게 파악하여 시대를 구하고 난리를 평정할 때 하늘과 땅 사이는 안정과 질서가 이루어진다.

이러한 정신에 가득 찬 글이 그의 『작고론(酌古論)』이다.[32] 그는 여기에서 '천하를 도모하는 전략'[大計]을 논의한다. 장수가 내키는 대로 행동하고 꾀가 없으면서 요행히 승리를 바라는 것은 있을 수 없다. 객관적 정세를 냉정히 분석하여 정확하게 예측하고 난 뒤에 군사 작전에 들어가야 한다. 그러나 이 심모원려(深謀遠慮)에도 두 가지가 있다. 한 전투에서 양군이 대치할 때 기회를 헤아리고 면밀히 준비하여 승리하는 것은 뛰어난 지략이라 할 수 있으나, 이것만으로는 부족하다. 천하의 뛰어난 전략가는 손바닥 안에서 작전 계획을 운용하여 전투 개시 전에 이미 천리 바깥에서 승리를 확보한다. 작전 초기에는 매우 황당한 것 같으나 작전이 끝나면 그 말대로 되지 않은 것이 없다.[33] 다시 말해 영웅적인 전략가는 평상시 한가할 때 미리 규모와 전략이 가슴에 정해진지 오래 이고, 일단 그 일이 닥치면 준비된 대로 하여, 마치 천길 낭떠러지 위에서 돌을 굴리는 것과 같아 그 거세게 나가는 기세는 거의 막을 수 없다. 따라서 힘씀은 쉬워도 거두는 공은 크다.[34] 이런 점에서 볼 때, 조조는 개별 전투에서는 교묘한 전술을 발휘했지만, 천하를 도모하는 원대한 전략은 없었다.[35] 그는 원소를 격파하여 하북을 장악하고, 남하하여 유비와 손권의 연합군을 쳤는데, 이것은 잘못된 것이

---

32) 진량의 군사 전략론은, 후외려 외, 『중국 사상 통사』 4하, p696-719를 보라.

33) 『진량집』 8 「酌古論」 「崔浩」, "古之所謂英雄之士者, 必有過人之智; 兩軍對壘, 臨機料之, 曲折備之; 此未足爲智也. 天下有奇智者, 運籌於掌握之間, 制勝於千里之外; 其始若甚茫然, 而其終無一不如其言者."

34) 『진량집』 7 「酌古論」 「鄧艾」, "自古英雄之士 … 蓋其平居暇日, 規模術略, 定於胸中者 久矣. 一旦遇事而發之, 如坐千仞轉圓石, 其勇決之勢, 殆有不可禦者. 故其用力也易, 而其收功也大, 非徑行無謀, 僥倖以求勝也."

35) 『陳亮集』 5 「酌古論」 「曹公」, "公巧於戰鬪, 而不能盡知天下之大計.~"

다. 천하를 도모하는 전략이 있었다면, 먼저 배후를 안정시키기 위해 마초를 불러들이고, 한중과 파촉을 쳐서 장악한 다음 형주의 유비를 치고, 그 다음으로 원소를 공격하고, 동오의 손권을 공략했어야 했다. 약한 쪽부터 쳤어야 하는데 강한 쪽부터 공격하여 힘만 소모했다는 것이다. (「작고론」)

진량에게 중요한 것은 문제 상황 속에서 객관적인 조건을 냉철하게 파악하는 이성이다. 문제 상황은 어느 시대에도 있었고, 그 문제를 해결하는 것이 그 시대의 과제이다. 따라서 삼대는 이상 사회이고, 한-당은 암흑사회라고 할 수는 없다. 또한 문제 상황은 시대마다 다르므로 해결 방법도 다르다. 따라서 삼대의 법도가 어느 시대에나 실현되어야 하는 보편적인 원리(天理)는 아니다. 이런 점에서 역사를 단절된 것 혹은 이질적인 두 시대로 이루어졌다고 보는 주희를 반대하고, 연속되며 동질적인 것으로 진량은 본다. 이는 그들의 당위론[주희]과 현실론[진량]에 대응하는 것이다.

주희가 어느 시대 어느 상황에도 적용되는 보편타당한 당위적 법칙[天理]으로 제시하는 것은 주로 도덕규범이다. 그는 어떤 상황에서도 자신의 이익과 손해를 따져서 타협하거나 우선 문제를 해결하려는 것을 반대하고, 그 상황에서 어떻게 도덕률을 실천할 수 있는가 하는 점을 강조한다. 즉 도덕적 이성을 강조한다. 따라서 객관적 조건을 냉철히 파악하여 그 상황의 문제를 해결할 것을 강조하는 진량에 대하여 그것은 단지 상황 논리에 불과하며, 이익과 손해만 따지는 이성을 강조하는 것이 아닌가 하고 비판한다. 단지 상황만 해결하면 되는가? "시대를 구하려는 뜻과 난리를 평정한 공이 있다면, 그 하는 짓이 비록 도덕규범[義理]에 다 맞지 않아도 또한 일세의 영웅이 되는데 지장이 없는가?"36) 라는 주희의 비판에 대한 진

---

36) 『주자 문집』 36-19 p29, "其[陳亮]所以爲說者, 則不過以爲 古今異宜, 聖賢之事 不

량의 답은 무엇인가. 이 문제를 다음에서 기술하기로 하자.

2) 왕도와 패도(王-覇), 동기와 결과(義-利) 논쟁

(1) 왕도(王道)와 패도(覇道)에 관한 논쟁 - 주희의 입장

이 문제를 최초로 명확히 거론한 사람은 맹자이다. 나라를 이롭게 하는 방법을 묻는 양혜왕에게 맹자가 "임금님께서는 하필이면 이익을 말씀하십니까? 오직 사랑과 의리(仁義)가 있을 뿐입니다"라고 대답한 것이 『맹자』 첫머리에 나온다. '나라를 이롭게 함'과 '임금과 신하 사이에서 사랑과 의리를 확립함'의 대립은 『맹자』 전편에 일관되게 흐르는 맥이다. '힘으로 해 놓고, 사랑의 정치[仁政]인 척 하는 것'이 힘의 정치[覇道]이고, '인격(德)으로 대하는 사랑의 정치를 행하는 것'이 왕자의 정치[王道]이다.[37] 맹자가 보건대 '이익'을 추구하는 것은 '힘'을 추구하는 것이다.[38]

이것은 다시 정신적인 도덕 규범[義]과 물질적 이익[利]의 문제로 나타난다. "눈 귀 입 등이 좋은 소리 음식 등을 좋아하는 것은 '본성(性)'이기는 하나 '운명(命)'이 있으므로 참된 본성이 아니다: 인의예지는 그 실현에 '운명'이 있으나 '본성'이므로 진짜 운명이 아니다."[39] 혹은 "구하면 얻고 버리면 잃는다. 이는 나에게 있는 것을 구하기 때문이다.: 구하는데 방법이 있고 얻는데 '운명'이 있

可盡以爲法. 但有救時之志, 除亂之功, 則其所爲 雖不盡合義理, 亦自不妨爲一世英雄."

37) 『맹자』 「공손추」 상3, "以力假仁者覇, 覇必有大國; 以德行仁者王, 王不待大."

38) 맹자는 물질적인 이익의 추구는 필연적으로 힘겨루기로 나간다고 본다. 만일 임금이나 신하가 제각기 자기 이익을 추구하면 군주와 신하 사이에는 투쟁 갈등만 있게 된다. 군신 사이는 마땅히 그런 갈등 대신에 사랑(仁)과 의리(義)로 맺어져야 한다는 것이 맹자의 지론이다.

39) 『맹자』 「진심」 하24, "口之於味也, 目之於色也, 耳之於聲也, 鼻之於臭也, 四肢之於安逸也, 性也 有命焉, 君子不謂性也. 仁之於父子也, 義之於君臣也, 禮之於賓主也, 智之於賢者也, 聖人之於天道也, 命也 有性焉, 君子不謂命也."

다. 이는 밖에 있는 것을 구하기 때문이다."[40] 맹자는 세상을 주관적 내면세계[性]와 객관적 현실[命]로 나누어, 구하면 얻고 버리면 잃는, 인간의 노력에 의해 성취할 수 있는 것은 내면세계의 일[인의예지를 닦아 인격을 완성하는 도덕 수양]이고, 인간의 노력과는 상관없이 그 나름의 필연성[命; 운명]이 있어 사람이 참여하여 어찌할 수 없는 것이 눈 코 입 등의 감각 기관의 욕망과 관련된 부귀빈천 요수(夭壽) 등의 일이라고 보았다. 나아가 외부의 일은 내면을 어지럽히는 것이므로 그것에 마음이 흔들리지 말고 몸을 닦아 육체적 욕망을 제어하라고 한다.[41]

이러한 관점은 동중서(董仲舒)에 와서 "그 마땅함을 바르게 행하되 그 이익은 꾀하지 말 것이며, 그 진리를 밝히되 그 결과는 셈하지 말라" 라고 간략하게 요약된다. 그리고 이 명제는 그대로 두 정씨에게 받아들여지며,[42] 주희의 기본 관점이 된다.

맹자 이래 왕도와 패도, 본성과 운명, 도덕 규범[義]과 물질적 이익[利]으로 나누는 이분법적 사고방식은 주희에 의해 형이상과 형이하, 미발과 이발의 구분으로 되며, 다시 역사에 적용되어 하은주 삼대와 한-당을 나누어 보는 것이 된다.

이러한 역사관의 시초는 두 정씨이다. 그들은 요 임금으로부터 맹자까지 도가 전해 오다 그 이후 끊어졌다는 도통론(道統論; 진리의 계보학)을 전개하고, 이를 다시 역사에 적용시켜 "선왕의 시대는 도로서 천하를 다스렸으나, 후세는 다만 법으로 천하를 움켜쥐

---

40) 『맹자』「진심」상3, "求則得之, 舍則失之, 是求 有益於得也, 求在我者也. 求之有道, 得之有命, 是求 無益於得也, 求在外者也."
여기에서 '求則得之, 舍則失之'는 『맹자』「고자」상8의 "操則存, 舍則亡. 出入無時, 莫知其鄕, 惟心之謂與!"를 가리킨다.

41) 『맹자』「진심」상1, 夭壽不貳, 修身以俟之, 所以立命也. "오래 살고 일찍 죽는 것 등에 마음이 흔들리지 말고 몸을 닦아 하늘의 명령(天命)을 기다리라!"

42) 『유서』 9-26, "董仲舒謂 '正其誼, 不謀其利; 明其道, 不計其功', 孫思邈曰'膽欲大而心欲小, 智欲圓而行欲方', 可以法矣." 동중서의 말은 『漢書』에 나온다.

었을 뿐이다'[43] 라고 한다. 즉 삼대는 왕도로 다스려졌던 시대이고, 한-당은 패도로 다스려졌던 시대라는 것이다. 그런데 맹자 이래로 유가는 '나'의 이로움을 추구하여 '힘' 겨루기로 나가는 패도란 혼란을 초래하며 악화시키는 것으로 본다.[44] 그러나 삼대에도 혼란이 있었고, 한-당에도 평화는 있었다. 그렇다면 패도를 추구한 한-당 시대의 평화는 무엇이고, 삼대의 평화와 어떻게 다른가?

이에 대해 주희는 '우연히 합치했다(暗合)'는 이론을 내놓는다.

> 후대의 이른바 영웅들[한 고조, 당 태종 등]은 이러한 (요순 임금이 서로 전한 심법心法) 공부는 해 본 적이 없고, 다만 (천하의 패권을 쟁취해서 황제가 되기 위한) 야욕의 싸움터에서 머리를 들이 내밀며 싸웠을 뿐이다. 그 바탕이 아름다운 자는 곧 (요순의 심법心法, 즉 천리天理와) 우연히 합치(暗合)하는 바가 있어 그 정도에 따라 설 수 있었다. (업적을 세웠다.) 그러나 어떤 이는 우연히 맞고 어떤 이는 우연히 안 맞았으나 완전히 다 선할 수는 없었다는 점에서는 같다.[45]

즉 각자의 야욕에 따라 서로 싸우다 그 중 우연히 천리에 맞게 한 자가 승리했다는 것이다. 패도를 추구하다 우연히 왕도에 맞게 하여 승리한 자가 한-당 시대의 영웅이라는 것이다. 그러나 이 경우도 문제는 있다. 한-당 시대의 역사적 인물들의 성공이 오직 그리고 모두 다 '암합(暗合)'이라는 우연에만 달려 있다고 할 수 있는가? 이에 대해 주희는 '인과 의를 빌림(假仁借義)'을 말한다.

---

43) 『유서』 1-13, "先王之世, 以道治天下. 後世只是以法把持天下."

44) 『맹자』 「양혜왕」 상1, "王曰何以利吾國, 大夫曰何以利吾家, 士庶人曰何以利吾身, 上下交征利, 而國危矣. 萬乘之國, 弑其君者, 必千乘之家; 千乘之家, 弑其君者, 必百乘之家. 萬取千焉, 千取百焉, 不爲不多矣, 苟爲後義而先利, 不奪 不厭."

45) 『주자 문집』 36-20 p34, "後來所謂英雄, 則未嘗有此功夫, 但在利欲場中, 頭出頭沒. 其資美者, 乃能有所暗合, 而隨其分數之多少, 以有所立. 然其或中或否, 不能盡善, 則一而已."

당 태종의 마음은 한 마음이라도 야욕에서 나오지 않은 것이 없다고 나는 생각합니다. 바로 그는 인과 의를 빌려서 그 개인적인 야망을 실행했으나, 당시에 그와 싸웠던 자들은 재능과 술수가 그보다 못하고 또 인과 의도 빌릴 수 있다는 점[46]을 알지 못했습니다. 따라서 그들[당 태종같이 성공한 이들]이 이들[당 태종과 싸워서 패배한 사람들]보다 그런 점에서 나았기 때문에 그 결과를 이룰 수 있었습니다.[47]

똑같은 행동이라도 하나는 요순이 전한 진리의 마음(道心)에서 나오고, 하나는 사람의 마음(人心)에서 나왔다면 이는 각각 왕자의 길(王道)과 패자의 길(霸道)이다. 그리고 한-당의 경우 이 패자의 길은 왕자의 길과 우연히 합치(暗合)한 것이거나, 인의를 빌려 왕자의 길인 척 한 것이다. 인과 의를 빌려도(假仁借義) 성공할 수 있는가 하는 문제는 놓아두더라도, 한-당의 영웅의 마음은 오직 정치적 야심[人欲]이었을 뿐이라고 단정하는 근거가 역사적 사실에 있는 것이 아니라, 요순이 전한 심법(心法; 道心)이 맹자 이래 끊겼다고 하는 도통론[48]이라고 하는 점에는 문제가 있다. 맹자 이래 그 심법이 전해지지 않았으므로, 한-당 시대의 군주의 마음은 오직 야심뿐이라는 것이다.

주희가 이렇게 단정하는 것은 사마광 이래 구법당의 기본적인 시각이다. 사마광은 『자치통감』을 저술하여 한-당 시대의 잔인한 무력을 행사했던 부도덕한 정치 행태를 비판한다. 그들은 그런 정치 행태를 초월한 이상적인 통치를 이루려 한다. 북송 시대에 이루어진 지식인을 중심으로 한 도덕 정치가 그것이다.

---

46) 이는 유명한 도둑이었던 도척도 인과 의를 빌려야 도둑질을 할 수 있다는 『장자』 「거협」 편의 말과 같은 논리이다.

47) 『주자 문집』 36-17 p26, "太宗之心, 則吾恐其無一念之不出於人欲也. 直以其能假仁借義, 以行其私, 而當時與之爭者, 才能知術, 旣出其下, 又不知有仁義之假借, 是以彼善於此, 而得以成其功耳."

48) 앞의 주석 14에 인용된 『주자 문집』 36-19의 글을 보라.

(2) 왕도와 패도에 관한 논쟁 - 진량의 입장

진량은 주희의 이원적 역사관이나 심성론에 대해서 그의 일원적 관점으로 비판한다. “삼대는 오로지 천리로 행했으나, 한-당은 오로지 야욕으로 행했다. 그러나 그 사이에 천리와 암합(暗合)한 것이 있어 오래 갈 수 있었다”는 주희의 암합설에 대해, 진량은 “진실로 이 말대로라면 1500년 동안 천지는 비새는 곳을 임시로 막아 세월을 보내고, 인심(人心)은 터진 옷자락을 억지로 당겨 가리고 기워 입고서 간신히 날을 보낸 셈인데, 만물이 어떻게 번성하고 도는 어떻게 존재할 수 있었겠는가?” 하고 반문한다.49)

진량은 삼대와 한-당 시대 사이의 질적인 차이를 인정하지 않는다. 어느 시대나 당시의 문제가 있고, 이 시대적 과제를 해결할 때 도가 실현되며 평화와 질서가 온다. 이런 점에서 삼대의 성인이나 한-당 시대의 군주는 같다.

> 그러므로 제가 생각하건대, 한-당의 임금의 본바탕은 크고 넓어서 확 트이지 않음이 없습니다. 그러므로 그 나라가 천지와 더불어 아울러 서서, 사람과 사물이 그에 힘입어 숨 쉬고 살 수 있었습니다.50)

이런 점에서 진량은 왕도와 패도, 도덕과 이익을 나누는 것을 부정한다. 왕도는 질서와 평화를, 패도는 혼란과 투쟁을 가져오기 때문에 패도를 버리고 왕도를 지키라는 주희의 주장에 반대한다. 개인에 있어서 이해(利害)와 욕망은 부정할 수 없는 사실이고, 어떤 시대 어느 상황에서 문제를 해결하는 것은 힘[대세大勢]이다. 따라서 그는 왕도와 패도, 도덕과 이익의 통일을 주장한다.

---

49) 『진량집』 20-4, “信斯言也, 千五百年之間, 天地亦是架漏過時, 而人心亦是牽補度日, 萬物何以阜蕃 而道何以常存乎!”

50) 『진량집』 20-4, “故亮以爲漢唐之君 本領非不洪大開廓, 故能以其國與天地竝立, 而人物賴以生息.”

잡패(雜覇; 한-당 시대의 강자들)라는 것도 그 도는 본래 왕도에 근본하고 있습니다. 여러 유자가 자처하는 것은 도덕[義]이며 왕도이고, 한-당(의 군주)들이 해서 이룬 것은 이익(利)이며 패도입니다. 하나[儒者]는 스스로 이와 같이 말하고, 다른 하나[雜覇]는 스스로 그와 같이 실행했습니다. 말하는 것이 비록 매우 좋으나 (현실화)한 것도 또한 나쁘지 않습니다. 이와 같은 것이 도덕과 이익이 함께 행해지며(義利雙行), 왕도와 패도를 아울러 쓰는 것(王覇幷用)입니다. 나의 학설은 처음부터 끝까지 하나의 요점, '해서 이루자' 라는 것이 있을 뿐입니다.[51)]

유자(儒者)들, 즉 도학자들은 '말'을 중심으로 했다. '말'이란 이성에 따르는 것을 목표로 한다. 그것이 왕도와 도덕으로 나타났다는 것이다. 그러나 그 '말'이 꼭 실현되리라는 보장은 없다. 반면 잡패(雜覇)들은 말보다는 실행을 했다는 점에서 강점이 있다. 즉 현실화시키는 요소인 이익과 힘(覇道)을 가지고 있다는 것이다. 진량은 그 두 요소를 모두 중시한다. 그에게 있어서 왕도와 패도, 도덕과 이익을 통일시키는 관점은 '해서 이루자'는, 문제 해결이라는 점이다. 그는 주희처럼 그 사람이 도심으로 했느냐 인심으로 했느냐 하는 동기가 중요한 것이 아니라, 그의 행위가 법도에 맞고 그의 시도가 문제를 해결하면 된다고 하여 결과를 중시한다.

진량은 왕도와 패도, 도덕과 이익이 통합되는 것을 "폭력을 막고 난리를 그치게 하여 백성을 사랑하고 모든 것을 이롭게 한다"는 점에서 찾는다. 그는 이것을 『맹자』(「등문공」 하1)에 나오는 사수(射手)와 말몰이꾼의 이야기로 설명한다. 『맹자』의 이야기는 이렇다. 몰이꾼이 법도에 맞게 수레를 몰자 사수가 한 마리도 못 잡았는데, 법도에 어긋나게 몰자 하루아침에 열 마리나 잡았다. 이익을

---

51) 『진량집』 20-4, "謂之雜覇者, 其道固本於王也. 諸儒自處者曰義曰王, 漢唐做得成者曰利曰覇. 一頭自如此說, 一頭自如彼做; 說得雖甚好, 做得亦不惡. 如此却是義利雙行, 王覇竝用. 如亮之說, 却是直上直下, 只有一箇頭顱處'做得成'耳."

위해서 요령껏 법도를 지키거나 어겨서는 안 된다는 것이 맹자의 주장이다. 진량은 이를 다음과 같이 이해한다. "군자는 반드시 짐승을 잡으려 하지는 않지만, 그렇다고 사냥을 나갔는데 짐승 잡는 것을 싫어하는 것은 아니다." 맹자가 반대한 것은 법도를 벗어나서 짐승을 많이 잡는 것(이익을 취하는 것)이지, 법도에 맞으면서 많이 잡는 것은 아니었다. 그런데 주희는 맹자의 이 비유를, 현실 상황에 어두워 일을 제대로 처리하지는 못해도 어쨌든 법도만 지키면 된다는 세상 물정에 어두운 지식인이 되라는 것으로 이해하고 있다.[52] 주희가 비난하듯이 한 고조나 당 태종의 행적에 나쁜 점이 있었다. 그러나 그것은 세상에 질서와 평화를 가져오기 위하여 일어난 그들을 신하가 제대로 보좌하지 않았기 때문이다. 따라서 『맹자』의 일화에서는 말몰이꾼이 바르나 사수가 바르지 못한 것이나, 반대로 진량의 생각처럼 사수가 바르나 몰이꾼이 바르지 못할 수도 있다.[53]

> 한 고조와 당 태종은 본래 군자의 사수(射手)였으나, 오직 말몰이꾼이 올바름에 순수하지 못해서 그 활 쏨이 들쭉날쭉했다. 그러나 끝내 폭력을 금하고 난리를 그치게 하여 백성을 사랑하고 모든 것을 이롭게 했던 그 가릴 수 없는 (공적)은 그 본령이 크고 넓어 확 트였기 때문이다.[54]

---

52) 진량은 기본적으로 『맹자』와는 다르게 이 일화를 이해하고 있다. 진량은, 사수는 천하의 평화를 위하여 떨쳐 일어난 군주, 말몰이꾼은 그를 보좌하는 신하라고 본다. 그리고 짐승 잡는 것은, 그런 평화를 위하여 군사 행동 등을 할 때 가지는 현실적인 결과로 그는 보고 있다. 즉 맹자가 말하는 '법도'란 도덕률이 아니라, 현실 상황을 결정하는 군사 전략적 법칙으로 본다. 따라서 그는 말몰이꾼이 제대로 몰지 못하면, 사수는 짐승을 잡을 수 없는 것이 당연하다고 본다.

53) 『진량집』 20-5, "君子不必於得禽也, 而非惡於得禽也. 範我馳驅而能發必命中者, 君子之射也. 豈有持弓矢審固 而甘心於空返者乎! … 以正御逢正射, 則'不失其馳'而'舍矢如破', 何往而不中哉! 孟子之論 不明久矣, 往往返用爲迂闊 不切事情者之地. 亮非喜漢唐獲禽之多也, 正欲論當時御者之有罪耳."

54) 『진량집』 20-5, "高祖太宗本君子之射也, 惟御者之不純乎正, 故其射一出一入. 而終

진량은 **천하의 사람과 생물**들을 이롭게 한다면 그것이 힘의 추구일지라도 정당하며, 더구나 폭력과 혼란을 제거하는 것은 힘에 의해서 가능하다고 본다. 나아가 현실적으로 천하를 이롭게 하는 데에서 법도가 성립한다고 그는 본다. 이런 점에서 그는 맹자를 배격하고 묵자의 겸애설에 가까워진다. 그는 스스로 "입으로는 묵적(墨翟)의 말을 왼다"라고 하고, 주변 사람들이 자신을 "두루 남을 사랑하는 것(兼愛)이 너무 넓다"고 평가한다고 말한다.[55]

그는 자신이 주장하는 "폭력을 막고 난리를 그치게 하여, 백성을 사랑하고 모든 것을 이롭게" 하려는 '크고 넓어 탁 트인 본령'이 바로 맹자가 말하는 "갓난애가 우물에 빠지려 하는 것을 보고 구해 주려 하는 마음[惻隱之心; 仁]"이라 한다. (그것은 따지고 보면 '겸애'에 가깝다고 할 수 있다.) 그러나 이 마음이 한번 발동되면 일세를 진동시키므로 다만 우물에 빠지려 하는 어린애를 볼 때 나온, 미묘하여 확충하기 어려운 그런 마음과 비교할 수 없다고 한다.[56] 이는 마음 씀의 결과가 어떻든 마음이 움직이는 기미(機微)의 순간에 나오는 것을 중시하여 인심과 도심을 따지는 주희를 비판한 것이다. 진량은 한 고조나 당 태종이 천하의 혼란을 제거하려고 궐기한 그 마음을 모든 사람과 생물을 사랑하는 넓고 탁 트인 마음으로 본다. 반면 주희가 보건대 그것은 천하의 대권을 잡으려는 추잡한 권력욕에 불과하다. 여기에서 그 두 사람이 추구하는 것이 어떻게 다른지 알 수 있다. 진량의 경우 그 목표가 천하의 평화와 질서라면, 주희의 경우는 한 마음의 평화와 질서라고 할 수 있다. 진량은

歸於禁暴戢亂, 愛人利物而不可掩者, 其本領宏大開廓故也."

55) 『진량집』 20-4, "亮口誦墨翟之言." "兼愛太汎."

56) 『진량집』 20-5, "高祖太宗 … 終歸於禁暴戢亂, 愛人利物而不可掩者, 其本領宏大開廓故也. … 此儒者之所謂'見赤子入井之心'也. 其本領宏大開廓, 故其發處便可以震動一世, 不止如見赤子入井時微眇不易擴耳."

천하의 대권을 잡으려는 야망가의 전략을 따지는 반면, 주희는 국가 질서의 수호자인 신하의 윤리에 충실한 것이다.

(3) 동기와 결과(義-利)에 대한 논쟁

주희는 동기(義)와 결과(利)를 엄격히 나누어, 선한 의지[道心]만 따를 것이지 결과[利害]에 대해서는 추호도 고려하지 말라고 한다.

이러한 이분법은 그대로 역사에 적용된다. 옛 성현은 근본에서부터 마음가짐을 "정밀히 하고 한결같이 하는[惟精惟一] 공부"를 하여 그 '알맞음(中庸)'을 잡았으므로 철두철미 다 선하나, 한-당 시대의 영웅들은 야욕의 싸움터에서 두출두몰(頭出頭沒)했으므로 하나같이 완전히 다 선하지 못했다. 따라서 그 마음은 야욕의 마음이고, 그 행적도 야욕의 행적이다.

주희는 이러한 이분법에서, 천리와 인욕은 털끝만큼까지도 분별해야 한다고 한다. 진량이 영웅이라 했던 한 고조와 당 태종에 대해 주희는 그들의 마음에는 인욕만 있었다고 한다. 한 고조에 대해 그는 약법 3장은 말했으나 삼족을 멸하는 것은 제거하지 못했고, 그와 함께 한 한신(韓信)과 같은 공신들을 다 잡아 죽이는 짓을 했다고 하며; 당 태종에 대해 그는 혼란을 제거하겠다는 뜻으로 거병(擧兵)하는 것은 좋으나, 그것을 위해 자기 아버지에게 궁녀를 대주고,[57] 천자가 되기 위해 자기 형들을 죽이는 등 여러 패륜적인 일을 그 자신이 저질렀다고 한다.[58] 이런 식으로 어떤 개인의 행위가 천리에

---

57) 당 태종 李世民은 수나라 말기의 혼란기에 거병하려 했으나 아버지인 李淵이 찬성하지 않자, 이연이 지키는 궁궐의 궁녀를 몰래 대주어 함께 자게 했다. 이렇게 신하가 궁녀와 자는 것은 대역죄에 해당된다. 따라서 이연은 거병에 찬성했다.

58) 『주자 문집』 36-19, "且如(漢高祖)約法三章, 固善矣. 而卒不能除三族之令, 一時功臣無不夷滅. (唐太宗)除亂之志, 固善矣. 而不免竊取宮人 私侍其父. 其他亂倫逆理之事, 往往皆身犯之."

서 나왔는가, 인욕에서 나왔는가를 따지는 것은 모두 그 개인의 사생활 분석에 치중하게 된다. 인간의 행위를 오직 그 마음 씀의 측면에서 평가하면, 그 개인의 공적인 업적보다는 사생활의 도덕성을 따지는 방향으로 나가게 되기 때문이다. 나아가 주희는 진량의 사생활에 대해서도 그가 투옥당한 일, 정자를 세우고 즐긴 일 등에 대해 마찬가지의 분석을 하며 비난한다.(『주자 문집』 36-19)

이런 점에서 진량과 주희의 차이점이 드러난다. 예컨대 당 태종의 경우 진량은 그가 난리를 제거하여 백성을 구하겠다는 뜻을 가지고 거병하여 천하를 안정시킨 것을 보나, 주희는 그가 황제가 되기 위해 두 형을 죽인 것을 본다. 주희는 한-당의 모든 인물을 비판하나 오직 제갈량은 칭찬한다. 진량도 제갈량을 높이 평가한다. 그러나 주희는 제갈량이 황제가 되어도 좋다는 유비의 유언을 거절하고 신하로 남아 촉한을 보존하려 했기 때문에 높이 평가하나, 진량은 그가 탁월한 전략가이기 때문에 존경한다. 주희가 사생활 혹은 행위의 동기를 보는 반면 진량은 천하의 안정을 위해 어떤 일을 했는가를 본다.

주희는 진량의 이러한 결과주의에 대해 매우 신랄한 비판을 가한다.

> 만약 국가를 세워 오랫동안 대대로 전할 수 있었다는 이유로 그가 천리의 올바름을 얻었다고 평가한다면 이는 바로 **성공과 실패로서 옳고 그름을 논하는 것**이니, 그 짐승 사냥 많이 한 것만 취하고 그르게 수레를 몰아 짐승에게 가는 것(『맹자』「등문공」 하1)이 올바름에서 나오지 않음을 부끄러워하지 않는 것입니다.[59]

59) 『주자 문집』 36-17 p26, "若以其能建立國家, 傳世久遠, 便謂其得天理之正, 此正是以成敗論是非, 但取其獲禽之多, 而不羞其詭遇之不出於正也."

때를 구하려는 뜻과 난리를 그치게 한 업적만 있다면, 그 하는 짓이 비록 다 도덕률(義理)에 맞지 않더라도 일세의 영웅이 되는 데는 방해가 되지 않겠구려.60)

다만 그가 다했느냐 다하지 못했느냐 (하는 결과)만을 논하고, 그가 다하고 다하지 못한 까닭[동기]은 논하지 않으며, 오히려 (三代의) 성인의 사업을 (한-당 시대의 군주들이 싸운) 야욕의 마당에 가지고 가서 비교하여 헤아려 보고, 비슷하고 닮은 것을 보면 곧 "성인의 모습이란 이와 같은 것에 불과하다"고 하니, (이는) 이른바 시초의 털끝만한 차이가 천리의 벌어짐으로 끝난다는 것61)입니다.62)

결과가 좋으면 그 행위가 정당한가 라는 문제 제기이다. 이런 점에서 주희는 진량을 자기 제자들에게 혹평한다.

역사(책)를 보는 것은 다만 사람들이 서로 치고 받고 싸우는 것을 보는 것과 비슷하다. 서로 치고 받는 것에 무슨 보기 좋은 것이 있는가? 진동보(陳同父; 진량)의 일생은 역사 때문에 망쳤다.63)

진동보가 책을 읽는 것은 비유하자면, 사람이 강도의 취조서를 보는 것과 같다. 그것을 보았으면 반드시 그의 죄를 심판하고 아울러 그(의 강도짓)를 막고 금지하여 (다시는) 그런 짓을 하지 못하게 해야 한다. 그러나 그는 그 죄를 심판하고 그의 (강도짓을) 막고 금지하려고 하는 것이 아니라, 도리어 다만 강도짓 하는 허다한 방법을 이해하고 그가 하는 짓을 배우려 한다.64)

---

60) 『주자 문집』 36-19, "但有救時之志, 除亂之功, 則其所爲 雖不盡合義理, 亦自不妨爲一世英雄."

61) 최초의 전제가 조금이라도 잘못되면 거기에서 나오는 결론은 완전히 틀려져서 잘못되고 위험한 것이 된다는 말.

62) 『주자 문집』 36-20, "來諭所謂'三代做得盡, 漢唐做得不盡'者, … 但論其盡與不盡, 而不論其所以盡與不盡, 却將聖人事業去, 就利欲場中, 比竝較量, 見有彷佛相似, 便謂聖人樣子不過如此, 則所謂'豪釐之差, 千里之繆'者, 其在此矣."

63) 『주자 어류』 123-16, "看史只如看人相打, 相打有甚好看處? 陳同父一生被史壞了." 이는 진량이 『酌古論』을 쓰고, 또 그런 시각으로 역사를 보는 것을 비판한 것이다.

64) 『주자 어류』 123-19, "陳同父讀書, 譬如人看劫盜公案, 看了, 須要斷得他罪, 及防備禁制他, 教做不得. 它却不要斷他罪, 及防備禁制他; 只要理會得許多做劫盜底道理, 待學他做!"

진량이 역사책을 읽으면서, 한 시대의 인물들의 활약에 대해서 그들이 성공하거나 실패한 이유를 따지고, 그것을 전술 전략적으로 분석하는 것을 주희는 비판한다. 그것은 성공했느냐 실패했느냐 하는 점으로 그들의 행위가 옳으냐 그르냐를 논하는 것이라는 것이다. 진량은 행위의 도덕성을 그 마음가짐의 측면에서 분석하는 것을 거부한다. 그는 오직 그 행위란 정치적이고 군사 전략적인 것이므로, 그 결과로서 따져야 한다는 것이다. 주희는 진량의 이런 결과주의를 동기주의의 입장에서 혹평하면서, 그것은 강도짓을 배우는 것과 다를 바가 없다고 한다.

이 비판은 만일 진량이 한 개인이나 어느 집단에 돌아오는 결과에 대해서만 강조했다면 비슷하게 맞을 수도 있다. 다만 자신에게 유리한 것만 따진다면, 도둑질도 이로우면 못할 것도 없다. 그러나 진량이 주장하는 결과란 천하의 이익, 즉 난리를 제거하여 한 시대를 구원하는 것(除亂救時)이므로 주희의 그런 말은 상당히 악의적인 비판이라 할 수 있다.

주희는 또한 결과주의를 인과 의를 빌리는 것(假仁借義)과 연결시킨다. 그리고 위진 남북조 시대에 자주 일어났던 왕위 찬탈 사건에서 볼 수 있듯이, 그것은 찬탈을 합리화시켜 주는 논리가 될 수 있다고 한다. 주희는 진량의 이론에서 한-당 시대 강자들의 칼의 논리의 불길한 그림자를 예감한 것이다.

> 조비(曹丕)가 이미 찬탈하고 난 뒤에 "순(舜)과 우(禹)의 일을 나는 안다"고 했다. 이는 곧 자기를 성인에 견주고, 순 우 임금도 또한 (자신처럼) 찬탈하고 난 뒤에 선양이라 꾸몄다고 한 것이다. 진동보도 또한 한-당 시대의 일에서 인의를 찾아서 "이것이야말로 왕자의 일이다" 라고 하니, 조비와 무엇이 다른가?[65)]

---

65) 『주자 어류』 123-18, "曹丕既簒, 乃曰'舜禹之事, 吾知之矣!' 此乃以己而窺聖人, 謂

주희는 진량에게 자신의 당위론을 받아들여 인욕을 배제하고 천리를 찾으라고 권한다. 주희가 보건대, 송나라가 역사적으로 발전을 했다면 그것은 바로 그러한 칼의 논리를 벗어나서 도덕적 이성으로 나간 것이다.

이제 만약 반드시 제한을 철거하여 옛도 없고 지금도 없다고 하려 한다면; "요순이 서로 전한 마음 쓰는 법(心法)과 탕왕과 무왕이 반성한 공부[66]를 깊이 상고하여 준칙으로 삼아 내 몸에서 찾아 볼 것이며, 오히려 한 고조 당 태종의 마음먹음(心術)의 은미한 것에 나아가 (인욕을) 통렬히 먹줄 치고 깎아내며, 그것이 (천리와) 우연히 합치한 곳을 잡아서 그것이 온 곳[天理]은 살피고, 그 어그러진 것은 내치며, 그것이 일어난 곳[人欲, 利害]을 조사하는 것" 만한 것이 없으니, 이러면 하늘과 땅의 떳떳한 법도와 옛부터 지금까지의 보편적인 정의를 거의 내 몸에 얻을 수 있을 것입니다.[67]

이러한 동기주의에 대해 진량은 자신의 결과주의를 버리지 않는다.

중대 사태가 벌어진 고난의 때를 당하여 서생(書生)의 지혜란 의론을 마땅히 바르게 해야 함은 알아도 상황 타개[事功]가 어떠한 것인지는 알지 못하며, 절의를 마땅히 지켜야 함은 알아도 형세를 어떻게 이용하는지는 알지 못하며, 말과 문장 가운데에서 헤매이면서도 한 사람도 스스로 빠져 나올 수 있는 자가 없습니다.[68]

舜禹亦只是纂, 而文之以揖遜耳. 同父亦是於漢唐事迹上, 尋討箇仁義出來, 便以爲此卽王者事, 何異於此?"

66) 『맹자』「진심」 하33.

67) 『주자 문집』 36-19 p32, "今若必欲撤去限隔, 無古無今, 則莫若深考堯舜相傳之心法, 湯武反之之功夫, 以爲準則, 而求諸身; 却就漢祖唐宗心術微處, 痛加繩削, 取其偶合, 而察其所自來, 黜其悖戾, 而求其所從起. 庶幾天地之常經, 古今之通義, 有以得之於我."

68) 『진량집』 1 「戊申再上孝宗皇帝書」, "至於艱難變故之際, 書生之智, 知議論之當正而不知事功之爲何物, 知節義之當守 而不知形勢之爲何用, 宛轉於文法之中 而無一人能自拔者."

이러한 평행선을 달리는 주장 속에서 그 둘이 갖는 인간관도 다르다. 주희는 "분노를 삭이고 욕망을 틀어막으며[懲忿窒慾], 선에 나아가서 허물을 고치는[遷善改過] 일에 종사하여 순수하게 착실한 선비[醇儒]의 도로써 스스로 규율[自律]하는 것"을 바란다.69)

이에 비해 진량은 "당당한 진(陣)과 정정한 깃발 속에서 비바람과 천둥 구름이 몰아치고 천둥 번개가 번갈아 번쩍이며 용과 호랑이가 변신하며 출몰하는 것 같은 상황에서 일세의 지혜와 용기로 밀어 붙이며 만고의 심흉(心胸)을 열어젖히는", 시대를 구제하겠다는 뜻을 가지고 난리를 평정하는 공을 세우는 영웅을 바란다.70)

착실한 선비와 일세의 영웅, - 이것이 그들의 각기 다른 이상적인 인간상이다.

이러한 근본 입장의 차이는 말로서 설득시켜 좁힐 수는 없다는 것을 주희는 깨달은 것 같다. 따라서 진량에게 "백척간두에서 진일보하라"고 한다.71) 즉 백척의 바지랑대 꼭대기에서 한 걸음 내딛는 것은 무척 두려운 일이다. 그렇듯이 자기의 근본 주장을 포기하고 나오는 것도 마찬가지이다. 그러나 진리를 위해서는 그 한 걸음을 내딛어야 한다. 이것이 주희의 주장이다. 그러나 진량도 마찬가지를 주장할 것이다. 이 두 사람의 논쟁은 결론이 나거나, 어느 한 쪽이 다른 쪽을 굴복시키거나 설득할 수 있는 것이 아니다. 그들은 자기 이론에 대한 확신을 가졌다. 따라서 아무도 그 한걸음을 내디

---

69) 『주자 문집』 36-15, "老兄高明剛決, 非吝於改過者, 願以愚言思之; 黜去義利雙行, 王霸竝用之說, 而從事於懲忿窒慾, 遷善改過之事, 粹然以醇儒之道自律."

70) 『진량집』 20-4, "硏窮義理之精微, 辯析古今之同異, … 較禮於分寸, … 以涵養爲正. … 亮於諸儒誠有愧焉. 至於堂堂之陣, 正正之旗, 風雨雲雷交發而竝至, 龍蛇虎豹變見而出沒, 推倒一世之智勇, 開拓萬古心胸, 如世俗所謂'粗塊大臠 飽有餘' 而文不足者, 自謂差有一日之長."

71) 『주자 문집』 36-17, "但鄙意更欲賢者 百尺竿頭 進一步!"

딘 사람은 없었다. 진일보할 경우 개종을 하게 되지만 그것은 쉬운 일이 아니다. 그것은 '나'를 포기하는 것, 즉 정신적 사망을 통한 재탄생이기 때문이다. 다시 말해서 그만큼 그들은 각자의 입장을 확신했다. 그리고 그런 확신에 값할 수 있을 만큼 각자의 주장은 나름의 타당성이 있는 것 같다.

4. 맺는 말

이상에서 서술한 주희와 진량의 사상은 여러 점에서 대조적이다. 주관적 도덕성과 객관적 현실, 혹은 당위성과 현실성이라는 점에서 볼 때 주희는 원칙을, 진량은 현실을 강조한다. 물론 이 경우 주희는 객관적인 리(理)를 주장하므로 현실에 접근하나, 그 리는 초시대적으로 보편타당한 당위성이므로 구체적으로 당면한 현실의 문제와는 거리가 있다. 또한 보편적 원칙성[形而上, 未發]과 현실적 차별성[形而下, 已發]의 측면에서 볼 때 주희는 보편적 원칙성을, 진량은 현상적 차별성을 주장한다.

진량은 주희가 제시하는 보편적 당위성으로서의 리를 자의적이고 독단적인 가정으로 근거가 없다고 보았다. 그런 것보다 그는 구체적 현실을 중시한다. 그는 주희가 말하는 리 같이 미리 주어진 법칙에 구애되지 않고 상황에 대처하는 것을 중요시한다. 따라서 그는 주관이 능동성과 자발성을 가지고 주어진 상황의 문제를 적극적으로 타개하는 것을 중요시한다. 그러나 그는 선험적인 당위를 거부하므로 인간의 행동의 보편타당성을 근거시킬 곳을 찾아야 한다.

진량은 주희가 리에 치우쳐 있으므로 상황에 대처하는 현실 타개의 능력이 없다고 비판한다. 반대로 주희는, 진량의 이론에 따르면 인간 행동에는 보편타당한 기준과 근거가 없으므로 모든 인간은 이익과 손해만 따지게 될 것이라고 비난한다. 이에 대해 진량은 자신의 이론은 '전체'에 근거하고 하고 있으므로 그런 공리주의적 이기심에 빠질 염려가 없다고 한다.

진량은 문제 상황의 단위를 한 개인이나 집단이 아닌, '천하'로 잡는다. 천하의 대세를 도모하는 것, 즉 난리를 제거하고 백성을 구하여 천하에 안정과 질서를 가져 오는 것을 목표로 한다. 그러기 위해서는 냉철하게 객관적인 정세를 분석해야 한다. 즉 천하를 자기 손바닥[마음] 안에 놓고 볼 수 있어야 한다. 천하를 손바닥 안에 놓고 보는 것은 평범한 인간이 하기는 어려운 것이다. 그는 천재를 요구한다. 주희도 전체성을 강조한다. 이 세상의 모든 이치의 총체[太極]가 내 마음에 있으므로[性卽理] 모든 인간이 그 리에 따라 살 때 세상에는 안정과 질서가 온다. 이런 점에서 주희나 진량이나 전체 속에서 안정과 질서를 이루는 것을 최종 목표로 삼는다.

주희와 진량의 논쟁의 초점은 한-당 시대를 인정하는 문제이다. 주희는 한-당 시대를 부정한다. 그는 '형이상-형이하'의 이원적 시각을 그대로 역사에 투영하여 삼대는 천리(天理 ; 形而上)가 완전 실현된 사회이고, 한-당 시대는 천리가 욕망[人欲]에 의해서 은폐된 시대라고 본다. 이는 또한 요 순 우 탕 문왕 무왕 공자 맹자까지 도가 전해지고 그 이후에는 전해지지 않았다고 하는 도통론으로 설명된다. 이러한 이론은 도덕적인 역사관으로, 선험적인 도덕규범[理] 또는 당위성이 총체적인 역사 속에 어떻게 실현되어야 하는가를 주로 보려는 것이다.

주희가 한-당 시대를 부정하는 것은 송대에 새롭게 지배층으로 등장한 사대부 계층의 자부심의 표현이었다고도 할 수 있다. 사대부 계층은 한-당 시대의 혼란이 없는 조화로운 국가를 건설하려 했다. 진량은 그러한 이분법적인 혹은 보편적 타당성을 주장하는 역사관을 거부하고 삼대나 한-당이나 같다고 본다. 모든 시대는 그 시대의 구체적인 문제를 가지고 있다는 점에서 같다는 점을 강조한다. 따라서 그는 삼대보다는 한-당 시대의 시행착오를 배우자고 한다.

사실 진량의 입장에서 보면 각 시대마다 주어진 문제는 다르다. 따라서 선험적이고 보편타당한 법칙이란 없고 단지 각 시대에 주어진 문제를 해결하면 도가 실현되는 셈이다. 이러한 진량의 결과[事功] 중시를 주희는 비판하고 철저한 동기주의로 나간다. 그는 인심과 도심을 나누어, 도심에서 나온 행위만이 선하고, 인심에서 나온 행위는 아무리 그 결과가 좋아도 선하지 못하다고 본다. 이러한 동기주의와 결과주의는 이 논쟁에서 의미 있는 부분이라고 보인다.

사회의 물질적 현실을 인식하고 그 문제의 해결을 강조하는 진량은 북송 시대의 왕안석의 입장에 접근한다고 할 수 있다. 반면 한-당 시대의 인물들의 행위를 도덕적인 측면에서 비판하는 주희는 사마광 등 구법당 인물들이 『춘추』를 강조하는 것과 맥을 같이하고 있다고 할 수 있다.

제11장
송대 신유학의 구조

이상으로 송대의 신유학의 발전 과정을 살펴보았다. 이하에서는 도덕 형이상학의 원칙성과 실천성, 그리고 물질적 현실성이라는 점에서 그들의 논점을 요약하면서, 송대 신유학의 철학적 함의를 규정하고자 한다.

1) 제2장에서 기존의 신유학 연구자들을 대표적인 연구방법을 가진 사람들로 나누고, 각각의 장단점을 살펴보았다. 본 연구는 철저하게 원전 자료에 충실히 근거하려 했다. 이점에서 기존의 실증적 연구의 성과를 참조했다. 그러나 자료의 실증에 파묻혀 각 사상가의 이론의 전체적인 구성을 소홀히 하지 않으려 했다. 각 사상의 이론적 재구성을 중시하기는 했으나, 단지 관념들의 체계만이 사상이라고 보아 관념들의 관계만 따지지는 않았다. 그 사상이 나온 역사적 사회적 토대를 중심으로 그 사상의 이론 구조를 설명하려 했다. 또한 송대의 사상이 상호 대립을 통하여 발전했다고 보았다.

2) 이 결과 일반적으로 알려져 있듯이 송대 신유학은 한-당 시대의 불교 도교를 비판적으로 극복하고 나왔을 뿐만 아니라, 한-당 시대의 제도와 역사적 시행착오에 대한 반성에서 나왔다는 점을 확인할 수 있었다.

제3장에서는 한-당에서 송대의 역사적 변혁의 의미를 다루었다. 북송의 지식인들은 한-당 시대를 철저하게 반성하고 새로운 이상 국가를 건립하려 했다. 그들은 이를 둘러싸고 신법당과 구법당으로 갈라졌다. 물질적 현실을 중시하여 제도 개혁을 하려 했던 신법당과 국가를 운영하는 관료의 인격 확립을 중시하는 구법당으로 나뉜 것이다. 왕안석의 신법은 한-당 시대의 제도와 시행착오를 비판적으로 반성하고 종합한 것이라 할 수 있다면, 구법당에서 나온 성리학은 한-당 시대의 이념이었던 불교 도교를 비판적으로 수용한 것이라 할 수 있다. 따라서 성리학의 성립에 있어서 왕안석의 신법의 역할은 절대적이었다고 할 수 있을 것이다. 그러나 기존의 연구는 이점에 대해서 거의 주목을 하지 않았다. 본 논문은 이 기본적인 사실을 중심으로 성리학의 성립을 설명하려 했다. 그러나 당송 변혁에 대한 역사학계의 연구 성과를 충분히 흡수할 수 없었고, 왕안석에 대한 기존 연구가 불충분하여 참고할만한 것이 없었던 점 때문에 미흡한 점이 남았다. 특히 불교와 한-당 시대의 사회 정치적 상황과의 관련에 대한 거시적 정리 및, 왕안석과 구법당 사이의 논쟁점을 좀 더 정밀히 연구할 필요가 있다.

3) 제4장에서 제7장까지는 북송 시대 지식인들의 대립을 왕안석의 이론과 구법당의 장재 정호 정이의 이론을 중심으로 구체적으로 다루었다.

왕안석은 제도의 개혁(新法)을 통하여 현실 문제를 해결하려 했다. 이러한 관점은 그의 문집에서도 드러남을 확인했다. 그는 그의 제도 개혁을 뒷받침하는 본성 이론과 성인 이론을 전개한다. 그는 양웅(楊雄)의 선악 혼재설을 받아들이나, 결국은 본성에는 선도 악도 선천적으로 결정된 것은 없고 후천적 노력에 달려있다는 백지설을 전개한다. 이런 이론은 인간의 본성에 선험적인 요소가 있다는 것을 부정하고 현실적인 인간을 보려는 것이라 할 수 있다. 그는 인간이 살아가는 것은 물질적 현실 속이라고 본다. 따라서 그는 객관적 현실의 인식을 중시했다. 그 현실의 필연성을 인식하기 위해서는 마음을 비우고 냉철하게 현실을 보아야 한다. 마음을 비우고 자연의 필연성을 관조하려 했던 도가학파와는 달리, 왕안석은 그 현실의 물질적 필연성을 인식하여 변혁하려 했다. 따라서 그는 사회 전체의 정치 경제적 문제에 대한 원대한 경륜과, 어떤 비판과 반대에도 굽히지 않는 굳센 의지를 가지고 현실을 변혁시키는 성인의 이론을 전개했다. 그는 제도를 만드는 자로서의 성인을 말했다. 그 성인은 이 세상의 맨 위에 서서 그 필연성을 인식하고 국가를 경영하는 뛰어난 사람이라 할 수 있다. 이런 맥락에서 왕안석은 **현실성**을 중시하여 정치 경제 제도를 개혁하려 했다.

왕안석에게 반대했던 **구법당**은 현실 문제를 해결하기 위해서 제도의 개혁보다는, 제도를 운용하는 관료들의 인격의 확립이 더 중요하다고 보았다. 이들 인격 수양론자들은 객관적 현실보다도 주관적인 관념을 중시한다. 그들이 중시했던 세계란 정치 경제적인 물질적 현실이 아니라, 인륜 도덕의 그물이었다. 그들은 그 인륜 도덕의 근거를 하늘(天地)에서 찾는다. 도덕률은 객관적 자연 질서(天理)이며, 그것이 우리의 마음에 부여되어 있다고 한다.(天人合一) 따라서 이 도덕률을 함양하여 이성과 인격을 확립하려 한다. 이런 발상의 시작은 장재이다.

장재는 자연 질서를 윤리 규범과 동일시한다. 이 규범의 그물 아래 이 세상은 '위대한 조화(太和)'를 이룬다. 따라서 인간은 마음을 비워서 이 규범을 실천해야 한다고 했다. 그는 자연을 태허(太虛)와 객형(客形)으로 나누듯이, 인간의 마음도 이분법적으로 나누어 욕망을 비우고 규범을 실천하라고 한다. 그러나 이를 실천하는 것은 고행에 가까운 수행이 필요하다. 그것은 내 마음(자아)이 도덕률과 욕망으로 나뉘어 싸우는 것이기 때문이다.

정호는 이 점을 문제 삼는다. 그가 보건대 사람의 마음은 도덕률과 욕망이 일치 통합되어 있는 것이다. 즉 마음 그 자체가 도덕률이라고 한다.[1] 따라서 이 사실을 **깨달으면** 되지 욕망을 비우는 별다른 수행이 필요 없다고 한다. 개개인의 마음에 도덕을 실천할 수 있는 가능성이 넉넉하게 부여되어 있으며, 이는 함양하거나 보존할 필요가 없는 것이다. 그는 도덕 실천 주체의 확립에 주안점을 두어, 주체의 **실천성**을 강조했다고 할 수 있다.

정이는 그런 깨달은 자의 입장에서 벗어나 현실적인 인간을 본다. 평범한 인간들은 자신의 욕망에 따라 살 뿐, 그런 깨달음도 없고 도덕률을 자율적으로 실천하지도 않는다. 따라서 그는 '깨달음'의 문제를 도덕적 수양의 영역으로 가져온다. 경건함(敬)에 의해서 자신의 **도덕적 주체성**을 확립하고, 형이상학적 탐구(窮理)에 의해서 **도덕적 세계관**을 세우라고 한다. 이 경건함과 탐구에 기준이 되는 것은 윤리 규범(禮)이다. 따라서 그 주체성과 세계관을 세우는 과정이라는 것은 도덕규범으로 개인을 개조하는 것, 즉 사회화-인격화의 과정이다. 반대로 그는 어떤 것을 희생시켜서라도 지켜야 할 것이 윤리 규범임을 강조하는 원칙성의 입장에 선다.(大義 名分 義理論) 이렇게 하여 인격을 형성하고 동시에 사회화가 된 인간들

1) 이는 번뇌 집착하는 마음이 깨달음의 마음(佛性)이라고 했던 선불교와 비슷한 발상이다. 나아가 정호의 사유 방식은 '존재-진리-선(善)-미(美)'가 일치한다고 본 화엄의 사상과 비슷하다.

로 이루어진 국가, 그것은 '위대한 조화'의 세계이며, 제각기 제 몫의 도덕적 역할을 하는 사회이며, 사랑으로 맺어진 인류 공동체이다. 이들은 사회의 규범이 내면화된 것이 주체성이라고 본다. 따라서 그들은 마음을 비울 것이 아니라 그런 규범으로 채우라고 한다. 그들은 제작자로서의 성인이 아니라, 그렇게 하여 위대한 인격을 이룬 자로서의 성인을 말한다. 그들의 결론은 평범한 인간들의 도덕성의 확립이다.

이상의 연구에 있어서 왕안석의 이론은 그의 개혁 정책을 뒷받침한 철학적 이론이 어떠한 것이었는지를 중심으로 구성했다. 그러나 그의 문집에 나오는 글을 좀 더 종합적으로 파악하여 그의 이론의 전모를 밝힐 필요가 있는 것 같다.

장재 정호 정이 사이의 대립과 발전은 기존 연구가 주목하지 못한 점이다. 이 대립 발전은 『하남 정씨 유서』에 명백하게 나온다. 그러나 장재의 자연과 인간에 대한 이분법적 사고는 『정몽』 등에서 좀 더 조사되어야 할 것이다. 정호가 말한 기와 리의 관계에 관해서도 그 형이상학적 의미가 명확하게 정리되어야 할 것이다. 정이도 리와 기를 서로 연관시키지 않고 따로 따로 논한다. 본 연구는 주희가 이해한 정이의 사상을 중심으로 논했다. 정이 자신의 생각을 명확하게 파악할 필요가 있다고 생각한다.

4) 제8장에서는 주희가 20대에서 40세까지 그의 사상의 핵심을 형성하는 과정을 다루었다. 그 시기에 그는 많은 사람들을 통하여 북송 시대의 사상에 접하고 자신의 견해를 세워나갔다. 이는 결국 북송 시대에 형성된 구법당 사상가들의 인격 수양론을 자기 나름으로 정리한 과정이라 할 수 있다.

주희의 지적인 편력은 다음과 같이 정리할 수 있다. 그는 인격 혹은 이성의 확립 방법과 관련하여 이통(李侗)에게서 미발(未發) 중심의 사상을 배웠다. 그 후 다시 장식(張栻)에게서 이발(已發) 중심의 이론을 배워 그것에 기울어졌다.(中和舊說) 그런 뒤에 자신의 깨달음을 바탕으로 중화(中和) 신설(新說)을 세우는데, 이것은 물론 원래의 입장인 미발 중심의 이론으로 돌아간 것이기는 하지만, 완전한 미발 중심은 아니고 호남학자에게서 배운 이발의 이론도 포함되어 있다. 그의 이러한 지적인 편력은 기본적으로 이발(已發; 氣) 중심의 확충설(擴充說)과 미발(未發; 理) 중심의 복초설(復初說) 사이를 오고간 것이다. 다시 말해서 중화 구설이 확충설에 가깝다면, 중화 신설은 복초설이라 할 수 있다.

확충설은 미발의 본성을 우리의 이발의 의식이 나오는 배경으로 인정한다. 이 배경에서 나온 의식의 싹[頭端; 실머리]을 **확충하여** 선하게 키워가는 것이 그 수양 이론이 된다. 선하게 키워서 완성이 되면 인의예지 등의 덕목이 된다. 그러므로 이 키워가는 최초 상태의 의식에는 선악이 있다고 하기는 어렵다. 그래서 호굉(胡宏)은 "본성이란 선이나 악으로 규정할 수 없다(性不可以善惡名)"고 주장한다. 그들은 이발의 마음('나')에서 선(善)을 이루는 것을 중시하므로, 언제나 드러나서(發) 움직이고 흘러가는 이 마음이 항상 선에 민감한 상태, 즉 항상 깨어 있고(常惺惺) 살아서 활발히 움직이기(活潑潑地)를 요구한다. (頭端을 확충한 결과가 바로 그런 상태이다.) 그런 의식 상태를 '지각(知覺)'이라 하고, 또 인(仁; 완벽한 인격)이라고 한다. 주희에 의하면, 이 이론의 싹은 맹자에게서 이미 보이고, 정호→사량좌(謝良佐)→호굉으로 이어진다.

복초설(復初說; 처음으로 되돌아감)은 미발의 본성에 천지 만물의 리(理; 天理)가 부여되어 있는 것으로 본다. 이 모든 덕목과 모든 리를 갖춘 미발의 본성이 이발의 마음으로 드러난다. 따라서 드러난 마음[情]을 실마리[尾端]로 하여 그 근원에 있는 미발의 본성을 알 수 있다고 한다. (이것이 바로 시초로 되돌아감/復初이다.) 그들은 미발의 본성을 자아[주체성-'나']의 확고한 근거로 본다. 이 자아의 근거를 키우는 것, 즉 도덕적 주관(의지)을 강화시키는 것이 거경(居敬) 함양(涵養)이다. 이 공부는, 사물의 이치를 탐구함으로써 미발의 본성에 갖추어진 리의 총체를 파악하는 격물치지의 공부와 나란히 가야 한다고 한다. 미발의 리의 총체는 이 세상의 리의 총체이다. 따라서 격물치지는 세계관을 형성한다는 말이 된다. 중화신설에서 확립한 심성 이론은 '성즉리(性卽理)'와 '심통성정(心統性情)'이라는 두 명제로 나타낼 수 있을 것이다.

이러한 마음 이론은 사랑(仁)의 이론으로 연결된다. 인(仁)은 '사랑의 이치(愛之理)이며 마음의 능력(心之德)'이다. 인(仁)은 여러 덕목 가운데 하나이면서(이 경우 인은 **근원적인 사랑**을 뜻한다), 동시에 모든 덕목을 포괄하는 덕목이기도 하다. 따라서 인이란 모든 덕목을 가진 것인 마음 그 자체의 능력을 의미한다. (德이란 능력/힘을 의미한다.) 이 사랑과 능력이란 무엇인지 다시 설명하자면 이렇다. 사람이 모여서 사회를 이루며 살기 위해서는 결합력으로서 사랑(愛之理)이 필요하다. 이 사랑은 그러나 모든 사람에게 무차별적으로 같은 것이 아니라 상대에 따라 다르게 나타난다. 예컨대 아버지에게는 효로, 아들에게는 자애(慈)로, 임금에게는 충으로 표출되어야 한다. 이렇게 볼 때 사랑(仁)은 모든 덕목을 포괄하는 것, 즉 마음의 덕(心之德)이 된다.

한 개인이 '심통성정(心統性情)'의 이론에 따라 확고한 도덕적 의지와 세계관을 갖고 산다는 것은 바로 이 근원적인 사랑(仁)을 실현하는 것이다. 왜냐하면 마음에 내재하는 인(仁)이라는 덕목은 리(理)라는 존재론적 원리로 바꾸어 볼 수 있기 때문이다. 아버지에 대한 효와 아들에 대한 자애는 아버지의 리와 아들의 리라고 볼 수 있다. 따라서 인(仁)이 모든 덕목을 포괄하며 미발에 존재하듯이, 천지 만물의 리가 우리의 마음에 존재한다. 그러므로 우리는 어떤 상황에서도 그것에 맞게 행동할 수 있다. 왜냐하면 모든 것의 리가 우리의 마음에 갖추어져 있기 때문이다. 인(仁)과 리는 각각 도덕적 의지와 세계관의 측면을 말한다고 볼 수 있다. 이와 같은 인과 리의 이론은 그 바탕에 미발과 이발이라는, 혹은 중용과 조화라는 문제를 깔고 있다. 주희는 장식과의 중화 논변을 통해 그의 후기의 모든 이론의 기초를 닦았다고 할 수 있다.

주희의 사상은 호굉의 학설을 기반으로 했던 호남학파와의 논쟁 과정에서 형성되었다. 본 논문은 그 과정을 두단(頭端) 확충설과 미단(尾端) 복초설의 차이로 설명했다. '두단 미단'이라는 말은 『주자어류』에 나오기는 하지만, 주희의 사상적 편력을 요약할 수 있는지는 더 많은 연구가 필요할 것 같다. 또한 주희가 사량좌 호굉 및 호남학파 사상의 핵심으로 지목하는 '지각설'에 대해서도 좀 더 세심한 연구가 필요할 것 같다. 본 논문은 주희의 입장에서 논쟁 상대의 사상을 기술했으므로 어느 정도까지는 주희의 시각에서 본 그들의 사상이 되어 버렸기 때문이다. 나아가 '지각설'과 정호가 말했던 '생지위성(生之謂性)' '성즉기(性卽氣)' 사상, 선불교나 고자의 사상과의 연관 관계도 더 규명되어야 한다고 할 수 있다.

5) 주희는 중화논변을 통하여 리(理) 중심의 이론을 정립하고 이와 반대되는 사상을 세웠던 육구연 진량과 논쟁을 했다.

주희와 육구연의 논쟁의 초점은 무극(無極)을 인정하느냐 하는 점이다. 주희가 무극을 인정하는 것은, 질서 규범[理]이 '선험적'으로 주어져 있다는 것을 주장하기 위한 것이다.2) 그 보편적 규범에 의

하여 인간 사회는 보편타당한 규범 질서를 갖게 된다. 따라서 본래 주어진 리를 일상생활에서 탐구하여 익힐 것이 강조된다. 이 세상의 모든 이치의 총체인 태극(太極)이 각 개체에 부여되며, 각 개체는 그 모든 리 가운데서 자신이 부닥치는 상황에 맞는 리를 발휘할 수 있다. 이렇게 상황에 따라 나오는 리를 분수리(分殊理)라고 한다.[3)]

이에 대해 육구연은, 그 리를 찾는 주희의 공부 방법[格物致知]이 번쇄하고 지리한 것이며, 도덕의식의 대상인 규범[理]이 도리어 행위 주체인 '나'의 자발성과 능동성을 제약하게 된다고 비판한다. 따라서 주체를 제약하는 것인 규범 및 세부 조목으로서의 리(理; 分殊理)를 부정하고, 그것을 깎아내리라고 한다. 따라서 분수리의 근거지인 무극을 부정한다. 이렇게 되면 태극이란 말의 의미도 달라진다. 주희의 경우 태극은 선험적인 리의 총체이지만, 육구연의 경우 태극은 자발성 능동성을 가진 주체인 '나'를 의미하며, 이것은 세부 조목이 없는 전체의 하나의 리(理一)이다.

주희와 진량의 논쟁의 초점은, 보편적이고 초역사적인 당위 법칙으로서의 천리의 자재성(自在性)을 인정할 것인가의 문제이다.

---

2) 주희는 "무극이며 태극이다"(無極而太極)라는 말을, "형체가 없지만, 이치가 있다"(無形而有理)로 해석한다. '무형'은 현상 사물이 아니라는 뜻이다. 즉 현상 사물은 아니지만 그것들의 이치들이라는 말이며, 현상 사물이 생겨날 때 이미 주어져 있다. 즉 선험적이다. 이 이치들을 '분수리(分殊理)'라고 할 수 있다.

3) 논문 심사 과정에서 송영배 선생은 다음과 같이 말했다.
주희의 경우, '리'는 '주재적 합목적적 운동의 측면'(所以然)이며,
각 개체가 따라야 할 '잠재적 당위성의 발전의 측면'(所當然)이다.
소당연(所當然)의 측면에서 볼 때, 리(理)란 '잠재적 발전의 당위 법칙'이다.
이치의 총체로서 '태극'이란 '우주 전체의 잠재적 발전의 당위성'이며,
'분수리'는 '사물 개개의 잠재적 발전의 당위성'이라고 할 수 있다.
이상을 정리하자면,
리 = 잠재적 발전의 당위성
태극(太極; 理一) = 우주 전체의 '잠재적 발전의 당위성'
분수리(分殊理) = 사물 개개의 '잠재적 발전의 당위성'
소이연(所以然) = 주재적 합목적적 운동의 측면
소당연(所當然) = 각 개체가 따라야 할 '잠재적 당위성의 발전'의 측면

이를 두고서 그들은 한-당 시대를 인정 하느냐 하는 논쟁을 한다. 주희는 한-당 시대를 부정한다. 그는 '형이상-형이하'의 대립 구도를 그대로 역사에 투영하여 삼대(三代)는 천리(天理; 形而上)가 완전 실현된 사회이고, 한-당은 천리가 욕망[人欲]에 의해서 은폐된 시대라고 본다. 이는 또한 요 순 우 탕 문왕 무왕 공자 맹자까지 도가 전해지고 그 이후에는 전해지지 않았다고 하는 도통론(道統論)으로 설명된다. 이 이론은 도덕적인 역사관으로, 선험적인 도덕규범[理의 총체인 태극]이 총체적인 역사에 어떻게 구현되는가를 주로 보려는 것으로, 역사 속에서 마땅히 실현되어야 하는 도덕의 당위 법칙성을 강조하려는 것이다.

진량은 역사 시대를 둘로 나누는 당위 도덕적인 역사관을 거부하고, 상대적인 의미를 갖는다는 점에서는 삼대나 한-당이나 모두 같다고 본다. 각 시대는 그 시대의 문제를 가지고 있다는 점에서 같다. 그러나 각 시대마다 가진 문제가 다르다. 따라서 선험적이고 초역사적인 법칙이란 없고 단지 각 시대의 문제를 해결하면 도가 실현된다는 것이다. 이러한 결과[事功] 중시를 주희는 비판하고 철저한 동기주의로 나간다. 주희는 인심(人心)과 도심(道心)을 나누어 도심에서 나온 행위만이 선하고, 인심에서 나온 행위는 아무리 그 결과가 좋아도 선하지 못하다고 본다. 이러한 동기주의와 결과주의는 이 논쟁에서 의미 있는 부분이라고 보인다.

주희와 육구연, 주희와 진량의 사상은 여러모로 비교할 수 있다. 주희와 진량은 객관적 법칙성을, 육구연은 주관의 능동성을 강조한다. 또한 주희와 육구연은 주관적 도덕성을, 진량은 객관적 현실[4]을 강조한다. 다시 말해서 주희는 모든 개인은 객관적 도덕률을 함양하여 인격을 형성하여 그것을 행위 원칙으로 삼아야 한다

4) 이 '객관적 현실'에는 인간에서 물질적 측면인 육체적 욕망도 포함된다.

는 **원칙성**의 입장에서는 반면, 육구연은 그런 원칙성 보다는 도덕률 실천 주관의 자율을 중시하여 **실천성**을 강조한다. 진량은 이런 도덕률 중시의 입장을 부정하고 현실 문제 해결을 강조하는 **현실성**의 입장에 선다.

주희는 객관적 당위성으로서 도덕규범을 강조하며, 이를 '리'라는 말로 개념화한다. 사람들은 이 도덕규범을 내면화시켜서 도덕적 행위의 주체로 승화시켜야 한다. 즉 리는 개체가 그 방향으로 발전해 나가야 하는 당위성이며, 그렇게 발전할 수 있는 잠재적 능력이 사람에게 있다는 것이다. 이점에서 그는 주관적 도덕성을 강조한다. 육구연도 행위 주체의 도덕성을 그의 이론의 기초로 삼는다. 그러나 그는 그 잠재적 당위성[理]에 구애되지 않는 행위 주체의 능동성을 강조한다. 진량은 객관적인 현실 문제를 타개하기 위해서는 현실의 객관적 법칙을 인식할 것을 주장한다. 따라서 그는 주관적 도덕성을 주장하는 사람들을 비난한다.

주희는 객관적인 리를 주장함으로써 현실에 접근하나, 그 리는 초시대적으로 보편타당한 당위성이므로 구체적으로 당면한 현실의 문제와는 일정한 거리가 있다. 육구연은 주관의 능동성을 강조하여, 그 행위 주체로서 실천 주관이 꼭 따라야 할 선험적이고 객관적인 당위성[分殊理]의 총체를 부정한다. 따라서 그 주관은 선험적인 당위성에 제한되지 않은 채, 현실의 문제에 좀 더 능동적으로 대처할 수 있다. 진량은 객관을 강조했지만, 주희처럼 객관적인 도덕규범을 중시한 것이 아니라, 물질적 현실을 지배하는 필연성으로서의 객관적 법칙을 중시한 것이다. 그의 이론은 극히 현실주의적이다.

또한 보편적 원칙성[形而上, 未發]과 현상적 차별성[形而下, 已發]의 측면에서 볼 때, 주희는 보편적 원칙성을, 육구연과 진량은 현실적 차별성을 강조한다. 이는 달리 말하자면 주희는 리에, 육구연과 진량은 기에 강조점을 두었다고 할 수 있다. 육구연과 진량은 선험적인 당위성(理)을 부정하고 구체적 현상 세계의 다양성을 강조하기 때문에, 미리 주어진 법칙 없이 그때그때 주어진 상황에 대처하여 주어진 상황의 문제를 적극적으로 타개하는 것을 중요시한다. 그러나 그들은 선험적인 보편적 행위 법칙을 거부하므로 인간의 행위의 보편타당성을 근거시킬 곳을 찾아야 한다.

주희는 그들로부터 상황에 대처하는 개체의 실천성 혹은 현실 타개의 능력이 없다고 비판받는다. 반대로 주희는, 육구연의 이론에 따르면 인간 행위에는 보편타당한 기준과 근거가 없으므로 미친 선(狂禪)이 될 것이라고 비판하며, 진량의 이론에 따르면 인간 행위에는 초시대적으로 절대적인 보편타당한 기준과 근거가 없고 다만 그때그때 주어진 상황에 대한 방편적인 조처만 있을 수밖에 없기 때문에, 모든 인간은 결국 이익과 손해만 따지게 될 것이라고 비난한다. 이에 대해 육구연은 자신이 주장하는 실천적 주관(마음)은 '전체'에 근거하고 하고 있으므로 그런 문제가 없다고 한다. (그는 우주의 마음이 나의 마음이라고 한다) 진량 또한 자신이 주장하는 현실 타개의 이론은 천하의 일을 해결하는 것을 목표로 하므로, 즉 세상 '전체'에 근거하고 있으므로, 그런 공리적 이기심으로 타락하는 문제가 없을 것이라고 한다.

결국 주희나 육구연이나 진량은 전체와 개체의 문제에서 출발하여 이 세계에 안정과 질서를 이루는 것을 최종 목표로 삼는다. 단지 그 문제의식과 해결 방법이 다르다.

제9장의 주희와 육구연의 논쟁은 그 두 사람의 철학적 입장을 좀 더 폭넓게 정리할 필요가 있었다. 즉 그들이 논쟁한 편지와 직접 관련된 자료뿐만 아니라 넓게 그들의 사상적 입장을 정리할 필요가 있었다. 제10장 주희와 진량의 논쟁도 마찬가지라고 할 수 있

다. 주희의 사상을 중심으로 송대의 새로운 유학을 정리하려는 것이 본 논문의 본래 의도였다. 따라서 논쟁 상대였던 육구연이나 진량의 사상의 규명이 상대적으로 소홀해졌다. 일반적으로 철학사에서 왕안석을 다루지 않듯이 진량을 다루지 않고 있다. 그 결과 그의 사상을 주희와 대등한 대립적 입장으로 파악한 참고 자료가 별로 없었다. 또한 육구연의 경우 양명학적 입장에서 쓴 연구 업적들이 많았다. 그러나 그것은 본 논문이 의도했던 주희 중심의 서술과 상반되었으므로 일단 배제했다.

6) 이상에서 설명한 사상가들은 다음 네 입장으로 다시 정리할 수 있을 것이다. 첫째 왕안석과 진량, 둘째 장재와 호남학파장식 호굉), 셋째 정호와 육구연, 넷째 정이와 주희이다. 필자는 '제도 개혁론과 인격 수양론', '리기론(理氣論)과 그 반대 이론'이라는 점에서 이 네 입장의 성격을 잠정적으로 규정해 보고자 한다.

제도 개혁과 인격 수양 : 왕안석은 신법의 이론가이며 실천자로서 제도 개혁을 추진한다. 이에 반대했던 구법당의 이론가로서 장재 정호 정이는 인격 수양을 주장한다. 남송 시대에 진량은 주희 육구연 호남학파의 인격 수양론을 격렬하게 반대한다. 그는 비록 왕안석의 제도 개혁론을 반대했지만, 그의 이론은 기본적으로 사회를 물질적 과정으로 보았던 왕안석의 노선과 일치한다. 주희는 호남학파와 토론했고, 육구연과 격렬하게 논쟁했지만, 인격 수양을 중시했다는 점에서 이 세 학파는 동일하다고 할 수 있다. 이런 점에서 볼 때, 왕안석은 제도 개혁론에, (포괄적으로 보아 사회의 물질적 변동을 중시한다는 점에서 진량은 왕안석과 같은 무리에 넣을 수 있다) 나머지 입장은 인격 수양론에 해당된다고 할 수 있다.

인격 수양론은 도덕률을 중시하는 반면, 제도 개혁론은 현실 변혁을 중시했다. 즉 도덕률이라는 원칙성과 그것의 실천성에 대한 현실성 중시 사고의 대립이라 할 수 있을 것이다.

주희의 리기론과 육구연 진량의 이론 : 이원론과 일원론

여러 신유학자들의 이론을 연구할 때, '리' 개념 보다는 '기' 개념의 해명이 어렵다. '리'를 중심으로 했던 주희의 이론 체계는 비교적 명확하게 정리 해명할 수 있다. 그러나 이들에게 반대했던 사람들의 이론은 한 묶음으로 명쾌하게 규정하기 어렵다. 단지 리 중심의 이론이 리와 기를 다 인정한다면, 이를 반대했던 사람들은 리와 기를 구분하지 않는 일원론적 입장에 선다고 할 수 있다.

주희가 볼 때 육구연이나 진량 두 사람은 모두 다 기론자들일 것이다. 그러나 진량의 경우는 리와 기라는 말을 사용하는 것 자체를 거부한다. 육구연은 리와 기라는 말을 사용하지만, 주희가 리와 기에 부여한 의미와는 상당히 다르게 쓴다.

'리'를 중심으로 이론을 전개한 사람들은 거의 이상과 현실, 이성과 욕망을 나누는 이원론이다. 이를 주희는 '리와 기'라는 형이상학적 용어로 정리한다. 그리고 사람의 마음의 경우 미발-이발, 존재의 경우 형이상-형이하로 구분한다. 그리고 이 둘을 체용의 관계로 본다. 따라서 이 대립된 쌍 중에서 '리'를 일차적인 것으로 본다. 그는 현실 속에 이상이 실현되어야 하고, 욕망이 이성에 따르기를 원한다. 즉 기가 리에 의해서 규정되기를 원한다. 그러므로 그들을 '리' 중심론자라고 할 수 있다. 이 주희의 입장은 정이의 이론과 거의 같은 궤도에 있다.

이러한 이원론에 반대했던 사람들은 거의 다 리와 기, 형이상과 형이하, 미발과 이발의 구분을 독단적이고 자의적인 근거 없는 것

이라고 보아서, 그 구분을 거부한다고 할 수 있다. 이들은 주희가 제시하는 '리-기(理-氣)' 개념을 거부하는 반리기론자들이라고 할 수 있다. 육구연은 '지금 여기 있는 나의 마음'을 중심으로 이론을 전개했다. 그는 '심즉리(心卽理)'라고 했지만, 이 명제는 '심즉기(心卽氣)'라 해도 상관이 없다. 왕안석이나 진량이 제시하는 물질적인 현실에 대한 이론은 주희의 '리-기' 도식과는 거의 상관이 없다고 할 수 있다.

이들 육구연과 진량은 공통적으로 주희가 구분한 리와 기의 대립된 쌍을 구분하지 않으며, 이는 하나의 두 측면이라고 본다. 그들은 리와 기를 나누는 도식 자체를 거부한다. 따라서 그들이 주장하는 그 하나는 리일 수도 있고, 기일 수도 있으며, 반대로 그 둘 다가 아닐 수도 있다. 그러나 구체적 현실 세계와 인간만 인정한다는 점에서는 공통적이라고 할 수 있다. 주희가 도덕규범이라는 원칙성을 끝까지 고수하려 한 반면, 육구연은 도덕률의 현실적 실천 주체의 자율을, 진량은 물질적 현실의 인식과 개혁을 중시했다. 즉 원칙성에 대한 실천성 현실성의 대립이라 할 수 있을 것이다.

7) 이상에서 고찰한 네 가지 입장은 사대부 사회의 기본적인 이념들이었다고 할 수 있을 것이다. 정이와 주희의 이론은 성리학으로서 성립하였다. 정호와 육구연의 이론은 왕수인(王守仁)에게 이어져 양명학으로 나타났다고 할 수 있다. 왕안석과 진량의 입장은 명백한 계승 관계가 없으나, 후대의 제도 개혁론은 이 입장과 맥을 같이 한다고 할 수 있다.[5] 장재와 호남학파는 성리학과 양명학의 절충적 입장이기 때문에 후대에 명백한 학파로 드러나지 않는다고 할 수 있다. 그러나 왕부지(王夫之)처럼 장재의 이론을 지지했던 사

5) 예컨대 실학의 제도 개혁론은 그 맥락을 따른 것이라 할 수 있다.

람도 있었다. 따라서 이 네 입장의 이론적 측면의 탐구는 송대 이후 중국이나 조선시대 한국의 사대부들의 이념을 이해하기 위해서 필요한 것이라고 할 수 있다.

본 연구는 전체적으로 송대에 새롭게 등장한 유학의 입장들을 선명하게 부각시키기 위하여 논쟁 대립을 중심으로 서술하였다. 그 결과 여러 가지 새로운 사실들 - 예컨대 왕안석과 진량의 역할과 철학적 입장의 중요성, 호남학파와 장재 정호의 유사성, 장재 정호 정이 사이의 대립과 발전 등이 밝혀졌다. 그러나 이 대립된 입장에서 벗어나거나 방계적인 사람들은 과감하게 배제되었고, 또한 각 철학자들의 사상을 논쟁과 상관없이 체계적으로 제시하는 것이 소홀하게 되었다. 이러한 점에 대한 보완은 후일의 작업으로 남겨둘 수밖에 없었다.

8) 송대 성리학은 크게 보아서, 이성 욕망 현실 – 이 셋을 추구했다. 이성은 주희와 그 선구자들, 욕망은 호남학이나 육구연, 현실은 왕안석과 진량 – 이렇게 배열할 수 있다.

욕망에 배정한 사람들도 실제로는 도덕적 이성을 추구한 것으로 볼 수 있다. 따라서 크게 '이성과 현실', 이렇게 정리된다. 이 책은 사대부들의 '이성과 현실' 추구에 대한 철학사적 역사적 연구를 지향했다.

이 책을 마무리 지으면서, 자매편으로 성리학, 혹은 신유학의 형이상학을 그 자체로 규명하는 후속편을 세우려 했다. 『이성과 현실』은 신유학을 시간-역사 속에서 보는 통시적 연구이다. '성리학의 형이상학'은 성리학이나 신유학의 이론 그 자체의 논리적 구조를 설명하는 것이다. 「이성과 현실』 안에 이미 대부분의 논리적 구조는 설명되고 있다.